Politische Urteilsbildung von Jugendlichen zu komplexen Problemstellungen einer nachhaltigen Entwicklung

Annegret Jansen

Politische Urteilsbildung von Jugendlichen zu komplexen Problemstellungen einer nachhaltigen Entwicklung

Eine Interventions- und Interviewstudie im Kontext schulischen und außerschulischen Lernens

Annegret Jansen
Carl von Ossietzky Universität Oldenburg
Oldenburg, Deutschland

Die vorliegende Arbeit wurde von der Fakultät I für Bildungs- und Sozialwissenschaften der Carl von Ossietzky Universität Oldenburg unter dem Titel „Politische Urteilsbildung von Jugendlichen zu komplexen Problemstellungen einer nachhaltigen Entwicklung. Eine Interventions- und Interviewstudie zu didaktischen Anregungspotenzialen der Einbindung außerschulischer Begegnungen in den Politikunterricht" als Dissertation an angenommen.

ISBN 978-3-658-46148-5   ISBN 978-3-658-46149-2 (eBook)
https://doi.org/10.1007/978-3-658-46149-2

Die Deutsche Nationalbibliothek verzeichnet diese Publikation in der Deutschen Nationalbibliografie; detaillierte bibliografische Daten sind im Internet über https://portal.dnb.de abrufbar.

Diese Veröffentlichung wurde aus Mitteln des Publikationsfonds NiedersachsenOPEN, gefördert aus zukunft.niedersachsen, unterstützt.

© Der/die Herausgeber bzw. der/die Autor(en) 2025. Dieses Buch ist eine Open-Access-Publikation.

Open Access Dieses Buch wird unter der Creative Commons Namensnennung 4.0 International Lizenz (http://creativecommons.org/licenses/by/4.0/deed.de) veröffentlicht, welche die Nutzung, Vervielfältigung, Bearbeitung, Verbreitung und Wiedergabe in jeglichem Medium und Format erlaubt, sofern Sie den/die ursprünglichen Autor*in(nen) und die Quelle ordnungsgemäß nennen, einen Link zur Creative Commons Lizenz beifügen und angeben, ob Änderungen vorgenommen wurden.
Die in diesem Buch enthaltenen Bilder und sonstiges Drittmaterial unterliegen ebenfalls der genannten Creative Commons Lizenz, sofern sich aus der Abbildungslegende nichts anderes ergibt. Sofern das betreffende Material nicht unter der genannten Creative Commons Lizenz steht und die betreffende Handlung nicht nach gesetzlichen Vorschriften erlaubt ist, ist für die oben aufgeführten Weiterverwendungen des Materials die Einwilligung des/der betreffenden Rechteinhaber*in einzuholen.
Die Wiedergabe von allgemein beschreibenden Bezeichnungen, Marken, Unternehmensnamen etc. in diesem Werk bedeutet nicht, dass diese frei durch jede Person benutzt werden dürfen. Die Berechtigung zur Benutzung unterliegt, auch ohne gesonderten Hinweis hierzu, den Regeln des Markenrechts. Die Rechte des/der jeweiligen Zeicheninhaber*in sind zu beachten.
Der Verlag, die Autor*innen und die Herausgeber*innen gehen davon aus, dass die Angaben und Informationen in diesem Werk zum Zeitpunkt der Veröffentlichung vollständig und korrekt sind. Weder der Verlag noch die Autor*innen oder die Herausgeber*innen übernehmen, ausdrücklich oder implizit, Gewähr für den Inhalt des Werkes, etwaige Fehler oder Äußerungen. Der Verlag bleibt im Hinblick auf geografische Zuordnungen und Gebietsbezeichnungen in veröffentlichten Karten und Institutionsadressen neutral.

Planung/Lektorat: Daniel Rost
Springer VS ist ein Imprint der eingetragenen Gesellschaft Springer Fachmedien Wiesbaden GmbH und ist ein Teil von Springer Nature.
Die Anschrift der Gesellschaft ist: Abraham-Lincoln-Str. 46, 65189 Wiesbaden, Germany

Wenn Sie dieses Produkt entsorgen, geben Sie das Papier bitte zum Recycling.

Wo immer die Pluralität ins Spiel kommt, ist Souveränität nur in der Einbildung möglich, und der Preis für sie ist die Wirklichkeit selbst.

(Hannah Arendt, 1958/2016a, S. 299)

You say nothing in life is black or white. But that is a lie. A very dangerous lie. Either we prevent 1.5C of warming or we don't. Either we avoid setting off that irreversible chain reaction beyond human control or we don't. (…) I want you to act as you would in a crisis. I want you to act as if our house is on fire. Because it is.

(Greta Thunberg, 2019)

Lehrerin: „Die Frage ist ja, in welcher Welt willst du leben?"

Schüler: „Ich bin überfordert."
(Unterrichtsgespräch, 2019)

Danksagung

Meinen herzlichen Dank möchte ich Prof. Dr. Ulrike-Marie Krause aussprechen. Ich danke Dir für all die Gespräche in den verschiedenen Phasen des Dissertationsprojektes. Unseren Austausch entlang der Fachdisziplinen und Forschungsparadigmen habe ich als bereichernd und inspirierend erlebt. Dein interessierter und konstruktiver Blick war für mich in vielen Momenten eine große Unterstützung. Weiterhin möchte ich Prof. Dr. Tonio Oeftering danken. Danke, dass Du diese Arbeit als Zweitgutachter mit begleitet hast und wichtige Impulse für die fachdidaktische Dimension der Arbeit gesetzt hast. Dr. Sven Rößler danke ich ganz besonders für die Möglichkeit, damals wie heute einen Anfang gemacht zu haben. Ich danke außerdem allen Kolleg*innen des Promotionsprogramms „GINT – Lernen in informellen Räumen" des Didaktischen Zentrums der Universität Oldenburg für die wertvolle Zeit sowie dem Ministerium für Wissenschaft und Kultur des Landes Niedersachsen für die Förderung durch das Georg-Christoph-Lichtenberg-Stipendium. Im Rahmen meiner Forschungsphase im Feld bin ich vielen engagierten Menschen begegnet. Bei allen Schüler*innen, die an den Unterrichtsprojekten beteiligt waren und sich zu den empirischen Erhebungen bereit erklärt haben, möchte ich mich recht herzlich bedanken. Darüber hinaus gilt mein Dank den beteiligten Schulen sowie im Besonderen den Lehrkräften, die die Durchführungen der Unterrichtsprojekte mit pädagogischer Expertise begleiteten. Für die außerschulischen Kooperationen danke ich den Vertreter*innen einer Umweltschutzorganisation sowie den Landwirt*innen, die sich zur Mitwirkung bereit erklärten. An meine Kolleg*innen Kirsten Gronau, Nikolaj Schulte-Wörmann, Dr. Sarah Jane Brunkhorst, Dr. Karen Vogelpohl, Alina Lira

Lorca und Annika Zarrath ein großes Dankeschön für die Unterstützung und den fachlichen und fröhlichen Austausch in den Arbeitsgruppen.

Ohne die Unterstützung meiner Familie und Freund*innen wäre diese Arbeit nicht angefangen und beendet worden. Ich danke Euch, dass ihr mich auf diesem Weg auf verschiedene Arten und Weisen begleitet habt. Meinen lieben Eltern, denen ich unendlich dankbar bin, sowie meinen Schwestern für alles, was einen Meter unter dem Meeresspiegel möglich ist. Ich danke meinem Oldenburger Freundeskreis für den Zuspruch und die Zerstreuung. Außerdem und ganz besonders Winnie-Fee Kurzke, Dirk Stevens, Lisa Kranz, Dr. Ann Kristin Haverich und Ulrike Schulze. Ihr seid ein wilder Strauß besonderer Menschen.

Der allergrößte Dank geht an Sören. Du bist mein Hafen und hast auch intensive Zeiten mit Zutrauen, Esprit und Leichtigkeit mitgetragen. Für Deine Unterstützung danke ich Dir von ganzem Herzen.

Oldenburg
im Juli 2024

Annegret Jansen

Zusammenfassung

Die vorliegende Forschungsarbeit ist an der Schnittstelle der Didaktik der Politischen Bildung, der Bildung für nachhaltige Entwicklung und der empirischen Bildungsforschung zu verorten. Es wird die politische Urteilsbildung von Jugendlichen zu komplexen Problemstellungen einer nachhaltigen Entwicklung und ihre Förderung durch eine problem- und konfliktorientierte sowie erfahrungsorientierte Zugangsweise im Politikunterricht der gymnasialen Oberstufe untersucht. Das forschungsleitende Erkenntnisinteresse ist dabei zu untersuchen, inwieweit es diese spezifischen didaktischen Bedingungen vermögen, eine elaborierte politische Urteilsbildung und den Umgang mit Komplexität und Mehrperspektivität zu unterstützen. Die Relevanz der Arbeit besteht im Kontext der Implementierung einer Bildung für nachhaltige Entwicklung an Schulen und ergibt sich aus dem Bedarf an stärker politisch orientierten Beiträgen und empirisch fundierten Erkenntnissen zur Nachhaltigkeitsbildung, insbesondere im Hinblick auf die Öffnung der Schule in den öffentlichen (Nah-)Raum. Zudem wird es zunehmend wichtiger, den Herausforderungen der jüngeren Generation in Theorie und Praxis zu begegnen.

Die Arbeit ist durch eine vermittelnde Herangehensweise bestimmt. Im theoretischen Rahmen wird das theoretisch-konzeptionelle Verhältnis zwischen Konzepten der Nachhaltigkeitsbildung und der Politischen Bildung im Hinblick auf die politische Urteilsbildung angesichts komplexer Lerngegenstände beleuchtet. Es werden aus den theoretischen Forschungsdiskursen Gestaltungsprinzipien einer politischen Nachhaltigkeitsbildung hergeleitet und die besonderen Potenziale und möglichen Fallstricke kontroverser außerschulischer Begegnungen mit regionalen Akteur*innen aufgezeigt. Diese Überlegungen werden in eine didaktische Konzeption zu einer konkreten Themenstellung überführt. Im Rahmen der empirischen Arbeit wird diese als Unterrichtsprojekt zum Thema „Landwirtschaft und Ernährung als Transformations- und Konfliktfelder einer nachhaltigen Entwicklung" im Politikunterricht erprobt und im Rahmen einer Interventions- und Interviewstudie evaluiert. Während innerhalb eines Prä-Post-Designs die Weiterentwicklungen themenspezifischer Vorstellungen und Positionierungen der Jugendlichen sowie motivations- und einstellungsbezogener Aspekte analysiert werden, fokussieren die episodischen Interviews *ex post* längerfristige Reflexions- und Sinnbildungsprozesse. Die Synthese der theoretischen Überlegungen sowie der empirischen Teilergebnisse weist Erkenntnisse im Hinblick auf die angebahnten und hemmenden Prozesse der politischen Urteilsbildung auf. Die vorliegende Forschungsarbeit zeigt, dass die politischen Dimensionen der Thematik im Zuge der Intervention stärker in den Fokus der befragten Jugendlichen rücken. Die Anregungspotenziale der außerschulischen Begegnungen können aus der Sicht der Lernenden und ihren Schlussfolgerungen rekonstruiert werden. Es zeigt sich bei den Jugendlichen ein Empfinden von Resonanz und Relevanz, das sich als bedeutsam für Prozesse der politischen Urteilsbildung angesichts der Komplexität und Mehrperspektivität nachhaltigkeitsbezogener Fragen erweist.

Summary

This research project is located at the interface of the didactics of citizenship education, education for sustainable development and empirical educational research. It examines the political judgment and decision making of young people on complex issues of sustainable development and its fostering through a problem- and conflict-oriented as well as experience-oriented approach in the political education of the upper secondary school. The main research interest is to investigate to what extent the specific didactic conditions support an elaborated political judgment and the young people's handling of complexity and multi-perspectivity. The relevance of the work is grounded in the context of the implementation of education for sustainable development in schools and the need for more politically oriented contributions and empirically based findings of sustainability education, especially with regard to the opening of schools into the public (local) space. In addition, the challenges of the younger generation need to be addressed in theory and practice.

The work is determined by a mediating approach. In the theoretical framework, the theoretical-conceptual relationship between concepts of sustainability education and citizenship education is illuminated with regard to political judgment formation in the face of complex learning objects. Principles of political sustainability education will be derived from the theoretical research discourses and the special potentials and possible pitfalls of controversial out-of-school encounters with regional actors will be pointed out. These considerations will be transferred into a didactic concept for a specific topic: "Agriculture and Nutrition as Fields of Transformation and Conflict of Sustainable Development". Within the framework of the empirical work, this concept will be implemented as a teaching project in political education and evaluated within the framework of an intervention and interview study. While within a pre-post design the further developments of topic-specific conceptions and positioning as well as motivation- and attitude-related aspects are analysed, the episodic interviews focus *ex post* on longer-term reflection and meaning-making processes. The synthesis of the theoretical considerations as well as the empirical partial results reveal insights about the initiated and inhibiting processes of political judgment formation. This research shows that the political dimensions of the issue come more into focus for young people as a result of the intervention. The didactic potentials of the out-of-school encounters can be reconstructed from the learners' perspective and their conclusions. A sensation of resonance and relevance emerges among the young people, which reveals itself to be significant for processes of political judgment formation in view of the complexity and multi-perspectivity of sustainability-related issues.

Inhaltsverzeichnis

1	**Einleitung**	1
1.1	Problemstellung	4
1.2	Ziele der Arbeit	7
1.3	Aufbau der Arbeit	10
2	**Bildung in Zeiten der Klimakrise und sozial-ökologischer Transformation**	**15**
2.1	Bildungspolitische Antworten auf das Anthropozän: Bildung für nachhaltige Entwicklung als Konzept und schulische Querschnittsaufgabe	16
2.2	Kompetenzmodelle der Nachhaltigkeitsbildung	19
2.3	Zwischen pädagogischem Funktionalismus und gesellschaftlicher Verantwortung: Kritische Perspektiven auf eine Bildung für nachhaltige Entwicklung	28
2.4	Lernen, Urteilen, Handeln – Herausforderungen im Umgang mit komplexen Problemstellungen einer nachhaltigen Entwicklung	35
	2.4.1 Komplexität als Herausforderung im Lernprozess	36
	2.4.2 Die Diskrepanz zwischen Wissen, Werten und Handeln	37
	2.4.3 Interesse, Emotionen und Affekte	40
2.5	Ansatzpunkte einer politischen Nachhaltigkeitsbildung	41
	2.5.1 Das Verhältnis zwischen Politischer Bildung und Bildung für nachhaltige Entwicklung	42

		2.5.2 Politische Zugänge zu Nachhaltigkeitsbildung: Problem-, Konflikt- und Erfahrungsorientierung	44

2.6 Implikationen für die vorliegenden Studien 49

3 Politische Urteilsbildung im Kontext einer nachhaltigen Entwicklung 53
3.1 Politische Urteilsbildung als Kernanliegen Politischer Bildung 54
3.2 Begriffsverständnisse von (politischer) Urteilsbildung 56
    3.2.1 Urteilsbildung aus psychologischer Perspektive 56
    3.2.2 Normative Anforderungen an eine politische Urteilsbildung 59
3.3 Entwicklung und Förderung politischer Urteilsfähigkeit 63
    3.3.1 Modelle der soziomoralischen Entwicklung 63
    3.3.2 Die Entwicklung politischer Urteilsfähigkeit 67
    3.3.3 Zur Förderung politischer Urteilsfähigkeit 71
3.4 Studien zur politischen Urteilsbildung im Kontext einer nachhaltigen Entwicklung 74
    3.4.1 Politikdidaktische Forschungsperspektiven auf politische Urteilsbildung 75
    3.4.2 Urteilsbildung im Kontext einer nachhaltigen Entwicklung 80
3.5 Zwei Forschungsperspektiven auf Prozesse politischer Urteilsbildung: Urteilen als Expansion oder Sinnbildung 86
3.6 Implikationen für die vorliegenden Studien 88

4 Außerschulisches Lernen im Kontext Politischer Bildung 91
4.1 Diskurse um eine Öffnung von Schule und Unterricht 92
4.2 Außerschulisches Lernen im Fachunterricht 95
4.3 Potenziale außerschulischen Lernens 99
4.4 Außerschulisches Lernen in der Nachhaltigkeitsbildung 105
4.5 Außerschulisches Lernen im Politikunterricht 108
    4.5.1 Zum Stellenwert des außerschulischen Lernens im Politikunterricht 109
    4.5.2 Spannungsverhältnisse außerschulischen Lernens aus politikdidaktischer Perspektive 113
    4.5.3 Konsequenzen für die Einbindung außerschulischer Begegnungen in den Politikunterricht 118
4.6 Implikationen für die vorliegenden Studien 120

5	**Landwirtschaft und Ernährung als komplexe Problemstellung einer nachhaltigen Entwicklung: eine didaktische Intervention**	123
	5.1 Landwirtschaft und Ernährung als komplexe Problemstellung einer nachhaltigen Entwicklung	124
	5.2 Gestaltungsprinzipien der didaktischen Intervention: problem- und konfliktorientiertes und außerschulisches Lernen	134
	5.3 Konzeption der Lerneinheit	140
	5.3.1 Bildungsziele	141
	5.3.2 Aufbau der Lerneinheit	143
6	**Ziele und Fragestellungen**	149
7	**Interventionsstudie zur Analyse und Förderung politischer Urteilsbildung zum Transformationsfeld Landwirtschaft und Ernährung**	157
	7.1 Methode	157
	7.1.1 Untersuchungsdesign und -durchführung	158
	7.1.2 Stichproben	164
	7.1.3 Instrumente: Fragenbogenerhebung im Prä-Post-Design	166
	7.1.4 Statistische und inhaltsanalytische Auswertung	171
	7.1.5 Forschungsethischer Kommentar	173
	7.2 Ergebnisse	174
	7.2.1 Themenspezifische Vorstellungen und Positionierungen	175
	7.2.2 Besonderheiten der Urteilsentwicklung	187
	7.2.3 Analysen der quantitativen Daten: Motivations- und einstellungsbezogene Effekte	194
	7.3 Diskussion	199
	7.3.1 Diskussion der Ergebnisse	199
	7.3.2 Forschungsmethodische Diskussion	204
8	**Interviewstudie *ex post* zur Analyse politischer Reflexions- und Sinnbildungsprozesse**	209
	8.1 Methode	211
	8.1.1 Untersuchungsdesign: Das episodische Interview	211
	8.1.2 Fallauswahl und Durchführung der Interviews	214
	8.1.3 Der Interviewleitfaden	217

	8.1.4	Auswertung	219
		8.1.4.1 Auswertungsverfahren	220
		8.1.4.2 Das Kategoriensystems	224
		8.1.4.3 Dokumentation der Forschungsergebnisse	227
	8.1.5	Forschungsethischer Kommentar	228
8.2	Ergebnisse		229
	8.2.1	Anregungspotenziale des Unterrichtsprojektes	230
		8.2.1.1 Rekonstruktionen des Lerngegenstandes	231
		8.2.1.2 Lern- und Urteilsprozess im Rahmen des Unterrichtsprojektes	235
		8.2.1.3 Anregungspotenziale der außerschulischen Begegnungen	248
		8.2.1.4 Zusammenfassung: Anregungspotenziale des Unterrichtsprojektes	261
	8.2.2	Reflexions- und Sinnbildungsprozesse im Rahmen der außerschulischen Begegnungen	264
		8.2.2.1 Die außerschulische Begegnung mit den Landwirt*innen	265
		8.2.2.2 Die außerschulische Begegnung mit den Umweltaktivist*innen	285
		8.2.2.3 Epistemische Aktivitäten und Muster in der Sinnbildung im Zuge außerschulischer Begegnungen	301
		8.2.2.4 Zusammenfassung: Reflexions- und Sinnbildungsprozesse im Rahmen der außerschulischen Begegnungen	310
8.3	Diskussion		314
	8.3.1	Diskussion der Ergebnisse	315
	8.3.2	Forschungsmethodische Diskussion	327
9	**Gesamtdiskussion**		**333**
9.1	Zusammenfassende Diskussion der Studienergebnisse		336
9.2	Zusammenfassende Diskussion der Limitationen		341

10	**Schlussfolgerungen und Ausblick**	347
	10.1 Konsequenzen für die Konzeptualisierung einer politischen Nachhaltigkeitsbildung	347
	10.2 Konsequenzen für die Förderung politischer Urteilsbildung zu nachhaltigkeitsbezogenen Problemstellungen durch außerschulische Begegnungen	352
	10.3 Konsequenzen für die weiterführende Forschung zur Förderung nachhaltigkeitsbezogener politischer Urteilsbildung	355

Literaturverzeichnis 359

Abkürzungsverzeichnis

AbL	Arbeitsgemeinschaft bäuerliche Landwirtschaft
BLK	Bund-Länder-Kommission für Bildungsplanung und Forschungsförderung
BMBF	Bundesministerium für Bildung und Forschung
BMFSFJ	Bundesministerium für Familie, Senioren, Frauen und Jugend
BMU	Bundesministerium für Umwelt, Naturschutz, Reaktorsicherheit und Verbraucherschutz
BMZ	Bundesministerium für wirtschaftliche Zusammenarbeit und Entwicklung
BNE	Bildung für nachhaltige Entwicklung
DBV	Deutscher Bauernverband e. V.
DUK	Deutsche UNESCO-Kommission
ESD	Education for Sustainable Development
ESE	Environmental and Sustainability Education
FAO	Food and Agriculture Organization of the United Nations
GPJE	Gesellschaft für Politikdidaktik und politische Jugend- und Erwachsenenbildung
HLPE	High Level Panel of Experts
IPCC	Intergovernmental Panel on Climate Change
KMK	Ständige Konferenz der Kultusminister der Länder in der Bundesrepublik Deutschland
NAP	Nationaler Aktionsplan
NGO	Non-Governmental Organization (NGO), Nichtregierungsorganisation

UBA	Umweltbundesamt
UN	United Nations
UNEP	United Nations Environment Programme
UNESCO	United Nations Educational, Scientific and Cultural Organization
WBGU	Wissenschaftlicher Beirat der Bundesregierung Globale Umweltveränderungen
WCED	World Commission on Environment and Development

Abbildungsverzeichnis

Abbildung 3.1	Der politische Kompass als Horizont des politischen Werturteils,	78
Abbildung 4.1	Außerschulische Lernorte: Begriffe und Systematik	97
Abbildung 5.1	Anforderungen an ein nachhaltiges Ernährungssystem	129
Abbildung 5.2	Verlaufsstruktur der Lerneinheit	141
Abbildung 6.1	Forschungsvorhaben	151
Abbildung 7.1	Aspekte der Urteilsbildung im Rahmen der Interventionsstudie	159
Abbildung 7.2	Induktiv gebildete Kategorien zu den themenspezifischen Vorstellungen der Jugendlichen	176
Abbildung 8.1	Wissensbereiche des Alltagswissens im episodischen Interview	213
Abbildung 8.2	Reflektieren über Erfahrung	218
Abbildung 8.3	Ablaufschema einer inhaltlich strukturierenden Inhaltsanalyse	221
Abbildung 8.4	Wirkungsbeziehung der außerschulischen Begegnung zwischen regionalen Akteur*innen und Schüler*in	318
Abbildung 8.5	Sinnbildungsprozesse im Kontext außerschulischer Begegnungen	324

Tabellenverzeichnis

Tabelle 2.1	Kompetenzmodell der Gestaltungskompetenz	21
Tabelle 2.2	Kernkompetenzen des Lernbereichs Globale Entwicklung	23
Tabelle 2.3	Fachbezogene Teilkompetenzen im Kompetenzbereich Bewerten	26
Tabelle 2.4	Entsprechung didaktischer Prinzipien der BNE in der Politischen Bildung	43
Tabelle 3.1	Begründungskriterien eines politischen Urteils	61
Tabelle 3.2	Entwicklung politischer Kompetenzen	68
Tabelle 3.3	Anforderungsbereiche der Kompetenz Urteilsfähigkeit	70
Tabelle 5.1	Nachhaltigkeitsziele der Vereinten Nationen (2015) in den Bereichen Landwirtschaft und Ernährung	126
Tabelle 7.1	Ablauf der Untersuchung	163
Tabelle 7.2	Skalen zur Erfassung motivationaler Lernvoraussetzungen. Beispielitems, Itemanzahl und interne Konsistenz (Cronbachs α) bzw. Spearman-Brown-Koeffizient	170
Tabelle 7.3	Skalen zur Erfassung nachhaltigkeitsbezogener Einstellungen. Beispielitems, Itemanzahl und interne Konsistenz (Cronbachs α) je Schulklasse und Messzeitpunkt	171

Tabelle 7.4	Besetzungshäufigkeiten der Hauptkategorien zu den themenspezifischen Vorstellungen (Anzahl der Codierungen) zu T1 und T2	177
Tabelle 7.5	Besetzungshäufigkeiten der Hauptkategorien zu den themenspezifischen Positionierungen zu T1 und T2	183
Tabelle 7.6	Beispielzitat von Schüler*in S2.e1	188
Tabelle 7.7	Beispielzitat von Schüler*in S12.e1	189
Tabelle 7.8	Beispielzitate von Schüler*innen S7.e2 und S14.e1	189
Tabelle 7.9	Beispielzitate von Schüler*innen S5.e1 und S6.e1	190
Tabelle 7.10	Beispielzitat von Schüler*in S10.e1	191
Tabelle 7.11	Beispielzitate von Schüler*innen S1.e1 und S3.e2	192
Tabelle 7.12	Beispielzitate von Schüler*innen S13.e2 und S8.e2	193
Tabelle 7.13	Das themenspezifische Selbstkonzept und das themenspezifische Interesse vor und nach der Lerneinheit (theor. Min.-Max.: 1–6): Mittelwerte und Standardabweichungen sowie die Differenz der Mittelwerte	195
Tabelle 7.14	Subjektiver Lernzuwachs sowie Akzeptanz des außerschulischen Lernens nach der Lerneinheit (theor. Min.-Max.: 1–6): Mittelwerte und Standardabweichungen	196
Tabelle 7.15	Die Selbstwirksamkeitsüberzeugung im Bereich Konsum- und Ernährungsverhalten und die Bewertung des Nachhaltigkeitsdiskurses vor und nach der Lerneinheit (Min.-Max.: 1–6): Mittelwerte und Standardabweichungen sowie die Differenz der Mittelwerte	197
Tabelle 8.1	Stichwortartige Fallzusammenfassung	222
Tabelle 8.2	Kategoriensystem mit den Haupt- und Subkategorien erster Ordnung	225
Tabelle 8.3	Hauptkategorie 1: Rekonstruktion des Lerngegenstandes	231
Tabelle 8.4	Hauptkategorie 2: Lern- und Urteilsprozess im Rahmen des Unterrichtsprojektes	235
Tabelle 8.5	Hauptkategorie 3: Anregungspotenziale der außerschulischen Begegnungen	249
Tabelle 8.6	Auszug aus dem Kategoriensystem bezüglich der Auswertungsdimension II	264

Tabelle 8.7	Hauptkategorie 4: Außerschulische Begegnung: Landwirt*innen	266
Tabelle 8.8	Hauptkategorie 5: Außerschulische Begegnung: Umweltaktivist*innen	285
Tabelle 8.9	Hauptkategorie 6: Epistemische Aktivitäten und Muster in der Sinnbildung	302

Einleitung 1

Die gesellschaftliche Transformation hin zu einer nachhaltigen Entwicklung erfordert einen gesamtgesellschaftlichen Lernprozess und stellt eine der zentralen (Bildungs-)Aufgaben des 21. Jahrhunderts dar. Die Gefahren der Klimakrise erweisen sich trotz global unterschiedlicher Betroffenheiten als ein kollektives Problem der Weltgesellschaft, welche in ihrer Verwobenheit, Interdependenz und Tragweite historisch beispiellos ist (Intergovernmental Panel on Climate Change [IPCC], 2023). Allmählich beginnen wir, die systemischen Zusammenhänge zwischen industrieller Entwicklung und ökologischen Kosten zu begreifen, die bereits im Jahre 1972 im „Bericht des Club of Rome zur Lage der Menschheit" unter dem Titel „Die Grenzen des Wachstums" vorhergesagt wurden (Meadows et al., 1972). Die Folgen des Klimawandels wie Ernährungskrisen, Armut, der Verlust der Biodiversität oder Wetterextreme werden für die Bürger*innen immer deutlicher auch spürbar.

Der gesellschaftliche Diskurs um die sozial-ökologischen Verwerfungen und Verantwortlichkeiten hat in den letzten Jahren deutlich an Dynamik gewonnen und beginnt sich in der Mitte der Gesellschaft zu etablieren. Zu dieser Verschiebung haben vor allem die jüngere Generation und sozialen Bewegungen wie „Fridays for Future" entscheidend beigetragen, die auf eine intra- und intergenerationale Gerechtigkeit insistieren, wie das Eingangszitat von Greta Thunberg zeigt. Sie bilanzierte anlässlich einer Preisverleihung von *Amnesty International* im selben Jahr: „I think there is an awakening going on. Even though it is slow, the pace is picking up and the debate is shifting. […] Activism works" (Amnesty International, 2019). Nachhaltigkeit und Klimaschutz erfahren als gesellschaftspolitische Ziele bei einem Großteil der Bevölkerung inzwischen eine hohe Zustimmung (Umweltbundesamt [UBA], 2021). Die Frage danach, *wie* diese Ziele erreicht werden sollen, wird vor dem Hintergrund gesellschafts- und geopolitischer Zielkonflikte und unterschiedlicher Interessenlagen hochgradig kontrovers diskutiert.

© Der/die Autor(en) 2025
A. Jansen, *Politische Urteilsbildung von Jugendlichen zu komplexen Problemstellungen einer nachhaltigen Entwicklung,*
https://doi.org/10.1007/978-3-658-46149-2_1

Der sechste Sachstandsbericht des Weltklimarats der Vereinten Nationen konstatiert auch 2023 einen weiteren und stetigen Anstieg klimaschädlicher Emissionen in den verschiedenen Sektoren wie Landwirtschaft, Verkehr, Energieversorgung und Industrie (IPCC, 2023). Trotz zunehmenden Bewusstseins der Menschen über die sozial-ökologischen Problemlagen ist global sogar eine Intensivierung nicht-nachhaltiger Wirtschafts- und Lebensweisen festzustellen (Brand & Wissen, 2017).

Spätmoderne Gesellschaften sind dringlich mit der Aufgabe konfrontiert, einen Ausweg aus der „Nicht-Nachhaltigkeit" zu finden (Blühdorn, 2018). Bildung wird in diesem weitreichenden gesellschaftlichen Transformationsprozess hin zu einer nachhaltigen Entwicklung eine Schlüsselrolle zugedacht (United Nations Educational, Scientific and Cultural Organization [UNESCO], 2013; Van Poeck et al., 2020). Im Rahmen des Bildungskonzeptes einer *Bildung für nachhaltige Entwicklung* (BNE)[1], welches im Zuge der gleichnamigen UN-Dekade entwickelt und im gleichnamigen Weltaktionsprogramm weitergeführt wurde (Deutsche UNESCO-Kommission [DUK], 2014; UNESCO, 2005; 2013), sollen Kinder und Jugendliche in schulischen Lernprozessen dazu befähigt werden, ein zukunftsgerichtetes, kritisches und transformatives Denken sowie die Bereitschaft zum Handeln im privaten und gesellschaftspolitischen Sinne zu entwickeln, um eine Teilhabe an öffentlichen Diskursen und die Partizipation an gesellschaftlichen Gestaltungsprozessen zu ermöglichen (Künzli David & Bertschy, 2013; siehe Abschn. 2.1).

Bildungsprozesse im Kontext einer *Politischen Bildung für nachhaltige Entwicklung* sind aus mehreren Gründen herausfordernd. Hinsichtlich der Lerninhalte müssen komplexe Sachverhalte vermittelt, interdisziplinäres Wissen integriert und Unsicherheiten über den „richtigen" Weg ausgehalten werden (Hasslöf et al., 2014; Scott & Gough, 2003). Angesichts beschleunigter Globalisierungsprozesse und internationaler Produktion können bei den Lernenden Gefühle der Ohnmacht entstehen und aus dem Wissen über die Verstricktheiten können sich wiederum neue Irritationen für die subjektiven Lebenswirklichkeiten ergeben. Was im familiären Umfeld als „richtig" verstanden und (vor-)gelebt wird, wird

---

[1] Die vorliegende Arbeit verwendet den Begriff „Bildung für nachhaltige Entwicklung" sowie die entsprechende Abkürzung „BNE" und den Begriff der „Nachhaltigkeitsbildung" weitestgehend synonym, wenn auch mit dem letzteren eine stärkere analytische Distanz zu einer Bildung *für* und *im Sinne des Leitbildes* einer nachhaltigen Entwicklung signalisiert werden soll (siehe Problematisierung in Abschn. 2.3). Im Englischen findet sich ebenfalls die parallele Verwendung der Begriffe *Education for Sustainable Development* (ESD) und *Environmental and Sustainability Education* (ESE).

zum Gegenstand von Beurteilungen in Schule und sozialem Umfeld (Buschmann & Sulmowski, 2018; Neckel, 2020). Der vorangestellte Auszug aus einem Unterrichtsdiskurs, der aus dem vorliegenden Forschungsprojekt stammt, zeigt exemplarisch: Die lernende Auseinandersetzung mit komplexen Fragestellungen führt meist nicht zu einer eindeutigen Lösung, sondern macht die Komplexität in der Regel erst sichtbar und *schafft* gewissermaßen somit ein Problem für die Lernenden (siehe auch Marchand, 2015, S. 287). Politisches Urteilen stellt angesichts der Komplexität, die sich nicht zuletzt durch ihre Sozialität und Perspektivität potenziert, ein prekäres Unterfangen dar. Wie Arendt in dem dieser Arbeit vorangestellten Zitat festhält, ist es angesichts der Pluralität des gesellschaftlichen Zusammenlebens in einer Demokratie nicht möglich, souverän – im Sinne „unbedingte[r] Autonomie und Herrschaft über sich selbst" – zu sein (Arendt, 2016a, S. 229). Die Perspektivität der gesellschaftlichen Angelegenheiten und die Tatsache der Klimakrise als kollektives Problem stellen eine Konstellation dar, die politisches Urteilen und Handeln in neuen Qualitäten verlangt (Heidenreich, 2023; Latour & Schultz, 2022).

Nicht nur das spätmoderne Subjekt ist in Fragen der alltäglichen Lebensführung herausgefordert, sondern auch die Theorie und Praxis der Politischen Bildung. Bildung für nachhaltige Entwicklung ist als fächerübergreifende Bildungsaufgabe in der Institution Schule zu verankern und die spezifischen Beiträge und Weltzugänge der Domänen und Unterrichtsfächer sind weiter zu konkretisieren (Grund & Brock, 2018; 2022; Holst et al., 2020). Es stellt sich die Frage, wie Politische Bildung fachintern sowie fächerübergreifend auf diese Herausforderungen reagieren kann, was politisches Lernen und Urteilen in diesem Zusammenhang auszeichnet und wie es in konkreten Lernsituationen angeregt und unterstützt werden kann. Die vorliegende Arbeit wird von der Grundannahme geleitet, dass Nachhaltigkeit kein einzelnes Unterrichtsthema darstellen und sich nicht in allgemeinen Diskussionen über das Leitbild einer nachhaltigen Entwicklung erschöpfen kann, sondern dass vor allem durch die Auseinandersetzung mit konkreten und authentischen Problemstellungen politische Lerngelegenheiten ermöglicht werden können.

1.1 Problemstellung

Die vorliegende Dissertation widmet sich der Förderung politischer Urteilsbildung im Politikunterricht[2] der gymnasialen Oberstufe angesichts der Komplexität, Perspektivität, Dynamik, Ambivalenz und Ungewissheit von Problemstellungen einer nachhaltigen Entwicklung. Sie verortet sich damit an der Schnittstelle von Politikdidaktik, Bildung für nachhaltige Entwicklung und empirischer Bildungsforschung. Nachhaltigkeitsbezogene Problemstellungen sind meist gekennzeichnet durch ein Aufeinandertreffen materialistischer und postmaterialistischer Wertevorstellungen, konfligierende Zielsetzungen und einer Entgrenzung von Raum und Zeit, was die subjektive Folgenabschätzung von ökologischen, ökonomischen oder sozialen Konsequenzen erschwert. Das spätmoderne Subjekt findet sich in einem ambivalenten Dazwischen, in dem die alten ressourcenintensiven Verhältnisse und Verhaltensweisen der westlichen Industrienationen angesichts der Herausforderungen des Klimawandels zunehmend anachronistisch erscheinen und die neuen Bedingungen einer solidarischen und ökologisch vertretbaren Lebensweise (noch) nicht verwirklicht oder im Werden begriffen sind (Friedrichs, 2021a).

Komplexe Problemstellungen einer nachhaltigen Entwicklung stellen entsprechend hohe Anforderungen an politische Urteilsprozesse (Marchand, 2015; Riß & Overwien, 2010). Empirische Studien belegen eine Diskrepanz zwischen Wissen, Werten und Handeln, der sogenannten *value-action gap* bzw. *knowledge-action gap* (Blake, 1999; Kollmus & Agyeman, 2002; Kruse, 2011). Für den schulischen Bildungskontext kann angenommen werden, dass sich eine vornehmlich wissensbezogene Nachhaltigkeitsbildung nicht notwendigerweise handlungsleitend auf die Lernenden auswirkt. Rekonstruktive Studien mit Jugendlichen im Kontext einer Bildung für nachhaltige Entwicklung konnten eine Diskrepanz zwischen explizitem Bewerten und implizitem – und damit potenziell handlungsleitendem – Wissen der Lernenden feststellen (Holfelder, 2018). Wissen über globale Problemlagen und Werthaltungen im Sinne des Leitbildes einer nachhaltigen Entwicklung können von vielen Schüler*innen offenbar reproduziert werden, müssen aber nicht zwangsläufig mit einer Veränderung auf der Ebene der dem Wissen folgenden Handlungsbereitschaft einhergehen; stattdessen zeigen sich Zweifel an der Veränderbarkeit und individuellen Gestaltbarkeit sowie pessimistische Zukunftserwartungen (siehe auch Asbrand, 2014; Grund &

---

[2] Im Rahmen dieser Arbeit wird vom „Politikunterricht" gesprochen. Dabei ist anzumerken, dass dieser in den verschiedenen Schulformen und Bundesländern unterschiedlich bezeichnet wird (bspw.: Politik-Wirtschaft, Gesellschaftslehre, Weltkunde, Politik und Gesellschaft) (Gökbudak & Hedtke, 2018, S. 5–11).

Brock, 2019; 2022; Holfelder, 2018; Uphues, 2007; Wolfenberger, 2008). Dabei ist festzuhalten, dass die in den Studien belegte Diskrepanz zwischen Wissen, Bewerten und Handeln auch die Folge eines komplexitätsreduzierenden Unterrichts sein kann, der etwa durch moralisierende Handlungsaufforderungen der Lehrkräfte geprägt ist (Wettstädt & Asbrand, 2014). Weitere Forschungsarbeiten belegen darüber hinaus, dass Jugendliche Schwierigkeiten im Umgang mit der lernbereichsspezifischen Komplexität haben, die zu fachlichen Verkürzungen führen können. Die Denkweisen von Lernenden sind in diesem Themenfeld durch eine starke Nahbereichsorientierung (Holfelder, 2018), eine starke Fokussierung auf das individuelle Konsumverhalten (Fischer et al., 2015) und zum Teil durch Moralisierung, Zurückweisung oder Relativierung (Marchand, 2015) kennzeichnet. Es kann angenommen werden, dass unbewusst kognitive Strategien und Heuristiken in der Urteilsbildung zum Tragen kommen, um die Komplexität kognitiv zu bewältigen und Überforderung zu vermeiden (Plessner, 2011, S. 35–43). Ein zentrales Bildungsziel besteht vor diesem Hintergrund darin, angesichts – und trotz – der Komplexität nachhaltigkeitsbezogener Problemstellungen diskurs- und handlungsfähig zu sein bzw. zu werden. Damit ist die Frage aufgeworfen, wie schulische Lehr-Lern-Kontexte konzeptuell gefasst sein müssen, damit dieses anspruchsvolle Ziel vorbereitet wird. Dieser Frage wird sich die vorliegende Forschungsarbeit zuwenden.

Diese Ergebnisse der genannten Studien sind für die Politische Bildung, deren Forschungsdiskurs sich bis auf einige Ausnahmen kaum und lange Zeit zögerlich auf das Bildungskonzept einer BNE bezieht (Overwien, 2020a), von großem Interesse und adressieren in besonderer Weise die fachdidaktisch zentrale *Fähigkeit zur politischen Urteilsbildung*. Zum einen geben sie Auskunft über Charakteristika nachhaltigkeitsbezogener Urteilsbildung bei Jugendlichen und liefern damit Anknüpfungspunkte zur Gestaltung effektiver und sinnstiftender politischer Lernsituationen. Zum anderen ergibt sich aus den Befunden ein Forschungs- und Entwicklungsbedarf im Hinblick auf eine *politische Nachhaltigkeitsbildung*: Wie kann die politische Urteilsbildung sowie der Umgang mit komplexen Problemstellungen einer nachhaltigen Entwicklung bei Jugendlichen gefördert und unterstützt werden?

Überdies ergibt sich auf Basis der gegenwärtigen Befundlage die Notwendigkeit einer stärker politischen und sozio-ökonomischen Fundierung einer BNE sowie eines verstärkten Beitrages der Politischen Bildung zur Nachhaltigkeitsbildung (Fischer et al., 2015; Overwien, 2020a; Rieckmann & Schank, 2016; Scott & Gough, 2003; Sund & Öhman, 2013; Van Poeck & Vandenadeele, 2012). Komplexe Problemstellungen einer nachhaltigen Entwicklung stellen öffentliche und diskursiv auszuhandelnde Angelegenheiten in einer pluralen Gesellschaft dar, insofern ist – wie sich zeigen wird – aus einer gesellschaftswissenschaftsdidaktischen Perspektive auch ein pluralistischer Ansatz zu verfolgen (Öhman & Östman, 2019). Problem- und konfliktorientierten sowie erfahrungsorientierten Zugängen wird in diesem Zusammenhang ein besonderes Potenzial für politische Lernprozesse zugeschrieben (Eis, 2022; Kirsop-Taylor et al., 2020; Van Poeck & Östman, 2020). Die lernende Auseinandersetzung mit authentischen Problemen in ihrer Perspektivität und Konflikthaftigkeit steht dabei im Vordergrund (Eis, 2022; Kehren, 2022). Es besteht ein Bedarf an konzeptionellen Überlegungen und empirischen Befunden über das komplexe Interaktionsgefüge zwischen lernendem Subjekt und komplexen Lerngegenstand in konkreten Lehr-Lern-Situationen, in denen Schüler*innen mit der außerunterrichtlichen politischen Wirklichkeit forschend, diskursiv und reflexiv interagieren und zum Umgang mit den Problemen befähigt werden:

> [O]ffering educative spaces, i.e. spaces where judgement and action are preceded by inquiry (careful observation and reflection), is perhaps what is most needed in the face of severe crises such as the current sustainability crisis. (Van Poeck & Östman, 2020, S. 1015)

Inwieweit eine problem-, konflikt- und erfahrungsorientierte Zugangsweise durch die Integration außerschulischer Elemente die Fähigkeit zur mehrperspektivischen politischen Urteilsbildung gezielt fördern kann, ist bisher empirisch nicht untersucht. Empirische Arbeiten zur Förderung politischer Urteilsbildung existieren insgesamt kaum (Biedermann & Reichenbach, 2009; Manzel & Weißeno, 2017; May et al., 2020; Sander, 2012). Die wenigen Studien zu nachhaltigkeitsbezogenen Denkweisen, Orientierungen und Beurteilungen von Schüler*innen, die für die vorliegende Arbeit von Bedeutung sind (siehe oben), nehmen nicht das Urteilen zu einem konkreten Thema unter bestimmten didaktischen Bedingungen in den Blick. Insbesondere das außerschulische politische Lernen sowie die Einbindung in den Fachunterricht ist hinsichtlich der angeregten Lern- und Urteilsprozesse kaum empirisch untersucht (Baar & Schönknecht, 2018; Moritz, 2018).

Der *state of the art* der Forschung zur politischen Urteilsbildung zu nachhaltigkeitsbezogenen Problemstellungen weist ein Desiderat auf hinsichtlich konzeptueller Überlegungen und der themen- und kontextspezifischen Erprobung entsprechender Ansätze einer politischen Nachhaltigkeitsbildung im Politikunterricht sowie hinsichtlich der Anregungspotenziale des außerschulischen Lernens und dessen Einbindung in den Fachunterricht. Diesem Forschungsdesiderat nimmt sich die vorliegende Studie an, indem sie untersucht, inwieweit es die spezifischen didaktischen Bedingungen vermögen, eine elaborierte politische Urteilsbildung und den Umgang mit Komplexität und Mehrperspektivität zu unterstützen. Für das konkrete Vorgehen in der Studie bedeutete dies in der Genese der Arbeit, Gestaltungsprinzipien einer politischen Nachhaltigkeitsbildung herzuleiten und in eine didaktische Konzeption zu einer konkreten Themenstellung zu überführen. Im Rahmen der empirischen Arbeit wird diese als siebenwöchiges Unterrichtsprojekt zum Thema „Landwirtschaft und Ernährung als Transformations- und Konfliktfelder einer nachhaltigen Entwicklung" im Politikunterricht des 11. Jahrgangs erprobt und im Rahmen einer Interventions- und Interviewstudie evaluiert. Während innerhalb eines Prä-Post-Designs die Weiterentwicklungen themenspezifischer Vorstellungen und Positionierungen sowie motivations- und einstellungsbezogener Aspekte analysiert werden, fokussieren die episodischen Interviews *ex post* längerfristige politische Reflexions- und Sinnbildungsprozesse.

Die politische Urteilsbildung als Forschungsgegenstand fungiert im Zuge des explorativen Forschungsinteresses der Arbeit gewissermaßen als Klammer, d. h. es wird ein Verständnis zugrunde gelegt, nach dem die sach- und wertbezogene sowie selbstreflexive Analyse und Beurteilung politischer Sachverhalte unter besonderer Berücksichtigung unterschiedlicher Perspektiven, Interessen und Werte betrachtet werden (Autorengruppe Fachdidaktik, 2017; Gesellschaft für Politikdidaktik und politische Jugend- und Erwachsenenbildung [GPJE], 2004). Dies schließt Prozesse der Perspektivenübernahme, des Analysierens, Abwägens und Argumentierens sowie die Integration in ein politisches Werturteil mit ein.

1.2 Ziele der Arbeit

Die Ziele der Arbeit sind auf unterschiedlichen Ebenen verortet. Sie sind einerseits auf der Ebene der Diskursbearbeitung angesiedelt und stellen andererseits konkrete Forschungsziele dar, die mit der Anlage der Studie verfolgt werden.

Ziele im Hinblick auf einen disziplinübergreifenden Beitrag zur Nachhaltigkeitsbildung. Die vorliegende Forschungsarbeit bewegt sich an den Schnittstellen zwischen der Didaktik der Politischen Bildung, dem Bildungskonzept einer Bildung für nachhaltige Entwicklung und der pädagogisch-psychologischen empirischen Bildungsforschung und leistet damit einen disziplinübergreifenden Beitrag zur Nachhaltigkeitsbildung. Angesichts der Interdisziplinarität der damit tangierten Forschungsdiskurse ist es für die vorliegende Arbeit eine Voraussetzung, zwischen den fachlichen, didaktischen und forschungs-methodischen Vorstellungen und Ansprüchen zu navigieren, ohne sie in ihren Eigenlogiken aufzulösen.

Eine vermittelnde und interdisziplinäre Herangehensweise ist dabei nicht nur hinsichtlich der verschiedenen bildungswissenschaftlichen Zugänge geboten, sondern auch im Hinblick auf die Objekte des Lernens selbst. Problemstellungen im Kontext einer Bildung für nachhaltige Entwicklung sind durch das Nebeneinander verschiedener Ziele (Polytelie), vieler Variablen (z. B. vieler verschiedener Perspektiven), einer großen Vernetztheit relevanter Variablen sowie ein hohes Maß an Intransparenz und Dynamik charakterisiert (Dörner & Funke, 2017). Dies fordert sowohl die (fach-)didaktische Aufbereitung von Lerngegenständen als auch das Lernen selbst heraus. Nachhaltigkeitsbezogene Themen bergen für die Urteilsbildung wissensbezogene, ethische und politische Herausforderungen (Block et al., 2019). Angesichts dieser Komplexität besteht für die schulische Vermittlungspraxis ein Bedarf an geeigneten Bildungspraktiken und -angeboten im Kontext einer politischen Nachhaltigkeitsbildung (Kirsop-Taylor et al., 2020). Diesem Bedarf begegnet die Arbeit mit der Konzeption eines Bildungsangebots zu einer komplexen Problemstellung und der Untersuchung der Anregungspotenziale für die politische Urteilsbildung. Zum einen wird ein exemplarisches Thema als komplexes Konflikt- und Transformationsfeld fachlich aufbereitet und im Sinne eines pluralistischen Ansatzes didaktisiert. Zum anderen werden die Lerneinheit im schulischen Fachunterricht und die angewandten didaktischen Zugänge im Hinblick auf die angebahnten Lernprozesse erprobt und evaluiert.

Ziele im Hinblick auf das Zusammenspiel von BNE und Politischer Bildung. Eine zentrale Zielsetzung der Arbeit besteht dementsprechend darin, die Schnittstellen und Spannungsverhältnisse der interdisziplinären Diskurse auszuleuchten und sie in ihren Fachanliegen zu vermitteln. Bildung für nachhaltige Entwicklung ist ein fächerübergreifendes Bildungsziel (KMK & DUK, 2007). Im Zuge ihrer gegenwärtigen Implementierung in den Bildungsinstitutionen wie der Schule und Universität stellt sich die Frage nach fach- und domänenspezifischen Zugängen. Gleichwohl ist die Politische Bildung in der Schule fachgebunden und als fächerübergreifendes Prinzip verankert (Besand, 2019). Sowohl institutionell, um eine Verantwortungsdiffusion bei der Umsetzung fächerübergreifender Bildungsziele zu verhindern, als auch mit Blick auf die Lernenden, um einen kohärenten und längerfristig sinnstiftenden schulischen Lernprozess zu ermöglichen, stellt sich die Frage: Welcher Beitrag ergibt sich aus den gesellschaftswissenschaftlichen Fächern, insbesondere dem Politikunterricht? Insofern nimmt es sich die vorliegende Arbeit auch zum Ziel, das Zusammenspiel von BNE und Politischer Bildung in der theoretischen Auseinandersetzung auszutarieren und Anknüpfungspunkte einer politischen und pluralistisch orientierten Nachhaltigkeitsbildung aufzuzeigen.

1.2 Ziele der Arbeit

Ziele im Hinblick auf die Förderung politischer Urteilsbildung angesichts komplexer Problemstellungen einer nachhaltigen Entwicklung. Der empirische Teil der Forschungsstudie verfolgt das Ziel, die Förderung politischer Urteilsbildung von Jugendlichen zu komplexen Problemstellungen einer nachhaltigen Entwicklung empirisch zu untersuchen. Das Einüben einer elaborierten und potenziell handlungsleitenden Urteilspraxis stellt für die Heranwachsenden eine Herausforderung dar. Mit Blick auf das übergeordnete Bildungsziel, Schüler*innen diskursfähig zu machen, stellt die Öffnung der Schule in das Quartier, die Kommune, den öffentlichen (Nah-)Raum und die (Zivil-)Gesellschaft ein zentrales didaktisches Element einer politischen Nachhaltigkeitsbildung dar. Insbesondere zur Förderung von Urteilsbildungsprozessen birgt die Integration außerschulischer Begegnungen mit Akteur*innen, die entlang gesellschaftspolitischer Konfliktlinien in einen gesellschaftlichen Transformationsprozess eingebunden sind, ein außerordentliches Potenzial, Perspektivität und Kontroversität erfahrbar werden zu lassen. Sich über Positionen zu verständigen, die Interessengebundenheit von Argumenten zu analysieren und Positionen öffentlich zu vertreten, stellen wichtige Momente der Urteilspraxis dar. Die vorliegende Arbeit widmet sich damit den Fragen: Wie kann politische Urteilsbildung und ein Umgang mit Komplexität unter entsprechenden didaktischen Bedingungen gefördert werden? Wie ist das politikdidaktische Potenzial eines problem-, konflikt- und erfahrungsorientierten Zugangs empirisch zu bestimmen?

Aufgrund der Prämisse, dass politische Urteilsbildung immer am konkreten Beispiel und damit themen- und kontextspezifisch erfolgt (Rößler, 2019, S. 30 f.), wird exemplarisch eine Lerneinheit zu den Transformations- und Konfliktfeldern „Landwirtschaft und Ernährung" konzipiert, mehrmals im schulischen Fachunterricht durchgeführt, evaluiert und auf förderliche und hemmende Lehr-Lern-Bedingungen für die Urteilsbildung untersucht. Inhaltlich wurde sich im Rahmen der siebenwöchigen Lerneinheit mit der Frage auseinandergesetzt, wie die Landwirtschaft nachhaltig gestaltet und die Ernährungssicherheit der Weltbevölkerung gewährleistet werden kann. Welche Anforderungen und Verantwortlichkeiten ergeben sich hieraus für Bürger*innen, landwirtschaftliche Betriebe und weitere Unternehmen entlang der Wertschöpfungskette? Ein didaktischer Schwerpunkt war hierbei, die systemischen Konfliktlinien in ihrer regionalen Relevanz erfahrbar zu machen. Hierfür wurden außerschulische Begegnungen mit regionalen Akteur*innen (lokale Landwirt*innen und Vertreter*innen einer Umweltschutzorganisation) integriert. Die forschungsleitende Fragestellung der Studie lautet: Wie entwickeln sich politische Urteile von Jugendlichen im Themenfeld Landwirtschaft und Ernährung im Rahmen eines Unterrichtsprojektes unter dem Eindruck außerschulischer Begegnungen mit regionalen Akteur*innen einer nachhaltigen Entwicklung? Mit der Kombination zweier Teilstudien wird forschungsmethodisch das Ziel verfolgt, möglichst umfassende Erkenntnisse aus konkreten Lehr-Lern-Situationen unter spezifischen didaktischen Bedingungen zu gewinnen, um Rückschlüsse auf die Förderung von politischer Urteilsbildung und die Anregungspotenziale außerschulischer Begegnungen ziehen zu können. Die unterschiedlich fokussierenden Perspektiven auf den Forschungsgegenstand der Urteilsbildung, in der Urteilen stärker als Expansion des individuellen Bezugshorizontes oder stärker als Sinnbildung vor dem Hintergrund bestehender Wertorientierungen erfasst wird (siehe Abschn. 3.5), werden in der vorliegenden Arbeit in zwei forschungsmethodische Zugänge (Interventions- und Interviewstudie) übersetzt, deren Ergebnisse gerade in ihrer Verschränkung Erklärungskraft beanspruchen können.

Ziele im Hinblick auf die Verknüpfung schulischer und außerschulischer Lernsituationen. Eine Öffnung der Schule in den öffentlichen (Nah-)Raum wird im Zuge gesellschaftlicher Transformationsprozesse zunehmend bildungspolitisch gefordert (Eis, 2022; KMK, 2017; 2018). Im Rahmen der Studien werden außerschulische Lernsituationen in den schulischen Fachunterricht integriert. Zum einen wird empirisch untersucht, welche für die Urteilsbildung relevanten Verstehensprozesse angeregt werden konnten; zum anderen stellt sich die Frage, welche Rückschlüsse für bildungswirksame Kooperationen und die didaktische Gestaltung gezogen werden können. Die Arbeit verfolgt den Anspruch, Erkenntnisse dahingehend zu generieren, wie im Kontext einer Bildung für nachhaltige Entwicklung ein Transfer zwischen Kontexten von Wissenschaft, Schule und außerschulischen (Bildungs-)Akteur*innen ermöglicht und didaktisch sinnvoll gestaltet werden kann.

1.3 Aufbau der Arbeit

Die vorliegende Dissertationsschrift umfasst einen Theorieteil (Kap. 2 bis 5) und einen empirischen Teil (Kap. 6 bis 8), der sich in zwei empirische Studien gliedert: eine Interventionsstudie und eine Interviewstudie. Die Arbeit schließt mit einer Gesamtdiskussion (Kap. 9) und einem Ausblick (Kap. 10).

In *Kapitel 2* wird der theoretische Rahmen für eine *Bildung in Zeiten der Klimakrise und sozial-ökologischer Transformation* aufgespannt und die Entwicklung, Zielsetzung und bildungspolitische Implementierung des Konzeptes Bildung für nachhaltige Entwicklung nachgezeichnet. Entlang zweier im bundesdeutschen Bildungskontext relevanter Kompetenzmodelle – das Modell der Gestaltungskompetenz (de Haan, 2008) und das des Orientierungsrahmens des Lernbereichs

1.3 Aufbau der Arbeit

Globale Entwicklung (KMK & BMZ, 2016) – wird das Verhältnis zum (politikdidaktischen) Bildungsziel der politischen Urteilsfähigkeit bestimmt und vor dem Hintergrund kritischer Perspektiven auf das Bildungskonzept BNE diskutiert. Es folgt eine Darlegung des empirischen Forschungsstandes zu den Anforderungen und Herausforderungen im lernenden Umgang mit komplexen Problemstellungen einer nachhaltigen Entwicklung. Vor diesem Hintergrund wird nachfolgend das interdisziplinäre Verhältnis zwischen Bildung für nachhaltige Entwicklung und Politischer Bildung betrachtet, um Ansatzpunkte einer *politischen Nachhaltigkeitsbildung* herzuleiten, die als didaktische Zugänge im Rahmen der Arbeit erprobt und evaluiert werden.

In *Kapitel 3* werden der theoretische und empirische Hintergrund zur *politischen Urteilsbildung im Kontext einer nachhaltigen Entwicklung* erläutert. Dabei werden theoretische Auffassungen darüber skizziert, was sie als Forschungsgegenstand umfasst, wie sich die politische Urteilsfähigkeit idealtypisch entwickelt und in Lernsituationen fördern lässt. Der Schwerpunkt dieses Kapitels liegt auf der Darstellung der politikdidaktischen Perspektive. Es werden Studien zur politischen Urteilsbildung vorgestellt, deren Befunde für Themenfelder einer nachhaltigen Entwicklung, den Umgang mit Komplexität innerhalb einer elaborierten Urteilsbildung sowie mit Blick auf die empirische Erforschung bedeutsam sind. Das Kapitel mündet in der Differenzierung zweier Forschungsperspektiven, die in den zwei empirischen Studien der Arbeit umgesetzt werden.

Im *Kapitel 4* wird der theoretische und empirische Hintergrund des *außerschulischen Lernens* dargestellt. Dabei wird die Bedeutung des außerschulischen Lernens in den Diskurs um eine Öffnung der Schule eingeordnet, aus dem sich Potenziale für die Lernfelder der Politischen Bildung und der Nachhaltigkeitsbildung ergeben. Der Schwerpunkt dieses Kapitels besteht zum einen in der Betrachtung allgemeindidaktischer Potenziale außerschulischen Lernens und einer Konkretisierung und kritischen Analyse im Hinblick auf politische Bildungsprozesse. Es wird das didaktische Potenzial außerschulischer Begegnungen für die Nachhaltigkeitsbildung und für die Politische Bildung aufgezeigt und insbesondere mit Blick auf die Förderung politischer Urteilsfähigkeit diskutiert. Zum anderen werden fachspezifische Vorbehalte aufgezeigt, aus denen Implikationen für die didaktische Integration außerschulischer Begegnungen in den Politikunterricht abgeleitet werden.

In *Kapitel 5* wird die Lerneinheit in ihrer fachlichen Aufbereitung und didaktischen Gestaltung beschrieben, die als didaktische Intervention konzipiert wurde. Thematisch richtet sie sich auf *Landwirtschaft und Ernährung als gesellschaftliches Transformations- und Konfliktfeld*. Die siebenwöchige Lerneinheit zielt auf die Förderung politischer Urteilsbildung angesichts komplexer Problemstellungen einer nachhaltigen Entwicklung durch einen problem- und konfliktorientierten sowie erfahrungsorientierten Unterrichtsansatz und wurde für den Politikunterricht der gymnasialen Oberstufe entwickelt. Zunächst wird das Themenfeld politisch in seiner fachlichen Komplexität, Kontroversität und Zukunftsbedeutung entfaltet. Es folgt eine Darstellung der Gestaltungsprinzipien der Lerneinheit, die auf den zuvor hergeleiteten Ansatzpunkten einer politischen Nachhaltigkeitsbildung basieren. Abschließend wird die Konzeption der Lerneinheit hinsichtlich der Bildungsziele und der einzelnen Unterrichtsstunden erläutert.

Der empirische Teil der Arbeit beginnt in *Kapitel 6* mit der Zusammenfassung der Ziele und der Vorstellung der leitenden *Forschungsfragen* der Interventionsstudie und Interviewstudie *ex post*. Zunächst wird der zweistufige Forschungsansatz dargelegt und daraufhin die Fragestellungen der Studien vor dem Hintergrund der Ausführungen des Theorieteils eingeordnet.

In *Kapitel 7* wird die *Interventionsstudie* zur Analyse und Förderung politischer Urteilsbildung zum Transformationsfeld Landwirtschaft und Ernährung vorgestellt. Zunächst wird das methodische Vorgehen (hinsichtlich des Untersuchungsdesigns und der -durchführung, der Stichprobe sowie der Erhebungs- und Auswertungsverfahren) beschrieben und nachfolgend werden die Ergebnisse bezüglich der themenspezifischen Vorstellungen und Positionierungen, Besonderheiten der Urteilsentwicklung und motivations- und einstellungsbezogene Effekte präsentiert. Abschließend werden die Ergebnisse zusammengefasst sowie inhaltlich und forschungsmethodisch diskutiert.

In *Kapitel 8* erfolgt die Darstellung der *Interviewstudie*, die im Gegensatz zum Vorgehen in Kapitel 7 einen anderen Zugang zur Urteilsbildung wählt. Zunächst wird das methodische Vorgehen dargelegt. Mittels episodischer Interviews (Flick, 2011) werden die politischen Reflexions- und Sinnbildungsprozesse der Jugendlichen im Zuge des Unterrichtsprojektes und der außerschulischen Begegnungen analysiert. Die Auswertung erfolgt mithilfe der inhaltlich strukturierenden Inhaltsanalyse. Abschließend werden die Ergebnisse der Teilstudie dokumentiert sowie inhaltlich und forschungsmethodisch eingeordnet.

In *Kapitel 9* erfolgt eine Gesamtdiskussion, in der eine Synthese der Ausführungen aus den Theoriekapiteln, der Ergebnisse der Interventionsstudie sowie der Ergebnisse der Interviewstudie im Hinblick auf die Förderung politischer nachhaltigkeitsbezogener Urteilsbildung angestrebt wird. Es werden außerdem die Reichweite und Grenzen des vorliegenden Forschungsprojektes diskutiert.

Im *Kapitel 10* werden Schlussfolgerungen für die theoretische Auseinandersetzung und Konsequenzen für die pädagogische Praxis abgeleitet und damit Antworten auf die formulierten Zielperspektiven der Einleitung gegeben. Die Arbeit schließt mit einem Ausblick auf die weiterführende Forschung.

1.3 Aufbau der Arbeit

Open Access Dieses Kapitel wird unter der Creative Commons Namensnennung 4.0 International Lizenz (http://creativecommons.org/licenses/by/4.0/deed.de) veröffentlicht, welche die Nutzung, Vervielfältigung, Bearbeitung, Verbreitung und Wiedergabe in jeglichem Medium und Format erlaubt, sofern Sie den/die ursprünglichen Autor(en) und die Quelle ordnungsgemäß nennen, einen Link zur Creative Commons Lizenz beifügen und angeben, ob Änderungen vorgenommen wurden.

Die in diesem Kapitel enthaltenen Bilder und sonstiges Drittmaterial unterliegen ebenfalls der genannten Creative Commons Lizenz, sofern sich aus der Abbildungslegende nichts anderes ergibt. Sofern das betreffende Material nicht unter der genannten Creative Commons Lizenz steht und die betreffende Handlung nicht nach gesetzlichen Vorschriften erlaubt ist, ist für die oben aufgeführten Weiterverwendungen des Materials die Einwilligung des jeweiligen Rechteinhabers einzuholen.

Bildung in Zeiten der Klimakrise und sozial-ökologischer Transformation

2

In diesem Kapitel werden die Entwicklung, Zielsetzung und bildungspolitische Implementierung des Konzeptes Bildung für nachhaltige Entwicklung im internationalen und nationalen Zusammenhang nachgezeichnet (2.1). Am Beispiel zweier im bundesdeutschen Bildungskontext relevanter Kompetenzmodelle – das Modell der Gestaltungskompetenz (de Haan, 2008) und das des Orientierungsrahmens des Lernbereichs Globale Entwicklung (KMK & BMZ, 2016) – wird aufgezeigt, welche Bildungsziele, Fähigkeiten und Fertigkeiten als in schulischen Bildungsprozessen zu fördernd bestimmt werden, um Schüler*innen aller Altersgruppen Orientierung in einer globalisierten Welt zu ermöglichen. Die Kompetenzmodelle werden im Hinblick auf das politikdidaktische Bildungsziel der politischen Urteilsbildung diskutiert (2.2), wobei sich zeigen wird, dass der im Lernbereich angestrebte kritische und engagierte Umgang mit den politischen, ökologischen, ökonomischen und sozialen Herausforderungen relativ vage adressiert wird. Im Anschluss wird der Forschungsstand hinsichtlich der theoretisch-konzeptionellen Grundlagen beleuchtet, indem kritische Perspektiven auf das Konzept einer Bildung für nachhaltige Entwicklung diskutiert werden (2.3). Darauffolgend wird der Fokus auf die Anforderungen und Herausforderungen im Umgang mit komplexen Problemstellungen gelegt und die empirische Befundlage skizziert (2.4). Vor dem Hintergrund der theoretischen und empirischen Erkenntnisse des Forschungsdiskurses werden im Anschluss der fachspezifische Beitrag zum fächerübergreifenden Konzept sowie Anknüpfungspunkte einer politischen Nachhaltigkeitsbildung hergeleitet (2.5). Abschließend werden Konsequenzen für die vorliegenden Studien gezogen (2.6).

2.1 Bildungspolitische Antworten auf das Anthropozän: Bildung für nachhaltige Entwicklung als Konzept und schulische Querschnittsaufgabe

Ursprünglich aus der Forstwirtschaft des 18. Jahrhunderts stammend, avancierte der Begriff der *Nachhaltigkeit* in der zweiten Hälfte des 20. Jahrhunderts zum internationalen Leitbild einer zunehmend vernetzten Weltgesellschaft (Pufé, 2017, S. 37–65). Die bis heute einflussreichste Definition geht auf den Brundtland-Bericht (*Our Common Future*) aus dem Jahre 1987 zurück, veröffentlicht von der Weltkommission für Umwelt und Entwicklung der Vereinten Nationen (WCED, 1987), die 1983 gegründet worden war: Eine nachhaltige Entwicklung dient den Bedürfnissen der jetzigen Generation, ohne die Möglichkeiten künftiger Generationen zu gefährden, ihre Bedürfnisse befriedigen zu können (Pufé, 2017, S. 42–47).

Das Konzept einer nachhaltigen Entwicklung wurde 1992 auf der UN-Konferenz für Umwelt und Entwicklung in Rio de Janeiro als internationales Leitbild anerkannt (UN, 1992). Das in diesem Kontext verabschiedete Aktionsprogramm Agenda 21 formulierte Leitlinien für das 21. Jahrhundert und adressierte dabei politische Akteur*innen auf staatlichen bis kommunalen Handlungsebenen. Dabei stellte das Konzept bewusst eine Kompromissformel der internationalen Zusammenarbeit dar, um die Zielkonflikte zwischen Umweltschutz und wirtschaftlicher Entwicklung in diplomatisch-konstruktiver Weise zu thematisieren (Borowy, 2014). Zugleich wurde die Bedeutung von Bildung für einen globalen Wandel herausgestellt – mit insgesamt 486 Nennungen in dem 500-seitigen Dokument (Wickenberg, 1999, S. 106).

Die internationale Verankerung transformativer Bildungsbemühungen war anschlussfähig an verschiedene langjährig etablierte Bildungsansätze wie der Umweltbildung und das Globale Lernen, mit einem stärkeren entwicklungspolitischen Schwerpunkt (Bolscho & Seybold, 1996; Rieß, 2006, S. 10). In den Fachdiskursen der jeweiligen Konzepte wurde sich mit Blick auf das Leitbild ab 1992 neu ausgerichtet, auch wenn die jeweiligen spezifischen Anliegen bestehen blieben (Künzli David et al., 2010). In den darauffolgenden Jahren wurde die internationale Diskussion über globale Umweltfragen intensiviert und das Vorhaben konkretisiert, das Konzept einer Bildung für nachhaltige Entwicklung in den Bildungssystemen der Mitgliedstaaten zu verankern. Im Jahre 2002 riefen die Vereinten Nationen die *UN-Dekade Bildung für nachhaltige Entwicklung (2005–2014)* beim Weltgipfel für eine nachhaltige Entwicklung in Johannesburg aus (Stevenson, 2012). Vor dem Hintergrund multipler globaler Herausforderungen wie Armut, Gewalt, Ungleichheit und die Erschöpfung der natürlichen Ressourcen wurde folgendes Ziel formuliert:

> The overall goal of the DESD [Decade of Education for Sustainable Development, A.J.] is to integrate the principles, values and practices of sustainable development into all aspects of education and learning. This educational effort will encourage changes in behaviour that will create a more sustainable future in terms of environmental integrity, economic viability and a just society for present and future generations. (UNESCO, 2005, S. 6)

Das von der UNESCO ausgerufene anschließende *Weltaktionsprogramm Bildung für nachhaltige Entwicklung (2015–2019)* zielte auf eine Verstetigung der Bemühungen – vom „Projekt zur Struktur" (DUK, 2014; UNESCO, 2013). Zudem wurde im Jahr 2015 die Agenda 2030 mit ihren 17 *Sustainable Development Goals* verabschiedet und Bildung für nachhaltige Entwicklung als explizites Ziel aufgeführt (siehe SDG 4.7; UN, 2015). Die bundesdeutsche Umsetzung des Weltaktionsprogramms wurde 2017 in einem Nationalen Aktionsplan festgehalten (Nationale Plattform Bildung für nachhaltige Entwicklung, 2017).

Empirische Befunde des nationalen Monitorings zur Beurteilung der Umsetzung einer BNE in verschiedenen Bereichen des Bildungssystems bilanzieren im Jahr 2020, dass der Implementationsprozess an enormer institutioneller Dynamik gewonnen hat. Gleichwohl zeigen sich große Unterschiede zwischen den Bildungsbereichen, Bundesländern sowie in der Tiefe und Qualität der Vermittlung (Holst et al., 2020). Im Jahr 2021 trat in Niedersachsen der sogenannte „BNE-Erlass" in Kraft und stellte damit eine Weiche für die schulische Arbeit – mit dem verbindlichen Ziel, „BNE systematisch in Unterricht und Schulkultur zu verankern und qualitativ weiterzudenken" (Niedersächsisches Kultusministerium, 2021, S. 1). Trotz dieser positiven Entwicklungen ist der Lernbereich BNE aber noch weit davon entfernt, als etabliert zu gelten (Brock & Holst, 2022; Holst, 2023).

Trotz der zunehmenden Verbindlichkeit, Nachhaltigkeitsbildung als Querschnittsaufgabe in der Schule zu etablieren, sowie auch eines ausgeprägten Interesses von Jugendlichen an Nachhaltigkeitsthemen (Albert et al, 2019; Michelsen et al., 2016) geben im Rahmen des nationalen BNE-Monitorings aus dem Jahre 2022 30 % der befragten jungen Menschen zwischen 14 und 24 Jahren (N = 2.481) an, in ihrer derzeitigen Bildungsinstitution noch nicht mit nachhaltigkeitsbezogenen Themen konfrontiert worden zu sein (Grund & Brock, 2022, S. 11). Das Monitoring ergab außerdem, dass die Präsenz von nachhaltigkeitsbezogenen Themen in verschiedenen Lebensbereichen wie Medien, Familie und Freizeit gestiegen ist, jedoch nicht in den Bildungsinstitutionen (ebd., S. 1). Zudem besitzen die befragten jungen Menschen im Durchschnitt ein „sehr hohes nachhaltigkeitsbezogenes Problembewusstsein" (ebd.), allerdings sehen sich weniger als ein 25 % der Befragten jungen Menschen durch Bildungsinstitutionen „in die Lage versetzt, effektiv zur Lösung von Nachhaltigkeitsprobleme beitragen zu können" (ebd.). Das Monitoring aus dem Jahr 2018 verdeutlichte, „dass sich die jungen Menschen deutlich mehr Bezüge zwischen Vergangenheit, Gegenwart und Zukunft, zwischen globalen und regionalen Sachverhalten" sowie ein „Zusammendenken der ökologischen, sozialen und ökonomischen Dimension wünschen" (Grund & Brock, 2018, S. 4). Es wird sich überdies eine stärkere „Ermutigung für die Bildung einer eigenen Meinung" gewünscht (ebd.). Die Diskrepanz zwischen dem hohen Interesse der heranwachsenden Generation auf der einen und der mangelnden Integration von Nachhaltigkeitsthemen auf der anderen Seite deckt sich auch mit internationalen Befunden (Berglund et al., 2014; Boeve-de Pauw et al., 2015).

Diese Diskrepanz lässt sich u. a. dadurch erklären, dass die Institution Schule durch eine starke *top-down* gerichtete Steuerung sowie eine Vielzahl an Reformen geprägt ist (von Seggern, 2019, S. 125 f.). Die Befragung von Expert*innen im Schulkontext ergab, dass ein Spannungsverhältnis zwischen einer verstärkten „Ergebnis- und Lernzielorientierung im Hinblick auf fachliche Kompetenzen" sowie einer „Orientierung am Erreichen von quantifizierbaren Lernzielen" einerseits und der „Integration fachübergreifender Themen im Rahmen von BNE und einer Öffnung von Bildungseinrichtungen im Hinblick auf gesellschaftliche Herausforderungen" andererseits konstatiert wird: „Eine stärkere Ergebnis- und Lernzielorientierung wird dabei als starke Fokussierung auf voneinander abgrenzbare Fächer aufgefasst, die dem fächerübergreifenden Lernansatz von BNE tendenziell entgegensteht" (ebd.). Diese Befunde machen nicht nur auf die systemimmanenten Fallstricke aufmerksam, sondern verdeutlichen „gleichzeitig die starke Relevanz einer fachspezifischen Anbindung von BNE" (ebd., S. 126). Dabei werden die Entwicklung zur Ganztagsschule sowie der Ausbau lokaler Bildungslandschaften als günstige Bedingungen beschrieben, Kooperationen mit außerschulischen Akteur*innen wie beispielsweise Nichtregierungsorganisationen zu etablieren (Fischbach et al., 2015, S. 15–17).

Der Zwischenbericht des Nationalen Aktionsplans BNE (2020, S. 61) hält fest, dass eine weitere strukturelle Verankerung von BNE anvisiert wird – wobei zwei Perspektiven genannt werden, die für das vorliegende Forschungsprojekt besonders relevant sind. Zum einen soll der Orientierungsrahmen Globale Entwicklung mit einem Schwerpunkt auf das fachliche und wissenschaftspropädeutische Lernen für die gymnasiale Oberstufe erweitert werden, zum anderen wird eine stärkere Thematisierung des Zusammenhangs von BNE und Demokratiebildung angestrebt. Das Unterrichtsprojekt, welches als Forschungsrahmen dient, knüpft an diese Aspekte an und setzt ein Lehr-Lern-Arrangement samt außerschulischer Kooperationen als Ansatz einer politischen Nachhaltigkeitsbildung in der gymnasialen Oberstufe um (siehe Kap. 5 „Landwirtschaft und Ernährung als komplexe Problemstellung einer nachhaltigen Entwicklung: eine didaktische Intervention").

2.2 Kompetenzmodelle der Nachhaltigkeitsbildung

Um eine nachhaltige Entwicklung der Gesellschaft zu verwirklichen, stellt Bildung einen entscheidenden Schlüsselfaktor dar. Lernende sollen dazu befähigt werden, an der Gestaltung einer nachhaltigen Entwicklung zu partizipieren; zugleich erfordert ein gesellschaftlicher Transformationsprozess in Richtung Nachhaltigkeit nicht zuletzt einen mentalen Wandel (de Haan, 2008, S. 24). In der Empfehlung der Kultusministerkonferenz und der deutschen UNESCO-Kommission aus dem Jahr 2007 heißt es:

> BNE dient dazu, dass Schülerinnen und Schüler Kompetenzen für eine nachhaltige Entwicklung erwerben. Dabei geht es darum, Probleme nicht-nachhaltiger Entwicklung erkennen und bewerten zu können und Wissen über nachhaltige Entwicklung anzuwenden. BNE gibt Empfehlungen für die Gewinnung von Kompetenzen zur Gestaltung offener Zukünfte. Nachhaltige Entwicklung verbindet umweltgerechte Lösungen mit wirtschaftlicher Leistungsfähigkeit und sozialer Gerechtigkeit. Sie berücksichtigt dabei eine demokratische Politikgestaltung und globale sowie kulturelle Aspekte. (KMK & DUK, 2007, S. 3 f.)

Um dieses Ziel zu erreichen, sollen interdisziplinäres Wissen vermittelt, partizipatives Lernen ermöglicht sowie innovative Strukturen in der schulischen Bildung etabliert werden (ebd., S. 5).

> BNE ist ein ganzheitliches Konzept. Es bietet nicht nur Möglichkeiten für die inhaltliche und didaktische Gestaltung des Unterrichts, sondern gibt auch Impulse für die Entwicklung des schulischen Leitbilds, des Schulprofils bzw. des Qualitätsprogramms einer Schule. BNE zeigt Möglichkeiten für die Gestaltung der Schule als erweiterten Lernort auf. Die Öffnung der Schule zum regionalen Umfeld und zur Lebenswirklichkeit der Schüler und Schülerinnen, der Gestaltung der Schulräume und der Lernumgebung, der Erweiterung der Lern- und Erfahrungsmöglichkeiten sind wichtige Handlungsfelder in diesem Zusammenhang. Es geht nicht nur um den Erwerb von allgemeinem Wissen, sondern auch um dessen Anwendung in konkreten Situationen, in denen die Schülerinnen und Schüler die Auswirkungen des eigenen Handelns einzuschätzen lernen. (KMK & DUK, 2007, S. 4)

BNE zielt mit seinem weitreichenden Anspruch auf einen problemorientierten Zugang, der zum Bewerten nicht-nachhaltiger Entwicklungspfade befähigen soll. Die Etablierung von BNE als schulische Querschnittsaufgabe setzt dabei curricular sowie auch außercurricular im Sinne des *whole institution approach* (KMK & BMZ, 2016, S. 412) an. Das Bildungskonzept ist getragen von der didaktischen Annahme, dass der lernende Umgang mit den komplexen gesellschaftlichen Herausforderungen handlungs- und erfahrungsorientierter Lernformen und -räume bedarf.

Im deutschsprachigen Raum gelten zwei Kompetenzmodelle als besonders viel rezipiert (Grundmann, 2017, S. 29 ff.; Overwien, 2013): das Modell der „Gestaltungskompetenz" (de Haan, 2008) und das des „Orientierungsrahmens für den Lernbereich Globale Entwicklung im Rahmen einer Bildung für nachhaltige Entwicklung" (KMK & BMZ, 2016). Beide Modelle stützen sich sowohl auf den Kompetenzbegriff nach Weinert (2001)[1] als auch auf die Schlüsselkompetenzen der OECD. De Haan (2008) definiert die „Gestaltungskompetenz" als

> die Fähigkeit […], Wissen über nachhaltige Entwicklung anwenden und Probleme nicht nachhaltiger Entwicklung erkennen zu können. Das heißt, aus Gegenwartsanalysen und Zukunftsstudien Schlussfolgerungen über ökologische, ökonomische und soziale Entwicklungen in ihrer wechselseitigen Abhängigkeit ziehen und darauf basierende Entscheidungen treffen, verstehen und individuell, gemeinschaftlich und politisch umsetzen zu können, mit denen sich nachhaltige Entwicklungsprozesse verwirklichen lassen. (de Haan, 2008, S. 31)

Die Gestaltungskompetenz umfasst in drei Kompetenzkategorien der OECD insgesamt zwölf Teilkompetenzen (siehe Tab. 2.1). Zu jeder Teilkompetenz werden konkrete Ziele und Standards formuliert (de Haan, 2008, S. 32–36).

---

[1] Kompetenzen sind „die bei Individuen verfügbaren oder von ihnen erlernbaren kognitiven Fähigkeiten und Fertigkeiten, um bestimmte Probleme zu lösen, sowie die damit verbundenen motivationalen, volitionalen und sozialen Bereitschaften und Fähigkeiten, um die Problemlösungen in variablen Situationen erfolgreich und verantwortungsvoll nutzen zu können" (Weinert, 2001, S. 27 f.).

2.2 Kompetenzmodelle der Nachhaltigkeitsbildung

Tabelle 2.1 Kompetenzmodell der Gestaltungskompetenz

Kompetenzkategorien der OECD	Teilkompetenzen der Gestaltungskompetenz
Interaktive Verwendung von Medien und Tools	TK 1. *Kompetenz zur Perspektivübernahme*: Weltoffen und neue Perspektiven integrierend Wissen aufbauen
	TK 2. *Kompetenz zur Antizipation*: Vorausschauend Entwicklungen analysieren und beurteilen können
	TK 3. *Kompetenz zur disziplinenübergreifenden Erkenntnisgewinnung*: Interdisziplinär Erkenntnisse gewinnen und handeln
	TK 4. *Kompetenz zum Umgang mit unvollständigen und überkomplexen Informationen*: Risiken, Gefahren und Unsicherheiten erkennen und abwägen können
Interagieren in heterogenen Gruppen	TK 5. *Kompetenz zur Kooperation*: Gemeinsam mit anderen planen und handeln können
	TK 6. *Kompetenz zur Bewältigung individueller Entscheidungsdilemmata*: Zielkonflikte bei der Reflexion über Handlungsstrategien berücksichtigen können
	TK 7. *Kompetenz zur Partizipation:* An kollektiven Entscheidungsprozessen teilhaben können
	TK 8. *Kompetenz zur Motivation*: Sich und andere motivieren können, aktiv zu werden
Eigenständiges Handeln	TK 9. *Kompetenz zur Reflexion auf Leitbilder*: Die eigenen Leitbilder und die anderer reflektieren können
	TK 10. *Kompetenz zum moralischen Handeln*: Vorstellungen von Gerechtigkeit als Entscheidungs- und Handlungsgrundlage nutzen können

(Fortsetzung)

Tabelle 2.1 (Fortsetzung)

Kompetenzkategorien der OECD	Teilkompetenzen der Gestaltungskompetenz
	TK 11. *Kompetenz zum eigenständigen Handeln*: Selbständig planen und handeln können
	TK 12. *Kompetenz zur Unterstützung anderer*: Empathie für andere zeigen können

Die Bezüge, die zur politischen Urteilsbildung hergestellt werden können, sind je nach Weite des Begriffsverständnisses für mindestens sieben der zwölf Teilkompetenzen ableitbar (TK 1, 2, 3, 4, 6, 9, 10): In dem Kontext nachhaltigkeitsbezogener Urteilsbildung geht es darum, Perspektiven zu koordinieren und zu integrieren, Entwicklungen zu analysieren und zu beurteilen, einen interdisziplinären Umgang mit Komplexität, Kontingenz und Ungewissheit einzuüben, Handlungskonflikte zu bewältigen, Leitbilder zu hinterfragen sowie auch ethische Maßstäbe in der Beurteilung von Situationen und Problemlagen heranzuziehen.

De Haan (2008) grenzt die Ansprüche einer transformativen, zukunftsbezogenen Bildung „grundlegend von einer Lernkultur, die am Prinzip des additiven, kumulativen und archivarischen Wissenserwerbs schulischen Lernens orientiert ist", ab (S. 28). Stattdessen gehe es bei BNE um „innovatives Wissen" sowie um „kontextualisierte, zum Handeln befähigende Möglichkeiten der Problembewältigung" (ebd., S. 28 f.). Die retrospektiv ausgerichteten Strategien zum Lösen von Problemen, die die formale Bildungspraxis nach wie vor prägen, müssen de Haan zufolge um prospektive Strategien ergänzt werden. Diese „suchen nach einer Vielzahl von Informationen, gehen von den gefundenen Fakten aus und entwickeln kreative Hypothesen, die in die Zukunft hineinreichen" (ebd., S. 27).

Das zweite Kompetenzmodell entstammt dem Orientierungsrahmen des Lernbereichs Globale Entwicklung (KMK & BMZ, 2016), der sich explizit am Leitbild der Nachhaltigkeit und dem Konzept einer BNE orientiert (S. 26 f.), wobei starke Bezüge zum Globalen Lernen auszumachen sind. Zentrales Bildungsziel ist es,

2.2 Kompetenzmodelle der Nachhaltigkeitsbildung

Schülerinnen und Schülern eine Orientierung in der zunehmend globalisierten Welt [zu] ermöglichen, die sie im Rahmen lebenslangen Lernens weiter ausbauen können. Unter dem Leitbild nachhaltiger Entwicklung zielt sie insbesondere auf den Erwerb grundlegender Kompetenzen für eine entsprechende Gestaltung des persönlichen und beruflichen Lebens, gesellschaftliche Mitwirkung und globale Mitverantwortung. (Ebd., S. 84)

In den Kompetenzbereichen Erkennen, Bewerten und Handeln werden insgesamt elf Kernkompetenzen unterschieden, die an den kompetenzorientierten Fachunterricht anschlussfähig sein sollen. Die Tabelle 2.2 zeigt die Kernkompetenzen des Lernbereichs Globale Entwicklung.

Tabelle 2.2 Kernkompetenzen des Lernbereichs Globale Entwicklung

Kompetenzbereiche	Kernkompetenzen
Erkennen	1. *Informationsbeschaffung und -verarbeitung*: Informationen zu Fragen der Globalisierung und Entwicklung beschaffen und themenbezogen verarbeiten
	2. *Erkennen von Vielfalt*: Die soziokulturelle und natürliche Vielfalt in der Einen Welt erkennen
	3. *Analyse des globalen Wandels:* Globalisierungs- und Entwicklungsprozesse mit Hilfe des Leitbildes der nachhaltigen Entwicklung fachlich analysieren
	4. *Unterscheidung von Handlungsebenen:* Handlungsebenen vom Individuum bis zur Weltebene in ihrer jeweiligen Funktion für Entwicklungsprozesse erkennen
Bewerten	5. *Perspektivenwechsel und Empathie*: Sich eigene und fremde Wertorientierungen in ihrer Bedeutung für die Lebensgestaltung bewusst machen, würdigen und reflektieren
	6. *Kritische Reflexion und Stellungnahme*: Durch kritische Reflexion zu Globalisierungs- und Entwicklungsfragen Stellung beziehen und sich dabei an der internationalen Konsensbildung, am Leitbild nachhaltiger Entwicklung und an den Menschenrechten orientieren
	7. *Beurteilen von Entwicklungsmaßnahmen*: Ansätze zur Beurteilung von Entwicklungsmaßnahmen (bei uns und in anderen Teilen der Welt) unter Berücksichtigung unterschiedlicher Interessen und Rahmenbedingungen erarbeiten und zu eigenständigen Bewertungen kommen

(Fortsetzung)

Tabelle 2.2 (Fortsetzung)

Kompetenzbereiche	Kernkompetenzen
Handeln	8. *Solidarität und Mitverantwortung*: Bereiche persönlicher Mitverantwortung für Mensch und Umwelt erkennen und als Herausforderung annehmen
	9. *Verständigung und Konfliktlösung*: Zur Überwindung soziokultureller und interessenbestimmter Barrieren in Kommunikation und Zusammenarbeit sowie zu Konfliktlösungen beitragen
	10. *Handlungsfähigkeit im globalen Wandel*: Die gesellschaftliche Handlungsfähigkeit im globalen Wandel vor allem im persönlichen und beruflichen Bereich durch Offenheit und Innovationsbereitschaft sowie durch eine angemessene Reduktion von Komplexität sichern und die Ungewissheit offener Situationen ertragen
	11. *Partizipation und Mitgestaltung*: Die Schülerinnen und Schüler können und sind auf Grund ihrer mündigen Entscheidung bereit, Ziele der nachhaltigen Entwicklung im privaten, schulischen und beruflichen Bereich zu verfolgen und sich an ihrer Umsetzung auf gesellschaftlicher und politischer Ebene zu beteiligen

Vor dem Hintergrund der in diesem Forschungsprojekt betrachteten Urteilsbildung sind alle drei Kompetenzbereiche von Bedeutung. Im Kontext analytischer Fähigkeiten wird explizit auf die Notwendigkeit „eine[r] systemorientierte[n] Betrachtungsweise" verwiesen, die sich aus dem „hohen Komplexitätsgrad" „globale[r] Entwicklungsprozesse" ergibt und die Integration interdisziplinären Wissens erfordert (Rost, 2005, S. 14; siehe auch KMK & BMZ, 2016, S. 91). Der Kompetenzbereich Bewerten fokussiert die „kritische Reflexion und das Erkennen und Abwägen unterschiedlicher Werte sowie um Identitätsentwicklung auf der Grundlage wertorientierter Betrachtung" in einer explizit handlungsbefähigenden Absicht (KMK & BMZ, 2016, S. 91). Entsprechend der favorisierten Zugangsweise des Globalen Lernens geht es vor allem um einen reflektierten und dialogischen Umgang mit Werten, gerade „im Rahmen interkultureller Begegnung" (ebd.) sowie ein Überschreiten der eigenen Weltsicht:

> Perspektivenwechsel kann dabei zwischen ganz unterschiedlichen Positionen vollzogen werden: zwischen Handelnden und Beobachtern, zwischen Akteuren und Betroffenen, zwischen unterschiedlichen Kulturen, Staaten und Institutionen, Altersgruppen und Geschlechtern, Mächtigen und Machtlosen. Er erfasst die faktischen

2.2 Kompetenzmodelle der Nachhaltigkeitsbildung

Unterschiede ebenso wie die durch verschiedene Wertorientierungen und Interessen geprägten Einstellungen und emotionalen Reaktionen. (Ebd., S. 91 f.)

Hierbei wird betont, dass Bewertungskompetenz auch bedeute, „dass das Leitbild der nachhaltigen Entwicklung, sein universaler Anspruch sowie normative Zuschreibungen hinterfragt, individuell interpretiert und weiterentwickelt werden können" (ebd., S. 92). Die nachhaltigkeitsbezogenen Handlungskompetenzen zielen auf Kooperation und Kommunikation sowie Partizipation und Mitgestaltung von Transformationsprozessen ab. Auch diesbezüglich wird der einzuübende Umgang mit Komplexität hervorgehoben: „Komplexe Situationen und schneller Wandel erfordern dabei die Fähigkeit, mit Ungewissheit und widersprüchlichen Ansprüchen – wie Verschiedenartigkeit und Universalität – umgehen zu können" (ebd.).

Die Konkretisierung der Kompetenzbereiche findet im Orientierungsrahmen in Rahmen der fächerspezifischen Umsetzung des Lernbereichs Globale Entwicklung statt. Für die Politische Bildung der Sekundarstufe I, als Beitrag zum gesellschaftswissenschaftlichen Aufgabenfeld, wurde dies von Ingo Juchler formuliert und aus der ersten Auflage aus dem Jahre 2007 unverändert übernommen – eine Überarbeitung des gesamten Orientierungsrahmens und eine Erweiterung für die gymnasiale Oberstufe (Sekundarstufe II) findet derzeit statt. Mit Blick auf den fachspezifischen Beitrag wird „die Fähigkeit zur politischen Urteilsbildung" als „die zentrale Kompetenz" der Politischen Bildung herausgestellt sowie darüber hinaus ihre „herausragende[...] Bedeutung" für den Orientierungsrahmen hervorgehoben (ebd., S. 214). Konturiert in dem Zusammenhang wird die Fähigkeit zur Perspektivenübernahme, die im politikdidaktischen Diskurs

> mit der Fähigkeit zur erweiterten Denkungsart erfasst [wird], welche den spezifischen Modus der politischen Urteilsbildung qualifiziert: Das politische Urteil weist sich durch das verständigungsorientierte Abwägen des Eigeninteresses des Individuums mit den tatsächlichen oder vorgestellten Interessen anderer nach Maßgabe politischer Werte aus. (Ebd.)

In der fachbezogenen Ausdifferenzierung der Kernkompetenzen im Bereich Bewerten (ebd., S. 217) zeigt sich entsprechend der Konturierung der Perspektivenübernahme sodann die Präsenz des Fachkonzepts des Interesses sowie das Rekurrieren auf einen rechtlichen Funktionszusammenhang (siehe Tab. 2.3).

Tabelle 2.3 Fachbezogene Teilkompetenzen im Kompetenzbereich Bewerten

	Kernkompetenzen	Fachbezogene Teilkompetenzen
Bewerten	5. *Perspektivenwechsel und Empathie*: Sich eigene und fremde Wertorientierungen in ihrer Bedeutung für die Lebensgestaltung bewusst machen, würdigen und reflektieren	5.1 …die eigenen Interessen mit ihrer Wertgebundenheit wahrnehmen.
		5.2 …die Interessen anderer wahrnehmen bzw. antizipieren.
		5.3 …die eigenen Interessen sowie die Interessen anderer unter Maßgabe politischer Werte beurteilen und bei ihrer politischen Urteilsbildung berücksichtigen.
	6. *Kritische Reflexion und Stellungnahme*: Durch kritische Reflexion zu Globalisierungs- und Entwicklungsfragen Stellung beziehen und sich dabei an der internationalen Konsensbildung, am Leitbild nachhaltiger Entwicklung und an den Menschenrechten orientieren	6.1 …die Relevanz von *Good Governance* für eine nachhaltige Entwicklung erkennen und bewerten.
		6.2 … Menschenrechte in ihren verschiedenen politischen Ausprägungen begründen und durch Bewertungsunterschiede entstehende Spannungen reflektieren.
	7. *Beurteilen von Entwicklungsmaßnahmen*: Ansätze zur Beurteilung von Entwicklungsmaßnahmen (bei uns und in anderen Teilen der Welt) unter Berücksichtigung unterschiedlicher Interessen und Rahmenbedingungen erarbeiten und zu eigenständigen Bewertungen kommen	7.1 … die Auswirkungen politisch-rechtlicher Maßstäbe auf verschiedene gesellschaftliche Gruppierungen erkennen.
		7.2 …. die Bedeutung politisch-rechtlicher Maßnahmen für die nachhaltige Entwicklung einschätzen.

Im Hinblick auf die Fähigkeit zur politischen Urteilsbildung lassen sich im Vergleich der Kompetenzmodelle bereits Schnittstellen und Unterschiede in der

2.2 Kompetenzmodelle der Nachhaltigkeitsbildung

Domänen- und Fachspezifik skizzieren. Beide Kompetenzmodelle weisen grundsätzlich Überschneidungen mit den Kompetenzbereichen der Gesellschaft für Politikdidaktik und politische Jugend- und Erwachsenenbildung (GPJE, 2004) auf: politische Urteilsfähigkeit, politische Handlungsfähigkeit und methodische Fähigkeiten (siehe Abschn. 3.2.2 „Normative Anforderungen an eine politische Urteilsbildung"). Ihre Bezogenheit auf Nachhaltigkeitsfragen weisen sie primär in einer zeitlichen bzw. intergenerationalen und räumlichen bzw. globalen Hinsicht sowie im Hinblick auf Kooperationsfähigkeit und der explizit formulierten Bereitschaft zum Engagement nach.

Grundmann (2017) stellt im Vergleich der Kompetenzmodelle beim Orientierungsrahmen des Lernbereichs Globale Entwicklung „ein höheres Maß an inhaltlicher Konkretisierung" (2017, S. 34) fest, während das Modell der Gestaltungskompetenz einen überfachlichen Schwerpunkt im Sinne von Schlüsselkompetenzen setze (KMK & BMZ, 2016, S. 85). Im Modell der Gestaltungskompetenz mit der „Kompetenz zur Perspektivübernahme: Weltoffen und neue Perspektiven integrierend Wissen aufbauen" (TK 1) spiegelt sich ein wenig interessenbezogenes und kaum konflikthaftes Verständnis gesellschaftlicher Perspektivität wider. Entscheidungsdilemmata und Zielkonflikte werden als individuell zu bewältigen adressiert (TK 6) und nicht politische Lösungen erwähnt, sondern moralisches Handeln (TK 10) anvisiert. Das Konzept der Gestaltungskompetenz nimmt eine Fokussierung auf Sachurteile vor (Lillie & Meya, 2016, S. 12), während Werturteile im engeren Sinne unterbelichtet bleiben (siehe Abschn. 3.2.2) – lediglich in Teilkompetenz 9 und 10 werden die Reflexion von Leitbildern sowie die Integration von Gerechtigkeit als Maßstab im eigenen Entscheidungsprozess aufgeführt.

Im Kompetenzmodell des Orientierungsrahmens zeigt sich eine stärker domänenspezifische Ausrichtung (KMK & BMZ, 2016). Das Analysieren von Globalisierungs- und Entwicklungsfragen (KK 6) sowie das Beurteilen von Entwicklungsmaßnahmen (KK 7) werden explizit aufgeführt, wobei sich das Anliegen einer entwicklungspolitischen Bildung in der Tradition des Globalen Lernens deutlich zeigt (Overwien, 2013). Perspektivität wird, wie bereits oben geschildert, als Facette einer Weltgesellschaft (der *Einen Welt*) gedacht – etwa mit Blick auf Perspektiven des Globalen Südens und Nordens – und mit der Fähigkeit zum „Perspektivwechsel und [zur] Empathie" (KK 5) verbunden. Im Unterschied zum Konzept der Gestaltungskompetenz werden jedoch unterschiedliche Handlungsebenen differenziert (KMK & BMZ, 2016, S. 47; KK 4). Unterschiedliche Interessen und rechtliche Rahmenbedingungen finden erst in der fachbezogenen Konkretisierung ausdrückliche Berücksichtigung – dort heißt es etwa, die

Schüler*innen sollen befähigt werden „die eigenen Interessen sowie die Interessen anderer unter der Maßgabe politischer Werte [zu] beurteilen und bei ihrer politischen Urteilsbildung [zu] berücksichtigen" (ebd., S. 217).

Kooperations- und Kommunikationsfähigkeiten nehmen in beiden Kompetenzmodellen einen hohen Stellenwert ein, während im politikdidaktischen Zusammenhang hingegen die Konfliktfähigkeit der Lernenden von elementarer Bedeutung ist (Petrik, 2007, S. 346). Von den heranwachsenden Bürger*innen wird im Rahmen der Gestaltungskompetenz eine „Kompetenz zur Motivation" (TK 8) erwartet, d. h. „sich und andere motivieren [zu] können, aktiv zu werden" (de Haan, 2008, S. 34). Im Orientierungsrahmen wird mit Blick auf die Gefahr einer Überwältigung bescheidener argumentiert. Juchler hält fest: „Auch in einem normativ orientierten Lernbereich ist es den einzelnen Schülerinnen und Schülern selbst vorbehalten, sich aufgrund ihrer politischen Urteilsbildung zum (politischen) Engagement zu entscheiden oder davon Abstand zu nehmen" (KMK & BMZ, 2016, S. 215).

Die vergleichende Betrachtung der Kompetenzmodelle der Gestaltungskompetenz (2008) und das des Orientierungsrahmens Globale Entwicklung (KMK & BMZ, 2016) hat unterschiedliche Schwerpunktsetzungen – mit Blick auf die Schlüsselkompetenzen sowie den entwicklungspolitischen Ansatz des Globalen Lernens (Overwien, 2013) – offenbart. Aus politikdidaktischer Perspektive ist anzumerken, dass Konfliktlinien, strukturelle Interessengegensätze sowie politische Wege der Problembewältigung kaum Erwähnung finden, auch wenn sie in der fachspezifischen Konkretisierung des Orientierungsrahmens vage aufgegriffen werden.

2.3 Zwischen pädagogischem Funktionalismus und gesellschaftlicher Verantwortung: Kritische Perspektiven auf eine Bildung für nachhaltige Entwicklung

Der umfassende Anspruch des Konzepts einer nachhaltigen Entwicklung wurde in den letzten drei Jahrzehnten vielfach kritisiert – es wird vor allem Kritik am wachstumsorientierten Modernisierungsparadigma sowie der harmonisierten und konsensorientierten Vorstellung eines Einklangs der verschiedenen Dimensionen der Nachhaltigkeit (Grunwald & Kopfmüller, 2022, S. 77 ff.) sowie an der Aktualisierung (post-)kolonialer Macht- und Wissen-Regime im Rahmen von BNE-Bildungsangeboten (Danielzik, 2013) geübt. Moulin-Doos konstatiert, dass das Konzept einer nachhaltigen Entwicklung „[n]ach der Euphorie der 2000er

Jahre [...] heute zweifellos vor einer Krise [steht], die allerdings noch nicht in den Bildungsinstitutionen angekommen ist" (2020, S. 176). Eine theoretische und konzeptuelle Weiterentwicklung ist folglich angezeigt. Im Folgenden werden kritische Perspektiven ausschließlich auf das Konzept einer Bildung für nachhaltige Entwicklung skizziert, die die Normativität des Ansatzes, die Funktionalisierung und die Individualisierung von Bildung betreffen, und mit Blick auf etwaige Implikationen für das Forschungsvorhaben diskutiert.

Normativität und das demokratische Paradoxon
BNE tangiert Fragen der Normativität in zweifacher Hinsicht: Zum einen werden im Rahmen einer BNE in vielfältiger Weise politische, d. h. normative Themen und Fragen, tangiert oder explizit aufgeworfen. Andererseits stellt BNE selbst eine normative Praxis dar, insofern der Unterricht einen spezifischen Aushandlungsprozess darstellt. In Lernsituationen sollen Problemstellungen einer nachhaltigen Entwicklung in ihrer ökologischen, ökonomischen, politischen und sozialen Dimension nicht nur betrachtet, sondern auch beurteilt und Handlungsoptionen abgeleitet werden. Dabei geraten je nach didaktischer Ausrichtung und fachlichem Anspruch die ökologischen Kosten ressourcenintensiver Lebensstile und Produktionsbedingungen sowie Wege der Transformation hin zu einer zukunftsfähigen Gesellschaft ins Visier der Analysen (Inkermann & Eis, 2022). Wie die globale Gesellschaft die Herausforderungen des Klimawandels bewältigen kann, ist dabei eine vielfach offene und strittige Frage.

Insbesondere im internationalen Forschungsdiskurs des Bereichs *Environmental and Sustainability Education* (ESE) bzw. *Education for Sustainable Development* (ESD) wurden die normativen Voraussetzungen und konzeptionellen Herausforderungen einer Nachhaltigkeitsbildung von Beginn an diskutiert und reflektiert. Dieser Vielfalt an theoretischen und empirischen Arbeiten steht Hamborg (2018) zufolge „im deutschsprachigen Raum eine überwiegend anwendungsorientierte und politischer Gestaltung nahestehende BNE-Forschung" gegenüber, „die nur geringe (selbstkritische) Distanz zu ihrem zentralen Konzept ‚BNE' aufweist" (ebd., S. 97).

Die Diskussion um die Frage, ob BNE zu bestimmten Werten erziehen soll oder darf, wurde bereits in den 1990er-Jahren diskutiert (Jickling, 1992; Jickling & Spork, 1998; Sauvé, 1999). Jickling und Spork (1998) kritisieren, es werde zu einer bestimmten gesellschaftlichen Vision erzogen, was einen unprofessionellen Umgang mit Wertefragen darstelle. Bis in die Gegenwart wird diese unauflösbare normative Herausforderung als *democratic problem* (Sund & Öhman, 2013) oder *democratic paradox* (Van Poeck et al., 2016; Van Poeck & Östman, 2020) diskutiert. Die dahinterstehende Frage ist:

Zielt BNE auf die Entwicklung von ergebnisoffenem, kritischem und autonomem Denken und Handeln, dessen Ergebnis im Zweifel auch im Widerspruch zu einer nachhaltigen Entwicklung stehen kann, oder ist eine nachhaltige Entwicklung das oberste Ziel und die Lernenden sollen dazu gebracht werden, die ‚richtigen' Entscheidungen und Sichtweisen zu entwickeln? Steht also der individuelle Bildungsanspruch im Zentrum von BNE oder dominiert der kollektive, gesellschaftliche Anspruch einer nachhaltigen Entwicklung? (Hamborg, 2018, S. 99)

Ein Zusammenfallen von gesellschaftlichen und pädagogischen Zielen käme einer Funktionalisierung von Bildung und Instrumentalisierung der lernenden Subjekte gleich. Sofern Bildung den Zweck hat, zu einem *bestimmten* Leitbild oder einem *bestimmten* Verhalten zu erziehen, würde das Ziel einer Befähigung zur politischen Selbstbestimmung und Mündigkeit verfehlt werden (Autorengruppe Fachdidaktik, 2017, S. 13). Wie sich bereits in der Terminologie Bildung *für* nachhaltige Entwicklung zeigt, ist der Bildungsansatz auf das Konzept einer nachhaltigen Entwicklung fokussiert und mit dem Ziel verbunden, ein Denken und Handeln im Sinne des Leitbildes zu fördern: „Bildung für nachhaltige Entwicklung bleibt [...] in der Hervorbringung ‚gestaltungskompetenter' Subjekte funktional auf das Ziel nachhaltiger Entwicklung gerichtet" (Hamborg, 2018, S. 100). Wals (2010) zufolge nehme die Versuchung eines instrumentellen Ansatzes angesichts des zunehmenden gesellschaftlichen Handlungsdrucks zu: „It is suggested that these tendencies are quite crucial, but are also at odds with the increasing sense of urgency in dealing with sustainability challenges and a corresponding temptation to revert to instrumentalism" (Wals, 2010, S. 143).

Im Kontext des politikdidaktischen Diskurses stellt der Beutelsbacher Konsens aus dem Jahre 1976 einen wichtigen Referenzpunkt und gewissermaßen Mindeststandard für den reflektierten Umgang mit normativen Fragen in Bildungskontexten dar. Formuliert wird ein Überwältigungs- bzw. Indoktrinationsverbot, ein Kontroversitätsgebot und das Prinzip der Schüler*innenorientierung.[2] Politische Bildung soll „Schüler*innen dabei unterstütz[en], bevormundungsfrei ein selbstbestimmtes Urteil zu fällen sowie nach Mitteln und Wegen zu suchen, die

---

[2] 1. Überwältigungsverbot: „Es ist nicht erlaubt, den Schüler – mit welchen Mitteln auch immer – im Sinne erwünschter Meinungen zu überrumpeln und damit an der „Gewinnung eines selbständigen Urteils" zu hindern. Hier genau verläuft nämlich die Grenze zwischen Politischer Bildung und Indoktrination. [...]". 2. Kontroversitätsgebot: „Diese Forderung ist mit der vorgenannten aufs engste verknüpft, denn wenn unterschiedliche Standpunkte unter den Tisch fallen, Optionen unterschlagen werden, Alternativen unerörtert bleiben, ist der Weg zur Indoktrination beschritten. [...]", 3. Schüler*innenorientierung: „Der Schüler muss in die Lage versetzt werden, eine politische Situation und seine eigene Interessenlage zu analysieren sowie nach Mitteln und Wegen zu suchen, die vorgefundene politische Lage im Sinne seiner Interessen zu beeinflussen." (Wehling, 1977, S. 179 f.)

vorgefundene politische Lage im Sinne ihrer Interessen zu beeinflussen" (Besand, 2019, S. 270). Insbesondere die ersten beiden Prinzipien als Neutralitätspflicht auszulegen, ist ein verbreitetes Missverständnis von Lehrkräften, das auch für den Bereich der schulischen Nachhaltigkeitsbildung nachgewiesen wurde (von Seggern, 2019, S. 133). Overwien (2016, S. 264) zufolge sei das dritte Prinzip, nach dem Schüler*innen zur Analyse ihrer eigenen Interessenlage befähigt werden sollen, in den Schulen kaum bekannt.

Auch Sund und Öhman (2013) betonen: „[O]ne of the greatest challenges now facing the development and implementation of ESE is the search for balanced ways of dealing with values and normativity in education" (2013, S. 12). Sie problematisieren die kosmopolitische Ausrichtung und die damit einhergehende Fokussierung einer BNE auf vermeintlich universelle Werte. Vor dem Hintergrund einer poststrukturalistischen Kritik wird argumentiert, dass Politik als ein Prozess verstanden werden muss, in dem Werte als Maßstab für ein gesellschaftliches Zusammenleben im Diskurs (erst noch) gefunden werden (ebd., S. 2). Sie plädieren dafür, BNE nicht als eine Wertevermittlung zu verstehen, die danach strebt, den Lernenden vorgefasste universelle Werte einzuprägen, sondern die Bildungsbemühungen insofern zu repolitisieren, dass der kritische Umgang mit universellen Werten selbst Teil des Bildungsprozesses wird.

Die Debatte um das Spannungsverhältnis zwischen den Bedenken um Instrumentalisierung (Biesta, 2006) und der Notwendigkeit eines umfassenden gesellschaftlichen Engagements zur Bewältigung der Klimakrise (Block et al., 2018) wirft die Frage nach der Rolle der Bildung in diesem gesellschaftlichen Transformationsprozesses fortwährend auf (Van Poeck & Östman, 2020). Die politischen und ethischen Herausforderungen verlangen eine Berücksichtigung im Forschungsdiskurs und der Bildungspolitik, entscheiden sich aber auch und vor allem situativ in Lernsituationen im Zusammenspiel von Intention, Inhalt und Vermittlungsweisen und erfordern deshalb einen Beitrag aus der Perspektive der Politischen Bildung. Kirsop-Taylor et al. (2020) stellen einen „lack of appropriate pedagogies" fest: „There is an ongoing need to discern the tools and mechanisms for inserting the political into environmental education" (S. 2). Zugleich stellt die Integration der Nachhaltigkeitsbildung in die Politische Bildung ebenfalls nach wie vor eine Entwicklungsaufgabe dar, wie sich zeigen wird (siehe Abschn. 2.5.1).

Individualisierung und die Pädagogisierung gesellschaftlicher Probleme
Die Gefahren der Instrumentalisierung und Funktionalisierung von Bildung für ein bestimmtes Denken und Handeln sind aufs Engste verknüpft mit einem

gesellschaftlichen Mechanismus, nach dem gesellschaftliche Probleme zu Problemen von Individuen gemacht werden (Buschmann & Sulmowski, 2018; Van Poeck & Vandenabeele, 2012). Eine nachhaltige Entwicklung ist zweifellos auf Lernprozesse angewiesen; zugleich stellt sich die Frage nach der pädagogischen Adressierung der lernenden Subjekte als Handelnde in Bildungskontexten. In Lernsituationen im Kontext einer BNE besteht die Gefahr, die komplexen Problemstellungen didaktisch reduzieren zu müssen und auf diese Weise – durch die didaktische Anforderung eines handlungsorientierten Zugangs – lediglich die Handlungsebene des einzelnen Individuums in den Blick zu nehmen. Die systemische und strukturelle Dimension kann dadurch thematisch vernachlässigt werden, während es zu einer Verschiebung der Problematik ins Private als individuelle Konsumfrage kommt, wie es Fischer et al. (2015) in den Untersuchungen von Schüler*innenvorstellungen belegen konnten.

Jene Verschiebung stellt sich nicht nur als ein spezifisches Problem der Nachhaltigkeitsbildung dar, sondern reiht sich ein in spätmoderne Verantwortungskonstellationen, in denen angesichts der „Komplexität der gesellschaftlichen und wirtschaftlichen Problemlagen und [der] Vermehrung der Akteure […] klare Zuordnungen zunehmend prekär oder unmöglich werden" (Eis & Moulin-Doos, 2014, S. 408). Dies zeigt sich an einer Delegierung öffentlicher Aufgaben an Expert*innen oder die „eigenverantwortlichen" Subjekte selbst:

> In verschiedenen Politikfeldern wie Bildung, Umwelt, Gesundheit wird auf das Prinzip der *Eigenverantwortung* abgehoben, das als strukturelle Reaktion auf den Verlust der zentralen Steuerungsfunktion des Staates verweist. Tatsächlich tragen die Mechanismen von sozialer und moralischer Verantwortung einen immer größeren Anteil der Regulierung kollektiver Probleme und zielen auf die Änderung der funktional differenzierten sozialen Praktiken (nachhaltiges Konsumieren, lebenslanges Lernen zur Aufrechterhaltung der Beschäftigungsfähigkeit, private Gesundheits- und Altersvorsorge etc.). Die politische Ebene scheint sich auf eine »Gewährleistungsverantwortung« des Staates zu beschränken, die weitreichende Aufgaben der Leistungsübernahme und »Erfüllungsverantwortung« in die Selbststeuerung der gesellschaftlichen Subsysteme und die Eigenverantwortung der Subjekte verlagert (…). (Eis & Moulin-Doos, 2014, S. 414)

In pädagogischen Kontexten findet diese Entgrenzung politischer Verantwortung Niederschlag in Leitbildern sozialen und moralischen Lernens und in einer Fokussierung auf individuelle Kompetenzentwicklung (ebd.). Dies korrespondiert mit den Analysen von Hedtke (2016) zum pädagogischen Funktionalismus in partizipationsfördernden Bildungsmaßnahmen: „Pädagogischer Funktionalismus entspringt also politischem Funktionalismus. Er neigt zur Instrumentalisierung, denn er steuert das individuelle Lernen und die persönliche Entwicklung junger Bürgerinnen zwecks Erfüllung von Systemanforderungen" (ebd., 2016, S. 136; siehe auch: Biesta, 2009; 2011; für den Bereich BNE: Van Poeck & Vandenableele, 2012).

Im Kontext der Nachhaltigkeitsbildung besteht die Gefahr, dass das lernende Subjekt nicht zuvorderst als Bürger*in adressiert wird, sondern dem Prinzip der Eigenverantwortung folgend als Verbraucher*in bzw. Konsument*in. Moulin-Doos (2020) kritisiert, dass die Nachhaltigkeitsthematik „überwiegend als moralische Frage ausgeflaggt [wird], während eine kollektive politische Dimension kaum berücksichtigt wird. Im Fokus steht die Verantwortung des Einzelnen und sein schlechtes Gewissen" (Moulin-Doos, 2020, S. 176).

Bereits 1998 attestierte Hedtke dem Tätigkeitsfeld der Umweltbildung eine mangelnde sozialwissenschaftliche Grundlage und plädierte dafür, die Diskrepanz zwischen Wissen und Handeln „nicht einfach [als] individuelle Defekte, sondern viel eher [als] unvermeidliche Strategien […] in einem differenzierten, hochkomplexen, kontingenten und konfliktären gesellschaftlichen Umfeld" (Hedtke, 1998, S. 2) zu begreifen. Der umfassende Anspruch einer BNE scheint auch in der Gegenwart noch nicht eingelöst. Trotz der zunehmend gesellschaftspolitischen Sensibilisierung einer BNE dominieren Eis (2022) zufolge „weiterhin individualisierte Verantwortungszuschreibungen und technische Lösungen im Sinne eines nachhaltigen Verwaltungshandelns" (S. 198). Eis & Moulin-Doos (2014) plädieren aus politikdidaktischer Perspektive für eine „*Wiederaneignung* von Handlungsräumen *kollektiver* Verantwortung […] statt das»Politische« in *individueller*, moralischer Verhaltenskoordinierung aufzulösen" (S. 416, H. i. O.), was für die didaktische Ausrichtung einer politischen Nachhaltigkeitsbildung ein vielversprechender Bezugspunkt sein kann.

Kompetenzorientierung

Die Schwierigkeiten und Grenzen einer Kompetenzorientierung im Feld der Politischen Bildung hat Oeftering (2013) systematisch herausgearbeitet: Dem Kompetenzbegriff liege ein „an ökonomischen Verwertbarkeitskriterien ausgerichtetes und damit verkürztes Verständnis von Bildung" zugrunde, „das im Widerspruch zu einem am Leitziel der Mündigkeit orientierten Bildungsverständnis steht, weil die emanzipative Seite von Bildung zugunsten der (ökonomischen) Integration in die bestehenden Verhältnisse vernachlässigt wird" (ebd., S. 87). Die dargestellten kritischen Perspektiven zur Funktionalisierung und Individualisierung des Bildungskonzepts kulminieren in einer Kritik an der – insbesondere im deutschsprachigen Forschungsdiskurs überwiegend (Hamborg, 2018, S. 100) – kompetenzorientierten Ausrichtung einer BNE.

Van Poeck und Vandenabeele (2012) nehmen die Unterscheidung von Lawy und Biesta (2006) zwischen *citizenship-as-achievement* und *citizenship-as-practice* zum Ausgangspunkt und kritisieren eine Kompetenzorientierung im Sinne eines *citizenship-as-achievement*. Die problematischen Tendenzen eines pädagogischen Funktionalismus sowie einer Individualisierung und Pädagogisierung finden Ausdruck in einem kompetenzorientierten Zugriff, in dem Individuen als Ursache adressiert und zu gestaltungskompetenten Problemlöser*innen durch das Aufbauen bestimmter Kompetenzen qualifiziert werden (Hamborg, 2017, S. 22). Als Alternative zu einer kompetenzorientierten Ausrichtung plädieren Van Poeck und Vandenabeele (2012) für eine Perspektive im Sinne einer *citizenship-as-practice* und damit einer Fokussierung „on the democratic nature of the spaces and practices in which citizenship can develop" (ebd., S. 544). Die Problemstellungen einer nachhaltigen Entwicklung seien in konkreten schulischen Lernsituationen als konflikthafte, in ihrer Lösung potenziell ungeklärte *public issues* zu vermitteln (ebd.).

Aus der Perspektive der Politikdidaktik wird diese Kritik an einer kompetenzorientierten BNE vielfach geteilt. Fischer et al. (2016) weisen im Kontext ihrer Studie zu Schüler*innenvorstellungen über Globalisierung auf die Gefahr hin, „dass gesellschaftspolitische Ambivalenzen durch die Fokussierung auf einen didaktischen Kompetenzbegriff für die Didaktik unsichtbar werden", indem eine inhaltliche Auseinandersetzung mit den gesellschaftlichen offenen Fragen vermieden werde (S. 15). Die Ergebnisse der Studie zeigen, dass bei den Schüler*innen ein individualisiertes Handlungsmodell verbreitet ist, in dem Einflussnahme vor allem mit Konsumverhalten assoziiert wird (ebd., S. 16). Diese „Marginalisierung der Dimension des Politischen" erfordere aus diesem Grund eine didaktische Antwort jenseits des Kompetenzparadigmas (ebd., S. 17).

Die Ausführungen zu den kritischen Perspektiven auf eine Bildung für nachhaltige Entwicklung haben verschiedene konzeptionelle Fallstricke dargelegt, die in der Übersetzung eines gesellschaftlichen Problems in eine Lernproblematik entstehen können. Sie sind in besonderer Weise für eine Politische Bildung, die zur Emanzipation mündiger Subjekte und zu einer Förderung der politischen Urteilsfähigkeit beitragen will, relevant und Ausgangspunkt für Ansätze einer politischen Nachhaltigkeitsbildung.

Das Spannungsverhältnis zwischen der Gefahr zur Instrumentalisierung der Lernenden und Pädagogisierung politischer Problemlagen einerseits und dem zunehmenden Handlungsdruck und der Notwendigkeit einer gesellschaftlichen Transformation angesichts des Klimawandels andererseits ist nicht aufzulösen, erfordert aber theoretisch-didaktische Perspektiven und empirische Befunde einer Politischen Bildung. Hamborg (2017) problematisiert, dass sich die BNE-Forschung auf einem Kontinuum zwischen Involviertheit und Distanz bewege, wobei für die deutschsprachige Forschung ein hohes Maß an (bildungs-)politischer Involviertheit kennzeichnend sei:

> Die einen laufen in ihrer Distanzlosigkeit Gefahr, ihre Fähigkeit zur Differenz zu verlieren und mitunter das wissenschaftliche Erkenntnisinteresse dem politischen Gestaltungsimpetus unterzuordnen. Die anderen richten sich bequem in ihrer Position des distanzierten Kritikers oder Beobachters ein, der befreit ist von der Verantwortung und den alltäglichen Handlungszwängen der Politik und Bildungspraxis und der sich weigert, jenseits fachwissenschaftlicher Diskurse in den Ring gesellschaftlicher Aushandlungsprozesse zu treten. (Hamborg, 2017, S. 25)

Für den Forschungsdiskurs der Politischen Bildung ist lange Zeit ein hohes Maß an Distanziertheit gegenüber Nachhaltigkeitsthemen und dem Bildungsansatz einer BNE kennzeichnend gewesen (siehe Abschn. 2.5.1). Vor diesem Hintergrund der kritischen Reflexion sowie des konzeptionellen Entwicklungsbedarfes der Politikdidaktik ist es notwendig, die politische Dimension einer BNE in Theorie und Praxis zu stärken und didaktische Gestaltungsprinzipien zur Förderung der politischen Urteilsbildung herzuleiten und zu erproben.

2.4 Lernen, Urteilen, Handeln – Herausforderungen im Umgang mit komplexen Problemstellungen einer nachhaltigen Entwicklung

Im folgenden Kapitel werden die Anforderungen und Herausforderungen thematisiert, die mit Bildungsprozessen angesichts der Komplexität, Ambivalenz und Ungewissheit verbunden sind. „The specificity of sustainability problems challenges traditional educational practice", halten Van Poeck et al. (2019, S. 1) fest. Was kennzeichnet komplexe Problemstellungen einer nachhaltigen Entwicklung und inwiefern fordern sie Lernen und traditionelle Vermittlungspraktiken heraus? Im Folgenden werden theoretische und empirische Befunde des Forschungsstandes zum lernenden Umgang mit komplexen Problemstellungen einer nachhaltigen Entwicklung skizziert, um auf diese Weise mögliche Schwierigkeiten einer politischen Urteilsbildung aufzuzeigen und Förderperspektiven abzuleiten.

2.4.1 Komplexität als Herausforderung im Lernprozess

Das Interesse der pädagogisch-psychologischen Forschung an komplexen Problemstellungen entwickelte sich in den 1970er-Jahren aus der Kritik an der klassischen Problemlöseforschung, die lediglich einfache und wenig realistische Problemstellungen untersuchte (Dörner, 1976; Dörner & Funke, 2017). Mithilfe computersimulierter Szenarien und Mikrowelten wurde das komplexe Problemlösen von Proband*innen untersucht – wie etwa im computersimulierten Szenario „Lohhausen" (Dörner et al., 1983). Den Proband*innen wurde aufgetragen, sich um das Wohl einer Kleinstadt zu kümmern, wobei sie sich mit einem komplexen Zusammenspiel von Variablen konfrontiert sahen.

Komplexe Problemstellungen sind in formaler Hinsicht charakterisiert durch die Vielzahl der zu beachtenden Elemente bzw. Variablen, den hohen Grad an Vernetztheit jener Elemente, die Vielfalt und ggf. auch Konfliktstruktur zwischen verschiedenen Zielen (Polytelie), die Intransparenz der verschiedenen Wirkungsbeziehungen sowie einen hohen Grad an Dynamik, was Voraussagen und Interventionen schwierig macht (Funke, 2003; Dörner & Funke, 2017).

Problemstellungen im Kontext einer nachhaltigen Entwicklung weisen jene Charakteristika des komplexen Problemlösens zweifellos auf. Transformationen in Bereichen der Energieversorgung, der Mobilität, dem Wohnen oder dem Agrar- und Ernährungssystem (siehe Abschn. 5.1) erfordern komplexe gesellschaftliche, technische, wirtschaftliche und soziale Veränderungsprozesse (Wissenschaftlicher Beirat der Bundesregierung Globale Umweltveränderungen [WBGU], 2011). Typische kognitive Herausforderungen im Verstehen und Umgang mit komplexen Systemen sind dabei, dass nicht lineare, sondern komplexe Wirkungsbeziehungen sowie räumliche und zeitliche Distanzen zu erfassen sind (Ernst, 2010, S. 133 f.). Einzelinteressen und das Gemeinwohl können auseinanderfallen, müssen abgewogen und in ein Werturteil integriert werden. Sweeney und Sterman (2007) konnten zeigen, dass die Fähigkeit zum Systemdenken von Schüler*innen wie auch Erwachsenen (bezüglich der Systeme Natur, Wirtschaft und Gesellschaft) deutliche Defizite aufweist, da vor allem die zeitliche Dimension unzureichend berücksichtigt wird – ein Befund, der mit Blick auf Fragen des Klimawandels von Bedeutung ist. In der naturwissenschaftsdidaktischen Schüler*innenvorstellungsforschung konnten eine Vielzahl von Studien ein fragmentiertes Verständnis von Klima und globaler Erwärmung nachweisen, da Schwierigkeiten bestehen, Klima als komplexes, dynamisches System zu erfassen (Calmbach et al., 2016; Gorr, 2021; Shepardson et al., 2011). Auch vor dem Hintergrund einer zunehmenden Komplexität gesellschaftlicher Tatbestände und der Mehrdimensionalität des Nachhaltigkeitskonzeptes ist die gezielte Förderung systemischen bzw. vernetzten Denkens (Ossimitz, 2000; Siebert, 2007) sowie ein reflektierter Umgang mit Komplexität (de Haan, 2008; Rieckman, 2013, S. 84 f.) und Ungewissheit (Asbrand, 2009) im Rahmen einer BNE von elementarer Bedeutung (vgl. u. a. BNE-Konsortium COHEP 2013; Bollmann-Zuberbühler et al., 2016; Rieß, 2013; Wiek et al., 2011). In den vorgestellten Kompetenzmodellen findet sich diese Zielstellung zum Umgang mit Komplexität vorrangig in den Teilkompetenzen 1 bis 4 der Gestaltungskompetenz (de Haan, 2008) und in den Kernkompetenzen 1 bis 4 des Modells des Orientierungsrahmens Globale Entwicklung (KMK & BMZ, 2016) wieder (siehe Abschn. 2.2). In einem politischen Sinne ist darüber hinaus anzumerken, dass die Herausforderung darin besteht, Komplexität eben nicht nur zu erfassen, sondern darin handlungsfähig zu sein. Dies umfasst für eine Politische Bildung eine Reflexion von Verantwortungszuschreibungen und Verständnissen intra- und intergenerationeller Gerechtigkeit trotz zeitlicher und räumlicher Ferne zu den Mitmenschen (Holfelder, 2018, S. 72–75; Marchand, 2015, S. 18).

2.4.2 Die Diskrepanz zwischen Wissen, Werten und Handeln

Zum Umgang mit komplexen Problemstellungen einer nachhaltigen Entwicklung sowie der Wirkung des Bildungskonzept BNE und des Globalen Lernens auf schulische Lernprozesse ist kaum bildungswissenschaftliche und politikdidaktische Forschung vorhanden (Fischer et al., 2016; Wettstädt & Asbrand, 2014). Im Bereich des Globalen Lernens – welcher als ein Teilbereich der BNE aufgefasst werden kann (KMK & BMZ, 2016, S. 32 f.) – wurden mehrere rekonstruktiv-qualitative Forschungsprojekte mit Jugendlichen am Gymnasium durchgeführt, die mit Blick auf die politische Urteilsbildung von Interesse sind. Asbrand (2009) zeigt in einer Untersuchung und rekonstruktiven Interpretation von Gruppendiskussionen mit Jugendlichen zu globalen Fragen, dass ein umfassendes Wissen vorhanden ist und die Jugendlichen auch nachhaltigkeitsbezogene Werte im Sinne des Leitbildes kommunizieren, diese aber nicht handlungsleitend werden. Einen ähnlichen Typus konnte auch Uphues (2007) quantitativ nachweisen: Die stark vertretene Gruppe der „Global-Kognitiven" zeichnet sich durch ein hohes Maß an Wissen über globale Zusammenhänge und ein geringes Maß an Handlungsbereitschaft aus (ebd., S. 121 ff.). Auch Wolfensberger (2008) zeigt in einer inhaltsanalytischen Auswertung von Unterrichtsgesprächen zu *socio-scientific issues*, dass eine umweltbewusste und nachhaltigkeitsbezogene

Werthaltung von jugendlichen Schüler*innen in der Regel lediglich reproduziert werde. Jene Befunde deuten sich auch in jüngeren Studien an.

Kater-Wettstädt (2015; siehe auch Wettstädt & Asbrand, 2014) nimmt die Unterrichtsdynamik in den Blick und untersucht die Lernprozesse von Schüler*innen zu Themen des Lernbereichs Globale Entwicklung sowie den Umgang der Lernenden mit Handlungsaufforderungen, die im Rahmen unterschiedlich strukturierter Lehr- und Lernarrangements durch die Lehrkräfte selbst und Unterrichtsmaterialien transportiert wurden. Die Anliegen der Nachhaltigkeitsbildung, gesellschaftliche Verhältnisse und das eigene Leben im Sinne des Leitbildes der Nachhaltigkeit zu gestalten (siehe Abschn. 2.2), werden in Bildungspraktiken übersetzt, in denen Handlungsoptionen entsprechend häufig thematisiert werden (siehe hierzu Wettstädt & Asbrand, 2012). Es konnte festgestellt werden, dass Lehrkräfte Handlungsaufforderungen in Form von moralischen Appellen formulieren, bestimmte Handlungsoptionen präferieren und in den Unterrichtsdiskurs einbringen. Dabei wird „Handeln angesichts weltgesellschaftlicher Probleme [...] als individuelles Handeln gerahmt und an die Verantwortung der Lernenden appelliert" (Wettstädt & Asbrand, 2014, S. 6). Aufseiten der Schüler*innen hat dies entweder die Reproduktion der Handlungsaufforderungen oder Reflexionen über das Nicht-Handeln, in denen die eigene Passivität legitimiert und individuelle Verantwortung zurückgewiesen wird, zufolge. In offen strukturierten und diskursiv geprägten Lehr-Lern-Arrangements wurde hingegen eine „Reflexion über Handlungsaufforderungen als politisches Thema" (ebd., S. 9) im Unterrichtsdiskurs beobachtet, in der Schüler*innen in der Lage waren, Handlungsoptionen selbstständig zu konstruieren (ebd., S. 11). Im Fallvergleich der Lerngruppen zeigt sich:

> Je mehr Fachwissen sich die Jugendlichen aneignen konnten und je mehr sie Perspektivität und Vielfalt von Informationen und Positionen erfahren und erkennen konnten, umso anspruchsvoller sind ihre Reflexionen über Handlungsmöglichkeiten. Im Fallvergleich zeigt sich, dass explizite oder implizite moralische Appelle kritisch hinterfragt und zurückgewiesen werden; die Möglichkeit des eigenen Handelns wird verneint. Dagegen wird eine Haltung, die Handeln nicht per se für unmöglich hält, offensichtlich eher erworben, wenn ein Lehr-Lernarrangement Ko-Konstruktionsprozesse der Schülerinnen und Schüler und den diskursiven Austausch zu verschiedenen Positionen zulässt bzw. fördert. (Wettstädt & Asbrand, 2014, S. 11)

In der aktuelleren Untersuchung von Holfelder (2018) zu Orientierungen von Jugendlichen zu Nachhaltigkeitsthemen zeigt sich ebenfalls eine Diskrepanz zwischen den explizit geäußerten Werthaltungen und den urteils- und handlungsleitenden impliziten Wissensbeständen (S. 383 ff.). Vor dem Hintergrund der Wissenssoziologie Mannheims (Mannheim et al., 1980) werden „implizite Wissensbestände" rekonstruiert, „sogenannte Orientierungen, die das tägliche Denken, Urteilen und Handeln bestimmen" (Holfelder, 2018, S. 423). Die Diskrepanz zwischen Anspruch und Wirklichkeit im eigenen nachhaltigen Handeln werde von den Jugendlichen „theoretisierend bearbeitet", was in der konkreten Stichprobe als Merkmal eines gymnasialen Habitus (Asbrand, 2009; Bohnsack, 1989) gedeutet wird: Es zeigen sich primär Relativierungen, die das eigene Nicht-Handeln entschuldigen und Vergleiche mit anderen Nationalstaaten ziehen, sowie Reflexionen über das eigene Nicht-Handeln (Holfelder, 2018, S. 390). „Nachhaltiges Handeln stellt für die Jugendlichen (trotz positiver Bewertung nachhaltigen Handelns) einen negativen Gegenhorizont dar und damit keine Handlungsoption" (ebd., S. 392). Die Ergebnisse von Holfelder (2018) zeigen, dass weder Wissen noch entsprechende Bewertungen eine handlungspraktische Relevanz für die Jugendlichen besitzen: Die weitverbreitete Annahme, „dass sich Gestaltungskompetenz durch die Vermittlung differenzierten Wissens fördern ließe", lasse sich „nicht bestätigten" (Holfelder, 2018, S. 401).

> Moralische Kommunikation und Bewertungen können nicht als Hinweis auf Handlungsbereitschaft gedeutet werden, sondern müssen vielmehr als Umgang mit der implizierten Anrufung der Schüler*innen als moralisch handelnde Subjekte verstanden werden. (Holfelder, 2018, S. 419)

Die Schwierigkeiten der Lernenden im Umgang mit Komplexität – korrespondierend mit den Befunden hinsichtlich des systemischen Denkens – zeigen sich in einer starken Nahbereichsorientierung und dichotomischen Vorstellungen des Nord-Süd-Gefälles der Lernenden (Holfelder, 2018), der Fokussierung auf das individuelle Konsumverhalten (Fischer et al., 2016; Marchand, 2015) bei gleichzeitiger Moralisierung, Zurückweisung und Relativierung, die möglicherweise aber auch auf die unterrichtliche Ansprache der Lehrkräfte zurückzuführen ist (Wettstädt & Asbrand, 2014). Diese Orientierungen können als lernbereichsspezifische Komplexitätsreduktionen bzw. als spezifische Strategien aufseiten der Lernenden und Lehrenden verstanden werden, mit dem Ziel, Komplexität zu bewältigen. Die Neigung zu monokausalen Erklärungen und einfachen Urteilsheuristiken bei komplexen Problemlösungen ist ein viel belegter Befund der modernen Problemlöse- und Entscheidungsforschung (Kruse-Graumann, 2014, S. 204), der aber noch wenig Eingang in die politikdidaktische Diskussion gefunden hat. Der Befund, dass die vermittelten Werte und Einstellungen im Kontext einer BNE und Globalen Lernens für die Schüler*innen offenbar nicht notwendigerweise handlungsleitend sind, korrespondiert mit den Studien zum *value-action-gap* sowie mit dem *knowledge-action-gap*: Umweltwissen und nachhaltigkeitsbezogene Werte führen nicht zwangsläufig zu einem entsprechenden Handeln (Blake, 1999; Kollmuss & Agyeman, 2002; Kruse, 2011).

Mit Blick auf den Forschungsgegenstand der politischen Urteilsbildung sind mehrere Punkte festzuhalten. Die Ergebnisse der rekonstruktiven Studien geben den Anlass, die Diskrepanz zwischen Wissen und Handeln aus politikdidaktischer Perspektive als Leerstelle zu begreifen. Die Befundlage sensibilisiert einerseits dafür, nicht nur die kognitive Dimension in Lernprozessen anzusprechen, sondern auch affektive und motivationale Voraussetzungen zu berücksichtigen (Holfelder, 2018, S. 23; Asbrand & Martens, 2013, S. 48). Zum anderen lässt sich im Forschungsdiskurs eine pädagogisch-funktionalistische Fokussierung auf die Handlungsfähigkeit der Schüler*innen als erwünschter *Outcome* feststellen (Fischer et al., 2016; siehe Abschn. 2.3), anstatt die komplexe Dynamik zwischen Wissen, Werten und Handeln als Prozesse politischer Urteilsbildung in den Blick zu nehmen.

2.4.3 Interesse, Emotionen und Affekte

Nachhaltigkeitsthemen sind vielfältig mit positiven sowie negativen Emotionen verknüpft, die den Lern- und Urteilsprozess bestimmen können. Bundesweite repräsentative Studien belegen, dass Nachhaltigkeit für Heranwachsende zwischen 15 und 24 Jahren einen hohen Stellenwert genießt und das Interesse sowie die Motivation für eine intensive Auseinandersetzung bestehen (Michelsen et al., 2016; Grund & Brock, 2018; 2022). Zugleich existiert die Erwartungshaltung, dass sich die ökologischen Verhältnisse verschlechtern werden (BMU, 2018; siehe auch Albert et al., 2019, Shell-Jugendstudie 2019; Grund & Brock, 2022). Auch eine Studie im Rahmen des nationalen BNE-Monitorings ergab, dass die Mehrheit der Befragten negative Zukunftsentwürfe in den Bereichen Digitalisierung und Technik, soziale Gerechtigkeit und Klimawandel für wahrscheinlicher halten als positive (Grund & Brock, 2019). Neben einem ausgeprägten Problembewusstsein für die multiplen Krisen lässt sich dennoch eine (zweck-)optimistische Grundhaltung bei Jugendlichen feststellen (Calmbach et al., 2024, SINUS-Jugendstudie 2024). Emotionen stellen auch einen bedeutenden Einflussfaktor für die Motivation, Probleme zu lösen, dar und können die Qualität und die Ergebnisse kognitiver Prozesse erheblich beeinflussen (Moors et al., 2013).

Die rekonstruktiven Studien von Asbrand (2009), Kater-Wettstädt (2015) und Holfelder (2018) liefern bereits Hinweise auf die Tendenz zur affektiven Abwehr normativer Schließungen etwa in Form moralischer Appelle. Dollase (2002) weist darauf hin, dass die Vorstellung vornehmlich individueller Handlungsmacht Überforderung auslösen und dies wiederum eine Abwehr negativer Gefühle erzeugen könne – entsprechend kann die gezielte Förderung von individueller Handlungsbereitschaft genau das Gegenteil hervorbringen: Statt sich mit der Diskrepanz zwischen Wissen, Werten und Handeln auseinanderzusetzen und auch eine emotionale Beunruhigung zuzulassen, zeigt sich ein Modus der Distanzierung qua Theoretisieren als Umgangsform von Jugendlichen mit komplexen Nachhaltigkeitsthemen (Holfelder, 2018, S. 417).

Die Komplexität der Problemstellungen einer nachhaltigen Entwicklung kann im Rahmen des Wissenserwerbs Empfindungen der Überforderung auslösen und Frust sowie bewusstes oder unbewusstes Ausweichverhalten evozieren. Der *Cognitive-Load*-Theorie (Sweller et al., 2011) zufolge wird von hoher intrinsischer Belastung (*intrinsic load*) gesprochen, wenn sich diese auf die Stoffkomplexität bezieht, d. h. Lernende mehrere Aspekte zeitgleich zu beachten haben (Renkl, 2020, S. 10). Vor diesem Hintergrund scheint es erforderlich, Komplexität zu reduzieren „sowie [durch] die angemessene Verbindung unterschiedlicher Repräsentationsformen das Arbeitsgedächtnis [zu] entlasten", um die Informationsverarbeitung zu erleichtern (Lipowsky, 2020, S. 82; siehe auch: Chandler & Sweller 1991). Lipowsky (2020) weist außerdem auf die zunehmende Bedeutung der fachlich orientierten und fachdidaktischen Strukturierung zentraler Konzepte sowie der Entwicklung entsprechender Lerngelegenheiten in aktuelleren Ansätzen hin (ebd.; Renkl, 2011; Schmidt & Maier, 2009). Diese Schwerpunktverschiebung ist mit dem Anliegen einer BNE, Komplexität nicht nur zu reduzieren, sondern auch in bildender Absicht zu inszenieren, kompatibel. Im Sinne einer emotionssensiblen didaktischen Aufbereitung von komplexen Lerngegenständen ist damit angezeigt, das Spannungsverhältnis zwischen den Extrempolen einer Reduktion als Verkürzung etwa in Form von Handlungsaufforderung und der vollumfänglichen Komplexität als Überforderung auszutarieren, denn beide können ein Vermeidungsverhalten zur Folge haben.

2.5 Ansatzpunkte einer politischen Nachhaltigkeitsbildung

In diesem Unterkapitel werden Ansatzpunkte einer politischen Nachhaltigkeitsbildung herausgearbeitet, die im Forschungsdiskurs der Politischen Bildung und BNE diskutiert werden und mit Blick auf das Forschungsvorhaben der vorliegenden Studie bedeutsam sind. Hierfür wird in einem ersten Schritt das distanzierte

Verhältnis zwischen Politischer Bildung und einer Bildung für nachhaltige Entwicklung in den Blick genommen (2.5.1). In einem darauffolgenden Schritt wird ein Verständnis einer Problem-, Konflikt- und Erfahrungsorientierung als didaktische Prinzipien einer politischen Nachhaltigkeitsbildung vor dem Hintergrund des BNE-bezogenen und politikdidaktischen Forschungsdiskurses entwickelt (2.5.2).

2.5.1 Das Verhältnis zwischen Politischer Bildung und Bildung für nachhaltige Entwicklung

Wie in Abschnitt 2.1 dargestellt, kann die Entwicklung der Umweltbildung und entwicklungspolitischen Bildung hin zu einer Bildung für nachhaltige Entwicklung als eine Politisierung jener Bildungsansätze betrachtet werden (Overwien, 2021). Vor diesem Hintergrund ist es überraschend, dass die Diskurse der Politikdidaktik und der BNE oft noch „weitgehend getrennt voneinander" verlaufen (Lillie & Meya, 2016, S. 11). Bis in die 2020er-Jahre hinein spielen Nachhaltigkeitsfragen sowie Fragen der globalen Entwicklung in der Didaktik der politischen Bildung eine untergeordnete Rolle (Overwien, 2020a). Trotz des hohen Stellenwerts in den sozialwissenschaftlichen Bezugsdisziplinen fanden die Themen in der schulischen Politischen Bildung kaum bzw. nur unzureichend Berücksichtigung (Peter et al., 2011, S. 124). Brunold plädierte bereits 2009 für eine „systematische politikdidaktische Aufarbeitung, um Tendenzen zur Entpolitisierung relevanter Themengebiete […] zu verhindern" (2009, S. 320). Während lange Zeit nur wenige Beiträge der Nachhaltigkeitsbildung der Politikdidaktik entstammten (Brunold, 2009; Humpert, 2009; Overwien, 2013; Peter et al., 2011; Zeuner, 2008) und der BNE-Diskurs vor allem erziehungswissenschaftlich geprägt war (Brunold & Ohlmeier, 2013, S. 10), kann gegenwärtig eine wachsende Aufmerksamkeit im politikdidaktischen Forschungsdiskurs verzeichnet werden (u. a. Eicker et al., 2022; Eis, 2022; Friedrichs, 2021b; Inkermann & Eicker, 2021; Kenner, 2021; Moulin-Doos, 2017; 2020; Pelzel & Butterer, 2022). Interdisziplinäre Verknüpfungen sowie empirische Erkenntnisse über das politische, nachhaltigkeitsbezogene Lernen und Lehren im schulischen Kontext bestehen, wie bereits erläutert, nach wie vor kaum.

In einer vergleichenden Betrachtung des Bildungskonzeptes BNE und der Politischen Bildung zeigen sich Schnittstellen, aber auch didaktisch-konzeptuelle Unterschiede. Jene Unterschiede bieten neben den in Abschnitt 2.3 skizzierten kritischen Perspektiven möglicherweise weitere Erklärungsansätze für die zurückhaltende Rezeption des Konzeptes in der Politikdidaktik.

2.5 Ansatzpunkte einer politischen Nachhaltigkeitsbildung

Die unterschiedlichen Schwerpunktsetzungen deuten sich etwa in den didaktischen Prinzipien an, in denen die zentralen Prämissen der fachdidaktischen Theorieansätze kulminieren und aus denen sich eine didaktische Strukturierung von Inhalt und Zugang ableiten lässt. Lillie und Meya (2016) legen in einem Vergleich didaktischer Entsprechungen vor, die der Tabelle 2.4 zu entnehmen sind.

Tabelle 2.4 Entsprechung didaktischer Prinzipien der BNE in der Politischen Bildung, aus Lillie & Meya, 2016, S. 12

Bildung für nachhaltige Entwicklung (BLK, 1998)	Politische Bildung (Reinhardt, 2009; Sander, 2014)
System- und Problemlösungsorientierung	Wissenschafts-, Zukunfts- und Problemorientierung
Verständigungs- und Werteorientierung	Konfliktorientierung
Kooperationsorientierung	
Situations-, Handlungs- und Partizipationsorientierung	Handlungs- und Adressatenorientierung
Ganzheitlichkeit	(Handlungsorientierung)
Selbstorganisation	–

Schnittmengen werden etwa zwischen der Systemorientierung einer BNE (BLK, 1998, S. 28) und der interdisziplinären und multiperspektivischen Ausrichtung der Politischen Bildung mit ihren verschiedenen Bezugsdisziplinen festgestellt. Zugleich ist anzumerken, dass der Systembegriff im Konzept der nachhaltigen Entwicklung lange Zeit vorwiegend mit ökologischen Systemen assoziiert und systemische Interventionen im Sinne einer naturwissenschaftlichen, technologischen Rationalität gedacht wurden (von Braunmühl & von Winterfeld, 2003, S. 32). Systemisches Denken im gesellschafts-wissenschaftsdidaktischen Horizont betrifft die Reflexion systemischer Zusammenhänge mit Blick auf das demokratische System und Prozesse zwischen Einzelperson, Zivilgesellschaft und staatlichen Institutionen sowie auch des kapitalistischen Wirtschaftssystems (Reinhardt, 2004).

Sowohl im Rahmen einer BNE als auch in der Politischen Bildung spielt das Prinzip der Problemorientierung eine wichtige Rolle, jedoch liegen unterschiedliche Verständnisse zugrunde (Lillie & Meya, 2016, S. 11 f.): Während im Rahmen des BNE-Diskurses der Fokus auf der Förderung „kreative[r] Problemlösekompetenz" (BLK, 1998, S. 27 f.) liegt, „werden Probleme in der Politikdidaktik allerdings primär zum Gewinn von Einsichten in das Politische […] thematisiert"

(Lillie & Meya, 2016, S. 11 f.). In einem politikdidaktischen problemorientierten Zugang geht es nicht nur um die inhaltliche Dimension der Probleme (*policy*), sondern auch um Akteur*innen- und Interessengruppen (*politics*) sowie institutionelle demokratische Verfahrensweisen der Problembearbeitung (*polity*) (ebd.).

Des Weiteren wird im Bildungskonzept BNE der Schwerpunkt auf zwischenmenschliche Verständigung und Kooperation, auch vor dem Hintergrund der Idee einer Weltgesellschaft, gelegt. Interessen- und Zielkonflikte werden zwar bedacht, betont wird aber der konstruktive und konsensorientierte Umgang damit (BLK, 1998, S. 29). Dies steht einem politikdidaktischen Konfliktverständnis entgegen, demzufolge Interessengegensätze strukturell bedingt sind und nicht aufgelöst werden können, sondern nur ein Ausgleich erzielt werden kann. Eine konfliktorientierte Zugangsweise vermittelt Konflikte als „unvermeidlich, als berechtigt, sogar als sinnvoll" (Reinhardt, 2022, S. 81).

Ähnlich unterschiedlich ist auch das Verständnis der Handlungsorientierung: Während Schüler*innen im Kontext von BNE explizit zum Handeln und Gestalten in Alltagspraktiken befähigt werden sollen, wird hingegen in politikdidaktischer Perspektive, etwa von Reinhardt (2014, S. 280), deutlicher „auf die Gefahr verwiesen, dass Handeln im sozialen Nahraum unpolitisch wird, sofern es nicht demokratisch-konflikthaft ist und im Zusammenhang mit politischen Institutionen steht" (Lillie & Meya, 2016, S. 12). Der Fachdiskurs der Politischen Bildung positionierte sich hinsichtlich ganzheitlicher Ansätze lange Zeit insgesamt deutlich zurückhaltender, wie auch im Kontext aktuellerer Betrachtungsweisen kritisch angemerkt wird (Besand et al., 2019).

2.5.2 Politische Zugänge zu Nachhaltigkeitsbildung: Problem-, Konflikt- und Erfahrungsorientierung

Welchen spezifischen Beitrag die Politische Bildung zur Bildung für nachhaltige Entwicklung leisten kann, kann auch im Vergleich zu anderen domänenspezifischen Zugängen und hinsichtlich möglicher Schnittmengen konzeptualisiert werden. In verschiedenen theoretischen und empirischen Studien konnten drei Vermittlungstraditionen (*teaching traditions*) der Nachhaltigkeitsbildung unterschieden werden: die faktenbasierte, die normative und die pluralistische Traditionslinie (Öhman & Östman, 2019). Diese drei Linien unterscheiden sich in ihrem Nachhaltigkeitsansatz, ihrem didaktischen Ansatz, ihrer Perspektive auf Fakten und Werte sowie ihrer Perspektive auf Demokratie und Bildung und sind alle in der schulischen Praxis präsent (Borg et al., 2014). In der faktenbasierten Tradition

2.5 Ansatzpunkte einer politischen Nachhaltigkeitsbildung

erscheinen Nachhaltigkeitsprobleme als Wissensprobleme: Bürger*innen haben entweder nicht genug Wissen oder aber ignorieren jenes Wissen (Öhman & Östman, 2019). Die Vermittlungspraxis fokussiert sich auf wissenschaftliche Fakten und technische Lösungen. Auf einer Wissensbasis werden Schlussfolgerungen und Handlungsweisen ermöglicht – die individuelle Urteilsbildung der Schüler*innen wird aber nicht als Teil der Vermittlungspraxis betrachtet, sondern dem privaten Bereich zugewiesen. In der normativen Traditionslinie steht insbesondere die moralische Dimension nachhaltigkeitsbezogener Problemstellungen im Mittelpunkt. Die Vermittlungspraxis zielt auf die Vermittlung umweltfreundlicher und nachhaltiger Werte und Lebensstile, deren Übernahme eine individuelle Verantwortung der Lernenden darstellt (ebd.).

Anschlussfähig für einen politikdidaktischen Beitrag und eine politisch orientierte Nachhaltigkeitsbildung ist die pluralistische Traditionslinie. In ihr werden die Komplexität, Mehrperspektivität und Kontroversität sowie die Ungewissheit, die mit Nachhaltigkeitsproblemen in Verbindung steht, in den Mittelpunkt gerückt (Öhman & Östman, 2019):

> Sustainability problems are understood as conflicts between different human interests, values and ideologies. This implies that these problems are seen *as political* issues. [...] This conflict-based approach to ESE is characterised by a striving to highlight different perspectives, views and values when dealing with questions and problems concerning the future of our world. [...]. We could say that the aim of pluralistic education is to enhance students' competence to critically evaluate different perspectives of environmental and development issues, to take a stand and participate in debates, discussions and decisions at a private everyday level and a comprehensive societal level. (Ebd., S. 75)

Fakten wie etwa der anthropogene Klimawandel können geteilt und anerkannt werden, aber es gibt unterschiedliche Sichtweisen darauf, worin das Problem konkret besteht und welcher Weg zur Lösung und Gestaltung zu beschreiten ist. Öhman und Östman (2019) zufolge ist im pluralistischen Ansatz der demokratische Prozess Teil der Bildungssituation selbst. In der normativen Tradition ist der demokratische Prozess der Vermittlung, in Form von Aushandlungsprozessen zwischen Expert*innen und Politiker*innen, *vor*gelagert; in der faktenbasierten Tradition ist er *nach*gelagert, insofern das Bewerten und Handeln als privater und subjektiver Akt aus der Wissensvermittlung folgt. Die Schwierigkeiten der faktenbasierten oder normativen Traditionslinien entsprechen den kritischen Perspektiven auf den Bildungsansatz BNE, wie sie in Abschnitt 2.3 skizziert wurden.

Aus den theoretischen und empirischen kritischen Befunden lässt sich die Notwendigkeit einer stärker politischen Ausrichtung einer BNE ableiten (siehe Abschn. 2.3 und 2.4; vgl. Hedtke, 1998; Fischer et al., 2016; Riß & Overwien, 2010; Sund & Öhman, 2013; Van Poeck & Vandenabeele, 2012). Hierbei meint *das Politische* nicht die Verpflichtung auf eine bestimmte politische Agenda, sondern ein Verständnis der Probleme als *öffentliche* und *diskursiv auszuhandelnde* Angelegenheiten in einer *pluralen* Gesellschaft.

Im Folgenden werden didaktische Prinzipien vorgestellt, die sich aus einem pluralistischen Zugang ergeben und im Kontext der Politischen Bildung etablierte politikdidaktische Heuristiken zur Gestaltung von Lehr-Lern-Prozessen darstellen. Sie werden im Rahmen der didaktischen Ausrichtung der Lerneinheit realisiert und erprobt (siehe Kap. 5).

Problemorientierung
In pluralistischer Perspektive einer BNE sollen Probleme als gesellschaftliche, öffentliche Angelegenheiten (*public issues*; Poeck & Vandenabeele, 2012) markiert und diskursiv bearbeitet werden, anstatt diskursschließende Dynamiken zu praktizieren (siehe auch Wettstädt & Asbrand, 2014). Van Poeck und Östman (2020) plädieren dafür, dass dem Spannungsverhältnis zwischen der Gefahr der Instrumentalisierung und der Gefahr der Untätigkeit durch Zurückhaltung nur in einer didaktischen Perspektive begegnet werden kann: „Authentic engagement with […] sustainability problems can open up a space for newness, creativity, freedom and pluralism in education" (ebd., S. 1010). Zur Entfaltung des didaktischen Potenzials sind Lernarrangements mit vereindeutigten und vordefinierten Lernergebnissen zu vermeiden (siehe auch Goll, 2022; Gräsel, 2009). Stattdessen ist es zielführend, die Lernenden in die authentische Bearbeitung eines kollektiven Anliegens zu involvieren: „Authentic problems are problems for which neither the students nor the teacher knows the solution and which thus require an authentic inquiry – and not a pseudo-inquiry that systematically guides students towards the 'right' solution" (Van Poeck & Östman, 2020, S. 1012). Um den Lernenden zu ermöglichen, sich als Subjekte des Wandels zu begreifen, ist für die Absicht einer transformativen Bildung die Kombination von Problem- und Erfahrungsorientierung angezeigt (ebd.).

Konfliktorientierung
Kontroversen, Zielkonflikte und Widersprüche prägen die Problemstellungen einer nachhaltigen Entwicklung. Dementsprechend besteht in jüngeren Positionen zunehmend das Einvernehmen, jene Kontroversität und Konflikthaftigkeit zu einem Ausgangspunkt nachhaltigkeitsbezogener Bildungsprozesse zu erheben

2.5 Ansatzpunkte einer politischen Nachhaltigkeitsbildung

(Eis, 2022; Kehren, 2022; Krüger & Zorn, 2022) und damit das in der Politikdidaktik zentrale Prinzip der Konfliktorientierung (Gieseke, 1997) im Bereich der Nachhaltigkeitsbildung geltend zu machen. Dies spiegelt sich auch im 16. Kinder- und Jugendbericht wider (BMFSFJ, 2020, S. 557). Dieser

> sendet diesbezüglich ein deutliches Signal, die politische und damit kritische Perspektive im Lernbereich BNE, Globales Lernen und der Menschenrechtsbildung zu stärken. Er spricht sich für die Notwendigkeit aus, Kontroversen, Zielkonflikte und Widersprüche in der thematischen Auseinandersetzung sichtbarer zu machen, was etwa in der Kooperation mit zivilgesellschaftlichen Akteuren Ausdruck finden kann (…). (Eis, 2022, S. 200)

Eine politische Nachhaltigkeitsbildung gehe Eis (2022) zufolge über den Appell an das individuelle Konsumverhalten und die persönliche Mitverantwortung hinaus und befähige Lernende dazu, „globale soziale und ökonomische Strukturkonflikte zu verstehen" (S. 195). Für Kehren (2022) stellt erst die Auseinandersetzung mit dem Dissens um Nachhaltigkeit die Voraussetzung dafür dar, diesbezüglich Urteils- und Handlungsfähigkeiten entwickeln zu können.

> Die Einsicht in und das Verstehen der Widersprüche globaler Re-Produktion werden zur notwendigen Bedingung der Ermöglichung von Urteils- und Handlungsfähigkeit im Sinne des Leitbildes. Armut, Klimawandel, Produktion, Konsum, Ernährung oder Mobilität etc. sind als umstrittene gesellschaftliche Konfliktfelder zu identifizieren, in die wir Einzelnen weltweit sehr unterschiedlich verwickelt sind. (Kehren, 2022, S. 104)

Die gesellschaftlichen Handlungsfelder – Ernährung, Wohnen und Bauen, Mobilität, Energie, Klimawandel, Wasser, Arbeit und Landwirtschaft (Grunwald & Kopfmüller, 2022, S. 153 ff.) – stellen Konfliktfelder dar. Die Konfliktlinien ziehen sich nicht nur durch Interessenkonstellationen, sondern auch durch Verantwortungsdiskurse zwischen staatlicher Steuerung und individueller Verantwortung, durch Werte und kulturelle Praktiken, durch globale und regionale Perspektiven. Die innewohnenden Ambivalenzen bilden die Bedingungen des Wandels und Voraussetzungen des individuellen Handels. Krüger und Zorn (2022) sehen gerade in der Bearbeitung der Kontroversen den spezifischen Beitrag der Politischen Bildung im Rahmen einer BNE, weshalb die Politische Bildung gewissermaßen eine „Metaebene in den Bildungsprozess" einbringe (ebd., S. 37).

Neben der fachwissenschaftlich diskutierten und lebensweltlich relevanten Konflikthaftigkeit ist die Thematisierung jener Kontroversen auch vor dem Hintergrund der empirischen Befunde essenziell, wie sie in Abschnitt 2.4 skizziert wurden. Wettstädt und Asbrand (2014) betonen etwa die Wichtigkeit, „dass auch Handlungsmöglichkeiten als kontroverse Inhalte kontrovers thematisiert werden müssen, um eine Überwältigung der Schülerinnen und Schüler zu vermeiden" und „den Umgang mit Ungewissheit einzuüben" (ebd., S. 11). Zugleich gilt es, die Tendenzen zur Vereinseitigung kritisch zu befragen: Die Fokussierung auf das individuelle Konsumverhalten (Fischer et al., 2016; Marchand, 2015) sowie die Nahbereichsorientierung (Holfelder, 2018) in den Vorstellungen von Jugendlichen weisen auf die Notwendigkeit einer kritischen Ausdifferenzierung hin – etwa Handlungsebenen analytisch zu unterscheiden und auch kollektiven Praktiken zu betonen.

Erfahrungsorientierung
In dieser problem- und konfliktorientierten Perspektive von Van Poeck und Östman (2020) wird die didaktische Aufbereitung authentischer, problemhaltiger und konflikthafter Themenstellungen in einen Zusammenhang mit dem erfahrungsorientierten und forschenden Lernen gesetzt (zur Nähe von forschendem und problemorientierten Lernen siehe Detjen, 2022; Huber & Reinmann, 2019). Wie bereits im vorherigen Abschnitt angemerkt, besteht hinsichtlich einer ganzheitlichen, handlungsorientierten Zugangsweise in der Politikdidaktik Skepsis, was sich beispielsweise an der lange vernachlässigten Bedeutung von Emotionen für das politische Lernen zeigt (Besand, 2014). In Abschnitt 2.4.3 wurde bereits herausgestellt, inwiefern gerade im Umgang mit komplexen Problemstellungen ein emotionssensibles Vorgehen relevant ist. Vor diesem Hintergrund machen Van Poeck und Östman (2020) auf die Wichtigkeit von Räumen, Situationen und Arrangements aufmerksam, in denen dem Urteilen und Handeln eine Untersuchung im Sinne einer sorgfältigen Beobachtung und Reflexion vorausgeht:

> After all, offering educative spaces, i.e. spaces where judgement and action are preceded by inquiry (careful observation and reflection), is perhaps what is most needed in the face of severe crises such as the current sustainability crisis. (Van Poeck & Östman, 2020, S. 1015)

Für die Gestaltung sei ein erfahrungsorientierter Zugang deshalb notwendig, um den Schüler*innen die Möglichkeit zu geben, sich durch Primärerfahrungen als „subject of change" zu erleben (ebd., S. 1012). Kritisch anzumerken ist jedoch auch, dass in Bildungskontexten durch didaktische Reduktion immer auch spezifische Formen der *Agency* (Handlungsfähigkeit) vermittelt werden.

Die Befunde zur Diskrepanz zwischen Wissen und Bewerten einerseits und Handlungsbereitschaft andererseits verdeutlichen, dass die didaktische Aufmerksamkeit verstärkt auf die Prozesse der politischen Urteilsbildung gerichtet werden sollte. Vereinfachende und vereindeutigende Lehr-Lern-Arrangements stellen Strategien der Komplexitätsreduktion dar, aber können Gefahr laufen, Reaktanz zu erzeugen und inhaltliche Verkürzungen zu befördern. Wie oben beschrieben, kann in einer erfahrungsorientierten Absicht die sorgfältige Beobachtung, das Verstehen und die Reflexion angeregt und damit Urteilsbildung, beispielsweise durch außerschulische Begegnungen, angebahnt werden (siehe Kap. 4).

2.6 Implikationen für die vorliegenden Studien

Aus dem vorangegangenen Kapitel konnte sowohl in theoretisch-konzeptioneller als auch empirischer Hinsicht ein Forschungsdesiderat identifiziert werden. Mit der Darlegung des Forschungsdiskurses zum Bildungsansatz Bildung für nachhaltige Entwicklung sowie der Skizzierung kritischer Perspektiven konnte gezeigt werden, dass aus theoretisch-konzeptueller Perspektive die Notwendigkeit einer stärker politisch orientierten Nachhaltigkeitsbildung besteht. Sowohl Stimmen aus dem umweltpädagogischen, politikdidaktischen als auch dem internationalen nachhaltigkeitsbildungsbezogenen Forschungsdiskurs machen auf diesen Bedarf aufmerksam. Die didaktisch-konzeptionelle Ausrichtung politischer Bildungsprozesse an Pluralismus und Kontroversität sind für die Verwirklichung demokratischer Prinzipien essenziell. Nachhaltigkeitsbezogene Bildung kann das politisch-diplomatische und insofern konsensorientierte Leitbild einer nachhaltigen Entwicklung nicht ohne Weiteres in ein Bildungsprogramm übersetzen. Kontroversen, Widersprüche und Ambivalenzen sind als Teil der Bildungspraxis zu konzeptualisieren (Lundegård & Wickman, 2007; Öhman & Öhman, 2013; Rudsberg & Öhman, 2010; Sund & Öhman, 2013; Van Poeck & Vandenabeele, 2012).

> A central challenge for ESE practitioners is, accordingly, how to create opportunities for students to get involved in discussions so that they can discover and experience the differences and conflicts that are embedded in issues related to sustainable development. (Sund & Öhman, 2013, S. 17)

Die Politisierung der Nachhaltigkeitsbildung zeigt sich also nicht zuletzt im Bildungsprozesses selbst, etwa in Gestalt pluraler, kontroverser Unterrichtsdiskurse, sondern auch, indem die politische Dimension in der Auswahl und Aufbereitung der Lerngegenstände stärker berücksichtigt wird (Wohnig, 2021). Dabei ist es entscheidend, Nachhaltigkeitsthemen als *Angelegenheiten von öffentlichem Interesse* zu markieren, anstatt sich ausschließlich auf den Erwerb individueller Kompetenzen zu konzentrieren (Van Poeck & Vandenabeele, 2012) und damit Gefahr zu laufen, das politische Themenfeld zu moralisieren (Moulin-Doos, 2020). In dieser pluralistischen Perspektive werden der Prozess und die Schwierigkeit politischer Urteilsbildung zu einem zentralen Anliegen (ebd., S. 14).

Im Hinblick auf die politische Urteilsbildung im Kontext von Nachhaltigkeitsthemen lassen sich, wie beschrieben wurde, vielfältige Schwierigkeiten feststellen. Die hohen Anforderungen an individuelle Urteilsprozesse ergeben sich aus der Komplexität, die die Problemstellungen einer nachhaltigen Entwicklung charakterisieren. Die Darlegung des Forschungsstandes hat gezeigt, dass der Umgang mit komplexen Problemstellungen immer bereits ein *urteilender* ist. Die Tendenz zu verkürzten und vereinfachten Erklärungsmustern steht dem Ziel entgegen, strukturelle und systemische Betrachtungen zu ermöglichen. Die implizite oder explizite Vermeidung von Komplexität etwa in Form von sachlich unangemessenen Komplexitätsreduktionen (wie Moralisierungen) betrifft unmittelbar den Prozess politischer Urteilsbildung.

Ein Forschungsbedarf besteht hinsichtlich der Untersuchung und Förderung von Urteilsprozessen bei Jugendlichen angesichts dieser Befunde. Wie können Prozesse der Urteilsbildung unterstützt werden? Problem- und konfliktorientiertes Lernen kann als geeignet angesehen werden, um der Komplexität politikdidaktisch zu begegnen. Zugleich weisen Erkenntnisse aus der *Cognitive-Load-Theorie* (Sweller et al., 2011) auf die Sinnhaftigkeit hin, Themenstellungen fachdidaktisch zu strukturieren und Lernsituationen zu entwickeln, in denen das Arbeitsgedächtnis durch verschiedene Repräsentationsformen des Lerngegenstandes entlastet wird (Lipowsky, 2020, S. 82; siehe auch Schmidt & Maier, 2009; Renkl, 2011). Infolgedessen wird der problem- und konfliktorientierte Ansatz mit der Integration *außerschulischer Begegnungen* in die Unterrichtseinheit kombiniert. Hierbei stellt sich die Frage, wie sich politische Schüler*innenurteile unter dem Eindruck von Begegnungen mit verschiedenen Akteur*innen und damit konfligierenden Perspektiven entwickeln.

2.6 Implikationen für die vorliegenden Studien

Open Access Dieses Kapitel wird unter der Creative Commons Namensnennung 4.0 International Lizenz (http://creativecommons.org/licenses/by/4.0/deed.de) veröffentlicht, welche die Nutzung, Vervielfältigung, Bearbeitung, Verbreitung und Wiedergabe in jeglichem Medium und Format erlaubt, sofern Sie den/die ursprünglichen Autor(en) und die Quelle ordnungsgemäß nennen, einen Link zur Creative Commons Lizenz beifügen und angeben, ob Änderungen vorgenommen wurden.

Die in diesem Kapitel enthaltenen Bilder und sonstiges Drittmaterial unterliegen ebenfalls der genannten Creative Commons Lizenz, sofern sich aus der Abbildungslegende nichts anderes ergibt. Sofern das betreffende Material nicht unter der genannten Creative Commons Lizenz steht und die betreffende Handlung nicht nach gesetzlichen Vorschriften erlaubt ist, ist für die oben aufgeführten Weiterverwendungen des Materials die Einwilligung des jeweiligen Rechteinhabers einzuholen.

Politische Urteilsbildung im Kontext einer nachhaltigen Entwicklung 3

Die Fähigkeit zur politischen Urteilsbildung stellt das Fundament einer demokratischen Gesellschaft und eine zentrale Voraussetzung zur Bewältigung der Klimakrise dar. Die Schärfung eines entsprechenden Problembewusstseins sowie die Befähigung zur Beteiligung der Bürger*innen an einem umfassenden und konflikthaften gesamtgesellschaftlichen Transformationsprozess ist insofern essenziell, gar existenziell. *Urteilen* ist jedoch angesichts der Komplexität der nachhaltigkeitsbezogenen Problemstellungen ein notwendigerweise prekäres Unterfangen (siehe Abschn. 2.4), welches auch die politische Bildungspraxis in der Schule herausfordert. Dieses Kapitel zur politischen Urteilsbildung gibt einen Überblick über theoretische Grundlagen, fachdidaktische Überlegungen zu ihrer Förderung und empirische Befunde, die für den Kontext komplexer Problemstellungen einer nachhaltigen Entwicklung relevant sind. Zunächst wird die politische Urteilsbildung als Kernanliegen der Politischen Bildung vorgestellt (3.1). Nachfolgend werden Begriffsverständnisse von (politischer) Urteilsbildung in psychologischer sowie politikdidaktischer Perspektive dargelegt (3.2), mit dem Ziel zu einer tragfähigen Arbeitsdefinition zu kommen. In Abschnitt 3.3 werden Erkenntnisse über die Entwicklung politischer Urteilsfähigkeit präsentiert: In einem ersten Schritt werden Modelle zur soziomoralischen Entwicklung (Kohlberg, 1976; Piaget, 1973; Selman,1984, 3.3.1) vorgestellt, die bis heute ein wichtiges Fundament in der politikdidaktischen Modellierung der politischen Urteilsfähigkeit darstellen, wie sich in Abschnitt 3.3.2 zeigen wird. Hier werden „entwicklungslogische Niveaus" (Autorengruppe Fachdidaktik, 2017, S. 185) als Realisierungsstadien und Niveaus der politischen Urteilsbildung betrachtet sowie didaktische und unterrichtsmethodische Förderperspektiven aufgezeigt (3.3.3), die später als theoretische Bezugspunkte für die Intervention fungieren werden. Im Abschnitt 3.4 werden für die vorliegende Arbeit relevante theoretische Bezüge wie empirische Befunde zu verschiedenen Dimensionen, Prozessen und Herausforderungen politischer Urteilsbildung im Kontext nachhaltigkeitsbezogener Fragen skizziert, mit dem Ziel den Forschungsbedarf zu identifizieren. Dabei wird auch auf die Schwierigkeiten in der empirischen Erforschung eingegangen. Die Darlegung der Studienlage mündet in eine Differenzierung zweier Forschungsperspektiven auf Prozesse politischer Urteilsbildung (Urteilen als Expansion oder Sinnbildung; 3.5), aus der sich die Anlage der Forschungsarbeit ergeben wird. Abschließend wird eine Arbeitsdefinition politischen Urteilens vorgestellt und über die Implikationen der vorliegenden empirischen Studien der Forschungsbedarf hergeleitet (3.6).

3.1 Politische Urteilsbildung als Kernanliegen Politischer Bildung

Politische Bildung ist eine genuin normative Praxis, indem sie an das Leitbild der Mündigkeit und demokratischen Werten orientiert ist (Besand, 2019). Die bis in den zeitgenössischen Fachdiskurs richtungsweisend gewesenen und relevant gebliebenen klassischen didaktischen Theorieansätze eint die Auffassung, Politische Bildung solle zur Verwirklichung von Mündigkeit, politischer Selbstbestimmung und Emanzipation beitragen. So spricht Hermann Giesecke von der Mitbestimmung zum Zwecke der Gestaltung der Gesellschaft (1974, S. 140 ff.), Schmiederer von der Befreiung der Menschen aus der Unmündigkeit zur Gewährleistung des Strebens nach einer Gesellschaft, die die Interessen aller wahrnimmt (1977, S. 90–93), und Kurt Gerhard Fischer von Emanzipation im Sinne einer Kritikfähigkeit an den gesellschaftspolitischen Verhältnissen zum Zwecke der Selbstbestimmung und der Gestaltung einer gesellschaftlichen Emanzipation (1972, S. 83–91; siehe auch 1993).[1] Aufklärung als Bildungsziel ist daher sowohl als „pädagogisch-persönliches" als auch „gesellschaftlich-politisches Projekt" zu verstehen (Autorengruppe Fachdidaktik, 2017, S. 14). Politische Bildung findet also immer in einem Spannungsverhältnis zwischen Emanzipation und Integration statt: Die lernenden Subjekte werden in eine gesellschaftliche Ordnung integriert und müssen sich gleichwohl von dieser emanzipieren (Oeftering, 2013, S. 243).

Um jene übergreifenden Bildungsziele zu erreichen, werden die Förderung und Kultivierung politischer Urteilsfähigkeit als die wesentlichen Aufgaben des

---

[1] Für eine umfassende und kritische Analyse der Stationen der Politischen Bildung in der Bundesrepublik und einer Beurteilung gegenwärtiger Entwicklungen der Disziplin siehe Rößler (2019, S. 87–364 und 365–442).

Politikunterrichts verstanden. Die politische Urteilsbildung stellt also das zentrale Ziel des Politikunterrichts dar (Sutor, 1971) und die politische Urteilsfähigkeit die zentrale, durch den Politikunterricht zu fördernde Kompetenz (Juchler, 2005a). Entsprechend steht nicht die Wissensvermittlung, „sondern der offene und diskursive Umgang mit Wissen" im Zentrum des Politikunterrichts (Oeftering, 2013, S. 251). Mit Blick auf das Anliegen einer fächerübergreifenden Nachhaltigkeitsbildung und einer fachspezifischen Ausrichtung ebendieser (siehe Abschn. 2.5.2) lassen sich vor allem zwei Herausforderungen herausstellen:

a. *Das Wissensproblem.* Um Problemstellungen einer nachhaltigen Entwicklung zu verstehen, sind stets interdisziplinäre Zugriffe angezeigt. Die Politikdidaktik bezieht sich traditionell auf verschiedene gesellschaftswissenschaftliche Bezugsdisziplinen (Politikwissenschaft, Soziologie, Ökonomie, Recht), die auf Lernendenseite in verschiedenen basalen Sinnbildern des Bürgerbewusstseins Ausdruck finden: Vergesellschaftung, Wertbegründung, Bedürfnisbefriedigung, Gesellschaftswandel und Herrschaftslegitimation (Lange, 2008). Nachhaltigkeit als Konzept tangiert alle Sinnbilder des Politischen. Darüber hinaus spielt im Kontext nachhaltigkeitsbezogener gesellschaftlicher Problemstellungen häufig auch naturwissenschaftliches Wissen eine Rolle, beispielsweise um Maßnahmen überhaupt beurteilen zu können. Interdisziplinäre Wissensbestände didaktisch aufzubereiten und zu reduzieren bzw. zu elementarisieren, stellt eine Herausforderung dar. Das Bildungsziel, zu einem evaluativen, handlungsleitenden Urteil zu befähigen, ist hierbei im Blick zu behalten.

b. *Das Leitbildproblem.* Die normative Prämisse, politische Bildungsprozesse ergebnisoffen, diskursiv und kontrovers zu gestalten, kann zuweilen einer *Erziehung zum* Leitbild einer nachhaltigen Entwicklung entgegenstehen und das Ziel politischer Urteilsbildung vereiteln (siehe Abschn. 2.3). Da das *Was* und *Wie* umstritten bleibt, verzichtet der sozialwissenschaftliche Unterricht darauf, „für Leitbilder politischer, ökonomischer oder sozialer Art zu missionieren" (Autorengruppe Fachdidaktik, 2017, S. 15)[2]. Gleichwohl transportiert das Konzept der Nachhaltigkeit gemeinwohlorientierte Werte wie (Generationen-) Gerechtigkeit, Menschenwürde, Frieden und Sicherheit, die

---

[2] „Politische Mündigkeit verlangt die eigenständige und ergebnisoffene Auseinandersetzung mit dem Wirklichkeitsbereich Politik, in der sich Meinungen, Leitideen, Überzeugungen und Urteile der Lernenden frei sowie unabhängig von denen der Lehrenden und den in den Lehrplänen vorgegebenen entwickeln können und sollen (…)." (Autorengruppe Fachdidaktik, 2017, S. 14 f.)

als nicht zu verhandelnder Werterahmen zu begreifen sind. Professionelles Handeln in Lehr-Lern-Situationen zeichnet sich durch einen reflexiven Umgang damit aus.

Die Politische Bildung steht im Zusammenhang mit nachhaltigkeitsbezogenen Themenstellungen daher vor der Aufgabe, interdisziplinäres Wissen zu integrieren, ohne einen unpolitischen Politikunterricht zu erwirken (Henkenborg et al., 2008; Oeftering, 2013), ohne lediglich Einzelinformationen zu transportieren oder politische Sachverhalte unangemessen zu reduzieren und zu moralisieren (Grammes, 1998; siehe auch Besand, 2019). Im Hinblick auf das Leitbildproblem besteht zudem die Gefahr, dass ein kontroverser Unterricht von den zunehmend sensibilisierten und teilweise zivilgesellschaftlich engagierten Lernenden als relativierend aufgefasst wird und sich als inkompatibel zu den Sorgen und Ängsten der Schüler*innen erweisen kann (Grund & Brock, 2019; 2022; siehe Abschn. 2.4.3). Politische Urteilsbildung im Kontext einer nachhaltigen Entwicklung zu fördern, bedeutet daher umso mehr, den Umgang mit Ungewissheit, Unsicherheit, Komplexität und Ambiguität einzuüben (siehe Abschn. 2.4).

3.2 Begriffsverständnisse von (politischer) Urteilsbildung

3.2.1 Urteilsbildung aus psychologischer Perspektive

Urteilen kann als der psychologische Prozess beschrieben werden, „der zugrunde liegt, wenn Menschen einem Urteilsobjekt einen Wert auf einer Urteilsdimension zuordnen und das daraus resultierende Urteil explizit zum Ausdruck bringen" (Plessner, 2011, S. 12). Urteilsobjekte können beispielsweise Situationen, Personen oder Objekte sein; Urteilsdimensionen sind Eigenschaften, die dem Urteilsobjekt zugewiesen werden können: etwa das Gewicht eines Gegenstandes oder die Gefährlichkeit einer Situation (Bröder & Hilbig, 2017, S. 621). Urteile gelten als subjektiv, „weil sie die individuellen Überzeugungen und Lernerfahrungen der Person widerspiegeln" (Betsch et al., 2011, S. 2).

Empirische Untersuchungen zur Urteilsbildung sind den Forschungsfeldern *Judgment and Decision Making* in der Allgemeinen Psychologie und der *Social Cognition* in der Sozialpsychologie zuzuordnen (Plessner, 2011, S. 13). Urteilen (*judgment*) besteht aus Bewertungs- bzw. Einschätzungsprozessen (Hardman, 2009, S. 3), während sich Entscheiden (*decision making*) auf die Wahl „zwischen mindestens zwei möglichen (Handlungs-)Optionen" bezieht (Bröder & Hilbig,

3.2 Begriffsverständnisse von (politischer) Urteilsbildung

2017, S. 621). Soziale Kognition (*social cognition*) bezeichnet den Forschungsbereich der Sozialpsychologie, der „sich damit beschäftigt, zu verstehen, wie wir über uns selbst und über andere Menschen denken und wie die beteiligten Prozesse unsere Urteile und unser Verhalten in sozialen Kontexten beeinflussen" (Pendry, 2014, S. 108).

Die empirischen Befunde richten sich vornehmlich auf kognitive Verarbeitungsprozesse im Lichte eines Kosten-Nutzen-Ansatzes und betreffen die Informationsverarbeitung und -integration sowie die Risikoabschätzung, die Strategiewahl, Heuristiken und Urteilsfehler/-verzerrungen (*biases*) (Bröder & Hilbig, 2017; Nolte et al., 2019, S. 183–187). Unterschieden werden Urteile im Hinblick auf die Struktur in induktive und deduktive Urteile oder auch im Hinblick auf die Inhaltsbereiche in prädiktive Urteile (die Einschätzung von Wahrscheinlichkeiten betreffend), Wahrheitsurteile (den Wahrheitsgehalt betreffend), soziale Urteile (andere Personen betreffend) und evaluative Urteile (Plessner, 2011, S. 14–15).

Politische Urteile sind zudem vorwiegend evaluative Urteile. Evaluative Urteile nehmen eine Bewertung auf einer evaluativen Dimension vor (z. B. positiv-negativ, aber auch z. B. dem politischen Ziel der Gleichstellung der Geschlechter un-/angemessen oder vor dem Hintergrund der Klimaschutzes [nicht] gerechtfertigt). In der Sozialpsychologie werden sie unter dem Terminus der *Einstellung* (*attitude*) untersucht. Eine Einstellung wird definiert als „eine Gesamtbewertung eines Objekts, die auf kognitiven, affektiven und verhaltensbezogenen Informationen beruht" (Maio & Haddock, 2010, S. 4), wobei „das Äußern einer Einstellung ein wertendes Urteil über ein Stimulusobjekt beinhaltet" (Haddock & Maio, 2014, S. 199).

Das Urteilen stellt einen schwer einzugrenzenden Gegenstandsbereich dar (Plessner, 2011, S. 13). Wie sich zeigt, beziehen sich verschiedene Ansätze der Psychologie auf Prozesse der Urteilsbildung; eine einheitliche Teildisziplin der Urteilspsychologie gibt es streng genommen nicht. Die Grenzen zwischen Wahrnehmen und Urteilen sowie Urteilen und Entscheiden sind fließend, da die zugrundeliegenden kognitiven Operationen ineinander übergehen (ebd.). Das Urteilen stellt insofern eine Klammer für verschiedene urteilsrelevante Denkprozesse dar. Das Rahmenmodell für den Prozess des Urteilens nach Plessner (2011) betrachtet den Prozess der Urteilsfindung als Informationsverarbeitung: Einzelne Informationen bilden die Urteilsgrundlage – sie entstammen den Vorstellungen oder Erinnerungen des Individuums oder der Umwelt. Entsprechend ist der Kontext des Urteils zentral, etwa die „Art der Informationsdarbietung oder der Einbettung der Urteilsaufgabe" sowie auch die „Einflüsse[…], die sich beispielsweise aus der Motivation oder Stimmung der urteilenden Person ergeben" (ebd., S. 22).

Für die urteilspsychologische Forschung ist sowohl der Prozess des *Sammelns von Informationen* als auch die *Informationsintegration* von Interesse, die in der Formulierung eines Urteils Ausdruck finden kann (ebd., S. 21). In dieser Perspektive stellen das Vorwissen, die Motivation, das Interesse und Emotionen (etwa Betroffenheit) relevante Größen für den Urteilsprozess dar.

Eine Grundannahme informationsverarbeitender Modelle besteht in der Vorstellung, dass die kognitive Kapazität zur Informationsverarbeitung begrenzt ist und die Urteilsfähigkeit meist aufgrund zeitlicher Beschränkungen und unvollständiger Informationen eingeschränkt ist (*bounded rationality*, Simon, 1991). Aufgrund dessen wird oft auf Heuristiken zurückgegriffen, die als mentale Abkürzungen fungieren und die Urteilsbildung in alltäglichen Entscheidungssituationen vereinfachen (Gigerenzer & Gaissmaier, 2011; Nolte et al., 2019, S. 183). Während eine heuristische Urteilsbildung unbewusst verläuft und analysearm ist, ist eine systematische Urteilsbildung dadurch gekennzeichnet, dass sie bewusst verläuft und datengeleitet ist, da alle vorhandenen Informationen auf ihre Relevanz geprüft und in das zu fällende Urteil integriert werden (siehe das duale Prozessmodell der Informationsverarbeitung: *Heuristic-Systematic Model* nach Chen & Chaiken, 1999; Plessner, 2011, S. 43 f.). Eine systematische Urteilsstrategie ist folglich mit einem hohen kognitiven Aufwand verbunden und erfordert entsprechende Motivation und Fähigkeiten (ebd.). Die Motivation stellt dabei die zentrale Determinante in der Art der Informationsverarbeitung dar (Stroebe, 2014, S. 241 f.): Je stärker Personen einem Thema bzw. Argument eine persönliche Relevanz beimessen, desto motivierter sind sie, den anspruchsvollen Prozess der Informationsabwägung und -integration systematisch zu bestreiten, d. h. Fähigkeiten anzuwenden (Petty et al., 1981). Es kann entsprechend angenommen werden, dass wahrgenommene persönliche Relevanz (hohe Betroffenheit), die Verarbeitungsmotivation und somit auch die Tiefe der Verarbeitung (Elaboration) positiv beeinflusst (Stroebe, 2014, S. 242). Im Bereich einer nachhaltigkeitsbezogenen Urteilsbildung ist daher zu erwarten, dass Personen, die die Dringlichkeit der Klimakrise wahrnehmen, eine höhere motivationale Bereitschaft zur elaborierten Urteilsbildung haben. Vor dem Hintergrund des *Heuristic-Systematic Model* sind damit Bildungsprozesse anzubahnen, die die Motivation und Verarbeitungsfähigkeiten fördern.

Urteile werden darüber hinaus aber auch durch Motive, die in Urteilssituationen verfolgt werden, beeinflusst. Menschen verfolgen etwa ein soziales Anschlussmotiv, das eine Neigung zur Konformität evozieren kann (Plessner, 2011, S. 58). Des Weiteren besteht eine Tendenz zu selbstwertdienlichen Attributionen, nach denen Menschen sich selbst eher positiv beurteilen (ebd., S. 59).

Außerdem ist das Streben nach Konsistenz prägend für die Urteilspraxis: Inkonsistente Kognitionen werden als unangenehme motivationale Zustände erlebt; es gilt entsprechend, die Dissonanz abzubauen (Festinger, 1957). Es kann daher angenommen werden, dass jene Motive zu Urteilsverzerrungen führen und einer systematischen Urteilsbildung angesichts einer komplexen Problemstellung, die einen reflektierten Umgang mit Komplexität erfordert, entgegenstehen können und im Rahmen von Bildungsprozessen – fachdidaktisch gesprochen: in subjektorientierter Absicht – berücksichtigt werden müssen.

3.2.2 Normative Anforderungen an eine politische Urteilsbildung

Die Frage danach, was ein politisches Urteil als solches qualifiziert und was *politische* Urteilsbildung forschungsgegenstandsspezifisch auszeichnet, wird politikdidaktisch mit Blick auf die Überlegungen von Immanuel Kant und Hannah Arendt verhandelt (Juchler, 2005a; 2005b). In dieser politisch-philosophischen Tradition wird die Urteilskraft als „die Verbindung von Besonderem und Allgemeinem" bestimmt (Negt, 2010, S. 21). Kant (2000) unterscheidet die subsumierende und die reflektierende Urteilskraft. Während die erstgenannte das Besondere unter dem gegebenen Allgemeinen (Gesetz, Regel, Prinzip) einordnet bzw. subsumiert, kommt die reflektierende Urteilskraft zum Tragen, „wenn das Besondere gegeben ist, zu dem das Allgemeine noch gefunden werden soll" (Pavlik, 2015, S. 150). Dies ist beim ästhetischen und politischen Urteilen der Fall; Arendt transformierte den Kant'schen Begriff der reflektierenden Urteilskraft für das politische Urteilen (Meints-Stender, 2011, S. 78 ff.). Das Besondere bezieht sich bei Arendt auf die konkrete Erfahrungssituation menschlicher Existenz, an die das politische Denken stets „gebunden bleiben muß" (Arendt, 2000, S. 18); das Allgemeine stellt das Begriffliche dar. Negt (2010) erläutert: „Wahrnehmungen und Empfindungen sind etwas Besonderes; was man sieht, was man fühlt, den Blick auf die Straße, wo vielleicht Menschen gequält oder gedemütigt werden, auf die Gesellschaft zu beziehen, die das offiziell zulässt, wäre Ausdruck von Urteilsvermögen" (ebd., S. 21).

Unhintergehbarer Bezugspunkt des politischen Urteilens ist nach Arendt die Pluralität der menschlichen Existenz (Arendt, 2007, S. 9; Arendt, 2016b). Entsprechend ist in der Urteilsfindung nicht nur das Eigeninteresse zu berücksichtigen, sondern auch die Perspektiven, potenziellen Interessen, Voraussetzungen und Bedingungen anderer in die persönliche politische Urteilsbildung miteinzubeziehen (Meints-Stender & Lange, 2020, S. 35). Das Überschreiten und

Abstrahieren von privaten und gegebenenfalls partikularen Interessen und damit das Praktizieren einer „erweiterten Denkungsart" (Kant, 2000, S. 26 f.) bedeutet „für das Individuum, sich die Perspektive des oder der anderen bewusst zu machen, mit dem eigenen Standpunkt zu vergleichen beziehungsweise zu konfrontieren und schließlich in das eigene Urteil einzubeziehen" (Juchler, 2005a, S. 68). Jene politische Einbildungskraft stellt eine Voraussetzung dafür dar, am politisch-öffentlichen Leben teilzuhaben. Im Umkehrschluss stellt der Unwillen oder die Unfähigkeit zu urteilen – wie sie Arendt in der Figur Adolf Eichmann veranschaulicht findet – die größte Gefahr für das gesellschaftliche Zusammenleben dar (Arendt, 2016a, S. 299):

> Die durch die erweiterte Denkungsart qualifizierte politische Urteilsbildung ermöglicht in der politischen Öffentlichkeit eine intersubjektive Verständigung, welche sowohl die wohlverstandenen Eigeninteressen der Individuen als auch die der anderen berücksichtigt und in das politische Urteil integriert. (Juchler, 2005a, S. 69)

Die Perspektivenübernahme stellt damit die zentrale Verstehensoperation dar, die das politische Urteil als solches auszeichnet:

> Wird dagegen der Standpunkt der anderen bei der eigenen Urteilsbildung nicht mit einbezogen, bleibt der gebildete eigene Standpunkt die Vertretung des subjektiven Partikularinteresses und kann schlechterdings nicht als *politisches* Urteil bezeichnet werden. (Juchler, 2005a, S. 69)

Wie in Abschnitt 3.2.1 aufgezeigt, sind politische als evaluative Urteile nicht auf Wahrheit oder Wahrscheinlichkeit ausgerichtet, sondern sie nehmen eine Bewertung vor, die potenziell anerkennungswürdig ist oder nicht: „Durch seinen normativen Gehalt kann ein solches Urteil eines Individuums weder »wahr« noch »falsch« sein, sondern muss sich im Prozess der Verständigung mit anderen als gerechtfertigt oder ungerechtfertigt erweisen" (Juchler, 2005b, S. 117).

Eine weitere normative Anforderung an das politische Urteilen besteht in der *Begründung* vor dem Hintergrund rationaler Urteilsmaßstäbe. In Anlehnung an die Unterscheidung von Max Weber zwischen Zweck- und Wertrationalität zielt der Urteilsmaßstab der Zweckrationalität auf die Kategorie der *Effizienz* und die Wertrationalität auf die Kategorie der *Legitimität* (Weber, 1988, S. 551 ff.). Analog dazu wird zwischen Sach- und Werturteil unterschieden. Die sachbezogene Dimension bezieht sich auf Fragen der Zweck-Mittel-Relation, etwa inwieweit politische Zwecke und Ziele als angemessen und Mittel zur Gestaltung oder Problemlösung als wirksam zu beurteilen sind. Dies betrifft auch Fragen nach der Korrektheit der zugrunde liegenden Fakten und Prämissen. Die wertebezogene

3.2 Begriffsverständnisse von (politischer) Urteilsbildung

Dimension hingegen orientiert sich an Wertevorstellungen, Grund- und Menschenrechten und fragt nach der Legitimität eines Sachverhalts. Dies betrifft etwa Fragen nach der Sozial- und Umweltverträglichkeit politischen Handelns (May, 2019, S. 42). Massings (2003) viel rezipierte Definition eines politischen Urteils bezieht sich auf jene Kategorien und lautet folgendermaßen:

> Ein politisches Urteil ist die wertende Stellungnahme eines Individuums über einen politischen Akteur oder einen politischen Sachverhalt unter Berücksichtigung der Kategorien Effizienz und Legitimität mit der Bereitschaft sich dafür öffentlich zu rechtfertigen. (Massing, 2003, S. 94)

Die mögliche Verknüpfung zwischen Urteilsmaßstäben und Perspektiven integriert Massing in einer Begründungsmatrix, die zeigt, wie die Beurteilung sach- und wertbezogene Aspekte aus verschiedenen Perspektiven erfolgen kann (siehe Tab. 3.1).

Tabelle 3.1 Begründungskriterien eines politischen Urteils nach Massing (2003), S. 97

Beurteilungsmaßstab	Sichtweisen (Perspektiven)		
Politisch-gesellschaftliche Rationalität	Politische Akteure	Adressaten	System
Kategorie: Effizienz	Handlungsmöglichkeiten, Handlungsrestriktionen, Kompetenzen, Macht, Aufwand, Kosten	Individueller Nutzen, individuelle Kosten, individuelle Interessen	Funktionsfähigkeit, Leistungsfähigkeit, Stabilität
Kategorie: Legitimität	Menschenrechte, demokratische Normen und Werte, demokratische Prinzipien, Interessenberücksichtigung, Gemeinwohlorientierung, Akzeptanz, Transparenz, Partizipation	Selbstbestimmung, Mitbestimmung, Identität, verallgemeinerbare Interessen, verallgemeinerbare Werte	Grund- und Menschenrechte, Demokratie, rechtsstaatliche Prinzipien, sozialstaatliche Prinzipien, Alternativen

Im fachdidaktischen Konsens darüber, dass die zentrale Aufgabe der Politischen Bildung darin besteht, zur politischen Urteilsbildung zu befähigen, verankerte die *Gesellschaft für Politikdidaktik und politische Jugend- und Erwachsenenbildung* (GPJE) die politische Urteilsfähigkeit als einen von drei Kompetenzbereichen neben dem sogenannten konzeptuellen Deutungswissen, welches „sich auf grundlegende Konzepte für das Verstehen von Politik, Wirtschaft, Gesellschaft und Recht bezieht" (GPJE, 2004, S. 14). In der Definition des Kompetenzbereichs findet sich die Unterscheidung zwischen Sach- und Werturteilen wieder. Unter politischer Urteilsfähigkeit wird die Fähigkeit verstanden, „[p]olitische Ereignisse, Probleme und Kontroversen sowie Fragen der wirtschaftlichen und gesellschaftlichen Entwicklung unter Sachaspekten und Wertaspekten [zu] analysieren und reflektiert beurteilen [zu] können" (ebd., S. 13). Die Autorengruppe Fachdidaktik hingegen greift die Trennung in Urteilstypen nicht auf, sondern stellt die Herausbildung des persönlichen Werturteils im Zuge eines Abwägens der sachlichen Aspekte und die längerfristige politische Identitätsentwicklung in den Mittelpunkt.[3] Sie verstehen unter politischer Urteilsbildung die „Fähigkeit, kontroverse Wertvorstellungen, individuelle und kollektive Interessen, politische Positionen und gesellschaftstheoretische Konzepte selbstreflexiv und kritisch abzuwägen, um ein persönliches Werturteil und eine orientierungsstiftende, kritikfähige politische Identität zu finden, zu begründen und zu reflektieren" (Autorengruppe Fachdidaktik, 2017, S. 146).

In den verschiedenen Definitionen zeichnen sich auch Überschneidungen zu anderen Kompetenzbereichen wie dem Analysieren und Handeln ab. Während die Definition der GPJE die Analyse- und Urteilsfähigkeit stärker zusammendenkt, differenziert die Fachgruppe Sozialwissenschaft diese beiden sowie auch die Perspektivenübernahme voneinander (Behrmann et al., 2004, S. 336 ff.): Unter politischer Urteilsbildung wird die „Einschätzung und Bewertung gesellschaftlicher Problemlagen, politischer Forderungen" verstanden, während sich die sozialwissenschaftlichen Analysefähigkeiten auf die „problemorientierte Analyse struktureller Bedingungen und institutioneller Ordnungen" beziehen (ebd., S. 388). Gleichwohl ist die Urteilskompetenz gewissermaßen auch eine Handlungskompetenz, da es auch darum geht, sich „in einem Möglichkeitsraum politischen Denkens begründet zu positionieren" und dies auch vertreten zu können (Petrik, 2012, S. 32).

---

[3] Weitere zeitgenössische Überlegungen zur politischen Urteilsbildung problematisieren die idealtypische Trennung in Sach- und Werturteile, die in der alltäglichen Bildungspraxis die Schwierigkeiten einer kohärenten Urteilspraxis eher erschwert als zu fördern vermag und letztendlich lediglich rationales und subsumierendes Urteilen anvisiere, nicht aber zu einem reflektierten Umgang mit Unbestimmtheit und Kontingenz anrege und stattdessen eher die Indifferenz der Lernenden beförder e (Rößler, 2019, S. 505–508).

Die normativen Ansprüche an eine gelingende politische Urteilsbildung sind zentral, um die Anbahnung politischer Lernprozesse an fachlichen Kriterien zu orientieren und die lernenden Subjekte dahingehend zu unterstützen, ihre Urteilspraxis zu elaborieren und eine selbstbestimmte politische Identität zu entwickeln. Vor dem Hintergrund der hier dargelegten normativen Bestimmungen vollzieht sich die Entwicklung politischer Urteilsfähigkeit in einer zunehmenden Ausweitung ihres Geltungsanspruchs bzw. ihrer potenziellen Zustimmungsfähigkeit durch andere und damit „Gerichtetheit auf das pluralistische Gemeinwesen" (Juchler 2005b, S. 121). Wie sich diese Entwicklung in moral- und entwicklungspsychologischer Perspektive darstellt, wird im nachfolgenden Abschnitt dargelegt.

3.3 Entwicklung und Förderung politischer Urteilsfähigkeit

Welche fachlichen Vorstellungen und Modellierungen gibt es darüber, wie sich die politische Urteilsbildung idealtypisch entwickelt, worin sich Urteilsniveaus unterscheiden und welche Förderperspektiven sich daraus ableiten lassen? Im folgenden Kapitel werden in einem ersten Schritt auf Forschungsergebnissen basierende Modelle zur soziomoralischen Entwicklung (in Chronologie ihrer Erscheinung: Piaget, 1973; Kohlberg, 1976; Selman, 1984) vorgestellt, die bis heute ein zentrales Fundament für die fachdidaktische Modellierung der politischen Urteilsfähigkeit bilden. Dass die Erkenntnisse zur moralischen Urteilsbildung auch für die politische Urteilsbildung relevant sind, ergibt sich daraus, dass politische Urteile wertbezogen sind. Entsprechend konnte der Zusammenhang zwischen moralischer und politischer Urteilsfähigkeit auch empirisch belegt werden (Van Ijzendoorn, 1980, S. 158 ff.). Im Rahmen von Abschnitt 3.3.2 werden Realisierungsstadien und Niveaus der politischen Urteilsbildung in politikdidaktischer Perspektive betrachtet und nachfolgend Förderperspektiven für die Gestaltung politischer Bildungsprozesse abgeleitet (Abschn. 3.3.3). Die Erkenntnisse stellen die Grundlage für die Gestaltung der Intervention sowie der Datenauswertung und -interpretation dar.

3.3.1 Modelle der soziomoralischen Entwicklung

Die Entwicklung des politischen Selbst wird bis in die Gegenwart auf der Grundlage verschiedener soziomoralischer Entwicklungsmodelle beschrieben, die auf kognitiven, sozial- und entwicklungspsychologischen Befunden beruhen. Ab wann sind junge Menschen in der Lage, „Regeln und Werte unabhängig von eigenen Interessen wahrzunehmen und umzusetzen" (Burdewick, 2010, S. 352), wie es für nachhaltigkeitsbezogene Fragestellungen erforderlich ist?

Piaget (1973) differenziert in seinen Arbeiten zur moralischen Entwicklung zwischen dem Stadium der Heteronomie, in der Autoritäten über die Regeln des Zusammenlebens verfügen, und dem Stadium der Autonomie, in dem Regeln als gemeinsam vereinbart und insofern nicht unumstößlich gelten (etwa ab dem 10. Lebensjahr) (Burdewick, 2010, S. 353). In seinen Untersuchungen zur kognitiven Entwicklung unterscheidet Piaget drei Stufen. Auf die sensomotorische Entwicklungsphase (0–2 Jahre) folgt die Stufe der konkreten Operation (2–11/12 Jahre), woran sich die Phase der formalen Operation im Jugendalter anschließt: „Auf der Stufe der formalen Operation sind Jugendliche in der Lage, logische Schlüsse zu ziehen. Sie können sich vom konkreten Gegebenen lösen und das Mögliche und Zukünftige antizipieren" (ebd.). Folgt man Piaget „lässt sich also festhalten, dass Kinder etwa ab zehn bzw. elf Jahren die kognitiven und moralischen Voraussetzungen zur politischen Mitsprache erfüllen" (ebd.). Auch Hurrelmann (1998, S. 17) schlussfolgert, dass bereits in der Präadoleszenz von einer Reife der Urteilsfähigkeit zu sprechen ist. Neuere Forschungen betonen dabei den entscheidenden Einfluss der Schulbildung und stellen die Domänenspezifik der kognitiven Operationen heraus (Oerter, 2016, S. 71) sowie die heute früher einsetzende politische Sozialisation (Soßdorf, 2021).

Kohlberg (1976) knüpft an die Arbeiten von Piaget an und entwickelt ein Modell zur Entwicklung der moralischen Urteilsfähigkeit. Untersucht wurde die Argumentation zu moralischen Dilemmata, die mit zunehmendem Alter an Komplexität gewinnt. In seinem ontogenetischen Stufenmodell beschreibt er drei Stufen der moralischen Entwicklung, wobei jede zwei Unterstufen umfasst. Auf dem prämoralischen Niveau werden Regeln aufgrund äußeren Drucks durch Autoritäten befolgt (Stufe 1) oder um Belohnung zu erhalten bzw. Strafe oder Missachtung zu vermeiden (Stufe 2). Argumentationen auf konventionellem Niveau zeichnen sich dadurch aus, dass soziale Beziehungen berücksichtigt werden (Stufe 3) oder übergreifende Regeln des gesellschaftlichen Zusammenlebens einbezogen werden (Stufe 4) – dies „kann bei Jugendlichen im Alter von elf Jahren erreicht sein" (Burdewick, 2010, S. 355). In Kohlbergs Untersuchungen argumentierten nur ein Viertel der 16- bis 18-Jährigen auf der Stufe 4. Auf dem postkonventionellen Niveau werden übergeordnete Gerechtigkeitsvorstellungen integriert (Stufe 5) oder universelle Gerechtigkeitsprinzipien herangezogen (Stufe 6). Auf dem post-konventionellem Niveau argumentieren Jugendliche selten; auch Erwachsene argumentieren überwiegend auf dem konventionellen Niveau. Damit kann festgehalten werden, dass „ein Teil der jungen Menschen bereits mit dem zwölften Lebensjahr ebenso urteilsfähig wie die meisten Erwachsenen" ist und „sich stellvertretend für die Interessen anderer [einsetzen]" kann (ebd.). Im Zuge der moralpsychologischen Arbeiten von Kohlberg etablierte sich die Methode der Dilemmadiskussion, deren Wirksamkeit zur Förderung moralischen Lernens belegt werden konnte (Lind, 2000; mit Blick auf den Vergleich affektiv und kognitiv orientierter Konzeptionen: Krause & Stark, 2016). Auch wirkt sich Partizipation im Schulkontext positiv auf die moralische Entwicklung aus (Higgins, 1987, S. 69 ff.). Insgesamt kann hieraus abgeleitet werden, dass die Ermöglichung von Lernerfahrungen zentral ist und diese damit einen wichtigen Befund für die Politische Bildung darstellen.

Selman (1984) untersucht in sozialpsychologischer Perspektive die Entwicklung der sozialen Perspektivenübernahme und -koordination, also das Vermögen, die Gedanken und Gefühle anderer zu erschließen und unterschiedliche Perspektiven miteinander in Beziehung setzen zu können. Sie stellt ebenfalls eine Grundbedingung politischer Kompetenzen dar und ist auch mit Blick auf die außerschulischen Begegnungen in dieser Arbeit von Interesse. Auch Selmans Theorieansatz gründet auf der Theorie zur kognitiven Entwicklung nach Piaget, wobei in seiner Arbeit aber das Soziale und zwischenmenschliche Interaktion im Fokus steht (Dimitrova & Lüdmann, 2014, S. 6). Dem Ansatz zufolge ist im Alter zwischen dem 3. und 8. Lebensjahr die egozentrische bzw. undifferenzierte Perspektive vorherrschend (Niveau 0) (ebd.). Zwar werden auf dieser Entwicklungsebene bereits Perspektiven anderer erkannt; es kann jedoch noch nicht erfasst werden, dass Wahrgenommenes unterschiedlich interpretiert wird. Die eigene Perspektive kann von den Perspektiven anderer nicht deutlich unterschieden werden. Etwa zwischen dem 5. und 9. Lebensjahr entwickelt sich die subjektive bzw. differenzierte Perspektive (Niveau 1) und das Kind wird sich zunehmend der Subjektivität von Perspektiven bewusst; etwa werden Gründe und Motive von Handlungen erkannt (ebd.). Im Zeitraum zwischen dem 7. und 12. Lebensjahr entwickeln sich selbstreflexive bzw. reziproke Perspektiven (Niveau 2). Das Kind ist fähig, „die eigenen Gedanken und Gefühle aus der Sicht einer anderen Person zu reflektieren" (ebd.). Zwischen zehn und 15 Jahren werden mehrere Perspektiven gleichzeitig repräsentiert, sodass auch Beziehungen zwischen Sichtweisen erfasst werden (Niveau 3). Ab dem 12. Lebensjahr kann allmählich die sogenannte tiefenpsychologische und gesellschaftlich-symbolische Perspektivenübernahme stattfinden (Niveau 4): „Die Heranwachsenden erkennen, dass Individuen Perspektiven aufgrund mehrerer und sehr verschiedener Informationsquellen (Erfahrungen, Aussagen, Gedanken, Gefühle, Meinungen,

Werte) teilen können. Als Abschluss der Entwicklung der Fähigkeit zur Perspektivenübernahme wird die Herausbildung von einem (z. B. gesellschaftlichen) Perspektivensystem betrachtet" (ebd.). Die Befunde sind etwa mit Blick auf das Diskussionsverhalten von Schüler*innen, die Fähigkeit zur Rollenübernahme und auf die Fähigkeit zum abstrahierenden Denken, etwa wenn zwischen Person und Interessengruppe zu differenzieren ist, von Bedeutung. Das Vermögen von Schüler*innen zur Perspektivenübernahme ist vor dem Hintergrund dieser Befunde einzuordnen.

Die vorgestellten Modelle wurden für die Koppelung der Entwicklungsstufen an konkrete Altersangaben kritisiert. So belegen mittlerweile viele Studien, dass bereits jüngere Heranwachsende über die Fähigkeit verfügen, sich mit politischen Themen auseinanderzusetzen (Oerter, 2016). Auch in den Studien von Keller (1996) und Nunner-Winkler (2005) wurde gezeigt, dass Unter-Zehnjährige auf Grundlage von Empathie und Normen urteilen statt zur Abwendung von Strafe. „Entgegen Kohlbergs Beschreibung des präkonventionellen Niveaus verfügen bereits Kinder über ein differenziertes moralisches Wissen" (Nunner-Winkler, 2009, S. 534). Zugleich können auch Erwachsene auf niedrigster Studie urteilen (Beck & Parche-Kawik, 2004). Die Befunde belegen, dass Urteilsbildung häufig in hohem Maße inkonsistent und kontextspezifisch ist. Mit Blick auf das politische Urteilen sind zudem die Untersuchungen zum dialektischen Denken von Interesse. Dieses wird definiert als Vermögen „bestehende Widersprüche, die sich logisch nicht aufheben lassen, zu bearbeiten und einer Synthese zuzuführen" (Oerter, 2016, S. 72). Oerter (2016) macht darauf aufmerksam, dass das dialektische Denken empirischen Studien zufolge „erst mit zunehmendem Alter auftritt und im Jugendalter noch kaum beobachtet wird" (ebd., S. 72).

Die Annahme einer kongruenten Stufenabfolge ist fragwürdig geworden. Auch wenn der ontologische Erklärungsanspruch heute zunehmend infrage gestellt wird, stellen die Modelle in veränderter Ausrichtung weiterhin wichtige theoretische Bezugspunkte für die Vorstellung einer idealtypischen Entwicklung der Fähigkeit zur politischen Urteilsbildung dar (Autorengruppe Fachdidaktik, 2017; May et al., 2020). Einen empirischen Zusammenhang zwischen moralischen und politischen Urteilen wurde bereits durch Van Ijzendoorn (1980, S. 158 ff.) nachgewiesen:

> Vorkonventionelle Moralstufen korrelieren demnach mit einem ‚regressiven', d. h. autoritätsfixierten, ontologisierenden, personalisierenden und harmonisierenden politischen Bewusstsein. Konventionelle Moralstufen korrelieren mit der Einbeziehung formaler demokratischer Prinzipien und Verfahren. Postkonventionelle Moralstufen korrelieren mit einem ‚kritischen', d. h. flexibleren, menschenrechtsorientierten und kontingenzbewussten politischen Bewusstsein. (Petrik, 2012, S. 39)

Insgesamt zeichnen sich in den Modellen Entwicklungslinien ab, bei denen der kindliche Egozentrismus durch die Fähigkeit zur Dezentrierung überwunden wird. Die Fähigkeit zur Perspektivenübernahme bezieht sich im Kindesalter noch auf sich selbst und die direkten Bezugsgruppen und erweitert sich sukzessive auf Vorstellungen von Gesellschaft.

3.3.2 Die Entwicklung politischer Urteilsfähigkeit

Korrespondierend zu den skizzierten Entwicklungsmodellen verlaufen politikdidaktische Vorstellungen zur Entwicklung des politischen Bewusstseins und damit verbundenen Fähigkeiten. Politisches Lernen verläuft jedoch hochgradig individuell und ist abhängig von gesellschaftlichen Einflüssen – Stufenmodelle sind daher stark umstritten. Dennoch ermöglichen Annahmen über die idealtypische Abfolge von Entwicklungsstadien, ein Verständnis darüber zu entwickeln, wie politische Bildungsgänge verlaufen und Lernfortschritte angeregt werden können. In Abgrenzung zur altersbedingten Stufung werden die einzelnen Realisierungsstadien als „entwicklungslogische Niveaus" (Autorengruppe Fachdidaktik, 2017, S. 185) verstanden.

Politische Urteilsbildung kann nach Weinbrenner als „Teil eines langfristigen individuellen Entwicklungs- und Sozialisationsprozesses" verstanden werden (1997, S. 86). Je nach lerntheoretischem Ansatz unterscheiden sich die Annahmen darüber, wie die „Zonen der nächsten Entwicklung" erreicht werden (Autorengruppe Fachdidaktik, 2017, S. 180). Dem Kognitivismus (Brunner) zufolge finde Lernen statt, wenn „[i]n einem Besonderen, also einem politischen Fall, Problem oder Konflikt, […] ein Allgemeines entdeckt [wird], das als Schlüsselkategorie an einem neuen Besonderen wiedererkannt werden kann" (ebd.). Der Aufbau kognitiver Strukturen verläuft, so beschreibt es das Pulsschlagtheorem nach Hilligen, als „ein Wechselspiel von Konkretion und Abstraktion" (ebd.). Kognitive Konflikte werden ausgelöst und evozieren Lernprozesse, wenn bisherige Vorstellungen auf neue Vorstellungen treffen. In der Perspektive des Konstruktivismus (Piaget) ist der Prozess der Informationsverarbeitung und Problemlösung weniger zentral – im Mittelpunkt steht

> die Eigenleistung des lernenden Subjekts, dessen Problem*generierung* in Entdeckungssituationen. Neues wird demnach zunächst an vorhandene Sichtweisen *assimiliert*, um in produktiven Lernkrisen an neue Vorstellungen *akkommodiert* zu werden. Dann sprechen wir von Konzeptwechsel oder -wandel. Eine solche *Perturbation* (also Störung) benötigt Momente starker *Enttäuschung* oder *Überraschung* […]. (Autorengruppe Fachdidaktik, 2017, S. 180)

Tabelle 3.2 Entwicklung politischer Kompetenzen, aus Autorengruppe Fachdidaktik, 2017, S. 186

	Privat: Mikro-Ebene	Teil-öffentlich: Meso-Ebene	Institutionell: Makro-Ebene	Systemisch: Meta-Ebene
Analysefähigkeit	Personalisierung, Ontologisierung	Unterscheidung von Werten, Interessen, Ursachen	Vergleich der policy-, polity- und politics-Dimension	Explizite und kritische Anwendung sozialwissenschaftlicher Theorien, Befunde und Methoden
Urteilsbildung	Unbegründete Meinung, gelebte Werte	Begründeter Standpunkt, Perspektivenübernahme	Institutionelles (kritisches) Ordnungsbild, verfahrensgeleitete Perspektivenkoordination	Kontingenzbewusste, politische Identität („Liberale Ironikerin")
Handlungsfähigkeit	Politisches Desinteresse; Konfliktflucht, „Aktionismus"	Zuschauerrolle; öffentliches, soziales Engagement	Interventions- oder Aktivbürgerin	„Diskursbürger", aktive verständigungsorientierte Einmischung in Gesellschaftsgestaltung

Längsschnittstudien zur Entwicklung des politischen Bewusstseins (Fend, 1991; Grob, 2009) sowie Jugendstudien (Gille & Krüger, 2000; Torney-Purta et al., 2012) liefern Befunde über die mögliche und anzuregende Entwicklung politischer Kompetenzen. In Anlehnung an das Modell der moralischen Urteilsfähigkeit nach Kohlberg hat die Fachgruppe Sozialwissenschaften (Behrmann et al., 2004) ein entwicklungslogisches Graduierungsmodell entwickelt, das keine Zuordnung zu Altersgruppen vornimmt. In der folgenden Variante der Autorengruppe Fachdidaktik (siehe Tab. 3.2) werden die Kompetenzen *Analysefähigkeit*, *Urteilsbildung* und *Handlungsfähigkeit* mit den Niveaus *Person*, *Institution* und *System* der Fachgruppe Sozialwissenschaften, ergänzt durch die Ebene der *Teil-Öffentlichkeit* durch Petrik (2013a, S. 340–350), zusammengebracht. Jene Niveaus können auch als politische Urteilsniveaus verstanden werden, um über die formal-argumentative Performanz auf das politische Werturteil zu schließen

3.3 Entwicklung und Förderung politischer Urteilsfähigkeit

(Petrik, 2012, S. 39 f.). Als zentrale Prämisse liegt zugrunde, dass sich die schulische Beurteilungspraxis „allenfalls auf formale Anforderungen – wie die innere Widerspruchsfreiheit – und auf den Grad der Komplexität in der Begründung, nicht aber auf die inhaltliche Position selbst beziehen" darf (GPJE, 2004, S. 15).

Kompetenzzuwächse manifestieren und offenbaren sich an einer zunehmenden Ausdifferenzierung sowie Erweiterung des antizipierten Personenkreises und Bezugshorizonts. Inhaltlich verläuft der Bildungsgang von subjektiv-privaten hin zu systemisch-sozialwissenschaftlichen Betrachtungsweisen von Gesellschaft: „Ein konsensuelles didaktisches Minimum geht also von einer idealtypischen Entwicklung von situationsgebundenen, konkreten, unreflektiert-egozentrischen und autoritätsbezogen zu reflexiven, transpersonal-verfahrensorientierten, pluralistischen, eigene Interessen abwägenden politischen Einsichten aus" (Autorengruppe Fachdidaktik, 2017, S. 182). Für die Fähigkeit zur politischen Urteilsbildung lassen sich unbegründete Meinungen (privates Niveau) von begründeten Urteilen unterscheiden, in denen andere Sichtweisen berücksichtigt (teil-öffentliches Niveau), der institutionelle Ordnungsrahmen einbezogen werden (institutionelles Niveau) und vor dem Hintergrund der eigenen politischen Identität – also auch im Bewusstsein eigener Werte und Interessen – systemische Schlussfolgerungen gezogen werden: „Urteile beschränken sich zunächst auf affektive, selbstbezogene Kriterien wie Sympathie und persönlicher Nutzen, Moralisieren herrscht vor. Erst nach und nach ist eine kritische Distanz möglich, die Urteilskriterien wie Legitimität, Effizienz, Pluralismus und Gemeinwohl erlaubt" (Autorengruppe Fachdidaktik, 2017, S. 181). Inhaltlich und formal steigert sich sukzessive die Komplexität der politischen Urteilsbildung.

Auf die Frage nach dem Komplexitätsniveau eines politischen Urteils nehmen Massing und Schattschneider (2005, S. 30) eine andere Perspektive ein. Aussagen über das Entwicklungsniveau werden mit Bezug auf die getätigte Bewältigung einer konkreten Aufgabe getroffen. Dies diente einer Operationalisierung politischer Urteilsfähigkeit im Rahmen einer Testreihe an Schulen mit standardbezogenen Aufgaben. Unter Bezugnahme auf die EPA (Einheitliche Prüfungsanforderungen in der Abiturprüfung) und die Stufen der *scientific literacy* nach Bybee (1997) werden Anforderungsbereiche und Anforderungsstufen unterschieden. Wie die Tabelle 3.3 zeigt, werden die Stufen nicht inhaltlich definiert, sondern nach Zunahme an formaler Komplexität betrachtet.

Tabelle 3.3 Anforderungsbereiche der Kompetenz Urteilsfähigkeit, aus Massing & Schattschneider, 2005, S. 30

Kompetenz: Urteilsfähigkeit (Politik, Wirtschaft, Gesellschaft, Recht)	Anforderungsbereiche (Kompetenz-Subskala)		
Anforderungsstufen	Wiedergeben (Kennen)	Anwenden (Analysieren, Erklären u. Transfer)	Beurteilen (Reflektiert politisch urteilen und handeln)
Stufe 1	Eine oder mehrere ausdrücklich angegebene politische Informationen identifizieren	Den Hauptgedanken des Textes oder die zentrale Kontroverse erkennen	Eine eigene Meinung formulieren
Stufe 2	Aus konkurrierenden Informationen die richtigen auswählen	Die Begründung den Positionen in der Kontroverse zuordnen	Eine eigene Meinung mit Bezug auf die Informationen der Texte und der eigenen Schlussfolgerungen äußern und begründen
Stufe 3	Beziehungen der Informationen untereinander herausfinden	Die Informationen/ Positionen des Textes erkennen und sie auf vergleichbare Probleme anwenden	Ein eigenes Urteil fällen; mit Hilfe der Informationen, der Schlussfolgerungen und darüberhinausgehenden Überlegungen begründen

Ein Vorteil des Modells nach Massing und Schattschneider (2005) besteht in seiner operationalisierenden Funktion in forschungspragmatischer Absicht. Es erlaubt eine konsequente Konzentration auf die *aufgabenbezogene* Performanz der Urteilsfähigkeit. Genau hierin besteht auch ein wesentlicher Nachteil, da nicht sicher ausgeschlossen werden kann, ob nicht lediglich Textverstehen überprüft wird.

Abschließend kann festgehalten werden, dass die soziomoralischen Theorieansätze weiterhin auch für die fachliche Vorstellung von fachspezifischen Kompetenzzuwächsen von Bedeutung sind – wenn auch die Annahme einer zu durchschreitenden Stufenfolge überholt ist. Urteilsprozesse sind meist stark kontextspezifisch und erweisen sich insofern auch als inkonsistent. Verallgemeinerbare Aussagen über den möglichen Transfer in andere Kontexte können daher nicht getroffen werden (Lempert, 1990). Der empirischen Erforschung politischer Urteilsbildung sind damit deutliche Grenzen gesetzt; untersucht werden kann letztlich nur die Performanz in spezifischen Kontexten und zu spezifischen Themen. In der vorliegenden Arbeit wird daher Urteilsbildung im Kontext einer konkreten Lerneinheit und zu einem spezifischen Thema (Landwirtschaft und Ernährung als Problemstellung einer nachhaltigen Entwicklung; siehe Kap. 5) betrachtet. Sowohl das domänenspezifische Entwicklungsmodell der Autorengruppe Fachdidaktik (2017) als auch die forschungspragmatische Graduierung nach formaler Komplexität nach Massing und Schattenschneider (2005) stellen wichtige Bezugspunkte für die Auswertung der Erhebung im Rahmen der Interventionsstudie dar, wenn es darum geht, die Entwicklung von Schüler*innenurteilen zwischen zwei Messzeitpunkten nachzuvollziehen (siehe Abschn. 7.1.1 und 7.1.4).

3.3.3 Zur Förderung politischer Urteilsfähigkeit

Wie in Abschnitt 3.1 beschrieben, besteht das primäre Ziel politischer Bildung in der Förderung der politischen Urteilsfähigkeit. Sie „stellt nicht nur ein besonderes Merkmal, sondern eine wesentliche Voraussetzung von politischer Mündigkeit" dar (Achour, 2020, S. 244). Entsprechend besteht die wesentliche Aufgabe des Politikunterrichts darin, Lerngelegenheiten zu schaffen, die dem lernenden Subjekt dazu verhelfen, das politische Urteilen mit dem Anspruch zunehmender Komplexität und Differenziertheit einzuüben. Im Folgenden werden sowohl didaktische als auch methodische Prinzipien dargelegt, die politische Urteilsbildung anzubahnen vermögen.

a. *Die didaktische Aufbereitung des Lerngegenstands*: Als gesellschaftlich eingebundene Subjekte verfügen die Schüler*innen in der Regel über Vor-Urteile zu gesellschaftlichen Problemstellungen, die implizit oder explizit vertreten werden (Petrik, 2012, S. 58). Jene gilt es im Politikunterricht „durch die Auseinandersetzung mit unterschiedlichen Perspektiven (z. B. von verschiedenen Akteur*innen und von Politik Betroffenen), durch die Konfrontation mit anderen Sichtweisen aus der Öffentlichkeit sowie mit Ergebnissen und Perspektiven der Sozialwissenschaften zu erweitern, zu differenzieren und einen Komplexitätszuwachs in der Begründung des Urteils zu ermöglichen"

(GPJE, 2004, S. 15 f.). Wie in Abschnitt 3.2.2 aufgezeigt, ist in einer normativen Bestimmung der Modus der ‚erweiterten Denkungsart' der politischen Urteilsbildung inhärent (Juchler, 2005b, S. 107 f.). Die Sichtweisen anderer zu antizipieren und in das eigene Urteil zu integrieren, setzt voraus, dass jene in der Inhaltsauswahl, der thematischen Aufbereitung und materiellen Darbietung repräsentiert werden. Diese Aspekte finden Ausdruck in den didaktischen Prinzipien der Kontroversität und Exemplarität. Die politikdidaktischen Makromethoden (wie die Problemstudie, die Konfliktanalyse, die Dilemma-Methode) haben allesamt das Ziel, politische Urteilsbildung anzubahnen (Reinhardt, 2022).

b. *Zugänge gestalten und Erfahrungsräume aufspannen*: Mit dem Einbezug multipler Perspektiven im Sinne einer konflikt- und problemorientierten Didaktik werden Räume für diverse innere Repräsentationen und komplexe Bewertungen aufgespannt. Juchler (2005a) verweist auf Erkenntnisse der Neurobiologie und Gehirnforschung:

> Danach lässt sich der orbitofrontale Kortex, ein über den Augen gelegener Bereich der Großhirnrinde, als Sitz der höchsten moralischen Instanz im menschlichen Gehirn ansehen, der für die Unterscheidung von Gut und Böse, die Verfolgung von Zielen und das Sich-in-andere-Hineinversetzen zuständig ist. Hier findet mithin die Bewertung von Objekten und Geschehnissen statt, welche durch die Erziehung stark beeinflusst werden und in der Regel in Vorstellungen über gesellschaftliche Normen und Moral einmünden (…). (Juchler 2005a, S. 72)

Dementsprechend „ist die Varianz der frühen Erfahrungen von entscheidender Bedeutung" (ebd.) – jene führt Spitzer (2014) zufolge zu einer differenzierten und komplexeren Urteilsbildung:

> Durch viele unterschiedliche Erfahrungen, durch unser Reiben an den Vorstellungen anderer und durch unser damit verbundenes dauerndes Bewerten werden Räume für Repräsentationen eröffnet, oder besser: aufgespannt. Je differenzierter diese Räume angelegt werden (und dies geschieht noch bis nach der Pubertät), desto eher ist der Erwachsene später zu Bewertungen komplexer Sachverhalte in der Lage. (Spitzer, 2014, S. 346)

Die dargelegten Einsichten konturieren das didaktische Potenzial eines erfahrungsorientierten politischen Unterrichts. Insbesondere außerschulische Lernformen vermögen in besonderer Weise jenes Prinzip in der Unterrichtspraxis zu realisieren. Auf diesen Aspekt wird in Kapitel 4 weiter eingegangen. Ebenso knüpfen diese Erkenntnisse der Neurobiologie und Gehirnforschung auch an die Vorstellungen der sozialkonstruktivistischen Lerntheorie an. Es gilt die sozialkonstruktivistische Annahme, dass eine Konfrontation mit unterschiedlichen Sichtweisen Menschen dabei unterstützt, sich ein Urteil zu bilden (Doise & Mugny, 1984; Doise et al., 1998; Perret-Clermont, 1980; 1993; Piaget, 1989; Vygotsky, 1978). Kontroversität und Pluralität erfahrbar zu machen, begründet sich nicht nur als fachlich relevant für politische Lernprozesse, da sie Wesensmerkmale des demokratisch Politischen darstellen, sondern ist auch für die didaktische Gestaltung von politischen Lernprozessen in motivationaler und emotionaler Hinsicht von Bedeutung. Die Auseinandersetzung mit gegensätzlichen Standpunkten kann sozio-kognitive Konflikte evozieren und zur Weiterentwicklung oder Reorganisation der eigenen kognitiven Strukturen führen (Perret-Clermont et al., 2004).

c. *Urteilendes Probehandeln durch Kontroversverfahren und spezifische Lehr-Lern-Arrangements:* Bereits Kant wies auf den Umstand hin, dass die Urteilskraft „ein besonderes Talent sei, welches gar nicht belehrt, sondern nur geübt sein will" (2010, S. 166). Die Fähigkeit zur politischen Urteilsbildung im Politikunterricht zu fördern, setzt eine diskursive, kontroverse Unterrichtsgestaltung voraus. Gezielt Perspektivenübernahme und -wechsel anzuregen, kann durch Diskussionsverfahren und Simulationen wie beispielsweise Pro-Contra-Debatten, Talkshows oder Plan- und Entscheidungsspiele sowie auch durch das Schreiben von Leserbriefen oder Kommentaren angeregt werden (Achour, 2020; Juchler, 2005a, S. 72 f.), wie auch in zahlreichen Studien belegt werden konnte (bspw. Lutter-Link & Reinhardt, 1993; Rodriguez-Dono & Hernández-Fernández, 2021). Dabei können verschiedene Urteilsarten (Werturteile, Entscheidungsurteile und Gestaltungsurteile) (Detjen, 2013a) in spezifische Aufgabenstellungen münden. Die Lernenden können sich im urteilenden Probehandeln auf eine handlungsorientierte Weise als politisch Sprechende und Urteilende wahrnehmen und ausprobieren.

Dies bedeutet, dass Lernarrangements der politischen Bildung so zu inszenieren sind, dass *erstens* im Diskurs der Teilenehmenden [sic] eine Vielfalt von möglichen Perspektiven auf die behandelten Gegenstände sichtbar wird, dass *zweitens* den Lernenden die Möglichkeit gegeben wird, sich in dieser Perspektivenvielfalt selbst zu verorten und sie *drittens* ihren Standpunkt im Gespräch mit den Anderen prüfen, verteidigen und durchsetzen oder gegebenenfalls auch revidieren können, um sich so an der Gestaltung der gemeinsamen Angelegenheiten zu beteiligen. (Oeftering, 2020, S. 69 f.)

Das Gelingen urteilsfördernder Bildungsprozesse setzt voraus, dass sie im Politikunterricht stattfinden. Tatsächlich wird häufig bilanziert, dass der unterrichtspraktische Stellenwert von Urteilsphasen in der alltäglichen Unterrichtspraxis als gering eingeschätzt wird (Petrik, 2012, S. 32). Der Primat einer reinen Wissensvermittlung statt eines ergebnisoffenen Diskurses (Oeftering, 2013, S. 70 ff.) sowie ein beliebiger Umgang mit scheinbar gleichwertigen Meinungen (Behrens, 2014, S. 70 ff.) steht dem Ziel, politische Urteilsfähigkeit zu fördern, entgegen. Entsprechend hängt die Qualität der unterrichtlichen Urteilspraxis neben dem Raum, den sie benötigt, auch von der Orientierung an Urteilskriterien ab, die eigene und fremde Argumente vergleich- und beurteilbar macht: „Was soll uns bei der Urteilsbildung leiten? Welche Rolle sollen Fakten und welche Rolle sollen Wertmaßstäbe spielen? Können wir die Tatsachen ignorieren, welche Werte sind uns am wichtigsten? Wie wollen wir mit ‚beteiligten' Emotionen oder abweichenden Positionen umgehen?" (May, 2019, S. 53). Somit ist die Metareflexion über das Urteilen selbst ein zentraler Bestandteil einer urteilsfördernden Unterrichtspraxis.

3.4 Studien zur politischen Urteilsbildung im Kontext einer nachhaltigen Entwicklung

Im Folgenden wird ein Blick auf Forschungsarbeiten gerichtet, die sich mit Urteilsbildung als Forschungsgegenstand auseinandersetzen. Da empirische Studien zur politischen Urteilsbildung im Kontext einer nachhaltigen Entwicklung kaum vorhanden sind, erfolgt die Darstellung des empirischen Forschungsstandes in einem Prozess der Annäherung, indem auch benachbarte Forschungsdiskurse rezipiert werden. Somit sind nicht nur die Erkenntnisse selbst, sondern auch die verschiedenen forschungsmethodischen Zugänge zur Urteilsbildung für die vorliegende Arbeit relevant. In einem ersten Schritt werden Forschungsperspektiven und Befunde zu verschiedenen Dimensionen politischer Urteilsbildung im Kontext der Politikdidaktik skizziert (Abschn. 3.4.1). In einem zweiten Schritt werden weitere Zugänge zur Urteilsbildung im Kontext einer nachhaltigen Entwicklung erläutert: Zum einen wird das im BNE-Bereich prominente naturwissenschaftsdidaktische Konzept der Bewertungskompetenz dargelegt und zum anderen werden die Befunde rekonstruktiver Studien vorgestellt, die Charakteristika in der Urteilspraxis im Umgang mit Komplexität aufzeigen und wiederum für Untersuchungen zur politischen Urteilsbildung von Interesse sind (Abschn. 3.4.2).

3.4.1 Politikdidaktische Forschungsperspektiven auf politische Urteilsbildung

Die Unbestimmtheit, Mehrdeutigkeit und Offenheit sind konstitutiv für das Politische und stellen je nach methodologischem Zugang spezifische Herausforderungen für die empirische Erforschung politischer Bildungsprozesse dar. Darüber hinaus herrscht in der Politikdidaktik ebenso nur bedingt Einvernehmen über die Bestimmung und Operationalisierung zentraler Konzepte und Kompetenzen. Im Vergleich zu anderen Fachdisziplinen ist die empirische Forschungslage insgesamt weniger stark ausgeprägt – dies gilt insbesondere für „[d]as Herzstück der politischen Bildung [...]: die politische Urteilskompetenz" (Biedermann & Reichenbach, 2009, S. 879).

Obwohl die politische Urteilsbildung das primäre Anliegen der Politischen Bildung darstellt, existieren kaum empirisch ausgerichtete Forschungsarbeiten (May et al., 2020; Sander, 2012). Dies ist wenig verwunderlich, wenn an einem vielschichtigen und theoretisch belastbaren Begriff von Bildung und individueller Urteilsbildung festgehalten werden soll, der die Themen- und Kontextspezifika eines immer nur vorläufigen politischen Urteils berücksichtigt. Die forschungspraktischen Schwierigkeiten bestehen primär darin, der Komplexität des Forschungsgegenstandes gerecht zu werden und jene empirisch einzufangen. Biedermann und Reichenbach (2009) sehen den Grund dafür vor allem in einem Theoriedefizit und Mangel „an überzeugenden Versuchen", ein „kompetenztheoretisch gefasste[s] Modell des politischen Urteils zu präzisieren und zu überprüfen" (ebd., S. 879). Manzel und Weißeno bilanzieren auch im Jahr 2017, dass es „noch kein Modell der Politikdidaktik" gäbe, „das den Anforderungen systematischer Forschung" genüge (2017, S. 61). Vor dem Hintergrund der fehlenden Operationalisierung des Konzepts politischer Urteilskompetenz sind nach aktuellem Stand zwei Vorschläge zu verzeichnen: Das Modell nach Manzel und Weißeno (2017), welches aus dem Modell zur Politikkompetenz (Detjen et al., 2012) entwickelt wurde, sowie der Vorschlag zur Operationalisierung der Werturteilskompetenz von May et al. (2020), welcher an die Arbeiten zur moralischen Urteilsfähigkeit von Georg Lind anschließt. Beide Vorschläge konnten jedoch (noch) nicht zufriedenstellend validiert werden (siehe Schmidt, 2022 hinsichtlich des Modells nach Manzel & Weißeno, 2017). Im Falle des Modells von May et al. (2020) steht die Entwicklung und Validierung eines theoretischen und operationalisierbaren Konstrukts, in dem sowohl die wert- als auch sachbezogene Dimension politischer Urteilskompetenz integriert ist, aus. Vor diesem Hintergrund erklärt es sich, dass es keine experimentellen und quasi-experimentellen Interventionsstudien gibt, in der die politische Urteilskompetenz die abhängige

Variable darstellt und die Wirksamkeit einer Intervention auf die Urteilskompetenz untersucht wird (ebd.). Vor dem Hintergrund der Schlussfolgerungen aus Abschnitt 3.3.2 stellt sich die Frage, inwieweit Validität bei diesem Forschungsgegenstand überhaupt erreicht werden kann. Für die vorliegende Arbeit folgt daraus, dass auf kein operationalisiertes und validiertes Konstrukt zurückzugreifen ist.

Die bisherige Forschung ist daher vornehmlich der qualitativen Forschung zuzuordnen, die sich überwiegend auf einzelne Unterrichtsstunden oder -methoden bezieht. Zentral sind dabei die Arbeiten von Massing, in denen gezeigt werden konnte, dass die angemessene Integration von Wert- und Sachurteil eine Schwierigkeit im Urteilsprozess vieler Lernenden darstellt (Massing, 1997; 2003; 2006). Die nach wie vor viel rezipierte Untersuchung mit Jugendlichen des 13. Jahrgangs eines Gymnasiums zum Thema ‚Entwicklungsländer' ergab, dass die Argumente lediglich dem Urteilsmaßstab der Effizienz zuzuordnen waren (Massing, 1997, S. 127). Selbst die vorherige schüler*innenseitige Anwendung eines Kategorienrasters, das die Kategorien Effizienz und Legitimität umfasst, führte nicht zur Berücksichtigung jener bei der Formulierung eines eigenen Urteils (ebd., S. 131). Auch in der Analyse von Lach (1997) zu einer Unterrichtsstunde zum Thema Castor-Transporte wurde geschlussfolgert, dass sich politische Urteilskompetenz nur ansatzweise zeige.

Diese früheren Studien zeigen zweierlei: Zum einen wird deutlich, dass Urteilen eine anspruchsvolle kognitive Operation darstellt. Dies unterstreichen auch Befunde aus der pädagogisch-psychologischen Forschung, die zeigen, dass Jugendliche im Vergleich zu Erwachsenen eher Schwierigkeiten haben, verschiedenen Perspektiven zu koordinieren und die Aufmerksamkeiten etwa auf zwei widerstreitende Positionen zu richten (Kuhn & Udell, 2007). Zum anderen sensibilisieren die Befunde von Massing und Kuhn aber auch für die Probleme einer deduktiven Vorgehensweise, die die hohen normativen Ansprüche an die politische Urteilsfähigkeit zum Ausgangspunkt macht und somit Gefahr läuft, den Blick auf die Besonderheiten der konkreten Urteilspraxis zu versperren. Gerade im Lichte der Schüler*innenvorstellungsforschung wird in didaktischer Perspektive eine defizitorientierte Betrachtung von alltagsweltlichen Vorstellungen und Urteilspraktiken abgelehnt (Klee, 2008, S. 266).

Forschungsmethodisch wurde sich in vielen politikdidaktischen Forschungsarbeiten von einer starren Ausrichtung auf das Sach- und Werturteil im Urteilsprozess verabschiedet und die Perspektive mit Blick auf weitere urteilsrelevante Phänomene erweitert. In neueren fachdidaktischen Studien gerät damit etwa die begründende und abwägende Praxis des Argumentierens auf der Basis der Argumentationstheorie nach Toulmin (1975) in den Fokus (Gronostay, 2019; Petrik, 2013b; Richter, 2012; Schmidt, 2022). Dabei wird das Argumentieren entweder

3.4 Studien zur politischen Urteilsbildung im Kontext ...

als eigenständig zu fördernde Teilkompetenz begriffen (Richter, 2012) oder aber als Schlüssel zur Rekonstruktion der politischen Urteilsbildung genutzt (Petrik, 2013a).

Petrik (2013a) rekonstruiert politische Bildungswege und Politisierungstypen von Schüler*innen vor dem Hintergrund latenter und manifester politischer Werthaltungen mithilfe einer Argumentationsanalyse und einem vierstufigen Kompetenzmodell (ähnlich zu Tab. 3.2). Der Forschungsrahmen stellt das genetische Lehr-Lern-Arrangement eines Dorfgründungsszenarios dar, welches „als Projektionsraum für kontroverse Gesellschaftsbilder" fungiert (Petrik, 2012, S. 35). Analysiert werden die Urteilsprozesse im Rahmen einer spezifischen Lerneinheit mit Blick darauf, wie sie sich argumentativ manifestieren und wertebezogen weiterentwickeln. Der politische Kompass in Anlehnung an das Modell des Parteienforschers Kitschelt (2003) fungiert als Wertehorizont zur politischen Urteilsbildung und macht die Urteilsprozesse im Hinblick auf die zugrundeliegende Werteorientierung analysierbar (siehe Abb. 3.1): Das Koordinatensystem ist von zwei Konfliktlinien durchzogen, deren Pole zentrale Grundwerte illustrieren. Die horizontale Achse zeigt die wirtschaftspolitische bzw. distributive Konfliktlinie und spannt ein Kontinuum zwischen den Werten ‚Soziale Gleichheit' und ‚Wirtschaftsfreiheit' auf: „Wie sollen Güter hergestellt, wie die AkteurInnen damit ausgestattet werden"? (Petrik, 2013b, S. 164). Die vertikale Achse stellt hingegen die gesellschaftspolitische, soziokulturelle Konfliktlinie zwischen den Polen ‚Selbstbestimmung' und ‚Autorität' dar: „Wer sind die demokratisch relevanten AkteurInnen und welche zentralen Umgangsregeln sollen auf welche Weise durchgesetzt werden"? (ebd.).

In dieser Forschungsperspektive wird der Urteilsprozess von der unbegründeten Meinung zum politischen Urteil nicht nur als sachlich-analytische Klärung verstanden, sondern vielmehr als Freilegung von und Arbeit an zugrundeliegenden subjektiven politischen Wertorientierungen:

> Ging die Politikdidaktik bisher davon aus, dass vor allem sachlich-analytische Klärungen zu einem angemessenen Werturteil befähigen würden, so drängt sich nun der Verdacht auf, dass die Beschäftigung mit eigenen und fremden Wertesystemen eine wesentliche Voraussetzung für adäquate Sachurteile ist. (Petrik, 2012, S. 32)

Politische Werteorientierungen von Individuen spielen für die Urteilsbildung eine entscheidende Rolle. Sie können in ihrer Genese in erster Linie auf die sozioökonomische Lage und die damit verbundenen Handlungsspielräume (*action resources*) zurückgeführt werden (Welzel & Inglehardt, 2009; vgl. Petrik, 2013b). Hieraus ergeben sich auch milieu- und damit habitusspezifische Zugänge zum

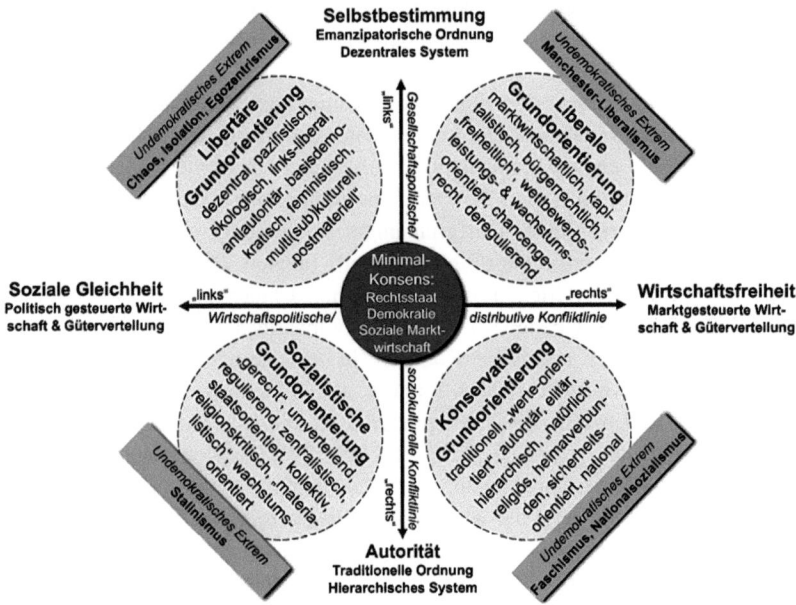

Abbildung 3.1 Der politische Kompass als Horizont des politischen Werturteils, aus Petrik, 2013a, S. 197

politischen Feld (Bourdieu, 1982; Bremer, 2010). Dennoch zeigt sich, dass gesellschaftliche Ereignisse zu kollektiven Verschiebungen der ansonsten relativ stabilen Werteorientierungen führen können: Studien konnten belegen, dass materialistische Wertorientierungen sich etwa in Folge terroristischer Anschläge und postmaterialistische nachhaltigkeitsbezogene Werteorientierungen in Folge von Umweltkatastrophen verstärken (Dietmaier-Jebara, 2005, S. 332 f.). Entsprechend können gegenwärtig auch kollektive Verschiebungen durch soziale Bewegungen wie „Fridays for Future", „Extinction Rebellion" oder die „Letzte Generation" gerade unter Jugendlichen angenommen werden. Die empirischen Untersuchungen politischer Orientierungen decken die Voraussetzungen für bzw. Einflussfaktoren auf die individuelle Urteilsbildung auf und sensibilisieren gleichermaßen für ihre assimilatorische Bedeutung in der alltäglichen Urteilspraxis, insbesondere im Kontext heuristischer und unsystematischer Urteilsbildung (siehe Abschn. 3.2.1).

3.4 Studien zur politischen Urteilsbildung im Kontext ...

Neben der Bedeutung politischer Werteorientierungen erhält auch der Einfluss von Emotionalität auf die politische Urteilsbildung in den letzten Jahren vermehrt Aufmerksamkeit (Schröder, 2020). Im Sinne eines emotionssensiblen Politikunterrichts geht es dabei vor allem um einen kritischen und bewussten Umgang mit Emotionen, die als subjektive Gewissheiten zur Begründung in Urteilsbildungsprozessen herangezogen werden (Besand, 2015, Eis & Metje, 2019; May, 2020; Petri, 2018, S. 267; Weber-Stein, 2019). Der Fülle an theoretischen Arbeiten stehen kaum empirische Untersuchungen der Politikdidaktik gegenüber (Schröder, 2020, S. 45).

Das Wissen betrifft eine weitere Dimension politischer Urteilsbildung, die in der Didaktik der Politischen Bildung hinsichtlich der Bedeutung domänenspezifischer Basis- und Fachkonzepte diskutiert wurde (Autorengruppe Fachdidaktik, 2011; Weißeno et al., 2010). Im Hinblick auf die Urteilsbildung ist aus der *Conceptual-Change*-Forschung (Stark, 2002; Vosniadou, 2007) bekannt, dass konfligierende Informationen nicht notwendigerweise zur Übernahme neuer Vorstellungen und zu einem Konzeptwechsel führen, wie es theoretisch angenommen wird (Chinn & Brewer, 1998). Wenn neue Informationen alten Vorstellungen widersprechen, werden die neuen Informationen häufig ignoriert, zurückgewiesen, als irrelevant ausgeschlossen oder reinterpretiert. Zwar nicht aus dem Kontext der Politikdidaktik, aber dennoch politikdidaktisch relevant ist der Befund zum Urteilen im Chemieunterricht zu gesellschaftlichen Themen: Menthe (2012, S. 161) konnte feststellen, dass „erworbenes Wissen nicht notwendig zur Veränderung des Urteilens und Bewertens führt". Bereits in älteren Studien konnte gezeigt werden, dass Lernende unterrichtlich erworbenes Fachwissen kaum in ihre lebensweltlichen Urteile integrieren und sich bestehende Meinungen trotz Lernerfolg als stabil erweisen (Günkel & Münzinger, 2002; Menthe & Parchmann, 2004). Die Tendenz, an einem einmal gefällten Urteil trotz neuer Informationen festzuhalten, verdeutlicht, dass eine rein kognitivistische Betrachtungsweise für die politische Urteilsbildung nicht angemessen ist. Stattdessen spielen emotionale und motivationale Aspekte sowie Interessen und konkrete Kontexte eine elementare Rolle, wie Pintrich et al. (1993) in ihrem Aufsatz mit dem Titel *Beyond Cold Conceptual Change* herausstellen. Hieraus lässt sich mit Blick auf die politische Urteilsbildung nicht nur ableiten, dass ein Lernen in authentischen Kontexten und situiertes Lernen lernförderlich sind, sondern auch, dass „durch die Kontextualisierung Überzeugungen aktiviert werden" könnten, „die so stabil sind, dass der Unterricht seine Wirkung verfehlt" (Menthe, 2012, S. 175).

Wie kann der Weg von der „Alltagsmeinung zum politischen Urteil" didaktisch geebnet werden, damit eine Entwicklung von monokausalen zu komplexen Begründungen, von egozentrischen zu multiperspektivischen Betrachtungsweisen, von der Bindung an tradierte Werten der sozialen Gruppe zu abstrakten demokratischen Grundwerten gefördert werden kann (Klee, 2011)? Die empirischen Erkenntnisse über die Schwierigkeiten und Einflussfaktoren im Urteilsprozess tragen dazu bei, politische Urteilsbildung als mehrdimensionalen Prozess zu verstehen, in dem wert- und sachbezogen Informationen verarbeitet, Perspektiven übernommen und koordiniert, Argumente begründet und Schlüsse vor dem Hintergrund von politischen Wertorientierungen und Emotionen gezogen werden. Sie stiften zugleich den Anlass, lebensweltorientierte Zugänge wie das außerschulische Lernen kritisch und empirisch zu prüfen (siehe Kap. 4). Die dargelegten Befunde sind insbesondere für die Urteilsbildung zu nachhaltigkeitsbezogenen Problemstellungen von zentraler Bedeutung. Die Kombination der kognitiv anspruchsvollen Tätigkeit des Urteilens und der Komplexität des Lerngegenstandsbereichs stellt eine Herausforderung dar, die es in der Konzeption von Lehr-Lern-Situationen zu bewältigen gilt.

3.4.2 Urteilsbildung im Kontext einer nachhaltigen Entwicklung

Im Kontext der Politischen Bildung ist der Begriff des *Urteilens* bzw. *Beurteilens* (sowie der *Urteilskraft* und der *Urteilsfähigkeit*) maßgebend, wobei die geisteswissenschaftliche Tradition zur Aufklärung – auch in der Bindung an das Leitbild der Mündigkeit – ein relevanter theoretischer Bezugspunkt ist (siehe Abschn. 3.2.2). Wie in Abschnitt 2.2 bereits deutlich wurde, dominiert im Kontext einer BNE in verschiedenen Kompetenzmodellen hingegen der Begriff des *Bewertens* (KMK & BMZ, 2016; de Haan, 2008), wie dies auch in den naturwissenschaftsdidaktischen Fachbeiträgen der Fall ist (Bögeholz et al., 2018).

Auf den ersten Blick scheinen sich Bewertungskompetenz und politische Urteilsfähigkeit dahingehend zu unterscheiden, dass das Bewerten ein Bewerten *im Sinne des Leitbildes einer nachhaltigen Entwicklung* anstrebt, während das Urteilen in politikdidaktischer Perspektive *einen vermeintlich offeneren Prozess* beschreibt, der keine bestimmte Positionierung anstrebt und dessen Qualität nur im Hinblick auf formale Anforderungen zu bestimmen ist (Berücksichtigung von Perspektiven, logische Argumentation; GPJE, 2004; Autorengruppe Fachdidaktik, 2017). Jedoch ist einerseits festzuhalten, dass die Bezogenheit auf demokratische Werte, Menschenrechte und eben auch auf Nachhaltigkeit, Umwelt- und Klimaschutz für politische Werturteile konstitutiv ist. Andererseits sehen auch die nachhaltigkeitsbezogenen Modelle keine eindimensionale

Leitbild-Staatsbürgerkunde vor (siehe Abschnitt 2.2). Eine differenzierte Sichtweise muss vielmehr die zugrundeliegenden Verständnisse von *Urteilen* und *Entscheiden* betrachten (siehe Abschn. 3.2.1; siehe Sander, 2017). Im Folgenden wird exemplarisch der naturwissenschaftliche Forschungsdiskurs zur Bewertungskompetenz mit dem Ziel skizziert, Erkenntnisse für die Spezifika nachhaltigkeitsbezogener Urteilsprozesse zu generieren.

Im naturwissenschaftsdidaktischen Forschungsdiskurs um Urteilsbildung im Kontext einer BNE ist das Konzept der Bewertungskompetenz systematisch erarbeitet und empirisch untersucht worden (Bögeholz et al., 2018). Im Zuge einer BNE erhalten gesellschaftliche, politische, ökonomische und ethische Fragen neben den fachlichen, naturwissenschaftlichen Schwerpunkten vermehrt Aufmerksamkeit (Sadler, 2011). Vor dem Hintergrund entscheidungs-, moral- und entwicklungspsychologischer Bezugstheorien widmen sich eine Reihe von biologiedidaktischen Forschungsarbeiten der Modellierung und Förderung von Bewertungskompetenz (Bögeholz et al., 2017; Hößle, 2007; Hostenbach et al., 2011). Das Modell zur Bewertungskompetenz nach Bögeholz et al. (2017) bezieht sich explizit auf „Gestaltungsaufgaben Nachhaltiger Entwicklung", wobei es darum geht, Handlungsoptionen abzuwägen und zu bewerten. Vier empirisch fundierte Teilkompetenzen werden unterschieden: *Beschreiben und Entwickeln von Handlungsoptionen*, das *Vollziehen eines Perspektivwechsels* sowie das *qualitative und quantitative Bewerten von Handlungsoptionen*.[4] Die Forschungsarbeiten, die in diesem Kontext entstanden sind, verstehen den Terminus des Bewertens – auch vor dem Hintergrund entscheidungspsychologischer Theorieansätze – als ein systematisches *Entscheiden* zwischen konkreten Handlungsoptionen (Bögeholz, 2007; Bögeholz & Barkmann, 2014; siehe Abgrenzung in Abschn. 3.2.1).

In verschiedenen Interventionsstudien erwiesen sich das kooperative Lernen (Eggert et al., 2010; 2013), spezielle Entscheidungsstrategietrainings (Gresch et al., 2013) sowie eine kritische und wertebasierte Reflexion bioethischer Dilemmata im Unterricht (Hößle, 2001; Hößle & Alfs, 2014) als wirksam in Bezug auf die Förderung einzelner Teilkompetenzen der Bewertungskompetenz. Nichtsdestotrotz werden die verschiedenen Versuche, Bewertungskompetenz zu messen,

---

[4] Das Modell nach Hößle (2007) modelliert ebenfalls Bewertungskompetenz, allerdings im Rahmen bio- und medizinethischer Fragen, weshalb nicht näher darauf eingegangen wird. In Anlehnung an die moralpsychologischen Arbeiten von Kohlberg werden die grundlegenden Teilkompetenzen *Perspektivwechsel* und *Argumentieren* unterschieden, die durch die weiteren Teilkompetenzen *Wahrnehmen und Bewusstmachen der eigenen Einstellung* sowie der *moralisch-ethischen Relevanz, Beurteilen, Folgenreflexion, Urteilen* und *ethisches Basiswissen* ergänzt werden.

kritisch diskutiert, da die Validität – wie auch für den politikdidaktischen Kontext (siehe Abschn. 3.4.1) – infrage gestellt wird. „[B]ildungswirksame Aspekte" wie der Subjektbezug und die Reflexion werden in einigen Modellierungen „aus modelltheoretischen oder forschungspragmatischen Gründen" nicht berücksichtigt (Dittmer et al., 2016, S. 104). Denn die Urteilsbildung wird in vielen Forschungsarbeiten nicht als sozial eingebettete Praxis verstanden, sondern als ein Bewertungsprozess des rationalen Abwägens und logischen Schlussfolgerns im Sinne der Rational-Choice-Theorie (Braun & Gautschi, 2011). Hößle und Menthe (2013) betonen, dass jenes Verständnis von Bewertung durch die Nationalen Bildungsstandards (KMK, 2004) nahegelegt wird. Hößle und Menthe stellen heraus (2013, S. 35):

> Die Schwierigkeiten liegen dabei nicht nur in der Problematik, die Qualität von Urteilen in angemessener Weise Kompetenzstufen zuzuordnen und so messbar zu machen, sondern beginnen einen Schritt früher, nämlich in der in den Bildungsstandards nahe gelegten verbindlichen Festlegung auf eine bestimmte Art und Weise des Urteilens und Entscheidens in Anlehnung an die Rational-Choice-Theorie.

Die von Hößle und Menthe (2013) beschriebene Problematik ist in einem größeren Zusammenhang mit der forschungsmethodischen Herausforderung verbunden, durch standardisierte Testverfahren nicht nur Wissen zu erheben, sondern eben auch die potenzielle Anwendung in realen Anforderungssituationen (Sander, 2017, S. 8). Die vielfach empirisch belegte Erkenntnis, dass Wissen nicht zwangsläufig entsprechenden Handeln führt (*value-action gap*; *knowledge-action gap*; siehe Abschn. 2.4.2), ist für den Kontext nachhaltigkeitsbezogener Fragestellungen besonders bedeutsam. Vor diesem Hintergrund ist, insbesondere aufgrund der Domänenspezifika der Politischen Bildung, eine qualitativ und rekonstruktiv ausgerichtete Kompetenzdiagnostik möglicherweise sinnvoller, die eine explizitere Perspektivierung auf die Verstrickung des politischen Subjektes ermöglicht (Martens & Asbrand, 2009, S. 203; Sander, 2017, S. 8).

Eine rekonstruktive Perspektive auf die Bewertungskompetenz, in der Urteilen als sozial eingebettete Praxis aufgefasst wird, richtet Sander (2017) im Rahmen einer Interviewstudie mit Jugendlichen, in der der Umgang mit Komplexität fokussiert wird. Es zeigte sich unter anderem, dass die Befragten die Komplexität von Problemstellungen einer nachhaltigen Entwicklung zurückwiesen oder gar leugneten. Er rekonstruiert aus dem Material drei Idealtypen (zit. nach Sander & Höttecke, 2016, S. 94 f.): den „Zukunftsgestalter", den „Gegenwartsfokussierten" und den „pessimistischen Fatalisten". Den Zukunftsgestaltern gelingt ein konstruktiver, positiver Umgang mit Komplexität. Die Zukunft wird

3.4 Studien zur politischen Urteilsbildung im Kontext ...

als gestaltbar erlebt. Die Gegenwartsfokussierten konnotieren Komplexität eher negativ; sie sind am Hier und Jetzt interessiert und scheinen im Hinblick auf den Klimawandel in resignierter oder hedonistischer Orientierung unbeteiligt. Die pessimistischen Fatalisten blicken negativ in die Zukunft und antizipieren eine weitere Verschlechterung der Lage; komplexe Zusammenhänge werden detailliert analysiert, aber eben als unabänderlich aufgefasst, „eine Gestaltung der Rahmenbedingungen [erscheint] als unmöglich" (Sander & Höttecke, 2016, S. 95). Die Ergebnisse verdeutlichen, dass das Urteilen und Entscheiden in Fragen einer nachhaltigen Entwicklung von kollektiv geteilten Werteorientierungen sowie sozialisatorisch und biografisch erworbenen Deutungsmustern stark beeinflusst wird:

> Wenn ein Mensch sich selbst in Bezug auf eigenes Handeln gar nicht als wirkmächtig erlebt oder wenn er über sich und die Welt allein in Begriffen der Gegenwart nachdenkt oder wenn sein Nachdenken über die Zukunft wesentlich von ökonomischen Kategorien strukturiert wird, dann besteht die Gefahr, dass der Aufbau von Bewertungskompetenz faktisch scheitert. (Sander & Höttecke, 2016, S. 95)

Diese Erkenntnisse korrespondieren mit den Befunden der rekonstruktiven Studien zur Diskrepanz von nachhaltigkeitsbezogenem Wissen, Werten und Handeln von Jugendlichen, die im Abschnitt 2.4.2 vorgestellt wurden. Überzeugungen, nach denen der individuelle Handlungsspielraum als gering eingeschätzt wird und eine Nahbereichs- und Gegenwartsorientierung überwiegt, prägen und erschweren die für die nachhaltigkeitsbezogene Urteilsbildung relevanten Lernprozesse.

Eine tiefgreifende Analyse von Urteilsbildung im Kontext einer nachhaltigen Entwicklung mit dem Schwerpunkt auf nachhaltigem Konsum gelingt Marchand (2015). Aufgrund der besonderen Relevanz für das vorliegende Forschungsvorhaben wird diese Studie in ausgewählten Aspekten ausführlicher dargestellt. Marchand (2015) setzt sich in ihrer erziehungswissenschaftlichen Dissertation über Urteilskompetenzen für einen nachhaltigen Konsum bei Jugendlichen mit der Frage auseinander, wie

> Schüler/innen darauf vorbereitet werden [könnten und sollten], dass ihr Konsum in einem Kontext von komplexen, teils undurchsichtigen Zusammenhängen stattfindet, gekennzeichnet von diversen Zielkonflikten, Verantwortungszuschreibungen und dem diffusen Gefühl, den Anforderungen und Erwartungen nicht gerecht werden zu können. (Ebd., S. 18)

Im Rahmen von Interviews mit Schüler*innen und engagierten jungen Erwachsenen sowie teilnehmenden Beobachtungen rekonstruiert sie das „Urteilen über nachhaltigen Konsum [...] als ein[en] Prozess des Bewältigens einer zugeschriebenen individuellen Verantwortung" (ebd., S. 251). In der Interviewsituation wurden die Befragten mit einer hypothetischen Konsumentscheidungssituation einer Person konfrontiert (Polylemmata zum Thunfisch essen und Handy kaufen). Es werden Informationen zu komplexen Zusammenhängen gegeben – der Impuls lautet daraufhin: „Was würden Sie [der Person] raten?". Die Bewältigung dieser Aufgabe erfordert von den Befragten in erster Linie einen Umgang mit einer Fülle an Informationen – darin weniger Geübte erleben Unsicherheit (ebd., S. 252; S. 260 f.). Eine Besonderheit beim Urteilen über nachhaltigen Konsum rekonstruiert Marchand (2015) darin, dass zusätzliche Informationen (etwa über die Produktionsprozesse, die ökologischen Folgen oder die Arbeitsbedingungen) das Problem der Konsument*innen zunächst eben nicht lösen, sondern dieses überhaupt erst entstehen lassen (ebd., S. 255 ff.). Es zeigen sich verschiedene Strategien der Komplexitätsreduktion, wie das Ausblenden oder Uminterpretieren von Informationen:

> Das Bestreben, die Komplexität zu reduzieren, lässt – kombiniert mit der Herausforderung zu einer moralischen Bewertung – die Urteilenden zurückgreifen auf Vor(aus)urteile. Diese Strategie macht es möglich, zügig einzelne Verhaltensweisen den Moralkategorien ‚Gut' und ‚Böse' zuzuordnen [...]. Dabei lässt die subjektiv wahrgenommene Übermacht des Bösen bei einigen ein Ohnmachtsgefühl entstehen, das die ohnehin empfundene Hilflosigkeit angesichts der unentwirrbar scheinenden Komplexität der Polylemmasituationen zusätzlich verstärkt. (Ebd., S. 252)

Die Überforderung angesichts der komplexen Zusammenhänge potenziert sich durch die moralische Dimension – und kann in eine zuspitzende und insofern verkürzende „Identifikation von Gut und Böse" (ebd., S. 268) münden. Darüber hinaus interpretieren die Befragten Konsumentscheidungen letztendlich als persönliche Angelegenheit (ebd., S. 256). Der moralische Gehalt wird erkannt, aber zur Einstellungssache des Einzelnen degradiert. Die Analyse interpretiert die vielfältigen Komplexitätsreduktionen der Befragten als Strategien der Entlastung. Die Tendenz, Eindeutigkeiten herzustellen, auf bereits getroffene Urteile zurückzugreifen, um so „möglichst zügig den unangenehmen Zustand der Offenheit und Unsicherheit zu beenden" (ebd., S. 265), durchzieht die Ergebnisse der Studie.

Im Hinblick auf den Umgang mit Informationen konnten drei Typen rekonstruiert werden: „Informationsvermeidende", „Informationssuchende" und „Überzeugte" (ebd., S. 282): Informationsvermeidende urteilen auf Basis vorhandener Informationen – durch die empfundene Sicherheit, auch im Urteilen, findet keine Informationsaufnahme statt. Informationssuchende erhoffen sich mehr Sicherheit im Urteil durch mehr Informationen. Überzeugten gelingt eine Aufnahme

3.4 Studien zur politischen Urteilsbildung im Kontext ...

zusätzlicher Informationen nur bedingt, da „der Einfluss der Informationen schon geklärt zu sein scheint" (ebd., S. 283). In den Begründungen der favorisierten Konsumentscheidungen zeigt sich deutlich die Relevanz für das Selbstbild: Während die einen mit der eigenen Nicht-Nachhaltigkeit hadern, kommunizieren die anderen ihre Konsumentscheidung stark distinktiv (ebd., S. 288).

Die Ergebnisse von Marchand (2015) zeigen eindrücklich, dass Urteilsbildung zu nachhaltigkeitsbezogenen Fragestellungen kognitiv anspruchsvoll mit Blick auf die Informationsverarbeitung und emotional anspruchsvoll mit Blick auf das Verantwortungszuschreibung und das Selbstbild ist. Die Schwierigkeiten ergeben sich vor allem aus den unbewussten Strategien der Komplexitätsreduktion. Marchand sieht in der Schulpraxis in erster Linie die Ökonomische und Politische Bildung in der Pflicht, das „Spannungsfeld von Konsumfreiheit und Nachhaltigkeit" (ebd., S. 293) aufzugreifen und Handlungsmöglichkeiten der Konsumierenden kritisch zu reflektieren. Als zentral erweist sich dabei eine mehrperspektivische Auseinandersetzung, damit Jugendliche dazu befähigt werden, die Perspektivität von Informationen zu erfassen und dabei lernen, „zwischen sachlichen und wertenden Aussagen [zu] unterscheiden" (ebd., S. 294).

Zusammenfassend kann festgehalten werden, dass sich die Forschungsarbeiten dahingehend unterscheiden, dass Urteilsbildung entweder eher als Bewertungs- und Entscheidungsprozess des rationalen Abwägens und logischen Schlussfolgerns oder als sozial eingebettete Praxis und in ihrer Bedingtheit in lebensweltlichen Kontexten verstanden wird. Zweiteres ist dem Gegenstandsbereich sowie dem subjektorientierten Anspruch der Politischen Bildung angemessener und im Hinblick auf reale Anforderungssituationen, in denen Fragestellungen offenbleiben und keine eindeutigen Lösungen geboten werden können, aussagekräftiger (Asbrand, 2014, S. 12). Die Befunde verschiedener rekonstruktiver Studien weisen auf die enormen Schwierigkeiten hin, die die Urteilspraxis von Lernenden angesichts der Komplexität nachhaltigkeitsbezogener Problemstellungen begleiten und erschweren – hierin liegt die Spezifik nachhaltigkeitsbezogener Urteilsprozesse. Die Praxis der Urteilsbildung ist im Lichte empirischer Forschung oftmals inkohärent, inkonsistent und von verzerrenden Komplexitätsreduktionen geprägt, die als kognitive Bewältigungsstrategien im Umgang mit komplexen Informationen und wertebezogenen Ansprüchen fungieren (Marchand, 2015 sowie die präsentierten Forschungsergebnisse in Abschn. 2.4.2). Die lerngegenstandsbezogene Komplexität erhöht die Unsicherheit in der eigenen Urteilsbildung – Komplexität anzuerkennen und wahrzunehmen, kann im ungünstigsten Falle dazu führen, sich nicht positionieren zu können. Diese Befunde zeigen, dass die theoretische Vorstellung von Urteilen und Entscheiden im Sinne des Rational-Choice-Ansatzes, wie sie in einigen naturwissenschaftsdidaktischen Modellierungsversuchen der

Bewertungskompetenz zugrunde liegt, die Urteilspraxis von Jugendlichen nicht ausreichend zu erfassen vermag (siehe auch die Kritik von Hößle & Menthe, 2013). Komplexität charakterisiert nachhaltigkeitsbezogene Fragen und fordern die Urteilsbildung heraus. Sie ist nicht nur in einer Vielzahl von Variablen im Verstehensprozess zu erfassen (siehe Abschn. 2.4.1), sondern in ihrer Perspektivgebundenheit, Sozialität, Kontingenz, Ambiguität, Ambivalenz und potenziell öffentlichen Gestaltbarkeit zu verstehen. *Trotz der Komplexität handlungsfähig zu sein*, d. h. sich *dennoch* ein Urteil bilden zu können, stellt jedoch das Ziel einer politischen Nachhaltigkeitsbildung dar. Für die bildungswissenschaftliche und politikdidaktische Forschung ergibt sich daraus die Aufgabe, didaktische Zugänge daraufhin zu untersuchen, inwiefern sie eine elaborierte Urteilsbildung im Umgang mit Komplexität unterstützen.

3.5 Zwei Forschungsperspektiven auf Prozesse politischer Urteilsbildung: Urteilen als Expansion oder Sinnbildung

Die Einblicke in die interdisziplinären Forschungsdiskurse haben gezeigt, dass Urteilsbildung als Forschungsgegenstand auf verschiedene Weisen beleuchtet werden kann. Die theoretischen Perspektiven verhalten sich komplementär zueinander, da sie jeweils unterschiedliche Dimensionen erfassen – sie sollen auch im Rahmen des vorliegenden Forschungsvorhabens hinsichtlich des Forschungszugangs und der jeweils immer nur eingeschränkten Erklärungskraft in einem Ergänzungsverhältnis stehen.

Einerseits wird die Entwicklung der Fähigkeit zur politischen Urteilsbildung als ein *Prozess der Expansion* beschrieben. Die Ausdehnung der eigenen, anfangs egozentrischen Perspektive ermöglicht es, zunehmend verschiedene Akteur*innen in ihren Interessen und Absichten sowie die Folgen politischer Maßnahmen zu antizipieren. In einer idealtypischen Vorstellung differenzieren sich Vorstellungen des lernenden Subjekts weiter aus. In konkreten politischen Bildungsarrangements zeigt sich die Fähigkeit zur politischen Urteilsbildung, indem auf unterschiedlich elaborierte Art und Weise und damit auf unterschiedlichen Urteilsniveaus argumentiert wird (siehe Abschn. 3.3.2). In dieser Perspektive stellt die potenzielle Komplexitätszunahme in der Begründung des Urteils einen Indikator für einen entsprechenden Lernzuwachs dar (GPJE, 2004, S. 15 f.). Jene Perspektive wird im Rahmen der Interventionsstudie verfolgt (siehe Kap. 7).

Andererseits haben die empirischen Befunde um den Forschungsgegenstand der nachhaltigkeitsbezogenen Urteilsbildung verdeutlicht, dass Urteilen in realen

Anforderungssituationen nach anderen Logiken als der der rationalen Abwägung erfolgt. Urteilsbildung ist vielmehr als sozial eingebettete und kontextgebundene Praxis zu verstehen. Urteilsbildung kann nicht nur formal als ein Zugewinn und eine Ausdifferenzierung der für den Sachverhalt relevanten Kenntnisse und Beurteilungen verstanden werden, sondern stellt im Kern einen *Prozess der Sinnbildung* dar. Jene Betrachtungsweise trägt einer sozialkonstruktivistischen Sicht auf Lernen (siehe Abschn. 3.3.3) stärker Rechnung:

> "Meaning making" designates the process by which people interpret situations, events, objects, or discourses, in the light of their previous knowledge and experience. "Learning as meaning making" is an expression emphasizing the fact that in any situation of learning, people are actively engaged in making sense of the situation – the frame, objects, relationships – drawing on their history of similar situations and on available cultural resources. It also emphasizes the fact that learning involves identities and emotions. (Zittoun & Brinkmann, 2012, S. 1809)

Die Perspektive auf Lernen als Sinnbildung ist besonders im Kontext politischer Urteilsbildung interessant: Lernen wird als Prozess verstanden, in dem Lernende die Objekte der sie umgebenden Welt vor dem Hintergrund ihrer Vorerfahrungen, ihres Vorwissens sowie ihrer soziokulturellen Prägung *deuten*. Urteilen stellt nicht nur in deduktiver Hinsicht „die Zuordnung eines Wertes auf einer Urteilsdimension zu einem Urteilsobjekt" dar (Betsch et al. 2011, zit. nach Bröder & Hilbig, 2017, S. 621; siehe Abschn. 3.2.1), sondern ist immer auch ein induktives Schlussfolgern – eine Perspektive, die vor allem auch in der geisteswissenschaftlichen Betrachtung des Urteilens nach Kant und Arendt bedeutsam ist (siehe Abschn. 3.2.2).

Die Betrachtungsweise eines Lernens auf der Basis bestehender mentaler Repräsentationen, auch mentale Modelle genannt (Seel, 1991), die dem Individuum die politisch-gesellschaftliche Wirklichkeit sinnhaft machen und wiederum die Voraussetzungen zum Urteilen darstellen, wird in der Schüler*innenvorstellungsforschung zum lerntheoretischen Ausgangspunkt gemacht. Der Ansatz des Bürgerbewusstseins (Lange, 2008) begreift die Vorstellungen der Individuen als Sinnbildungen:

> Jeder Mensch baut mentale Vorstellungen auf, durch die er sich die politisch-gesellschaftliche Wirklichkeit sinnhaft macht. Die Gesamtheit dieser Vorstellungen lässt sich als Bürgerbewusstsein begreifen. Zum einen orientiert sich das Individuum mittels dieser Sinnbildungen in Politik, Wirtschaft und Gesellschaft. Zugleich stellen sie die kognitive Grundlage dar, um diese Phänomene zu beurteilen und zu kritisieren. Und schließlich produziert das Bürgerbewusstsein den Sinn, der es dem Menschen

ermöglicht, vorgefundene Phänomene handelnd – also durch „subjektiv sinnhaftes Tun" – zu beeinflussen. (Kenner & Lange, 2020, S. 186)

Die Sinnbildungen des Bürgerbewusstseins ermöglichen es, „die politisch-gesellschaftliche Wirklichkeit zu interpretieren und handelnd zu beeinflussen" (Lange, 2008, S. 432), „bewußt zur Welt Stellung zu nehmen und ihr einen Sinn zu verleihen" (Weber, 1988, S. 180) und „bestimmte Erscheinungen des menschlichen Zusammenseins aus ihm heraus [zu] beurteilen, zu ihnen als bedeutsam (positiv oder negativ) Stellung [zu] nehmen" (ebd., S. 180 f.). Die vorliegende Arbeit untersucht keine Schüler*innenvorstellungen, sondern ist bestrebt, die angebahnten Reflexions- und Sinnbildungsprozesse im Rahmen des Unterrichtsprojektes mit außerschulischen Begegnungen zu einem konkreten Lerngegenstand in den Blick zu nehmen. Dies wird im Rahmen der Interviewstudie *ex post* stattfinden (siehe Kap. 8). Auf diese Weise soll das subjektive Schlussfolgern – im Wechselspiel zwischen Induktion und Deduktion, außerschulisch Besonderem und schulisch Allgemeinem – themen- und kontextspezifisch empirisch untersucht werden.

Während mit der Interventionsstudie (Studie 1) Urteilen stärker als Prozess der Expansion verstanden wird, fokussiert sich die Interviewstudie (Studie 2) stärker auf das Urteilen als Sinnbildung. Die jeweiligen Erkenntnisse der zwei Forschungsperspektiven auf Prozesse politischer Urteilsbildung werden am Ende der Arbeit in eine Synthese münden (siehe Kap. 9).

3.6 Implikationen für die vorliegenden Studien

Im vorangegangenen Kapitel wurde die politische Urteilsbildung als zentraler Kompetenzbereich der Politischen Bildung vorgestellt. Dabei wurde sowohl ein psychologisches als auch fachdidaktisches Verständnis differenziert. Die Spezifik des politischen Urteils liegt darin, dass das Urteilsobjekt einen politischen Sachverhalt, eine Kontroverse, einen Fall oder Fragen der gesellschaftlichen Entwicklung unter besonderer Berücksichtigung unterschiedlicher Perspektiven (Akteur*innen, Interessengruppen und von Politik Betroffene) darstellt und in der Urteilsbegründung Sach- und Wertaspekte evaluiert werden. Trägt eine politische Maßnahme zu einem gewünschten Ziel bei? Ist etwas gerecht oder auch gerechtfertigt? Die Fähigkeit zur Perspektivenübernahme stellt in normativer Hinsicht die zentrale Verstehensoperation dar, deren kognitive Voraussetzungen im Zuge des Entwicklungs- und Sozialisationsprozesses entstehen. Jugendliche verfügen über jene Voraussetzungen, wobei Studien belegen, dass das dialektische

3.6 Implikationen für die vorliegenden Studien

Denken, welches für einen Umgang mit Ambivalenz und Widersprüchen notwendig ist, noch nicht ausgeprägt und in der schulischen Bildung entsprechend pädagogisch und politikdidaktisch zu unterstützen ist (siehe Abschn. 3.3.1). Auch die Befunde zum Umgang von Jugendlichen mit komplexen Themenstellungen einer nachhaltigen Entwicklung (3.4.2: Marchand, 2015; Sander, 2017; siehe Forschungsstand in Kap. 2: Holfelder, 2018; Fischer et al., 2016) offenbaren einen didaktischen Forschungs- und Entwicklungsbedarf hinsichtlich effektiver und bildsamer Vermittlungs- und Aneignungsweisen.

Es stellt sich die Frage, wie der Umgang mit Komplexität und die Anbahnung politischer Urteilsbildung in konkreten Lehr-Lern-Arrangements unterstützt werden kann. Inwieweit eine problem- und konfliktorientierte Zugangsweise und die Integration außerschulischer Elemente die Fähigkeit zur mehrperspektivischen politischen Urteilsbildung gezielter fördern kann, ist bisher empirisch nicht untersucht. Die Skizzierung des theoretischen und empirischen Forschungsstandes hat gezeigt, dass die politische Urteilsbildung zwar das zentrale Anliegen der Politischen Bildung darstellt, empirische Studien hingegen kaum vorhanden sind (Biedermann & Reichenbach, 2009; Manzel & Weißeno, 2017; May et al., 2020; Sander, 2012).

In der vorliegenden Arbeit wird – vor dem Hintergrund des Forschungs- und Entwicklungsbedarfs sowie der forschungsmethodischen Grenzen – die Anbahnung von politischer Urteilsbildung zu einer konkreten Themenstellung (Landwirtschaft und Ernährung) im Kontext einer spezifischer Lerneinheit mit außerschulischen Begegnungen untersucht (die Darlegung der Konzeption erfolgt in Kapitel 5). Das Forschungsvorhaben erfolgt in einem zweistufigen Verfahren (siehe Abschn. 3.5 und Kap. 6): Die konzipierte Lerneinheit wird in einer ersten Studie im Rahmen einer *Interventionsstudie* evaluiert (Kap. 7). Hierbei wird die Forschungsfrage untersucht, inwiefern sich die Schüler*innenurteile unter dem Eindruck des Unterrichtsprojektes weiterentwickeln und inwieweit sich Auswirkungen auf das themenspezifische Interesse, die Motivation sowie nachhaltigkeitsbezogene Einstellungen nachvollziehen lassen. Um auch längerfristige Reflexions- und Sinnbildungsprozesse der Jugendlichen im Rahmen des Unterrichtsprojektes zu explorieren, wird eine *Interviewstudie ex post* durchgeführt (Kap. 8). Die Interventionsstudie wird dadurch um einen verstehensorientierten Zugang zu den Sichtweisen der Jugendlichen ergänzt. Diese zwei Forschungszugänge stehen komplementär zueinander, indem einerseits formale und inhaltliche Komplexitätszunahmen in den Schüler*innenantworten ermittelt und anderseits Reflexionen untersucht und Sinnbildungen rekonstruiert werden.

Aufgrund der schmalen Befundlage wird ein explorativer Zugang gewählt. Im Rahmen der Interventionsstudie dienen die in den vorangegangenen Abschnitten präsentierten Theorieansätze und Graduierungsmodelle gewissermaßen als deduktive Hintergrundfolien, um die argumentative Performanz der Urteile vor und nach der Lerneinheit beurteilen zu können. Für dieses Anliegen wird ein weites Verständnis politischer Urteilsbildung als Arbeitsdefinition zugrunde gelegt, das offen für urteilsrelevante Aspekte (wie etwa auch Interesse, Motivation, Betroffenheit) ist. Politisches Urteilen wird in dieser Arbeit definiert als die Analyse, Einschätzung und Beurteilung politischer Sachverhalte (politische Ereignisse, Probleme, Kontroversen, Forderungen) unter besonderer Berücksichtigung unterschiedlicher Perspektiven von verschiedenen Akteur*innen sowie Betroffenen. Die Urteilsqualität wird an der Sach- und Wertbezogenheit sowie der Berücksichtigung verschiedener, ggf. konfligierender Perspektiven in einer aufgabenbezogenen Stellungnahme bestimmt (siehe Abschn. 3.3.2). In der Interviewstudie wird das Anregungspotenzial des Unterrichtsprojektes und der außerschulischen Begegnungen in einer verstehensorientierten Perspektive empirisch untersucht, indem die induktiven und deduktiven Schlussfolgerungen der Jugendlichen analysiert werden.

Open Access Dieses Kapitel wird unter der Creative Commons Namensnennung 4.0 International Lizenz (http://creativecommons.org/licenses/by/4.0/deed.de) veröffentlicht, welche die Nutzung, Vervielfältigung, Bearbeitung, Verbreitung und Wiedergabe in jeglichem Medium und Format erlaubt, sofern Sie den/die ursprünglichen Autor(en) und die Quelle ordnungsgemäß nennen, einen Link zur Creative Commons Lizenz beifügen und angeben, ob Änderungen vorgenommen wurden.

Die in diesem Kapitel enthaltenen Bilder und sonstiges Drittmaterial unterliegen ebenfalls der genannten Creative Commons Lizenz, sofern sich aus der Abbildungslegende nichts anderes ergibt. Sofern das betreffende Material nicht unter der genannten Creative Commons Lizenz steht und die betreffende Handlung nicht nach gesetzlichen Vorschriften erlaubt ist, ist für die oben aufgeführten Weiterverwendungen des Materials die Einwilligung des jeweiligen Rechteinhabers einzuholen.

4 Außerschulisches Lernen im Kontext Politischer Bildung

Dem außerschulischen Lernen wird als Lernform ein vielfältiges Potenzial zur Anregung von Bildungsprozessen zugeschrieben. In diesem Kapitel wird der Forschungsstand zum außerschulischen Lernen dargelegt. In einem ersten Schritt werden die Diskurse um eine *Öffnung der Schule* und eine *Öffnung des Unterrichts* in einen Entwicklungsprozess von Schule eingeordnet, um die Bedeutung des außerschulischen Lernens vor dem Hintergrund der Sozialisationsfunktion von Schule sowie der Relevanz fächerübergreifender Lernfelder wie die Politische Bildung und Bildung für nachhaltige Entwicklung herauszustellen (Abschn. 4.1). In einem darauffolgenden Abschnitt erfolgt eine Eingrenzung des außerschulischen Lernens als eine Lernform des Fachunterrichts, wie sie im Kontext dieser Arbeit verstanden wird (Abschn. 4.2). Dabei wird eingeordnet, was in diesem Zusammenhang unter *außerschulische Begegnung* verstanden werden soll. Das lernförderliche Potenzial des außerschulischen Lernens wird in Abschnitt 4.3 betrachtet und im Lichte empirischer Befunde diskutiert – wobei sich zeigen wird, dass es nur wenige empirische Studien gibt, die die Wirksamkeit außerschulischen Lernens belegen. In dem darauffolgenden Kapitel werden schließlich der besondere Stellenwert und das spezifische Vermögen des außerschulischen Lernens zunächst für die Nachhaltigkeitsbildung skizziert (Abschn. 4.4) und anschließend ausführlicher für die Politische Bildung dargestellt (Abschn. 4.5). In einem ersten Schritt wird ein Einblick in den Stellenwert außerschulischen, politischen Lernens in verschiedenen Kerncurricula gegeben. Daraufhin werden Spannungsverhältnisse gegenüber dem außerschulischen Lernen aus politikdidaktischer Perspektive diskutiert, um im Anschluss Konsequenzen für die Einbindung außerschulischer Begegnungen in den Fachunterricht sowie für die vorliegende Studie abzuleiten. Ziel des Kapitels ist es, sowohl einen Forschungs- als auch Entwicklungsbedarf zur Integration außerschulischer Elemente in den (Politik-)Unterricht herauszustellen. Ferner wird aufgezeigt, dass das außerschulische Lernen die politische

© Der/die Autor(en) 2025
A. Jansen, *Politische Urteilsbildung von Jugendlichen zu komplexen Problemstellungen einer nachhaltigen Entwicklung*,
https://doi.org/10.1007/978-3-658-46149-2_4

Urteilsbildung und den lernenden Umgang von Schüler*innen mit Komplexität unterstützen kann.

4.1 Diskurse um eine Öffnung von Schule und Unterricht

In den vergangenen Jahrzehnten hat sich eine zunehmende Ausdifferenzierung des Bildungssystems vollzogen. Neben der Schule und Hochschule, die lange Zeit eine Monopolstellung auf Bildung beanspruchen konnten, bestehen gegenwärtig weitere Institutionen, Akteur*innen und (digitale) Räume, die das formale Lernen um das non-formale und informelle Lernen ergänzen.[1] Bildungswege erstrecken sich in der Wissensgesellschaft meist von der frühen Kindheit bis ins hohe Erwachsenenalter. Das Konzept des ‚Lebenslangen Lernens' reagiert einerseits auf die Erfordernisse flexibilisierter Arbeitswelten (Crowther, 2004) und knüpft andererseits an das identitätsbezogene Bedürfnis nach informellem Lernen an (Falk, 2015). Der Strukturwandel des Bildungssystems zeigt sich in räumlichen und zeitlichen Entgrenzungen, die im Kern auch die Ausweitung des Erziehungs- und Bildungsauftrags selbst betreffen (Grunert & Wensierski, 2008, S. 9).

Die *Öffnung der Schule* findet im Ausbau von Ganztagsschulen sowohl eine zeitliche als auch räumliche Ausweitung. Kinder und Jugendliche verbringen im Zuge dessen deutlich mehr Zeit in der Institution Schule, „was dazu führt, dass Kinder und Jugendliche die Freizeitangebote der Jugendeinrichtungen und den öffentlichen Raum nicht mehr wie gewohnt wahrnehmen können" (Deinet & Derecik, 2016, S. 15). Die zunehmende Kooperation und Verzahnung verschiedener Bereiche des Bildungssystems wie Schule, Berufsbildung, außerschulische

---

[1] Die Europäische Kommission nimmt vor dem Hintergrund des *Lebenslangen Lernens* eine Dreiteilung zwischen formalem, non-formalem bzw. nicht formellem und informellem Lernen vor (2001, S. 9, 32–33; Overwien, 2020, S. 233): Unter ‚formalem Lernen' wird das strukturierte, zu einer Zertifizierung führende Lernen verstanden, das in der Regel in einer akkreditierten Bildungs- oder Ausbildungseinrichtung wie der Schule, der Universität oder auch der Berufsschule stattfindet. ‚Nicht formales Lernen' führt nicht zu einer Zertifizierung und findet außerhalb der genannten Einrichtungen statt. Das Lernen erfolgt jedoch zielgerichtet und systematisch. Ein Großteil der außerschulischen Lernorte können dem ‚non-formalen Bildungsbereich' zugerechnet werden. Mit dem Begriff des ‚informellen Lernens' wird das inzidentelle, beiläufige Lernen in der Familie, in der Gruppe der Gleichaltrigen, am Arbeitsplatz oder der Freizeit sowie teils auch durch Medien beschrieben. Üblicherweise folgt es keiner Intention und verläuft nicht strukturiert. Informelle Lernprozesse finden folglich auch in formellen Settings statt.

4.1 Diskurse um eine Öffnung von Schule und Unterricht

Bildung und Jugendhilfe begegnet damit auch einem hieraus erwachsenen Kompensationsbedarf. Grunert und Wensierski (2008) weisen zudem auf veränderte Aufgaben der Schule im 21. Jahrhundert hin:

> Die institutionelle Segmentierung und Spezialisierung des Erziehungs- und Bildungssystems erweist sich zunehmend als dysfunktional. Gefordert sind vielschichtige Antworten sowie interdisziplinäre und integrale Konzepte für die Erziehungs-, Bildungs-, Integrations- und Partizipationsaufgaben in der hochmodernen Gesellschaft. (Ebd., S. 10)

Zu diesen „Erziehungs-, Bildungs-, Integrations- und Partizipationsaufgaben" (ebd.) leistet das außerschulische Lernen einen zunehmenden Beitrag. Baar und Schönknecht (2018) konstatieren, dass sich „inzwischen eine sehr breite regionale Angebotsstruktur außerschulischer Bildungsangebote etabliert hat, die gezielt Schulen anspricht. In den letzten 20 Jahren hat vor allem die Anzahl von außerschulischen Lernorten mit eigenen pädagogisch-didaktischen Konzepten und auf Schulklassen ausgerichteten Programmen stark zugenommen" (Baar & Schönknecht, 2018, S. 13). Ein enormer Zuwachs ist im MINT-Bereich durch die Einrichtung von Science Centern und Lehr-Lern-Laboren zu konstatieren, zudem wurden vermehrt umwelt-, erlebnis- sowie museumspädagogische Angebote entwickelt und auch Industrie- und Handelskammern sowie private Wirtschaftsunternehmen und Interessenverbände konzipieren Bildungsangebote (ebd.).

Die *Öffnung nach außen* im Rahmen von Ganztagsangeboten sowie die *Öffnung nach innen* etwa durch das Prinzip der Lebensweltorientierung eröffnet vielfältige Möglichkeiten, anregende Lernumgebungen zu gestalten. Overwien (2020b) stellt die Bedeutung des informellen Lernens für die Ganztagsbildung heraus und sieht ein Potenzial in der Schaffung von Lernräumen, „die informelles und formales Lernen verbinden" (ebd., S. 239). Mit der Perspektive auf das informelle Lernen „wird damit der Blick auf die soziale und identitätsbezogene Seite des individuellen Bildungsprozesses sowie auf das Zusammenspiel unterschiedlicher Lebensbereiche, die als Gelegenheitsstrukturen für Bildungsprozesse gefasst werden können", verstärkt (Grunert & Wensierski, 2008, S. 10). Zugleich wird aber auch auf mögliche Gefahren hingewiesen, wenn *das Schulische* Einzug in die außerschulische Lebenswirklichkeit der Schüler*innen nimmt:

> Mit der Ausdehnung des Schulischen auf außerschulische Bereiche, die schließlich auch auf ihren Lern-Wert für das Schulische geprüft werden, lässt sich – im Foucault'schen Sinne – von einer Entgrenzung der Schule sprechen, die die individuellen Lebenswelten schließlich der schulischen Bildsamkeitsökonomie unterstellt. So

ließen sich außerschulische Lernorte, die schulisch genutzt werden, nicht etwa als Alternativorte oder Gegen-Orte zur Schule verstehen, sondern als durch die Schule kolonialisierte und der schulischen Logik unterworfene Orte. Mit anderen Worten: Dort, wo im Unterricht außerschulische Lernorte aufgesucht werden, wird Schule an anderem Orte gemacht, denn sie erfolgt in der Logik der Konstruktion von Unterricht. (Budde & Hummrich, 2016, S. 33)

Das Ziel, „die schulischen Arbeitsbündnisse zu erweitern und lebensweltliche Aspekte zu integrieren" (Budde & Hummrich, 2016, S. 31), stellt grundsätzlich eine adäquate schulische Antwort auf die gesellschaftlichen Modernisierungsprozesse dar und ist mit der Hoffnung auf „das meritokratische Versprechen" verbunden, „eine Verringerung des Einflusses des Herkunftsmilieus auf die spätere gesellschaftliche Position" herbeizuführen (Budde & Hummrich, 2016, S. 34). Die Potenziale einer Öffnung von Schule und Unterricht kommen aber nicht zum Tragen, wenn lediglich dem Prinzip eines „Mehr-Desselben" gefolgt wird (Rauschenbach, 2008, S. 20). Rauschenbach (2008) betont dabei, dass der Auf- und Ausbau der Ganztagsschule gerade mit der Chance verbunden sei, „die herkömmliche Unterrichtsschule und tradierte Halbtagsschule nicht nur zeitlich zu erweitern, sondern vor allem auch um andere, nicht-kognitive Bildungsinhalte zu ergänzen, andere Formen des Lernens sowie andere, nicht-kognitive Elemente der Bildung in den außerunterrichtlichen Teilen des Ganztags zu stärken (…)" (ebd.). Um *das Außerschulische* nicht als etwas gänzlich anderes zum *Schulischen* misszuverstehen, ist es angezeigt, formale, non-formale und informelle Kontexte von Bildung in ihren Eigenlogiken, spezifischen Bildungsqualitäten und -modalitäten anzuerkennen und konzeptionell zu berücksichtigen:

> Die Schule ist gefordert, neben ihrem bisher traditionellen Verständnis vom formellen Lernen, ebenfalls nicht-formelle und informelle Bildungsprozesse innerhalb und auch außerhalb der eigenen Mauern zu ermöglichen. Hierzu bedarf es einer sozialräumlichen Öffnung der Ganztagsschule zum Umfeld und zu weiteren außerschulischen Partnern, wodurch eine Beziehung zur Lebenswelt von Heranwachsenden hergestellt werden soll. (Deinet & Derecik, 2016, S. 25)

Deinet und Derecik (2016) weisen aus einem raum- und aneignungsorientierten Blickwinkel darauf hin, dass spezifische Bildungsprozesse den verschiedenen Bereichen des Schullebens zugeordnet und „anhand eines Kontinuums zwischen formeller und informeller Bildung bestimmt werden" können, um so die spezifische Bildungsqualität zwischen formeller Vermittlung und informeller Aneignung zu berücksichtigen (Deinet & Derecik, 2016, S. 21). Eine relationale Betrachtungsweise auf schulische und außerschulische Lernorte ist notwendig, um Orte in ihrer Bedeutung *für die Schüler*innen* zu betrachten, bevor sie im schulischen Kontext zu *Lern*orten (um-)definiert werden. Dies ist auch für das Austarieren eines erfahrungsbezogenen Zugangs zum Politischen ein zentraler theoretischer Ausgangspunkt.

4.2 Außerschulisches Lernen im Fachunterricht

Die besagte Ausdifferenzierung des außerschulischen Bildungsbereiches der letzten Jahre hat es mit sich gebracht, dass es eine Vielzahl an Definitions- und Systematisierungsversuchen außerschulischer Lernorte gibt, die um ein möglichst umfassendes Verständnis ringen (Baar & Schönknecht, 2018; Groß, 2011; Sauerborn & Brühne, 2017). Hieß es in der bis heute noch viel zitierten Definition des Deutschen Bildungsrates aus den 1970er-Jahren, dass „[u]nter Lernort […] eine im Rahmen des öffentlichen Bildungswesens anerkannte Einrichtung zu verstehen [ist], die Lernangebote organisiert" (Deutscher Bildungsrat, 1974, S. 69) und damit vor allem das Kriterium der Institutionalisierung herausgestellt wird, kommen Sauerborn und Brühne (2017) angesichts des pluralen Spektrums zu dem Schluss, dass außerschulisches Lernen „alle bildenden Aktivitäten außerhalb der Schule [subsumiert]" (Sauerborn & Brühne, 2017, S. 11): „Außerschulisches Lernen findet immer dann statt, wenn sich Schüler außerhalb des Schülergebäudes oder außerhalb des schulischen Rahmens mit einem originalen Lerngegenstand unter gezielter pädagogischer Anleitung auseinandersetzen" (ebd.).

Eine weitere Definition, die spezifischer ist, aber an einem weiten Verständnis außerschulischer Lernorte festhält, leistet die *Fachstelle für Didaktik Ausserschulischer Lernorte* (FDAL) der PHZ Luzern. Die definiert außerschulische Lernorte als

> Orte ausserhalb des Schulhauses, in denen Personen jeglichen Alters im Rahmen formaler, non-formaler oder informeller Bildung lernen können. Konstitutiv für diese Lernorte ist die Möglichkeit der unmittelbaren Begegnung mit einem Lerngegenstand und/oder Sachverhalt. Ausserschulisches Lernen findet statt, wenn solche Begegnungen – bewusst oder unbewusst – in den Lernprozess integriert sind und zu einem Kompetenzerwerb beitragen. Dies kann in originaler Begegnung geschehen, wenn der Lerngegenstand bzw. Sachverhalt in seiner ursprünglichen Situation eingebettet ist (Bachlauf, Nationalpark, Landwirtschaftsbetrieb, Kraftwerk, Denkmal etc.). Als Ausserschulische Lernorte eignen sich auch Orte, an denen Lerngegenstände bzw. Sachverhalte dekontextualisiert und in künstlicher Umgebung vorliegen (Museen, historische Archive). Ausserschulische Lernorte lassen sich weiter nach dem Grad der methodisch-didaktischen Aufbereitung unterscheiden. Die Spannbreite reicht von fehlender Didaktisierung (bspw. Altstadt, Wirtschaftsbetrieb) bis zu Lernorten, die

eigens für das Lernen geschaffen werden (Science Center, Lehrpfad, Lernlabor etc.). Nach diesem Begriffsverständnis eignen sich Ausserschulische Lernorte für alle Schulfächer und -stufen. (Messmer et al., 2011, S. 7)

Wie in der Definition aufgegriffen, lassen sich außerschulische Lernorte hinsichtlich des Grades an Authentizität bzw. Kontextualität sowie des Grades an Didaktisierung unterscheiden. Einschlägig ist die Unterscheidung in *primäre* und *sekundäre Lernorte*, auf die bis heute verwiesen wird (Baar & Schönknecht, 2018, S. 16). Erstere widmen sich ihrer Funktion nach dem Lernen, wie es auf formale Bildungseinrichtungen wie die Schule zutrifft; zweitere werden erst durch ihre intentionale Einbettung in eine Vermittlungspraxis zu einem Lernort (Dühlmeier, 2010). Je geringer der Grad an Didaktisierung des Ortes, desto eher kommt es auf die didaktische Dramaturgie des Fachunterrichtes und die intentionale Integration durch die Lehrpersonen an. Dühlmeier subsumiert Museen mit pädagogischem Angebot, Zoologische Gärten mit ihren Zooschulen oder auch Science Center unter diese Kategorie (2010, S. 17). Lernstandorte lassen sich also zwischen primären und sekundären Lernorten verorten (Thomas, 2009, S. 284). Auch wenn sich der Begriff Baar und Schönknecht (2018) zufolge nicht etabliert hat, sensibilisiert er für die Unterscheidung zwischen Lernorten mit und ohne Bildungsauftrag (S. 17 f.), die sie in ihrer Systematisierung zum Ausgangspunkt nehmen (siehe Abb. 4.1).

4.2 Außerschulisches Lernen im Fachunterricht

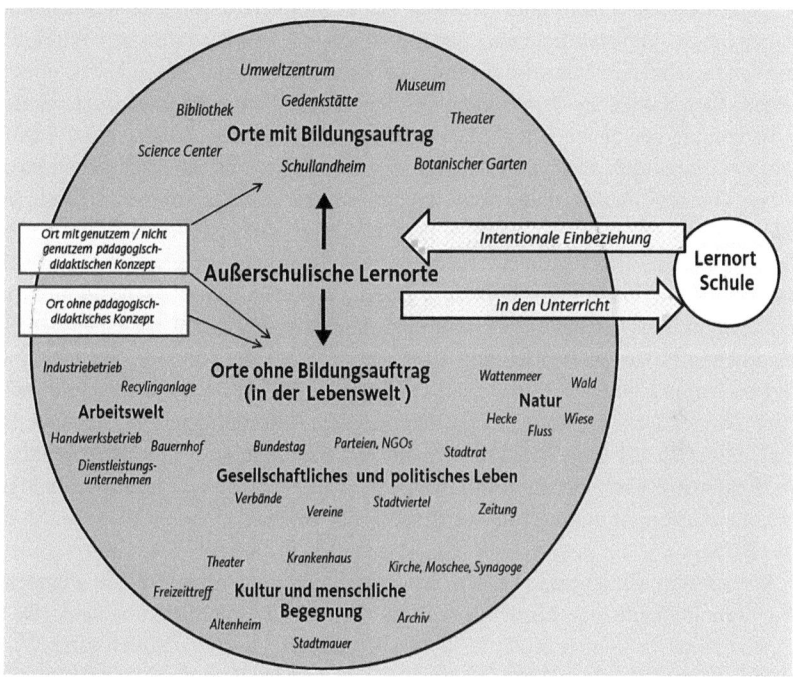

Abbildung 4.1 Außerschulische Lernorte: Begriffe und Systematik, aus Baar & Schönknecht, 2018, S. 23

Wie die Abbildung 4.1 zeigt, werden die außerschulischen Lernorte inhaltlich mit Blick auf ihre lebensweltliche Bedeutung systematisiert. Ähnlich differenzieren Sauerborn und Brühne (2017) aus geographiedidaktischer Perspektive die Bereiche Natur, Kulturwelt, Orte und Stätte der menschlichen Begegnung und die Arbeits- und Produktionswelt (2017, S. 84–92). Aus grundschuldidaktischer Perspektive unterscheidet Dühlmeier (2010) zwischen Naturwelt, Arbeitswelt und Kulturwelt. Allen Modellen liegt die Idee zugrunde, Begegnungen und Erfahrungen mit gesellschaftlichen Teilbereichen zu ermöglichen. Aus politikdidaktischer Perspektive wird die fachdidaktische Heuristik des *Problems* eingebracht: Ackermann (1998) betont, dass Lernende „das Schulgebäude verlassen können, um gezielt einen gesellschaftlich-politischen Problembereich durch eigene Erfahrungen, Beobachtungen und Erlebnisse gemeinsam zu erschließen" (S. 3).

Aufgrund des Gegenstandsbereiches der Politischen Bildung sind sekundäre Lernorte bzw. Lernstandorte als Ausschnitte aus der gesellschaftlichen Wirklichkeit von besonderem Interesse. Erkundungen im öffentlichen Raum haben in den vergangenen Jahren in den Didaktiken der Gesellschaftswissenschaften wieder an Bedeutung gewonnen (Emde, 2015; Heuer, 2011; Juchler, 2018). In der Tradition des *Spatial turn* seit dem Ende der 1980er-Jahre wurde die Raumperspektive in den Geistes- und Sozialwissenschaften verstärkt wahrgenommen (Döring & Thielmann, 2009; Harvey, 1990; Soja, 1989) und auch mit konflikt- und problemorientierten Betrachtungsweisen auf das Räumliche kombiniert (Schlögel, 2003). Denn Regionen sowie urbane Quartiere stellen geografische, politische und ökonomische Einheiten dar und sind damit auch Schauplätze eines gesellschaftlichen Prozesses in Richtung einer nachhaltigen Entwicklung. Jene Räume sind einerseits geprägt von Ziel- und Deutungskonflikten im Spannungsfeld zwischen ökonomischen, ökologischen und sozialen Anforderungen an die Zukunft sowie zugleich als Orte der transformativen Gestaltung (bspw. Bürgerwerkstätten, Reallabore, Projekte und Initiativen wie Repair-Cafés), an denen nachhaltige Praktiken diskutiert und erprobt werden (Singer-Brodowski et al., 2018; Smith & Ely, 2015).

Vor diesem Hintergrund lassen sich aus einer politikdidaktischen Perspektive Lernorte nicht nur hinsichtlich ihres Grades an Didaktisierung und (De-)Kontextualität (Messmer et al., 2011, S. 7), sondern auch hinsichtlich ihrer Wissensarten unterscheiden. Während einige Lernorte vor allem objektivierte Inhalte vermitteln, halten andere Lernorte perspektivische Inhalte bereit. Sekundäre Lernorte der politischen Öffentlichkeit können zudem Perspektiv-, Interessen- bzw. Meinungsgebundenes bereithalten, was bei der Integration in den Unterricht zu berücksichtigen ist.

In der vorliegenden Arbeit werden *außerschulische Begegnungen* in den schulischen Fachunterricht integriert. Im Vordergrund stehen Gespräche mit *regionalen Akteur*innen*, die Interessengruppen repräsentieren und spezifische Sichtweisen vertreten. Außerschulische Begegnungen qualifizieren sich demnach in besonderer Weise für einen erfahrungsbezogenen, hermeneutischen Zugang zur *Perspektivität* gesellschaftlicher Sachverhalte. Das Erkunden wird als ein Prozess des Wahrnehmens, Schlussfolgerns, Deutens und Bewertens verstanden und erhebt jene Verstehensoperationen zum Gegenstand der Reflexion. Wie auch im Zuge der Definition sekundärer Lernorte festgehalten, *werden* außerschulische Begegnungen durch die didaktische Einbettung in ein Unterrichtsvorhaben zu Lernsituationen (Baar & Schönknecht, 2018, S. 16). Darüber hinaus erfordert die politische Dimension und Perspektivgebundenheit die fachliche Einordnung und diskursive Aushandlung in der Vor- und Nachbereitung in besonderer Weise, um die Kontroversität zu gewährleisten.

4.3 Potenziale außerschulischen Lernens

Außerschulisches Lernen kann das Lernen in der Schule ergänzen und den Lernenden Erfahrungen ermöglichen, die im konventionellen Schulunterricht so nicht möglich sind. Außerschulische Lernorte können zwar nicht ohne Weiteres als informelle Lernorte betrachtet werden (Groß, 2011), gleichwohl scheint ihr informeller Charakter aufgrund einer aufgebrochenen Unterrichtsroutine stärker zu sein als im Klassenraum. Die Motive zur Zeit der Reformpädagogik waren „neben dem Heimatgedanken die körperliche Ertüchtigung, das bewusste Sehen und Hören, das Erlebnis sowie Tun, Tat, Selbstständigkeit und Arbeit" und fanden etwa in der Errichtung von Schullandheimen Ausdruck (Bönsch, 2003, S. 4).

Bis heute stellen die alltagsweltliche Erschließung von Lerngegenständen sowie die ermöglichte Selbsttätigkeit die zentralen pädagogischen Begründungen für das außerschulische Lernen dar. Diese Überlegungen haben Eingang in das moderne didaktische Denken gefunden und werden in Diskursen um veränderte Sozialisationsbedingungen stets neu verhandelt. In den pädagogischen und (fach-)didaktischen Begründungen außerschulischen Lernens sind somit auch teilweise Diagnosen über den Zustand der Gesellschaft enthalten, etwa wenn tiefgreifenden Wandlungsprozessen mit didaktischen Prinzipien begegnet werden soll. Im Folgenden werden einige Argumentationslinien zum Potenzial außerschulischen Lernens dargelegt.

Lebensweltorientierung – Authentizität – Primärerfahrung
Der konventionelle Unterricht im Schulgebäude ist darauf angewiesen, die Welt mit ihren Lerngegenständen in den Unterricht zu holen. Die Aufbereitung von Unterrichtsmaterial erfolgt medialisiert mithilfe von Texten, Audio- und Videomaterial. Die Strukturierung und Elementarisierung der Inhalte sind dabei wesentliche Elemente. Das didaktische Prinzip der Lebensweltorientierung trägt den Anspruch, die Lebenswelt der Schüler*innen zum Ausgangspunkt zu nehmen und die Fragen des Unterrichts zu den Fragen der Schüler*innen werden zu lassen (Oeftering et al., 2017). Authentische Lernsituationen gelten darüber hinaus als besonders lernwirksam (Reinmann & Mandl, 2006) und können durch eine Kontextorientierung der Lernaufgaben sowie die Integration außerschulischer Elemente gestaltet werden. Außerschulischen Lernorten wird durch den situationalen Kontext das Potenzial zugesprochen, transferfähiges Wissen zu vermitteln

(Brovelli et al., 2012, S. 148). Sogenannte Primärerfahrungen bzw. originale Begegnungen können aber nicht mit jedem Lerngegenstand gelingen. Während ein Priel oder Bachlauf als Phänomen zu betrachten ist, können Sachverhalt der gesellschaftlich-politischen Wirklichkeit meist nicht direkt erfahren werden, wie Ackermann (1998) festhält:

> Es wäre naiv zu glauben, daß die Schüler bei Erkundungen die politische Wirklichkeit durch unmittelbare Anschauung unverstellt und richtig erfassen können. Damit die entsprechenden Erfahrungen für inhaltliche Lernprozesse fruchtbar werden, bedarf es der politischen Kategorien, wie z. B. Konflikt, Interesse, Öffentlichkeit, Entscheidung, Institutionen. Sie müssen in der Vor- und Nachbereitung vermittelt werden, um den politischen Charakter der außerschulischen Lernorte überhaupt wahrnehmen zu können. (Ebd., S. 5)

Für politische Bildungsprozesse ist die schulische Einbettung folglich auch deshalb zentral, da das Politische meist erst in analytischer Distanz des Fachunterrichts herausgearbeitet werden kann.

Erfahrungsorientierung – Handlungsorientierung
Außerschulisches Lernen kann erfahrungs- und handlungsorientierte Zugänge ermöglichen. Die didaktischen Begründungen werden im Hinblick auf eine veränderte Kindheit und Jugend vertreten. Aus den veränderten Sozialisationsbedingungen erwachsen kompensatorische Aufgaben der Schule, die etwa einer zunehmenden Mediatisierung der Erfahrung, d. h. dem Verschwinden von Primärerfahrungen, begegnen sollen (Engartner, 2010, S. 97). Auch Gudjons (2014) hält fest, dass ein „handlungsorientierter Unterricht [...] ein notwendiger Versuch [ist], eine (schul-)pädagogische Antwort zu finden auf den tiefgreifenden Wandel des kulturellen Aneignungsprozesses von Kindern und Jugendlichen in einer Welt, in der die ‚Erfahrungen aus zweiter Hand' jene aus ‚erster Hand' zu überlagern beginnen" (ebd., S. 12). Außerschulische Unternehmungen, so der anscheinende schulpädagogische Konsens, können den veränderten Sozialisationsbedingungen begegnen und als Mittel gegen Erfahrungsarmut fungieren (Bönsch, 2010; Jürgens, 2013).

In diesen Begründungen deuten sich reformpädagogische Kontinuitäten an. Dem Anspruch der Reformpädagogik nach galt es, Schule und Lebenswelt durch eine erfahrungsorientierte Zugangsweise stärker zu verbinden und so der Gefahr eines entfremdeten Lernens zu begegnen (Bönsch, 2003, S. 4). Ein Blick in ältere Quellen verdeutlicht, dass die didaktischen Begründungen nicht selten mit einer grundsätzlichen Kritik am traditionellen Schulwesen einhergehen. Die Konzeption eines erfahrungsorientierten oder „erfahrungsoffenen Unterrichts"

(Garlichs & Groddeck, 1978) fußte beispielsweise auf folgenden Leitlinien: Erfahrungsoffener Unterricht unterdrücke nicht „die aktuellen Bedürfnisse, Interessen und Neigungen der Schüler/innen", verdränge nicht „die Subjektivität [...] aus dem Lern- und Aneignungsprozess", stelle „die sinnliche Auseinandersetzung mit Gegenständen/ Themen/Problemen in ihrem ‚natürlichen' Lebenskontext der Aufteilung in Fachdisziplinen entgegen" und betone „gegenüber der abstrakten Belehrung (‚Erfahrungen aus zweiter Hand') die eigenen konkreten Operationen, Aktivitäten, ‚Begegnungen' der Lernenden mit den Lerngegenständen" (zit. nach Gudjons, 2014, S. 26).

In weniger kulturpessimistisch orientierten Betrachtungsweisen wird die Erweiterung von Erfahrungsmöglichkeiten im Fachunterricht vielmehr als didaktischer Selbstzweck verstanden oder im Hinblick auf die Lernförderlichkeit begründet. In zeitgenössischen Ansätzen der Politischen Bildung werden darüber hinaus performative, ästhetisch-experimentelle Zugänge erprobt, etwa als ‚atopische Reisen' durch den öffentlichen Raum (Friedrichs, 2021b, S. 18 f.).

Ganzheitlichkeit – sinnliche Auseinandersetzung
Außerschulischem Lernen wird das Potenzial zugesprochen, der Gefahr einer „Verengung schulischen Unterrichts auf rein kognitive Lernprozesse" zu begegnen (Baar & Schönknecht, 2018, S. 12). In der Vorstellung nach Pestalozzi sind in ganzheitlich organisierten Lernprozessen Kopf, Herz und Hand zu involvieren. In außerschulischen Lernsituationen sind meist Realitätsbegegnungen sowie ein anschaulicher und tätiger Umgang möglich. Juchler hält fest, dass „[a]ufgrund der sinnlich-emotionalen Erfahrungen, die mit dem Erkenntnisprozess verknüpft sind, [...] dieser Erfahrungszuwachs nachhaltiger zu sein [verspricht] als nur rezeptiv im schulischen Politikunterricht gewonnene Erkenntnisse" (Juchler, 2022, S. 517). Geschichtsdidaktische Studien zu Gedenkstättenbesuchen zeigen beispielsweise, dass „die Präsentation von Originalem, Authentischem eine besonders große Rolle" für Schüler*innen spielt (Marx & Sauer, 2011, S. 144).

Das Aufsuchen außerschulischer Lernorte vermag die „Spirale von Erleben, Auslegen und Verstehen" anzustoßen und bei entsprechender Begleitung in der Vor- und Nachbereitung tiefgreifende Reflexionsprozesse anzubahnen – „[z]wischen Erleben und Begreifen zu vermitteln, ist daher Aufgabe der Bildungsarbeit" (Faulstich, 2009, S. 26).

Umgang mit Komplexität – Mehrperspektivität – Ambiguität
Neben den subjektorientierten treten gegenstandsorientierte Begründungen. Das außerschulische Lernen bietet das Potenzial, die „Gegenstände auch in der Vielschichtigkeit der Welt zu erfassen und zu erschließen" (Baar & Schönknecht,

2018, S. 11). Während die schulische Bildung üblicherweise Inhalte aufbereitet und didaktisch reduziert, bieten Realitätsbegegnungen Erfahrungsmöglichkeiten jenseits des fächerorientierten Zuschnitts durch die Lehrkraft. Auf diese Weise kann das außerschulische Lernen das vernetzte Denken, den Transfer von Lerninhalten sowie ein Verständnis komplexer Sachverhalte fördern – wie insbesondere aus Sicht der schulgeographischen Exkursionsdidaktik betont wird (Bähr et al. 2007). Auch der Ansatz des regionalen Lernens betont, dass „die Originalbegegnung vor Ort das ‚Be-greifen' komplexer Wirklichkeitszusammenhänge" unterstützt (Schockemöhle, 2011, S. 83):

> Bei der aktiven Erkundung komplexer Systeme – zum Beispiel eines Handwerksbetriebes, eines Fließgewässers oder einer Siedlung – trifft der Lernende auf ein Bündel unterschiedlicher Faktoren und Perspektiven und steht selbst mitten in diesem Netz aus ökonomischen, ökologischen, sozialen und kulturellen Einflussgrößen. Über Gespräche mit den Akteuren vor Ort, zielgerichtetes Beobachten und praktisches Arbeiten erhalten die Lernenden Zugang in das System. Diese handlungs- und systemorientierte Vorgehensweise fördert die aktive Aneignung von anschlussfähigem Wissen und übt das vernetzte Denken (…). (Schockemöhle, 2009, S. 9)

Der Umgang mit Komplexität ist vor allem für die Erwerbung wissenschaftspropädeutischer Kompetenzen im Rahmen der gymnasialen Oberstufe bedeutsam. Diese Erkenntnisse haben in einigen Bundesländern bereits ihren bildungspolitischen Niederschlag in der Einführung des Seminarfachs gefunden: Für Niedersachsen wird das inhaltliche Anliegen unter anderen in den folgenden drei Aspekten in Bezugnahme auf das außerschulische Lernen skizziert:

- das Lernen am Original (Primärerfahrungen)
  Damit ist forschendes und entdeckendes Lernen und Experimentieren – auch an neuen, innovativen Fragestellungen – ebenso gemeint wie die Synopsis und Deutung vorhandenen Wissens.

- das Lernen an und in komplexen Zusammenhängen
  Die Schülerinnen und Schüler erwerben Kompetenzen im Denken in vernetzten Strukturen (systemisches Denken, Denken in Modellen, in dynamischen Zeitgestalten sowie in Steuer- und Regelkreisen).

o das Lernen in interdisziplinären Zusammenhängen

Es wird eine Erweiterung des Schulcurriculums durch fachübergreifende und fächerverbindende Aspekte verfolgt. Das Erkennen inhaltlicher Zusammenhänge über Fächer- und Schulgrenzen hinaus bedarf dabei der Unterstützung durch die Fächer, wirkt aber auch positiv auf diese zurück. Förderlich kann dabei das Lernen am außerschulischen Ort oder unter Einbeziehung außerschulischer Institutionen (z. B. Betriebe, Hochschulen) sein.

(Niedersächsisches Kultusministerium, 2006, S. 3)

Die Förderung eines Komplexitätsbewusstseins und damit einhergehend der Fähigkeiten zur mehrperspektivischen Betrachtung sind gerade im Kontext einer BNE zentral und konnte in einigen Studien auch empirisch gestützt werden. Für den Bereich der außerschulischen Umweltbildung konnte Clausen (2015) nachweisen, dass durch den Besuch außerschulischer Lernorte das Systemdenken von Lernenden gefördert werden konnte. Da sich die Arbeit auf Ökosysteme bezieht, sind die Befunde jedoch nicht auf ein systemisches Denken im Sinne der Politischen Bildung zu übertragen. Aussagekräftiger für die gesellschaftswissenschaftlichen Fächer sind die Befunde aus der Geographiedidaktik: In Evaluationen des Konzepts Regionalen Lernen 21 + (Diersen & Flath, 2017) konnten Schockemöhle (2009) und Dulda (2014) die Förderung der Gestaltungskompetenz, der raumbezogenen Identität und des vernetzten Denkens nachweisen.

Im Allgemein kann festgestellt werden, dass dem außerschulischen Lernen ein großes Potenzial zugesprochen wird, wenn es darum geht, lebensweltorientiertes, erfahrungs- und handlungsorientiertes und ganzheitliches Lernen zu ermöglichen sowie einen Umgang mit Komplexität, Mehrperspektivität und Ambiguität einzuüben. Zwischen dem zugesprochenen Vermögen und der empirischen Fundierung besteht jedoch eine Diskrepanz: Insgesamt gibt es wenige empirische Befunde zur Wirksamkeit außerschulischer Lernorte (Baar & Schönknecht, 2018; Gautschi et al., 2018; Messmer et al., 2011). Kritische Analysen zum Lernen an außerschulischen Lernorten sind ebenfalls kaum vorhanden (Ansbacher, 1998; Eshach, 2007; vgl. Bliesmer 2020, S. 45). Aussagen über die Wirkungsweise und Wirksamkeit außerschulischen Lernens als *solches* zu treffen, ist aufgrund der Vielfältigkeit der außerschulischen Bildungsangebote ein schwieriges und gar unseriöses Unterfangen. Die wenigen empirischen Studien beziehen sich auf unterschiedliche und je spezifische Lernorte mit unterschiedlichen Forschungsdesigns, Frage- und Zielstellungen, sodass eine „Vergleichbarkeit der Ergebnisse oder deren Verallgemeinerung […] daher kaum möglich [ist]. […] Die Forschungslage kann also insgesamt als ausbaufähig bezeichnet werden" (Baar & Schönknecht, 2018, S. 171). Dabei gibt es jedoch große Unterschiede zwischen den Fachdisziplinen, so sind etwa Untersuchungen für den Primarbereich sowie der Geographiedidaktik stärker vertreten (Baar & Schönknecht, 2018, S. 150–154). Für den Bereich des außerschulischen Lernens im Kontext des Politikunterrichts existieren kaum empirische Forschungsstudien. Moritz (2018) plädiert angesichts dieser Forschungslücke dafür, die Begegnung zwischen Lernort und Lernenden stärker in den Blick zu nehmen und explorativ ausgerichtete Zugänge zu nutzen:

> Zusammenfassend stehen politische Bildung und Politikdidaktik vor einem ernst zu nehmenden Problem. Es zeigt sich darin, dass Begegnungen zwischen Schülern und außerschulischen Lernorten in der Praxis häufig stattfinden, obwohl keine elaborierte Theorie dazu besteht und kaum empirisch gesicherte Erkenntnisse darüber vorliegen, wie sich die Interaktion zwischen Schülern und Ort gestaltet. Die empirische Erforschung außerschulischer Lernorte erlangt also hohe Priorität. Vor dem geschilderten Hintergrund bieten sich für entsprechende Studien vor allem offene und explorativ ausgerichtete Forschungsverfahren an, die die Begegnung zwischen Schülern und Ort möglichst komplex in den Blick nehmen und auf die Generierung von Hypothesen über den Gegenstand zielen, statt Theorie an ihn heranzutragen. (Moritz, 2016, S. 186)

Ein möglicherweise nicht fachspezifischer Befund betrifft die Bedeutung der schulischen Vor- und Nachbereitung, die in vielen theoretischen Arbeiten hervorgehoben wird und auch empirisch belegt werden konnte. So konnten Studien zeigen, dass Besuche im Schülerlabor das Interesse an Naturwissenschaften und Technik fördern können (Engeln, 2004; Guderian, 2007; Itzek-Greulich, 2015; Pawek, 2009). Jedoch scheint dieser Effekt kurzfristig zu sein, längerfristige Effekte können selten festgestellt werden (Baar & Schönknecht, 2018; Brandt et al., 2008; Guderian, 2007; Mokhonko, 2016). Zu einer Stabilisierung des Interesses trage die unterrichtliche Integration bei, die aber – wie beispielsweise für den Besuch von Science Centern festgestellt – nur selten stattfindet (Asmussen, 2010, S. 8). Das Potenzial außerschulischer Lernorte entfaltet sich demnach nicht in einmaligen Unternehmungen, sondern erst in der Wechselbeziehung zum Unterricht. Die curriculare Einbindung sowie die methodisch-didaktische Gestaltung des integrierenden Fachunterrichts stellen damit wichtige Einflussgrößen dar

(Brandt et al., 2008). Wie bereits hervorgehoben (siehe Abschn. 4.2 unten), ist die schulische Einbettung für das politische Lernen aufgrund des Gegenstandsbereiches, der sich in der Regel einer unmittelbaren Anschauung entzieht, besonders wichtig. Das bloße Erleben lässt unter Umständen nicht intendierte Schlüsse zu; so zeigt beispielsweise die Studie von Drygalla (2007), dass der Landtagsbesuch bei Schüler*innen des 10. Jahrgangs eher dazu beigetragen habe, Vorurteile gegenüber Politik zu festigen, statt diese zu hinterfragen. Die Bedeutung der fachlichen Einordnung und Nachbereitung außerschulischer Erfahrungen ist vor dem Hintergrund dieser Studien angezeigt.

Der vorangegangene Abschnitt hat gezeigt, dass das außerschulische Lernen mit vielen (reform-)pädagogischen Erwartungen verbunden ist, die im konventionellen Schulalltag zu wenig Beachtung finden. Außerschulische Lernorte scheinen als Orte der ausgelagerten Hoffnungen zu fungieren. Zugleich wäre es ein Trugschluss, das Außerschulische als *das Andere* zu stilisieren und als vermeintliche Gegenwelt zum Schulischen zu idealisieren (Budde & Hummrich, 2016). Die schulische Einbindung schwächt zwangsläufig den informellen Charakter ab (Deinet & Derecik, 2016, S. 19–25; Overwien, 2020b, S. 234). Um den Vorwurf der „pädagogischen Folklore" (Leutner, 2010, S. 63) abzuwenden, sind empirische Erkenntnisse notwendig. Auf diese Weise kann didaktisches Wissen generiert und der fachspezifische Begründungs- und der unterrichtsmethodische Anwendungszusammenhang beleuchtet werden. Dabei ist vor allem für das Feld der Politischen Bildung herauszufinden, welche Lern-, Reflexions- und Sinnbildungsprozesse durch außerschulische Begegnungen angeregt werden können und welches fachspezifische Potenzial daraus abgeleitet werden kann.

4.4 Außerschulisches Lernen in der Nachhaltigkeitsbildung

Gesellschaftliche Transformationsprozesse hin zu mehr Nachhaltigkeit erfordern einen kollektiven Lernprozess, in dem nicht nur Schüler*innen, sondern prinzipiell alle Gesellschaftsmitglieder als lernende Subjekte adressiert und zur Partizipation am gesellschaftlichen Projekt der Nachhaltigkeit befähigt werden sollen. Das Ziel einer nachhaltigen Entwicklung der Gesellschaft soll dabei nicht nur theoretisch erlernt, sondern praktisch erfahren werden. Das außerschulische Lernen stellt aufgrund dessen ein zentrales Element einer BNE dar, um ein lebensweltorientiertes, erfahrungs- und handlungsorientiertes sowie mehrperspektivisches Lernen zu unterstützen (Diersen & Paschold, 2020, S. 12; Schockemöhle, 2009). Gerade im Konzept der Gestaltungskompetenz (siehe Abschn. 2.2) spielen dabei das kooperative, soziale Lernen sowie die Ermöglichung von Selbstwirksamkeit eine wichtige Rolle. Das Potenzial wird dementsprechend nicht nur allgemeindidaktisch begründet, sondern ergibt sich aus dem transformativen, gesellschaftsbezogenen und problemorientierten Anliegen des Bildungskonzeptes selbst.

Der besondere Stellenwert des außerschulischen Lernens im Kontext einer BNE wurde bereits mit der Ausrufung der Weltdekade „Bildung für Nachhaltige Entwicklung" (2005–2014) durch die Vereinten Nationen hervorgehoben. Ein Großteil der in diesem Zusammenhang ausgezeichneten Projekte und Maßnahmen verorten sich im Feld des außerschulischen Lernens (Diersen & Paschold, 2020, S. 13). Diese außerschulische Institutionalisierung von BNE konnte auf bereits bestehende Strukturen und ein vielfältiges Netz an Lernorten der Umweltbildung und der entwicklungspolitischen Bildung zurückgreifen sowie von der lokalen und überregionalen Partizipation verschiedener Akteur*innen von staatlicher und zivilgesellschaftlicher Seite profitieren (Bormann et al., 2016; Duveneck et al., 2020). Die Zertifizierung außerschulischer BNE-Lernorte auf Bund- und Länderebene ist weiterhin ein wichtiges Instrument, um die Verbreitung und Etablierung von BNE sowie die sozialräumliche Öffnung der Schulen voranzutreiben. Diese Strategie der strukturellen Implementierung „hängt im Wesentlichen von erfolgreichen Netzwerken ab", weshalb die Entwicklung *nachhaltiger Bildungslandschaften* darüber hinaus als ein wichtiges Ziel herausgestellt wird (Fischbach et al., 2015, S. 12).

Der trans- und interdisziplinäre sowie partizipative Anspruch einer BNE wurde im *Nationale Aktionsplan zur Umsetzung des UNESCO-Weltaktionsprogramms Bildung für nachhaltige Entwicklung* (2017; siehe Abschn. 2.1) deutlich herausgestellt. Er führt auf, welche Anstrengungen in den verschiedenen Bildungsbereichen der Frühkindlichen Bildung, der Schule, der Beruflichen Bildung, der Hochschule, des non-formalen und informellen Lernens sowie auf Ebene der Kommunen zu unternehmen sind. Die gesellschaftliche Transformation in Richtung Nachhaltigkeit wird als Multi-Stakeholder-Prozess gedacht (ebd.). Das heißt, es wird eine Zusammenarbeit mit Akteur*innen aus der Zivilgesellschaft, Wissenschaft sowie Wirtschaft anvisiert, die an einem gesellschaftlichen Gestaltungsprozess durch Bildung gewissermaßen beteiligt sind. Dies wird besonders in den Zielen 2 und 4 deutlich:

> 2. Ziel: Kooperationen, Staat und Zivilgesellschaft – Die Bildungsverwaltung hat bis 2030 wichtige Grundlagen für die schulische Umsetzung von BNE auf allen Ebenen (Bund, Länder, Kommunen) sowie für dauerhafte und verlässliche Kooperationen mit außerschulischen Partnern geschaffen. Die Verankerung in bestehenden lokalen und

regionalen Netzwerken wird gefestigt und weiterentwickelt sowie weitere Netzwerkbildung angestoßen. (Nationale Plattform BNE c/o BMBF, 2017, S. 25)

4. Ziel: Zivilgesellschaft, Wirtschaft und Wissenschaft gefordert – Die Umsetzung von BNE ist eine gemeinsame staatliche und gesellschaftliche Aufgabe. Bei der Umsetzung von BNE sind staatliche Akteure, Zivilgesellschaft, Wirtschaft und Wissenschaft entsprechend ihrer gesellschaftlichen Funktion gefordert. (Ebd., 27)

Hierin wird besonders deutlich, dass die Öffnung der Schule im Kontext von BNE nicht nur den Besuch institutionalisierter außerschulischer Lernorte meint, sondern auch außerschulische Begegnungen mit regionalen Akteur*innen anstrebt. Insbesondere politische Akteur*innen aus der Zivilgesellschaft gelten „als Rückgrat der BNE in Deutschland" (Singer-Brodowski et al., 2019, S. 431). Die Zielsetzung wird durch weitere zentrale bildungspolitische Dokumente wie dem *Orientierungsrahmen für den Lernbereich Globale Entwicklung* (KMK & BMZ, 2016, S. 72) hervorgehoben und findet inzwischen Eingang in länderspezifische Beschlüsse wie etwa dem BNE-Erlass Niedersachsen (Niedersächsisches Kultusministerium, 2021, S. 5). Dort heißt es, es

bestehen vielfältige Angebote von zivilgesellschaftlichen Akteurinnen und Akteuren, die Schulen durch ihre außerschulische Expertise und Kompetenz bereichern können – z. B. im Unterricht, in außerunterrichtlichen Ganztagsangeboten sowie in Projekten bzw. in Form von langfristiger Zusammenarbeit. (Ebd.)

Die Wirksamkeit und Wirkungsweise außerschulischer Bildungsangebote sind noch nicht ausreichend untersucht: In einem Review nationaler und internationaler Studien aus dem Jahr 2010 konnte zwar gezeigt werden, dass in einem Großteil BNE-Angebote positive Effekte auf den Lernerfolg festgestellt werden konnten – jedoch ist die Aussagekraft aufgrund forschungsmethodischer Limitationen stark eingeschränkt (Rieß, 2010, S. 146). Auch aus jüngeren Studien können keine generalisierbaren Schlüsse gezogen werden. Beispielsweise konnten positive Effekte auf die Wissensgenerierung zum Klimawandel durch einen eintägigen Besuch im Botanischen Garten (Sellmann, 2012; Sellmann & Bogner, 2013) sowie auf die Förderung der Systemkompetenz durch außerschulische Umweltbildungsmaßnahmen (Clausen, 2015) festgestellt werden. Insgesamt weisen empirische Befunde also auf eine gewisse Lernförderlichkeit im Hinblick auf nachhaltigkeitsbezogene Bildungsziele hin; die außerschulischen Lehr-Lern-Arrangements sind aber untereinander meist nicht vergleichbar.

Für die schulische Politische Bildung – als Unterrichtsfach und fächerübergreifende Aufgabe – ergibt sich aus dem hohen Stellenwert des außerschulischen Lernens in der Nachhaltigkeitsbildung sowie der Öffnung der Schule in den öffentlichen Raum die Frage, wie die erhofften Potenziale politikdidaktisch zu beurteilen sind. Im Zuge des nationalen Monitorings für den non-formalen Bildungssektor, aus dem heraus vielfach Bildungsangebote für Schulklassen entwickelt und Kooperationen eingegangen werden, konnte zwar ein hoher Implementierungsgrad von BNE nachgewiesen werden, jedoch gaben 81 % der Befragten an, sich stärker im Bereich der Natur- und Umweltbildung zu verorten (Brock & Grund, 2020, S. 9).[2] Dieser Befund kann als vager Hinweis darauf gedeutet werden, dass ökologische Themen stärker als politische und ökonomische Perspektiven platziert werden (siehe auch die Befunde von Groß, 2011). Eine größere Anschlussfähigkeit besteht im Hinblick auf die außerschulischen Begegnungen mit Akteur*innen aus der Zivilgesellschaft, Wirtschaft, Wissenschaft und Politik. Jedoch ist der Impetus geteilter Verantwortung, wie er im Nationalen Aktionsplan anklingt, sowie der u. U. realpolitische Konsens über das Leitbild der Nachhaltigkeit nicht derart misszuverstehen, dass Perspektivität und Kontroversität über das *Wie* der gesellschaftlichen Transformation nicht bestünde. Die Integration außerschulischer Akteur*innen in den Politikunterricht setzt voraus, die potenzielle Interessengebundenheit und Kontroversität pluraler Akteur*innenkonstellationen nicht nur zu berücksichtigen, sondern explizit zu thematisieren.[3] Insofern sind einzelne Lernortbesuche oder Begegnungen aus Perspektive der Politikdidaktik auf die schulische Einbettung angewiesen, um möglicherweise überhaupt erst die politische Dimension freizulegen.

4.5 Außerschulisches Lernen im Politikunterricht

Das außerschulische Lernen wird im Kontext Politischer Bildung in erster Linie mit der non-formalen politischen Jugend- und Erwachsenenbildung in Verbänden, Gewerkschaften sowie parteinahen Organisationen jenseits der Institution Schule in Verbindung gebracht. Im Kontext des Politikunterrichts stellt das außerschulische Lernen eine besondere Form des Lernens dar – im folgenden Abschnitt wird

---

[2] Die befragten außerschulischen Bildungsakteur*innen gaben dabei an, sich mehreren Bildungskonzepten zugehörig zu fühlen: BNE wurde dabei am häufigsten genannt, wobei eine stärkere Verbundenheit entweder zur entwicklungspolitischen Bildungsarbeit oder zur Umweltbildung angegeben wurde (ebd., S. 9). Ein Großteil der Lernorte – 81 % der Stichprobe – verortet sich stärker im Bereich der Natur- und Umweltbildung (ebd., S. 4).
[3] Im Kontext der Governance-Analysen zum BNE-Transfer konnten konflikthafte Akteur*innenkonstellationen besonders auf kommunaler und regionaler Ebene ausgemacht werden (Bormann et al., 2016).

sich auf dieses *schulisch initiierte außerschulische Lernen* fokussiert. Zu den etablierten außerschulischen Lernorten in der Politischen Bildung zählen einerseits politische Institutionen wie der Bundestag, das Landesparlament, das Europäische Parlament sowie auch Gedenkstätten (Juchler, 2018, S. 137; Moritz, 2016). Andererseits stellen Erkundungen und Befragungen didaktisch-methodische Elemente einer erfahrungs- und handlungsorientierten Unterrichtspraxis im Sinne des forschenden Lernens dar (Detjen, 2022; Straßner, 2020). Hinzu kommt das themenspezifische Aufsuchen von Orten zu Themen „wie Kolonialismus, Flucht, Asyl, Migration, Konsum und Nachhaltigkeit" (Juchler, 2022, S. 515), die beispielsweise in Form von Stadtrundgängen konzeptualisiert werden können (Emde, 2020a). Mit der Integration außerschulischer Lernsituationen in den Fachunterricht wird das Ziel verfolgt, „einen gesellschaftlich-politischen Problembereich durch eigene Erfahrungen, Beobachtungen und Erlebnisse gemeinsam zu erschließen" (Ackermann, 1998).

Aufgrund des Gegenstandsbereichs des Politischen Bildung scheint das außerschulische Lernen zunächst naheliegend sowie für eine sinnstiftende Vermittlungspraxis unerlässlich (Karpa et al., 2015). Wie im Falle der Nachhaltigkeitsbildung können auf diese Weise Brücken zur Region als potenziellem Handlungsraum hergestellt werden (Schockemöhle, 2011). Jedoch stellt sich die Frage, welchen Stellenwert das außerschulische Lernen in der schulischen Politischen Bildung tatsächlich einnimmt, welche politikdidaktischen Herausforderungen auszumachen sind und wie eine Integration außerschulischer Erfahrungen in den Unterrichtszusammenhang gelingen kann.

Im Folgenden wird in einem ersten Schritt der fachcurriculare und schulstufenspezifische Stellenwert anhand ausgewählter Bundesländer verglichen. In einem zweiten Schritt wird das Spannungsverhältnis von politischem und außerschulischem Lernen in politikdidaktischer Perspektive skizziert, um schließlich in einem dritten Schritt Konsequenzen für die Integration außerschulischer Begegnungen für die Unterrichtspraxis sowie Implikationen für die Konzeption der didaktischen Intervention der vorliegenden Arbeit abzuleiten.

4.5.1 Zum Stellenwert des außerschulischen Lernens im Politikunterricht

Welchen Stellenwert nimmt das außerschulische Lernen tatsächlich im Politikunterricht ein? Der politikdidaktische Fachdiskurs fokussiert sich vorrangig auf die begriffliche Klärung und die Darlegung des unterrichtspraktischen Nutzens. Es wird zwar allgemein festgestellt, dass „das Lernen an anderen Orten […] an erheblicher Bedeutung gewonnen hat", jedoch „wird dieser Trend, vor allem seine praktische Ausführung, in der Disziplin und Profession vergleichsweise wenig didaktisch reflektiert" (Ciupke, 2022, S. 524). Empirische Befunde liegen kaum vor (Moritz, 2016). Zwar gilt das außerschulische Lernen als etablierte Lernform des Politikunterrichts, jedoch zeigt etwa der Blick die Kerncurricula des Faches, dass ihr meist keine explizite Bedeutung beigemessen wird.

Ein exemplarischer Vergleich der Curricula für die Sekundarstufe I und II der Bundesländer Niedersachsen, Hessen und Baden-Württemberg zeigt ein unsystematisches Bild und legt länderspezifische Unterschiede offen.[4] Das niedersächsische Fachcurriculum für die Oberschule verweist lediglich auf die Teilnahme an Wettbewerben sowie die Nutzung außerschulischer Lernorte, z. B. den Niedersächsischen Landtag (Niedersächsischen Kultusministerium, 2018a). Betont wird jedoch, dass die Themenfelder „auch regionale und aktuelle Bezüge sowie die Lebenswelt der Schülerinnen und Schüler berücksichtigen" sollen (ebd., S. 19). Für die Sekundarstufe I und II des Gymnasiums finden sich keine expliziten Erwähnungen, doch wird die Fachkonferenz mit der Initiierung außerschulischer Vorhaben beauftragt (Niedersächsischen Kultusministerium, 2015; 2018b). In Baden-Württemberg ist das außerschulische Lernen ein fester Bestandteil der Methoden- und Handlungskompetenz und der Besuch außerschulischer Lernorte mit spezifischen Lernzielen verknüpft. Sowohl im „Gemeinsamen Bildungsplan der Sekundarstufe I" (geltend für Werkrealschulen/Hauptschulen, Realschulen, Gemeinschaftsschulen, Schulen besonderer Art) als auch im „Bildungsplan des Gymnasiums" (Ministerium für Kultus, Jugend und Sport Baden-Württemberg, 2016a; 2016b) wird die Bedeutung außerschulischer Lernsituationen für das Fach Gemeinschaftskunde herausgestellt. Zur Illustration wird nachfolgend aus dem Bildungsplan für die Sekundarstufe I zitiert (2016a); die Ausführungen stimmen im Wortlaut mit denen für das Gymnasium überein:

Handlungsorientierung:

Die Schülerinnen und Schüler setzen sich in schulischen Kontexten durch planvolles simulatives, produktiv-gestaltendes oder reales politisches Handeln (**zum Beispiel an**

---

[4] Der Politikunterricht trägt in den genannten Bundesländern unterschiedliche Bezeichnungen (Politik, Politik-Wirtschaft und Gemeinschaftskunde). Die vergleichende Analyse wurde mithilfe folgender Fragewörter unternommen: *außerschulisch, Lebenswirklichkeit, Lebenswelt, Alltagswelt, handelnde Auseinandersetzung, Experten, fächerübergreifendes Lernen, problemorientiertes Lernen, Region, forschendes Lernen, Begegnungen, Erkundungen, Exkursionen, Expertengespräche.*

4.5 Außerschulisches Lernen im Politikunterricht

außerschulischen Lernorten) mit politischen Fragen und Problemen aktiv auseinander. Dabei sind inhaltlich relevante, schüleraktivierende, handlungs- und problemorientierte Lernangebote im Gemeinschaftskundeunterricht unentbehrlich. (H. d. V.; ebd., S. 10)

Handlungskompetenz:

Die Schülerinnen und Schüler können [...] ihre Interessen in schulischen und **außerschulischen Zusammenhängen** wahrnehmen und an demokratischen Verfahren in Schule und Politik mitwirken. (H. d. V.; ebd., S. 13)

Methodenkompetenz:

Die Schülerinnen und Schüler können [...] selbstständig Recherchetechniken nutzen und auch **an außerschulischen Lernorten (zum Beispiel Parlament, Rathaus, Gericht)** Informationen gewinnen und verarbeiten. (H. d. V.; ebd., S. 14)

Die Schülerinnen und Schüler können [...] in elementarer Form sozialwissenschaftlich arbeiten (zum Beispiel eine **Erkundung, Expertenbefragung, Meinungsumfrage oder ein Interview** durchführen, auswerten und präsentieren). (H. d. V.; ebd., S. 14)

In den Curricula für das Fach Politik-Wirtschaft des Landes Hessen findet das außerschulische Lernen keine explizite Erwähnung – dies gilt für die Sekundarstufe I (Hauptschule, Realschule, Gymnasium; Hessisches Kultusministerium, 2021a; 2021b; 2021c) und die gymnasiale Oberstufe (Hessisches Kultusministerium, 2022). Jedoch werden lebensweltorientierte und mit dem Alter zunehmend wissenschaftspropädeutische Zugänge anvisiert, die eine didaktische Offenheit zu außerschulischen Lernformen implizieren. So heißt es für die Sekundarstufe I am Gymnasium: „Kompetenzen werden – im Sinne vernetzten Lernens – an geeigneten Inhalten in lebensweltlich bedeutsamen Zusammenhängen erworben" (Hessisches Kultusministerium, 2021c, S. 5). In den curricularen Vorgaben für die gymnasiale Oberstufe wird der Erwerb fachspezifischer Methoden hervorgehoben:

Fachspezifische Methoden strukturieren die Erschließung der besonderen Lerngegenstände des Faches und prägen die Lernwege. Dazu gehören insbesondere **Fallstudien, Konfliktanalysen, Planspiele, simulative Kontroversverfahren (Rollenspiel, Planspiel, Debatte, Diskussion, Talkshow), interpretativ-hermeneutische Verfahren sowie forschendes Lernen (Beobachtung, Befragung, Experiment)**, die je nach den jeweiligen Gegenstandsbereichen und Schwerpunkten des Kompetenzerwerbs ausgewählt werden. Stärker als in der Sekundarstufe I stehen dabei die Reflexion des Zusammenhangs von Inhalt und Methode sowie ein kritisches Überprüfen der

Möglichkeiten und Grenzen der jeweiligen Methode im Vordergrund (Wissenschaftspropädeutik). (H. d. V.; Hessisches Kultusministerium, 2022, S. 14)

Der skizzenhafte Vergleich der Fachcurricula dreier Bundesländer verdeutlicht, dass die Hinweise zum außerschulischen Lernen in der Mehrzahl implizit enthalten sind, indem auf eine lebensweltorientierte Vermittlung insistiert wird. Während die Bezüge in Niedersachsen eine geringe Verbindlichkeit zum Ausdruck bringen, wird in Hessen und Baden-Württemberg auf die Bedeutung des außerschulischen Lernens für die fachspezifische Methodenkompetenz hingewiesen. In einem Vergleich verschiedener Fächer kommen Baar und Schönknecht (2018) zu dem Ergebnis, dass Hinweise zum außerschulischen Lernen in curricularen Vorgaben der gymnasialen Oberstufe in vielen Fächern vollständig fehlen. Mit einer zunehmend wissenschaftspropädeutischen Zugangsweise weicht ein Lernen, das „an konkrete Erfahrungen anknüpft und ein anderes Niveau der kognitiven Abstraktion bei den Schülerinnen und Schülern anstrebt" (Baar & Schönknecht, 2018, S. 101). Grundsätzlich kann davon ausgegangen werden, dass die Herausstellung der didaktischen Funktionen und Intentionen sowie die Verbindung mit fachspezifischen Kompetenzen zu einer höheren Verbindlichkeit und geringeren Beliebigkeit beitragen könnten (Baar & Schönknecht, 2018, S. 105).

Vom Stellenwert des außerschulischen Lernens in den Fachcurricula kann nur bedingt auf die tatsächliche Unterrichtspraxis geschlossen werden. Dennoch stellen die Fachcurricula die zentralen Vorgaben für die Lehrkräfte dar. Die Initiierung außerschulischen Lernens liegt in der Regel im Ermessen der Lehrkraft und die Bedeutung für die alltägliche Unterrichtspraxis ist aufgrund des Aufwandes nicht zu überschätzen. Engartner (2010) ist zuzustimmen, wenn er resümiert:

> Vielfach scheitert der Besuch außerschulischer Lernorte an den von Schülern wie Lehrern zu tragenden Kosten, an der Absorption von Unterrichtsstunden (was in der Regel Absprachen mit Kollegen erforderlich macht), an der mangelnden Verfügbarkeit von Begleitpersonen oder schlichtweg an der Scheu vor unliebsamen Überraschungen. (Ebd., S. 191)

Außerschulische Lernsituationen gehören zwar zum bewährten Methodenrepertoire, in der Unterrichtspraxis kommen sie jedoch selten zur Anwendung (Engartner, 2010; Juchler, 2018; Studtmann, 2017; 2020). Im Unterschied zur Geographiedidaktik wird das außerschulische Lernen selten in die politikdidaktische Diskussion explizit miteinbezogen (Autorengruppe Fachdidaktik, 2017; Moritz, 2016). Hierin kann ein deutlicher Unterschied zur Nachhaltigkeitsbildung identifiziert werden. Baar und Schönknecht (2018) schlussfolgern, dass „außerschulischen Lernorten zumindest in einem an Nachhaltigkeit orientierten

Politikunterricht ein gewisser Stellenwert zukommt" (ebd., S. 114). Im nachfolgenden Kapitel werden mögliche Spannungsverhältnisse außerschulischen und politischen Lernens beleuchtet und politikdidaktische Vorbehalte exploriert, um Implikationen für die vorliegende Forschung abzuleiten.

4.5.2 Spannungsverhältnisse außerschulischen Lernens aus politikdidaktischer Perspektive

Gesellschaftlich orientierte Fächer wie Politik, Wirtschaft, Geschichte und Philosophie sind mit der Herausforderung konfrontiert, ihre Lerngegenstände in ihrer Komplexität verstehbar und lebensweltlich bedeutsam werden zu lassen. Das außerschulische Lernen kann hier einen wichtigen Beitrag dazu leisten, die Welt in ihren komplexen Zusammenhängen zu erfassen: „Der Lernort außerhalb der Schule trennt nicht nach Fächern, sondern hier vernetzen und überlagern sich unterschiedliche Fachrichtungen, so wie sich die soziale Wirklichkeit eben mehrperspektivisch darstellt" (Karpa et al., 2015, S. 7). Zugleich stellt Mehrperspektivität nicht nur eine Form der Interdisziplinarität dar, sondern verweist auf das gesellschaftliche Moment der Pluralität, wie in Abschnitt 3.2.2 dargelegt. Insbesondere in „einer aktiven Begegnung mit den Perspektiven Anderer auf einen Sachverhalt" wird die „die Vielschichtigkeit der Wirklichkeit überhaupt erst erfahrbar" (Meints-Stender & Lange, 2020, S. 35). Hierin liegt das besondere Potenzial außerschulischer Begegnungen zur Förderung der politischen Urteilsbildung:

> Die Erfahrung von und reflexive Auseinandersetzung mit unterschiedlichen Perspektiven bietet den Besucherinnen und Besuchern außerschulischer Lernorte die Möglichkeit der Bildung eines eigenständigen politischen Urteils über die jeweils infrage stehenden politischen Gegenstände. Außerschulische politische Lernorte eröffnen im Hinblick auf die Ausbildung politischer Urteilsfähigkeit vielfältige Sichtweisen und Chancen zur Reflexion derselben. (Juchler, 2018, S. 140)

Während es in einer Fokussierung auf Orte und Räume darum geht, die „spezifische Materialität und [den] Symbol- und Sinngehalt" (Ciupke, 2022, S. 527) zu erschließen, erfordert die Konzentration auf die Personen bzw. politischen Akteur*innen darüber hinaus Empathie und Perspektivenübernahme. Die außerschulische Begegnung kann dazu anregen, Handlungsmotive zu verstehen und die eigene Urteilsbildung zu reflektieren:

Die Beschäftigung der Schülerinnen und Schüler mit den Biografien von Akteuren, die an den Lernorten agier(t)en, ruft Emotionen hervor, fordert Empathie sowie Perspektivenübernahme. Die Lernenden werden auf diese Weise zur Reflexion über das politische Handeln der Akteure auf der Grundlage unterschiedlicher Perspektiven motiviert und zur eigenständigen Urteilsbildung über die infrage stehenden politischen Gegenstände am Lernort angeregt. Durch die Auseinandersetzung mit Perspektiven realer politischer Akteure ist darüber hinaus die Möglichkeit verknüpft, die Wertmaßstäbe für eigenes politisches Denken und Handeln zu überprüfen. (Juchler, 2022, S. 519)

So plausibel die theoretischen Annahmen darüber, dass außerschulisches Lernen mehrperspektivisches Lernen ermöglichen kann, auch anmuten, so plausibel scheint auch der Zweifel daran, dass *Komplexität tatsächlich unmittelbar zu erfahren* ist – insbesondere vor dem Hintergrund der empirischen Erkenntnisse zu den Schwierigkeiten in der Urteilsbildung (Marchand, 2015; Menthe, 2012). Im Unterschied zur üblichen, vornehmlich textgebundenen Vermittlung ist zwar der Grad an Unmittelbarkeit nicht zu bestreiten, jedoch ist der schüler*innenseitige Akt des Erschließens, Reflektierens und Sinnbildens kaum erforscht (Moritz, 2016). Im Folgenden seien zwei Spannungsverhältnisse skizziert, die für das außerschulische politische Lernen theoretisch und empirisch von Bedeutung sind.

Politisches Lernen zwischen Lebenswelt und Distanzerfahrung
Politische Bildung versucht eine Auseinandersetzung mit der politischen Wirklichkeit, mit der Um-Welt, zu initiieren und ist dabei meist mit der Herausforderung konfrontiert, das Spannungsverhältnis zwischen Ich und Welt erst zu eröffnen (Rößler, 2019, S. 335). Bildungstheoretisch betrachtet, beschreibt Bildung einen Prozess der *Befähigung zur Distanz* mit dem Ziel, „die Dinge verändert zu sehen" (Dörpinghaus, 2015, S. 47). Lernen findet (nach Meyer-Drawe, 1996) besonders in jenen Situationen statt, „in denen es dem erfahrenden Ich nicht möglich ist, *den eigenen Erfahrungsdiskurs beizubehalten*. Die Erfahrung ist krisenhaft" (Thompson, 2009, S. 59). Die politische Wirklichkeit erscheint als „Normalität" und wird erst allmählich in ihrer sozialen Konstruiertheit, historischen Gewordenheit und Kontingenz erfasst. Politikdidaktische Theorieansätze wie das Prinzip der Schüler*innenorientierung nach Schmiederer (1977), der Konfliktorientierung nach Giesecke (1974), der Problemorientierung nach Hilligen (1985) sowie der Fallorientierung nach Fischer (1993) betonen das notwendige didaktische Wechselspiel zwischen Lebenswelt und Gesellschaft mit dem Ziel, im Erkennen der gesellschaftlichen Bedingtheit (dennoch) politische Selbstbestimmtheit zu erlangen.

4.5 Außerschulisches Lernen im Politikunterricht

Außerschulisches Lernen gilt als ein lebenswelt- und erfahrungsorientierter Zugang zum Politischen (siehe Abschn. 4.3). Entsprechend speist sich die Kritik an außerschulischen Lernformen im Rahmen des Politikunterrichts häufig aus einer Kritik an eben jenen Zugängen. Lebensweltorientierte Zugänge zielen darauf, politische Bildungsprozesse für die Lebenswelt der Schüler*innen bedeutsam werden zu lassen. In einem affirmativen Verständnis wird die Lebenswelt zum Ausgangspunkt des politischen Lernens gemacht; in einem kritischen-emanzipatorischen Sinne gilt es jedoch, jene zu überschreiten und gesellschaftspolitische Fragen im Horizont der Lebensweltwirklichkeit der Schüler*innen aufzuzeigen – und dabei „die eigene Position und Verstrickung in die[…] Verhältnisse [zu] reflektieren und gegen den Strich [zu] bürsten" (Bremer, 2010, S. 188). Lehr-Lern-Arrangements ist es daher angezeigt, die Vorstellungen, Präkonzepte, Vor-Urteile und Alltagserfahrungen zwar zu berücksichtigen, aber auf deren Elaboration, Ausdifferenzierung und ggf. Korrektur auf Grundlage neuer Informationen und Impulse hinzuwirken. Vor dem Hintergrund dieser politikdidaktischen Prämisse wird der schulische Fachunterricht „als Lernort der Reflexion über Politik" konzeptualisiert, „an dem anders als in der politischen Praxis vor allem der Blick aus der Distanz geschult werden kann" (Goll, 2012, S. 206). Es besteht die auch unter Lehrkräften verbreitete Annahme (und Hoffnung), dass der Prozess eines bildsamen Überschreitens der Lebens- und Erfahrungswelten der Schüler*innen nur im Modus der analytischen Distanz evoziert werden könnte. Insbesondere im Hinblick auf die Urteilsbildung wird oft angenommen, dass die Bezugnahme auf die Erfahrungswelt ein Charakteristikum der Alltagsmeinung sei, während das politische Urteil auf der Wissensgrundlage der „Fachwissenschaft" gefällt wird – von dieser Auffassung sind die alltagsdidaktischen Vorstellungen vieler Politiklehrkräfte geprägt (Klee, 2011, S. 54). Dies erklärt möglicherweise auch den unterrichtspraktisch geringen Stellenwert außerschulischen Lernens (siehe Abschn. 4.5.1).

Die Kritik an einem Lernen durch Erfahrung schließt an diese Argumentation an: Bereits Haller und Wolf (1979) problematisieren die Kategorie der Erfahrung in politischen Bildungsprozessen (siehe auch Rößler, 2019, S. 333 f.). In ihrem Aufsatz *Die falsche Unmittelbarkeit oder das Reden über Erfahrungen – Alltagsbewußtsein und politisches Lernen in der Schule* argumentieren sie, dass sich politische Urteile von Schüler*innen im Rückgriff auf Alltagstheorien und -erfahrungen lediglich bestätigen ließen und auf diese Weise Deutungsmuster nicht durchbrochen werden könnten (Haller & Wolf, 1979, S. 20). Diese seien beispielsweise geprägt von einer „Gleichsetzung von Wahrnehmung und Realität (nicht:»ich/wir/man sehe/sehen/sieht das so« sondern:»das ist so«)" sowie einer „Ontologisierung gesellschaftlicher Entwicklungen, Strukturen und Sachverhalte

(»das war immer so« – »so ist eben der Mensch/das Zusammenleben der Menschen«)" (ebd., S. 14). Ein Lernen, das sich auf Erfahrungen stütze, bestätige diese Tendenzen der Urteilsbildung.

Die aktuellere Kritik am Erfahrungslernen findet sich in der Diskussion um das Service Learning im Rahmen der Demokratiepädagogik. Kritisiert wird, dass lediglich soziale Erfahrungen gemacht und nicht politische Erkenntnisse gewonnen würden. So bleibe in der bloßen Erfahrung von Nächstenliebe (bspw. Unterstützung im Seniorenheim) die politische Gestaltungsaufgabe (bspw. Pflegenotstand) u. U. unterbelichtet (Nonnenmacher, 2009; empirisch untersucht und belegt: Wohnig, 2017). Eine stärkere fachliche Einbettung, etwa im Schulunterricht, vermag eine fachdidaktisch gewünschte Verschiebung vom sozialen zum politischen Lernen zu unterstützen, wie Wohnig (2017) zeigen konnte.

Darüber hinaus ist das skizzierte Spannungsverhältnis mit einer weiteren Annahme verbunden: Wie sich bereits im Abschnitt 3.3.2 angedeutet hat, gehen die Modelle zur Entwicklung politischer Kompetenzen mit einer allmählichen Erweiterung von Bezugshorizont und Perspektiven einher. Einhelligkeit besteht darüber, dass das nahräumliche Denken, welches mit einer egozentrischen Perspektive und einem privaten Argumentationsniveau verknüpft wird, längerfristig zu überwinden ist (Petrik, 2013a, S. 338). Vor diesem Hintergrund scheint die entwicklungslogische Abfolge plausibel, da sie dem idealtypischen Anspruch gerecht wird. Zugleich legt dies aber eine entsprechende inhaltliche Sequenzierung – vom Nahbereich über die internationale Politik hin zur Gesellschaftstheorie – nach Altersgruppen nahe, die für das politische Lernen, etwa mit Blick auf die Grundschule, vermehrt infrage gestellt wird (BMFSFJ, 2020; JoDDiD, 2022; tatsächlich auch schon von Giesecke, 1974). Es kann angenommen werden, dass im politischen Lernen eine Nahbereichsorientierung mit einem lediglich affirmativen Lebensweltbezug assoziiert wird. In einer zeitgenössischeren Perspektive erscheint der öffentliche Nahraum hingegen vielmehr als Ort, der durch gesellschaftliche, politische und globale Zusammenhänge strukturiert ist. Die gesellschafts- und kulturwissenschaftliche Analyse und Dekonstruktion solcher Bezüge können einen forschenden und wissenschaftspropädeutischen Zugang zu gesellschaftspolitischen Fragen ermöglichen (Emde, 2020a).

Trotz des skizzierten Spannungsverhältnisses kann festgehalten werden, dass eine Entkopplung von Unterrichtsthemen und gesellschaftlicher, realpolitischer Wirklichkeit nicht zielführend ist. „Urteilsprozesse müssen als Lernprozesse verstanden werden" – dementsprechend ist ein Lernen in Kontexten anzustreben, damit „Fachkenntnisse für Schüler in lebenspraktisch bedeutsamen Zusammenhängen erfahrbar und zugänglich" werden" (Klee, 2011, S. 55). Insbesondere im Kontext von Nachhaltigkeitsthemen stehen Lebensweisen infrage und werden Gewissheiten der Alltagswelt irritiert. Produktiver als die Frage nach der Sinnhaftigkeit außerschulischen Lernens im Politikunterricht, ist die Frage der nach der didaktischen Funktion des Schulunterrichts in solchen Vorhaben: Er kann durch die inhaltliche Einbettung ein erkenntnisleitendes Fundament schaffen und die Verstehensprozesse durch Reflexion und schlussfolgernder Distanznahme epistemologisch begleiten.

Authentizität und interessengeleitete politische Bildungsarbeit
Der Besuch außerschulischer Lernorte schafft authentische Begegnungen mit Lerngegenständen und birgt das Potenzial, situiertes und ganzheitliches Lernen zu ermöglichen (siehe Abschn. 4.3). In den bisherigen Ausführungen konnte diese allgemeindidaktische Annahme bereits politikdidaktisch konkretisiert werden: Gesellschaftspolitische Problembereiche entziehen sich in der Regel einer unmittelbaren Anschauung und bedürfen der fachlichen Erschließung (Ackermann, 1998). Die Authentizität des Politischen kann außerdem vorrangig in der Positions- und Interessengebundenheit politischer Akteur*innen liegen und ist entsprechend didaktisch zu reflektieren.

Dass sich politisches Lernen im Modus einer analytischen Distanz vollzieht, erhält auch dadurch Plausibilität, dass die Urteilsbildung der Schüler*innen vor unlauterer Einflussnahme zu schützen ist. Im Kontext einer Öffnung des traditionellen Lernraums Schule gilt es, das Engagement und Bildungsanliegen außerschulischer Akteur*innen prinzipiell zu prüfen. Denn insbesondere durch das Angebot kostenloser Unterrichtsmaterialien findet in den letzten Jahren eine zunehmende interessenorientierte Einflussnahme auf den schulischen Fachunterricht und die Institution Schule statt (Kamella, 2015). Auch Engartner und Krisanthan (2016) stellen fest, dass sich privatwirtschaftliche Initiativen auf diese Weise Zugang zu Schulen verschaffen würden und Lobbyismus betreiben: „Längst ist im einstigen ‚Schonraum Schule' ein Kampf um die Köpfe der Kinder entbrannt, der die Unterrichtsqualität gefährdet und das auf Mündigkeit zielende Bildungsverständnis aushöhlt" (ebd., S. 208). Mehrere empirische Studien untersuchten bereitgestelltes Unterrichtsmaterial und konnten eine einseitige und insofern beeinflussende Aufbereitung der Lerngegenstände nachweisen (Verbraucherzentrale Bundesverband e. V., 2014; Heseding, 2018). Bemerkenswert ist dabei, dass sich die außerschulischen Akteur*innen gerade auf das Kontroversitätsgebot und Indoktrinationsverbot des Beutelsbacher Konsenses berufen – was nicht zuletzt eine fachdidaktische Diskussion um die Bedeutung und Funktion des Konsenses für das Feld der Politischen Bildung zur Folge hatte (Widmaier & Zorn, 2016).

Diese Entwicklung zeigt, dass die zunehmende Komplexität, Dynamik und Interdependenz gesellschaftlicher Sachverhalte mit einer Spezialisierung des Wissens einhergeht und hieraus ein Bedürfnis nach ‚Expertise' für die unterrichtlich verhandelten Lerngegenstände erwächst. Gleichwohl ist eine Diversifizierung der politischen Akteur*innen (NGOs, Vereine, Stiftungen, Verbände etc.) festzustellen, die ihre Themen auf der politischen Agenda – auch durch Bildungsarbeit – zu platzieren suchen. Die genannten Befunde sensibilisieren für die Gefahr, die Förderung politischer Urteilsfähigkeit und kritischen Denkens unbemerkt zu vereiteln, sofern keine kritische Prüfung vonseiten der initiierenden Lehrkräfte stattfindet. Die Perspektivität und Standortgebundenheit des Vermittelten transparent und damit auch kritisierbar zu machen, wird vor diesem Hintergrund zum elementaren Gütekriterium eines politischen Lernens in außerschulischen Lernsituationen.

4.5.3 Konsequenzen für die Einbindung außerschulischer Begegnungen in den Politikunterricht

Die Integration außerschulischer Begegnungen in den Politikunterricht birgt das Potenzial, die Lernenden in ihrer politischen Urteilsbildung zu unterstützen. Durch die Konfrontation mit verschiedenen Perspektiven wird einerseits die Komplexität des Lerngegenstandes durch die Verknüpfung mit spezifischen Lebensrealitäten und interessengebundenen Argumentationen dargestellt und die Perspektivenübernahme angeregt. Andererseits wird ein gesellschaftspolitischer Problembereich über den Kontakt zu und das Gespräch mit authentischen Akteur*innen erschlossen, was ein Involviert-Sein und ein Gefühl der Teilnahme an politischen Fragen evozieren kann. Als erfahrungsbezogene Zugänge zum Politischen, die ein Lernen in außerschulischen Situationen initiieren, gelten die fachspezifischen Methoden der Erkundung und (Experten-)Befragung, aber auch die Sozialstudie und die Gedenkstättenarbeit im Rahmen historisch-politischer Bildung (Detjen, 2022; Lange & Reinhardt, 2010; Straßner, 2020; Studtmann, 2020). Die außerschulischen Begegnungen stellen eine Kombination von Befragung und Erkundung dar, da die Gespräche in authentischen Kontexten stattfinden und das Räumliche einen Teil der Erfahrung darstellt. Die Perspektivität der außerschulischen Begegnung hat also eine personen-, interessen- und raumbezogene Dimension.

Die vorangegangene Darlegung des Forschungsdiskurses hat die Bedeutung der schulischen Einbettung in ihrer besonderen Relevanz für die Politische Bildung hervorgehoben. Außerschulische Lernsituationen sind als Elemente einer didaktischen Dramaturgie zu konzeptualisieren, in der sich Abstraktion und Generalisierung auf der einen Seite und Konkretisierung und Subsumtion auf der anderen Seite sinnhaft aufeinander beziehen müssen, ohne ineinander aufzugehen (siehe Abschn. 3.2.2). Dabei ist zu reflektieren, welche didaktische Funktion die außerschulischen Begegnungen im Unterrichtsvorhaben einnehmen (Emde, 2020b). So kann ein Gespräch mit Akteur*innen sowohl der Informationsgewinnung dienen als auch zur politischen Urteilsbildung beitragen. Außerschulische Lernsituationen können beispielsweise dazu dienen, „Konsequenzen bestimmter Entwicklungen zu erkunden und diese einer Einschätzung zu unterziehen" (Straßner, 2020, S. 199). Findet die Vermittlung von Sachinformationen vorrangig in den Schulstunden statt, können die Begegnungen im Zeichen der Perspektivität und damit „die persönlichen Einschätzungen, Sichtweisen und Wertungen im Zentrum" stehen (ebd.) (bspw. „Wie nehmen die regionalen Akteur*innen die Probleme wahr? Wie schaue ich selbst darauf?"). Die Perspektivgebundenheit der eigenen und fremden Wahrnehmung zu entdecken, kann zu einer kritischen Selbstreflexion beitragen (Brovelli et al., 2012, S. 151; Budke, 2009).

Zur unterrichtspraktischen Integration können einige Gelingensbedingungen abgeleitet werden. Im Rahmen der Vorbereitung steht die Entwicklung einer investigativen Haltung bei den Lernenden im Zentrum. Aus dem unterrichtlich aufgespannten Thema entsteht im besten Fall ein schüler*innenseitiges Erkenntnisinteresse, das beispielsweise in der Formulierung von Interviewfragen münden kann. Auf diese Weise wird eine Aktivierung der Schüler*innen sichergestellt. Vor Ort in den außerschulischen Begegnungen geht es darum, die Perspektiven zu erfassen. Ciupke (2022) stellt heraus, dass beim Lernen an authentischen Orten der Prozess des Wahrnehmens besonders berücksichtigt werden sollte:

> Erkundungen, Orterschließungen und Reisen versprechen einen konkreten Blick in die Wirklichkeit, die Anschauung spielt deshalb eine wichtige Rolle. Anschauung wird hier als schlichte Beobachtungstätigkeit verstanden. Trotz der vorgetragenen Einwände gegen Aura, Authentizität und Originalität muss genügend Zeit gegeben werden für die persönliche Inaugenscheinnahme, nur so ergeben sich neben Bestätigungen immer auch Überraschungsmomente und Enttypisierungserfahrungen. An die Beobachtungen schließen das Stutzen, Staunen, Fragen und Vergleichen an. Das Lernen vor Ort ist daher ein induktives und genetisches Lernen. (Ciupke, 2022, S. 529)

Da die Integration in den Schulalltag in der Regel mit einer zeitlichen Begrenzung einhergeht, ist das „Stutzen, Staunen, Fragen und Vergleichen" (ebd.) im Rahmen der Nachbereitung aufzugreifen. Dabei stehen die Auslegung sowie der Vergleich von Perspektiven im Fokus. Ciupke (2014) betont, dass in diesem Zusammenhang das Prinzip der Dezentrierung von der eigenen Sichtweise bedeutsam ist (ebd., S. 528). Im Rahmen einer Reflexion und im Austausch mit anderen Mitschüler*innen vergewissert man sich der eigenen Sichtweise.

Grundsätzlich ist aber festzuhalten, dass kaum Erkenntnisse über die schüler*innenseitigen Lern-, Reflexions- und Sinnbildungsprozesse im Kontext außerschulischer Begegnungen bestehen. Moritz (2016) ist zuzustimmen, wenn er einen entsprechenden Forschungsbedarf konstatiert.

4.6 Implikationen für die vorliegenden Studien

Im vorangegangenen Kapitel wurde zur theoretischen Einbettung eine erziehungswissenschaftliche Perspektivierung vorgenommen. Die Öffnung der Institution Schule und des Unterrichts ist insbesondere für fächerübergreifende Bildungsbereiche wie der Bildung für nachhaltige Entwicklung und der Politischen Bildung bedeutsam und didaktisch produktiv zu machen. Die Integration außerschulischer Lernsituationen kann den Fachunterricht durch lebenswelt- und erfahrungsorientierte Zugänge ergänzen. Ein besonderes Potenzial wird dem außerschulischen Lernen bei der Auseinandersetzung mit komplexen Problemstellungen zugesprochen: „Mit der Entgrenzung des traditionellen Lernraums verbinden sich Möglichkeiten neuer materiell zu verstehender Perspektiven und Anschauungsoptionen, die aber auch im übertragenden Sinne neue Sichtweisen und Reflexionspotenziale eröffnen" (Ciupke, 2022, S. 526). Gerade die genuine Mehrperspektivität der außerschulischen Erfahrung vermag es, die politische Urteilsfähigkeit zu fördern (Juchler, 2022). Jedoch scheinen die Schulfächer der Politischen Bildung nicht zu den Fächern zu gehören, in denen dem außerschulischen Lernen eine Priorität eingeräumt wird, wie ein illustrierender Blick in die Fachcurricula verschiedener Bundesländer und Schulstufen zeigt (siehe Abschn. 4.5.1). Mögliche Ursachen für diesen Zustand können in einer Skepsis gegenüber dem nahräumlichen Lernen, in der zumeist stärker kognitivistischen Ausrichtung politischer Bildungspraxis sowie auch in einer in der Didaktik geadelten Stellung des Unterrichts vermutet werden, der ein In-Distanz-Treten zu den gesellschaftlichen Verhältnissen und somit eine Reflexion ermöglichen soll (Goll, 2012, S. 206).

Mögliche Gründe könnten damit ein Theorie- und Empiriedefizit sein, denn theoretische und empirische Beiträge sind notwendig, um die politikdidaktischen Vorbehalte auszuräumen oder zu bestätigen. Die Annahmen über das lernförderliche Potenzial des außerschulischen Lernens sind jedoch kaum empirisch bestätigt. Insbesondere Vorstellungen über ein vermeintlich nicht-entfremdetes Lernen außerhalb des Schulunterrichts haben damit eine Tendenz zur „pädagogischen Folklore" (Leutner, 2010, S. 63) und bedürfen einer empirischen

4.6 Implikationen für die vorliegenden Studien

Überprüfung. Gerade im Kontext politischer Bildungsprozesse sind Vorstellungen von *Unmittelbarkeit* und *Authentizität* problematisch, wie schon Haller und Wolf (1979) in einer Kritik an einer naiven Erfahrungspädagogik feststellen und auch angesichts privatwirtschaftlicher Vereinnahmungsversuche zu betonen ist (Engartner & Krisanthan, 2016). Es ist festzuhalten, dass es zum außerschulischen Lernen in der Politischen Bildung weder elaborierte Theorieansätze noch empirische Forschungsergebnisse gibt und eine explorative Untersuchung von Verstehensprozessen – insbesondere im Hinblick auf die Möglichkeiten und Grenzen politischer Urteilsbildung – von Schüler*innen daher notwendig ist (Moritz, 2016).

Die vorliegende Arbeit schließt an diese Forschungslücke an und entwickelt und evaluiert zum einen eine Lerneinheit, in die außerschulische Begegnungen integriert wurden, und untersucht zum anderen, welche Lern-, Reflexions- und Sinnbildungsprozesse durch außerschulische Begegnungen längerfristig bei den Schüler*innen angeregt werden können. Damit wird das Ziel verfolgt, das *fachspezifische* Potenzial empirisch zu prüfen. Gerade im Hinblick auf das nachhaltigkeitsbezogene Bildungsziel, einen Umgang mit Komplexität zu erlernen, und vor dem Hintergrund der empirischen Befunde zu psychologischen Urteilsfehlern, Tendenzen zu unzureichenden Komplexitätsreduktionen und unangemessenen Vereinseitigungen und Vermeidungsverhalten (siehe Abschn. 2.4 und 3.4.2), stellt sich die Frage, wie die Fähigkeit zur politischen Urteilsbildung durch außerschulische Erfahrungen unterstützt werden kann.

Ein politikdidaktisch reflektierter Zugang soll sich in der problem- und konfliktorientierten Konzeption und didaktischen Begründung der Lerneinheit ausdrücken. Durch die Integration außerschulischer Begegnungen mit regionalen Akteur*innen in den Politikunterricht wird nicht nur die Perspektivenvielfalt aufgezeigt, sondern die Lernenden werden auch dazu angeregt, an einem „Gespräch über die gemeinsamen Angelegenheiten teilzunehmen und sich selbst in dieser Welt zu verorten" (Oeftering, 2020, S. 71). Von den Schüler*innen wird im Rahmen der Begegnung ein Agieren und Sprechen im öffentlichen Raum eingefordert, etwa wenn sie ihre eigens formulierten Interviewfragen an die Akteur*innen stellen. Komplexität und Ambiguität wird auf diese Weise veranschaulicht, didaktisch inszeniert und elementarisiert.

Open Access Dieses Kapitel wird unter der Creative Commons Namensnennung 4.0 International Lizenz (http://creativecommons.org/licenses/by/4.0/deed.de) veröffentlicht, welche die Nutzung, Vervielfältigung, Bearbeitung, Verbreitung und Wiedergabe in jeglichem Medium und Format erlaubt, sofern Sie den/die ursprünglichen Autor(en) und die Quelle ordnungsgemäß nennen, einen Link zur Creative Commons Lizenz beifügen und angeben, ob Änderungen vorgenommen wurden.

Die in diesem Kapitel enthaltenen Bilder und sonstiges Drittmaterial unterliegen ebenfalls der genannten Creative Commons Lizenz, sofern sich aus der Abbildungslegende nichts anderes ergibt. Sofern das betreffende Material nicht unter der genannten Creative Commons Lizenz steht und die betreffende Handlung nicht nach gesetzlichen Vorschriften erlaubt ist, ist für die oben aufgeführten Weiterverwendungen des Materials die Einwilligung des jeweiligen Rechteinhabers einzuholen.

5 Landwirtschaft und Ernährung als komplexe Problemstellung einer nachhaltigen Entwicklung: eine didaktische Intervention

Die Lerneinheit, die als didaktische Intervention für die vorliegende Studie entwickelt wurde, verfolgt das Ziel, politische Urteilsbildung angesichts komplexer Problemstellungen einer nachhaltigen Entwicklung zu fördern. Sie wurde für Schulklassen des 11. Jahrgangs der gymnasialen Oberstufe konzipiert und erstreckt sich über einen Zeitraum von sieben Wochen. Die Konzeption basiert auf Ansatzpunkten einer *politischen* Nachhaltigkeitsbildung (siehe Abschn. 2.5.2; Öhman & Östman, 2019; Van Poeck & Östman, 2020; Sund & Öhman, 2013). Dabei wird ein problem- und konfliktorientierter Unterrichtsansatz mit einem erfahrungsorientierten Zugang durch außerschulische Begegnungen kombiniert (siehe Abschn. 2.6; 3.3.3; 4.3).

Als Thema für die Lerneinheit wurden die Konflikt- und Transformationsfelder „Landwirtschaft und Ernährung" ausgewählt, da es sich um eine komplexe gegenwarts- und zukunftsbedeutsame Thematik handelt, die die Schüler*innen in ihrer Lebenswirklichkeit betrifft. Unter dem Titel „Globale Transformation im Spiegel der Region: Wie soll die Landwirtschaft der Zukunft aussehen?" geht es in der Lerneinheit um die Ernährungswirtschaft im Spannungsfeld zwischen ökonomischen, ökologischen und sozialen Anforderungen am Beispiel der Milchwirtschaft. Der gesellschaftliche Prozess in Richtung einer nachhaltigen Entwicklung ist geprägt von Ziel- und Deutungskonflikten, wobei strittig ist, welche Entwicklungen als zukunftsfähig« gelten können. In der Lerneinheit sollen Perspektivität und Kontroversität regional erfahrbar gemacht werden, indem Jugendlichen ein Austausch mit regionalen Akteur*innen verschiedener involvierter Interessengruppen ermöglicht wird. Auf diese Weise sollen die Bedingungen gesellschaftlichen Wandels und individuellen Handelns erörtert werden. Die Lerngruppen besuchen einerseits einen konventionellen Milchviehbetrieb und treffen auf Erzeuger*innen; andererseits diskutieren die Schüler*innen mit

Umweltschutzaktivist*innen einer Lokalgruppe einer Nichtregierungsorganisation (NGO).

Im Folgenden werden zunächst die fachlichen Hintergründe zu den Herausforderungen einer zukunftsfähigen Landwirtschaft in Zeiten der Klimakrise erläutert (Abschn. 5.1). Daraufhin werden die Gestaltungsprinzipien der Lerneinheit präsentiert, die in den vorangegangenen Kapiteln theoretisch und auf Basis empirischer Befunde abgeleitet wurden (Abschn. 5.2). Abschließend werden die Konzeption hinsichtlich der übergeordneten Bildungsziele und des Aufbaus der Lerneinheit erläutert sowie die einzelnen Unterrichtsstunden hinsichtlich ihrer Lernziele und Vorgehensweisen skizziert (Abschn. 5.3).

5.1 Landwirtschaft und Ernährung als komplexe Problemstellung einer nachhaltigen Entwicklung

Landwirtschaft und Ernährung sind zentrale gesellschaftliche Transformations- und Konfliktfelder einer nachhaltigen Entwicklung (Grunwald & Kopfmüller, 2022; WBGU, 2020). Die zeitgenössische Landwirtschaft und das Ernährungssystem sind mit einem Konglomerat an Herausforderungen konfrontiert, in dem sich ökologische, ökonomische, soziale, kulturelle und politische Interdependenzen sowie die Notwendigkeit neuer, nachhaltiger Perspektiven zeigen. Die langfristig größte Herausforderung in den Bereichen Landwirtschaft und Ernährung besteht darin, die ökologischen und sozialen Kosten der Lebensmittelproduktion zu minimieren (bzw. in den planetaren Grenzen zu halten[1]) und zugleich die Ernährungssicherheit einer wachsenden Weltbevölkerung[2] unter veränderten klimatischen Bedingungen zu gewährleisten (Laschewski, 2017[3]; Mooney &

---

[1] Im interdisziplinären akademischen Nachhaltigkeitsdiskurs stellt das Konzept der planetaren Belastungsgrenzen nach Steffen et al. (2015) einen prominenten Bezugspunkt dar. Vor diesem Hintergrund lautet das Ziel nicht, „möglichst wenig", sondern „höchstens so viel". Aufgrund der Zielkonflikte, die zwischen ökologischen und sozialen Ansprüchen entstehen, ist diese Annahme eine relevante Konkretisierung.

[2] Laut einer im Jahr 2019 aktualisierten Vorhersage der Vereinten Nationen wird bis 2030 eine Weltbevölkerung von 8,5 Milliarden (10 % Anstieg) prognostiziert, bis 2050 ein weiterer Anstieg auf 9,7 Milliarden (26 % Anstieg) und bis 2100 auf 10,9 Milliarden (42 % Anstieg) erwartet (Department of Economic and Social Affairs Population Division, 2019).

[3] „Die ökologische Transformation des Ernährungssystems ist eng mit der globalen Frage der Ernährungssicherheit verbunden. Es gilt, die Ressourcenansprüche einer wachsenden, überwiegend urbanen und zunehmend zu großen Teilen auch wohlhabenderen Weltbevölkerung zu befriedigen und zugleich negative ökologische Nebenfolgen zu reduzieren." (Laschewski, 2017, S. 267).

Hunt, 2009). Die Lebensmittelproduktion rückt damit zunehmend in das Zentrum von Diskursen über gesellschaftliche und individuelle Verantwortung. Hieraus ergeben sich Zielkonflikte, die die Themenstellung besonders fruchtbar für den Politikunterricht machen.

Im Laufe des 20. Jahrhunderts entwickelte sich die Landwirtschaft zu einem hochgradig technisierten, spezialisierten und global agierenden Wirtschaftssektor. Dieser Strukturwandel wurde durch technische Innovationen wie etwa dem Haber-Bosch-Verfahren, das die Herstellung synthetischen Düngers ermöglichte, sowie eine breite Technisierung im Ackerbau und in der Viehhaltung angestoßen (Mahlerwein, 2016; 2020). Das gesellschaftliche Ziel, günstige Lebensmittel zu produzieren, wurde in den westlichen Industrienationen erreicht. Darüber hinaus wurden durch Leistungssteigerungen Arbeitskräfte, die ehemals in der Landwirtschaft arbeiteten, als Produktivkräfte für andere Wirtschaftssektoren freigesetzt, was einen weitreichenden gesellschaftlichen Modernisierungsprozess ermöglichte (Laschewski, 2017, S. 270; Mahlerwein, 2020). Die Anzahl landwirtschaftlicher Betriebe ging bei gleichzeitig steigender Betriebsgröße zurück; die Zahl an Beschäftigten sank in den letzten Jahrzehnten kontinuierlich (Statista, 2019). Im Jahre 1900 ernährte ein*e Landwirt*in vier Menschen; 1959 waren es zehn (Hemmerling & Pascher, 2017, S. 17). Gegenwärtig kann ein*e Landwirt*in im Durchschnitt 139 Menschen versorgen (Bundesinformationszentrum Landwirtschaft, 2022).

Für das 21. Jahrhundert sind wissenschaftliche und gesellschaftliche Debatten über eine zukunftsfähige Landwirtschaft und das Einläuten einer Agrarwende zentral, denn die intensivierte und teilweise industriell orientierte Landwirtschaft hat ökologische, ökonomische, soziale und politische Folgen, wie z. B. „Artensterben, Boden- und Wasserbelastung, Klimaextreme, Tierhaltungsskandale" einerseits und „hohe Betriebskosten, niedrige Erzeugerpreise und Höfesterben" andererseits (Limmer et al., 2019, S. 8). Im globalen Zusammenhang sind Ressourcenverknappung und die Veränderung klimatischer Gegebenheiten sowie eine wachsende Weltbevölkerung und steigender Wohlstand und damit einhergehende ressourcenintensive (Konsum-)Bedürfnisse einer globalen Mittelschicht zu verzeichnen (Kharas, 2010). Darüber hinaus litten im Jahr 2021 um die 800 Millionen Menschen an Hunger und fast 3,1 Milliarden Menschen konnten sich im Jahr 2020 keine gesunde Ernährung leisten (Food and Agriculture Organization of the United Nations [FAO] et al., 2022).

Mit der Agenda 2030 formulierten die Vereinten Nationen 17 *Sustainable Development Goals* [SDGs], die u. a. auch das Ziel beinhalten, bis 2030 eine klimagerechte und sozialverträgliche Landwirtschaft zu realisieren. Die Tabelle 5.1

zeigt die Nachhaltigkeitsziele der Vereinten Nationen in den Bereichen Landwirtschaft und Ernährung (UN, 2015, S. 15).

Tabelle 5.1 Nachhaltigkeitsziele der Vereinten Nationen (2015) in den Bereichen Landwirtschaft und Ernährung

Ziel 2	Den Hunger beenden, Ernährungssicherheit und eine bessere Ernährung erreichen und eine nachhaltige Landwirtschaft fördern
Ziel 12	Nachhaltige Konsum- und Produktionsmuster sicherstellen
Ziel 15	Landökosysteme schützen, wiederherstellen und ihre nachhaltige Nutzung fördern, Wälder nachhaltig bewirtschaften, Wüstenbildung bekämpfen, Bodendegradation beenden und umkehren und dem Verlust der biologischen Vielfalt ein Ende setzen

Die Herausforderungen verlangen nach umfassenden Antworten einer aktiven politischen Gestaltung (Gottwald, 2019; Rudloff & Wieck, 2023). Notwendig ist nicht nur eine ressourcenschonende, sondern auch eine effiziente und hochproduktive Landwirtschaft. Damit bestehen nicht nur mehrere konfligierende Ziele (Polytelie), sondern auch dynamische Wirkungsbeziehungen mit der steten Gefahr unerwünschter Nebenfolgen (siehe Abschn. 2.4.1; Dörner & Funke, 2017):

> Eine reine Optimierung der Produktivität wird kurzfristig die Ernährungssicherheit verbessern können. Wenn dies jedoch auf Kosten der Umwelt und somit der Ressourcengrundlage geschieht, ist die Ernährungssicherheit für die Zukunft gemindert. Auch können Effizienzsteigerungen in der Landwirtschaft und Senkung der Lebensmittelpreise dazu führen, dass viele Menschen, welche in der Landwirtschaft tätig sind, ihre Existenzgrundlage verlieren. Dies ist umso bedeutender, als ca. zwei Milliarden Menschen ihr Einkommen im Ernährungssystem generieren, davon 1,3 Milliarden in der Landwirtschaft. (Jaisli & Schmitt, 2019, S. 221)

Bezüglich einer sozial-ökologischen Transformation stellen sich für den Bereich Landwirtschaft und Ernährung beispielsweise folgende Fragen: Wie kann die Landwirtschaft nachhaltig gestaltet und die Ernährungssicherheit der Weltbevölkerung gewährleistet werden? Welche Anforderungen und Verantwortlichkeiten ergeben sich hieraus für Bürger*innen, Landwirt*innen und weitere Unternehmen entlang der Wertschöpfungskette?

Landwirtschaft und Klimawandel
Der Einfluss des Menschen auf die globale Erderwärmung ist laut UN-Weltklimarat (*Intergovernmental Panel on Climate Change [IPCC]*) eindeutig

5.1 Landwirtschaft und Ernährung als komplexe Problemstellung …

und „(d)as Ausmaß der jüngsten Veränderungen im gesamten Klimasystem (…) seit vielen Jahrhunderten bis Jahrtausenden beispiellos" (IPCC, 2023, S. 7). Laut sechstem IPCC-Sachstandsbericht sind Wetter- und Klimaextreme (z. B. Hitzewellen, Starkniederschläge, Dürren, Wirbelstürme) seit den 1950er-Jahren häufiger und intensiver; es sei davon auszugehen, dass sich die Eintrittswahrscheinlichkeit solcher Extremereignisse durch den Einfluss des Menschen erhöht habe (ebd., S. 7 f.). „Eine globale Erwärmung von 1,5 °C und 2 °C wird im Laufe des 21. Jahrhunderts überschritten werden, es sei denn, es erfolgen in den kommenden Jahrzehnten drastische Reduktionen der CO_2- und anderer Treibhausgasemissionen" (ebd., S. 14).

Die Landwirtschaft ist heute und wird zukünftig vom Klimawandel betroffen sein. Zugleich gilt sie als eine der Ursachen und damit als relevanter Ansatzpunkt für Problemlösungen (Böttcher, 2019). Der Anteil der Landwirtschaft am anthropogenen Klimawandel wird als hoch eingeschätzt, da in der Produktion klimawirksame Gase wie CO_2, Methan und Lachgas freigesetzt werden (ebd., S. 83 f.). Wie auch in den Sektoren Industrie, Energieversorgung und Verkehr haben die Treibhausgasemissionen seit 2010 weiter zugenommen (IPCC, 2023; UBA, 2018). Ein Viertel der in Form von CO_2-Äquivalenten angegebenen anthropogenen Emissionen wird der Landwirtschaft zugeordnet (Böttcher, 2019, S. 83; IPCC, 2019).

Angesichts des Klimawandels und des Einflusses der Nahrungsmittelproduktion auf die globale Erderwärmung scheint eine Agrarwende unausweichlich (UN, 2015). Die Problematik ist in Deutschland bekannt. Sowohl die Deutsche Landwirtschaftsgesellschaft (DLG) als auch der Deutsche Bauernverband (DBV) haben Zielsetzungen im Rahmen eines gesellschaftlichen Transformationsprozesses in Richtung Nachhaltigkeit formuliert (DBV, 2019; DLG, 2017). Der Bauernverband hält fest, die deutsche Land- und Forstwirtschaft strebe u. a. an, „sich an Wetterextreme und Klimaveränderungen erfolgreich anzupassen" und „die Klimaeffizienz ihrer Erzeugung zu steigern und damit die Klimaeffekte landwirtschaftlicher Produkte zu senken" (ebd., S. 5). Bis 2030 sollen die Treibhausgasemissionen der deutschen Landwirtschaft um 30 % reduziert werden (DBV, 2019, S. 5). Der Ausbau der ökologischen Landwirtschaft stellt in diesem Zusammenhang eine wichtige Herangehensweise dar, um die Biodiversität sowie die Boden- und Wasserqualität zu fördern und die Ressourcenintensität der Lebensmittelproduktion zu minimieren (Niggli, 2018). Jedoch ist nicht nur eine ressourcenschonende, sondern auch eine effiziente und hochproduktive Landwirtschaft erforderlich (Gottwald, 2019).

Anforderungen an ein nachhaltiges Ernährungssystem und Herausforderungen in der Umsetzung

Um ein nachhaltiges Ernährungssystem zu etablieren, sind weitreichende Transformationen erforderlich, die zur Erreichung multipler Nachhaltigkeitsziele beitragen würden (FAO, 2018; siehe SDG 2, 3, 8, 12, 13 & 15 – UN, 2015). Das *High Level Panel of Experts on Food Security and Nutrition* (HLPE) des UN-Komitees für Welternährungssicherung (CFS) definiert ein nachhaltiges Ernährungssystem folgendermaßen: „A sustainable food system (SFS) is a food system that delivers food security and nutrition for all in such a way that the economic, social and environmental bases to generate food security and nutrition for future generations are not compromised" (HLPE, 2014, S. 12). Gladek et al. (2017) formulieren neben der Hauptfunktion, Ernährungssicherheit herzustellen, drei weitere zentrale Anforderungen an ein nachhaltiges Ernährungssystem, die Jaisli und Schmitt (2019, S. 222) wie folgt zusammenfassen (siehe Abb. 5.1):

1) „Das System muss anpassungsfähig und resilient gegenüber sich verändernden Umweltbedingungen sein", es ist „[d]er Erhalt der genetischen und strukturellen Vielfalt in der Landwirtschaft" geboten.
2) „Das System muss innerhalb der planetaren Grenzen funktionieren, um die Ressourcengrundlage und Ernährungssicherheit auch für zukünftige Generationen zu gewährleisten. […] Vor allem durch eine Umstellung der Ernährung auf weniger ressourcenintensive Lebensmittel (u. a. Reduktion tierischer Lebensmittel) können die Umweltauswirkungen entscheidend reduziert werden."
3) „Lebensgrundlagen und Wohlergehen der Menschen, die im System tätig sind, müssen sichergestellt werden. Dies beinhaltet neben fairen Löhnen und Einkommen auch allgemein faire und sichere Arbeitsbedingungen sowie Aspekte des Kulturerbes und der sozialen Gerechtigkeit."

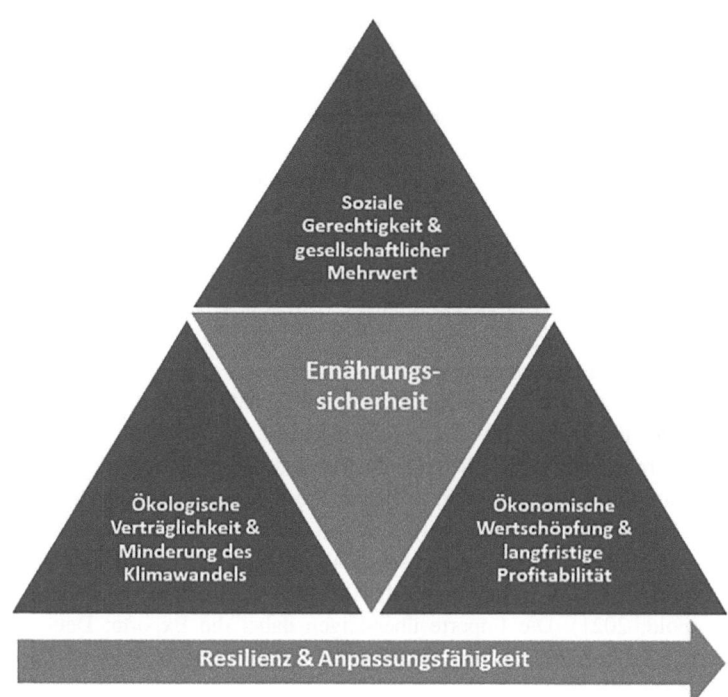

Abbildung 5.1 Anforderungen an ein nachhaltiges Ernährungssystem, aus Jaisli & Schmitt, 2019, S. 223

Um eine sozial-ökologische Transformation des Ernährungssystems umzusetzen, werden sowohl neue Konsumstile als auch eine aktive Gestaltung der politischen und ökonomischen Rahmenbedingungen benötigt (Gottwald, 2019; Hudson, 2018; WBGU, 2020). Die Frage, inwiefern die Konsument*innen maßgeblich für einen Wandel zur Verantwortung zu ziehen sind oder ob es doch vor allem politische Institutionen sind, die entsprechende Weichen für die Unternehmen stellen und Bedingungen für nachhaltige kollektive Praxen schaffen müssen, wird gesellschaftlich kontrovers diskutiert. Einseitige Zuschreibungen der Verantwortung an die Verbraucher*innen stellen nach Hudson (2018) eine wesentliche Vereinfachung dar, denn „[d]er Einfluss individueller Konsumentenentscheidungen ist wichtig, aber begrenzt" (ebd., S. 2). Es besteht weitestgehend Konsens darüber, dass Top-down- und Bottom-up-Prozesse in einem Ergänzungsverhältnis stehen müssen, um Veränderungen in einer demokratischen Weise anzustoßen

(Lange et al., 2013; Meadowcroft, 2007): D. h. es braucht sowohl staatliches Handeln, etwa in Form von wirtschaftspolitische Anreizen und Regulierungen, als auch neue Konsumstile sowie lokale, sozial-ökologische Innovationen. Veränderungen im Ernährungsverhalten zeichnen sich bereits ab: Einer repräsentativen Umfrage zufolge ernähren sich in der Kohorte der 15- bis 29-Jährigen in Deutschland 10,4 % vegetarisch und 2,3 % vegan; 25 % beschreiben sich als Flexitarier*innen (Spiller et al., 2021, S. 34 f.). Dieser Trend hin zu einer klimabewussten Ernährung wird begleitet durch hohe Zustimmungswerte zu einem engagierten Staat, der eine klimafreundliche Ernährung und eine umweltgerechte Lebensmittelproduktion unterstützt (ebd.).

Landwirtschaft und Globalisierung
Die Transformation hin zu einem nachhaltigen Ernährungssystem geht gegenwärtig und zukünftig mit Ziel- und Interessenkonflikten einher (Jäggi, 2018). Die Land- und Ernährungswirtschaft stellt mit Abstand den größten Wirtschaftszweig der Europäischen Union (EU) dar; in Deutschland liegt sie auf dem dritten Platz (DLG, 2017, S. 15). Produziert wird dabei in einem beträchtlichen Umfang für den Export – laut Welthandelsorganisation WTO hat Deutschland im Jahr 2019 im Wert von 66,5 Mrd. Euro exportiert; 80 % der Warenwerte verbleiben in der EU (Leopold, 2021). Die Importe übersteigen dabei die Exporte: Deutschland importiert im Jahre 2020 Agrar- und Ernährungsgüter im Wert von 84,8 Mrd. Euro (Statista, 2023).

Zugleich stellt Regionalität ein zentrales Prinzip einer nachhaltigen Ernährungsweise dar. Gottwald (2019) zufolge gilt es, verstärkt regionale Wertschöpfungsketten globalen Wertschöpfungsformen vorzuziehen. Interessengruppen der Agrar- und Ernährungsbranche insistieren hingegen darauf, den Wirtschaftszweig wettbewerbsfähig zu halten. Die – aufgrund der vergleichsweisen hohen Löhne sowie der Umwelt- und Tierschutzauflagen – relativ kostenintensive deutsche Landwirtschaft stehen unter internationalem Preisdruck. Weitere Regulierungen laufen aus Perspektive der Interessengruppen Gefahr, dem Wirtschaftsstandort zu schaden, was zunächst den Import von Rohware und längerfristig die Abwanderung der verarbeitenden Industrie zur Folge hätte (DLG, 2017, S. 15). Diese Entwicklung zu vermeiden, ist auch im Sinne einer Nachhaltigkeitsstrategie. Politisch wird zwischen den verschiedenen Interessengruppen kontrovers diskutiert, welche Handlungsstrategien als zukunftsfähig und welche als hinderlich mit Blick auf die ökonomische Wertschöpfung, ökologische Verträglichkeit und soziale Gerechtigkeit zu beurteilen sind (siehe Abb. 5.1).

Die komplexen Herausforderungen, vor denen Landwirt*innen stehen, zeigen sich am Beispiel der Milchwirtschaft. Die Wirtschaftsbranche ist von den Auswirkungen des Strukturwandels, dem Wettbewerbsdruck angesichts internationaler Märkte sowie einem wachsenden Einfluss internationaler Konzernstrukturen in besonderer Weise geprägt. Durch die Liberalisierung des Milchmarktes und dem Wegfall der sogenannten „Milchquote"[4] in der Europäischen Union durften Erzeuger*innen ab dem 1. April 2015 ohne Mengenbegrenzung produzieren. Das hatte einen enormen Preisverfall zur Folge; es kam zur sogenannten „Milchkrise".[5] Viele Betriebe standen vor der Entscheidung, ihren Betrieb entweder zu vergrößern, um dem Wettbewerb standzuhalten, oder ihren Betrieb aufzugeben. Insbesondere für kleinere bis mittelgroße landwirtschaftliche Betriebe ist es angesichts des hohen globalen Konkurrenzdrucks sehr schwierig, nachhaltig und günstig zu produzieren (Laschewski, 2017). Die EU-Kommission (2020) prognostiziert bis 2030 ein stetiges Wachstum der Milchproduktion, auch durch die Erschließung asiatischer und afrikanischer Absatzmärkte. Die globale Nachfrage nach hochwertigen Milchprodukten steigt (ebd.). Dennoch wird aufgrund steigender Produktionskosten erwartet, dass der Milchmarkt volatil bleibt, sodass krisensichere Zeiten für die Erzeuger*innen nicht prognostiziert werden (ebd., S. 33).[6]

---

[4] Die Milchquote wurde im Jahr 1984 von der damaligen Europäischen Gemeinschaft (EG, heute EU) eingeführt, um das strukturelle Überangebot abzubauen, das dadurch entstanden war, dass die EG die Produkte zu einem Garantiepreis von den Erzeuger*innen kaufte (Europäische Kommission, 2015). Jede*r Erzeuger*in durfte nur eine bestimmte Menge produzieren – wurde die Quote überschritten, mussten Strafen gezahlt werden. Der Vorteil bestand im Schutz des europäischen Binnenmarktes; ein Nachteil lag darin, dass die europäischen Erzeuger*innen nicht von der gestiegenen globalen Nachfrage profitieren konnten (Europäische Kommission, 2015). Die Reformen der „Gemeinsamen Agrarpolitik" (GAP) der EU zielten auf eine zunehmende Heranführung an den Weltmarkt ab. Da in diesem Zusammenhang verschiedene Marktinterventionsmaßnahmen wegfielen, sahen sich die milchproduzierenden und -verarbeitenden Unternehmen mit Preisschwankungen konfrontiert.

[5] Im November 2016 lag der Preis des Deutschen Milchkontors (DMK), eines der größten deutschen Molkereiunternehmen zur Weiterverarbeitung der Milch, bei 25 Cent pro Kilogramm Milch.

[6] Die Europäische Kommission (2020) prognostiziert bis 2030 ein stetiges Wachstum der Milchproduktion bei gleichzeitiger Segmentierung – so wird sich etwa der Anteil der Bio-Milchproduktion voraussichtlich auf 10 % erhöhen (3,5 % in 2018) und regionale Systeme, Direktvermarktung sowie weidebasierte-, heubasierte- oder gentechnikfreie Fütterung werden eine größere Rolle spielen. Aufgrund dieser stärkeren Segmentierung wird davon ausgegangen, dass sich die europäischen Milchkuhbestände lediglich um 7 % minimieren (ebd., S. 30). Die exportorientierte Ausrichtung wird sich vermutlich weiter festigen, da

Die exportorientierte Agrarpolitik der Europäischen Union wird aufgrund ihrer ökologischen und sozialen Folgen seit Jahren von zivilgesellschaftlichen Organisationen kritisiert (Reichert, 2019; Thomsen, 2016). Die wachsende Produktion von Fleisch und Milch kollidiert laut Chemnitz (2018) „mit der Bekämpfung von Hunger und Armut" und „erschwert Klima- und Artenschutz" (ebd., S. 10).

> Es kommt zudem nicht nur auf die Mengen, sondern auch die Art der Produktion an. […] [D]ie schnelle Industrialisierung der Tierhaltung mit ihren Preisvorteilen gegenüber der lokalen Produktion und der globale Handel […] zerstören die Lebensgrundlage kleinbäuerlicher Produzenten und Produzentinnen in vielen Ländern, besonders in Afrika. Damit rücken dann auch die sozialen Ziele der Agenda 2030, die Bekämpfung von Hunger, Armut und Geschlechtergerechtigkeit, in weite Ferne. (Ebd., S. 11)

Unter den Erzeuger*innen werden diese Nebenfolgen eines landwirtschaftlichen Strukturwandels hin zur intensivierten Produktion ebenfalls kritisch diskutiert. Die Arbeitsgemeinschaft bäuerliche Landwirtschaft (AbL, 2015) betrachtete etwa den Wegfall der Milchquote kritisch, da sie das Mengenwachstum der Milch und wachsende Betriebe befördere sowie die Flächenkonkurrenz und Beanspruchung der Böden (bspw. durch Stickstoffüberschüsse) weiter verschärfe. Der internationale Handel mit Milch übe auf die Erzeuger*innen und Produktionsstrukturen im Globalen Süden einen Preis- und Qualitätsdruck aus (ebd.). Ilchmann (2016), der selbst als Landwirt arbeitet, stellt im „Kritischen Agrarbericht" die Frage, ob „eine von Dumping geprägte Wertschöpfungskette überhaupt zukunftsfähig" sei (ebd., S. 40). Auch im Jahr 2020 ziehen einige Erzeuger*innen die Bilanz, dass ein funktionierender, d. h. aus Erzeugerperspektive im vertretbaren Maße volatiler Milchmarkt, weiterhin nicht existiere (Ilchmann & Lenz, 2020).

Die Erzeuger*innen sind vor diesem Hintergrund mit verschiedenen Anforderungen und Ansprüchen konfrontiert. Im Zuge verschiedener Modernisierungsprozesse befinden sie sich in einer Situation, die Van der Poeg (2006) als „Double Squeeze" bezeichnet: Die landwirtschaftlichen Betriebe sind „von einem Wettbewerb des Betriebsgrößenwachstums [getrieben]" und zugleich „in eine Warenkette [integriert], an der ihr Anteil an der Wertschöpfung immer weiter

---

weltweit eine wachsende Importnachfrage nach hochwertigen Produkten sowie Einkommenszuwächse zu erwarten sind. Der Anstieg des EU-Rohmilchpreises wird bis zum Jahre 2030 auf 38 €/t geschätzt (ebd., S. 33). Die Produktionskosten werden jedoch voraussichtlich steigen und der Milchmarkt wird vermutlich volatil bleiben, sodass krisensichere Zeiten für die Erzeuger*innen nicht prognostiziert werden können. Die EU-Kommission erwartet dennoch, dass die EU trotz steigender Energie- und Futtermittelpreise auf dem Weltmarkt wettbewerbsfähig bleiben wird (ebd.).

zurückgeht" (Laschewski, 2017, S. 269). Die ökonomischen und nachhaltigkeitsbezogenen Anforderungen an die Erzeuger*innen stehen damit häufig in einem ambivalenten Verhältnis zueinander.

Komplexe Herausforderungen, multiple Anforderungen
Wie kann ein transformativer Wandel hin zu einem nachhaltigen Ernährungssystem gefördert werden, in dem „Klimaschutz, Biodiversitätserhaltung und Ernährungssicherung" gewährleistet sind (WBGU, 2020, S. 13)? Welche Akteur*innen müssen in diesem Prozess „aktiviert und beteiligt werden" (ebd.)? Wird das Ernährungssystem der Zukunft ein „Food from nowhere"-Regime (McMichael, 2009) darstellen, in welchem bäuerliche Strukturen den neoliberalen Marktlogiken mit den entsprechenden ökologischen Kosten erliegen? Oder verfängt der Beitrag der globalen Umwelt- und Klimaschutzbewegungen und kann sich ein „Food from somewhere"-Regime etablieren, in welchem ökologischen Erfordernisse konsequent berücksichtigt werden (Campbell, 2009; Friedmann, 2005)?

Das Transformationsfeld Landwirtschaft und Ernährung ist von verschiedenen politischen Konfliktlinien und offenen Fragestellungen gekennzeichnet. Zum einen stellt sich die Frage, welche Art der Landwirtschaft gesellschaftlich gewollt, ökonomisch nachgefragt und mit politischen Anreizen gefördert wird: Ist es eher das Konzept einer konventionellen oder einer ökologischen Produktionsweise? Sollen kleinere oder größere landwirtschaftliche Betriebe und damit eine eher bäuerliche oder industrielle Betriebsstruktur gefördert werden? Sind die Menschen bereit, ihre Ernährungsgewohnheiten und Konsumstile anzupassen sowie für eine ökologische Produktion mehr zu bezahlen? Welche Art der Wirtschaftspolitik ist gefragt und welche Art des Wirtschaftswachstums soll damit gefördert werden? Wie können mit Blick auf das Ziel der Ernährungssouveränität regionale und globale Versorgungs- und Wertschöpfungssysteme in einem nachhaltigen Ergänzungsverhältnis stehen (Gottwald, 2019, S. 27)? Die Diskussion darüber, wie langfristig Ernährungssicherheit hergestellt werden kann, wird in Zukunft von äußerster Kontroversität gekennzeichnet sein (Mooney & Hunt, 2009).[7]

---

[7] Mooney und Hunt (2009) analysieren die Kontroversen hinter dem weitestgehend konsensuellen Konzept der Ernährungssicherheit, indem idealtypisch dominante und kritische Perspektiven gegenübergestellt werden. So steht der dominanten (u. a. von der WTO, Weltbank, OECD, transnationale Unternehmen getragene) Perspektive, Hunger und Armut „durch Produktionssteigerung in der Landwirtschaft auf Basis von modernen Technologien und globalem Handel" zu bekämpfen, einer kritischen (von Umweltbewegungen, UN, Entwicklungsorganisationen, Kleinbauer*innen getragene) Perspektive gegenüber, die das „Recht auf

Die Beurteilung von Entwicklungsperspektiven stellt eine gesellschaftliche und politische Aufgabe dar, die die Menschen in ihrer Rolle als Bürger*innen, Konsument*innen und gegebenenfalls Produzent*innen herausfordert. Der Umgang mit komplexen Problemstellungen erweist sich vor diesem Hintergrund als Bildungsaufgabe. Im nachfolgenden Abschnitt werden die Gestaltungsprinzipien der didaktischen Intervention ausführlich dargelegt.

5.2 Gestaltungsprinzipien der didaktischen Intervention: problem- und konfliktorientiertes und außerschulisches Lernen

Die didaktische Intervention hat das Ziel, die politische Urteilsbildung angesichts einer komplexen Problemstellung einer nachhaltigen Entwicklung zu fördern. Unter politischer Urteilsfähigkeit wird die Fähigkeit verstanden, „[p]olitische Ereignisse, Probleme und Kontroversen sowie Fragen der wirtschaftlichen und gesellschaftlichen Entwicklung unter Sachaspekten und Wertaspekten analysieren und reflektiert beurteilen zu können" (GPJE, 2004, S. 13). Das lernende Subjekt ist dabei immer schon gesellschaftlich geprägt und bereits durch die gesellschaftliche Eingebundenheit als politisch vorgebildet zu betrachten:

> Schülerinnen und Schüler werden zu den Lerngegenständen der politischen Bildung in aller Regel schon politische Urteile mitbringen, die häufig noch wenig differenziert sind. Im Unterricht geht es darum, solche Urteile durch die Auseinandersetzung mit unterschiedlichen Perspektiven (z.B. von verschiedenen Akteuren und von Politik Betroffenen), durch die Konfrontation mit anderen Sichtweisen aus der Öffentlichkeit sowie mit Ergebnissen und Perspektiven der Sozialwissenschaften zu erweitern, zu differenzieren und einen Komplexitätszuwachs in der Begründung des Urteils zu ermöglichen. (GPJE, 2004, S. 15 f.)

Nahrung" sowie die „Subsistenz vor Marktproduktion" betont und eine „Begrenzung des globalen Agrarhandels" fordert, um die kleinbäuerliche Landwirtschaft vor allem in Entwicklungsländern zu erhalten (zit. nach Laschewski, 2017, S. 282). In dominanter Perspektive geht es um einen Marktzugang für lokale Gemeinschaften und der Subventionierung alternativer Produktionsweisen mit dem Ziel der „Abmilderung sozialer und ökologischer Folgen" sowie zur Akzeptanzsicherung, während in kritischer Perspektive vor allem auf Direktvermarktung, „Relokalisierung der Ernährungsproduktion" sowie „Stadt-Land-Bündnisse" und die Transformationspraxen entwickelter Länder gesetzt wird (ebd., S. 283).

5.2 Gestaltungsprinzipien der didaktischen Intervention: problem- und ...

Ziel politischer Bildung ist nicht die Vermittlung bestimmter Meinungen (siehe Abschn. 2.3, „Normativität und das demokratische Paradoxon"), sondern die Förderung einer elaborierteren politischen Urteilsbildung (siehe Abschn. 3.6).

Die didaktische Konzeption basiert auf Ansatzpunkten einer politischen Nachhaltigkeitsbildung, wie sie in Abschnitt 2.5.2 herausgearbeitet wurden. Die komplexen Problemstellungen einer nachhaltigen Entwicklung stellen wissensbezogene, ethische und politische Herausforderungen dar (Block et al., 2019; siehe Abschn. 2.6). Sie sind an konkreten und exemplarischen Lerngegenständen als konflikthafte, in ihrer Lösung potenziell ungeklärte *public issues* zu vermitteln (Van Poeck & Vandenabeele, 2012). Vor diesem Hintergrund bietet sich die Gestaltung von themen- und problemorientierten Lehr- und Lernmethoden an, um die Urteilsbildung zu fördern:

> Rather than in abstract discussions about sustainable development in general, interesting opportunities to learn about uncertain facts, disputed values, high stakes and urgently needed decisions emerge when students are exposed to concrete sustainability problems. [...] Such inquiry [...] can lead to well-informed judgement based on careful observation, a wide range of information and acquaintance with a plurality of experiences, skills, knowledge and perspectives (...). (Block et al., 2019, S. 36)

Am Konflikt- und Transformationsfeld „Landwirtschaft und Ernährung", wie es in Abschnitt 5.1 skizziert wurde, lassen sich die Charakteristika nachhaltigkeitsbezogener komplexer Problemstellungen vermitteln. Darüber hinaus kann politische Urteilsfähigkeit in besonderer Weise durch die Konfrontation mit unterschiedlichen Sichtweisen unterstützt werden (Perret-Clermont et al., 2004; siehe Abschn. 3.3.3). Gerade die genuine Mehrperspektivität der außerschulischen Erfahrung vermag es, die politische Urteilsfähigkeit zu fördern (Ciupke, 2022; Juchler, 2022; siehe Abschn. 4.3).

Im Folgenden wird die didaktische Ausrichtung des Unterrichtsansatzes theoretisch hergeleitet: die Problem- und Konfliktorientierung und die Erfahrungsorientierung durch die Integration der kontroversen außerschulischen Begegnungen. In Abschnitt 2.5.2 wurden die Prinzipien der Problem-, Konflikt- und Erfahrungsorientierung in ihrer Bedeutung für eine politische Nachhaltigkeitsbildung hergeleitet. Nachfolgend werden sie als Gestaltungsprinzipien der konzipierten Lerneinheit in ihrer potenziellen Lernwirksamkeit und Anwendung vorgestellt.

Problem- und Konfliktorientierung
Gesellschaftliche Themenstellungen didaktisch aufzubereiten und zu Lerngegenständen zu transformieren, bedeutet in der Regel Komplexität zu reduzieren. Zugleich ist die Komplexität mit zunehmendem Alter der Lernenden sukzessive

zu vergrößern (Besand, 2019, S. 272). Kontroversität und Perspektivität zu erfassen und dabei individuelle und kollektive Handlungs- und Möglichkeitsräume des Politischen zu eröffnen sowie einen Umgang mit Komplexität und Ungewissheit einzuüben, sind zentrale Anliegen politischer Bildungsprozesse und insbesondere im Kontext eines politikdidaktischen Beitrags zu einer Bildung für nachhaltige Entwicklung von Bedeutung. Didaktische Prinzipien wie die Problem- und Konfliktorientierung strukturieren die fachliche Erschließung, indem sie die Komplexität sowohl aufzeigen als auch mit Blick auf den exemplarischen und normativen Bildungsgehalt reduzieren – so verweist die politikdidaktische Heuristik des Konflikts auf die konstitutive Funktion von Konflikten und Streitkultur in pluralistischen Gesellschaften (Giesecke, 1974).

Die Lerneinheit nimmt eine authentische gesellschaftliche Problemstellung zum Ausgangspunkt, die sich auf eine individuell und gesamtgesellschaftlich relevante Herausforderung und eine gesellschaftliche Entscheidungssituation bezieht. Problemorientierte Zugänge können das „Bearbeiten und Lösen öffentlicher, d. h. politischer Probleme" als Kern von Politik begreifbar machen (Detjen, 2013b, S. 329), Sorgen aufgreifen und Interesse erzeugen sowie eine Stellungnahme gewissermaßen provozieren (Reinhardt, 2022, S. 109). Sie fördern die politische Urteilsbildung der Schüler*innen, sofern die Komplexität nicht durch die Präsentation eindeutiger Lösungen reduziert und fachlich verkürzt wird (Goll, 2022, S. 233) oder „aus ihrem jeweiligen Kontext heraus[ge]lös[t]" wird (Gräsel, 2009, S. 253). Die Komplexität im Unterricht darzustellen, ist auch mit Blick auf das politische Handeln zentral, um Politikverdrossenheit vorzubeugen und einen differenzierten Blick auf verschiedene Handlungsebenen zu ermöglichen. Weber (2019) zufolge setzen politikdidaktische problemorientierte

> Lehr-Lern-Methoden sowohl an individuellen als auch an gesellschaftsökonomisch relevanten Herausforderungen an und ermöglichen, Gefährdungen sowie strukturelle Behinderungen von Verwirklichungschancen zu reflektieren und abzuwägen. Dies erfordert authentische Problemstellungen und Herausforderungen in komplexen Lehr-Lernarrangements statt vereinfachender, idealisierter, modellorientierter und unterkomplexer Aufgaben. (Weber, 2019, S. 93 f.)

Reinmann und Mandl (2006) definieren problemorientiertes Lernen als ein Lernen an authentischen Problemstellungen unter Einbezug multipler Perspektiven und Kontexte. Im Unterschied zur politikdidaktischen Perspektive muss es sich in pädagogisch-psychologischer Perspektive nicht notwendigerweise um ein politisches Problem handeln. Vielmehr steht die Gestaltung einer Lernumgebung, die eine Problem- oder Entscheidungssituation zum Ausgangspunkt nimmt, im Mittelpunkt. Um eine möglichst intrinsische Motivation zu evozieren, sollten die Problemstellungen von den Schüler*innen als bedeutungsvoll und interessant erlebt werden (Schiefele & Schaffner, 2020). Auf diese Weise kann ein situiertes Lernen ermöglicht werden: In Theorien situierten Lernens wird Lernen als konstruktive Aktivität betrachtet, welche in die Lebenswirklichkeit der Lernenden eingebunden ist (Gruber, 2009, S. 250). Für die Gestaltung von situierten Lernumgebungen sind folgende Prinzipien (in Anlehnung an die Lehr-Lern-Modelle der Anchored Instruction sowie auch des Cognitive Apprenticeship) relevant (ebd.):

„(1) Komplexes Ausgangsproblem (motiviert; bildet Anwendungskontext)

(2) Authentizität (stellt Anwendungskontext bereit)

(3) Multiple Perspektiven (erhöht Flexibilität)

(4) Artikulation und Reflexion (fördert tiefe Verarbeitung)

(5) Lernen im sozialen Austausch (erhöht kritische Analyse)"

Empirische Studien geben Hinweise darauf, dass sich problemorientierte Lehr-Lern-Arrangements im Hinblick auf den kooperativen Wissensaufbau als wirksam erweisen, wenn Lernumgebungen authentische Problemstellungen aufgreifen, multiple Kontexte einbeziehen sowie soziale Eingebundenheit ermöglichen (Reinmann & Mandl, 2006; Cognition and Technology Group at Vanderbilt, 1997; Greeno & MMAP, 1998).

Im vorliegenden Kontext ergeben sich Komplexität und Mehrperspektivität aus den ökologischen, sozialen, ökonomischen und politischen Dimensionen von Nachhaltigkeitsfragen und diesbezüglich vorliegenden Konfliktlinien. Eine politikdidaktisch versierte Nachhaltigkeitsbildung appelliert darum nicht nur an die Verantwortung der Verbraucher*innen, sondern thematisiert u. a. auch „globale soziale und ökonomische Strukturkonflikte" (Eis, 2022, S. 195). Ein problemorientierter Ansatz, der auch vorhandene Konfliktlinien aufzeigt, wird daher für die hier vorgestellte Unterrichtseinheit als sinnvoll angesehen.

Bei der fachlichen Erschließung der Problemstellung, der Erörterung der Ursachen, der involvierten Interessen und der möglichen Handlungsoptionen werden die konfligierenden Perspektiven der verschiedenen Akteur*innen- und Interessengruppen im Sinne einer konfliktorientierten Ausrichtung berücksichtigt. Die Fragen danach, worin das Problem besteht und welche Lösungen anzustreben sind, sind politische Fragen und werden je nach Interessenlage und gesellschaftspolitischem Standpunkt unterschiedlich und politisch, d. h. mit der Absicht der Durchsetzung von Interessen, beantwortet. Die Lerneinheit richtet den fachlichen Schwerpunkt damit auf die strukturellen Bedingungen eines gesellschaftlichen

Transformationsprozesses in Richtung Nachhaltigkeit. Auf diese Weise soll eine „Einordnung in eine komplexe Gesamtsituation" gelingen, *systemisches* Verstehen angeregt und die „Basis für eine umfassende Urteils- und Handlungskompetenz" geschaffen werden (Weber, 2019, S. 102).

Komplexität zu inszenieren, ohne sie zu stark zu reduzieren, stellt dabei eine didaktische Herausforderung dar: Ein hoher Grad an Komplexität kann den Zugang der Lernenden zur Thematik blockieren (Goll, 2022, S. 228). Um die Zugänglichkeit zu einem Thema herzustellen, kann die Spannung zwischen subjektiver Betroffenheit und gesellschaftlicher Bedeutsamkeit für unterschiedene Lernzugänge genutzt werden (Henkenborg, 2000; siehe ursprünglich Gagel, 1986, S. 107 ff.). Im Rahmen der vorliegenden Lerneinheit wird dies umgesetzt, indem der problem- und konfliktorientierte mit einem erfahrungsorientierten Zugang kombiniert wird.

Erfahrungsorientierung: Außerschulische Begegnungen mit regionalen Akteur*innen
Die Integration außerschulischer Begegnungen mit regionalen Akteur*innen, die jeweils konfligierende Perspektiven repräsentieren, vermag in besonderer Weise die Ansprüche an eine problemorientierte Lernumgebung umzusetzen (Reinmann & Mandl, 2006, S. 640 f.). Durch die außerschulischen Erfahrungen wird ein situiertes Lernen an einer authentischen gesellschaftlichen Problemstellung mit authentischen Interessenvertreter*innen ermöglicht (Brovelli et al., 2012). Die Integration außerschulischer Lernorte wird in besonderer Weise im Kontext der Nachhaltigkeitsbildung als lernförderlich erachtet. Wie in Abschnitt 4.4 ausgeführt, kommt der Region als Natur- und Sozialraum sowie der Kommune als politischer Erfahrungs- und Handlungsraum in einem gesellschaftlichen Transformationsprozess eine zentrale Bedeutung zu (Nationale Plattform Bildung für nachhaltige Entwicklung, 2017; 2020; UN, 1992). Für einen pluralistischen und politischen Bildungsansatz, wie er in der vorliegenden Arbeit umgesetzt wird, sind außerschulische Begegnungen daher von besonderem Interesse (Van Poeck & Östman, 2020).

Ausgewählt wurden zwei für die Themenstellung exemplarische Gruppen, die unterschiedlich betroffen und involviert sind: Umweltaktivist*innen einer Nichtregierungsorganisation und wirtschaftliche Akteur*innen, nämlich landwirtschaftliche Erzeuger*innen. Hierfür wurden Kooperationen mit regional aktiven Vertreter*innen dieser beiden Gruppen eingegangen. Landwirtschaftliche

5.2 Gestaltungsprinzipien der didaktischen Intervention: problem- und ...

Betriebe, die als Lernorte fungieren, finden sich in vielen Regionen[8]. Lokalgruppen von Umweltschutzorganisationen können für ein Treffen angefragt werden und bieten häufig auch Workshops für den Schulunterricht an. Kooperationen dieser Art werden sowohl im Kontext der Nachhaltigkeitsbildung als auch der Demokratiebildung explizit gefordert (Eis, 2022; KMK, 2017; 2018). Es ist jedoch zu berücksichtigen, dass die außerschulischen Akteur*innen interessenbezogene Bildungsabsichten haben und jeweils von ihrem gesellschaftspolitischen Standpunkt aus beanspruchen, Aufklärungsarbeit zu leisten. Die Interessengebundenheit der Vertreter*innen ist transparent zu machen und fachlich einzuordnen, um möglichen Abwehrreflexen sowie einem reaktanten Verhalten der Jugendlichen vorzubeugen (Dickenberger et al., 1993).

In der Gestaltung der Lerneinheit wurde das problem- und konfliktorientierte mit dem außerschulischen Lernen kombiniert, da die Annahme vertreten wird, dass politische Urteilsbildung angesichts komplexer Problemstellungen auf diese Weise besonders unterstützt werden kann. Zunächst einmal können die außerschulischen Begegnungen die Perspektivenübernahme anregen und die schulische Vermittlungsarbeit mit der regionalen Lebenswirklichkeit verknüpfen (Juchler, 2022): Es finden Begegnungen mit Personen statt, die auf unterschiedliche Weisen von dem Problem und der Politik betroffen sind. Durch die Einbeziehung zweier in gewisser Hinsicht in Konflikt stehenden Interessenlagen soll dem pluralistischen Anspruch Rechnung getragen werden. Den Schüler*innen wird so ermöglicht, ein Verständnis für die Perspektiven der jeweiligen Akteur*innengruppen zu entwickeln sowie deren Argumente kritisch zu prüfen.

Die Lerneinheit mit ihren außerschulischen Begegnungen ist so gestaltet, dass ein forschender Zugang zur gesellschaftspolitischen Wirklichkeit eingenommen wird. Es wird angenommen, dass außerschulische Lernorte die „Spirale von Erleben, Auslegen und Verstehen" anstoßen und dass bei entsprechender Begleitung in der Vor- und Nachbereitung tiefgreifende Reflexionsprozesse über die eigene Urteilsbildung angeregt werden können (Faulstich, 2009, S. 26). Das außerschulische Lernen bietet das Potenzial, die „Gegenstände auch in der Vielschichtigkeit der Welt zu erfassen und zu erschließen" (Baar & Schönknecht, 2018, S. 11), dies konnten Forschungsarbeiten aus der Geographiedidaktik etwa im Hinblick auf das vernetzte Denken zeigen (Bähr et al., 2007; Diersen & Flath, 2017; Duda, 2014; Schockemöhle, 2009). Einerseits kann Komplexität durch außerschulisches Lernen erfahren werden, andererseits wird eine Verengung auf rein kognitive

---

[8] Nähere Informationen zu Lernorten in der Landwirtschaft finden sich z. B. bei der Bundesarbeitsgemeinschaft Lernort Bauernhof e. V. (BAGLoB).

Lernprozesse verhindert: „Aufgrund der sinnlich-emotionalen Erfahrungen, die mit dem Erkenntnisprozess verknüpft sind, verspricht dieser Erfahrungszuwachs nachhaltiger zu sein als nur rezeptiv im schulischen Politikunterricht gewonnene Erkenntnisse" zu liefern (Juchler, 2022, S. 517). Mit Blick auf den Lernerfolg und der Etablierung einer Haltung der Schüler*innen ist die Einbettung der außerschulischen Begegnungen in einen unterrichtlichen Gesamtzusammenhang jedoch entscheidend (Asmussen, 2010; Brandt et al., 2008; Drygalla, 2007; siehe auch Abschn. 4.5.3). Empirische Befunde zum politikdidaktischen Potenzial außerschulischer Begegnungen sind kaum vorhanden und werden im Rahmen der nachfolgenden Studien generiert.

5.3 Konzeption der Lerneinheit

Die Lerneinheit „Globale Transformation im Spiegel der Region: Wie soll die Landwirtschaft der Zukunft aussehen?" wurde für den Politikunterricht in der Sekundarstufe II für einen Zeitraum von sieben Unterrichtsstunden entwickelt, eignet sich jedoch auch für einen fächerübergreifenden Unterricht[9]. Die Konzeption der Lerneinheit basiert auf den theoretisch hergeleiteten Gestaltungsprinzipien, wie sie im vorangegangenen Kapitel dargelegt wurden. Das Vorgehen in der Unterrichtseinheit orientiert sich am Ablauf einer Problemstudie (Reinhardt, 2022, S. 101–109, siehe Abb. 5.2). Die Bearbeitung der Problemstellung startet mit der Problemdefinition (Worin besteht das Problem?), nachfolgend wird sich der geschichtlichen Entstehung des Problems gewidmet (Wie ist es entstanden?). Daraufhin erfolgt eine Auseinandersetzung mit den involvierten Interessengruppen, die in diesem Lehr-Lern-Arrangement durch die Integration außerschulischer Begegnungen realisiert wurde (Welche Interessen sind betroffen?). Die Lerneinheit schließt mit der Identifikation von Stellschrauben und der Diskussion von Lösungen für das Problem sowie der Bedeutung möglicher Lösungsansätze für verschiedene Akteur*innengruppen (Welche Lösungen mit welchen Konsequenzen sind denkbar?). Hierbei stehen die Stellungnahmen der Schüler*innen im Vordergrund.

---

[9] Problemstellungen einer nachhaltigen Entwicklung bieten sich z. B. für einen fächerübergreifenden Unterricht mit den Fächern Geographie, Biologie und Philosophie an.

5.3 Konzeption der Lerneinheit

Abbildung 5.2 Verlaufsstruktur der Lerneinheit. (Eigene Darstellung)

5.3.1 Bildungsziele

In der Auseinandersetzung mit einer komplexen Problemstellung einer nachhaltigen Entwicklung werden ökologische, ökonomische, soziale und politische Herausforderungen analysiert und mit Blick auf ihre Zukunftsbedeutung beurteilt. Dabei werden Wechselbeziehungen und Zielkonflikte zwischen den Dimensionen einer nachhaltigen Entwicklung erörtert und bewertet. Gefördert werden soll die politische Urteilsbildung der Schüler*innen und damit das Denken in Zusammenhängen (vernetztes Denken), die Perspektivenübernahme sowie der Umgang mit Komplexität und Ungewissheit (siehe Abschn. 3.6). Das Ziel der Lerneinheit ist es, eigene themenspezifische Vorstellungen und Positionierungen „durch die Auseinandersetzung mit unterschiedlichen Perspektiven (z. B. von verschiedenen Akteuren und von Politik Betroffenen)" sowie „durch die Konfrontation mit anderen Sichtweisen aus der Öffentlichkeit […] zu erweitern, zu differenzieren und einen Komplexitätszuwachs in der Begründung des Urteils zu ermöglichen" (GPJE, 2004, S. 15 f.).

Für die Lerneinheit wurden die folgenden prozessbezogenen Ziele formuliert: Die Schüler*innen…

- *analysieren den Einfluss der Landwirtschaft und unserer Ernährung auf den Klimawandel und die globale Erderwärmung.*
- *analysieren die Entwicklung der Landwirtschaft der letzten Jahrzehnte und den stattgefundenen Strukturwandel mit seinen positiven und negativen Folgen.*
- *untersuchen ökonomische Herausforderungen angesichts globalisierter Märkte in ihrer marktwirtschaftlichen Logik und regionalen Bedeutung am Beispiel des Milchmarktes.*

- *erkunden einen lokalen Milchviehbetrieb und führen mit den Landwirt*innen ein Expertengespräch, in dem ihre Fragen beantwortet werden.*
- *diskutieren das Für und Wider einer exportorientierten Milchwirtschaft im globalen Maßstab.*
- *lernen Umweltaktivist*innen der Lokalgruppe einer Nichtregierungsorganisation kennen, erfahren von ihren Positionen und Kampagnen in Hinblick auf Landwirtschaft und Ernährung und führen ein Expertengespräch, in dem ihre Fragen beantwortet werden.*
- *beurteilen Stellschrauben eines Wandels in den Bereichen Landwirtschaft und Ernährung in Richtung nachhaltige Entwicklung und reflektieren Folgen für verschiedenen Personengruppen.*
- *nehmen Stellung zur Frage, wie die Landwirtschaft der Zukunft aussehen soll.*

Mit Blick auf das Ziel, Prozesse der Urteilsbildung sowie den Umgang mit Komplexität, Multiperspektivität und Kontroversität zu fördern, wurden folgende ergebnisbezogene Ziele entlang der einzelnen Unterrichtsstunden abgeleitet, die im Rahmen der Interventionsstudie betrachtet werden (siehe Abschn. 7.1.1).
Die Schüler*innen...

- *können darlegen, wie sich die Landwirtschaft in den letzten Jahrzehnten entwickelt hat und welche Folgen und Konflikte sich daraus ergeben.*
- *können ein begründetes politisches Urteil zur modernen Landwirtschaft formulieren.*
- *können zu einer konkreten politischen Maßnahme unter abwägendem Einbezug verschiedener Perspektiven, Interessen und Handlungsfolgen Stellung nehmen.*
- *entwickeln ein günstiges themenspezifisches Selbstkonzept im Umgang mit Komplexität sowie ein günstiges themenspezifisches Interesse.*

Eine Politisierung der Thematik – im Sinne eines zunehmenden Verständnisses der politischen Dimensionen – wird in zweifacher Hinsicht angestrebt: Durch die Differenzierung von Handlungsebenen und Akteur*innen- bzw. Interessengruppen sowie ökologischen, ökonomischen und sozialen Aspekten soll die Problemstellung zum einen in ihrer Mehrperspektivität und Kontroversität analysiert und zum anderen als eine öffentliche, kontroverse und gesellschaftspolitisch gestaltbare Aufgabe erkannt werden.

5.3.2 Aufbau der Lerneinheit

Im Folgenden werden die einzelnen Unterrichtsstunden hinsichtlich ihrer Ziele und Vorgehensweisen skizziert.

1. *Stunde (45 Min.): Worin besteht das Problem?*
Ziel. Problemanalyse und Identifikation von Herausforderungen und Zielkonflikten in der globalen Nahrungsmittelproduktion
Vorgehen. Als Problemaufriss und zur kognitiven Aktivierung werden verschiedene Satellitenbilder[10] der NASA präsentiert, die den Einfluss der Nahrungsmittelproduktion auf die Umwelt veranschaulichen (Gewächshäuser in Spanien, NASA, 2011, sowie Fischzuchtanlagen im Nildelta, NASA, 2015). Die Schüler*innen erhalten zunächst den Auftrag, Hypothesen darüber zu bilden, was auf den Bildern zu sehen ist, und formulieren in einem nächsten Schritt in Partnerarbeit eine passende Bildunterschrift zu den zwei Bildern, die das Verhältnis zwischen Menschen und Umwelt reflektieren soll. Ausgehend von der Information, dass ein Viertel der Treibhausgasemissionen durch die menschliche Ernährung verursacht wird, werden die Fragen diskutiert, wie dies zustande kommt und welche Herausforderungen und Zielkonflikte sich für die Weltgesellschaft ergeben. Vor dem Hintergrund dieser Zusammenhänge wird das Problem definiert: Landwirtschaft und Ernährung haben einen großen Einfluss auf den Klimawandel. Eine wachsende Weltbevölkerung hat einen steigenden Lebensmittelbedarf zur Folge. Um kurz-, mittel- und längerfristig Ernährungssicherheit zu gewährleisten, braucht es eine zukunftsfähige Landwirtschaft. Die Einführung führt zur erkenntnisleitenden Frage der Unterrichtseinheit: Wie sollte die Landwirtschaft der Zukunft aussehen?

2. *Stunde (90 min): Wie ist das Problem entstanden und wie wird es aus verschiedenen Perspektiven beurteilt? Entwicklungen und Konflikte in der Landwirtschaft*
Ziel. Analyse von Indikatoren des landwirtschaftlichen Strukturwandels, Beurteilung der ökologischen Folgen und Diskussion aus verschiedenen interessengebundenen Perspektiven
Vorgehen. Die Schüler*innen analysieren die Entwicklungen der letzten Jahrzehnte in der Landwirtschaft in Deutschland anhand bestimmter Indikatoren

---

[10] Als Inspiration diente das Material von *Umwelt im Unterricht*, hrsg. vom Bundesumweltministerium (2019).

(Datenmaterial zu Betriebsgröße, Ernteerträge, Artenvielfalt, Nitrat- und Stickstoffbelastung etc.) arbeitsteilig in Kleingruppen.[11] Die jeweiligen zunehmenden oder abnehmenden Entwicklungslinien werden kooperativ in ein Schaubild an der Tafel überführt, auf dessen Basis ein Strukturwandel mit positiven und negativen Folgen erkennbar wird. Im zweiten Teil wird eine Talkshow als Kontroversverfahren (Massing, 2020) eingesetzt, in der die Entwicklung und Zukunft der Landwirtschaft aus der Perspektive verschiedener Akteur*innen- und Interessengruppen diskutiert wird. Die Schüler*innen diskutieren das Problem aus verschiedenen Perspektiven und bewerten die Entwicklungen interessengebunden – *Erfolgsgeschichte* (Effizienz, Technisierung etc.) oder *Verfallsgeschichte* (Stichwort Agrarindustrie). Die Rollen werden in vier Gruppen (vier Akteur*innen- bzw. Interessengruppen, davon zwei Pro und zwei Contra) materialbasiert vorbereitet. Jeweils ein*e Gesandte*r einer Gruppe argumentiert und diskutiert rollen- bzw. perspektivgebunden im Rahmen einer Talkshow mit dem Titel „Wir haben es satt!? – Wie sieht eine zukunftsfähige Landwirtschaft aus?". In der Nachbereitung des Kontroversverfahrens wird auf das Konzept des Gemeinwohls und die Partikularinteressen eingegangen.

3. *Stunde (90 Min.): Welche Interessen sind betroffen? Politik der Milch – Landwirtschaft und globalisierte Märkte*
Ziel. Analyse der Herausforderungen am Beispiel der Milchkrise 2015/2016, Nachvollziehen marktwirtschaftlicher Mechanismen und Vorbereitung der außerschulischen Begegnung mit den Landwirt*innen
Vorgehen. Die Schüler*innen untersuchen ökonomische Entwicklungen am Beispiel der Milchwirtschaft und diskutieren ökonomische und nachhaltigkeitsbezogene Anforderungen an die Landwirtschaft und damit verbundene Zielkonflikte. Die Liberalisierung des Milchmarktes und die daraus folgende Milchkrise 2015/16 dient als Ausgangspunkt zur Analyse marktstruktureller Veränderungen. Auf Grundlage eines Zeitungsartikels und eines Nachrichtenmitschnitts entwickeln die Schüler*innen in Partnerarbeit ein Wirkungsdiagramm zum Preisverfall nach Auslauf der Milchquote. Die Schüler*innen diskutieren auf dieser Basis aktuelle, teils widerstreitende Anforderungen an die landwirtschaftlichen Erzeuger*innen zwischen dem Leitbild der Nachhaltigkeit (ökologische Vertretbarkeit) und des Weltmarktes (Konkurrenz des Betriebsgrößenwachstums). In Vorbereitung auf die außerschulische Begegnung formulieren die Schüler*innen Interviewfragen an die Landwirt*innen.

---

[11] Entsprechende Längsschnittdaten sind über einschlägige Statistikportale (z. B. Statista) und das Umweltbundesamt zugänglich.

5.3 Konzeption der Lerneinheit

4. Stunde (90 Min.): Außerschulische Begegnung mit Landwirt*innen
Ziel. Kennenlernen von Sichtweisen und der Situation konventioneller Landwirt*innen in der Milchwirtschaft; Führen eines Expertengesprächs *Vorgehen.* Ausgewählt wurde ein konventioneller Milchviehbetrieb mit 120 Kühen, der den regionalen Durchschnitt hinsichtlich der Betriebsgröße und -struktur repräsentiert. Die außerschulische Begegnung setzt sich aus einer Erkundung des Hofes unter der Leitung der Landwirt*innen und einer Gesprächsrunde zusammen, in der die Schüler*innen die Gelegenheit haben, die vorbereiteten Interviewfragen zu stellen.

5. Stunde (90 Min.): Welche Interessen sind betroffen? Das Für und Wider einer exportorientierten Milchwirtschaft
Ziel. Nachbereitung der außerschulischen Begegnung und globale Einordnung mit Blick auf die Vor- und Nachteile einer exportorientierten Milchwirtschaft
Vorgehen. In der nachbereitenden Diskussion tauschen sich die Schüler*innen zunächst zu ihren Eindrücken aus und stellen Verknüpfungen zwischen den Schulstunden und der außerschulischen Erfahrung her. Die Einbettung der betriebsin eine volkswirtschaftliche Perspektive wird durch die Auseinandersetzung mit der Exportorientierung vorgenommen. Mittels eines Imagevideos einer Molkerei und anhand von Datenmaterial wird die Bedeutung des Exports für die deutsche und europäische Milchwirtschaft veranschaulicht. Dieser Aspekt wird mit einer Perspektive aus dem Globalen Süden verschränkt: Auf Basis eines Reportagenausschnittes werden die Folgen des internationalen Handels mit Milchprodukten auf die afrikanischen Inlandsmärkte thematisiert. Auf dieser Grundlage werden Chancen und Risiken des internationalen Handels für die Milchwirtschaft behandelt und von den Schüler*innen im Rahmen einer Pro-Contra-Debatte diskutiert. Die kontroverse Frage ist hierbei, inwiefern der globale Handel mit landwirtschaftlichen Gütern des täglichen Bedarfs wünschenswert ist. In Vorbereitung auf die außerschulische Begegnung formulieren die Schüler*innen abschließend Interviewfragen an die Umweltaktivist*innen.

6. Stunde (90 Min.): Außerschulische Begegnung mit Umweltaktivist*innen
Ziel. Kennenlernen von Sichtweisen und Positionen von Aktivist*innen einer Umweltschutzorganisation; Führen eines Expertengesprächs
Vorgehen. Die außerschulische Begegnung setzt sich aus einem Workshopteil und einem Expertengespräch zusammen. Nach einem Aktivierungsspiel (Positionsbarometer) stellen die Vertreter*innen der NGO ihre Arbeit vor: Was macht die NGO und wofür steht sie? Nachdem die Schüler*innen ihren persönlichen ökologischen Fußabdruck berechnen und dabei der Einfluss des Ernährungsstils

thematisiert wird, erläutern die Vertreter*innen die politischen Forderungen der NGO hinsichtlich Ernährung und Landwirtschaft. Im zweiten Teil der Stunde wird eine konkrete Kampagne der NGO in Gruppen analysiert und die Schüler*innen untersuchen die Intention, Strategie und Adressat*innen der Kampagne. Die Schüler*innen nehmen abschließend Stellung zur Frage nach der politischen Einflussnahme: „Ist ein mentaler und struktureller Wandel durch Kampagnen solcher Art anzustoßen?". Abschließend berichten die Aktivist*innen von der realen Wirkung der Kampagne.

7. Stunde (45 Min.): Welche Lösungen sind denkbar? Wie kann die Landwirtschaft nachhaltig gestaltet und die Ernährungssicherheit der Weltbevölkerung gewährleistet werden?

Ziel. Einschätzung möglicher Lösungsansätze und Konsequenzen für verschiedene Akteur*innen- bzw. Interessengruppen; individuelle Stellungnahme und Reflexion der eigenen Urteilsbildung

Vorgehen. Nach einer Zusammenfassung der einzelnen Bestandteile der Lerneinheit wird die Frage diskutiert, wie ein Wandel der Landwirtschaft und Ernährung hin zu einer nachhaltigen Entwicklung gestaltet werden kann. Die Schüler*innen identifizieren und erörtern in Kleingruppen Stellenschrauben und Hemmnisse und reflektieren die Folgen für verschiedenen Akteur*innen- und Interessengruppen und sie selbst. Hierzu wird gemeinsam ein Schaubild entwickelt, um die Handlungs- und Einflussmöglichkeiten auf unterschiedlichen Ebenen zu analysieren (Individuum als Konsument und als Bürger, Zivilgesellschaft, Unternehmen, Politik). Die Schüler*innen nehmen abschließend persönlich Stellung, indem sie zentrale Einsichten formulieren, die sie im Laufe des Unterrichtsprojektes gewonnen haben.

5.3 Konzeption der Lerneinheit

Open Access Dieses Kapitel wird unter der Creative Commons Namensnennung 4.0 International Lizenz (http://creativecommons.org/licenses/by/4.0/deed.de) veröffentlicht, welche die Nutzung, Vervielfältigung, Bearbeitung, Verbreitung und Wiedergabe in jeglichem Medium und Format erlaubt, sofern Sie den/die ursprünglichen Autor(en) und die Quelle ordnungsgemäß nennen, einen Link zur Creative Commons Lizenz beifügen und angeben, ob Änderungen vorgenommen wurden.

Die in diesem Kapitel enthaltenen Bilder und sonstiges Drittmaterial unterliegen ebenfalls der genannten Creative Commons Lizenz, sofern sich aus der Abbildungslegende nichts anderes ergibt. Sofern das betreffende Material nicht unter der genannten Creative Commons Lizenz steht und die betreffende Handlung nicht nach gesetzlichen Vorschriften erlaubt ist, ist für die oben aufgeführten Weiterverwendungen des Materials die Einwilligung des jeweiligen Rechteinhabers einzuholen.

Ziele und Fragestellungen 6

Ziele des Forschungsvorhabens
In den vorangegangenen Kapiteln konnte ein Forschungs- und Entwicklungsbedarf hinsichtlich einer *pluralistisch orientierten* und damit *politischen* Nachhaltigkeitsbildung identifiziert werden (Hedtke, 1998; Fischer et al., 2016; Riß & Overwien, 2010; Sund & Öhman, 2013; Van Poeck & Vandenabeele, 2012). Sowohl theoretische Überlegungen als auch empirische Befunde zum Umgang mit komplexen Problemstellungen einer nachhaltigen Entwicklung haben dies verdeutlicht (siehe Abschn. 2.3; 2.4; 3.4). Es konnte gezeigt werden, dass bisher kaum theoretisch-konzeptionelle Überlegungen sowie empirische Untersuchungen an der Schnittstelle zwischen der Politischen Bildung und einer Bildung für nachhaltige Entwicklung vorhanden sind. Insbesondere der Umgang mit Komplexität stellt eine Herausforderung für Jugendliche dar und kann eine subjektiv sinnstiftende und potenziell handlungsleitende politische Urteilsbildung erschweren. Wie können politische Lern- und Urteilsprozesse im Sinne einer politischen Nachhaltigkeitsbildung gefördert und unterstützt werden? In konzeptioneller Hinsicht stellt sich die Frage, wie politisches Lernen und Urteilen angesichts der Komplexität der Themenstellungen initiiert werden kann, ohne inhaltlich zu verkürzen, zu moralisieren oder zu überwältigen – und damit Konturen eines politikdidaktischen Beitrags zur fächerübergreifenden Nachhaltigkeitsbildung weiter ausgeschärft werden können.

Das vorliegende Forschungsvorhaben untersucht die Förderung nachhaltigkeitsbezogener Urteilsbildung durch einen Unterrichtsansatz, in dem problem-, konflikt- und erfahrungsorientierte Zugänge kombiniert werden. Thematisch ging es um die exemplarische Problemstellung „Landwirtschaft und Ernährung als Transformations- und Konfliktfeld einer nachhaltigen Entwicklung". Die didaktischen Schwerpunkte wurden theoretisch hergeleitet: Vor dem Hintergrund eines (politik-)didaktischen Verständnisses von politischer Urteilsbildung stellen *die Perspektivität gesellschaftlicher Sachverhalte* – also die Sichtweisen, Argumente, Interessen, Ziele und Schwierigkeiten von gesellschaftspolitischen Akteur*innengruppen hinsichtlich politischer Problemlagen – und damit schüler*innenseitig die *Fähigkeit zur Perspektivenübernahme* zentrale Bezugspunkte dar (siehe Abschn. 3.2.2). Dem außerschulischen Lernen wird in diesem Zusammenhang ein besonderes Potenzial zur Förderung der politischen Urteilsbildung zugeschrieben (Juchler, 2018; siehe Abschn. 4.5; 5.2). Die Lernenden können Erfahrungen im Kontext regionaler Transformationsprozesse und entlang soziopolitischer Konfliktlinien machen – die Region wird als zu gestaltender politischer Handlungsraum entdeckt. Es kann angenommen werden, dass der Umgang mit komplexen Problemstellungen durch die Integration außerschulischer Begegnungen in den Fachunterricht unterstützt werden kann.

Im Zentrum des Forschungsvorhabens stehen zwei Ziele, dem Entwicklungs- und Forschungsbedarf nachzukommen:

a. *Anwendungsorientiertes Ziel (Entwicklungsbedarf):* Entwicklung, Erprobung und Evaluation eines Unterrichtsprojektes mit außerschulischen Begegnungen zu einer komplexen Problemstellung einer nachhaltigen Entwicklung für die gymnasiale Oberstufe im Fach Politik mit dem didaktischen Schwerpunkt, die politische Urteilsbildung der Jugendlichen zu fördern (siehe Kap. 5).
b. *Grundlagenorientiertes Ziel (Forschungsbedarf):* Erkenntnisgewinn zur Förderung von politischen Urteilsbildungsprozessen bei Jugendlichen zu nachhaltigkeitsbezogenen Problemstellungen und zum Anregungspotenzial außerschulischer Begegnungen mit regionalen Akteuren*innen für urteilsrelevante Lernprozesse.

Forschungsfragen

Im Rahmen der vorliegenden Arbeit werden Prozesse der politischen Urteilsbildung von Jugendlichen zur komplexen Problemstellung „Landwirtschaft und Ernährung als Transformations- und Konfliktfeld einer nachhaltigen Entwicklung" sowie ihre Förderung in einem mehrwöchigen Unterrichtsprojekt mit außerschulischen Begegnungen im Rahmen einer Interventions- und Interviewstudie untersucht. Die übergreifende Forschungsfrage lautet:

*Wie entwickeln sich politische Urteile von Jugendlichen im Themenfeld Landwirtschaft und Ernährung im Rahmen eines Unterrichtsprojektes unter dem Eindruck außerschulischer Begegnungen mit regionalen Akteur*innen einer nachhaltigen Entwicklung?*

6 Ziele und Fragestellungen

Gemäß der sowohl anwendungs- als auch grundlagenorientierten Zielstellung der Arbeit steht damit sowohl die (stärker deduktiv ausgerichtete) Evaluation der Lerneinheit hinsichtlich ihres urteilsfördernden Potenzials, als auch die (stärker induktiv ausgerichtete) Rekonstruktion politischer Sinnbildungs- und Urteilsprozesse mit Blick auf die außerschulischen Begegnungen im Mittelpunkt. Aufgrund dieses dualen Fokus werden zwei forschungsmethodische Zugänge miteinander kombiniert (siehe Abschn. 3.5), wie der Abbildung 6.1 zu entnehmen ist. Die damit verbundenen Fragestellungen werden nachfolgend separat präsentiert und erläutert.

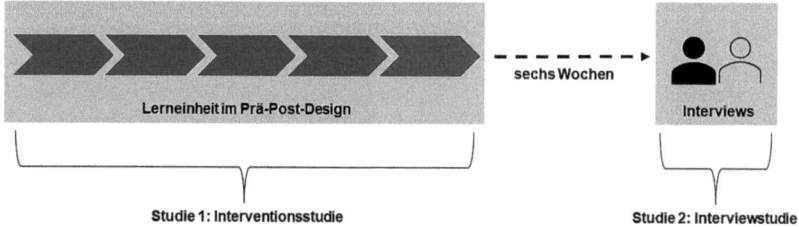

Abbildung 6.1 Forschungsvorhaben. (Eigene Darstellung)

Studie 1: Interventionsstudie zur Analyse und Förderung politischer Urteilsbildung zum Transformationsfeld Landwirtschaft und Ernährung
Das Ziel der Interventionsstudie (Kap. 7) ist zu untersuchen, inwieweit die Lerneinheit als didaktische Intervention Prozesse der politischen Urteilsbildung zu unterstützen vermochte. Widersprüche, Komplexität und Mehrperspektivität kennzeichnen Problemstellungen nachhaltiger Entwicklung und stellen hohe Anforderungen an politische Urteilsprozesse (Riß & Overwien, 2010). Es stellt sich die Frage, wie Lernende zu einem politischen Urteil gelangen und wie sich die Urteilsbildung unterstützen lässt. Unter Berücksichtigung der Prämisse, dass Urteilen immer nur konkret zu einem bestimmten Thema stattfinden kann, wurde eine Lerneinheit zu einer exemplarischen Problemstellung einer nachhaltigen Entwicklung konzipiert, die als Forschungsrahmen fungiert.

Forschungsfrage 1: Inwieweit unterstützt die Lerneinheit Prozesse der politischen Urteilsbildung?

a. Welche themenspezifischen Vorstellungen und Positionierungen zum Transformationsfeld Landwirtschaft und Ernährung zeigen sich bei den Jugendlichen und (wie) entwickeln sich diese weiter?
b. Welche Besonderheiten der Urteilsentwicklung lassen sich nachvollziehen?
c. Inwieweit verändern sich durch die Teilnahme an der Lerneinheit motivationale und einstellungsbezogene Aspekte?

Die Ausrichtung der didaktischen Intervention orientiert sich an den extrahierten Ansatzpunkten einer politischen Nachhaltigkeitsbildung – jene konnten didaktisch, d. h. mit Blick auf die Ziele des Lernbereiches begründend, hergeleitet werden (Öhman & Östman, 2019; Van Poeck & Östman, 2020; Sund & Öhman, 2013; siehe 2.5.2). In der Lerneinheit wird ein problem- und konfliktorientierter (Reinhardt, 2022; Reinmann & Mandl, 2006) mit erfahrungsorientiertem außerschulischen Zugang (Juchler, 2022) kombiniert und erprobt (siehe Abschn. 5.2). Es kann angenommen werden, dass problemorientierte Elemente in nachhaltigkeitsbezogenen Lernsituationen für die politische Urteilsbildung relevante Lernprozesse fördern (Kirsop-Taylor et al., 2020). Außerschulisches Lernen wird das Potenzial zugesprochen, das Lernen komplexer Zusammenhänge zu fördern (Baar & Schönknecht, 2018; Clausen, 2015; Gorr, 2021; Kietz & Messerschmidt, 2013; Siebert, 2007). Aus der Perspektive der Politikdidaktik liegt das Potenzial außerschulischen Lernens in der Auseinandersetzung mit der konstitutiven Mehrperspektivität von gesellschaftlichen Tatbeständen und der Förderung der politischen Urteilsbildung:

> Die Erfahrung von und reflexive Auseinandersetzung mit unterschiedlichen Perspektiven bietet den Besucherinnen und Besuchern außerschulischer Lernorte die Möglichkeit der Bildung eines eigenständigen politischen Urteils über die jeweils infrage stehenden politischen Gegenstände. Außerschulische politische Lernorte eröffnen im Hinblick auf die Ausbildung politischer Urteilsfähigkeit vielfältige Sichtweisen und Chancen zur Reflexion derselben. (Juchler, 2018, S. 140)

Sowohl zur Fähigkeit zur politischen Urteilsbildung und ihrer Förderung als auch zum Einsatz und zur Wirkung außerschulischer Begegnungen existieren bisher kaum empirische Erkenntnisse. Für die didaktische Verzahnung problem- und konfliktorientierter und außerschulischer Elemente liegen ebenfalls keine Befunde zur Wirksamkeit vor. Empirische Befunde im Kontext einer Bildung für nachhaltige Entwicklung und Globalen Lernens liefern jedoch Hinweise auf die Schwierigkeiten im Umgang mit Komplexität (Fischer et al., 2015; Holfelder, 2018; Marchand, 2015). Aus allen Forschungsarbeiten wird ein Handlungsbedarf an die Politische Bildung adressiert.

Das Ziel der Interventionsstudie besteht in der Entwicklung und Erprobung einer Lerneinheit mit außerschulischen Anteilen zur Förderung der politischen Urteilsbildung bei Jugendlichen zum Thema Landwirtschaft und Ernährung. Die Forschungsfrage 1 bezieht sich auf die Evaluation der Lerneinheit und untersucht, inwieweit Prozesse der Urteilsbildung unterstützt bzw. angeregt werden konnten. Die Unterfragen a, b und c beziehen sich zum einen auf die urteilsrelevanten Veränderungen im Rahmen der Eingangs- und Abschlusserhebung vor und nach der siebenwöchigen Lerneinheit. Analysiert werden die themenspezifischen Vorstellungen und Positionierungen; darüber hinaus sollte die Performanz des Analysierens und Urteilens aufgabenbezogen, in einer bestimmten Anforderungssituation durch die Bestimmung von Komplexitätsniveaus zu zwei Messzeitpunkten erhoben und im Hinblick auf Veränderungen und Besonderheiten untersucht werden (Forschungsfrage 1a und 1b). Jene Aspekte werden als Indikatoren für einen Lernfortschritt mit Blick auf die politische Urteilsbildung durch die konzipierte Lerneinheit herangezogen. Zum anderen wird diese Analyse durch eine Prüfung der motivations- und einstellungsbezogenen Effekte ergänzt (Forschungsfrage 1c): Inwieweit verändern sich durch die Bearbeitung der Lerneinheit das Interesse, die Motivation sowie nachhaltigkeitsbezogenen Einstellungen? Motivation, Interesse sowie Einstellungen haben einen entscheidenden Einfluss auf den Lernprozess, wie zahlreiche Studien belegen (Schiefele & Schaffner, 2020). Insbesondere in der Auseinandersetzung mit komplexen Themenstellungen beeinflussen motivationsbezogene Variablen als zentrale Determinanten die Informationsverarbeitung (Hart et al., 2009; Sinatra et al., 2014; Stroebe, 2014) und sind insofern auch für die Urteilsbildung entscheidend (Plessner, 2011; siehe auch Abschn. 3.2.1). Zudem wird angenommen, dass die Bereitschaft zu einer vertieften Elaboration von dem Grad der Involviertheit und der persönlichen Relevanz abhängt (Petty et al., 1981; Plessner, 2011, S. 58). Einstellungen gelten als „zeitstabile Urteile" (Betsch et al., 2011, S. 5); entsprechend haben sie einen Einfluss auf konkret zu fällende, themen- und fallbezogene Urteile. In der vorliegenden Arbeit wird die affektive Bewertung des Nachhaltigkeitsdiskurses sowie die Selbstwirksamkeitsüberzeugung bezüglich des eigenen Konsum- und Ernährungsverhaltens betrachtet. Da es im Kontext der Studie an ausreichend gesichertem Vorwissen fehlt, können keine Forschungshypothesen aufgestellt werden (Döring, 2022, S. 149–152).

Studie 2: Interviewstudie ex post zur Analyse politischer Reflexions- und Sinnbildungsprozesse

Das Ziel der Interviewstudie (Kap. 8) ist, zu untersuchen, welche Reflexions- und Sinnbildungsprozesse durch das Unterrichtsprojekt angebahnt wurden und welche Bedeutung dabei den außerschulischen Begegnungen zukommt. Insbesondere mit Blick auf das kontroverse Verhältnis der außerschulischen Akteur*innen zueinander stellt sich die Frage, inwieweit es den Lernenden gelingt, vom konkret Erfahrenen zu abstrahieren und systemische Einsichten zu gewinnen, in denen die Komplexität der Problemstellung reflektiert wird.

Forschungsfrage 2: Welche Reflexions- und Sinnbildungsprozesse konnten im Rahmen des Unterrichtsprojektes auf welche Weise angeregt werden?

a. Woran erinnern sich die Jugendlichen? Wie wird der Lerngegenstand rekonstruiert?
b. Welche Schlussfolgerungen ziehen die Jugendlichen im Rahmen des Unterrichtsprojektes?
c. Wie beurteilen die Jugendlichen die Bedeutung des außerschulischen Lernens für ihren persönlichen Lern- und Urteilsprozess? Inwiefern war das Lehr-Lern-Arrangement mit Blick auf die Urteilsbildung unterstützend?

*Forschungsfrage 3: Welche Reflexions- und Sinnbildungsprozesse lassen sich in den Reflexionen der Jugendlichen über die außerschulischen Begegnungen mit den Landwirt*innen und den Umweltaktivist*innen identifizieren?*

a. Woran erinnern sich die Jugendlichen? Wie werden die Begegnungen rekonstruiert?
b. Welche Schlussfolgerungen ziehen die Jugendlichen aus den außerschulischen Begegnungen mit regionalen Akteur*innen?
c. Inwiefern integrieren, koordinieren und reflektieren die Jugendlichen über die außerschulisch eingebrachten Sichtweisen? Welche Besonderheiten der Sinnbildung und Muster der Urteilsbildung lassen sich nachvollziehen?

Wie in Kapitel 4 herausgestellt werden konnte, wird dem außerschulischen Lernen allgemeindidaktisch, im Kontext der Nachhaltigkeitsbildung und fachdidaktisch ein lernförderliches Potenzial zugesprochen. Aus Perspektive der Politischen Bildung wird vor allem die Mehrperspektivität außerschulischer Erfahrungen und die Anregung zur Perspektivenübernahme hervorgehoben, die eine zentrale Komponente der politischen Urteilsfähigkeit darstellt (Juchler,

6 Ziele und Fragestellungen

2022). Eine gesellschaftlich-symbolische Perspektivenkoordination entwickelt sich im Jugendalter und frühen Erwachsenenalter (Selman, 1984) und gilt es in Bildungskontexten entsprechend anzuregen (Autorengruppe Fachdidaktik, 2017; siehe Abschn. 3.3.2). Gleichwohl sind für den Bereich der Politischen Bildung kaum theoretische Ansätze und empirische Erkenntnisse vorhanden. Außerschulisches Lernen wird in der Fachdidaktik nicht zuletzt auch im Hinblick auf das interessengeleitete Engagement außerschulischer Akteur*innen und einer möglichen Einflussnahme auf die Schüler*innen kritisch diskutiert (Engartner & Krisanthan, 2016; Kamella, 2015, S. 44). Auch das spannungsreiche Verhältnis von Lebenswelt- und Erfahrungsorientierung und politischem Lernen sowie die Gefahr unangemessener Generalisierungen im Lernprozess stellen mögliche Fallstricke dar (Haller & Wolf, 1979). Die Chancen und Schwierigkeiten einer Integration außerschulischer Begegnungen in den schulischen Politikunterricht gilt es im Zuge einer „Öffnung von Schule" (siehe Abschn. 4.1) empirisch zu prüfen. Hierfür wird ein verstehensorientierter Zugang angewendet. Die subjektiven Sichtweisen der Jugendlichen werden sechs Wochen nach der Teilnahme an der Lerneinheit erhoben und im Hinblick auf die politischen Reflexions- und Sinnbildungsprozesse analysiert. Über die Erinnerungen und Reflexionen der Schüler*innen werden die Erkenntnisgewinne und eröffneten Reflexionspotenziale, die im Rahmen der außerschulischen Begegnungen evoziert werden konnten, untersucht und in Hinblick auf die Frage, inwiefern die politische Urteilsbildung durch außerschulische Begegnungen unterstützt wird, eingeordnet. Die zweite Forschungsfrage befasst sich mit den Anregungspotenzialen des Unterrichtsprojektes, während die dritte Forschungsfrage sich explizit mit den Reflexions- und Sinnbildungsprozessen im Rahmen der außerschulischen Begegnungen auseinandersetzt. Die Analyse möchte das Spektrum der Reflexions- und Sinnbildungsprozesse aufzeigen, um Rückschlüsse auf die angebahnte Urteilsbildung im Zuge außerschulischer, kontroverser Begegnungen zu ziehen.

In den folgenden Kapiteln wird die empirische Forschungsarbeit dokumentiert. Aufgrund der unterschiedlichen Forschungszugänge wurde sich für eine separate Darstellungsweise der Studien in zwei Kapiteln entschieden. Dabei wird zunächst je das methodische Vorgehen begründet dargelegt, woraufhin die Ergebnisse zu den jeweiligen Forschungsfragen präsentiert und diskutiert werden.

Open Access Dieses Kapitel wird unter der Creative Commons Namensnennung 4.0 International Lizenz (http://creativecommons.org/licenses/by/4.0/deed.de) veröffentlicht, welche die Nutzung, Vervielfältigung, Bearbeitung, Verbreitung und Wiedergabe in jeglichem Medium und Format erlaubt, sofern Sie den/die ursprünglichen Autor(en) und die Quelle ordnungsgemäß nennen, einen Link zur Creative Commons Lizenz beifügen und angeben, ob Änderungen vorgenommen wurden.

Die in diesem Kapitel enthaltenen Bilder und sonstiges Drittmaterial unterliegen ebenfalls der genannten Creative Commons Lizenz, sofern sich aus der Abbildungslegende nichts anderes ergibt. Sofern das betreffende Material nicht unter der genannten Creative Commons Lizenz steht und die betreffende Handlung nicht nach gesetzlichen Vorschriften erlaubt ist, ist für die oben aufgeführten Weiterverwendungen des Materials die Einwilligung des jeweiligen Rechteinhabers einzuholen.

7 Interventionsstudie zur Analyse und Förderung politischer Urteilsbildung zum Transformationsfeld Landwirtschaft und Ernährung

Ziel der Interventionsstudie ist es, die Wirksamkeit der Lerneinheit im Hinblick auf die Förderung politischer Urteilsbildungsprozesse zu evaluieren. Unter Berücksichtigung der Prämisse, dass Urteilen immer nur konkret zu einem bestimmten Thema stattfinden kann, wurde exemplarisch eine Lerneinheit zum Transformationsfeld Landwirtschaft und Ernährung konzipiert, die in Kapitel 5 vorgestellt wurde. Die Ausrichtung der didaktischen Intervention orientiert sich an den Ansatzpunkten einer politischen Nachhaltigkeitsbildung und findet Ausdruck in einer problem- und konfliktorientierten sowie einer erfahrungsorientierten, außerschulischen Zugangsweise – jene konnte didaktisch, d. h. mit Blick auf die Ziele und Anforderungen des Lernbereichs begründend, hergeleitet werden (siehe Abschn. 2.6; 3.6; 4.6). Im folgenden Kapitel wird zunächst das methodische Vorgehen dargelegt und begründet, bevor die Ergebnisse präsentiert werden. Die Ergebnisse der Interventionsstudie werden abschließend im Hinblick auf die Forschungsfragen und die forschungsmethodischen Limitationen diskutiert.

7.1 Methode

Im folgenden Kapitel wird das methodische Vorgehen der Interventionsstudie beschrieben. Die Lerneinheit zur komplexen Problemstellung Landwirtschaft und Ernährung, die zur Förderung der politischen Urteilsbildung entwickelt wurde,

---

Ergänzende Information Die elektronische Version dieses Kapitels enthält Zusatzmaterial, auf das über folgenden Link zugegriffen werden kann https://doi.org/10.1007/978-3-658-46149-2_7.

stellt die zu evaluierende didaktische Intervention dar. Der fachliche Hintergrund der Lerneinheit, die theoretisch abgeleiteten und realisierten Gestaltungsprinzipien sowie die konkrete Umsetzung der einzelnen Bausteine wurden im Kapitel 5 ausführlich erläutert. Nachfolgend wird zunächst auf das Untersuchungsdesign, die Durchführung der Erhebungen und die ausgewählte Stichprobe eingegangen. Anschließend erfolgt die Beschreibung der angewandten Erhebungsinstrumente zur Bestimmung urteilsrelevanter Lernprogressionen.

7.1.1 Untersuchungsdesign und -durchführung

Untersuchungsdesign
Die Untersuchung ist als nicht-experimentelle Interventionsstudie mit zwei Messzeitpunkten im Feld angelegt (Döring, 2022, S. 207). Der Schwerpunkt der Studie liegt auf der explorativen Evaluation einer konzipierten Lerneinheit mit außerschulischen Begegnungen mit regionalen Akteur*innen im Transformationsfeld Landwirtschaft und Ernährung, die das Ziel verfolgt, Prozesse der Urteilsbildung anzuregen. Zentral ist dabei die Frage, wie sich themenspezifische Vorstellungen und Positionierungen, die aufgabenbezogene Performanz im Bereich Analysieren und Urteilen sowie motivations- und einstellungsbezogene Aspekte unter dem Eindruck der Lerneinheit weiterentwickeln. Vor dem Hintergrund dieses qualitativ orientierten Erkenntnisinteresses wurde in beiden Schulklassen dieselbe didaktische Intervention angewandt und auf eine Variation der Unterrichtsansätze verzichtet. Ein quasi-experimentelles Design mit dem Gruppenfaktor „außerschulische Begegnung vorhanden/nicht vorhanden" bzw. mit den Lernbedingungen „Lerneinheit mit außerschulischer Begegnung" und „Lerneinheit ohne außerschulische Begegnung" bot sich aufgrund des Erkenntnisinteresses, aber auch aus verschiedenen didaktischen und pädagogischen Gründen nicht an. Durch die komplexe Thematik war eine mehrwöchige Unterrichtseinheit angezeigt; zudem ist bekannt, dass der Lernerfolg außerschulischer Lernsituationen maßgeblich von der schulischen Einbettung abhängt (siehe Abschn. 4.5.3; Schmidt et al., 2011). Aufgrund des zeitlichen Umfangs des Vorhabens und der damit einhergehenden Multivariabilität der Lernsituation wäre ein quasi-experimentelle Anlage und ein Vergleich zwischen Lerngruppen mit und ohne außerschulische Begegnung mit Blick auf die interne und ökologische Validität forschungsmethodisch nicht aussagekräftig.

Zur empirischen Untersuchung wurde vor und nach der Lerneinheit eine Eingangs- und Abschlusserhebung durch einen Fragebogen mit offenen und

7.1 Methode

geschlossenen Items vorgenommen. Die Veränderungen zwischen den zwei Messzeitpunkten wurden *qualitativ-explorativ* und *quantitativ-statistisch* betrachtet, um Rückschlüsse auf die Wirksamkeit der didaktischen Intervention zu ziehen (siehe Kap. 6). Abbildung 7.1 zeigt einen Überblick über die Aspekte der Urteilsbildung, die im Rahmen des Prä-Post-Designs betrachtet wurden.

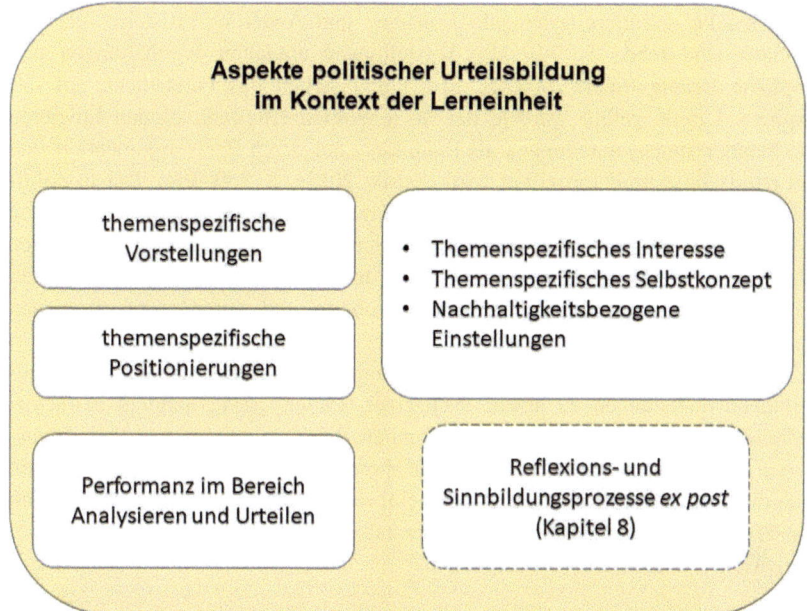

Abbildung 7.1 Aspekte der Urteilsbildung im Rahmen der Interventionsstudie. (Eigene Darstellung)

Nachfolgend wird auf die zugrunde liegenden Konstrukte eingegangen. Die Darstellung der methodischen Umsetzung erfolgt in Abschnitt 7.1.3.

Themenspezifische Vorstellungen und Positionierungen
Im Sinne einer konstruktivistischen Lerntheorie wird angenommen, dass Lern- und Urteilsprozesse auf der Basis bestehender Vorverständnisse und Vorstellungen stattfinden, die es in Bildungsprozessen auszudifferenzieren und zu erweitern gilt (siehe Abschn. 3.3.3 „Zur Förderung politischer Urteilskompetenz"; Reinmann & Mandl, 2006, S. 625 f.; Lutter, 2021). Unter dem Begriff

der Vorstellungen werden mentale Modelle zu einem bestimmten Phänomen oder Sachgebiet verstanden (Kattmann, 2005, S. 166). Vorstellungen stellen einen zentralen Aspekt der Urteilsbildung dar. Während die kognitive Psychologie terminologisch von Wissen spricht (Anderson, 2013), unterstreicht der Begriff der Vorstellungen den Charakter sozial konstruierter Wissensbestände, die als Deutungsmuster wiederum auf Lerngegenstände angewendet werden (Lutter, 2010). Es wird angenommen, dass Schüler*innenvorstellungen durch eine „individuelle orientierungsleitende Kohärenz und Änderungsresistenz" gekennzeichnet sind (ebd., S. 74). Die Vorstellungen enthalten Werthaltungen und implizite Urteile (Seel, 2003, S. 51 f.) und stellen das Fundament, auf das explizite Urteile gefällt werden, dar. In konkreten Urteilssituationen fungieren die Schüler*innenvorstellungen als Prämissen, auf deren Basis argumentiert und ein politisches Urteil formuliert wird (Petrik, 2013a, S. 360–364). Der in politischen Bildungskontexten „angestrebte reflexive 'Um- und Neubau' konzeptuellen Wissens zielt in erster Linie auf die Erweiterung von individuellen Fähigkeiten politischen Urteilens und Handelns" ab, d. h. die Vorstellungen haben sich „in der Bewältigung von politisch geprägten Problem- und Anforderungssituationen zu bewähren" (Lutter, 2021, S. 65).

Das vorliegende Vorhaben leistet keine umfängliche Rekonstruktion von Schüler*innenvorstellungen zu einem Sachgebiet (Lutter, 2021), sondern betrachtet lediglich Vorstellungen und Positionierungen *zu einem spezifischen Unterrichtsthema* vor und nach der Lerneinheit. Auf diese Weise wird untersucht, inwieweit sich diese unter dem Eindruck der Lerneinheit entwickeln. Im Fokus steht damit die Genese der themenspezifischen Vorstellungen und Positionierungen unter spezifischen didaktischen Bedingungen.

Performanz im Bereich Analysieren und Urteilen
Wie in Abschnitt 3.3.2 dargelegt, können sich politische Kompetenzen wie die Analyse- und Urteilsfähigkeit auf verschiedenen Niveaus zeigen. Die Analyse von Argumentationen ermöglicht einen Zugang zu komplexen und für die Urteilsbildung bedeutsamen Denkprozessen (Duncan & Chinn, 2016; Kuhn, 1991; Mercier & Sperber, 2011). Argumentationen sind von einer dialektischen Dynamik gekennzeichnet, die sich zwischen Menschen, aber auch als innerer Dialog ereignen kann (Nussbaum, 2008). Jenes Abwägen ist eine zentrale Dimension der Analyse- und Urteilsfähigkeit (Autorengruppe Fachdidaktik, 2017, S. 146). Petrik (2012, S. 39 f.) zufolge kann über die formal-argumentative Performanz auf das politische Werturteil geschlossen werden.

Unter einer Förderung der politischen Urteilsbildung kann verstanden werden, dass sich der Grad der Komplexität in der Begründung eines Urteils erhöht (GPJE, 2004): Das kann etwa bedeuten, dass sich der Kreis antizipierter Akteur*innen-, Interessen- und Betroffenengruppen erweitert (Perspektivenübernahme), eine elaborierte Folgenreflexion gelingt sowie neben subjektiv-privaten Bezügen zunehmend systemisch-sozialwissenschaftliche Bezüge möglich sind (siehe Abschn. 3.2.2). Für die Auswertung war ursprünglich vorgesehen, die formale Komplexität der Argumentation in Anlehnung an das Vorgehen von Osborne et al. (2004) zu bestimmen. Sie unterscheiden fünf Niveaus: Auf dem niedrigsten Niveau finden unbegründete Behauptungen statt, Steigerungen der Niveaus ergeben sich aus einer zunehmenden Anzahl an Begründungselementen und dem Antizipieren von Einwänden.

Das Item, mit welchem die Performanz im Bereich Analysieren und Urteilen betrachtet werden sollte, konnte jedoch nicht ausgewertet werden (siehe Abschn. 7.1.4).

Themenspezifisches Selbstkonzept, themenspezifisches Interesse, nachhaltigkeitsbezogene Einstellungen
Interesse, Selbstkonzept sowie Einstellungen stellen relevante Facetten von Lernprozessen dar (Schiefele & Schaffner, 2020; Weinert, 2001; siehe Abschn. 2.2). Sie haben einen Einfluss auf die Informationsverarbeitung in der Auseinandersetzung mit komplexen Themenstellungen und deren Bewertung (Hart et al., 2009; Sinatra et al., 2014). Sie stellen Bedingungen des Lernens und Urteilens, aber auch eigens zu fördernde Lernziele dar. Die Förderung von Interesse und intrinsischer Motivation wirkt sich günstig auf das Lernen aus, etwa wenn die Bedeutsamkeit des Lerngegenstands erfasst wird (Schiefele & Schaffner, 2020). Ein positives Selbstkonzept über die eigenen Fähigkeiten in einem bestimmten Bereich (Fähigkeitsselbstkonzept) kann sich, vermittelt über die Lernmotivation, positiv auf das Lernen in diesem Bereich auswirken (Hattie, 2013; Möller & Trautwein, 2020; Moschner & Dickhäuser, 2018). Das politische Interesse und eine positive Einschätzung der eigenen Fähigkeit, politische Themen zu verstehen, haben einen Einfluss auf die zivilgesellschaftliche Beteiligungsbereitschaft und die tatsächliche Beteiligung (Baumert et al., 2016; Westle, 2012). Im Kompetenzmodell von Detjen et al. (2012) zur Politikkompetenz stellen die einstellungs- und motivationsbezogenen Konstrukte – neben Fachwissen und Urteils- und Handlungsfähigkeit – zentrale Kompetenzfacetten dar, die sich fördernd auf die anderen Facetten auswirken (siehe auch Landwehr, 2017). Vor diesem Hintergrund kann angenommen werden, dass die genannten Konstrukte für den Bereich der politischen Urteilsbildung von zentraler Bedeutung sind. Wie im Abschnitt 3.2.1 dargelegt, sind für eine elaborierte Urteilspraxis, die mit einem

hohen kognitiven Aufwand verbunden ist, Motivation und das Empfinden persönlicher Relevanz zentrale Einflussgrößen. Da sie die Verarbeitungsmotivation und somit die Tiefe der Verarbeitung (Elaboration) positiv beeinflussen können (Stroebe, 2014, S. 242), können sie sich damit auf die Urteilsbildung auswirken.

In der vorliegenden Studie wurden motivationale und einstellungsbezogene Aspekte vor und nach der Lerneinheit betrachtet. Die Konstrukte wurden dabei nicht global erfasst, sondern bereichsspezifisch, d. h. mit Blick auf die inhaltliche Ausrichtung der didaktischen Intervention. Erhoben wurde das themenspezifische Selbstkonzept im Umgang mit komplexen Problemstellungen, das themenspezifische Interesse zum Themenfeld Landwirtschaft und Ernährung als Konfliktfeld einer nachhaltigen Entwicklung und nachhaltigkeitsbezogene Einstellungen, wie etwa die Selbstwirksamkeitsüberzeugung im Bereich Konsum- und Ernährungsverhalten (kognitive Ausrichtung bezüglich Effektivität der eigenen Einflussnahme) und die Bewertung des Nachhaltigkeitsdiskurses (affektive Ausrichtung bezüglich der gesellschaftlichen Thematisierung). Einstellungen zum Ernährungs- und Konsumverhalten (verhaltensbezogene Ausrichtung) sowie zur Beurteilung staatlichen Eingreifens (kognitive Ausrichtung) wurden erhoben, aber nicht ausgewertet, da sich die Skalen als inkonsistent erwiesen (siehe Abschn. 7.1.3). Darüber hinaus wurden in der Abschlusserhebung die Konstrukte zum subjektiven Lernzuwachs und zur Akzeptanz des außerschulischen Lernens erhoben.

Untersuchungsdurchführung

Im Rahmen der vorliegenden Forschungsarbeit wurde die konzipierte didaktische Intervention in vier Durchgängen erprobt. Die erste Durchführung fungierte als Pilotstudie. Sie diente der Erprobung und Weiterentwicklung der Lerneinheit hinsichtlich der didaktischen Aufbereitung der Themenstellung und Integration der außerschulischen Begegnungen sowie der Pilotierung der Erhebungsinstrumente. Ein weiterer Durchgang musste aus organisatorischen Gründen vorzeitig abgebrochen werden. Somit werden in der vorliegenden Untersuchung zwei Durchgänge vollständig betrachtet, die im Folgenden mit *Schulklasse 1* und *Schulklasse 2* betitelt werden. Der Erhebungszeitraum umfasst die Jahre 2018/2019.

Die siebenwöchige Lerneinheit mit außerschulischen Begegnungen wurde als Unterrichtsprojekt in den regulären Fachunterricht integriert (zur Konzeption und zum Aufbau der Lerneinheit siehe Abschn. 5.3). Die Kooperationen zu den Schulen und Lehrkräften wurden speziell für das Forschungsanliegen initiiert; entsprechende Genehmigungen wurden bei den Schulleitungen eingeholt. Im Vorfeld zur Durchführung wurden die Erziehungsberechtigen durch einen Elternbrief

7.1 Methode

über das Projekt und die begleitende Untersuchung aufgeklärt und um Einverständnis gebeten.[1] Der Ablauf der Untersuchung ist in der Tabelle 7.1 aufgeführt, aus der die einzelnen Untersuchungsschritte hervorgehen.

Tabelle 7.1 Ablauf der Untersuchung

Stunde	Lehr-Lern-Arrangement	Untersuchungsschritt
0		**Eingangsdiagnostik** Argumentationsaufgabe & Fragebogen
1	Landwirtschaft und Ernährung als Konfliktfeld einer nachhaltigen Entwicklung	*Audiomitschnitt*
2	Entwicklungen und Konflikte in der Landwirtschaft	*Audiomitschnitt*
3	Politik der Milch – Landwirtschaft und globalisierte	*Audiomitschnitt*
4	Außerschulische Begegnung mit konventionellen Landwirt*innen	*Audiomitschnitt & Reflexionspapier*
5	Exportorientierung. Das Für und Wider einer exportorientierten Milchwirtschaft	*Audiomitschnitt*
6	Außerschulische Begegnung mit den Umweltaktivist*innen	*Audiomitschnitt & Reflexionspapier*
7	Wie kann der Wandel der Landwirtschaft und Ernährung zur Nachhaltigkeit gelingen?	*Audiomitschnitt*
8		**Abschlussdiagnostik** Argumentationsaufgabe & Fragebogen
Sechs Wochen später:		
		Episodische Interviews zu Reflexions- und Sinnbildungsprozessen (siehe Kap. 8)

Die Eingangserhebung fand nach einer Begrüßung in der ersten Hälfte der ersten Doppelstunde statt (45 Min.); die Abschlusserhebung fand in der zweiten Hälfte der letzten Doppelstunde statt (45 Min.). Die Schüler*innen wurden im

---

[1] Weitere Ausführungen zu den forschungsethischen Vorkehrungen finden sich in Abschnitt 7.1.5.

Vorfeld durch die verantwortliche Lehrkraft über das Vorhaben und den Ablauf der Erhebung informiert. Vor der ersten Bearbeitung des Fragebogens erhielten die Schüler*innen im Rahmen der Begrüßung die Möglichkeit, Fragen zu stellen. Ihnen wurde die vertrauliche und anonymisierte Behandlung ihrer Daten zugesichert. Fragen, die sich auf das Verständnis der Items bezogen, wurden beantwortet – inhaltliche Fragen hingegen nicht, um die Untersuchung nicht zu beeinflussen. Von jeder Unterrichtsstunde wurden Audiomitschnitte und zum Teil auch Reflexionspapiere von den Schüler*innen angefertigt, die im Rahmen der vorliegenden Studie jedoch nicht berücksichtigt werden. Das Treffen fand bei der ersten Durchführung aufgrund inklusionsbedingter Besonderheiten der Lerngruppe in der Schule statt, die zweite Durchführung erfolgte in Räumlichkeiten der örtlichen Universität.

Die Interviewstudie *ex post* zur qualitativen Rekonstruktion längerfristiger, für die Urteilsbildung bedeutsamer Reflexions- und Sinnbildungsprozesse stellte den letzten Untersuchungsschritt dar und wird separat in Kapitel 8 dokumentiert.

Die gesamte Lerneinheit wurde von der forschenden Person durchgeführt. Dies war im Rahmen der schulischen Kooperationen und forschungspraktisch nicht anders zu ermöglichen und hatte den Vorteil, dass ein *treatment check* somit entfiel, um die erwünschte Umsetzung der Interventionsmaßnahme zu gewährleisten.

7.1.2 Stichproben

An der Untersuchung nahmen insgesamt 43 Schüler*innen des 11. Jahrgangs der gymnasialen Oberstufe teil – 25 Schülerinnen und 15 Schüler, drei Personen machten dazu keine Angabe.[2] Vollständige Daten zu zwei Messzeitpunkten bestehen bei 34 Personen. Das durchschnittliche Alter der Schüler*innen lag bei 17 Jahren ($M = 16.58$, $SD = .73$). Die Untersuchungsgruppen stellen die Lerngruppen zweier Politikkurse dar. Die Teilnahme an der Lerneinheit war durch die Implementation in den Fachunterricht nicht freiwillig, die Teilnahme an den Studien (Eingangs- und Abschlusserhebung; Interviews) war den Schüler*innen jedoch freigestellt. Entsprechend des bundeslandspezifischen Kerncurriculums

---

[2] Die Kategorie *divers* stand als Antwortmöglichkeit nicht zur Auswahl. Zum Zeitpunkt der Erhebung waren der sehr dynamische Diskurs und auch die Sensibilität für eine Kritik der Zweigeschlechtigkeit gesellschaftlich noch nicht derart verallgemeinert, sodass – in methodischer Hinsicht, nicht inhaltlich – hier von einem intuitiven Verständnis der befragten Schüler*innen nicht auszugehen gewesen war und daher mögliche Verunsicherungen im Antwortverhalten vermieden werden sollten.

sollen sich die Schüler*innen u. a. mit dem Themenfeld *Globale politische und ökonomische Prozesse* auseinandersetzen.

In den zwei Schulklassen wurde die gleiche didaktische Intervention durchgeführt. Dennoch ist es mit Blick auf die Aussagekraft der Ergebnisse angezeigt, die Untersuchungsgruppen nicht zu einer Stichprobe zusammenzufassen. Die Schulklassen stellen Arbeitsbündnisse dar, die an einem spezifischen Unterricht teilgenommen haben, weshalb lerngruppenspezifische Unterschiede in den Ergebnissen möglich sind. Im Rahmen der Auswertung und Ergebnisdarstellung werden die jeweiligen Werte sowohl einzeln für die Schulklassen angegeben als auch in der Summe präsentiert.

Schulklasse 1
Die Schüler*innen der Schulklasse 1 des zweiten Untersuchungszyklus besuchten den 11. Jahrgang. Die Lerngruppe bestand insgesamt aus 20 Personen: 13 Schülerinnen, sechs Schülern und eine Person machte dazu keine Angabe. Im Rahmen der Prä-Post-Erhebung konnten 16 Teilnehmende berücksichtigt werden; jene waren zum Zeitpunkt der Eingangs- und Abschlusserhebung im Schulunterricht anwesend und füllten die Fragebögen und Tests aus. Das Durchschnittsalter lag bei 16 Jahren ($M = 16.3$, $SD = .8$). Die letzten Schulnoten in den Fächern Politik, Biologie, Physik, Philosophie bzw. Religion und Deutsch lagen im Mittel bei 2.23 ($SD = .72$; Politik: $M = 2.32$, $SD = .67$; Biologie: $M = 2.11$, $SD = .81$; Physik: $M = 2.37$, $SD = .65$; Philosophie/Religion: $M = 2.05$, $SD = .85$; Deutsch: $M = 2.32$, $SD = .58$). Ein Drittel der Befragten hat einen oder zwei Erziehungsberechtigte mit einem Hochschulabschluss.

Eingebunden wurde das Unterrichtsprojekt in das Fach Politik-Wirtschaft, wobei Stundenanteile aus dem Fach Erdkunde genutzt wurden. Aufgrund dessen standen mehrere Unterrichtsstunden innerhalb einer Woche zur Verfügung. Das Vorwissen der Lernenden konnte der Lehrkraft zufolge als gering eingeschätzt werden. In Berührung kam die Klasse mit Fragen um Nachhaltigkeit laut Angaben der Lehrkraft im Erdkundeunterricht des vergangenen Halbjahres. Eine gruppendynamische Besonderheit bestand darin, dass die Klasse erst kürzlich komplett neu zusammengesetzt wurde, wobei außerdem vier Schüler*innen mit Hörschädigung inkludiert wurden.

Schulklasse 2
Der dritte Untersuchungszyklus mit der Schulklasse 2 fand im Politik-Wirtschaft-Kurs einer 11. Klasse statt, den insgesamt 23 Personen besuchten – zwölf Schülerinnen und neun Schüler; zwei Personen machten keine Angabe. Im Rahmen der Prä-Post-Erhebung konnten 18 Teilnehmende berücksichtigt werden.

Zwei Schülerinnen besuchten die Schule im Rahmen eines Schüleraustauschs; die Fragebögen wurden aufgrund geringer Deutschkenntnisse aus der Datenanalyse ausgeschlossen. Drei weitere Personen waren bei der Eingangs- und Abschlusserhebung nicht anwesend. Das Durchschnittsalter betrug 17 Jahre ($M = 16.86$, $SD = .66$).

Die letzten Schulnoten in den Fächern Politik, Biologie, Physik, Philosophie bzw. Religion und Deutsch lagen im Mittel bei 2.46 ($SD = .88$; Politik: $M = 2.33$, $SD = .78$; Biologie: $M = 2.82$, $SD = .81$; Physik: $M = 2.62$, $SD = 1.12$; Philosophie/Religion: $M = 2.5$, $SD = .91$; Deutsch: $M = 2.05$, $SD = .78$). Zwei Drittel der Befragten gaben an, dass ein oder zwei Erziehungsberechtigte über einen Hochschulabschluss verfügen.

Eingebunden wurde das Unterrichtsprojekt in das Fach Politik-Wirtschaft. Das Vorwissen der Lernenden konnte der Lehrkraft zufolge als heterogen eingeschätzt werden und sei ebenfalls vor allem im Erdkundeunterricht vermittelt worden.

7.1.3 Instrumente: Fragenbogenerhebung im Prä-Post-Design

Zur Erhebung der für die politische Urteilsbildung bedeutsamen Lernprozesse, die möglicherweise im Rahmen der Lerneinheit angebahnt werden konnten, wurden die Konstrukte (siehe 7.1.1) *themenspezifische Vorstellungen und Positionierungen*, *Performanz im Bereich Analysieren und Urteilen*, *themenspezifisches Selbstkonzept*, *themenspezifisches Interesse* und *nachhaltigkeitsbezogene Einstellungen* untersucht und zu deren Erfassung ein Fragebogen konzipiert. Die Wahl des Erhebungsinstruments fiel auf den Fragebogen, da auf diese Weise alle Schüler*innen der Lerngruppen befragt werden konnten und so ein umfassendes Bild über potenzielle Konzeptdifferenzierung, Zuwächse hinsichtlich des Argumentationsniveaus und motivations- und einstellungsbezogene Effekte erfasst werden konnte. Je nach Konstrukt wurden offene oder geschlossene Items eingesetzt. Um die Wirkung der didaktischen Intervention zu prüfen, wurde eine Prä- und Post-Messung mit denselben Proband*innen durchgeführt (Döring, 2022, S. 209–212).

Im Folgenden werden die Erhebungsinstrumente vorgestellt.

Themenspezifische Vorstellungen und Positionierungen
Zur Erhebung der themenspezifischen Vorstellungen und Positionierungen wurden die Schüler*innen vor und nach der Lerneinheit mit offenen Items befragt. Die ersten beiden Fragen des Fragebogens bezogen sich auf die Entwicklung der

Landwirtschaft und die damit verbundenen Auswirkungen (Frage 1a: „Wie hat sich die Landwirtschaft in den letzten Jahrzehnten verändert und welche Auswirkungen hat das?") und die persönliche Meinung zur modernen Landwirtschaft (Frage 1b: „Wie ist Ihre Meinung zur modernen Landwirtschaft? Bitte begründen Sie Ihre Einschätzung."). Sie zielen einerseits auf das Vorwissen zur Thematik und andererseits auf eine Positionierung der Jugendlichen ab. Auf diese Weise sollen das grundsätzliche Verständnis sowie etwaige Weiterentwicklungen infolge der didaktischen Intervention erfasst werden.

Performanz im Bereich Analysieren und Urteilen
Zur weiteren Untersuchung der Performanz im Bereich Analysieren und Urteilen wurden die Schüler*innen vor und nach der Lerneinheit aufgefordert, eine Argumentationsaufgabe unter der Überschrift *Konfliktfeld „zukunftsfähige" Landwirtschaft* zu bearbeiten. Mit dieser Anforderungssituation sollte getestet werden, ob sich eine Komplexitätszunahme in der Argumentation der Schüler*innen feststellen lässt. Hierfür wurden die Schüler*innen mit einem fiktiven Zukunftsszenario konfrontiert: Für die Region soll beschlossen werden, dass lediglich eine ökologisch ausgerichtete Landwirtschaft betrieben werden und ein Großteil der regionalen Versorgung über direkten Verkauf zwischen Verbraucher*innen stattfinden soll (siehe Abschn. 5.1). Zunächst wurden die Proband*innen zu einem Abwägen der Pro- und Contra-Argumente aufgefordert. Im zweiten Teil der Aufgabe wurden die Schüler*innen gebeten, zur Frage, ob die Maßnahme ihrer Meinung nach durchgesetzt werden soll, Stellung zu beziehen und ihre Meinung zu begründen („Was spricht dafür, was spricht dagegen? Nennen Sie möglichst viele Pro- und Contra-Argumente." und „Sollte die Maßnahme Ihrer Meinung nach durchgesetzt werden? Nehmen Sie begründet Stellung zu dieser Frage."). Zur Anregung wurde der Hinweis gegeben, man könne beispielsweise auf verschiedene Perspektiven und Interessen, kurz- und langfristigen Handlungsfolgen, die regionale und globale Bedeutung sowie Werte, die für sie in dem Zusammenhang eine Rolle spielen, eingehen. Die Aufgabe zielte darauf ab, einen empirischen Eindruck davon zu erhalten, inwieweit es den Lernenden gelingt, sach- und wertbezogene Aspekte abzuwägen und ein politisches Urteil zu formulieren. Im Rahmen der Auswertung der Schüler*innenargumentationen sollte untersucht werden, inwieweit die Stellungnahmen in ihrer Begründung an Komplexität gewinnen, um Erkenntnisse darüber zu generieren, ob eine elaboriertere Urteilsbildung angeregt werden konnte.

Erhebung motivations- und einstellungsbezogener Effekte
Zur Erhebung der motivations- und einstellungsbezogenen Effekte wurden die Schüler*innen mit geschlossenen Items befragt. Diese Items wurden im Rahmen einer Pilotierung getestet und zu Skalen zusammengefasst, die mit Blick auf ihre interne Konsistenz (Cronbachs Alpha) geprüft wurden. Alle Skalen wurden über die Selbsteinschätzung der Jugendlichen erhoben. Auf einer sechsstufigen Antwortskala wurde den Aussagen von „stimmt überhaupt nicht" bis „stimmt genau" von den Proband*innen eingeschätzt. Alle nachfolgend präsentierten Skalen liefern lediglich Hinweise für die Ausprägungen der jeweiligen Konstrukte. Alle Skalen und ihre jeweiligen Items sind im Anhang 1 im elektronischen Zusatzmaterial einsehbar.

Motivationsbezogene Aspekte. Die Erhebung motivationaler Lernvoraussetzungen erfolgte anhand verschiedener Skalen. Vor und nach der Lerneinheit wurde das *themenspezifische Interesse* und das *themenspezifische Selbstkonzept* bezüglich des Umgangs mit Komplexität erhoben. In den Formulierungen der jeweiligen Items wurde sich an Tyroller (2005) und Krause (2007) orientiert. Die Skalen umfassten *a priori* und *a posteriori* dieselben Items.

Die Skala zum *themenspezifischen Selbstkonzept* im Umgang mit Komplexität umfasste Items, die das Wissen um verschiedene Perspektiven (z. B. „Ich kenne verschiedene Perspektiven auf das Konfliktfeld Landwirtschaft.") sowie affektiv-emotionale Dimensionen im Hinblick auf die Beurteilung (z. B. „Die Beurteilung komplexer politischer Problemstellungen um Nachhaltigkeit fällt mir schwer.") erfassen. Dabei ist ebenfalls von Bedeutung, ob nachhaltigkeitsbezogene Problemstellungen eher als überfordernd (z. B. „Komplexe politische Problemstellungen um die Zukunft der Land- und Ernährungswirtschaft überfordern mich.") oder anregend erlebt werden (z. B. „Die Komplexität von Fragen rund um das Thema Nachhaltigkeit regt mich zum Nachdenken an.").

Das *themenspezifische Interesse* umfasste Items, die das Interesse an Landwirtschaft und Ernährung sowie an Fragen einer nachhaltigen Entwicklung (z. B. „Ich finde die Auseinandersetzung mit Fragen einer nachhaltigen und zukunftsfähigen Gesellschaft spannend."), an Problemen der modernen Landwirtschaft (z. B. „Ich finde es spannend, mich mit Problemen der modernen Landwirtschaft auseinanderzusetzen.") sowie an regional-globalen Zusammenhängen (z. B. „Ich finde es spannend, Regionales in einen globalen Zusammenhang zu setzen.") erfassen. Die Skalen umfassten ebenfalls *a priori* und *a posteriori* dieselben Items.

Im Rahmen der Abschlussdiagnostik wurden außerdem Skalen zum subjektiv empfundenen Lernzuwachs sowie zur Akzeptanz der außerschulischen Lernform eingesetzt. Die Skala zum *subjektiven Lernzuwachs* umfasste sieben Items. Auf einer sechsstufigen Skala schätzten die Jugendlichen ein, inwieweit sie den Eindruck haben, etwas gelernt zu haben (z. B. „Ich habe das Gefühl, durch die Auseinandersetzung mit den komplexen Zusammenhängen der Land- und Ernährungswirtschaft in der Region viel gelernt zu haben."), ein tieferes Verständnis erlangt zu haben (z. B. „Durch das Unterrichtsprojekt habe ich ein tieferes Verständnis ernährungswirtschaftlicher Zusammenhängen erlangt.") sowie insbesondere durch die außerschulischen Begegnungen etwas gelernt zu haben (z. B. „Durch die Begegnung mit der Vertreterin [der NGO] habe ich etwas dazugelernt."[3]).

Die mit Blick auf eine höhere Reliabilität um ein Item bereinigte Skala zur *Akzeptanz des außerschulischen Lernens* bildete die Einschätzung der Schüler*innen ab, inwieweit die Integration außerschulischer Anteile positiv bewertet wird und als erwünscht gelten kann (z. B. „Ich würde die Integration außerschulischer Begegnungen in den Unterricht empfehlen.").

Die folgende Tabelle 7.2 gibt einen Überblick über die Skalen und deren Reliabilitätskoeffizienten. Im Rahmen der statistischen Auswertung wurden nur jene Skalen ausgewertet, die einen akzeptablen Wert der internen Konsistenz aufwiesen (Cronbachs Alpha nicht unter .6) – dies trifft auf alle unten aufgeführten Skalen zu; alle anderen wurden aus der Auswertung ausgeschlossen. Lediglich bei der zuletzt aufgeführten Skala (Akzeptanz des außerschulischen Lernens) wurde aufgrund der Zwei-Item-Skala nicht Cronbachs Alpha, sondern der Spearman-Brown-Koeffizient zur Reliabilitätsanalyse berechnet (Eisinga et al., 2013).

---

[3] Der Name der NGO bzw. Umweltschutzorganisation, mit der im Rahmen der Studien kooperiert wurde, wird im Rahmen der vorliegenden Forschungsarbeit anonymisiert, weshalb an dieser Stelle nicht das Originalitem genannt wird.

Tabelle 7.2 Skalen zur Erfassung motivationaler Lernvoraussetzungen. Beispielitems, Itemanzahl und interne Konsistenz (Cronbachs α) bzw. Spearman-Brown-Koeffizient

Motivationale Aspekte						
			Schulklasse 1		Schulklasse 2	
Variable	Beispielitem	N	α T1	α T2	α T1	α T2
Im Rahmen der Eingangs- und Abschlussdiagnostik						
Themenspezifisches Interesse	Ich interessiere mich für die kontroverse Frage, wie die Landwirtschaft der Zukunft aussehen sollte.	15	.77	.94	.82	.77
Themenspezifisches Selbstkonzept	Ich kenne verschiedene Perspektiven auf das Konfliktfeld Landwirtschaft.	8	.73	.77	.73	.84
Nur im Rahmen der Abschlussdiagnostik						
Subjektiver Lernzuwachs	Durch die intensive Beschäftigung mit dem Thema fühle ich mich nun sicherer, mich zu den kontroversen Fragen zu äußern.	7		.91		.62
Akzeptanz des außerschulischen Lernens	Ich würde gerne öfter Unterrichtsprojekte mit außerschulischen Anteilen erleben.	2		.8[1]		.85[1]

1 Reliabilitätsanalyse durch die Berechnung des Spearman-Brown-Koeffizienten

Nachhaltigkeitsbezogene Einstellungen. Zur Erhebung nachhaltigkeitsbezogener Einstellungen wurden zwei Skalen mit jeweils drei Items entwickelt, die ebenfalls mit einer sechsstufigen Likert-Skala erhoben wurden (von 1 „stimmt überhaupt nicht" bis 6 „stimmt genau"). Sie zielten auf die *Selbstwirksamkeitsüberzeugung im Bereich des eigenen Konsum- und Ernährungsverhaltens* sowie eine *Bewertung des Nachhaltigkeitsdiskurses*: Durch die Items wurde etwa erfasst, wie sehr die Jugendlichen den Eindruck haben, durch ein entsprechendes Ernährungsverhalten Einfluss auf die Umwelt zu nehmen oder inwieweit sie die Thematisierung von Nachhaltigkeitsfragen für wichtig erachten (siehe Anhang

7.1 Methode

Tabelle 7.3 Skalen zur Erfassung nachhaltigkeitsbezogener Einstellungen. Beispielitems, Itemanzahl und interne Konsistenz (Cronbachs α) je Schulklasse und Messzeitpunkt

Nachhaltigkeitsrelevante Einstellungen

			Schulklasse 1		Schulklasse II	
Variable	Beispielitem	N	α T1	α T2	α T1	α T2
Im Rahmen der Eingangs- und Abschlussdiagnostik						
Selbstwirksamkeitsüberzeugung im Bereich Konsum- und Ernährungsverhalten	Ich glaube, dass ich durch mein Ernährungsverhalten Einfluss auf die Umwelt nehmen kann.	3	.84	.74	.85	.69
Bewertung Nachhaltigkeitsdiskurs	Ich finde es wichtig, dass immer mehr über das Thema Nachhaltigkeit gesprochen wird.	3	.74	.85	.74	.87

1 im elektronischen Zusatzmaterial). Items, die die interne Konsistenz minderten, wurden ausgeschlossen. Die Skalen zur Erfassung nachhaltigkeitsbezogener Einstellungen sind der Tabelle 7.3 zu entnehmen.

Zwei weitere im Rahmen der vorliegenden Studie konzipierte Skalen[4] zum Ernährungs- und Konsumverhalten sowie zur Beurteilung staatlichen Eingreifens wiesen niedrige Werte der internen Konsistenz auf, was entweder auf widersprüchliche Items oder widersprüchliches Antwortverhalten schließen lässt. Beide wurden deshalb aus der Auswertung ausgeschlossen.

7.1.4 Statistische und inhaltsanalytische Auswertung

Geschlossene Items. Die motivations- und einstellungsbezogenen Items wurden im Rahmen einer statistischen Auswertung analysiert. Zunächst wurden die Items zu Skalen zusammengefasst und hinsichtlich ihrer inneren Konsistenz geprüft (Reliabilitätsanalyse). Skalen wurden dann in die Auswertung miteinbezogen,

---

[4] Auf bestehende Skalen zu ähnlichen Konstrukten in diesen Bereichen konnte nicht zurückgegriffen werden, da sie sich für die Zielgruppe der Jugendlichen (hinsichtlich der Formulierung oder der Anzahl der Items) als zu schwierig und zu umfangreich – und insofern nicht altersangemessen – erwiesen. Daher wurden die Skalen neu konzipiert.

wenn das Maß für die interne Konsistenz der Skala (Cronbachs Alpha) über einem Wert von .6 lag – ein Wert ab .8 gilt als aussagekräftig. In der nachfolgenden Analyse wurden die Mittelwerte vor und nach der Lerneinheit verglichen und zur statistischen Absicherung ein t-Test mit abhängigen Stichproben gerechnet, um die Signifikanz zu prüfen. Zur Einschätzung der ermittelten Effektstärke wurde Cohen's d berechnet. Statistische Zusammenhänge mit den kognitiven Effekten konnten aufgrund des wie nachfolgend beschriebenen angepassten Auswertungsverfahrens nicht gerechnet werden.

Offene Items. Ursprünglich wurde das Ziel verfolgt, die offenen Items des Fragebogens einem Ratingprozess zu unterziehen, indem für jede Antwort ein Komplexitätsniveau bestimmt werden sollte – etwa indem die Mehrperspektivität, Folgenreflexion und Formulierung einer Beurteilung betrachtet wird (siehe Abschn. 3.3.2 und 3.6). Auf diese Weise hätten Hinweise auf kognitive Effekte der Intervention ermittelt und in die statistischen Analysen miteinbezogen werden können. Aufgrund der Beschaffenheit des Materials wurde dieses Vorgehen im Auswertungsprozess nicht verfolgt: Insbesondere die Schüler*innenantworten der Abschlusserhebung waren sehr kurz, wenig elaboriert ausgeführt und meist ohne argumentative Struktur. Insofern erwies sich ein Ratingprozess als nicht zielführend.

Die Auswertung der Argumentationsaufgabe zur Untersuchung der aufgabenbezogenen Performanz im Bereich Analysieren und Urteilen wurde komplett aus der Auswertung ausgeschlossen. In nur acht Fällen wurde von den Schüler*innen eine Stellungnahme bzw. ein begründetes Urteil formuliert. Die vorbereitende Pro-Kontra-Auflistung war zwar überwiegend angefertigt; die Stellungnahmen wurden jedoch nur unzureichend mit einzelnen Sätzen oder gar nicht bearbeitet. Eine Bewertung der formalen Komplexität der Argumentation in Anlehnung an das Vorgehen von Osborne et al. (2004) war nicht möglich, da Begründungen für die Argumentationen meist nicht sorgfältig dargelegt wurden. Eine forschungsmethodische Diskussion erfolgt in Abschnitt 7.3.2.

Aufgrund dessen wurden Anpassungen in der Auswertungsstrategie vorgenommen und sich für eine inhaltsanalytische Auswertung entschieden. Die offenen Items zur Erhebung der themenspezifischen Vorstellungen und Positionierungen wurden mit einem Kategoriensystem sowie der Ermittlung von Besetzungshäufigkeiten zum ersten und zweiten Messzeitpunkt ausgewertet. Zur Erfassung der themenspezifischen Vorstellungen und Positionierungen vor und nach der Lerneinheit wurde gemäß des explorativen Forschungsinteresses eine induktive Kategorienbildung am Material vorgenommen. Die Modelle aus Abschnitt 3.3.2 dienten als Heuristiken und gewissermaßen deduktive Hintergrundfolien im Auswertungsprozess. In einem ersten Materialdurchlauf wurden relevante Ausprägungen der Aussagen der Schüler*innen herausgearbeitet und zu Kategorien verdichtet; in einem zweiten Materialdurchlauf wurde das finale Codierschema angewandt (siehe Anhang 2 im elektronischen Zusatzmaterial). Um einen systematischen Vergleich zwischen Eingangs- und Abschlusserhebung zu ermöglichen, wurden dabei die Besetzungshäufigkeiten der einzelnen Kategorien in Tabellen vermerkt (Auswertungsstrategie in Anlehnung an Fischer et al., 2016, S. 21 f.). 50 % des Materials wurden von einer weiteren Person codiert, um die Nachvollziehbarkeit der Kategorien sicherzustellen.

7.1.5 Forschungsethischer Kommentar

Über den gesamten Forschungsprozess wurden forschungsethische Aspekte berücksichtigt und realisiert, um einen ethisch verantwortungsvollen Umgang mit den Untersuchungspersonen zu garantieren (Döring, 2022, S. 119–129). Im Folgenden werden die Maßnahmen zur Einhaltung der Forschungsethik in der Datenerhebung und Datenanalyse dargelegt. Dabei wurde sich an den drei Prinzipien nach Sales und Folkman orientiert (2000; zit. nach Döring, 2022, S. 121):

1. „Freiwilligkeit und informierte Einwilligung,
2. Schutz vor Beeinträchtigung und Schädigung und
3. Anonymisierung und Vertraulichkeit der Daten."

In besonderer Weise wurde auf die Gewährleistung von Anonymität und Datenschutz geachtet. Der Schutz der Personen und ihrer Persönlichkeitsrechte ist in der vorliegenden Studie auch deshalb als besonders zentral herauszustellen, da es sich um eine Studie mit Minderjährigen handelt. Zum einen war daher die Aufklärung und Zustimmung der Erziehungsberechtigten erforderlich, zum anderen war die Transparenz und Zusicherung von Vertraulichkeit im pädagogischen Setting gegenüber den Schüler*innen von Bedeutung. In den Lerngruppen stimmten alle Schüler*innen einer Teilnahme zu.

Wie im Abschnitt 7.1.1 dargelegt (Abschnitt „Untersuchungsdurchführung") wurden zunächst die Genehmigungen der Schulleitungen eingeholt. Die Erziehungsberechtigten wurden in einem Brief mit beiliegender Einverständniserklärung vorab über das Unterrichtsprojekt sowie die Ausrichtung und den Zweck der begleitenden Untersuchung aufgeklärt. Diese Aspekte wurden im Vorfeld durch die Lehrkraft und zu Beginn des Unterrichtsprojektes mit den Jugendlichen thematisiert und offene Fragen geklärt (Briefing). Die Freiwilligkeit der

Teilnahme wurde betont und Anonymität zugesichert. Aufgrund des schulischen und damit leistungs- und beurteilungsbezogenen Rahmens wurde betont, dass das Recht besteht, die Teilnahme abzulehnen. Die Erziehungsberechtigten und die Schüler*innen wurden darüber informiert, dass sich aus einer Nicht-Teilnahme an der wissenschaftlichen Erhebung keine Nachteile und Konsequenzen für die schulische Leistungsbewertung ergeben. Dieser Aspekt wurde explizit auch von der zuständigen Lehrkraft gegenüber den Jugendlichen verbalisiert. Des Weiteren wurde verdeutlicht, dass eine Teilnahme am Unterricht davon unabhängig ist. Auf diese Weise wurde dem besonderen Abhängigkeitsverhältnis, in dem die Schüler*innen stehen, Rechnung getragen (Döring, 2022, S. 122).

Im Rahmen der Datenerhebung nahmen Schüler*innen unter einem selbstgenerierten Code teil, sodass eine Zuordnung der erhobenen Daten zu T1 und T2[5] möglich war. Diese Art der Anonymisierung hatte den Vorteil, dass sie auch für die Jugendlichen transparent, eingängig und plausibel ist. Auf diese Weise war das Rohdatenmaterial, das im Rahmen der Eingangs- und Abschlusserhebung generiert wurde, bereits weitestgehend anonymisiert, da keine Namen der Untersuchungsteilnehmenden vorkamen. Zur computergestützten Datenanalyse wurde das Datenmaterial digitalisiert und die Primärdatensätze wurden ordnungsgemäß archiviert. Im Rahmen der Datenaufbereitung wurde geprüft, ob die Datensätze der offenen Items Informationen enthalten, die zur Identifizierung von Personen führen könnten (Döring, 2022, S. 572) – dies war nicht der Fall.

7.2 Ergebnisse

Im folgenden Kapitel werden die Ergebnisse der Interventionsstudie dargestellt, um die Forschungsfrage zu beantworten, inwieweit die Lerneinheit als didaktische Intervention Prozesse der politischen Urteilsbildung zu unterstützen vermochte. Zunächst werden die themenspezifischen vorstellungsbezogenen Progressionen (7.2.1) und etwaige Besonderheiten der Urteilsentwicklung dokumentiert (7.2.2). In einem darauffolgenden Schritt werden die Ergebnisse der quantitativen Evaluation und damit die motivations- und einstellungsbezogenen Effekte der Intervention vorgestellt (7.2.3).

---

[5] T1 bzw. t1 steht für „Messzeitpunkt 1" (Eingangserhebung), T2 bzw. t2 steht für „Messzeitpunkt 2" (Abschlusserhebung).

7.2.1 Themenspezifische Vorstellungen und Positionierungen

Forschungsfrage 1a: Welche themenspezifischen Vorstellungen und Positionierungen zum Transformationsfeld Landwirtschaft und Ernährung zeigen sich bei den Jugendlichen und (wie) entwickeln sich diese weiter?

Die inhaltsanalytische Auswertung des offenen Items „Wie hat sich die Landwirtschaft entwickelt und welche Auswirkungen hat das?" von insgesamt 34 Schüler*innen vor und nach der Lerneinheit ergab ein breites Spektrum an thematischen Bezügen und Bewertungen. Dabei wurde eine induktive (*data-driven* statt *concept-driven*) Kategorienbildung vorgenommen. Eine einzelne Codierung ist einer Person zuzuordnen – eine Person kann aber mehrere Aussagen getätigt haben, die verschiedenen Kategorien zugeordnet wurden. Die Abbildung 7.2 zeigt eine Übersicht der kategorial erfassten Aussagen der Schüler*innen im Rahmen der Eingangs- und Abschlusserhebung mit Haupt- und entsprechenden Subkategorien und stellt die fallübergreifende Struktur dar, wie sie sich in den Schüler*innenaussagen rekonstruieren ließ.

Im Folgenden werden die themenspezifischen Vorstellungen und Positionierungen zum Transformationsfeld Landwirtschaft und Ernährung vor und nach der Lerneinheit in separaten Abschnitten dargelegt. Der Vergleich zwischen den Messzeitpunkten erfolgt durch eine Betrachtung der jeweiligen Besetzungshäufigkeiten der Haupt- und Subkategorien. An die Analysen schließt jeweils eine Zusammenfassung an. Das gesamte Codierschema samt Besetzungshäufigkeiten je Schulklasse findet sich im Anhang 2 im elektronischen Zusatzmaterial.

Themenspezifische Positionierungen zur modernen Landwirtschaft
Die fallübergreifende Analyse ergab, dass die Jugendlichen den Entwicklungsprozess der Landwirtschaft als einen Modernisierungsprozess mit zunehmender Mechanisierung, Technisierung und Automatisierung erfassten, begleitet durch die intensivierte Globalisierung des Handels mit landwirtschaftlichen Gütern und Produkten. Dies hat bzw. hatte einen Strukturwandel der Landwirtschaft zufolge. Die zunehmende Effizienz der Landwirtschaft wurde in ihrer Ambivalenz wahrgenommen: positiv hinsichtlich der Produktivität sowie der Erleichterung der Arbeit als auch negativ hinsichtlich der Schwierigkeiten, die sich aus der Massenproduktion ergeben. In den Aussagen wurde auf die ökonomischen und ökologischen Folgen der modernen Landwirtschaft und damit verbundene Vor- und Nachteile für die Konsument*innen eingegangen.

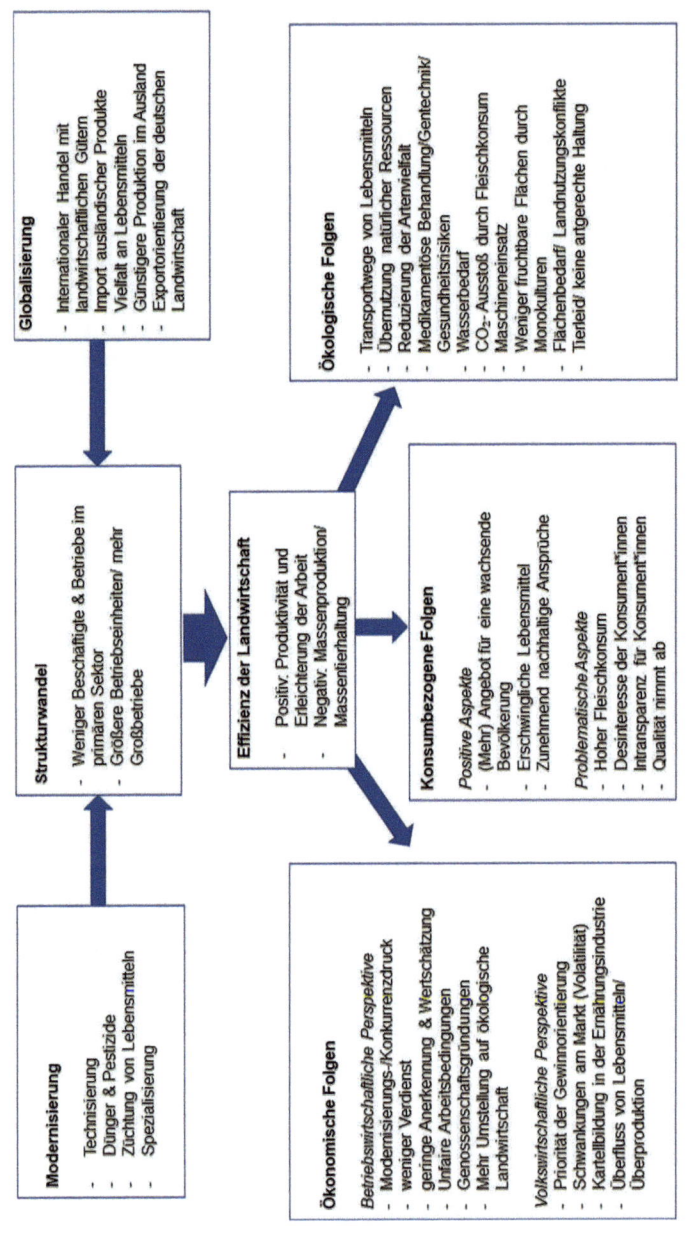

Abbildung 7.2 Induktiv gebildete Kategorien zu den themenspezifischen Vorstellungen der Jugendlichen. (Eigene Darstellung)

7.2 Ergebnisse

Im Vergleich der Hauptkategorien mit Blick auf die Besetzungshäufigkeiten zum Zeitpunkt der Eingangs- und Abschlusserhebung offenbarten sich zunächst keine Zuwächse, was die Anzahl der Codierungen pro Kategorie betrifft – in sechs von sieben Hauptkategorien nahm die Anzahl ab, in einer blieb sie gleich. Die befragten Jugendlichen produzierten im Rahmen der Eingangserhebung mehr Text als in der Abschlusserhebung; dies spiegelte sich in der Anzahl an Codierungen wider. Die Tabelle 7.4 zeigt die thematischen Codes, die in den Aussagen der Jugendlichen zum Zeitpunkt der Eingangs- und Abschlusserhebung identifiziert werden konnten, ohne Aufführung der Subkategorien.

Tabelle 7.4 Besetzungshäufigkeiten der Hauptkategorien zu den themenspezifischen Vorstellungen (Anzahl der Codierungen) zu T1 und T2

Hauptka-tegorien	T1			T2		
	Schulklasse 1	Schulklasse 2	Insgesamt	Schulklasse 1	Schulklasse 2	Insgesamt
Modernisierung	13	19	**32**	7	15	**22**
Strukturwandel	12	8	**20**	11	7	**18**
Effizienz der Landwirtschaft	13	9	**22**	14	8	**22**
Globalisierung	12	7	**19**	7	5	**12**
Konsumbezogene Folgen	10	6	**16**	11	3	**14**
Ökonomische Folgen	16	3	**19**	13	5	**18**
Ökologische Folgen	5	24	**29**	16	9	**25**

Im Folgenden werden die einzelnen Kategorien in ihren Ausprägungen zur Eingangs- und Abschlusserhebung sowie hinsichtlich lerngruppenspezifischer Unterschiede vorgestellt. Die Werte, die zu T1 und T2 angegeben werden, stellen die Anzahl an Codierungen, also der kategorial erfassten Schüler*innenaussagen, dar. Weiterentwicklungen infolge der didaktischen Intervention lassen sich als Fokusverschiebungen innerhalb der Kategorien auf Ebene der Subkategorien nachvollziehen – dabei wird in der Ergebnisdokumentation ein Schwerpunkt darauf gelegt, welche Aspekte nach der Lerneinheit hinzukommen. Das gesamte Codierschema samt Besetzungshäufigkeiten je Schulklasse kann im Anhang 2 im elektronischen Zusatzmaterial nachvollzogen werden.

Ein Großteil der befragten Jugendlichen verwies auf die *Modernisierung* der Landwirtschaft (t1: 32; t2: 22 Codierungen), diese wurde überwiegend mit einer Technisierung bzw. dem Einsatz von Maschinen in Verbindung gebracht (t1: 24; t2: 10 Codierungen). Vereinzelt wurde auch auf den Einsatz von Düngemittel sowie die Züchtung von Lebensmitteln (t1: 6; t2: 1 Codierungen sowie zu t1: 2; t2: 0) eingegangen. In der Abschlusserhebung bezogen sich drei Personen auf die Spezialisierung und Industrialisierung der Landwirtschaft, insgesamt nahmen die Bezüge zur Modernisierung der Landwirtschaft aber ab.

Ein weiteres Charakteristikum wurde in der *Globalisierung* der Landwirtschaft gesehen (t1: 19; t2: 12 Codierungen). Dabei bezogen sich einige Aussagen allgemein auf den internationalen Handel mit landwirtschaftlichen Gütern (t1: 8; t2: 6 Codierungen), andere ausschließlich auf die Bedeutung des Imports ausländischer Produkte (t1: 3; t2: 1 Codierungen) sowie auf die günstigere Produktion im Ausland (t1: 2; t2: 0 Codierungen) und die Vielfalt an Lebensmitteln (t1: 5; t2: 0 Codierungen), die dadurch gegeben ist. Im Rahmen der Abschlusserhebung führten die Jugendlichen ebenfalls die Exportorientierung auf. Da zugleich die Aussagen zum Import zurückgehen, kann dies als Hinweis auf eine Fokusverschiebung gedeutet werden (Import: t1: 4; t2 Codierungen: 0; Export: t1: 0; t2: 6 Codierungen).

Als Folgen dieser vor allem als Modernisierungs- und Globalisierungsprozess aufgefassten Entwicklungen wurden Auswirkungen beschrieben, die unter der Kategorie des *Strukturwandels* zusammengefasst wurden (t1: 20; t2: 18 Codierungen): Dabei entfielen die meisten Äußerungen auf den Aspekt, dass durch die Technisierung weniger Beschäftigte in der Landwirtschaft tätig sind und die Zahl landwirtschaftlicher Betriebe abgenommen hat (t1: 15; t2: 7 Codierungen). Einige Jugendlichen schrieben in der Eingangserhebung von „Kündigungen" der Beschäftigten, wobei dies möglicherweise ein Hinweis darauf ist, dass ihnen die überwiegende Selbstständigkeit von Landwirt*innen nicht bekannt ist. Zugleich wurde die steigende Zahl und Bedeutung von Großbetrieben angeführt: von

7.2 Ergebnisse

t1 zu t2 stieg die Anzahl der Codierungen von fünf auf elf. Diese Fokusverschiebung kann als Hinweis gedeutet werden, dass verstärkt die Veränderungen unternehmerischer Strukturen erfasst wurden.

Im Kontext des Strukturwandels konnten Aussagen der Jugendlichen kategorisiert werden, die sich auf die gestiegene *Effizienz in der Landwirtschaft* bezogen (t1: 22; t2: 22 Codierungen). Dabei konnten die Aussagen in solche, die die gestiegene Produktivität und Erleichterung der Arbeit positiv herausstellten (t1: 13; t2: 6 Codierungen), und solche, in denen die Massenproduktion von Lebensmitteln sowie auch Massentierhaltung in negativer Konnotation angeführt wurde (t1: 9; t2: 16 Codierungen), differenziert werden. Die Anzahl der kritisch konnotierten Codierungen stieg in der Ausgangserhebung in beiden Lerngruppen.

In vielen Aussagen wurden *die positiven und problematischen Folgen für die Konsument*innen* thematisiert. Während die Vorteile vor der Lerneinheit überwogen (t1: 11; t2: 6 Codierungen), überwogen die Probleme zum Zeitpunkt der Abschlusserhebung (t1: 5; t2: 8 Codierungen). Grundlegend positiv hervorgehoben wurde das vergrößerte Angebot an Lebensmitteln für eine gewachsene und wachsende Weltbevölkerung (t1: 6; t2: 5 Codierungen), die erschwinglichen Lebensmittel (t1: 4; t2: 1 Codierung) sowie das wachsende Bewusstsein der Konsument*innen (t1: 1; t2: 0 Codierungen). Als problematische Aspekte wurden der hohe Fleischkonsum (t1: 4; t2: 2 Codierungen), das Desinteresse der Konsument*innen (t1: 0; t2: 2 Codierungen), die Intransparenz für die Konsument*innen (t1: 0; t2: 2 Codierungen) sowie die Minderung der Qualität (t1: 1; t2: 2 Codierungen) thematisiert.

In einer weiteren Kategorie wurden die Aussagen codiert, in denen die *ökonomischen Folgen* thematisiert werden (t1: 19; t2: 18 Codierungen). Diese konnten differenziert werden in Aussagen, die die betriebswirtschaftliche Perspektive betrafen (t1: 15; t2: 10 Codierungen), und Aussagen, in denen eine eher volkswirtschaftliche Perspektive eingenommen wurde (t1: 4; t2: 10 Codierungen). In betriebswirtschaftlicher Perspektive wurde auf den Modernisierungs- und Konkurrenzdruck insbesondere für die kleineren landwirtschaftlichen Betriebe eingegangen (t1: 6; t2: 3 Codierungen) – zu t1 wurde dies eher in den Kontext einer umzusetzenden Technisierung betrachtet, während die Aussagen zu t2 auf den Wettbewerb auf globalisierten Märkten infolge einer stärkeren Exportorientierung Bezug nahmen. Außerdem wurde der geringere Verdienst (t1: 4; t2: 4 Codierungen) sowie zu t1 die geringere gesellschaftliche Wertschätzung (t1: 2; t2: 0), die unfairen Arbeitsbedingungen (t1: 2; t2: 0) und die Gründung von Genossenschaften (t1: 2; t2: 0) genannt. Zu t2 beschrieben drei Personen, dass es zunehmend zu betrieblichen Umstellungen auf eine ökologische Landwirtschaft kommt (t1: 0; t2: 3). In volkswirtschaftlicher Perspektive wurde auf die Priorität der Gewinnorientierung (t1: 2; t2: 2 Codierungen), auf die Volatilität des Marktes (t1: 0; t2: 4 Codierungen), die Kartellbildung in der Ernährungsindustrie (t1: 1; t2: 1 Codierung) sowie die Überproduktion und den Überfluss an Lebensmitteln (t1: 1; t2: 3 Codierungen) eingegangen. Während die betriebswirtschaftliche Perspektive bereits zu t1 stärker vertreten war, kommt die volkswirtschaftliche Perspektive zu t2 dazu, sodass die Perspektiven hinsichtlich der Zahl der Codierungen gleichwertig vertreten waren. Die Anzahl an Codierungen insgesamt war in der Schulklasse 1 deutlich höher.

In einer weiteren Kategorie wurden die Aussagen codiert, in denen die *ökologischen Folgen* thematisiert wurden (t1: 29; t2: 25 Codierungen). Die meisten Codierungen bezogen sich auf den Aspekt Flächenbedarf und daraus resultierende Landnutzungskonflikte in der Schulklasse 2 zum Messzeitpunkt 1 – dies stellte offenbar parallel das Unterrichtsthema im Geografieunterricht dar. Ließe man jene Subkategorie unberücksichtigt, erhöhte sich die Anzahl der Codierungen zu den ökologischen Folgen zu t2 (t1: 19; t2: 25 Codierungen). Einige Jugendliche thematisierten die Übernutzung der natürlichen Ressourcen (t1: 7; t2: 10 Codierungen), indem etwa auf die abnehmende Fruchtbarkeit von Böden durch Monokulturen eingegangen wurde. Darüber hinaus wurde der CO_2-Ausstoß durch die Transportwege der Lebensmittel (t1: 3; t2: 6 Codierungen) angeführt. Des Weiteren wurden die nicht-artgerechte Tierhaltung (t1: 1; t2: 5 Codierungen), mögliche Gesundheitsrisiken aufgrund von Gentechnik und Medikamenteneinsatz (t1: 1; t2: 2 Codierungen), die Reduzierung der Artenvielfalt (t1: 1; t2: 1 Codierung), der CO_2-Ausstoß durch den Fleischkonsum (t1: 0; t2: 2 Codierungen), die ökologischen Folgen durch den Einsatz von Maschinen (t1: 0; t2: 2 Codierungen) sowie der hohe Wasserbedarf der Landwirtschaft (t1: 0; t2: 1 Codierung) genannt. Mit Ausschluss der oben genannten Kategorie ließ sich zwar eine Erhöhung der thematisierten Bezüge feststellen (t1: 19; t2: 25 Codierungen), jedoch zeigten sich deutliche Unterschiede zwischen den Lerngruppen: In der Schulklasse 1 nahm die Anzahl umweltbezogener Codes deutlich zu, während die Anzahl bei der Schulklasse 2 zu t1 sehr hoch war und zu t2 deutlich abnahm.

Zusammenfassung. Welche übergreifenden Erkenntnisse lassen sich aus der inhaltsanalytischen Auswertung ableiten? Aufgrund des geringeren Rücklaufs zum Zeitpunkt der Abschlusserhebung sind die Schlussfolgerungen in ihrer Aussagekraft begrenzt – dies spiegelt sich auch in der Gesamtzahl der Codierungen zu den zwei Messzeitpunkten wider (t1: 157, t2: 131 insgesamt vergebene Codes). Dennoch ließen sich Entwicklungen auf der Ebene der Subkategorien identifizieren, die Hinweise für Veränderungen der themenspezifischen und urteilsrelevanten Vorstellungen darstellen.

7.2 Ergebnisse

Die Analyse der themenspezifischen Vorstellungen zeigt, dass die Jugendlichen bereits vor der Lerneinheit über Vorwissen zum Themenfeld Landwirtschaft und Ernährung verfügten. In den Schüler*innenantworten wurde das Verständnis einer Entwicklung und historischen Gewordenheit der Landwirtschaft kundgetan, die durch einen Modernisierungs- und Globalisierungsprozess sowie einen entsprechenden Strukturwandel der Landwirtschaft gekennzeichnet ist. Die Jugendlichen hatten darüber hinaus ein Verständnis über die vielfältigen ökonomischen, ökologischen und konsumbezogenen Auswirkungen. Dieser Befund gilt für den Zeitpunkt vor und nach der Lerneinheit.

Im Vergleich der kategorial erfassten Bezüge vor und nach der Lerneinheit deuten sich Fokusverschiebungen in den themenspezifischen Vorstellungen im Sinne der didaktischen Intervention an. Jene Fokusverschiebungen sind Hinweise darauf, dass Vorstellungen weiter differenziert und erweitert werden konnten. Nach der Lerneinheit fanden sich verstärkt Bezüge zur Exportorientierung der deutschen Landwirtschaft sowie zur Bedeutung von Großbetrieben und Massentierhaltung. Die Vorstellung eines Wirtschaftssektors, der hierzulande rückläufig ist, während die Versorgung durch den Import von Lebensmitteln sichergestellt ist, scheint einer umfassenderen und differenzierteren Sicht auf die zeitgenössische Landwirtschaft gewichen zu sein. Darüber hinaus zeigten sich nach der Lerneinheit verstärkt ökonomische Bezüge in eher volkswirtschaftlicher Perspektive, in denen die Volatilität der Märkte, die zu Preisschwankungen führen, sowie die Überproduktion und der Überfluss von Lebensmitteln problematisiert wurden. Der Druck, der auf landwirtschaftliche Betriebe lastet, wurde weniger in einer nachzuholenden Technisierung, sondern verstärkt in der Anforderung gesehen, am Markt wettbewerbsfähig zu sein. Auch hierin deutete sich damit das Hinzukommen eines Aspektes an, der für das Verständnis gegenwärtiger Herausforderungen wichtig ist. Bei den konsumbezogenen Auswirkungen gerieten negative Entwicklung in den Blick, während die Produktvielfalt weniger oft positiv hervorgehoben wurde. So wurde etwa das Desinteresse der Konsument*innen, aber auch die Intransparenz für die Konsument*innen oder auch die Minderung der Qualität der Produkte problematisiert. Auf ökologische Folgen der modernen Landwirtschaft wurde nach der Lerneinheit (sofern eine Kategorie nicht berücksichtigt wird) häufiger Bezug genommen. Dabei wurde vor allem auf die Übernutzung natürlicher Ressourcen, den CO_2-Ausstoß durch globale Transportwege, Fleischkonsum und einer zunehmend als nicht-artgerecht empfundenen Tierhaltung eingegangen.

Die themenspezifischen Vorstellungen der Jugendlichen konnten insofern erweitert und ausdifferenziert werden, als die systemische und strukturelle Dimension des Themenfeldes stärker in den Vordergrund rückte. Der Bezug zu einem gesellschaftlichen Transformationsprozess in Richtung Nachhaltigkeit wurde häufiger hergestellt. Komplexe Bedingtheiten und Ambivalenzen der Produzent*innen, Konsument*innen und weiteren Akteur*innen waren nach der didaktischen Intervention in der Gesamtschau stärker vertreten. Das Verständnis über strukturelle Bedingungen zeigt sich an den Bezügen zu einer ressourcenintensiven, globalisierten Landwirtschaft, die die Bedürfnisse einer anspruchsvollen Konsumgesellschaft durch Massenproduktion befriedigt, was gerade kleinere bis mittlere Erzeuger*innen unter Modernisierungs- und Konkurrenzdruck setzt. Die Konfliktlinien, Zielkonflikte und unterschiedlichen Interessenlagen, die die Thematik durchziehen, waren in vielen Schüler*innenäußerungen implizit enthalten, auch wenn sie von den meisten Schüler*innen nicht als solche explizit (im Sinne einer abstrakteren Perspektivenkoordination) benannt wurden.

In einer fallübergreifenden Betrachtungsweise ist damit eine Komplexitätszunahme im Sinne der didaktischen Intervention auszumachen. Die Ausführungen der Jugendlichen auf der Fallebene sind in ihrer Elaboriertheit unterschiedlich. Wie die Dokumentation der inhaltsanalytischen Auswertung in den Subdimensionen gezeigt hat, wird auf viele Einzelaspekte Bezug genommen. Während in den ‚leistungsschwächeren' Antworten Einzelaspekte lediglich genannt wurden, unverbunden nebeneinanderstehen und in ihrer Bedeutung diffus blieben, gelang in leistungsstärkeren Antworten eine Integration jener und Verdichtung zu komplexeren Zusammenhängen.

Positionierungen zur modernen Landwirtschaft
In einem nächsten Schritt werden die Aussagen der Jugendlichen zum offenen Item „Wie ist deine Meinung zur modernen Landwirtschaft?" betrachtet. Zwar waren auch in den bisher betrachteten Aussagen zu den themenspezifischen Vorstellungen Positionierungen enthalten, jedoch werden im nachfolgenden Abschnitt die Äußerungen zur genannten Frage analysiert, die *explizit* Sach- und Wertaspekte der *eigenen* Meinungsbildung gegenüber der modernen Landwirtschaft zum Ausdruck bringen. Die Jugendlichen griffen dabei oft auf bereits vorgebrachte Aspekte des ersten offenen Items zurück – lediglich eine Person räumte in der Eingangserhebung ein, aufgrund unzureichenden Wissens keine Meinung zum Thema zu haben.

Am Material konnten drei Kategorien gebildet werden, unter die die Aussagen der Jugendlichen subsumiert werden konnten: Status quo würdigende, problematisierende und handlungsbezogene Positionierungsaspekte. Tabelle 7.5 zeigt die Kategorien mit ihren Besetzungshäufigkeiten in den Schulklassen vor und nach der Lerneinheit.

7.2 Ergebnisse

Tabelle 7.5 Besetzungshäufigkeiten der Hauptkategorien zu den themenspezifischen Positionierungen zu T1 und T2

Hauptkategorien	T1			T2		
	Schulklasse 1	Schulklasse 2	Insgesamt	Schulklasse 1	Schulklasse 2	Insgesamt
Status quo würdigende Positionierungsaspekte	13	13	**26**	9	17	**26**
Problematisierende Positionierungsaspekte	26	19	**45**	21	24	**45**
Handlungsbezogene Positionierungsaspekte	12	5	**17**	10	8	**18**

Unter den *Status quo würdigenden Positionierungsaspekten* fanden sich vor allem Positionierungen, in denen die Fortschrittlichkeit und Effizienz (t1: 17; t2: 14 Codierungen) und sich daraus ergebende Produktivität des gegenwärtigen Ernährungssystems angeführt wurden. Es wurde vorgebracht, dass Nahrungsmittel mit weniger Einsatz und einer geringeren Beanspruchung von Mensch und Tier hergestellt werden können. Dies hat als Vorteil zur Folge, dass potenziell viele Menschen ernährt werden können (t1: 4; t2: 4 Codierungen) und eine saisonunabhängige Angebotsvielfalt angeboten werden kann (t1: 3; t2: 2 Codierungen), was auch den Konsum exotischer Produkte ermöglicht. Einige Jugendliche betonten, dass bereits Veränderungen der Landwirtschaft im Gange sind, um die ökologischen und ökonomischen Probleme abzumildern (t1: 2; t2: 4 Codierungen), wobei sich der explizite Bezug auf den zunehmenden und als begrüßenswert gekennzeichneten Ausbau einer ökologischen Landwirtschaft erst zu t2 zeigte. Auch erst zum zweiten Messzeitpunkt zeigten sich Positionierungen, in denen die Tierhaltung als „gut" und das schlechte Ansehen als unbegründet bewertet wurde (t1: 0; t2: 2 Codierungen). Insgesamt ließ sich in dieser Kategorie eine vage Tendenz von einer wertschätzenden Betrachtungsweise des modernen Ernährungssystems als historischer Errungenschaft hin zu zeitgenössischen Diskursen feststellen. Der Status quo des Ernährungssystems legitimierte sich in der Auffassung vieler Jugendlichen durch den *output* – das Ziel, die Ernährung sicherzustellen und moderne Konsumansprüche zu befriedigen, werde durch die moderne Landwirtschaft erreicht – dennoch wurden in den allermeisten Stellungnahmen auch die ökologischen und sozialen Kosten des Systems problematisiert.

Die *problematisierenden Positionierungsaspekte*, in denen die negativen Folgen der modernen Landwirtschaft betont wurden, überwogen vor und nach der Lerneinheit. Codiert wurden in dieser Kategorie Aussagen, die Schwierigkeiten und Veränderungsbedarfe konstatierten. Viele Aussagen bezogen sich auf die ökologischen Folgen (t1: 17; t2: 7 Codierungen) der modernen Landwirtschaft, die in vielen Äußerungen eher vage als „schlecht für die Umwelt" gefasst wurden – jene recht allgemeine Kategorie war zum Zeitpunkt der Abschlusserhebung deutlich weniger besetzt und wich anderen thematischen Bezügen. Viele Jugendliche positionierten sich kritisch gegenüber dem unachtsamen Konsumverhalten vieler Konsument*innen – beispielsweise befördere der hohe Fleischkonsum die Massentierhaltung (t1: 6; t2: 4 Codierungen). Zudem wurde die Haltung der Konsument*innen kritisiert, hohe Ansprüche an die Lebensmittel und die Herstellungsweise zu haben, jedoch wenig zahlen zu wollen und wenig Verständnis für die landwirtschaftlichen Betriebe zu haben (t1: 0; t2: 3 Codierungen nur in Schulklasse 1). In vielen Meinungsäußerungen wurde sich kritisch auf die Massentierhaltung bezogen (t1: 5; t2: 7 Codierungen), während sich diese Zahl erhöhte, nahmen die kritischen Bezüge auf den Import von Lebensmitteln leicht ab (t1: 3; t2: 1 Codierungen).

Insbesondere zum Zeitpunkt der Eingangserhebung bestanden viele einzelne Nennungen von als problematisch erachteten Aspekten: der hohe Energieverbrauch, die Züchtung von Lebensmitteln, eine schlechte Bezahlung (jeweils t1: 1; t2: 0 Codierungen) sowie Landnutzungskonflikte (t1: 2; t2: 0 Codierungen) und Gefahren durch Gentechnik oder Schadstoffe (t1: 2; t2: 1 Codierungen). Während vor der Lerneinheit vermehrt Probleme durch die technische Ersetzung der menschlichen Arbeitskraft (t1: 4; t2: 2 Codierungen) aufgeführt wurden, rückten nach der Lerneinheit vermeintliche Umweltbelastungen durch Digitalisierung und Maschinen (t1: 0; t2: 3 Codierungen) sowie Probleme der Überproduktion in den Fokus (t1: 1; t2: 3 Codierungen).

Zum Zeitpunkt der Abschlusserhebung schienen sich einige Aspekte zu umfassenderen Urteilen zu verdichten. So wurde übergreifender kritisiert, dass

7.2 Ergebnisse

Nachhaltigkeit keine Priorität darstelle (t1: 0; t2: 2 Codierungen) und das Ernährungssystem zu sehr auf das Prinzip der Gewinnmaximierung ausgerichtet sei (t1: 0; t2: 2 Codierungen). Zugleich zeigte sich vereinzelt auch ein systemisches Verständnis für die Bedingungen des Transformationsprozesses: der internationale Wettbewerbsdruck auf vor allem kleinere bis mittelgroße Betriebe schränke den Handlungsspielraum ein und erschwere Veränderungen in Richtung Nachhaltigkeit (t1: 2; t2: 4 Codierungen). In drei Äußerungen zu t2 wurde in dem Zusammenhang darauf insistiert, dass eine Umstellung auf ökologische Produktionsweise für die Erzeuger*innen an bestimmte Voraussetzungen geknüpft und nicht ohne Weiteres umzusetzen sei. Zwei Jugendliche resümierten in ihrer Stellungnahme nach der Lerneinheit, dass das Ziel der Ernährungssicherheit mit dem Ziel der Nachhaltigkeit in Konflikt stünde.

Auf ein konkretes Handeln bezogene Urteile waren insgesamt seltener; sie wurden als *handlungsbezogene Positionierungsaspekte* codiert (t1: 17; t2: 18 Codierungen). Sie unterschieden sich von den Positionierungsaspekten, die lediglich Vor- und Nachteile konstatierten. Sie stellten tendenziell evaluative Urteile dar, die eine potenziell handlungsleitende Schlussfolgerung für das politische Handeln – im Sinne eines „Man sollte... " – beinhalteten. Viele Meinungsäußerungen bezogen sich darauf, dass die Konsument*innen ihr Verhalten ändern müssten, denn die Nachfrage bestimme den Markt (t1: 9; t2: 5 Codierungen). Diese Überzeugung wurde von den Jugendlichen häufig sogar mit einem Ausrufezeichen versehen. Dieser Aspekt wurde nach der Lerneinheit weniger oft angeführt. Darüber hinaus plädierten zwei Personen dafür, dass es verstärkt umweltfreundlichen technologischen Fortschritt brauche (t1: 2; t2: 0 Codierungen).

Die Positionierungsaspekte, die an eine politische Steuerung appellierten, stiegen in der Besetzungshäufigkeit zum Zeitpunkt der Abschlusserhebung deutlich an. Explizit wurde gefordert, die Politik müsse insgesamt mehr tun, etwa indem stärker durch wirtschaftliche Regulierungen eingegriffen würde (t1: 1; t2: 3 Codierungen). Darüber hinaus solle das Ziel der Nachhaltigkeit zur Priorität werden (t1: 5; t2: 10 Codierungen): Es brauche dafür auch vermehrt biologische Landwirtschaft, eine verstärkte Achtung des Tierwohls sowie eine regionalere Landwirtschaft und Ernährungsweise. Eine Person schrieb, es müssten Grundsätze zur Förderung von Nachhaltigkeit in der Landwirtschaft etablieren werden, damit „das an sich gute System nun auch wieder besser für die Landwirte und besser für die Umwelt wird". Bei den Aussagen, die handlungsbezogene Positionierungsaspekte umfassten, zeichnete sich damit in der Gesamtschau eine leichte Tendenz ab, in der die Forderungen, die an die Konsument*innen gerichtet sind, weniger wurden und stattdessen häufiger auf das Ziel der Nachhaltigkeit als öffentlich zu gestaltende Aufgabe insistiert wurde.

Zusammenfassung. Die leichten Veränderungen in den formulierten Urteilen der Jugendlichen korrespondieren mit den Fokusverschiebungen in den themenspezifischen Vorstellungen. Es deutet sich die Tendenz an, dass historische Bezüge durch zeitgenössische Gestaltungsfragen ergänzt wurden, sich Einzelaspekte zu umfassenderen, strukturell orientierten Einsichten verdichteten und damit das Verständnis eines systemischen Handlungsbedarfs gestärkt wurde. Die Urteile wurden insofern komplexer, als sich die Reichweite der Urteile erweiterte – hin zu umfassenderen Einsichten, die bei einzelnen Jugendlichen in eine systemisch orientierte Problematisierung mündeten. In vielen Stellungnahmen wurden verschiedene Perspektiven von Akteur*innengruppen berücksichtigt, vorwiegend Perspektiven von Konsument*innen und von Landwirt*innen. Zum zweiten Messzeitpunkt kam zwar vereinzelt die Nennung von Lebensmittelkonzernen hinzu, jedoch ließen sich keine großen Unterschiede bzw. Entwicklungen hinsichtlich der berücksichtigten Interessengruppen nachvollziehen. Bei den handlungsbezogenen Positionierungen zeigte sich eine Abnahme der Adressierungen an die Eigenverantwortung der Konsument*innen. Stattdessen wurden zunehmend Urteile formuliert, die sich auf die öffentliche Gestaltung der nachhaltigkeitsbezogenen Problemstellung bezogen. Dies ist aus politikdidaktischer Perspektive bemerkenswert, da dies als Hinweis darauf gedeutet werden kann, dass eine Ausweitung der Perspektive auf mögliche politische Handlungsebenen angeregt wurde. Diese Ergebnisse entsprechen der Zielsetzung der Intervention (siehe Abschn. 5.3.1 und Kap. 6).

Allerdings zeigen sich auch Befunde, die im Rahmen der didaktischen Intervention nicht anvisiert wurden. Offenbar kontrovers ist die Beurteilung der Massentierhaltung: Es zeigten sich nach der Lerneinheit sowohl mehr kritische als auch mehr relativierende Aussagen als vor der Lerneinheit. Die Zunahme an Codierungen bezüglich der Umweltbelastungen durch Digitalisierung und Maschinen kann vor dem Hintergrund der Inhalte der Lerneinheit nicht erklärt werden. Bei der zunehmenden Problematisierung der Überproduktion stellt sich die Frage, inwiefern die thematisierte Milchkrise zu pauschalen Schlussfolgerungen geführt hat: Im Kontext der Lerneinheit ging es um die Milchkrise, die durch den Wegfall der Milchquote und das zeitweilige Überangebot ausgelöst worden war. Die Überproduktion war im Kontext der Unterrichtsthematik also als ein zeitweiliges Resultat einer wirtschaftspolitischen Änderung thematisiert worden. Sie wurde von den Schüler*innen möglicherweise aber auch als ein grundsätzliches Problem der zeitgenössischen Landwirtschaft gewissermaßen übergeneralisiert – zugleich besteht aber auch tatsächlich die Tendenz zur Überproduktion in der

Landwirtschaft, durch Agrarsubventionen (FAO et al., 2021) sowie die eingeschränkte Lagerfähigkeit verderblicher Waren, weshalb Schwankungen von Angebot und Nachfrage schlechter ausgeglichen werden können.

7.2.2 Besonderheiten der Urteilsentwicklung

Forschungsfrage 1b: Welche Besonderheiten der Urteilsentwicklung lassen sich nachvollziehen?

Die Forschungsfrage 1b kann nur eingeschränkt beantwortet werden, da die Argumentationsaufgabe aufgrund des geringen Rücklaufs und Ertrags nicht ausgewertet werden konnte. Dennoch soll an dieser Stelle auf einige Besonderheiten der Urteilsentwicklung auf der Basis des Items zur themenspezifischen Positionierung eingegangen werden, die sich im Auswertungsprozess als auffällig herausgestellt haben. Ziel der didaktischen Intervention war es nicht, eine Meinungsänderung herbeizuführen, sondern die Urteilsqualität insofern zu verbessern, dass Perspektiven von verschiedenen Akteur*innen wahrgenommen, Probleme benannt und Folgen reflektiert werden (siehe Abschn. 3.3.2 und 3.6). Die Ergebnisse der inhaltsanalytischen Auswertung zu Forschungsfrage 1a (siehe Abschn. 7.2.1) zeigten bereits, dass die von den Schüler*innen aufgeführten inhaltlichen Bezüge zum Zeitpunkt der Eingangs- und Abschlusserhebung weitgehend stabil blieben und sich lediglich leichte Veränderungen auf der Ebene der Subkategorien identifizieren ließen. Wie dokumentieren sich diese subtilen Veränderungen als Nuancen in den Äußerungen der einzelnen Schüler*innen? Im Folgenden wird ein Einblick in die Entwicklung der themenspezifischen Positionierungen der Schüler*innen zur modernen Landwirtschaft *auf Fallebene* gegeben.

Im Vergleich der Positionierungen auf Fallebene zu zwei Messzeitpunkten zeigt sich in vielen Fällen, dass die Schüler*innen nach sieben Wochen häufig ähnliche thematische Bezüge herstellten: Beispielsweise beurteilte ein*e Befragte*r die moderne Landwirtschaft sowohl zum ersten als auch zum zweiten Messzeitpunkt im Hinblick auf die abnehmende Anzahl an landwirtschaftlich Beschäftigten. Diese Tendenz zeigt sich auch bei Aspekten, die nicht explizit im Rahmen der Lerneinheit thematisiert wurden, zum Beispiel Umweltbelastungen durch Digitalisierung. Trotz dieser Stabilität deuteten sich teilweise jedoch begriffliche Ausschärfungen bzw. Anpassungen an die Terminologie der Lerneinheit an. So schrieb eine Person zu t1, „man sollte mehr auf Tierschutz und auf Qualität achten" und zu t2 hieß es, „es sollte mehr auf Nachhaltigkeit und Tierwohl geachtet werden".

Formal ergab sich in der Meinungsäußerung häufig eine duale Struktur, in der ein positiver und ein negativer Aspekt lediglich genannt wurden. Ein tatsächliches Abwägen sowie Überführen in ein evaluierendes und nicht nur Einzelaspekte konstatierendes Urteil fand oft nicht statt. Bei einigen Jugendlichen deutete sich eine leichte Tendenz dahingehend an, dass dies zum Zeitpunkt der Abschlusserhebung besser gelang. Im folgenden Beispiel (siehe Tab. 7.6) zeigt sich, dass zu beiden Messzeitpunkten auf die gleichen Aspekte Bezug genommen wurde: Während sie zu t1 unverbunden präsentiert wurden, erschienen sie zu t2 eingebetteter und bezogen sich in Ansätzen auf konkretes Tun.

Tabelle 7.6 Beispielzitat von Schüler*in S2.e1

	T1	T2
S2.e1	„Die moderne Landwirtschaft hat ihre guten Seiten, da wie gesagt viele Aufgaben von Maschinen übernommen werden. Aber dass durch den hohen Fleischkonsum der Menschen viele Tiere in Massentierhaltung gehalten werden, finde ich sehr negativ."	„Ich finde die moderne Landwirtschaft von der Produktivität her sehr effizient, da auch ein großer Anteil der Arbeit durch die Technik erleichtert bzw. dem Menschen erspart wird. Jedoch sprechen sehr viele Faktoren gegen die moderne Landwirtschaft, wie z. B. die Massentierhaltung. Man könnte auch durch Tiere in Freilandhaltung effizient produzieren."

Die Struktur eines „auf der einen Seite – auf der anderen Seite" findet sich auch in folgendem Beispiel (siehe Tab. 7.7), jedoch wurde mit dem letzten Satz zu T2 noch ein abschließender Schluss gezogen, was zu einer elaborierteren Performanz beiträgt:

Es finden sich viele Fälle, bei denen kein formal-qualitativer Sprung einer Urteilsentwicklung – in der Weise, dass mehrere Perspektiven und Interessengruppen erfasst, Folgen antizipiert oder eine wertgebundene Schlussfolgerung gezogen wurden – zu identifizieren ist. Stattdessen ist bei einem Vergleich zweier Antworten einer Person meist davon auszugehen, dass sich die Aufmerksamkeit schichtweg einem anderen Aspekt zugewandt hat: z. B. von einer technik- zu einer nachhaltigkeitsbezogenen (siehe Tab. 7.8, S7.e2) oder von einer produktivitäts- zu einer machtbezogenen Perspektive (siehe Tab. 7.8, S14.e1):

7.2 Ergebnisse

Tabelle 7.7 Beispielzitat von Schüler*in S12.e1

	T1	T2
S12.e1	„Ich finde es einerseits gut, dass sich die Technik so entwickelt hat, dass Tiere und Menschen keinen starken Belastungen ausgesetzt sind. Andererseits kommt es zu Überproduktion, da man jetzt denkt „alles ist so einfach, dass ich direkt mehr machen kann", doch dadurch wird unnötig produziert und im Endeffekt weggeschmissen."	„Ich würde nicht sagen, dass die moderne Landwirtschaft im Vergleich zu früher viele Vorteile und Nachteile hat. Positiv sind mechanische Hilfsmittel, die den Arbeitern körperlich schwere Arbeit abnehmen und auch effizienter produzieren. Ein Nachteil wäre die Massentierhaltung, die immer mehr zunimmt. Ich würde die moderne Landwirtschaft deswegen fast komplett befürworten, jedoch nicht sagen, dass sie sich auf dem bestmöglichen Stand befindet."

Tabelle 7.8 Beispielzitate von Schüler*innen S7.e2 und S14.e1

	T1	T2
S7.e2	„Meiner Meinung nach hat die moderne Landwirtschaft sowohl Vor- als auch Nachteile. Beispielsweise wird einerseits in der modernen Landwirtschaft technische Errungenschaften genutzt, die die menschliche Arbeit ersetzen. Andererseits sinkt aber auch die Nachfrage an Arbeit in dem Bereich."	„Die moderne Landwirtschaft sollte nachhaltiger sein und tierfreundlicher, um dem Klimawandel entgegenzuwirken."
S14.e1	"Meine Meinung ist gespalten, da es positive und negative Aspekte gibt (Pestizide usw.). Aber durch Modernisierung kann auch mehr mit weniger Aufwand produziert werden."	„Geteilte Meinung, denn sie ist sehr produktiv und wirtschaftlich für Großunternehmer gewinnbringend jedoch für die kleinen „Fische" eher schlecht."

Vielfach zeigt sich in den Antworten, dass sich auf einen Einzelaspekt fokussiert wurde – wie bereits erwähnt auch zu zwei Messzeitpunkten, was auf die Stabilität und Änderungsresistenz hinweist. Es dokumentiert sich eine Tendenz zu einer reduktionistischen Betrachtungsweise, ohne dass eine Einbettung in komplexe Zusammenhänge stattfindet. Diese Vereinfachungen stellen nicht nur Komplexitätsreduktionen dar, sondern deuten auch auf eine affektive Dimension der Urteilsbildung hin. In den folgenden Antworten geht es u. a. um die

Verantwortung der Konsument*innen; der Markt wird als natürlicher Kreislauf aufgefasst, der sich scheinbar nur über die Nachfrage reguliere. Im ersten der folgenden Beispiele (siehe Tab. 7.9, S5.e1) wurde sich zu t1 auf den hohen Import von landwirtschaftlichen Gütern fokussiert, zu t2 kam es zu einer Negierung von Veränderung („Es ist wie es ist."). Im zweiten Beispiel (siehe Tab. 7.9, S6.e1) scheint die Problemstellung zu beiden Zeitpunkten auf komplexere Weise moralisch („nicht richtig") und als Schuldfrage verhandelt zu werden („…aber es sollten immer auch die Hintergründe betrachtet werden").

Tabelle 7.9 Beispielzitate von Schüler*innen S5.e1 und S6.e1

	T1	T2
S5.e1	„Ich finde es schlecht, dass ein Land wie Deutschland, das eigentlich gute landwirtschaftliche Voraussetzungen hat, so viele Produkte aus dem Ausland importiert."	„Es ist so wie es ist. Letztendlich alles eine Frage von Angebot und Nachfrage, somit sind die Veränderungen der Landwirtschaft auf die Konsumenten zurückzuführen."
S6.e1	„Meiner Meinung nach ist es natürlich nicht gut, dass die Umwelt belastet und regionale Bauern chancenlos werden, auf der anderen Seite glaube ich aber, dass unsere heutige Konsumgesellschaft bestimmte Anforderungen an ihre Produkte stellt, die eben nur erfüllt werden können, indem moderne Landwirtschaft betrieben wird. Abschließend halte ich fest, dass man die moderne Landwirtschaft zwar nicht gutheißen kann, sie aber Teil eines Kreislaufes ist, der nur unterbrochen werden kann, wenn der Konsument etwas ändert."	„Ich denke, dass es natürlich nicht richtig und v. a. zukunftsfähig ist, so zu wirtschaften, aber auf der anderen Seite ist der Wandel d. Landwirtschaft ja nur das Ergebnis des Konsumverhaltens der Verbraucher. Demnach würde ich zwar so urteilen, dass die moderne Landwirtschaft nicht tragbar ist, aber es sollten immer auch die Hintergründe betrachtet werden."

Neben der überwiegenden Stabilität zeigen sich jedoch auch leichte Veränderungen, die die individuelle Positionierung betreffen. Es lassen sich im Vergleich der Aussagen zu zwei Messzeitpunkten sowohl Wege der Einschränkung, Relativierung und Abmilderung als auch Wege der Ausweitung, Verabsolutierung und Verstärkung der eigenen Sichtweise ableiten. Der folgende Fall zeigt eher einen Weg der Einschränkung, Relativierung und Abmilderung hinsichtlich der urteilenden Ausrichtung, die Positionierung nach der Lerneinheit fiel zurückhaltender aus: Die Person (siehe Tab. 7.10) hatte im Rahmen der Eingangserhebung

7.2 Ergebnisse

ihre Meinung relativ umfassend geäußert (Probleme und Entwicklungsperspektiven, Wertgebundenheit, Akteur*innengruppen), wobei ebenfalls ein Schwerpunkt auf die Verantwortung und Handlungsmacht der Konsument*innen gelegt wurde. Im Rahmen der Abschlusserhebung wurde den Konsument*innen weniger Wirksamkeit zugesprochen, die Haltung vieler Konsument*innen wurde nunmehr als ambivalent bewertet und die Verantwortung bei „beiden" Akteur*innen verortet.

Tabelle 7.10 Beispielzitat von Schüler*in S10.e1

	T1	T2
S10.e1	„Meiner Meinung nach sollte man Grundsätze in landwirtschaftlichen Betrieben stabilisieren, die einen Weg zur Nachhaltigkeit fördern und möglich machen. Man sollte weniger Pestizide und Züchtungsmittel anwenden, auch Bedingungen für Tiere sollten artgerecht sein. Der verbrauchende Mensch sollte sein Konsumverhalten überdenken und bewusster einkaufen gehen, denn im Grunde sind Konsumenten die Fordernden, auch wenn immer mehr sich mit Nachhaltigkeit auseinandersetzen. Die Nachfrage bestimmt den Markt."	„Ich finde es ziemlich schwierig zu beurteilen, da unsere Gesellschaft gerade in Deutschland nach Luxus und ständiger Auswahl an Produkten strebt, unser Konsumverhalten hoch ist, aber sich oft gleichzeitig über Betriebe aufgeregt wird, ohne deren Motive mehr zu hinterfragen. Es muss ein Einklang geschaffen werden, die beide Akteure glücklich stimmt und Ökologie, Soziales und Ökonomie vereint, was aber sehr komplex ist. Nachhaltigkeit sollte aber bei beiden Akteuren seinen Platz finden."

Im Zuge der unterrichtlichen Auseinandersetzung mit komplexen Problemstellung zeigen sich aber auch Wege der Ausweitung, Verabsolutierung und Verstärkung der eigenen Sichtweise. Das erste Beispiel der zwei folgenden Fälle (siehe Tab. 7.11, S1.e1) zeigt zu t1 eine moderate Positionierung mit Blick auf Einzelaspekte, die sich zu t2 zu einer Aussage mit vergrößerter Reichweite verdichtet, die eher dogmatisch-fatalistisch anmutet und radikal überzogen scheint (Abschaffung oder Zerstörung). Im zweiten Beispiel (siehe Tab. 7.11, S3.e2) ist eine Entwicklung von einer kritischen Auffassung aufgrund der Umweltbelastungen zu einer umfassenderen Einschätzung, die moderne Landwirtschaft werde „sich langfristig nicht bewähren", auszumachen, da sie Ernährungssicherheit ermögliche, aber keine Nachhaltigkeit gewährleistet.

Tabelle 7.11 Beispielzitate von Schüler*innen S1.e1 und S3.e2

	T1	T2
S1.e1	„Meiner Meinung nach ist die moderne Landwirtschaft nicht als ein Ganzes zu bewerten. Positiv ist, dass es mehr Bio gibt, negativ ist, dass es viele Pestizide gibt, die das Ökosystem aus dem Gleichgewicht bringen können. Trotzdem muss die Landwirtschaft so geführt werden, dass alle Menschen ausreichend Nahrung haben, die erschwinglich ist."	„Ich denke, dass sie moderne Landwirtschaft eine schlechte Zukunft hat, da sie entweder abgeschafft werden muss oder die Erde davon zerstört wird, da sie so schlecht für die Umwelt ist. Heutzutage ist bio und regional „hipp" und vielen Leuten ist die Herkunft der Lebensmittel egal, so lange sie günstig sind, gut aussehen und schmecken."
S3.e2	„Da sich alles, was ich über die moderne Landwirtschaft weiß, negativ auf die Umwelt auswirkt, ist meine Einstellung ihr gegenüber eher negativ. Allerdings kann ich die wirtschaftlichen Gedanken hinter ihr verstehen."	„Meiner Meinung nach ist die moderne Landwirtschaft nicht nachhaltig und wird sich langfristig nicht bewähren. Die moderne Landwirtschaft ermöglicht zwar die Nahrungssicherheit, aber nicht Nachhaltigkeit."

Subtile Veränderungen deuten sich auch insofern an, als in einigen Antworten der Zukunftsbezug sowie die Notwendigkeit gesellschaftspolitischen Handelns stärker betont wurde. Im ersten der folgenden Beispiele (siehe Tab. 7.12, S13.e2) zeigt sich eine Positionierung, die zu t1 zu der Problematik des Fleischkonsums, der Bodenknappheit und der Herausforderung der Ernährungssicherheit Stellung nahm und zu t2 die Dringlichkeit eines systemischen Wandels hervorhob. Im zweiten Beispiel (siehe Tab. 7.12, S8.e2) mündet die Stellungnahme darin, dass nur eine moderne Landwirtschaft, getragen von großen Betrieben, in der Lage sein werde, Ernährungssicherheit herzustellen. Die zwei Schüler*innen kamen im Rahmen der Abschlusserhebung stärker zu einem zukunftsbezogenen Urteil, welches mit politischen Forderungen verbunden wurde.

7.2 Ergebnisse

Tabelle 7.12 Beispielzitate von Schüler*innen S13.e2 und S8.e2

	T1	T2
S13.e2	„Meiner Meinung nach ist eines der größten Konflikte der übermäßige Fleischkonsum. Für das Tierfutter wird viel Platz benötigt, welcher zunehmend knapper wird. Hinsichtlich der wachsenden Bevölkerung und der immer knapper werdenden Ressource Boden werden dringend neue Konzepte benötigt, um den Bedürfnissen, bzw. der benötigten Menge an Nahrung nachkommen zu können."	„Zu wenig werden ökologische Aspekte wahrgenommen, betrachtet und ernst genommen. Nachhaltigkeit ist eines der aktuellsten und drängendsten Themen. Es wird viel zu wenig Initiative ergriffen, weder seitens der Politik noch ausgehend von Konsumenten. Vor allem Produzenten müssen sich darüber im Klaren sein, dass eine profitorientierte moderne Landwirtschaft in Zukunft nicht weit führen kann."
S8.e2	„Meiner Meinung nach ist es gut, dass teilweise Maschinen Arbeiten des Menschen übernehmen oder zumindest behilflich sind. Jedoch darf die Landwirtschaft nicht übermäßig betrieben werden, weil ansonsten der Boden zerstört wird und in Zukunft nicht mehr genutzt werden kann und dann ein Problem für folgende Generationen auftritt. Der Einsatz von gefährlichem Dünger und Co könnten jedoch ein Problem darstellen und uns Menschen vielleicht eher schaden anstatt helfen. Es müssen mehr Langzeitstudien und Untersuchungen durchgeführt werden."	„Ich denke, dass ohne moderne Landwirtschaft keine Zukunft in unserer Ernährungssicherung zu finden ist. Ohne diese Form der Landwirtschaft ist es nicht möglich, die Ernährung der gesamten, immer größer werdenden Bevölkerung zu sichern. Von der Politik aus sollten Rahmenbedingungen gesetzt werden, wie stark Technik maximal eingesetzt werden darf. Aber ohne große Betriebe, die modern sind, wird auch die Wirtschaft im Land schlechter."

Zusammenfassung. Die Forschungsfrage 1b danach, welche Besonderheiten der Urteilsentwicklung sich in den Schüler*innenantworten nachvollziehen lassen, kann nur sehr eingeschränkt beantwortet werden. Aufgrund des Ausschlusses der Argumentationsaufgabe, die eine Urteilsformulierung zu einer strittigen Frage vorsah, bezieht sich die Analyse im vorliegenden Abschnitt ausschließlich auf das Item „Wie ist deine Meinung zur modernen Landwirtschaft?".

Der Vergleich von Positionierungen zur modernen Landwirtschaft vor und nach der Lerneinheit in einer stärker fallinternen Betrachtungsweise zeigt, dass die Befragten häufig den gleichen inhaltlichen Bezug herstellen und es zu einer Fokussierung auf einzelne Aspekte kam. Die Tendenz zur Stabilität und reduktionistischen Betrachtungsweise kennzeichnet viele Schüler*innenantworten im vorliegenden Datensatz. Es findet sich meist eine duale Struktur: In leistungsschwächeren Fällen wurde lediglich ein Vor- und ein Nachteil genannt; in elaborierteren Antworten fungierten Einzelaspekte als Beispiel zum Stützen eines Arguments. Urteilsentwicklungen deuten sich lediglich implizit an: Zunächst scheint sich bei vielen Fällen der themenspezifische Aufmerksamkeitsfokus zwischen Eingangs- und Abschlussuntersuchung zu verschieben, wie es sich auch in der inhaltsanalytischen Betrachtung gezeigt hat (siehe Abschn. 7.2.1). Die Urteilsentwicklungen finden in vielen Fällen nach der Lerneinheit nicht auf einem höheren Argumentationsniveau statt, wie sich in den Beispielen illustriert. Jedoch zeigen sich Fälle, in denen sich die Reichweite der eigenen Positionierung veränderte: Es ließen sich sowohl Wege der Einschränkung und Relativierung als auch Wege der Ausweitung und Verabsolutierung feststellen. Es kann angenommen werden, dass sich je nach Lernausgangslage im Kontext der Lerneinheit unterschiedliche Lernprozesse angeregt werden konnten, die sich mit Blick auf die gesamte Stichprobe nicht verallgemeinern lassen. Trotz der Stabilität der in den Positionierungen angeführten Bezüge, die auf die Dominanz und Veränderungsresistenz von Deutungsmustern hinweisen, zeigen sich zur Abschlusserhebung – zwar vereinzelt, aber häufiger – handlungs- und zukunftsbezogene Aussagen und in der formalen Strukturierung der Begründungsaspekte vernetzende Darlegungen.

7.2.3 Analysen der quantitativen Daten: Motivations- und einstellungsbezogene Effekte

Forschungsfrage 1c: Inwieweit verändern sich durch die Teilnahme an der Lerneinheit motivationale und einstellungsbezogene Aspekte?
Im Rahmen der quantitativen Evaluation wurde geprüft, inwieweit sich motivationale und einstellungsbezogene Effekte durch die Teilnahme am Unterrichtsprojekt zeigen. Von den 43 Schüler*innen lagen 34 vollständige Datensätze zu zwei Messzeitpunkten vor und konnten in die Auswertung einbezogen werden. Bei fehlenden Werten bei einzelnen Items wurde der betreffende Fall bezüglich dieser Skala aus der statistischen Analyse ausgeschlossen – aufgrund dessen wird im Folgenden pro Skala die Anzahl der Fälle je Skala mit angegeben. Die Analysen wurden jeweils für die einzelnen Schulklassen und für die Gesamtgruppe durchgeführt. Es wurde ein Signifikanzniveau von $\alpha = .05$ festgelegt.
Motivationsbezogene Effekte: *Themenspezifisches Selbstkonzept und themenspezifisches Interesse*

7.2 Ergebnisse

Es wurden keine Hypothesen darüber formuliert, ob die Schüler*innen nach der Lerneinheit über ein günstigeres themenspezifisches Selbstkonzept bezüglich des Umgangs mit Komplexität sowie über ein günstigeres themenspezifisches Interesse verfügen als vor der Lerneinheit oder nicht (ungerichtete Hypothesen ergo zweiseitige Testung) (Döring, 2022, S. 149–152). Für die deskriptive Betrachtung der Motivationsänderung wurden die Mittelwerte vor und nach der Lerneinheit verglichen. Die Tabelle 7.13 zeigt die deskriptiven Statistiken für das themenspezifische Selbstkonzept sowie das themenspezifische Interesse.

Tabelle 7.13 Das themenspezifische Selbstkonzept und das themenspezifische Interesse vor und nach der Lerneinheit (theor. Min.-Max.: 1–6): Mittelwerte und Standardabweichungen sowie die Differenz der Mittelwerte

	Themenspezifisches Selbstkonzept T1		Themenspezifisches Selbstkonzept T2		
	M	(SD)	M	(SD)	Δ
Schulklasse 1 (n = 16)	4.2	(.69)	4.6	(.65)	.4
Schulklasse 2 (n = 17)	3.9	(.71)	4.3	(.94)	.4
Gesamtgruppe (N = 33)	4.1	(.73)	4.4	(.84)	.3
	Themenspezifisches Interesse T1		Themenspezifisches Interesse T2		
	M	(SD)	M	(SD)	Δ
Schulklasse 1 (n = 16)	3.9	(.52)	4.2	(.88)	.3
Schulklasse 2 (n = 16)	3.7	(.42)	4.2	(.65)	.5
Gesamtgruppe (N = 32)	3.8	(.47)	4.2	(.76)	.4

Im Hinblick auf das themenspezifisches Selbstkonzept bezüglich des Umgangs mit Komplexität sowie das themenspezifische Interesse zeigten sich in beiden Schulklassen nach der Lerneinheit höhere Mittelwerte als vor der Lerneinheit. Zur statistischen Absicherung wurde ein t-Test mit abhängigen Stichproben gerechnet.

Der Mittelwertunterschied des themenspezifischen Selbstkonzepts von Messzeitpunkt 1 zu Messzeitpunkt 2 stellte sich in beiden Lerngruppen als nicht signifikant heraus (Schulklasse 1: $t(12) = -1.73, p = .109$; Schulklasse 2: $t(16) = -1.65, p = .118$). Betrachtet man die Schulklassen zusammen, wird der Mittelwertsunterschied signifikant ($t(29) = -2.33, p = .027$). Die Effektstärke (Cohen's d) liegt bei $d = .43$ und ist damit als eher klein zu betrachten (Cohen, 1992).

Der Mittelwertsunterschied des themenspezifischen Interesses vor und nach der Lerneinheit stellte sich in der Schulklasse 1 als (knapp) nicht signifikant heraus ($t(15) = -2.09, p = .054$). In der Schulklasse 2 ist der Mittelwertsunterschied signifikant ($t(15) = -3.63, p = .002$). Die Effektstärke liegt bei $d = 0.91$ und stellt daher einen starken Effekt dar (Cohen, 1992). Werden beide Untersuchungsgruppen zusammengefasst ($t(31) = -4.03, p < .001$) ergibt sich dementsprechend ein mittlerer Effekt ($d = 0.71$).

Signifikante motivationale Effekte der Lerneinheit konnten demzufolge in der Gesamtgruppe im Bereich des themenspezifischen Interesses mit mittlerer Effektstärke nachgewiesen werden. Im Bereich des themenspezifischen Selbstkonzepts bezüglich des Umgangs mit Komplexität zeigt sich eine signifikante Mittelwertdifferenz mit kleiner Effektstärke, sofern beide Untersuchungsgruppen zusammengefasst betrachtet werden.

Subjektiver Lernzuwachs und Akzeptanz außerschulischen Lernens
Nach der Lerneinheit wurden die Lernenden befragt, wie sie ihren Lernzuwachs selbst einschätzen und wie sie den außerschulischen Anteil der Lerneinheit bewerten. Die Mittelwerte lagen im oberen Bereich der Antwortskala (siehe Tab. 7.14).

Tabelle 7.14 Subjektiver Lernzuwachs sowie Akzeptanz des außerschulischen Lernens nach der Lerneinheit (theor. Min.-Max.: 1–6): Mittelwerte und Standardabweichungen

	Subjektiver Lernzuwachs		Akzeptanz außerschulischen Lernens	
	M	(SD)	M	(SD)
Schulklasse 1	4.7	(1.0)	5.4	(.79)
Schulklasse 2	4.5	(.57)	4.9	(.84)
Gesamtgruppe	4.6	(.78)	5.1	(.85)

Die Jugendlichen schätzten ihren subjektiven Lernzuwachs im Mittel also als recht hoch ein und bewerteten die außerschulischen Anteile sehr positiv.

7.2 Ergebnisse

Einstellungsbezogene Effekte: Selbstwirksamkeitsüberzeugung im Bereich Konsum- und Ernährungsverhalten und Bewertung des Nachhaltigkeitsdiskurses

Mithilfe zweier Subskalen wurde zum einen die subjektiv empfundene Selbstwirksamkeitsüberzeugung erhoben, über Ernährung und das persönliche Konsumverhalten Einfluss zu nehmen. Zum anderen wurde die (affektive) Bewertung des Nachhaltigkeitsdiskurses erhoben.

In der deskriptiven Betrachtung der Mittelwerte vor und nach der Lerneinheit lässt sich eine geringe Steigerung verzeichnen – die Tabelle 7.15 zeigt deskriptive Statistiken.

Tabelle 7.15 Die Selbstwirksamkeitsüberzeugung im Bereich Konsum- und Ernährungsverhalten und die Bewertung des Nachhaltigkeitsdiskurses vor und nach der Lerneinheit (theor. Min.-Max.: 1–6): Mittelwerte und Standardabweichungen sowie die Differenz der Mittelwerte

	Selbstwirksamkeitsüberzeugung im Bereich Konsum- und Ernährungsverhalten T1		Selbstwirksamkeitsüberzeugung im Bereich Konsum- und Ernährungsverhalten T2		
	M	(SD)	M	(SD)	Δ
Schulklasse 1 (n = 16)	3.8	(1.30)	4.3	(1.0)	.5
Schulklasse 2 (n = 15)	3.7	(1.42)	4.1	(.99)	.4
Gesamtgruppe (N = 31)	3.8	(1.34)	4.2	(.98)	.4
	Bewertung des Nachhaltigkeitsdiskurses T1		Bewertung des Nachhaltigkeitsdiskurses T2		
	M	(SD)	M	(SD)	Δ
Schulklasse 1 (n = 14)	4.6	(.89)	4.6	(1.1)	–
Schulklasse 2 (n = 15)	4.1	(.96)	4.6	(1.0)	.5
Gesamtgruppe (N = 29)	4.3	(.94)	4.6	(1.1)	.3

Im Hinblick auf die Selbstwirksamkeitsüberzeugung zeigten sich in beiden Lerngruppen nach der Lerneinheit höhere Mittelwerte als vor der Lerneinheit. Zur statistischen Absicherung wurde ein *t*-Test mit abhängigen Stichproben gerechnet. Der Mittelwertunterschied stellte sich in der Schulklasse 1 als (knapp) nicht signifikant ($t(15) = -2.11$, $p = .052$) und in Schulklasse 2 als nicht signifikant ($t(14) = -8.18$, $p = .427$) heraus. Werden die Untersuchungsgruppen als Gesamtgruppe betrachtet, ist der Mittelwertsunterschied ebenfalls nicht signifikant ($t(30) = -1.78$, $p = .085$).

Die Einstellung zur empfundenen Bewertung des Nachhaltigkeitsdiskurses ergab in der Schulklasse 1 keine Veränderung der Mittelwerte. In der Schulklasse 2 zeigten sich nach der Lerneinheit höhere Mittelwerte als vor der Lerneinheit. Zur statistischen Absicherung wurde ein t-Test mit abhängigen Stichproben gerechnet. Der Mittelwertunterschied stellte sich als signifikant heraus ($t(14) = -2.25$, $p = .041$). Cohen's d liegt bei d = 0.58, daher ist es ein mittlerer Effekt. Führt man die zwei Untersuchungsgruppen zu einer Gesamtgruppe zusammen, stellt sich der Mittelwertsunterschied als nicht signifikant heraus ($t(28) = -1.51$, $p = .141$).

In der Betrachtung der Gesamtgruppe konnten keine signifikanten einstellungsbezogenen Effekte der Lerneinheit bezüglich der Selbstwirksamkeitsüberzeugung im Bereich des Konsum- und Ernährungsverhaltens sowie in der Bewertung des Nachhaltigkeitsdiskurses in seiner Bedeutung nachgewiesen werden.

Zusammenfassung. Im Rahmen der quantitativen Evaluation wurden mithilfe reliabler Skalen pädagogisch-psychologische Konstrukte zu zwei Messzeitpunkten erhoben, die Rückschlüsse auf die motivations- und einstellungsbezogene Wirksamkeit der didaktischen Intervention ermöglichen sollen. Erhoben wurde das themenspezifische Selbstkonzept bezüglich des Umgangs mit Komplexität sowie das themenspezifische Interesse am Konfliktfeld Landwirtschaft und Ernährung – beide Konstrukte erzielen im Vergleich der Mittelwerte vor und nach der Lerneinheit eine positive Entwicklung. Die Mittelwertsunterschiede stellten sich im Falle des themenspezifischen Interesses mit einer mittleren Effektstärke als signifikant heraus. Dies gilt ebenfalls beim themenspezifischen Selbstkonzept, jedoch nur mit einem geringen Effekt, sofern die Untersuchungsgruppen als Gesamtgruppe betrachtet werden.

Als Teil der Abschlussbefragung wurde ebenfalls nach dem subjektiven Lernzuwachs gefragt, der im Mittel als sehr hoch eingeschätzt wurde (Gesamtgruppe $M = 4.6$). Zudem zeigte sich eine hohe Akzeptanz der außerschulischen Lernform: Die Jugendlichen befürworten die Integration außerschulischer Begegnungen in den Politikunterricht deutlich (Gesamtgruppe $M = 5.1$).

Bei den Einstellungen zur Selbstwirksamkeitsüberzeugung im Ernährungs- und Konsumverhalten ergaben sich ebenfalls Mittelwertsunterschiede, die auf eine Entwicklung hinweisen, sich aber als nicht signifikant herausstellten. Während die Einstellungen zur Bewertung des Nachhaltigkeitsdiskurses in der Schulklasse 1 zwischen den zwei Messzeitpunkten unverändert blieben, zeigte sich in der Schulklasse 2 ein nicht signifikanter Zuwachs. Insgesamt ist bei der Auswertung und Interpretation der Ergebnisse jedoch die kleine Stichprobe und die damit verbundene Schwierigkeit, überhaupt signifikante Effekte zu untersuchen, zu berücksichtigen. Nichtsdestotrotz liefern die Ergebnisse der Evaluation Hinweise darauf, dass das Interesse am Lerngegenstand, also an kontroversen Fragestellungen einer nachhaltigen Entwicklung um das Handlungsfeld Landwirtschaft und Ernährung, durch die Lerneinheit gefördert werden konnte.

7.3 Diskussion

Das Ziel der Studie bestand darin, die Wirkung einer Lerneinheit im gesellschaftswissenschaftlichen Fachunterricht im Hinblick auf ihr Lernziel, politische Urteilsbildung zu fördern, zu untersuchen. Vor dem Hintergrund des Theorieteils wurden Gestaltungsprinzipien einer politischen Nachhaltigkeitsbildung abgeleitet und zur Konzeption der Lerneinheit zu einer exemplarischen nachhaltigkeitsbezogenen Problemstellung (Landwirtschaft und Ernährung) angewandt (siehe Kap. 6). Die Forschungsfragen konnten, wenn auch mit Einschränkungen, beantwortet werden und liefern darüber hinaus wertvolle Erkenntnisse über die politische Urteilsbildung als Forschungsgegenstand.

7.3.1 Diskussion der Ergebnisse

Im Rahmen eines Prä-Post-Designs wurden themenspezifische Vorstellungen und Positionierungen erhoben, etwaige Besonderheiten der Urteilsentwicklung identifiziert und motivations- und einstellungsbezogene Effekte gemessen. Dabei war nicht das Ziel, Urteilsfähigkeit zu *messen*, sondern Urteilsbildung im Angesicht eines komplexen Lerngegenstandes und im Kontext eines problem- und konfliktorientierten sowie erfahrungsorientiertes Lehr-Lern-Arrangements zu explorieren. Hierfür wurden verschiedene Aspekte der Urteilsbildung in den Blick genommen (siehe Abschn. 7.1.1).

Die Forschungsfrage 1a der Interventionsstudie lautete: *Welche themenspezifischen Vorstellungen und Positionierungen zum Transformationsfeld Landwirtschaft und Ernährung zeigen sich bei den Jugendlichen und (wie) entwickeln sich diese weiter?*
Einige Ergebnisse weisen darauf hin, dass die Schüler*innen im Laufe der Lerneinheit die politische Dimension des Themas zunehmend differenzierter und umfassender erkennen. Die Analyse der *themenspezifischen Vorstellungen* hat ergeben, dass die Jugendlichen das Transformationsfeld Landwirtschaft und Ernährung als historisch geworden erfassen. Die Landwirtschaft wird vor und nach der Lerneinheit als Ergebnis eines Modernisierungs- und Globalisierungsprozesses verstanden, der verschiedene Strukturwandelprozesse ausgelöst hat. Die von den Jugendlichen beschriebenen Auswirkungen beziehen sich vor und nach der Lerneinheit auf konsumbezogene, ökonomische und ökologische Folgen.

Der Vergleich der Besetzungshäufigkeiten je Hauptkategorie zeigt, dass keine beträchtlichen Zuwächse in den einzelnen Kategorien zu konstatieren sind (siehe Abschn. 7.2.1, Tab. 7.12). Allerdings ließen sich Fokusverschiebungen innerhalb der Hauptkategorien auf der Ebene der Subkategorien nachvollziehen. Der Befund der Konstanz kann zunächst als Hinweis darauf gedeutet werden, dass bereits vor der Lerneinheit belastbares Vorwissen aufseiten der Schüler*innen bestand. Aufgrund der Interdisziplinarität des Themenfeldes ist davon auszugehen, dass auch Wissensbestände aus dem Geografieunterricht herangezogen werden konnten. Zugleich kann jedoch angenommen werden, dass die Stabilität der Vorstellungen ebenso eine entscheidende Rolle spielt. Schüler*innenvorstellungen sind durch eine „individuelle orientierungsleitende Kohärenz und Änderungsresistenz" (Lutter, 2010, S. 74) gekennzeichnet (siehe Abschn. 7.1.1). Diese Erklärung korrespondiert mit vielen anderen Forschungsergebnissen, die zeigen, dass vorhandene Vorstellungen und darin enthaltene Urteile – auch trotz neuer unterrichtlich vermittelter Fachkenntnisse – häufig bestätigt werden (siehe Abschnitt 3.4.1). Menthe (2012) zieht damit Rückschlüsse für ein kontextorientiertes Lernen im naturwissenschaftlichen Unterricht, das lebensweltliche Fragen zum Ausgangspunkt macht (siehe auch Reinmann & Mandl, 2006). Diese Befunde lassen sich auch auf den erfahrungsorientierten Zugang durch außerschulische Begegnungen übertragend diskutieren. Lernen in authentischen Kontexten kann lernförderlich sein, aber auch Überzeugungen und Deutungsmuster aktivieren, die einen Lernzuwachs und eine elaborierte Urteilspraxis behindern können:

7.3 Diskussion

> Zweifellos führt die Kontextorientierung dazu, dass Lernende Bezüge herstellen, ihr Vorwissen aktivieren und es weniger zur Ausbildung ‚trägen Wissens' kommt. Denkbar ist aber auch der umgekehrte Effekt, dass nämlich durch die Kontextualisierung Überzeugungen aktiviert werden, die so stabil sind, dass der Unterricht seine Wirkung verfehlt, dass also Fachinhalte unter Umständen gerade deshalb nicht gelernt werden, weil deren Bedeutung für die Lebenswelt offensichtlich ist und sie mit stabilen Überzeugungen der Lernenden in Konflikt geraten. (Menthe, 2012, S. 175)

Die Fokusverschiebungen innerhalb der Hauptkategorien auf der Ebene der Subkategorien können jedoch als Hinweise darauf gedeutet werden, dass ein Lernen im Sinne der Zielsetzungen der didaktischen Intervention in Ansätzen angestoßen wurde (siehe Abschn. 5.3.1; prozess- und ergebnisbezogene Ziele). Sie stellen insofern Indikatoren für eine Politisierung der Thematik im Sinne der Lernziele dar, als zeitgenössische Bezüge hergestellt werden können und sich ein vertieftes Verständnis gegenwärtiger Herausforderungen abzeichnet. Auf diese Weise erscheint die komplexe Problemstellung nicht historisiert und individualisiert, sondern als potenziell öffentliche und kollektiv zu regelnde Angelegenheit – als *public issue* (Van Poeck & Vandenabeele, 2012; siehe Abschn. 2.5.2). Darüber hinaus legen die Ergebnisse der inhaltsanalytischen Auswertung nahe, dass die systemische und strukturelle Dimension des Themenfeldes stärker in den Vordergrund gerückt ist, etwa indem die Bedingtheiten der verschiedenen Akteur*innengruppen nach der Lerneinheit stärker betrachtet wurden. Somit kann eine Anbahnung der für die Urteilsbildung bedeutsamen Lernprozessen konstatiert werden, die im Kontext einer politischen Nachhaltigkeitsbildung von zentraler Bedeutung sind (Eis, 2022; Kehren, 2022; siehe Abschn. 2.5.2).

Die Analyse der *themenspezifischen Positionierungen* und möglicher Veränderungen nach der Lerneinheit hat ebenfalls ergeben, dass es zu einer leichten Verschiebung in den *Status quo würdigenden Positionierungsaspekten* gekommen ist, in denen die Funktionalität des Ernährungssystems stärker gewürdigt wird. Historisch ausgerichtete Beschreibungen weichen zeitgenössischen gesellschaftlichen Diskursen um Nachhaltigkeit. In den *problematisierenden Positionierungsaspekten* zeichnen sich umfassendere, strukturelle Einsichten ab, die ansatzweise mit politischen Forderungen kombiniert werden. Die Politisierung der Thematik vollzieht sich im Lichte der Schüler*innenäußerungen dergestalt, dass es zu einer Anerkennung politischer Streitfragen kommt. Dies spiegelt sich auch in den *handlungsbezogenen Positionierungsaspekten* wider, denn ein Insistieren auf öffentliche Gestaltbarkeit kann in mehreren Bezügen festgestellt werden, während Appelle an den privaten Konsum leicht abnehmen. In einer fallübergreifenden Betrachtungsweise ist damit insofern eine Komplexitätszunahme im Sinne der didaktischen Intervention auszumachen, als sich die Reichweite der Aussagen auszudehnen scheint. Die Beurteilung von Massentierhaltung bleibt ein kontroverses Unterfangen, denn sowohl kritische als auch abmildernde Aussagen nehmen nach der Lerneinheit zu.

Insgesamt können die Fokusverschiebungen – eingedenk der Limitationen in der Datenbasis – als Hinweise auf eine Konzeptdifferenzierung gedeutet werden. Aus der Perspektive einer konstruktivistischen Lerntheorie ist nicht davon auszugehen, dass Vorstellungen der Eingangserhebung gewissermaßen überschrieben werden. Die festzustellenden Fokusverschiebungen zeigen zunächst einmal eine Verschiebung der thematischen Aufmerksamkeit der Jugendlichen an, die auf Konzeptdifferenzierungen hinweisen können. Grundsätzlich ist bezüglich der Ergebnisse im Kontext der Forschungsfrage anzumerken, dass leichte Weiterentwicklungen der themenspezifischen Vorstellungen und Positionierungen infolge der Intervention zwar identifiziert werden konnten, sie aufgrund des unergiebigen Rücklaufs zur Abschlusserhebung jedoch nur eingeschränkt aussagekräftig sind. Dies ist auf forschungsmethodische Schwierigkeiten zurückzuführen, die im Kapitel zur Auswertung beschrieben wurden und in Abschnitt 7.3.2 diskutiert werden.

Die Forschungsfrage 1b der Interventionsstudie lautete: *Welche Besonderheiten der Urteilsentwicklung lassen sich nachvollziehen?*

Neben den beschriebenen leichten Veränderungen in den themenspezifischen Positionierungen zeigen sich überwiegend Kontinuitäten. Die identifizierten *Besonderheiten in der Urteilsentwicklung* (7.2.2) konnten in fallinterner Perspektive illustriert werden. In den meisten Fällen zeigen sich infolge der Lerneinheit keine qualitativen Sprünge in der Urteilsentwicklung, sondern vielfach ein Festhalten an den gleichen thematischen Bezügen und ein Fokussieren auf Einzelaspekte in teils dualer, aber teils auch stärker vernetzten Struktur, was einen Hinweis auf eine verbesserte Urteilsqualität darstellt. Marchand (2015) interpretiert die Tendenz „Informationen vereinfachend umzuinterpretieren" und „die eigenen Konstruktionen einfach zu halten" als Strategien der Komplexitätsreduktionen (ebd., S. 264). Auf diese Weise kann kognitive Dissonanz (Festinger, 1957) aufgelöst und Entlastung geschaffen werden.

Urteilsbildung zu nachhaltigkeitsbezogenen Fragen wurde (in Abschn. 2.4.2 und 3.4.2) angesichts der Komplexität als besonders anspruchsvoll und herausfordernd beschrieben. Um sie zu fördern, aber auch um sie zu untersuchen, muss es *etwas* zu beurteilen geben: Es braucht eine konkrete politische Frage bzw. eine konkrete Anforderungssituation. Dies sollte im Rahmen der Argumentationsaufgabe Berücksichtigung finden, jedoch kamen der Großteil der Schüler*innenantworten nicht über das Anführen von Pro- und Contra-Argumenten

7.3 Diskussion

hinaus; sie formulierten kein begründetes Urteil. Die Argumentationsaufgabe konnte daher nicht in die Auswertung einbezogen werden. Der Ausschluss dieses Items schränkt die Aussagekraft der Ergebnisse insgesamt ein. Über die Gründe kann nur gemutmaßt werden: Neben der mangelnden Motivation kann auch die Komplexität der Thematik dazu führen, sich nicht positionieren zu können. Dies könnte ebenso als Ergebnis der Interventionsstudie betrachtet werden.

Wurde durch die didaktische Intervention mit einem problemorientierten und außerschulischen Zugang eine elaboriertere Urteilsbildung im Umgang mit Komplexität nun unterstützt? Hinweise auf eine elaboriertere politische Urteilsbildung zeigen sich wie beschrieben nur implizit und können grundsätzlich nur eingeschränkt erfasst und ausgelegt werden. Sie sind lediglich aus dem Material und der Performanz urteilsrelevanter Äußerungen rekonstruiert worden und geben nur bedingt Aufschluss über die zugrundeliegende „Tiefenstruktur" (Petrik, 2013a, S. 351). Dies gilt besonders für den Vergleich von Performanzen zu zwei Messzeitpunkten. Inwieweit tatsächlich Lernprozesse stattgefunden haben oder nur situativ bedingt und in gewisser Weise willkürlich lediglich andere Aspekte genannt werden, kann nicht abschließend beantwortet werden. Auch dies stellt in gewisser Weise ein Ergebnis dar, denn es haben sich im Rahmen der Interventionsstudie vor allem die forschungsmethodischen Schwierigkeiten gezeigt, die auf einen schwer zu erfassenden Forschungsgegenstand verweisen: Urteilsbildung, möglicherweise gerade im Kontext komplexer nachhaltigkeitsbezogener Fragen, ist von Phänomenen wie Inkonsistenzen, Vorläufigkeit, Delegierungen und Zurückweisungen von Verantwortung, Relativierungen und Dogmatismen geprägt. Dementsprechend sind Aussagen über die Wirksamkeit relativ kurzfristiger didaktischer Interventionen auf die Qualität der politischen Urteilsbildungsprozesse nur mit großer Zurückhaltung zu treffen. Politische Urteilsbildung stellt einen „Teil eines langfristigen individuellen Entwicklungs- und Sozialisationsprozesses" dar (Weinbrenner, 1997, S. 86).

Die Forschungsfrage 1c lautete: *Inwieweit verändern sich durch die Teilnahme an der Lerneinheit motivationale und einstellungsbezogene Aspekte?*
Die quantitativen Daten ermöglichten Rückschlüsse auf die motivations- und einstellungsbezogene Wirksamkeit der didaktischen Intervention und ergänzen das Bild. Sowohl das themenspezifische Selbstkonzept im Umgang mit komplexen Problemstellungen als auch das themenspezifische Interesse am Konfliktfeld Landwirtschaft und Ernährung entwickelten sich positiv im Zuge der Lerneinheit: Bei Betrachtung der Lerngruppen als Gesamtgruppe zeigte sich bei beiden Variablen ein signifikanter Zuwachs mit einer kleinen Effektstärke beim Selbstkonzept und einer mittleren Effektstärke beim Interesse. Diese positive Entwicklung ist

im Sinne der Lernziele des Unterrichtsprojektes (siehe Abschn. 5.3.1), weshalb diesbezüglich (trotz geringer Effektstärke) von der Wirksamkeit der Intervention ausgegangen werden kann. Die motivationsrelevanten Variablen können sich positiv auf die Urteilsbildung bei komplexen Problemstellungen auswirken, da sie – angesichts des hohen kognitiven Aufwandes – die Verarbeitungsmotivation und somit die Tiefe der Verarbeitung (Elaboration) positiv beeinflussen können (Stroebe, 2014, S. 242). Die statistischen Befunde attestieren also positive Effekte im motivationalen bzw. motivational relevanten Bereich.

Der subjektive Lernzuwachs (Gesamtgruppe: $M = 4.6$ von 6) sowie die Akzeptanz der außerschulischen Lernform (Gesamtgruppe: $M = 5.1$ von 6) waren im Mittel recht hoch. Das heißt, die Jugendlichen stimmten den Aussagen zu, dass sich ihre Sichtweise im Hinblick auf verschiedene Perspektiven erweitert hat, sie ein tieferes Verständnis komplexer Zusammenhänge erhalten haben und sich auch sicherer im Umgang mit kontroversen Fragen um Nachhaltigkeit fühlen. Außerdem würden sie die Integration außerschulischer Anteile in den Fachunterricht gerne öfter erleben. Es kann damit festgehalten werden, dass der problem- und konfliktorientierter sowie erfahrungsorientierte Unterrichtsansatz durch die Jugendlichen äußerst positiv evaluiert wird. Signifikante einstellungsbezogene Effekte konnten nicht nachgewiesen werden, was angesichts einer gewissen Dauerhaftigkeit von Einstellungen aber nicht überrascht (Haddock & Maio, 2014).

7.3.2 Forschungsmethodische Diskussion

Die vorliegende Studie stellte eine Studie im Feld dar. Die Lerneinheit wurde im Rahmen des schulischen Politikunterrichts umgesetzt und deckte auch curriculare Anforderungen ab. Die Untersuchungsbedingungen können entsprechend gut auf die schulischen Alltagsbedingungen übertragen werden (Döring, 2022, S. 207). Insbesondere Feldstudien, die dabei die Verknüpfung schulischer und außerschulischer Lernsituationen in den Blick nehmen, existieren kaum und sind für die pädagogische und fachdidaktische Lehr-Lern-Forschung von Interesse. Zugleich ging dies aber auch mit einer eingeschränkten Kontrollierbarkeit der untersuchten Variablen einher, was die Interpretierbarkeit der Ergebnisse erschwert.

Die Akquise von Schulen, kooperierenden Lehrkräften und außerschulischen Akteur*innen sowie die Durchführungen der mehrwöchigen Lerneinheit waren

7.3 Diskussion

mit einem enormen Aufwand verbunden.[6] Dennoch konnte auch aufgrund der Fluktuation der Schüler*innen lediglich eine kleine Stichprobe erzielt werden (siehe Abschn. 7.1.1 und 7.1.2). Darüber hinaus wurden im Rahmen der Interventionsstudie verschiedene empirische Daten erhoben (bspw. Audiomitschnitte der Unterrichtsstunden; siehe 7.1.1), die aufgrund der begrenzten Ressourcen im Auswertungsprozess im Rahmen dieser Arbeit nicht ausgewertet wurden.

Die Fragebogenerhebung im Prä-Post-Design erwies sich als forschungsökonomisch praktikabel, um einen möglichst umfassenden empirischen Eindruck von den Schulklassen zu gewinnen. Jedoch ist der unzureichende Ertrag der offenen Items zu problematisieren, was Auswirkungen auf die Befunde der vorliegenden Studie hatte und zu einer Anpassung der Auswertungsstrategie führte. Insbesondere die Schüler*innenantworten der Abschlusserhebung fielen deutlich knapper aus, wie bereits erwähnt. Messwiederholungen können die Ergebnisse etwa durch untersuchungsbedingte Testübung oder Testmüdigkeit beeinflussen (Döring, 2022, S. 211). Hinzu kommt, dass die Schüler*innen eine extrinsische Motivierung durch Leistungskontrollen gewohnt sind, die durch die anonyme Testung nicht gegeben war. Einige Jugendliche schrieben als Antworten „siehe erster Fragebogen" oder gaben den Hinweis „Bitte nicht dieselben Fragen stellen, das wirkt demotivierend". Hier steht das Forschungsziel deutlich in einem Spannungsverhältnis zum pädagogischen Setting.

Im Falle der Argumentationsaufgabe zur Performanz im Bereich Analysieren und Urteilen wurde die vorbereitende Pro-Contra-Auflistung zwar überwiegend angefertigt, die Stellungnahmen wurden jedoch nur unzureichend mit einzelnen Sätzen ausgearbeitet, wiesen meist keine argumentative Struktur auf oder wurden gar nicht bearbeitet. Die Begründungen, die zur Analyse des politischen Urteilens entscheidend sind (Petrik, 2011, S. 113–118), wurden meist nicht sorgfältig dargelegt. Darüber hinaus bestanden bei diesem Item nur acht vollständige Datensets, d. h. nur acht Schüler*innen schrieben sowohl zu t1 als auch zu t2 eine Stellungnahme (siehe Abschn. 7.1.4). Dies führte zum Ausschluss der Argumentationsaufgabe aus dem Untersuchungsdesign. Die Frage, ob die Schüler*innen nach der Lerneinheit zu einer elaborierteren, komplexeren Argumentation kommen, kann mit dieser Aufgabe nicht beantwortet werden – bzw. muss gar verneint werden.

---

[6] Die Kooperation zwischen den verschiedenen Bildungsakteur*innen war geprägt von einem inter- und transdisziplinären Austausch und stellte zudem einen Balanceakt zwischen forschungsmethodischen und pädagogischen Ansprüchen dar. Ein gemeinsames Sprechen zu entwickeln beanspruchte viel Zeit, stellte aber auch eine zentrale Ressource in der Konzeptions- und Forschungsphase dar.

Möglicherweise liegt die Ursache in mangelnden Argumentationsfähigkeiten: Studien weisen darauf hin, dass Jugendliche selten *skilled arguer* sind und die Argumentationsfähigkeit eine spezifisch zu fördernde Fähigkeit darstellt (Crowell & Kuhn, 2014; Iordanou, 2010). Möglicherweise stellte die Aufgabe vor diesem Hintergrund einen zu großen kognitiven Aufwand dar, was motivationale Auswirkungen auf die Itembearbeitung hatte. Vor dem Hintergrund des *Optimizing-Satisficing*-Modells nach Krosnick (1999) ist anzunehmen, dass die Schüler*innen die Items eher nach einer *Satisficing*-Strategie ausgefüllt haben, d. h. die Teilnehmenden begnügten sich mit einer ausreichenden, etwa nur stichwortartig formulierten Antwort, obwohl sie zu einer elaborierteren Darlegung fähig gewesen wären (Moosbrugger & Kelava, 2020, S. 79–81). Dieses Phänomen erlebt und beschreibt auch Marchand (2015) in ihrer Studie zur Erfassung einer nachhaltigkeitsbezogenen Urteilskompetenz. Sie kommt zu dem Schluss, dass „[n]ach einer *Satisficing*-Strategie ausgefüllte Fragebögen […] daher für eine Kompetenzerfassung wenig tauglich [sind]" (ebd., S. 233). Für die vorliegende Studie mit zwei Messzeitpunkten ist außerdem festzuhalten, dass einige Schüler*innen den Fragebogen der Eingangshebung offenbar motivierter nach einer *Optimizing*-Strategie bearbeitet haben, also möglichst gründlich und bestmöglich antworteten (Moosbrugger & Kelava, 2020, S. 79–81). Auch dieser Umstand verringert die Aussagekraft eines Vergleiches zweier Messzeitpunkte. Mit dem Ausschluss der Argumentationsaufgabe fehlte ein Bestandteil zur Operationalisierung des Forschungsgegenstandes.

Im Falle der Items zu den themenspezifischen Vorstellungen und Positionierungen führte dieser Umstand zu einer Anpassung der Auswertungsstrategie: Statt wie ursprünglich geplant Komplexitätsniveaus mithilfe eines Analyserasters zu bestimmen, wurde mithilfe eines Codierschemas qualitativ ausgewertet und die Besetzungshäufigkeiten der Kategorien zum Vergleich vor und nach der Lerneinheit herangezogen. Wie die Ergebnisse gezeigt haben, sind die themenspezifischen Vorstellungen und Positionierungen geprägt von Einzelaspekten, die sich nicht gewinnbringend unter deduktiven Kategorien wie Mehrperspektivität oder Antizipation von Handlungsfolgen subsumieren ließen (siehe Abschn. 3.2.2 und 3.6). Die induktive Vorgehensweise hatte hingegen den Vorteil nachvollziehen zu können, *welche* urteilsrelevanten Lernprozesse inhaltlich angebahnt wurden (siehe vorheriger Abschnitt 7.3.1). Die Limitationen sind an dieser Stelle aber ebenfalls zu reflektieren: Der Vergleich der Besetzungshäufigkeiten der kategorial erfassten Aussagen der Jugendlichen zu t1 und t2 ist ebenfalls aufgrund der oben beschriebenen Datenausgangslage nur eingeschränkt interpretierbar. Aufgrund des geringeren Rücklaufs und knapperen Antwortverhaltens zur Abschlusserhebung wurden auch entsprechend weniger Codes verteilt (t1: 157, t2:

7.3 Diskussion

131 insgesamt vergebene Codes). Gleichwohl könnte argumentiert werden, dass minimale Zuwächse vor diesem Hintergrund sogar besonders zu beachten sind.

Im Rahmen der quantitativen Datenerhebung wurden motivations- und einstellungsbezogene Konstrukte erhoben. Eine größere Stichprobe hätte möglicherweise dazu beitragen können, dass die Effekte signifikant werden. Die Erhebung erfolgte über Selbsteinschätzungen auf Ratingskalen. Dabei ist anzunehmen, dass es trotz Anonymität im Antwortverhalten eine Tendenz zur sozialen Erwünschtheit gibt (Moosbrugger & Kelava, 2020, S. 82 f.). Insbesondere bei der Selbstwirksamkeitsüberzeugung im Bereich des Konsum- und Ernährungsverhaltens und bei der Bewertung des Nachhaltigkeitsdiskurses kann dies zum Tragen kommen. Auch die Vermeidung kognitiver Dissonanz (Festinger, 1957) kann die Selbsteinschätzung beeinflussen: So könnte das themenspezifische Selbstkonzept im Umgang mit Komplexität als zu positiv bewertet werden, da Proband*innen beispielsweise nicht zugeben, dass man komplexe Themen als überfordernd oder entmutigend erlebt.

Darüber hinaus erwiesen sich die aus Mangel an erprobten Skalen für Jugendliche neu konzipierten Skalen (Einstellung hinsichtlich des staatlichen Eingreifens in Nachhaltigkeitsfragen sowie zum Ernährungs- und Konsumverhalten) als inkonsistent und wurden daraufhin nicht in der Auswertung berücksichtigt. Dabei ist jedoch zu vermuten, dass in politischen sowie nachhaltigkeitsbezogenen Themen auch Inkonsistenzen in den Positionierungen der Proband*innen selbst vorliegen. Die Entwicklung von Konstrukten und Erprobung entsprechender Skalen ist damit auf die weitere qualitative Erforschung dieser Inkonsistenzen in den nachhaltigkeitsbezogenen Einstellungen angewiesen.

Insgesamt kann festgehalten werden, dass das in Abschnitt 7.1.3 formulierte Ziel, ein umfassendes Bild über potenzielle Konzeptdifferenzierung, Zuwächse hinsichtlich des Argumentationsniveaus und motivations- und einstellungsbezogene Effekte zu erfassen, nur eingeschränkt erreicht werden konnte. Jedoch konnte durch eine Anpassung der Auswertungsstrategie das explorative Anliegen der Studie erfüllt werden und auf diese Weise die zaghaften Dynamiken der politischen Urteilsbildung aufgespürt werden, die in idealtypischen Modellierungen samt verschiedener Realisierungsstadien und Urteilsniveaus notwendigerweise nicht abgebildet sind.

Zum einen wurde aus den beschriebenen Limitationen im Forschungsprozess heraus vermutet, dass ein Interviewverfahren weitere Informationen liefern könnte, die sich innerhalb der schriftlichen Befragung (z. B. aus motivationalen Gründen bei der wiederholten Befragung zu t2) nicht zeigten. Zum anderen erschien ein stärker qualitativer und fallbezogener Forschungszugang im Lichte der gewonnenen Ergebnisse weiterhin vielversprechend. Entsprechend der zwei

Forschungsperspektiven auf die politische Urteilsbildung (siehe Abschn. 3.5 und Kap. 6), in der einerseits Urteilen als Prozess der Expansion und rationalen Abwägung und andererseits Urteilen als soziale Praktik und Prozess der Sinnbildung voneinander abgegrenzt werden, steht die im nachfolgenden Kapitel vorgestellte Interviewstudie im Sinne eines Mixed-Methods-Ansatz (Döring, 2022, S. 26–28) in einem Ergänzungsverhältnis, um die Erkenntnisse um einen verstehensorientierten Zugang zu den Sichtweisen der Jugendlichen zu erweitern.

Open Access Dieses Kapitel wird unter der Creative Commons Namensnennung 4.0 International Lizenz (http://creativecommons.org/licenses/by/4.0/deed.de) veröffentlicht, welche die Nutzung, Vervielfältigung, Bearbeitung, Verbreitung und Wiedergabe in jeglichem Medium und Format erlaubt, sofern Sie den/die ursprünglichen Autor(en) und die Quelle ordnungsgemäß nennen, einen Link zur Creative Commons Lizenz beifügen und angeben, ob Änderungen vorgenommen wurden.

Die in diesem Kapitel enthaltenen Bilder und sonstiges Drittmaterial unterliegen ebenfalls der genannten Creative Commons Lizenz, sofern sich aus der Abbildungslegende nichts anderes ergibt. Sofern das betreffende Material nicht unter der genannten Creative Commons Lizenz steht und die betreffende Handlung nicht nach gesetzlichen Vorschriften erlaubt ist, ist für die oben aufgeführten Weiterverwendungen des Materials die Einwilligung des jeweiligen Rechteinhabers einzuholen.

8 Interviewstudie *ex post* zur Analyse politischer Reflexions- und Sinnbildungsprozesse

Mit dem Unterrichtsprojekt wurde das Ziel verfolgt, die Perspektivität und Kontroversität gesellschaftlicher Problemstellungen einer nachhaltigen Entwicklung am Beispiel des Transformationsfeldes Landwirtschaft und Ernährung didaktisch aufzubereiten und durch außerschulische Begegnungen mit regionalen Akteur*innen erfahrbar zu machen (siehe Abschn. 5.2). Die empirische Untersuchung im Rahmen der Interventionsstudie hat ergeben, dass durch das Unterrichtsprojekt als didaktische Intervention eine Politisierung der Thematik angebahnt werden konnte. Zeigte sich in einem Großteil der Schüler*innenäußerungen *vor* dem Unterrichtsprojekt die Vorstellung eines regelrecht *natürlichen* Strukturwandlungsprozesses, der mit ökologischen Nachteilen verbunden ist, ergaben die Befragungen unmittelbar *nach* dem Unterrichtsprojekt eine Ausdifferenzierung der Vorstellungen zum Konfliktfeld Landwirtschaft und Ernährung unter vermehrter Berücksichtigung politischer Kategorien (Akteur*innen, Handlungsfolgen, ökonomischer Zusammenhang etc.). Inwiefern die außerschulischen Begegnungen es tatsächlich vermocht haben im Sinne einer sozialkonstruktivistischen Lerntheorie sozio-kognitive Konflikte zu initiieren und eine Weiterentwicklung oder Differenzierung der Urteile der Lernenden zu evozieren, ist bislang noch nicht hinreichend beantwortet (siehe Abschn.7.3.1). Im Besonderen wirft die vielfach festgestellte Stabilität der themenspezifischen Vorstellungen und Positionierungen die Frage auf, ob die außerschulischen Begegnungen möglicherweise gerade zur Aktivierung bestehender Deutungsmuster beigetragen

---

Ergänzende Information Die elektronische Version dieses Kapitels enthält Zusatzmaterial, auf das über folgenden Link zugegriffen werden kann https://doi.org/10.1007/978-3-658-46149-2_8.

haben. Die fachdidaktisch relevante Frage, inwieweit außerschulische Begegnungen das Komplexitätsbewusstsein der Schüler*innen fördern können oder ob die nahräumliche Ausrichtung nicht eben sogar das Gegenteil bewirkt, ist noch ungeklärt.

Das Ziel der Interviewstudie ist es, das spezifische Anregungspotenzial der kontroversen außerschulischen Begegnungen für die politische Urteilsbildung *ex post* zu explorieren. Aufgrund dessen werden Reflexions- und Sinnbildungsprozesse sechs Wochen nach dem Unterrichtsprojekt erhoben. Somit ergänzt die Interviewstudie die Gesamtstudie nun um Erkenntnisse über das außerschulische Lernen im schulischen Fachunterricht. Wie in Abschnitt 4.5 herausgearbeitet, wird dem außerschulischen Lernen aufgrund der genuinen Mehrperspektivität der außerschulischen Erfahrung ein besonderes Potenzial zur Förderung der politischen Urteilsfähigkeit zugesprochen (Juchler, 2022). Dies steht in einer Diskrepanz zum Theorie- und Empiriedefizit, weshalb explorative Untersuchungen von Verstehensprozessen von Schüler*innen angezeigt sind (Moritz, 2016; siehe Abschn. 4.6). Wie in Kapitel 6 erläutert, werden zwei übergreifende Forschungsfragen verfolgt. Die jeweilen Unterfragen können dort sowie im nachfolgenden Abschnitt 8.1.4.2 (siehe Tab. 8.2) entnommen werden.

Forschungsfrage 2: Welche Reflexions- und Sinnbildungsprozesse konnten im Rahmen des Unterrichtsprojektes auf welche Weise angeregt werden?

Forschungsfrage 3: Welche Reflexions- und Sinnbildungsprozesse lassen sich in den Reflexionen der Jugendlichen über die außerschulischen Begegnungen mit den Landwirt*innen und den Umweltaktivist*innen identifizieren?

Urteilsbildung wird nachfolgend in verstehensorientierter Perspektive als *Sinnbildung* betrachtet – und steht damit in einem komplementären Verhältnis zum theoretischen Zugang der Interventionsstudie (siehe Abschn. 3.5). Das Forschungsinteresse richtet sich auf die angebahnten Sinnbildungsprozesse in Rahmen des konkreten Unterrichtsprojektes und der außerschulischen Begegnungen zu einem konkreten Lerngegenstand in retrospektiven Nacherzählungen der teilnehmenden Jugendlichen selbst (Bruner, 1990). Sie in ihrer Genese zu betrachten, heißt, die Interaktion der subjektiven Deutungsmuster mit dem Lehr-Lern-Arrangement in den Blick zu nehmen. Die Erinnerungen an und Reflexionen über das Unterrichtsprojekt werden zum narrativen Ausgangspunkt gemacht, um den schüler*innenseitigen Prozess des En- und Decodierens zu analysieren und Momente der Sinnbildung aufzuspüren. Zentral sind damit die subjektiven Schlussfolgerungen der Jugendlichen und inwieweit es ihnen gelingt, das außerschulisch Erfahrene im Wechselspiel zwischen Induktion und

Deduktion aufzuschlüsseln. Mit der Studie sollen Erkenntnisse darüber gewonnen werden, wie nachhaltigkeitsbezogene Urteilsbildung durch die Integration außerschulischer Begegnung in den Politikunterricht gefördert werden kann.

8.1 Methode

Im Folgenden wird das methodische Vorgehen der Interviewstudie dargelegt. Hierfür werden zunächst das Untersuchungsdesign sowie die Fallauswahl und die Durchführung der Befragung vorgestellt. Anschließend werden der Interviewleitfaden als Erhebungsinstrument, das Auswertungsvorgehen und das entwickelte Kategoriensystem beschrieben.

8.1.1 Untersuchungsdesign: Das episodische Interview

Um das spezifische Anregungspotenzial der kontroversen außerschulischen Begegnungen mit den regionalen Akteur*innen für die politische Urteilsbildung qualitativ zu explorieren, wurde sich zur Untersuchung der oben genannten Fragestellungen für die Durchführung einer qualitativen Interviewstudie *ex post* entschieden (Döring, 2022, S. 353–357; S. 360 f.). Forschungsgegenstand stellen die Reflexions- und zu rekonstruierenden Sinnbildungsprozesse der Lernenden dar. Um jene im empirischen Material zugänglich zu machen, wurde eine zeitliche Distanz von sechs Wochen zum Unterrichtsprojekt gewahrt. Auf diesem Wege wurde die Anbahnung eines reflexiven Verhältnisses der Lernenden zum Unterrichtsprojekt ermöglicht und die für die Reflexion wesentliche Eigenart des „Sich-inne-Werdens" begünstigt (Lutz, 2021, S. 1532). Alexander (2017) beschreibt Reflexion als „the deliberation, pondering, or rumination over ideas, circumstances, or experiences yet to be enacted, as well as those presently unfolding or already passed" (ebd., S. 308). Demnach können sich Reflexionsprozesse auf zukünftige, gegenwärtige und vergangene Situationen beziehen (siehe auch Farrell, 2012). Es kann davon ausgegangen werden, dass die subjektiven Sichtweisen der Jugendlichen sich einige Wochen nach Abschluss des Unterrichtsprojektes weiterentwickeln und unterscheiden, da individuelle Sinnbildungsprozesse in der Zwischenzeit begünstigt sind. Die individuelle Reflexion wurde in der Interviewsituation selbst als ein „«Sich-zurück-Wenden» des Denkens" angeregt (Lutz, 2021, S. 1532). Im Rekurs auf das Involviert-Sein in das Unterrichtsprojekt wird das Moment der Narration tragend, als *„diachrone Darstellung eines Wandels eines Ich oder einer Sache bzw. eines Themas in der Zeit"*

(Kruse, 2015, S. 169; H. i. O.). Die kognitive Repräsentation der Erfahrung wird in der Gesprächssituation aktualisiert und als Narration reproduziert (Küsters, 2022).

In der Interviewform und -technik wurde sich an das episodische Interview nach Flick (2011; vgl. auch Döring, 2022, S. 373) orientiert. Es dient dazu, subjektive Sichtweisen zu den schulischen sowie außerschulischen Erfahrungen zu erheben, da es darauf abzielt, Narrationen und Reflexionen zu generieren. Das episodische Interview stellt eine Kombination von Befragung und Erzählung dar, wodurch sowohl subjektives Wissen als auch subjektive Erfahrungen der Befragten erhoben werden (Flick, 2011, S. 273). Die Interviewform und die sich daraus ergebende -technik zielen darauf ab, sowohl argumentative als auch erzählende Darstellungen zu erfassen, die auf zwei Wissensformen rekurrieren.

> Ausgangspunkt ist dabei die Unterscheidung zwischen semantischem und episodischem Wissen: Während semantisches Wissen um Begriffe und ihre Beziehungen untereinander herum aufgebaut sind, besteht episodisches Wissen aus Erinnerungen an Situationen. Erstes ist am besten über Fragen und Antworten zu erheben, letztes eher über Erzählanstöße und Erzählungen. (Ebd., S. 273)

Das Modell von Flick (2011; siehe Abb. 8.1) veranschaulicht die Verschränkung der Wissensformen und zeigt, dass „sich semantisches Wissen zum Teil aus episodischem Wissen speist und sich erlebte Erfahrung damit im Semantischen niederschlägt" (Misoch, 2019, S. 59).

8.1 Methode

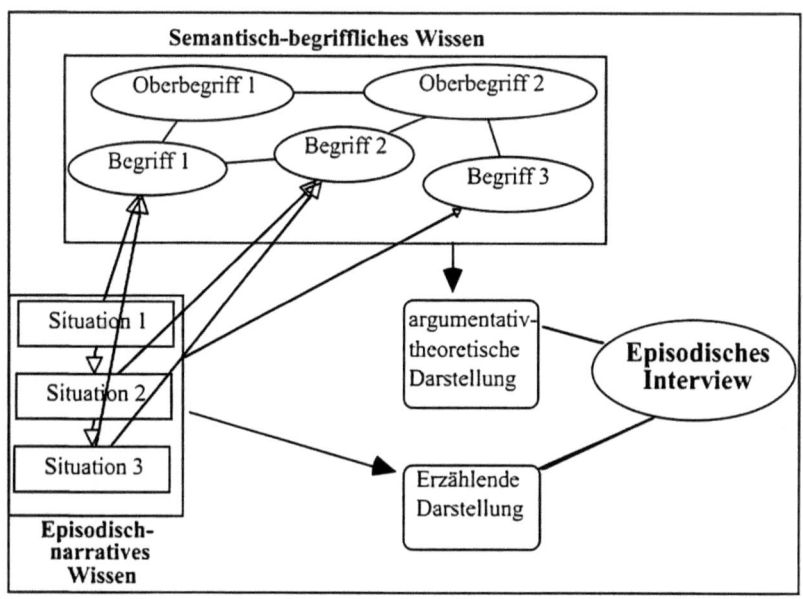

Abbildung 8.1 Wissensbereiche des Alltagswissens im episodischen Interview, aus Flick, 2011, S. 274

Für den Forschungsgegenstand ist die Verschränkung zwischen Erlebten und Begrifflichen mit Blick auf die angeregte Urteilsbildung von besonderem Interesse. Im Sinne des politischen Urteilens nach Arendt stellt sich die Frage, inwiefern das Besondere der konkreten Erfahrung sinnhaft auf das systemische Allgemeine bezogen werden kann (siehe Abschn. 3.2.2). Gerade für politische Bildungsprozesse und die Urteilsbildung im Besonderen ist „[d]er Pulsschlag von Abstraktion und Rekonkretisierung" (Hilligen, 1991, S. 24) konstitutiv – oder in den Worten von Grammes (2012): „Lernen erfolgt im ‚Pulsschlag' von Fallarbeit, Verallgemeinerung (Begriffe), Transfer und Übung am neuen Fall, Reflexion des Lernprozesses durch Meta-Lernen" (ebd., S. 81).

Im Falle der vorliegenden Interviewstudie wurde die Interviewform im Hinblick auf den Forschungszweck und das Alter der Befragten angepasst. Das Interviewgespräch fokussierte daher zwar auf „persönlich Erlebtes", jedoch nicht im Sinne autobiografischer Teilnarrationen, sondern als geschilderte Erinnerungen an konkrete Situationen des zurückliegenden Unterrichtsprojekts (Misoch, 2019,

S. 58). Das semantisch-begriffliche Wissen manifestiert sich in konkreten Vorstellungen und Konzepten und wird üblicherweise mit offenen und auch assoziativen Fragen erhoben, wie: „Was verbindest Du mit dem Begriff Nachhaltigkeit?" (Misoch, 2019, S. 59). Das Schüler*inneninterview war insofern weniger offen gestaltet. Das Unterrichtsprojekt als inhaltlichen und gemeinsam erlebten Bezugsrahmen zu nutzen, bot den Befragten Orientierung und ermöglichte mit Blick auf das Alter und die heterogenen Leistungsniveaus der Interviewpartner*innen einen niedrigschwelligen Zugang.

Um eine Vergleichbarkeit der geführten erzählgenerierenden Interviews zu gewährleisten, wurden halbstrukturierte Interview auf Basis eines Interviewleitfadens eingesetzt (Döring, 2022, S. 367 f.). Der Interviewleitfaden hält die offenen Fragen in einer bestimmten Reihenfolge fest, die jedoch in der konkreten Interviewsituation bei Bedarf angepasst werden kann. Um eine sinnvolle Balance zwischen Strukturierung und Offenheit herzustellen und zugleich Momente der Vertiefung evozieren zu können, wurden zu jeder Interviewfrage Vertiefungsimpulse in Form von Ad-hoc-Fragen vorbereitet (Kruse, 2015, S. 203 f.). Die Interviews wurden transkribiert und anschließend in Anlehnung an die qualitative Inhaltsanalyse nach Kuckartz (2018) ausgewertet (siehe Abschn. 8.1.4).

Im gesamten Forschungsprozess wurden die Gütekriterien qualitativer Forschung stets berücksichtigt (zur Kontroverse und Einordnung vgl. Döring, 2022, S. 106–108; 110–112). Die vorliegende Arbeit orientiert sich an den sieben Kernkriterien zur Bewertung qualitativer Forschung nach Steinke (2017): intersubjektive Nachvollziehbarkeit (durch Transparenz, kollaborative Interpretation und kodifizierte Verfahren), Indikation des Forschungsprozesses (Passung zwischen Forschungsgegenstand und Methode), empirische Verankerung der Forschungsergebnisse, Limitation, Kohärenz, Relevanz und reflektierte Subjektivität. Diese werden auch in der Diskussion (Abschn. 8.3.2) herangezogen, um den eigenen Forschungsprozess zu reflektieren und evaluieren.

8.1.2 Fallauswahl und Durchführung der Interviews

Fallauswahl. Insgesamt wurden elf Interviews mit Schüler*innen aus den zwei Schulklassen des 11. Jahrgangs zweier Gymnasien durchgeführt, die an dem mehrwöchigen Unterrichtsprojekt teilgenommen hatten (siehe Abschn. 7.1.2). Das durchschnittliche Alter betrug zum Zeitpunkt der Durchführung 16 Jahre. Die Rekrutierung der Interviewpersonen erfolgte im direkten Anschluss an das Unterrichtsprojekt, indem ausgewählte Schüler*innen angefragt wurden, freiwillig an

8.1 Methode

einem nachbereitenden Interview teilzunehmen. Die Freiwilligkeit des Engagements musste aufgrund des schulischen Kontextes unbedingt gegeben sein. Es wurden sechs Lernende der Schulklasse 1 und fünf Lernende der Schulklasse 2 befragt. Es handelte sich dabei insgesamt um sechs Schülerinnen und fünf Schüler.

Die Samplingstrategie folgte annähernd dem Prinzip der maximalen strukturellen Variation (Kruse, 2015, S. 242). Bei kontrastierenden Samplingverfahren sind zwei Verfahren bewährt: Die theoretisch begründete Vorabfestlegung und das *theoretical sampling* aus der Grounded Theory, in welchem die Fallauswahl im Verlauf der Datenerhebung sukzessiv getroffen wird. Im Kontinuum dieser beiden idealtypischen Strategien kommt die Vorgehensweise in dieser Studie zweiterem näher. Das Sampling war an die Interventionsstudie gebunden, insofern gab es eine Form der Vorabfestlegung. Durch die vorangestellte Interventionsstudie konnten über die Dauer des Unterrichtsprojektes variierende Fälle in den Schulklassen unterschieden und identifiziert werden (Kruse, 2015, S. 248 ff.). Im Bereich der qualitativen Forschung ist „die bewusste bzw. absichtsvolle Auswahl von Fällen (,purposive/ purposeful sampling')" als Auswahlverfahren etabliert (Döring, 2022, S. 303; siehe auch Glaser & Strauss, 1999). Die qualitative Fallauswahl

> soll sicherstellen, dass durch die Analyse der herangezogenen empirischen Fälle (Fallauswahl, Datenkorpus) spezifische Aussagen entwickelt werden können, die valide sind. Zudem sollen sie von sich beanspruchen können, dass sie in abstrahierter Weise eine Reichweite der Ergebnisse begründen können, die über das zugrunde liegende Sample (Fallauswahl) hinausgeht. Dies kann man als eine ‚Verlängerung' der auf der Datenbasis – des konkreten Samples – selektiv gewonnen Erkenntnisse bezeichnen. (Kruse, 2015, S. 237)

Das Ziel qualitativer Forschung ist dabei „nicht die statistische Repräsentativität, sondern die qualitative Repräsentation" (ebd., S. 241) – und damit eine qualitative und nicht statistische Verallgemeinerung. Vor diesem Hintergrund gilt der Anspruch, in der Fallauswahl die Heterogenität des Untersuchungsfeldes zu berücksichtigen (Kruse, 2015, S. 241; Kelle & Kluge, 2010). Daher wurden gezielt solche Schüler*innen angefragt, die sich nach Ansicht der Lehrkräfte und durch die Erfahrung im Unterrichtsprojekt als Fälle erwiesen, die sich hinsichtlich ihrer politischen Positionierung, Werteorientierung und ihres Diskussionsverhaltens unterschieden. Die Fallauswahl erfolgte somit bewusst im Hinblick auf bestimmte Merkmalsausprägungen, „so dass das Sample Fälle enthält, welche die Heterogenität des Untersuchungsfeldes zumindest *repräsentieren*" (Kruse, 2015,

S. 241; H. i. O.). Auf diese Weise konnte sichergestellt werden, ein kontroverses Spektrum an Aussagen zu erfassen und intersubjektive Vergleiche in der Auswertung zu ermöglichen, damit „ein maximaler theoretischer Erkenntniswert resultiert" (Döring, 2022, S. 304).

Durchführung. Die elf Interviews wurden jeweils sechs Wochen nach dem Ende des siebenwöchigen Unterrichtsprojektes durchgeführt. Sie fanden im November 2018 und August 2019 in den Räumlichkeiten der jeweiligen Schule individuell vereinbart nach Unterrichtsende statt. Die Einwilligungen der Lernenden und Erziehungsberechtigten zur wissenschaftlichen Begleitung und Nachbereitung des Unterrichts wurde bereits vor dem Beginn des Unterrichtsprojektes eingeholt.

In der Interviewsituation wurde Wert auf eine offene und wertschätzende Gesprächssituation gelegt (Helfferich, 2019). Zwar waren sich Interviewerin und Befragte schon über mehrere Wochen des Unterrichtsprojektes persönlich bekannt, jedoch musste nun ein Rollenwechsel von Lehrperson zu Interviewerin und Forscherin vollzogen und transparent gemacht werden. Um einer asymmetrischen Kommunikationssituation entgegenzuwirken, wurden die befragten Jugendlichen bei der Intervieweröffnung darauf hingewiesen, dass in der Interviewsituation Gesagtes anonymisiert und diese Anonymität ihnen auch gegenüber der zuständigen Lehrkraft zugesichert werde. Überdies wurde die Rolle der Interviewerin in Abgrenzung zum Schulunterricht erläutert und signalisiert, dass ein ehrliches und ggf. kritisches Antworten explizit gewünscht ist. Insbesondere der Themenkomplex Nachhaltigkeit kann bei den Befragten eine Tendenz zur sozialen Erwünschtheit im Antwortverhalten begünstigen. Auch die Interviewform des episodischen Interviews soll diesem Umstand entgegenwirken: „Durch das Abwechseln zwischen offenen Fragen und narrativen Erzählanreizen ähnelt die Erzählsituation bei der Durchführung episodischer Interviews stark alltäglicher Kommunikation […] und kann dazu führen, dass der Interviewte die Situation als angenehm empfindet und sich deswegen intensiv auf diese einlässt, sodass tiefe und reichhaltige Ergebnisse erzielt werden können" (Misoch, 2019, S. 63).

Über das Ziel und den Zweck der Studie wurden die Jugendlichen insofern aufgeklärt, als es um ihre Erinnerungen an das Unterrichtsprojekt und Sichtweise auf das Thema ginge. Die Zielstellung einer Exploration von Reflexions- und Sinnbildungsprozessen im Kontext der Lerneinheit wurde nicht explizit offengelegt, um das Antwortverhalten der Proband*innen – etwa durch die Antizipation einer Bewertungssituation – nicht zu beeinflussen. Alle Interviews wurden von der Verfasserin dieser Arbeit geführt und mithilfe eines digitalen Aufnahmegeräts aufgezeichnet. Die Interviews hatten eine Länge zwischen 40 Minuten und

70 Minuten. Im Anschluss an das Interview wurden besondere Rahmenbedingungen und Auffälligkeiten zum Gespräch in Memos als Postskriptum festgehalten (Rädiker & Kuckartz, 2019, S. 125).

8.1.3 Der Interviewleitfaden

Mithilfe des Interviewleitfadens wurden qualitative Daten generiert, die Aufschluss über die im Kontext des Unterrichtsprojektes angebahnten Reflexions- und Sinnbildungsprozesse geben sollten. Insbesondere mit Blick auf das kontroverse Arrangement zweier außerschulischer Akteur*innengruppen, sollten Erkenntnisse darüber gewonnen werden, inwieweit das Erlebte erinnert und vom konkret Erfahrenen abstrahiert wird – und ob politische Einsichten gewonnen bzw. bestätigt werden konnten.

Mit Blick auf das Erkenntnisinteresse, subjektive Sinnbildungen rekonstruieren zu können, bestand die Herausforderung darin, Reflexionen der Schüler*innen über Erfahrungen in der Interviewsituation zu initiieren. Die Reflexion wurde schrittweise durch die Interviewfragen angeregt: Das Erlebte wurde von den Befragten rekonstruiert, kommentiert und bewertet, mit (Unterrichts-)Themen in Beziehung gesetzt und daraus persönliche Schlussfolgerungen bezogen. Diese sukzessive vordringende Vorgehensweise orientiert sich an dem Modell zum Lernen aus Erfahrung von Bain et al. (2002). Die Autor*innen differenzieren zwischen *Reporting, Responding, Reasoning, Relating* und *Reconstructing* (ebd., S. 13–29). Die Abbildung 8.2 zeigt die Adaption des Konzepts für die vorliegende Studie.

Abbildung 8.2 Reflektieren über Erfahrung. (In Anlehnung an Bain et al., 2002, S. 13–29. Adaption)

Bei der Leitfadenkonstruktion wurde entsprechend der episodischen Herangehensweise darauf geachtet, dass erzählgenerierende Impulse im Wechsel mit offenen Fragen gesetzt waren (Misoch, 2019, S. 63). So wurden die Schüler*innen über die Dauer des Interviews mindestens zu Beginn jedes Themenblocks aufgefordert, ihre Eindrücke und Erinnerungen frei zu schildern. Um die Verbindung zwischen episodischem und semantischem Wissen aufzuspüren bzw. die Richtung der Rekurrierung zu verstehen, wurde etwa gefragt, welche Bedeutung ein erlebter Aspekt oder eine vermittelte Information für die eigene Sichtweise auf das Thema habe. Inhaltlich unterteilt sich der Leitfaden in zwei Frageblöcke: Anregungspotenziale des Unterrichtsprojektes sowie Reflexions- und Sinnbildungsprozesse im Rahmen der außerschulischen Begegnungen. Der Einsatz potenziell relevanter exmanenter und immanenter Nachfragen (Kruse, 2015, S. 214) wurde situativ gehandhabt und ebenfalls im Leitfaden festgehalten (siehe Anhang 3 im elektronischen Zusatzmaterial). Im Folgenden wird der Aufbau des Interviewleitfadens kurz beschrieben.

Anregungspotenziale des Unterrichtsprojektes. Die befragten Schüler*innen wurden zunächst aufgefordert zu beschreiben, wie sie das Unterrichtsprojekt im Verlauf erlebt haben, ob es seither in ihrem Leben Situationen gab, in denen sie sich an das Projekt erinnert gefühlt haben, und wie sich ihre Sichtweise auf das Thema entwickelt hat. Mit diesem Gesprächseinstieg wurde zum einen eine

Atmosphäre erzeugt, in der die Befragten sich auf ihre erzählende Rolle einstimmen. Zum anderen wird exploriert, wie die Lernenden den Lerngegenstand selbst rekonstruieren und ihren Lern- und Urteilsprozess rückblickend beschreiben. Auf diese Weise werden die inhaltlichen Erkenntnisse sowie die Annahmen darüber, wie und wodurch diese angeregt wurden, der Analyse zugänglich gemacht.

Reflexions- und Sinnbildungsprozesse im Rahmen der außerschulischen Begegnungen. Gefragt wurde danach, wie diese Begegnungen erlebt wurden und in Erinnerung geblieben sind sowie danach, welche Schlussfolgerungen daraus gezogen werden konnten. Um politische Sinnbildungsprozesse zu rekonstruieren und Erkenntnisse darüber zu gewinnen, inwieweit eine Abstrahierung des Erfahrenen in den thematischen Kontext der Lerneinheit vorgenommen wird, wurde sowohl nach der Bedeutung der Begegnungen für die eigene Sichtweise auf das Thema als auch nach Einsichten gefragt, die sich auf andere Problemstellungen einer nachhaltigen Entwicklung übertragen lassen. Die entsprechenden Fragen wurden zuerst mit Blick auf den Besuch bei den Landwirt*innen, anschließend mit Blick auf das Treffen mit den Umweltaktivist*innen gestellt. Geschlossen wird dieser Frageteil mit der Integration dieser konfligierenden Perspektiven, indem zum einen gefragt wird, in welchem Verhältnis die Perspektiven der regionalen Akteur*innen zueinanderstehen und zum anderen, welche Bedeutung beide Treffen für die Sicht der Proband*innen auf das Thema hatten. Von Interesse ist an dieser Stelle, ob und inwieweit die Lernenden die außerschulischen Begegnungen als unterstützend für die eigene Urteilsbildung beschreiben. Um konkret zu den Standpunkten der Lernenden vorzudringen, wurde ebenfalls erfragt, welche Akteur*innengruppe sie in ihren Zielen und Wünschen eher unterstützen würden.[1]

8.1.4 Auswertung

Für die Auswertung der Interviews wurde ein Verfahren der qualitativen Inhaltsanalyse gewählt: die inhaltlich strukturierende qualitative Inhaltsanalyse nach Kuckartz (2018, S. 97 ff.). Das Vorgehen nach Kuckartz zeichnet sich durch

---

[1] In einem dritten Teil des Interviews, der nicht im Rahmen dieser Arbeit dokumentiert wird, wurden die nachhaltigkeitsbezogenen Einstellungen, das Verhältnis zur Nachhaltigkeitsthematik und Haltungen der Lernenden, ohne explizite Bezugnahme auf das Unterrichtsprojekt, thematisiert. Im Zentrum standen Fragen nach dem Interesse an Nachhaltigkeit und Umweltschutz, der Motivation zu handeln, der wahrgenommenen Bedeutung verschiedener Handlungsebenen und ihrer transformatorischen Relevanz.

eine starke Orientierung am Material aus: „Auch nach der Zuordnung zu Kategorien bleibt der Text selbst, d. h. der Wortlaut der inhaltlichen Aussagen, relevant und spielt auch in der Aufbereitung und Präsentation der Ergebnisse eine wichtige Rolle" (Kuckartz, 2018, S. 48). Die Analyse erfolgt systematisch mithilfe von Kategorien; im Unterschied zum Vorgehen einer qualitativen Inhaltsanalyse nach Mayring (2022) liegt der Akzent jedoch stärker auf einer qualitativ-hermeneutischen Analyse des codierten Materials sowie in der „Berücksichtigung einer fallorientierten Perspektive" (ebd., S. 6). Von Interesse ist demnach das Sinnverstehen des Materials und damit das Aufspüren subjektiver Sichtweisen und (latenter) Denkmuster, nicht eine häufigkeitsorientierte kodifizierende Auswertung der gebildeten Kategorien wie in der Interventionsstudie. Für das Erkenntnisinteresse der vorliegenden Arbeit ist jene Kombination einer systematischen kategorienorientierten Strukturierung mit einer hermeneutisch orientierten Perspektive angezeigt, da es um die Analyse eines (Sinn-)Verstehens aufseiten der Befragten selbst geht. Darüber hinaus ist dieser methodische Zugang auch adäquat im Hinblick auf den Forschungsgegenstand: Um Urteilsbildung im Angesicht der Komplexität nachhaltigkeitsbezogener Problemstellungen sowie im Rahmen konkreter und erlebter Lernsituationen (weiter) zu verstehen, ist es notwendig, die teils fragmentarischen und teils anspruchsvollen Reflexionen der Jugendlichen zu eruieren und interpretieren, um auf diese Weise Sinnstrukturen und Denkmuster zu rekonstruieren.

Die Transkripterstellung erfolgte auf der Basis der Audio-Mitschnitte. Dabei wurde grundsätzlich wörtlich zitiert. Störungen, gegenseitige Unterbrechungen im Gesprächsverlauf und für die Analyse ggf. bedeutungstragende Reaktionen wie Betonungen, Sprechpausen oder Lachen wurden im Transkript in eckigen Klammern festgehalten (Rädiker & Kuckartz, 2019; siehe Beispieltranskript im Anhang 4 im elektronischen Zusatzmaterial). Für die Eigennamen der Befragten sowie der außerschulischen Akteur*innen wurden Pseudonyme gebildet. Um diese voneinander abzuheben, werden die Pseudonyme der Schüler*innen in Großbuchstaben geschrieben (LENA) und die der außerschulischen Akteur*innen kursiv gesetzt (Familie *Schmitt* und Aktivistin *Pia*).

8.1.4.1 Auswertungsverfahren

Das Material wurde in Anlehnung an das Verfahren einer inhaltlich strukturierenden Inhaltsanalyse nach Kuckartz (2018) ausgewertet. Die Vorgehensweise erfolgt in sieben, sich zum Teil wiederholenden Schritten (siehe Abb. 8.3) – nachfolgend wird sich auf die Nummerierung im Schaubild bezogen.

8.1 Methode

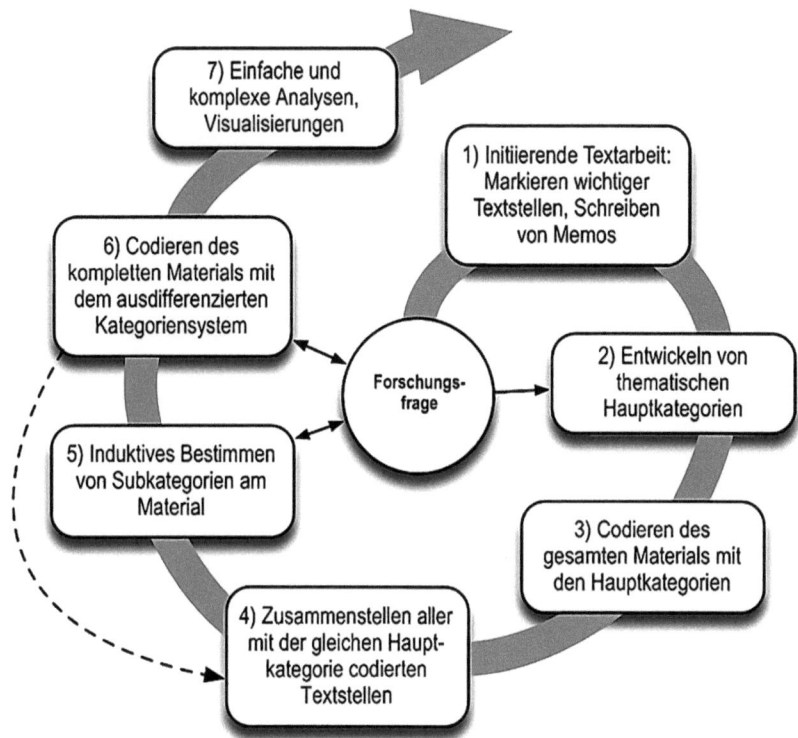

Abbildung 8.3 Ablaufschema einer inhaltlich strukturierenden Inhaltsanalyse, aus Kuckartz, 2018, S. 100

Initiierende Textarbeit und Fallzusammenfassungen. Begonnen wurde der Auswertungsprozess mit der *initiierenden Textarbeit* (siehe Abb. 8.3, Schritt 1), die sich durch ein hermeneutisch-interpretatives Vorgehen auszeichnet und darauf zielt, „den subjektiven Sinn" der Texte zu verstehen (Kuckartz, 2018, S. 56). Da in der Konstruktion der Interviewstudie weniger pädagogisch-psychologische oder fachdidaktische Konzepte als deduktive Hintergrundfolie tragend waren, sondern vielmehr der eigensinnige Reflexions- und Sinnbildungsprozess der Lernenden selbst, wurde dieser Schritt in seiner induktiv-explorativen Funktion in besonderer Weise ernst genommen. Zum einen wurden die Transkripte mit Blick auf ein erstes Gesamtverständnis des jeweiligen Textes gelesen und vor dem Hintergrund der Forschungsfragen zentrale Begriffe, Argumentationslinien und -brüche markiert. In Memos wurden theorieorientierte Gedanken und Hypothesen festgehalten, die als potenziell bedeutsam für den weiteren Forschungsprozess erschienen. Diese Praxis ist vorwiegend im Forschungsansatz der Grounded Theory etabliert und für die forschungspraktische Umsetzung eines hermeneutischen Zugangs wesentlich (Kuckartz, 2018, S. 58).

Abgeschlossen wurde die initiierende Textarbeit mit dem Schreiben von Fallzusammenfassungen (*Case Summaries*), um je die „Charakteristika des Einzelfalls" (ebd.) im Hinblick auf die Forschungsfrage zu systematisieren als auch zu komprimieren. Sie sind „strikt am Gesagten orientiert" und Interpretationen werden als solche transparent gemacht (ebd., S. 59). Die Fallzusammenfassungen wurden in der vorliegenden Studie stichwortartig vorgenommen und mit einem kennzeichnenden Motto versehen. Die Tabelle 8.1 zeigt ein Beispiel.

Tabelle 8.1 Stichwortartige Fallzusammenfassung

JENDRIK: Momente ambivalenter Relativierung
Skeptisch gegenüber beiden außerschulischen Akteur*innen.
Empfand den Besuch bei den Landwirt*innen als aufschlussreich; das Treffen mit den Umweltaktivist*innen habe seine Skepsis bestätigt.
Stützt seine Position mit Eindrücken aus den außerschulischen Begegnungen.
Formuliert Einsicht, dass sich etwas ändern müsse, dies ginge „aber halt nicht so einfach".
„Ich kaufe noch mit guten Gewissen Bananen aus Südamerika" vs. „Regionalität, da bin ich dafür".
Beschreibt sich selbst als zwiegespalten in seiner Meinung.
Formuliert den Wunsch, eine klare Meinung zum Unterrichtsthema und auch zu anderen Themen zu haben.
Gibt an, Komplexität als überfordernd zu empfinden.

Die Fallzusammenfassungen fungieren nicht als statische Festschreibung, sondern dienen in dieser ersten Phase der Auswertung dazu, den analytischen Blick zu schärfen und ggf. für die Forschungsfrage bedeutsame Aspekte im Fallvergleich zu entdecken. Insofern können sie auch zur Generierung von Hypothesen und Kategorien beitragen (Kruse, 2015, S. 625; Kuckartz, 2018, S. 62).

Codierprozess und Kategorienbildung. Bei der Kategorienentwicklung wurde ein deduktiv-induktives Verfahren angewendet (Kuckartz, 2018, S. 95; Rädiker & Kuckartz, 2019, S. 98 ff.). Das Entwickeln der Hauptkategorien erfolgte deduktiv

8.1 Methode

(*concept-driven*) vor dem Hintergrund der Themen, die auch in der Erhebung leitend waren und bereits in die Konstruktion des Interviewleitfadens eingeflossen sind (Abb. 8.3, Schritt 2). Der Codier- und Auswertungsprozess (Datenanalyse) wurde mithilfe einer QDA-Software durchgeführt. Der erste Codierprozess erfolgte entlang der Hauptkategorien (siehe Abb. 8.3, Schritt 3); mit Blick auf die Forschungsfragen sinntragende Textabschnitte wurden den Hauptkategorien zugewiesen.

Auf der Basis dieser ersten Struktur folgte ein induktives, also datengesteuertes Vorgehen, d. h. das Spektrum der Ausprägungen der jeweiligen Hauptkategorie wurde am Material herausgearbeitet und es erfolgte eine Ausdifferenzierung in Subkategorien auf einer ersten und zweiten Ebene (*data-driven*; Kuckartz 2018, S. 95; Abb. 8.3, Schritt 4 + 5). Kelle und Kluge (2010) beschreiben diese Phase auch als Dimensionalisierung:

> Das entscheidende Ziel der Dimensionalisierung ist es also, Kategorien und deren Subkategorien bzw. Dimensionen zu identifizieren, anhand derer sich die Fälle möglichst deutlich unterscheiden lassen, d. h. solche Kategorien und Subkategorien zu konstruieren, die zu einer guten Beschreibung von Heterogenität und Varianz im Datenmaterial führen. (Ebd., S. 73 f.)

Das induktive Bestimmen von Subkategorien am Material wurde durch das Systematisieren und Organisieren des Kategoriensystems abgeschlossen (Kuckartz, 2018, S. 93). Hierbei wurden etwa entstandene Subkategorien zusammengefasst, umbenannt oder ggf. in einer neuen Oberkategorie gebündelt. Der zweite Codierprozess des Materials erfolgte mit dem ausdifferenzierten Kategoriensystem (Abb. 8.3, Schritt 6). Die finale Auswertung (Abb. 8.3, Schritt 7) erfolgte schließlich kategorienbasiert und fallvergleichend, um Homologien und Kontraste zu analysieren und interpretieren.

Simultane Validierung. Um auch während des Auswertungsprozesses die intersubjektive Nachvollziehbarkeit sicherzustellen, wurde das Prinzip der kollegialen Validierung (Kruse, 2015) angewendet. Dazu wurde das Kategoriensystem auf vier der elf Transkripte von einer weiteren Person angewendet und Uneinigkeiten zum Anlass genommen, Kategoriendefinitionen zu überarbeiten sowie Kategorien zusammenzulegen oder zu differenzieren (konsensuelles Codieren; Kuckartz & Rädiker, 2022, S. 249 f.). Zudem wurden mit anderen Forscher*innen während des gesamten Auswertungsprozesses und in regelmäßigen Abständen ausgewählte Textsequenzen kollaborativ analysiert, um „die Varianz von Lesarten" zu erhöhen und einer Verengung des analytischen Blicks vorzubeugen (Kruse, 2015,

S. 56 f.; vgl. ebd., S. 557). Auf diese Weise wird das Gütekriterium der intersubjektiven Nachvollziehbarkeit auch im Hinblick auf die getätigten Interpretationen angewandt.

Im Kontext der Inhaltsanalyse nach Mayring ist zur Herstellung von Validität hingegen auch eine Intercoder-Reliabilitätsprüfung vorgesehen, bei der ein Teil des Datenmaterials durch eine weitere Person ausgewertet und die Reliabilität mithilfe eines Koeffizienten (beispielsweise Cohen's Kappa) errechnet wird (Mayring & Fenzl, 2019). Die Berechnung eines Koeffizienten hat in Projekten mit einer großen Datenmenge und vielen Codierenden Vorteile, sofern Codiereinheiten vorab festgelegt sind. Diese Herangehensweise wurde in der vorliegenden Auswertung nicht praktiziert. Aus einer strengeren qualitativ orientierten methodologischen Sicht wird der Begriff der Reliabilität eher vermieden und stattdessen eine *Übereinstimmung* bei der Verwendung der Kategorien angestrebt (Kuckartz & Rädiker, 2022, S. 239; ausführlich ebd., S. 239–250). Hieran orientiert sich das angewendete Auswertungsverfahren der vorliegenden Studie.

8.1.4.2 Das Kategoriensystems

Das Kategoriensystem dient als heuristisches Gerüst im Auswertungsprozess und ist zugleich Ergebnis der Analyse. Das Kategoriensystem gliedert sich entsprechend der zwei Frageblöcke in zwei Auswertungsdimensionen, die im Folgenden beschrieben werden: Anregungspotenziale des Unterrichtsprojektes sowie Reflexions- und Sinnbildungsprozesse im Rahmen der außerschulischen Begegnungen. Für jede Auswertungsdimension wurden Hauptkategorien und spezifizierende Subkategorien erster und zweiter Ordnung entwickelt.

Im Folgenden wird die Struktur der zwei Auswertungsdimensionen beschrieben, die sich aus den zwei Forschungsfragen ableiten. Die Tabelle 8.2 zeigt eine Übersicht des Kategoriensystems mit den Haupt- und Subkategorien erster Ordnung. Eine ausführliche Darstellung des Kategoriensystems mit einer Beschreibung und Definition aller Kategorien[2] sowie illustrierenden Ankerbeispielen kann dem Anhang 5 im elektronischen Zusatzmaterial entnommen werden.

---

[2] Im Folgenden werden die Kategorien mit „K" abgekürzt, bspw. K1 = Kategorie 1.

8.1 Methode

Tabelle 8.2 Kategoriensystem mit den Haupt- und Subkategorien erster Ordnung

Hauptkategorien	Subkategorien I	Forschungsfragen	
Auswertungsdimension I			
K1: Rekonstruktionen des Lerngegenstandes	1.1 Unterrichtlich vermittelte Inhalte 1.2 Außerschulisch vermittelte Inhalte	a. Woran erinnern sich die Jugendlichen? Wie wird der Lerngegenstand rekonstruiert?	**Forschungsfrage 2:** Welche Reflexions- und Sinnbildungsprozesse konnten im Rahmen des Unterrichtsprojektes auf welche Weise angeregt werden?
K2: Lern- und Urteilsprozess Unterrichtsprojekt	2.1 Selbsteinschätzung des Lern- und Urteilsprozesses 2.2 Inhaltliche Schlussfolgerungen allgemein	b. Welche Schlussfolgerungen ziehen die Jugendlichen im Rahmen des Unterrichtsprojektes?	
K3: Anregungspotenzial der außerschulischen Begegnungen	3.1 Außerschulische Begegnungen im Kontext der Einheit aus Schüler*innenperspektive 3.2 Anregungspotenziale für den persönlichen Lern- und Urteilsprozess 3.3 Bezüge zu schulischer Nachhaltigkeitsbildung	c. Wie beurteilen die Jugendlichen die Bedeutung des außerschulischen Lernens für ihren persönlichen Lern- und Urteilsprozess? Inwiefern war das Lehr-Lern-Arrangement mit Blick auf die Urteilsbildung unterstützend?	
Auswertungsdimension II			
K4: Die außerschulische Begegnung mit den Landwirt*innen	4.1 Thematische Rekonstruktion 4.2 Schlussfolgerungen	a. Woran erinnern sich die Jugendlichen? Wie werden die Begegnungen rekonstruiert?	**Forschungsfrage 3:** Welche Reflexions- und Sinnbildungsprozesse lassen sich in den Reflexionen der Jugendlichen über die außerschulischen Begegnungen mit den Landwirt*innen und den Umweltaktivist*innen identifizieren?
K5: Die außerschulische Begegnung mit den Umweltaktivist*innen	5.1 Thematische Rekonstruktion 5.2 Schlussfolgerungen	b. Welche Schlussfolgerungen ziehen die Jugendlichen aus den außerschulischen Begegnungen mit regionalen Akteur*innen?	
K6: Epistemische Aktivitäten und Muster der Sinnbildung	6.1 Perspektivenübernahme und -koordination 6.2 Integration der Perspektiven in die eigene Sichtweise 6.3 Selbstbezug, -reflexion und -vergewisserung	c. Inwiefern integrieren, koordinieren und reflektieren die Jugendlichen über die außerschulisch eingebrachten Sichtweisen? Welche Besonderheiten der Sinnbildung und Muster der Urteilsbildung lassen sich nachvollziehen?	

Auswertungsdimension I: Anregungspotenziale des Unterrichtsprojektes

Die Auswertungsdimension „Anregungspotenziale des Unterrichtsprojektes" gliedert sich in drei Hauptkategorien (K1–K3). Zum einen wird das Ziel verfolgt, die im Rahmen des Unterrichtsprojektes angestoßenen und für die Urteilsbildung relevanten Lern- und Reflexionsprozesse, die im Rahmen des Unterrichtsprojektes angebahnt wurden, zu explorieren. Zum anderen werden die Sichtweisen der

Jugendlichen daraufhin untersucht, inwiefern das Lehr-Lern-Arrangement und insbesondere die Integration der außerschulischen Begegnungen aus der Perspektive der Jugendlichen als anregend für diese Lern- und Reflexionsprozesse erlebt wurden.

Von Interesse ist zunächst, wie die Inhalte des Unterrichtsprojektes von den Befragten einige Wochen später rekonstruiert werden und welche Bezüge in den geschilderten Erinnerungen besonders präsent sind. Anhand der Kategorie „Rekonstruktion des Lerngegenstandes" (K1) wurden die subjektiven Erinnerungen an die Themen des Unterrichtsprojektes codiert. Die Subkategorien unterteilen sich in schulisch und außerschulisch vermittelte Inhalte. In der Kategorie „Lern- und Urteilsprozess" (K2) sind zum einen die „Selbsteinschätzungen" (K2.1) zum Lernzuwachs von Interesse und zum anderen die von den Jugendlichen genannten Erkenntnisse, die im Rahmen des Projektes abgeleitet wurden, enthalten. Hierbei wurden Aussagen codiert, aus denen inhaltliche Schlussfolgerungen (K2.2) der Jugendlichen hervorgehen. Schließlich soll im Rahmen dieser Auswertungsdimension untersucht werden, ob in den Erinnerungen an und Reflexionen über das Unterrichtsprojekt auch Aussagen schüler*innenseitig über lern- und auch urteilsförderliche Faktoren getätigt werden; diese wurden anhand der Kategorie „Anregungspotenzial der außerschulischen Begegnungen" (K3) codiert. Die induktiv gebildeten Subkategorien unterteilen sich in Aussagen über die außerschulischen Begegnungen im Kontext der Einheit (K3.1), die Anregungspotenziale für den persönlichen Lern- und Urteilsprozess (K3.2) und Bezüge, die zur sonstigen schulischen Nachhaltigkeitsbildung hergestellt wurden (K3.3). Von Interesse ist an dieser Stelle, das fördernde Vermögen des Projektes in qualitativer Art und Weise und aus Sicht der lernenden Subjekte in den Blick zu nehmen, um Hinweise auf förderliche Gestaltungsprinzipien zu generieren.

Auswertungsdimension II: Reflexions- und Sinnbildungsprozesse im Rahmen der außerschulischen Begegnungen
Die Auswertungsdimension „Reflexions- und Sinnbildungsprozesse im Rahmen der außerschulischen Begegnungen" fokussiert die schüler*innenseitigen Rekonstruktionen der zwei außerschulischen Begegnungen (K4 + K5) sowie darin enthaltenen und sich aktualisierenden epistemischen Aktivitäten und Muster der Sinnbildung (K6). Das Anliegen ist, spezifischer die angestoßenen und für die Urteilsbildung relevanten Lern- und Reflexionsprozesse im Zuge der außerschulischen Begegnungen zu explorieren. Dabei ist von Interesse, wie diese Begegnungen mit den konfligierenden Perspektiven von den Befragten thematisch eingeordnet und rekonstruiert werden (K4.1 + K5.1) und welche inhaltlichen

Schlussfolgerungen die Jugendlichen daraus ableiten (K4.2 + K5.2). Schlussfolgerungen wurden codiert, wenn Erkenntnisse, Bewertungen oder Einsichten aus den Begegnungen abgeleitet wurden. Von besonderer Bedeutung sind daher die subjektiven Denkweisen, die induktiv – das konkret außerschulisch Erfahrene mit Blick auf das Allgemeine abstrahierend – oder gewissermaßen deduktiv – das konkret außerschulisch Erfahrene unter einer Vorstellung vom Allgemeinen subsumierend – abgeleitet werden.

Schließlich werden unter der analytischen Hauptkategorie „Epistemische Aktivitäten und Muster der Sinnbildung" (K6) jene Textpassagen codiert, in denen sich für die Urteilsbildung relevante Prozesse in der Auseinandersetzung mit der außerschulischen Begegnung zeigen. Entsprechend den Ausprägungen im Material wurden drei Subkategorien gebildet: Perspektivenübernahme und -koordination (K6.1), Integration der Perspektiven in die eigene Sichtweise (K6.2) und Selbstbezug, -reflexion und -vergewisserung (K6.3). Die Muster zeigen sich in den Subkategorien zweiter Ordnung, wie im Ergebnisteil dargestellt.

Es ist davon auszugehen, dass im Codier- und Auswertungsprozess nicht mit Sicherheit festgestellt werden kann, wodurch eine Schlussfolgerung tatsächlich gewonnen wurde. Eine Erkenntnis kann sowohl aus der Erfahrung gewonnen werden (*a posteriori*), als auch durch Einsicht, also schließend durch Nachdenken (*a priori*). Dem Schlussfolgern (*Relating* und *Reasoning*) ist die Kombination aus induktivem und deduktivem Denken *per definitionem* zu eigen (Klauer & Sparfeldt, 2018, S. 279). Forschungspraktisch kann am Material daher nicht eindeutig abgeleitet werden, ob eine Erkenntnis ausschließlich aus der Erfahrung des Unterrichtsprojektes entstanden ist oder nur durch spezifische Vorannahmen entsprechend decodiert wurde. Die Auswertung untersucht daher Schlussfolgerungen, die *nach Aussage der Befragten* im Rahmen des Unterrichtsprojektes angeregt und in der Interviewsituation aktualisiert wurden. Welche spezifischen Sinnbildungsprozesse sich in diesen Schlussfolgerungen identifizieren lassen, stellt die analytische und rekonstruktive Forschungsaufgabe dar.

8.1.4.3 Dokumentation der Forschungsergebnisse

Um die Nachvollziehbarkeit auch in der Dokumentation der Forschungsergebnisse sicherzustellen, wird im Folgenden die Anlage des Ergebnisteils (Abschn. 8.2) skizziert und offengelegt, welcher Struktur die Darstellungsform in den einzelnen Abschnitten folgt.

Der Ergebnisteil umfasst zwei Kapitel, die den zwei Fragestellungen und entsprechenden Auswertungsdimensionen zugeordnet sind (siehe Abschn. 8.2.1 und 8.2.2). Die Unterkapitel entsprechen im Titel den Namen der Hauptkategorien. Sie beginnen jeweils mit der Darstellung der Forschungsfrage und einem Auszug aus dem Kategoriensystem, um die Differenzierung der Hauptkategorien in die Subkategorien erster und zweiter Ordnung in Form eines Überblicks offenzulegen. Die Subkategorien 1 sind als Überschrift markiert und mit einer Nummerierung versehen (Beispiel: K2.1 Selbsteinschätzung des Lern- und Urteilsprozesses), die weitere Ausdifferenzierung jener auf der Ebene der Subkategorien 2 sind *kursiv* und innerhalb des Fließtextes an den Anfang eines Absatzes gesetzt.

Die Dokumentation der Ergebnisse erfolgt, indem die subjektiven Sichtweisen der Jugendlichen dargestellt werden. Die Analysen werden durch die exemplarische Darstellung von Materialpassagen begleitet und in den Gesamtzusammenhang der Erkenntnisse aus dem Datenkorpus eingeordnet, etwa um homogene bzw. heterogene Ausdifferenzierungen in den Schüler*innenaussagen festmachen zu können. Zusammenfassungen erfolgen zum Abschluss jeder Hauptkategorie im Fließtext und zum Abschluss jeder Auswertungsdimensionen in separaten Kapiteln (siehe Abschn. 8.2.1.4 und 8.2.2.4).

8.1.5 Forschungsethischer Kommentar

In der Interviewstudie wurden forschungsethische Aspekte berücksichtigt und realisiert, um einen ethisch verantwortungsvollen Umgang mit den Untersuchungspersonen zu garantieren (Döring, 2022, S. 119–129). Die Maßnahmen zur Einhaltung der Forschungsethik, die für die Interventionsstudie vorgestellt wurden (siehe Abschn. 7.1.5; Sales & Folkman, 2000), gelten auch für die vorliegende Studie, da Interviews mit einzelnen Jugendlichen aus den zwei Schulklassen geführt wurden. In der Erhebung, der Datenaufbereitung, der Analyse und der Ergebnisdarstellung wurde und wird streng auf die Gewährleistung von Anonymität und Datenschutz geachtet. Die Anonymisierung der qualitativen Datensätze hat das Ziel, dass durch das Material keine Rückschlüsse auf Personen möglich sind (Döring, 2022, S. 126). Für die Schüler*innen wurden Pseudonyme genutzt. Für die außerschulischen Akteur*innen wurden ebenfalls Pseudonyme verwendet, sofern deren Namen von den Schüler*innen explizit genannt wurden: [*Pia* (Umweltaktivistin)] und [*Schmitts* (Landwirt*innen)]. Für die Nichtregierungsorganisation und Supermarktkette, die explizit genannt wurden, wurden jedoch keine Pseudonyme gebildet, sondern sie wurden nur durch „[NGO]" und „[Supermarktkette]" ersetzt. Alle Ersetzungen im Rahmen der Pseudonymisierung sind durch eckige Klammern markiert.

Anders als im Rahmen eines Fragebogens explizieren die Befragten im Rahmen eines Interviews ausführliche Schilderungen, die als „hochgradig individuell" einzuschätzen sind (Wortwahl der Befragten, Nennung von biografischen Bezügen, Beschreibung von persönlichen Ereignissen, Wohnort) (Döring, 2022, S. 576). Da diese Aspekte „zusammengenommen eine Identifizierung sehr leicht machen" (ebd., S. 584) könnten, geht die Anonymisierung über die reine Pseudonymisierung hinaus. In einem weiteren Schritt wurden Kontextinformationen betrachtet und ggf. eliminiert oder verändert – der Name der Stadt wurde beispielsweise durch [Stadt] ersetzt. Zur computergestützten Datenanalyse wurde das Datenmaterial digitalisiert und die Primärdatensätzen wurden ordnungsgemäß archiviert.

8.2 Ergebnisse

Im Folgenden wird das Spektrum der politischen Reflexions- und Sinnbildungsprozesse, welches sich in den Erinnerungen und Reflexionen der Schüler*innen identifizieren und rekonstruieren ließ, dargestellt. Bei der Auswertung der Ergebnisse waren die forschungsleitenden Fragestellungen zentral (siehe Kap. 6). Sie haben den Forschungsfokus in der empirischen Annäherung an das Material geleitet. In Anlehnung an die Forschungsfragen (2 + 3) konnten folgende Auswertungsdimensionen abgeleitet werden: Anregungspotenziale des Unterrichtsprojektes (I) und Reflexions- und Sinnbildungsprozesse im Rahmen der außerschulischen Begegnungen (II). Unter Berücksichtigung der forschungsmethodischen Implikationen nach Kuckartz (2018) und den daraus abgeleiteten Forschungsschritten (siehe Abschn. 8.1.4.1, „Auswertungsverfahren") wird sich die Ergebnisdarstellung u. a. auch auf die Ausprägung der Hauptkategorien beziehen. Wie in Abschnitt 8.1.4.3 dargelegt, entsprechen die folgenden Unterkapitel den Hauptkategorien. Für den Nachvollzug der forschungsmethodischen Praxis sind die Subkategorien erster und zweiter Ordnung tabellarisch zu Beginn der Unterkapitel angeführt. Dies ermöglicht zum einen Überblick zu schaffen und zum anderen den Nachvollzug der Forschungspraxis sicherzustellen. Abschließend werden die Ergebnisse der jeweiligen übergeordneten Auswertungsdimensionen mit Blick auf die erkenntnisleitenden Forschungsfragen zusammengefasst (siehe Abschn. 8.2.1.4 und 8.2.2.4).

Die Ergebnisse werden dabei in *qualitativer* Weise präsentiert, wobei „auch Vermutungen und Interpretationen vorgenommen werden" (Kuckartz, 2018,

S. 119).³ Diese werden entlang textimmanenter Kontexte aufgestellt und im weiteren Verlauf auf Schlüssigkeit oder Nicht-Schlüssigkeit geprüft. Dies wird durch ein Vergleichen und Kontrastieren der Fälle anhand von Materialausschnitten erfolgen, wobei die empirische Analyse und die Präsentation weitere „Differenziertheit, Komplexität und Erklärungskraft" erlangt (Kuckartz, 2018, S. 97 f.). Auf das Berichten von Häufigkeiten wird weitestgehend verzichtet, was durch den qualitativen Zugang begründet wird. Vielmehr ist der Fokus in diesem Ergebnisteil auf die homogene oder heterogene Ausdifferenzierung der Kategorien als Spektren der Merkmalsausprägungen gelegt. Das Material wurde anonymisiert; aufgrund der fallorientierten Darstellungsweise wurde sich für die Nutzung von Pseudonymen entschieden.

8.2.1 Anregungspotenziale des Unterrichtsprojektes

Im Rahmen des folgenden Unterkapitels werden die Ergebnisse zu den Hauptkategorien der Auswertungsdimension I „Anregungspotenziale des Unterrichtsprojektes" präsentiert. Es wird dargestellt, wie der Lerngegenstand erinnert und schüler*innenseitig rekonstruiert wird (K1; Abschn. 8.2.1.1) sowie welche Lern- und Urteilsprozesse (K2; Abschn. 8.2.1.2) im Rahmen des Unterrichtsprojektes auf welche Art und Weise (K3; Abschn. 8.2.1.3) angebahnt wurden.⁴ Während sich die Hauptkategorien deduktiv aus dem Erkenntnisinteresse und der entsprechenden Konzeption der Studie (siehe Abschn. 8.1.3 zum Interviewleitfaden) ergeben haben, haben sich die Subkategorien überwiegend in der empirischen Analyse herausgebildet. Die Ergebnisse der Auswertungsdimension I werden in Abschnitt 8.2.1.4 zusammengefasst.

---

³ In Abschnitt 8.1.1 zum Untersuchungsdesign wurde der methodische Zugang begründet und in Abschnitt 8.1.4 zum Auswertungsverfahren wurde offengelegt, wie mittels einer induktiv-deduktiven Kategorienbildung inhaltsanalytisch Erkenntnisse generiert werden. Das Potenzial des qualitativen Zugangs und die empirische Nähe zum Material liegt darin begründet, auf diese Weise an die subjektiven Sichtweisen und Konstruktionen der zu beforschenden Schüler*innen und ihrer Reflexions- und Sinnbildungsprozesse qua Inhaltsanalyse und Rekonstruktion zu gelangen. Das macht es unerlässlich mit dem konkreten Material zu arbeiten und stellt in der forschungsmethodischen Vorgehensweise als analytischen Zugang auch eine Herausforderung dar.

⁴ Die Kategorien werden folgendermaßen abgekürzt: bspw. K1 = Kategorie 1. Die Subkategorien erster Ordnung werden beispielsweise mit K1.1 abgekürzt. Eine weitere inhaltliche Ausdifferenzierung auf der Ebene der Subkategorien zweiter Ordnung ist durch *Kursivsetzung* gekennzeichnet (siehe auch Abschn. 8.1.4.3 „Dokumentation der Forschungsergebnisse").

8.2.1.1 Rekonstruktionen des Lerngegenstandes

Die Forschungsfrage 2a lautet: Woran erinnern sich die Jugendlichen? Wie wird der Lerngegenstand schüler*innenseitig rekonstruiert? In der Hauptkategorie „Rekonstruktionen des Lerngegenstandes" wurden die berichteten Erinnerungen der Jugendlichen zum Unterrichtsprojekt codiert. Die befragten Schüler*innen konnten sich nach sechs Wochen noch an das Unterrichtsprojekt erinnern. Von den meisten Jugendlichen kann der grobe Verlauf des siebenwöchigen Projektes geschildert werden, wobei die einzelnen Bestandteile unter den Befragten unterschiedlich präsent und abrufbar sind. Die Äußerungen wurden auf der Ebene der Subkategorie 1 in unterrichtlich vermittelte Inhalte (K1.1) und außerschulisch vermittelte Inhalte (K1.2) und auf der Ebene der Subkategorie 2 in einer thematischen Ausdifferenzierung unterschieden (siehe Tab. 8.3).

Tabelle 8.3 Hauptkategorie 1: Rekonstruktion des Lerngegenstandes

Hauptkategorie	Subkategorien 1	Subkategorien 2
K1: Rekonstruktionen des Lerngegenstandes	K1.1 Unterrichtlich vermittelte Inhalte	– *Land- und Milchwirtschaft* – *globalisiertes Ernährungssystem* – *nachhaltige Ernährung*
	K1.2 Außerschulisch vermittelte Inhalte	– *Umweltaktivist*innen* – *Landwirt*innen*

Im weiteren Verlauf dieses Unterkapitels werden unter Berücksichtigung der Subkategorien 1 und 2 exemplarische Einblicke in das empirische Material gegeben, um die Ergebnisse der empirischen Analyse darzustellen. Die Vorgehensweise ist dabei, dass die schüler*innenseitigen Rekonstruktionen des Lerngegenstandes durch das Forscherwissen über das Unterrichtsprojekt kontextualisiert werden, um auf diese Weise eine Einordnung der Kategorien zu ermöglichen.

K1.1 Unterrichtlich vermittelte Inhalte

Die Ausführungen zu den Inhalten des Unterrichtsprojektes, die sich auf schulisch Vermitteltes beziehen, wurden auf der zweiten Ebene in die Subkategorien *Land- und Milchwirtschaft, globalisiertes Ernährungssystem* und *nachhaltige Ernährung* differenziert.

Land- und Milchwirtschaft sowie *globalisiertes Ernährungssystem.* Ein Großteil der Schüler*innen rekonstruiert das Thema im Zusammenhang mit ökonomischen Fragen – die Subkategorien *Land- und Milchwirtschaft* sowie *globalisiertes Ernährungssystem* stellen einen Hauptanteil der Codierungen dar. Dies kann darauf verweisen, dass die gesellschaftlich-systemische Perspektive der Unterrichtseinheit verfangen hat und Bedingtheiten einer nachhaltigen Entwicklung schüler*innenseitig wahrgenommen wurden. Des Weiteren stellt das Thema Globalisierung das Halbjahresthema dar. Neun der elf Befragten gehen explizit auf die Milchkrise als Folge der Liberalisierung des Milchmarktes im Jahre 2015/2016 ein. Dieser Unterrichtsinhalt wurde lediglich in einer 45-minütigen Stunde thematisiert, fand jedoch Eingang in die Interviewfragen der Schüler*innen und wurde entsprechend zum Gesprächsthema beim Besuch der Landwirt*innen. Es kann angenommen werden, dass ein fachliches Interesse geweckt werden konnte, indem die systemisch komplexe Milchkrise an eine Betroffenenperspektive rückgebunden wurde. Weiterhin kann die konsistente Verschränkung von schulischer und außerschulischer Darbietung das Memorieren erleichtert und Kohärenz gestiftet haben.

Nachhaltige Ernährung. Die Erinnerungen an die unterrichtlich vermittelten Themen variieren zunächst in ihrer – in der Interviewsituation dargebotenen – Komplexität und Vernetztheit. Viele der Befragten rekonstruieren die Unterrichtsinhalte lediglich durch die Nennung relevanter Oberbegriffe (z. B. Ernährung, Nachhaltigkeit) und haben Schwierigkeiten, diese ausführlicher zu erläutern. Das folgende Zitat veranschaulicht dies:

> Irgendwas haben wir noch besprochen, aber ich weiß nicht mehr, ich glaube auch über Ernährung halt, aber ich – Nachhaltigkeit auch auf jeden Fall, aber ich weiß nicht mehr ganz genau, worüber. (KAREN, Pos. 16)

Einigen Schüler*innen gelingt eine elaboriertere Darstellung dessen, was sie mit dem Begriff in Verbindung bringen. Olav etwa führt seine Gedanken zur Globalisierung weiter aus. Er beschreibt das Nebeneinander von Regionalität und Globalität als Faktum globalisierter Handelsbeziehungen und erkennt in den langen Transportwegen und in der vermeintlich besseren westlichen Produktion nicht-nachhaltige Nebenfolgen:

8.2 Ergebnisse

Also, was mir auf jeden Fall jetzt in den Kopf kommt, ist auf jeden Fall Globalisierung, weil die Milch wird ja nicht nur regional verkauft auf regionalen Märkten, sondern auch auf dem Weltmarkt, wodurch dadurch ja durch den Transport alleine ja sehr viel CO_2 in die Umwelt geblasen wird und wodurch auch die Märkte in den anderen Ländern zum Beispiel in den ganzen Schwellenländern, da sind die Preise von den dortigen Milchbauern ja einfach nicht mehr konkurrenzfähig, weil die einfach viel höher sind als die europäischen, weil die nicht in so Massen produzieren können und die Qualität hier zu Lande teilweise auch besser ist, obwohl die Milch günstiger ist, weil hier einfach die Infrastruktur besser ist und hier einfach bessere Möglichkeiten sind, um die Milch zu produzieren. (…) Und deshalb ist es ja in dem Zusammenhang eher nicht nachhaltig, wenn man, ja, die Milch oder irgendwas anderes anbaut, hierzulande, was dann nicht regional, sondern auf den Weltmärkten verkauft wird. (OLAV, Pos. 35–37)

Bereits in den ersten Rekonstruktionen des Lerngegenstandes zeigen sich deutliche Unterschiede: Differenzierte Rekonstruktionen des Lerngegenstandes wie die oben dargestellte sind im Material die Ausnahme. Sie sind gekennzeichnet durch ein hohes Vorwissen sowie eine hohe Vernetztheit der einzelnen Bezüge – diese werden jedoch in einer *beurteilenden* Art und Weise wiedergegeben („bessere Qualität" und „Infrastruktur"). Sie stellen keine exakte Wiedergabe der Unterrichtsinhalte dar. Vielmehr – so die forschungsleitende Annahme – sind diese Ausweis individueller politischer Sinnbildungsprozesse.

Die unterrichtlich vermittelten Inhalte werden überwiegend in ökonomische Zusammenhänge eingeordnet und vorwiegend in Form einer bloßen und abstrakt bleibenden Verschlagwortung rekonstruiert. In komplexeren Rekonstruktionen des Unterrichtsinhaltes werden die inhaltlichen Bezüge stärker elaboriert. Die Komplexität zeigt sich dabei nicht derart, dass der Lerngegenstand des Unterrichtsprojektes ausführlicher und exakter erinnert wird, sondern indem individuelle Sinnbildungen stattgefunden haben. Die Rekonstruktion der Unterrichtsinhalte erscheint insofern in einer verselbstständigten Form, als dass möglicherweise eine Integration in bestehende Deutungsschemata erfolgt ist. Dies wird im weiteren Verlauf der Ergebnisdarstellung geprüft.

K1.2 Außerschulisch vermittelte Inhalte
*Begegnungen mit den Umweltaktivist*innen* und *Landwirt*innen*. Die Unterrichtsstunden im Klassenraum stellten mit fünf von sieben Doppelstunden den Großteil der gemeinsamen Zeit dar, sind in den geschilderten Erinnerungen aber deutlich weniger akzentuiert. Die außerschulischen Begegnungen mit den *Umweltaktivist*innen* und *Landwirt*innen* werden von allen elf Befragten detailreich erinnert und häufig als besonders präsent hervorgehoben: „Also, was mir natürlich auf

jeden Fall im Gedächtnis geblieben ist, ist auf jeden Fall der Bauernhofbesuch, ist ja klar" (OLAV, Pos. 13).

In den Ausführungen von Olivia wird deutlich, dass mit Nennung der Milchkrise zwar ein Unterrichtsinhalt genannt wird, sie die außerschulischen Begegnungen aber stärker hervorhebt und sie zentrale Bezugspunkte in den Erinnerungen an das Unterrichtsprojekt darstellen:

> Also, ich kann mich halt nur dran erinnern, dass wir auf jeden Fall die Milchkrise, glaube ich, behandelt haben. Oh Gott, und dann sind wir gleich immer so auf einzelne Dinge eingegangen, aber so konkret kann ich mich gar nicht mehr dran erinnern, was ich mir halt echt gemerkt hab´, das muss ich auch ganz klar sagen, war halt wirklich... – als wir uns da mit [der NGO] auseinandergesetzt haben, weil mich das halt auch echt extrem interessiert hat. Und auch als wir auf dem Bauernhof waren und sonst weiß ich halt eigentlich auch nur noch, dass wir viele Fragen auch formuliert haben und die dann auch immer den Bauern direkt gestellt haben, aber sonst – oh Gott, das ist jetzt schon so lange her. (OLIVIA, Pos. 15)

Olivias Ausführungen ist zu entnehmen, dass sie sich zwar an die Thematik der Milchkrise erinnert, eine Kontextualisierung einzelner Aspekte in den Gesamtrahmen der Unterrichtseinheit aber scheinbar schwerfällt („einzelne Dinge"). Es zeigt sich, dass die Begegnungen mit den Landwirt*innen und den Umweltaktivist*innen hingegen an die Interessen der Schülerin anschließen. Episodisch erinnert werden darüber hinaus auch die Momente, in denen die Schüler*innen eine aktive Rolle eingenommen haben, etwa durch das Fragen-Stellen.

Im Rahmen der Hauptkategorie „Rekonstruktionen des Lerngegenstandes" zeigt sich, dass die Jugendlichen in der Lage waren, den Verlauf des Unterrichtsprojektes zu schildern. In der empirischen Analyse haben sich Unterschiede zwischen schulischen und außerschulischen Inhalten herausgebildet, die der Unterscheidung zwischen semantisch-begrifflichen und episodisch-narrativem Wissen entsprechen. Es dokumentiert sich einerseits eine starke Fokussierung der Befragten auf die außerschulischen Anteile des Lehr-Lern-Arrangements und andererseits werden unterrichtlich vermittelten Inhalte häufig in Form einer bloßen und abstrakt bleibenden Verschlagwortung rekonstruiert. Auf der Ebene der Rekapitulation der Schüler*innen (siehe Abschn. 8.1.3; Abb. 8.2; *Reporting* und *Responding*) scheint das außerschulisch Erlebte die inhaltlichen Bezüge der Lerneinheit zunächst zu überdecken. Für die weitere Analyse bleibt zu prüfen, wie fundiert und differenziert diese Erinnerungen an die außerschulischen Begegnungen tatsächlich sind und inwiefern auch ein fachliches Verstehen angeregt wurde, welches aus der Verknüpfung von schulischer Vermittlung und außerschulischer Erfahrung hervorgeht (Abb. 8.2; *Relating* und *Reasoning*). In vereinzelt

8.2 Ergebnisse

komplexeren Schüler*innenrekonstruktionen des Lerngegenstandes deuten sich individuelle Sinnbildungen bereits an, die auf eine Integration in bestehende Deutungsschemata hinweisen könnten. Diese Hinweise werden insbesondere im Kontext der zweiten Auswertungsdimension in Abschnitt 8.2.2 weiter betrachtet.

8.2.1.2 Lern- und Urteilsprozess im Rahmen des Unterrichtsprojektes

Die Forschungsfrage 2b lautet: Welche Schlussfolgerungen ziehen die Jugendlichen im Rahmen des Unterrichtsprojektes? Unter der Hauptkategorie „Lern- und Urteilsprozess Unterrichtsprojekt" wurden die persönlichen Erkenntnisse, die von den Befragten im Rahmen der Auseinandersetzung gezogen und im Interviewgespräch formuliert wurden, codiert. Differenziert wurden die Aussagen in Äußerungen, die eine Selbsteinschätzung des eigenen Lern- und Urteilsprozesses (K2.1) darstellen, und jene, die die inhaltlichen Schlussfolgerungen (K2.2) betreffen (siehe Tab. 8.4).

Tabelle 8.4 Hauptkategorie 2: Lern- und Urteilsprozess im Rahmen des Unterrichtsprojektes

Hauptkategorie	Subkategorien 1	Subkategorien 2
K2: Lern- und Urteilsprozess im Rahmen des Unterrichtsprojektes	K2.1 Selbsteinschätzung des Lern- und Urteilsprozesses	– *Bestätigung und Bestärkung der eigenen Sichtweise* – *Weitere Bewusstwerdung und Transfer* – *Verhaltensänderung* – *Herausforderung der Urteilsbildung*
	K2.2 Inhaltliche Schlussfolgerungen	– *Politisierung der Umweltthematik* – *Kritik an Ausrichtung des Wirtschaftssystems* – *Selbstwirksamkeit zwischen Verantwortung und Zweifel*

Nachfolgend werden die Subkategorien 1 in ihrer jeweiligen Ausprägungen auf der Ebene der Subkategorien 2 vorgestellt. Die gesamte kategoriale Ausdifferenzierung dieser Hauptkategorie wurde induktiv, also am Material, entwickelt.

K2.1 Selbsteinschätzung des Lern- und Urteilsprozesses

Im Interview wurde erfragt, ob und inwiefern sich die Sichtweise der Jugendlichen über die Unterrichtseinheit hinweg geändert habe. Die Äußerungen, in denen die Schüler*innen ihren Lernprozess beschreiben, lassen sich in folgende induktiv gewonnene Subkategorien strukturieren: *Bestätigung und Vertiefung*, *Bewusstwerdung und Transfer*, *Verhaltensänderung* sowie *Herausforderungen der Urteilsbildung*.

Bestätigung und Bestärkung der eigenen Sichtweise. Die Befragten schildern auf die Frage, inwiefern sich ihre Sichtweise entwickelt habe, dass die Auseinandersetzungen mit der Thematik zu einer Bestätigung und Bestärkung bereits vorhandenen Wissens sowie nachhaltigkeitsbezogener Einstellungen geführt haben. Eine veränderte Sichtweise hat sich nach Aussagen vieler Jugendlichen nicht eingestellt, wie das folgende Beispiel illustriert:

> Ich würd´ eher sagen, dass ich mich da bestätigt drin fühle, weil ich schon – also besonders im letzten Jahr so das Thema kommt jetzt eh viel häufiger zum, ähm, also dass man halt öfter darüber spricht, über Nachhaltigkeit jetzt, auch mit den Demonstrationen Fridays-For-Future und so, dass ich schon mich bestätigt gefühlt hab´ (…). (KAREN, Pos. 24)

Die Bestätigung wird von Karen im Hinblick auf die gesamtgesellschaftliche Relevanz und Präsenz des Themas sowie der zu der Zeit (2019) aufkommenden Klimaschutzbewegung „Fridays for Future" empfunden. Auch Lukas gibt an, in seiner eigenen Sichtweise bestätigt worden zu sein; die Unterrichtseinheit ermögliche seiner Ansicht nach vor allem eine Vertiefung des Wissens und der fächerübergreifenden Kontextualisierung. Darüber, was die „anderen Dinge" konkret sind, wird an dieser Stelle nicht genauer eingegangen.

> Wir haben das Thema auf jeden Fall vertieft, also auch ich hab´ das Thema jetzt wieder vertieft, weil das davor auch schon oft Thema im Unterricht war, Globalisierung und in Erdkunde auch alles, was mit Umweltschutz und alles zu tun hat, natürlich, ähm, aber durch diese Projekttage, wurde das noch mal ziemlich vertieft das Thema. (…) Es hat mir andere Dinge besser klargemacht sozusagen, ein besseres Verständnis dafür gegeben, für die Zusammenhänge. (LUKAS, Pos. 18)

Häufig wird von den Schüler*innen berichtet, dass das Thema Nachhaltigkeit bereits in anderen Fächern behandelt wurde und zugleich angedeutet, dass man bereits problembewusst sei. Bildung für nachhaltige Entwicklung ist eine fachübergreifende Bildungsaufgabe, was sich hier im empirischen Material in den Aussagen der Schüler*innen dokumentiert. Auffällig ist, dass es zum einen als *ein*

Thema wahrgenommen und zum anderen scheinbar ein bestimmtes pädagogisch intendiertes Resultat antizipiert wird (hierzu auch Abschn. 8.2.1.3 zur schulischen Nachhaltigkeitsbildung). Die Haltung der partizipierenden Jugendlichen, man sei bereits für Nachhaltigkeit sensibilisiert, könnte die Markierung des Lern- und Urteilsprozesses als *Bestätigung* unterstützen.

Weitere Bewusstwerdung und Transfer. Einige Schüler*innen berichten von einer weiteren Bewusstwerdung und einem Transfer auf andere Handlungsfelder einer nachhaltigen Entwicklung, den sie herstellen konnten, und der damit verbundenen Einsicht eines weitreichenden gesellschaftlichen Handlungsbedarfs. Franziska etwa zieht den Vergleich zum günstigen Einkauf von Medikamenten im Internet und folgt der Annahme, dass günstige Preise meist zulasten der Umwelt günstig seien.

> Und durch diese Unterrichtseinheit habe ich einfach darüber nachgedacht, dass wir alle versuchen müssen, nachhaltiger zu sein, um halt die Erde für die nächsten Jahre und die nächsten Generationen noch so intakt zu halten. Und ich würde sagen, dass ich selber am Anfang diese Person war, die im Internet ihre Medikamente bestellen würde. Aber jeder Mensch, wenn er dann sowas erfährt, also wenn er sowas sieht, wenn er aufgeklärt wird, wenn er sich mit Menschen unterhält, dass er dann diese Erfahrungen macht, dass es keinen Sinn macht und dass dieses bisschen Geld, was man sich damit einspart im Endeffekt nur total schlechte Auswirkungen auf die Umwelt und alles Mögliche hat und da beziehe ich einfach so auf die Unterrichtseinheit, weil es komplett viel mit Nachhaltigkeit zu tun hatte, also ich weiß, dass wir vor allem uns mit der Landwirtschaft und der Nachhaltigkeit beschäftigt haben, aber generell hat mich das halt alles so zum Nachdenken angeregt und ich versuche jetzt auch viel ökologisch freundlicher zu sein und, weiß ich nicht, einfach so generell. (FRANZISKA, Pos. 43)

Franziska führt ihren persönlichen Prozess der Bewusstwerdung auf Aufklärung zurück; die thematischen Einblicke in ein Feld haben sie dazu veranlasst. Ihrer Einschätzung nach sorgen entsprechendes Wissen sowie neue Erfahrungen dafür, dass man den Handlungsbedarf *erkennt* und handeln *muss*. Sie bezieht sich dabei recht umfassend auf eine bewusste und als vernünftig erachtete Lebensweise.

Verhaltensänderungen. Eine weitere Subkategorie, die ebenfalls durch das obige Zitat illustriert wird, umfasst die Äußerungen, die Verhaltensänderungen betreffen. Viele der Befragten rekurrieren in der Schilderung ihres Lern- und Urteilsprozesses auf die persönliche Handlungsebene und konstatieren Veränderungen im eignen Konsumverhalten: „Ich weiß nicht, ich würd' jetzt eher sagen, dass ich mehr so drauf achte, wenn ich was kaufe" (JAN, Pos. 33). Nachhaltigkeitsbildung wird als Aufklärungsarbeit verstanden mit dem Ziel, „mehr drauf zu achten".

> Ich achte generell seit 'nem... seit 'ner Zeit mehr drauf. Aber ich könnte mir vorstellen, wenn man's vorher nicht gemacht hat, dass es dann auch Auswirkungen auf einen hat, wenn man so 'ne Unterrichtseinheit hat. (ANNA, Pos. 25)

Jendrik markiert sich mit Blick auf die Ernährungsweise selbst auch sensibilisiert, indem er schildert, dieser Versuch sei „normal" und gleichzeitig schulisch angestoßen. Es kann angenommen werden, dass soziale Erwünschtheit in diesen Äußerungen eine bedeutende Rolle spielt, da eine pädagogische Intention durch die Befragende seitens der Schüler*innen antizipiert wird.

> Also, kurz danach glaube ich, habe ich tatsächlich ein bisschen, haben wir ein bisschen darauf geachtet, nicht ganz so viel Fleisch zu essen tatsächlich, weil wir das ziemlich viel in der Zeit hatten, aber... Das ist halt normal. (JENDRIK, Pos. 18)

Den wohl größten persönlichen Einfluss im Hinblick auf eine Verhaltensänderung – als Folge einer weiteren Bewusstwerdung – schildert Franziska. Das Unterrichtsprojekt habe sie bestätigt und „geholfen, sich für die besseren Sachen zu entscheiden":

> Also, ich denke, dass ich diese Einheit auf jeden Fall gebraucht hab, weil es war halt ganz oft so 'n unterschwelliges Gefühl, so 'n mulmiges Gefühl fast schon, wenn sowas, wenn ich sowas gemacht hab, was total schlecht war für die Umwelt. Und durch dieses Projekt haben sich halt diese ganzen kleinen, mulmigen Gedanken zu einem ganz großen mulmigen Gedanken ((lacht)) verformt und der dann auch in meinem Kopf war und der mich auch echt erstmal richtig runtergezogen hat. Aber dann hat es mir auch geholfen, mich einfach für die besseren Sachen zu entscheiden. Also mich jetzt zum Beispiel (…) für die umweltfreundlicheren Maßnahmen zu entscheiden und halt wirklich darauf zu hören, was mein Herz in Richtung Nachhaltigkeit sagt. (FRANZISKA, Pos. 147)

Im empirischen Material manifestiert sich, dass das Unterrichtsprojekt überwiegend auf bereits problembewusste Jugendliche trifft; das herauszustellen ist den meisten Befragten wichtig. Dennoch resoniert die Thematik unterschiedlich mit den Personen.

Herausforderung der Urteilsbildung. Die Schilderungen eines emotionalen und umfassenden Lernprozesses von Franziska stellen eher einen Einzelfall dar. Während es ihr gelingt, ein persönliches und handlungsbezogenes Urteil zu fällen, bereitet anderen der Prozess der Urteilsbildung selbst – etwa die Integration der verschiedenen Argumente – Schwierigkeiten. Urteilsbildung wird etwa von Jendrik als eine Herausforderung beschrieben. Er äußert den Wunsch, „eine klare

Meinung zu haben", was ihm angesichts der Komplexität politischer Themen noch nicht gelingt:

> Das ist halt immer ein bisschen schwierig, wenn man zwei Positionen hat und ich möchte mir eigentlich schon gern 'ne eigene Meinung bilden, aber dann hat man halt immer wieder was dagegen und was dafür spricht und so 'ne Zwischenposition einzunehmen ist dann ja auch immer ein bisschen doof. (…) Dass man nicht klar dann damit irgendwie argumentieren kann, weil man ja selber so zwiegespalten ist und das Problem habe ich leider öfter, dass man sich ja eigentlich für Themen interessiert und da 'ne klare Meinung zu haben möchte, aber irgendwie gibt es dann ja immer dann ein Argument dagegen und wieder dafür und ja. Meistens merkt man dann einfach nur, dass die Themen dann doch viel komplexer sind, als man erstmal denkt. (JENDRIK, Pos. 262–268)

Das unerfüllte Bedürfnis nach einer fundierten, differenzierten und mit Blick auf das eigene Handeln kongruenten Meinung dokumentiert sich im Material. Der Lern- und Urteilsprozess wird demnach als krisenhaft, von Uneindeutigkeiten geprägt und damit tendenziell als unabgeschlossen empfunden. Jendrik erkennt dies als etwas, das in der Sache selbst begründet liegt: dem Politischen.

K2.2 Inhaltliche Schlussfolgerungen aus dem Unterrichtsprojekt
Die Codierungen dieser Subkategorie, die die inhaltlichen Schlussfolgerungen aus dem Unterrichtsprojekt im Allgemeinen betreffen, fallen sehr heterogen aus.[5] Dieses vielfältige Spektrum an inhaltlichen Schlussfolgerungen zum Unterrichtsprojekt im Allgemeinen wurde in drei Subkategorien auf zweiter Ebene strukturiert: der *Politisierung der Umweltthematik*, die *Kritik an der Ausrichtung des Wirtschaftssystems* sowie die *Selbstwirksamkeit zwischen Verantwortung und Zweifel*.

Politisierung der Umweltthematik. Auch schon in der Eingangserhebung der Interventionsstudie wird deutlich: Der Umstand, dass die Menschen gerade in westlichen Industrienationen einen ressourcenintensiven Lebensstil pflegen und dies mit negativen Folgen für die Umwelt verbunden ist, ist für die Jugendlichen eine unhintergehbare Tatsache (siehe Abschn. 7.2.1). Jener Zusammenhang,

---

[5] Sie betreffen globalisierte und exportorientierte Märkte, das eigene Kaufverhalten und die Erfordernis jenes zu ändern, die notwendige Unterstützung regionaler Landwirtschaft, den Handlungsdruck und Veränderungsbedarf, den Schaden an der Umwelt und die Kurzsichtigkeit der Politik, die Vernachlässigung von Nachhaltigkeitsaspekten in der Wirtschaft sowie die Tendenz zur billigen Massenproduktion, soziale Ungleichheit und die unterschiedlichen Bedingungen einer nachhaltigen Lebenspraxis, die Notwendigkeit einer bedarfsorientierten Exports und einer effizienten und rentablen Landwirtschaft sowie die Sorge um einen gesellschaftlichen „Rückschritt im Fortschritt" durch suffiziente Lebensstile.

so materialisiert es sich in den Interviews, hat für viele beinahe einen ontologischen Status – problematische, aber eben als normal hingenommene bzw. normalisierte Voraussetzungen eines *Status quo*. Eine Politisierung der Thematik wurde insofern angebahnt, als zunehmend zeitgenössische Herausforderungen und Gestaltungsaufgaben erwähnt sowie die Bedingtheiten der Akteur*innen- und Interessengruppen erfasst werden.

Momente der Politisierung deuten sich auch in den Reflexionen im Rahmen der Interviewstudie *ex post* an. Jedoch zeigt sich deutlich, dass sich jene Momente individuell unterscheiden, da das Unterrichtsthema sehr unterschiedlich mit den Jugendlichen resoniert. Einige Befragte beschreiben, dass ihre Sichtweise auf das Thema an Komplexität gewonnen habe und verschiedene Indikatoren in ihrem Zusammenwirken verstanden wurden. Die Vielschichtigkeit der gesellschaftsbezogenen Betrachtungsweisen zeigt sich wie bei Franziska etwa in der Registrierung verschiedener Akteur*innen- und Interessengruppen sowie der Differenzierung zwischen (individuellem) Konsumverhalten und politischer Steuerung.

> Und ich würd' sagen, dass mir halt einfach aufgefallen ist, dass diese ganze Klimasache und Umweltsache und alles mit der Ernährung, dass es halt nicht nur die Umwelt betrifft, sondern halt auch die Unternehmen, die Arbeiter, halt ganz viele – also das halt ganz viele Faktoren und dass es halt auch die Konsumenten betrifft, aber auch – es bezieht sich ja auch irgendwie auf die Politik, dass die Politik da auch mitwirken muss und halt irgendwie was dagegen tun muss gegen den Klimawandel und dass halt alles ineinander – also alles miteinander verbunden ist und alles halt voneinander abhängt irgendwie. Das fand' ich halt sehr faszinierend (…). (FRANZISKA, Pos. 13)

Das Unterrichtsprojekt hat ihr neue Perspektiven auf die verschiedenen Interdependenzen eröffnet. Die Komplexität wird nicht zurückgewiesen, sondern als „faszinierend" erlebt. Erkannt wird, dass Klima, Umwelt und Ernährung keine isolierten, jeweils für sich selbst zu betrachtende Phänomene darstellen, sondern einen weitreichenden Einfluss auf Unternehmertum, die Arbeitnehmer*innen sowie auch die Bürger*innen als (partizipierende, konsumierende und verschieden betroffene) Privatpersonen haben. Aus diesem komplexen Gefüge wird – vorsichtig („auch irgendwie auf die Politik") – die handelnde Rolle „der Politik" abgeleitet.

Auch der folgende Materialauszug zeigt, dass die neu eröffneten Perspektiven den eigenen Denk- und Handlungsraum erweitern konnten. Diese Bewusstwerdung von Komplexität und Zusammenhängen, die Vernetzungen von einem Thema in verschiedene Bereiche (Umwelt, Politik, Wirtschaft), ist ihr exemplarisch am Themenfeld Landwirtschaft und Ernährung verdeutlicht worden. Die

8.2 Ergebnisse

selbstbeschriebene Veränderung ihres Weltbildes, der entstandene politische Blick auf die „Kühe auf der Weide", sind Ausdruck einer – in der Tendenz auch potenziell übergeneralisierenden – Einsicht, alles sei miteinander verbunden und voneinander abhängig:

> Und ich habe einfach viel daraus mitgenommen, dass es so viele verschiedene Faktoren gibt, die in Nachhaltigkeit zum Beispiel reinspielen und wir haben uns ja jetzt vor allem auf die Landwirtschaft bezogen. Und da habe ich vorher, um ehrlich zu sein, nie so richtig drüber nachgedacht. Also, wenn ich zum Beispiel so Kühe auf der Weide gesehen hab, dann hab' ich gedacht: ‚Ja gut, das sind Kühe, die können ja nicht irgendwie so schlecht für die Umwelt oder für die Wirtschaft sein.' Und sich dann mit sowas auseinanderzusetzen, wie zum Beispiel, dass Kühe, wenn die so in Massenhaltung gehalten werden, echt schlecht für die Umwelt sind, durch das ganze Methangas. Oder dass diese Massentierhaltung allein so viel in die Wirtschaft reinspielt und wie es auch den Bauern geht. Das war für mich sehr schockierend oder auch sehr… – das hat man vorher nicht so wahrgenommen. Und das hat so mein Weltbild so'n bisschen verändert, wenn man das so sagen darf. (FRANZISKA, Pos. 13)

Die regionale und aus dem eigenen Nahraum bekannte Landwirtschaft wird im Zuge des Unterrichtsprojektes in einem breiteren Zusammenhang von Regionalität und Globalisierung gesehen. Neue Sinnzusammenhänge bilden sich und erhalten durch die lebensweltliche Verankerung ein Fundament. So dokumentiert sich in den Schilderungen unter anderem eine erweiterte Erkenntnis, dass der globalisierte Wirtschaftsbereich auch in der Landwirtschaft zum Tragen kommt. Für Peter war dies neu und wurde als „erschreckend" empfunden, was auf eine Wissenserweiterung hinweist:

> Und, ja, da war's halt schon ziemlich erschreckend, dass das halt eigentlich so viel ist, obwohl man das überhaupt nicht gedacht hat. Also auch, dass es in solchen Bereichen schon 'ne Globalisierung gibt. (PETER, Pos. 38)

Die Information, dass regionale Unternehmen global handeln, war für Peter nach eigener Aussage „ein ziemlicher Schock". Auch Jan äußert seine Verwunderung über die Bedeutung des Exports landwirtschaftlicher Güter und unterstellt einen Selbstzweck:

> Dass einfach so viel exportiert wird, ich glaub' so der Großteil einfach. Obwohl das alles von hier kommt und einfach nur ja… einfach nur produziert wird, weil man's kann ((lacht)). (JAN, Pos. 35)

Dass regionale Produktion nicht bedeutet, dass autonomisch regional gehandelt und konsumiert wird („obwohl das alles von hier kommt"), veranschaulicht dieses Missverständnis. Anna merkt an, dass die ökonomischen Zusammenhänge nachhaltigkeitsbezogener Problemstellungen in der unterrichtlichen Auseinandersetzung ihrer Ansicht nach unterrepräsentiert seien.

> Also man (...) hört immer von Natur, also wie die Umwelt quasi belastet wird, aber die Wirtschaftsebene ist immer so 'n bisschen im Hintergrund sage ich mal. (ANNA, Pos. 47)

Der eingangs beschriebene ontologisch anmutende Umstand einer belasteten Umwelt wird möglicherweise auch im Schulunterricht befördert, sofern die Bedingungen eines Wandels auf verschiedenen Ebenen und aus verschiedenen, teils interessengebundenen Perspektiven nicht thematisiert werden. Die Politisierung der Thematik, wie sie sich in den inhaltlichen Schlussfolgerungen zum Unterrichtsprojekt zeigt, verläuft für die meisten Jugendlichen über das wachsende Verständnis ökonomischer Zusammenhänge.

Kritik an Ausrichtung des Wirtschaftssystems. Viele Schlussfolgerungen, die sich im Material der Schüler*inneninterviews dokumentieren, beziehen sich kritisch auf die Ausrichtung des Wirtschaftssystems im Bereich der Landwirtschaft und Ernährung. An der Figur der Masse verdichtet sich dieser Aspekt besonders stark. Massenproduktion und entsprechend Massentierhaltung aufgrund einer starken Profitorientierung wird problematisiert:

> Ich war, bin der Meinung, dass (...) es ja viel zu viel Massentierhaltung und so, viel so Riesenkonzerne gibt, die sozusagen (...) möglichst viel Profit machen wollen und dafür möglichst billig das Fleisch kriegen wollen und das hat sich im Verlauf des Projektes auch eigentlich so verstärkt. (LUKAS, Pos. 20)

Für Lukas sowie für Jan ist deutlich, dass die Ausrichtung an der maximalen Gewinnorientierung mit dem gesellschaftlichen Projekt der Nachhaltigkeit in Konflikt steht. Zwar werden nachhaltigere Formen des Wirtschaftens nicht explizit benannt, aber die Vorstellung alternativer Möglichkeiten deutet sich an („so wie es im Moment ist"):

> Ich würde jetzt einfach sagen, dass dieser Nachhaltigkeitsaspekt einfach vernachlässigt wird. Weil es eben so viele Nachteile mit sich bringt, für das Unternehmen und das eigentliche Ziel von einem Unternehmen ist ja Profit machen, also Geld. Und das ist halt, da steht diese Nachhaltigkeit dann schon im Weg, so wie es im Moment ist. (JAN, Pos. 71)

8.2 Ergebnisse

Auch die Ausrichtung auf den Weltmarkt wird von den befragten Jugendlichen weitestgehend kritisch betrachtet. Die Globalisierung wird von ihnen als ein Prozess mit zwiespältigem Nutzen beschrieben: einerseits durch die ökologischen Folgen aufgrund der langen Transportwege, andererseits durch die Marktdominanz westlicher Nationen und daraus resultierende Konsequenzen für regionale Landwirt*innen in anderen Teilen der Welt. Jan elaboriert eine Haltung, die einen Kompromiss vorschlägt:

> Ja, also dieses Lokale, was wir hatten, dieses Modell, das würde ich jetzt nicht so befürworten und im Endeffekt ist es ja eigentlich ein Rückschritt von dem, was wir als so von der Globalisierung, was wir jetzt so als Entwicklung hatten. Aber vielleicht ist es ja übertrieben, wenn man einfach an einem Ort jetzt alles produziert und das überall hin exportiert, also dass man so 'n Zwischending findet, dass man nicht jetzt hier alles produziert und das dann exportiert, sondern dass halt weniger produziert wird, aber dann an mehreren Orten, weil ja wir schränken ja jetzt die Industrie in anderen Ländern dadurch ein, dass wir so viel produzieren. Vielleicht, dass man wirklich nur Waren irgendwo hin exportiert, wo es diese Waren tatsächlich nicht gibt. (JAN, Pos. 41–47)

Die Gedanken, die Jan äußert, sind in aller Vagheit insofern bemerkenswert, als überhaupt Überlegungen über systemische Veränderungen angestellt werden, die einer Liberalisierung globaler Märkte entgegenstehen. Auch wenn das Konzept wirtschaftspolitischer Regulierung nicht explizit und fachlich umfassend angeführt wurde, analysiert er, an welchen Stellschrauben zu drehen wäre, um die sozial-ökologischen Folgen zu mildern.

Die Vorteile globalisierter Versorgungsketten für den persönlichen Lebensstandard sowie die Einschränkungen, sind den Jugendlichen bewusst:

> Also, ich würde sagen, ich weiß nicht, ob sich meine Sicht da auch irgendwann ändern würde, aber ich würde mich leicht gegen dieses kapitalistische Massenproduktionssystem, da würde ich mich leicht gegen stellen. Ich würd´ auch sagen – also natürlich ist es auf einerseits gut, dass man so viele internationale Produkte hat. (…) Natürlich ist das, ja, dieser Lebensstandard, den wir haben, und den Luxus, den wir so haben, dass wir internationale Produkte einkaufen können, (…) es ist auch irgendwie was Selbstverständliches geworden. (…) Natürlich versucht man auf der einen Seite dann zu sagen: ‚Ja, das ist alles schlecht.' Aber da muss man halt auch bedenken, du verzichtest, wenn du das machst, aber auch auf deine eigenen Interessen, die du hast. (PETER, Pos. 84–87)

Peter beschreibt sich ansatzweise als kapitalismuskritisch; zugleich will er auch nicht auf die Annehmlichkeiten kapitalistischer Massenproduktionssysteme verzichten. In seinen Ausführungen zeigt sich eine Facette nachhaltigkeitsbezogener

Urteilsbildung, in der das „Selbstverständliche" hinterfragt wird und sich das Individuum selbst als Profiteur*in erkennt. Das Vertraute, das im Alltag und der eigenen Lebensweise so immanent ist, steht im Kontext dieser Fragestellungen zur Disposition.

Die Frage danach, inwieweit die Menschen es als Verbraucher*innen selbst in der Hand haben, durchzieht viele Aspekte. So auch im Hinblick auf eine weiter verstärkte Förderung ökologischer Landwirtschaft – ob politisch gesteuert werden soll oder die Konsument*innen eine entsprechende Nachfrage generieren müssen. Jendrik formuliert einen Anspruch an „uns" alle sowie an „den Einzelnen", ohne explizit auf sich selbst Bezug zu nehmen:

> Dann wäre es ja schon wieder sowas wie, dass Biobetriebe schon gefördert werden sollten, aber ... dazu habe ich ja auch schon meine Position so'n bisschen gesagt, dass im Endeffekt ja schon an uns, also schon auch an den Einzelnen liegt, wie die eben ihr Kaufverhalten ändern und nicht an den Betrieben. (JENDRIK, Pos. 62)

Es zeigt sich, dass die Kritik am Wirtschaftssystem von einigen vertreten wird und zugleich von einer Kritik an den konsumierenden Menschen begleitet wird. Die Privilegien – der „Luxus", wie Peter es formuliert – in einem globalen Ernährungssystem werden erkannt und im Umkehrschluss mit individualisierter Verantwortung verbunden, aber teilweise auf eine selbstentlastende, theoretisierende Art und Weise.

Selbstwirksamkeit zwischen Verantwortung und Zweifel. Wie bereits im Rahmen der Interventionsstudie thematisiert, stellen Selbstwirksamkeitsüberzeugungen relevante Einflussfaktoren für die Lern- und Urteilsprozesse dar (siehe Abschn. 7.1.1). Das individuelle Konsum- und Ernährungsverhalten ist für die Jugendlichen der Hauptbezugspunkt, wenn es um Transformationsprozesse geht. Der Großteil der Schüler*innen erkennt eine Verantwortung darin, sich nachhaltig zu verhalten. An vielen Materialstellen wird deutlich, dass die individuelle Handlungsebene als effektiv und oftmals auch als alternativlos empfunden wird. Aber auch Grenzen einer Regulierung durch eine veränderte Nachfrage der Verbraucher*innen und des Prinzips der Eigenverantwortung werden wahrgenommen und vereinzelt zaghaft in politische Forderungen an die Politik überführt. Es kann angenommen werden, dass die Selbstwirksamkeitsüberzeugung von einem Verantwortungsgefühl getragen ist, gleichwohl aber auch Zweifel gegenüber der Effektivität nachhaltiger Alltagspraktiken bestehen. Konkrete Forderungen an die Politik können oft nicht verbalisiert werden, wohl aber die Ansprüche, die an Veränderungsprozesse gestellt sind: Karen betont den Aspekt der

8.2 Ergebnisse

Sozialverträglichkeit. Ihr ist es wichtig, dass in der Problemlösung die verschiedenen Voraussetzungen von Menschen und Interessen von Akteur*innengruppen berücksichtigt werden:

> Also, natürlich würde ich mir wünschen, dass halt auch irgendwie – also jetzt zum Beispiel zum Thema Ernährung, dass man halt – dass die Menschen sich darüber bewusst sind und darüber im Klaren sind, was das für negative Folgen das haben könnte, dass man halt nicht immer das billigste Fleisch kaufen sollte, nur weil das halt nicht so teuer ist, aber andererseits ist es ja auch so, dass manche Menschen vielleicht auch gar nicht das Geld haben, halt, ähm, teureres Fleisch zu kaufen und dass man halt irgendwie versucht, irgendwie Lösungsansätze zu finden, die für alle Parteien und alle Seiten pro, also gut sind, halt, und dass es halt immer 'ne Win-win-Situation ist und dass niemand halt irgendwelche, ähm, negativen Folgen daraus zieht oder halt irgendwie benachteiligt wird dadurch. Also ich – das ist halt schwer zu formulieren, weil ich finde es ist halt generell alles so ein komplexes und schwieriges Thema und ich find' – also man sagt halt auch – also ich find´ die Politiker – also ich würd´ auf jeden Fall sagen, dass die Politik mehr machen muss, aber ich finde es ist dann halt auch schwer zu sagen, genau was die machen sollen. Weil das halt irgendwie, ja, schwierig ist. (KAREN, Pos. 47)

Karen ringt mit der Frage, wie man Einfluss nehmen kann und kommt innerhalb ihrer Ausführung von individuellem Anspruch zu einer ansatzweise politischen Forderung. Anders als Karen fokussiert Anna in diesem Punkt ausschließlich den individuellen Verantwortungsbereich, der sozioökonomisch möglich ist:

> Es wird ja immer viel gesagt, dass man... – viele haben nicht das Geld, um zum Beispiel darauf zu achten, was jetzt, wo herkommt und ob das regional ist, ob das nicht regional ist, ob das aus Massentierhaltung stammt oder so. Aber ich dachte, also ich war so der Meinung, man sollte das machen, was man kann. (...) Also das fand ich immer sehr wichtig, dass man selbst so Verantwortung dafür übernimmt. Und dementsprechend sich dann verhält, weil man kann nicht einfach sagen: ‚Das läuft scheiße und das läuft scheiße.' Und dann am Ende einfach nichts machen. So und ich meine selbst, wenn man irgendwie zur Schule geht oder so kann man ja, selbst wenn man sich in der Mittagspause was holt, halt gucken, habe ich jetzt zwei Euro mit oder habe ich jetzt fünf Euro mit und ist das in Ordnung oder ist das nicht in Ordnung das jetzt zu kaufen, also so'n bisschen selbst reflektieren dann. (...) Ich bin immer noch der Meinung, dass es sehr wichtig ist und auch dass man, dass man das einfach für sich selbst zwar entscheiden muss und selbst irgendwie aktiv werden muss dafür. (ANNA, Pos. 29)

In Annas Ausführungen wird deutlich, dass sie zuversichtlich ist, durch ein verändertes Verhalten im privaten Bereich Einfluss auf einen gesellschaftlichen Transformationsprozess zu nehmen. In Tinas Ausführungen wird sich vor allem auf die Notwendigkeit, sich regional zu ernähren, bezogen. Sie plädiert dafür, die regionale Landwirtschaft stärker zu unterstützen.

> Dass man regionale Bauern oder irgendwelche ja Läden, Höfe sowas halt unterstützen, mehr unterstützen sollte, weil ich auch auf dem Bauernhof dann ja erfahren hab', dass die manchmal echt so bangen müssen um ihre Existenz, weil die halt eher klein sind und dass ich dann das wichtig finde, dass man eher so auf regionale Sachen achtet und dann halt im Winter zum Beispiel keine Erdbeeren oder irgendwas kauft. Wo ich vorher auch nicht drauf geachtet habe, das war mir eigentlich egal. Und ähm ja dass man halt auf sowas mehr achtet, dass es halt regionaler ist. (TINA, Pos. 33)

In den Schlussfolgerungen, die das eigene Ernährungsverhalten betreffen, zeigt sich, dass für einige durch die Fokussierung auf den individuellen Einflussbereich im Kaufverhalten („einfach mehr drauf achten"; „regionaler einkaufen") ein positives Selbstwirksamkeitsempfinden etablieren können. Es kann angenommen werden, dass die Betonung der Selbstwirksamkeit einen spezifischen Umgang mit den Herausforderungen und Anforderungen der komplexen Problemstellung darstellt. Eine andere Facette, die sich in Bezug auf die Schlussfolgerungen ebenfalls im Material dokumentiert, ist eine besorgte und alarmierte Haltung der Schüler*innen. Franziskas Reflexionen beziehen sich umfassender auf die Folgen einer kollektiven Lebensweise, in der auch sie verstrickt ist. Anders als Tina, die häufiger durch „man"-Konstruktionen Distanz zum Gesagten und zum eigenen Tun herstellt, spricht Franziska in ihren Reflexionen von „wir" und „ich":

> Also, wo ich so drin bestärkt wurde, war einfach das Gefühl, dass wir mit der Welt schlecht umgehen. Und das hab' ich halt eigentlich schon ziemlich lange, (…) das hat sich auf jeden Fall bei mir verstärkt. (FRANZISKA, Pos. 53)

In einer tiefergreifenden Sorge um die Welt im Fall von Franziska sind praktikable Handlungsstrategien mit weniger positiven Emotionen besetzt, sondern werden vielmehr als Verantwortung und Pflicht begriffen. Das Hinterfragen von Alltagspraktiken hat für Franziska das Ziel, diese als Entscheidungssituationen zu verstehen und in der Folge bisherige Handlungsmuster zu durchbrechen. Hier zeigt sich, wie es in der individuellen Schlussfolgerung einer Schülerin möglich ist, komplexe und gegenseitig bedingte Aspekte auch in andere Bereiche zu übertragen und konkrete Optionen der individuellen Veränderung aufzuzeigen.

> Generell hab' ich das Gefühl, dass ich diese landwirtschaftliche Situation auch auf alle anderen Situationen beziehen kann. Also zum Beispiel denke ich darüber nach, gut ich kauf' jetzt nicht noch eine Flasche Milch ((lacht)), sondern trink' vielleicht einfach Wasser. Also das ist jetzt ein total blöder Vergleich, aber dass man das halt

8.2 Ergebnisse

auch so versucht, auf alle anderen Lebenssituationen zu beziehen. Generell zum Beispiel jetzt regionale und saisonale Ernährung. Aber auch sowas wie Müll, dass man einfach versucht, weniger Müll zu produzieren, der zum Beispiel Plastik ist oder der nicht recycelt werden kann oder der nicht kompostierbar ist. (FRANZISKA, Pos. 125)

Die Verantwortung wird auch mit Blick auf die nachfolgende Generation empfunden; man möchte lebenswerte Bedingungen für die eigenen Kinder schaffen.

Ja, ich meine, man will ja schon leben 'ne, irgendwie ((lacht)) man möchte seinen Kindern was hinterlassen. Ich meine sozusagen, Kinder ist eigentlich so das Wichtigste, ihr Kind für die Mutter das Wichtigste überhaupt. Und man kann halt auch nicht immer da sein, also ist man persönlich dafür verantwortlich, dass man die besten Bedingungen dafür schafft, dass es weitergehen kann. So, dass es nicht allzu schwer wird und nicht grausam, sage ich jetzt mal im schlimmsten Fall. (ANNA, Pos. 212)

Die Dimensionalisierung dieser Subkategorie verläuft entlang eines Kontinuums zwischen bewusster, achtsamer Alltagspraxis und ggf. einem Unbehagen gegenüber der eigenen privilegierten Lebensweise auf der einen Seite und einem Zweifel an der Effektivität privater Handlungsstrategien und einem Schwinden des Selbstwirksamkeitserlebens auf der anderen Seite.

Im Rahmen der Hauptkategorie „Lern- und Urteilsprozess im Rahmen des Unterrichtsprojektes" dokumentiert sich, dass die Jugendlichen das Unterrichtsprojekt hinsichtlich der persönlichen Sichtweise auf das Thema vor allem als bestätigend und bestärkend erlebt haben. Dabei ist zu betonen, dass politische Urteilsbildung von den Schüler*innen nicht immer als gelingend, sondern vereinzelt auch als Herausforderung erlebt wird. Komplexität zu erfassen, verlangt ein hohes Maß an kognitiver Integrationsleistung. Inwiefern das Empfinden von Inkongruenz und Uneindeutigkeit zur Verunsicherung im Urteilsprozess beitragen kann, zeigt sich am Fall Jendrik (K2.1). Inhaltlich wurden im Rahmen des Unterrichtsprojektes Schlussfolgerungen gewonnen, die eine Politisierung der Umweltthematik, Kritik am Wirtschaftssystem und das individuelle Selbstwirksamkeitsempfinden betreffen. Mit Blick auf das Erkenntnisinteresse der Studie ist an dieser Stelle festzuhalten, dass die Schlussfolgerungen überwiegend von einem hohen Abstraktionsvermögen zeugen und auf tiefere Verstehens- und Elaborationsprozesse hindeuten. Die Ebene des *Reporting* und *Responding* und damit die Bezugnahme auf konkrete Unterrichtsinhalte wird deutlich verlassen und stattdessen dokumentiert sich der Lern- und Urteilsprozess als ein Konstruktionsprozess auf der Ebene des *Relating* und *Reasoning*. Insgesamt ist hervorzuheben, dass die inhaltlichen Schlussfolgerungen überwiegend keine Einzelaspekte betreffen, sondern systemische Betrachtungen vornehmen, in denen die Vernetztheit der Aspekte von den Schüler*innen eigenständig zum Thema gemacht wird. In der weiteren Analyse bleibt zu prüfen, welche Bedeutung die außerschulischen Begegnungen für den Lern- und Urteilsprozess haben.

8.2.1.3 Anregungspotenziale der außerschulischen Begegnungen

Die Forschungsfrage 2c lautet: Wie beurteilen die Jugendlichen die Bedeutung des außerschulischen Lernens für ihren persönlichen Lern- und Urteilsprozess? In der Interviewsituation wurden zunächst offene Fragen gestellt („Inwiefern hat dich das Unterrichtsprojekt zum Nachdenken angeregt?"), eine deutliche Fokussierung auf das außerschulische Lernen ergab sich vonseiten der Befragten. Unter der Hauptkategorie „Anregungspotenziale des außerschulischen Lernens" wurden evaluative Äußerungen über das erlebte Lehr-Lern-Arrangement codiert. Aus den Perspektiven der Befragten ergab sich eine Differenzierung in drei Subkategorien erster Ordnung. Die erste betrifft den Stellenwert der außerschulische Begegnungen im Kontext der Einheit aus Schüler*innenperspektive (K3.1), die zweite Kategorie die Anregungspotenziale für den persönlichen Lern- und Urteilsprozess (K3.2) und die dritte Kategorie umfasst sonstige Bezüge zur schulischen Nachhaltigkeitsbildung (K3.3), die von den Schüler*innen in diesem Zusammenhang hergestellt wurden und im Kontext der Arbeit von Interesse sind (siehe Tab. 8.5).

8.2 Ergebnisse

Tabelle 8.5 Hauptkategorie 3: Anregungspotenziale der außerschulischen Begegnungen

Hauptkategorie	Subkategorien 1	Subkategorien 2
K3: Anregungspotenziale der außerschulischen Begegnungen	K3.1 Außerschulische Begegnungen im Kontext der Lerneinheit aus Schüler*innenperspektive	
	K3.2 Anregungspotenziale für den persönlichen Lern- und Urteilsprozess	– *Authentische Begegnung und Emotionen* – *Relevanz und Interesse* – *Kontrast zu üblichen Tätigkeiten im Schulalltag* – *Veranschaulichung theoretischer Unterrichtsinhalte* – *Aktivierung durch Realitätsabgleich; Glaubwürdigkeit* – *Reflexion über Urteilsbildung*
	K3.3 Bezüge zu schulischer Nachhaltigkeitsbildung	– *Empfindung von Überdruss* – *Kontroversität um Nachhaltigkeit* – *Bedeutung der (Schul-) Öffentlichkeit*

K3.1 Außerschulische Begegnungen im Kontext der Lerneinheit aus Schüler*innenperspektive

Die Schüler*innen beziehen sich in ihren Äußerungen, in denen eine Bewertung des Unterrichtsprojektes vorgenommen wird, beinahe ausschließlich auf die außerschulischen Begegnungen. Das außerschulische Lernen wird als besonderes Merkmal der Unterrichtseinheit identifiziert und infolgedessen in den Reflexionen fokussiert. Dies ist auf unterschiedliche Weise zu deuten: Entweder waren die Realbegegnungen derart eindrucksvoll (für sich oder auch gerade durch die schulische und damit didaktische Einbettung) oder die thematischen Auseinandersetzungen im Rahmen des Unterrichts können nicht abgerufen werden.

Von den meisten Befragten wird von einer anfänglichen Skepsis berichtet, denn außerschulisches Lernen, insbesondere die Fahrt zu einem landwirtschaftlichen Betrieb, wird mit einem Unterricht für jüngere Jahrgangsstufen assoziiert. Im Kontext des Unterrichtsprojektes ist für Olivia das persönliche Gespräch zentral gewesen; relevant ist für die Schülerin nicht nur die Interessengebundenheit der eingebrachten Perspektive, sondern die damit verbundenen Emotionen. Interessanterweise beschreibt Olivia anfangs die außerschulische Begegnung als begründungsbedürftig, im Verlauf erschließt sie aber mit jenen den Lerngegenstand, wodurch sich schließlich die unterrichtliche Auseinandersetzung begründet:

> Also, im ersten Moment dachte ich wirklich: ‚Warum fahren wir jetzt hier hin?', weil normalerweise habe ich das in der achten Klasse gemacht, da wo man so die Kühe streicheln durfte, und was weiß ich, ähm, aber das hat schon irgendwo auf jeden Fall etwas gebracht, weil wir halt auch mit ihr persönlich geredet haben und ich finde 'n persönlicher Eindruck ist immer nochmal was anderes, als wenn man das da irgendwie in Texten liest oder so. (…) Im Nachhinein haben wir auch nochmal so ein bisschen drüber geredet in internen Gruppen so 'n bisschen, dass wir das eigentlich auch ganz gut fanden, dass wir dahingefahren sind. Weil da (…) konnte jeder sich so 'n bisschen erschließen, warum haben wir das jetzt gemacht in den Stunden davor, so 'n bisschen mit Milchkrise auch und ja, ich find´ schon, für jeden war das irgendwie glaub´ ich schon ganz cool. (OLIVIA, Pos. 68)

Die anfängliche Skepsis wurde durch die schulische Einbettung bei den meisten Befragten in eine interessierte Haltung überführt. Es wird erwähnt, dass die Einbindung der außerschulischen Begegnung in ein Lehr-Lern-Arrangement das Interesse erst hat entstehen lassen. Ein Schüler hält fest: „Ich war schon mal auf so einem Milchhof, aber das war nicht zum Lernen. Deswegen war das sozusagen eine ziemlich neue, ja… oder ein Erlebnis" (LUKAS, Pos. 32). Eine Schülerin fand die außerschulischen Begegnungen „am interessantesten, weil wir auch das Vorwissen dann dazu hatten" (TINA, Pos. 71). Häufig rekurrieren die Jugendlichen auf die schulische Vorbereitung, dabei wird das Formulieren und Stellen von Interviewfragen an die regionalen Akteur*innen als besonders positiv hervorgehoben. Das Vorwissen, der fachliche Kontext der Unterrichtseinheit sowie das Explizieren des Erkenntnisinteresses transformierten scheinbar eine mehr oder weniger alltägliche Situation, ein Treffen, in eine Lernsituation, eine Begegnung.

Die schulische Einbettung wird nicht nur als lohnend erlebt, sondern auch eingefordert – und damit nicht nur lehrer*innenseitig als ein Qualitätsmerkmal eines effektiven Unterrichts betrachtet. Einem Schüler zufolge sei eine thematische Verknüpfung sogar notwendig:

> Es müssen gewisse Forderungen gestellt werden, (…) dass man halt nicht nur da einfach hinfährt und sich das anguckt und sich denkt: „Ja, toll", sondern dass man auch so ein bisschen mit dem Thema verknüpft. So, das haben wir ja auch gemacht, also auch mit den Fragen, die wir uns überlegt haben. (PETER, Pos. 166)

8.2 Ergebnisse

Im Besonderen für außerschulisches politisches Lernen ist der Modus eines kritischen In-Distanz-Tretens notwendig, um gesellschaftliche Phänomene, die den Subjekten in ihrer vermeintlichen Natürlichkeit als Normalität begegnen, erst als solche erkennbar werden zu lassen. Auch jene Distanzierung wird von einem Schüler selbst als Notwendigkeit herausgestellt. Die Realbegegnungen hielten zwar neue Informationen bereit, diese kämen aber von *betroffenen bzw. involvierten* Personen. Hinzu käme, dass man im Gespräch selbst gewissermaßen auch situativ betroffen sei:

> Ja man muss dann halt auch so'n bisschen distanziert draufgucken, denke ich, weil, es ist halt schon gut von jemandem, der tatsächlich in dieser Situation drinsteckt, die Meinung zu hören, weil man dann halt auch ja, Sachen erfährt, auf die man selber nicht kommen würde, die man einfach, während man da in dieser Situation steckt, die einen dann betreffen und dann muss man dann halt das so'n bisschen distanziert sehen, was das jetzt bedeutet. (JAN, Pos. 111)

Insgesamt wird vielfach erwähnt, dass die außerschulischen Begegnungen deutlich besser erinnert werden können, man hätte im Unterschied zu den Unterrichtsstunden im Klassenraum die Interessengebundenheit und die Situation der Akteur*innen besser erfasst.

> Man merkt ja, dass mir das irgendwie schon im Gedächtnis geblieben ist und das andere im Unterricht jetzt vielleicht nicht so besonders und deshalb denkt man schon, dass man dadurch die Position und die Problematik viel besser mitgekriegt hat. (JENDRIK, Pos. 184)

K3.2 Anregungspotenziale für den persönlichen Lern- und Urteilsprozess
Welche Rolle spielen die außerschulischen Begegnungen für den persönlichen Lern- und Urteilsprozess der Schüler*innen? Codiert wurden alle Aussagen, in denen implizit oder explizit Aspekte des Bildungspotenzials der außerschulischen Begegnungen beschrieben wurden. Das Spektrum der Äußerungen konnte in sechs Subkategorien systematisiert werden.
Authentische Begegnung und Emotionen. Die Jugendlichen beschreiben vorrangig die als authentisch empfundene Begegnung mit den Akteur*innen als bedeutsam für ihren Lern- und Urteilsprozess. Dabei scheint die emotionale und affektive Dimension des Kontaktes zu konkreten Personen entscheidend zu sein, die der Thematik Relevanz verleiht. Alle Befragten waren von der authentischen Begegnung mit Menschen beeindruckt. Es wird eine gewisse Unmittelbarkeit empfunden, die einer textlichen Auseinandersetzung überlegen sei, wie von einigen ausgeführt wurde:

- „Weil das ist ja nochmal was anderes, wenn man da wirklich ist, anstatt es zu hören im Unterricht." (LUKAS, Pos. 14)
- „Wenn man das liest, dann weiß man auch nicht, was für eine Person dahintersteht." (JAN, Pos. 107)
- „Das wirklich von Leuten persönlich zu hören, die da wirklich live drin stecken sozusagen, weil mir ist das letztendlich egal, ob's 'ne Milchquote gibt ((lacht)) oder nicht." (TINA, Pos. 71)

Den Begegnungen ist ein gewisser personenbezogener Attraktionsgrad zu eigen; die regionalen Akteur*innen werden nicht zuvorderst als Interessengruppen, sondern als Betroffene mit Problemen, Wünschen und Sorgen markiert. Die angeregte Perspektivübernahme bezieht sich vordergründig auf die Ebene persönlicher Beweggründe und weniger auf den Aspekt politischer Anliegen, wie dieser Auszug einer Schülerin zeigt:

> Weil ich es wichtig finde, die wirklich... – diese Sichtweisen zu sehen. Also, wirklich zu hören, wie es für die Landwirte wirklich aussieht. Wie sie das selber empfinden, ihre eigene Situation. Ich weiß nicht, ob sie jetzt wirklich offen geredet haben mit uns oder, ob sie da nicht noch mehr Probleme haben eigentlich. Kann ich mir nämlich schon vorstellen, weil mit so wenig Land und so einem kleinen Betrieb kann man nicht viel produzieren. (LENA, Pos. 89)

Im Rahmen der als authentisch empfundenen Begegnung werden Emotionen zugeschrieben und selbst empfunden. Die außerschulische Begegnung stellt eine Person sowie einen Ausschnitt aus einer Lebensrealität dar, der in seiner Unbestimmtheit und informellen Dichte zu fallbezogenen Spekulationen einlädt und die sozialen Perspektivenübernahme der Jugendlichen anregt.

> So kommt das halt viel besser an, wenn die das mit ihren Emotionen nochmal so sagt, dass die mit der Milchkrise (...), dass die ja wirklich echt dachten so: „Ok, jetzt geht's gar nicht weiter". (OLIVIA, Pos. 68)

Die erlebte Unmittelbarkeit drückt sich im Material in einer Vielzahl an körperlichen Metaphern aus. Die außerschulische Erfahrung ist körperlich und symbolisch (nachfolgend durch Unterstreichung markiert), insofern sie etwas repräsentiert und der Alltagswahrnehmung enthoben zu sein scheint.

- „Wenn die Person <u>vor einem steht</u> und einem das nochmal so <u>ins Gesicht sagt</u>." (OLIVIA, Pos. 72)

8.2 Ergebnisse

- „Weil ich es wichtig finde, die wirklich..., diese Sichtweisen zu sehen."
  (LENA, Pos. 89)
- „Das ist halt schon krass – dass es halt wirklich dann auch so am eigenen Leibe dann...-, dass wir sehen, wie Leute das dann halt am eigenen Leibe spüren so." (PETER, Pos. 14)
- „Wenn da halt wirklich 'ne Gruppe vor dir steht, oder 'ne Landwirtin, ist das halt für dich als Mensch noch 'n bisschen..., geht das noch 'n bisschen über, weil sie ja quasi auf einer Ebene mit dir ist und mit dir auf Augenhöhe so redet und das kommt halt besser an, als wenn ich mir das durchlese, find´ ich." (OLIVIA, Pos. 153)

Es kann angenommen werden, dass die kognitive Dimension des Lernens, also das Erfassen und Bewerten der Problematik, der kontroversen Perspektiven und interessengebundenen Argumentationen, insofern angeregt wird, als die außerschulische Erfahrung durch die Rückbindung an konkrete Menschen und die dadurch vollzogene affektiv-emotionale Ansprache im Lernprozess Relevanz verleiht.

Relevanz und Interesse. Während sich die vorangegangene Subkategorie zweiter Ordnung auf die Personenebene bezieht, bezieht sich die folgende auf die Sachebene – wobei deutlich werden wird, dass die Kategorien durch ihre Verwobenheit gekennzeichnet sind. Im Material dokumentiert sich, dass die Jugendlichen durch die Begegnungen eine sachbezogene Relevanz empfinden und ein inhaltliches Interesse entwickeln. Die Relevanz wird scheinbar *durch* den Kontakt erfasst: „für mich ist das einfach nochmal 'ne Bestätigung dafür, wie wichtig es ist" (ANNA, Pos. 180). Die Schülerin führt ihre Gedanken weiter aus und beschreibt den Aufforderungscharakter, der die Nähe zu den Akteur*innen für sie bedeutet:

> Und wenn man da jemanden hat, der einem selber erzählt, ich war da und ich hab' das so erlebt und es stimmt so, es ist nicht mehr so in diesem Buch, das hat irgendwer in irgendeinem Land mal irgendwo verfasst, sondern es ist wirklich jemand, der kommt aus der Nähe, man merkt so, ich bin in der Nähe dieser Person, es ist bei mir und ich muss jetzt auch selbst darüber nachdenken, wie wichtig es ist und ob das für mich überhaupt 'ne Bedeutung hat. (...) Man muss einfach dann anfangen nachzudenken, wenn man wirklich jemanden hat, der wirklich davon betroffen ist. (ANNA, Pos. 180–182)

Das, was sich an vielen Stellen im Material zeigt, kann mit dem Begriff des Resonanzerlebens erfasst werden. Das Thema erhält durch die Nähe und im Kontakt eine sinnhafte Bedeutung, die als Aufforderung verstanden wird, sich selbst dazu in Beziehung zu setzen. Häufig wird berichtet, dass die Relevanz der Thematik so erst erfasst wurde. Man rede mit „Leuten, die da wirklich drinstecken, wie es eigentlich ist" (TINA, Pos. 73). Franziska beschreibt die besondere Bedeutung, die die Treffen für sie hatten. Die Verknüpfung einer als abstrakt empfundenen Problemstellung aus dem Unterricht mit konkreten und perspektivgebundenen Problemstellungen von Einzelpersonen sei für sie „realer".

> Also ich find's definitiv realer und ich hab' auch das Gefühl, dass ich einfach mehr daraus gelernt hab'. Und das mein ich ernst, weil ich denke, dass ich einfach mit Personen geredet hab', oder dass diese Personen auch einfach aus einer sehr persönlichen Sichtweise geredet haben. Die haben nicht gesagt „alle Bauern", sondern wir beide haben hier unseren Bauernhof. (FRANZISKA, Pos. 117)

Lena formuliert eine ähnliche Haltung; sie betont die Relevanz der Thematik und verknüpft dies mit einer Kritik an den typischen Schul- bzw. Politikunterricht; dieser ermögliche viel zu selten das Gespräch mit Akteur*innengruppen im öffentlichen Nahraum.

> Also, ich fand es vor allem spannend. Ich finde es wichtig, dass man die Themen behandelt. Es ist total aktuell. Vor allem in der Zukunft. (…) Wir sind so viel in der Schule, wir machen wirklich teilweise wenig solche Dinge. Wir gehen nicht raus, wir sprechen nicht mit anderen Leuten von „der Grünen", von verschiedenen Parteien, von Leuten, die es wirklich dann spüren. (LENA, Pos. 42)

Das Empfinden von Resonanzbeziehungen im öffentlichen (Nah-)Raum zwischen Lerngegenstand, regionalen Interessengruppen und der eigenen Person, die sich dazu verhalten muss, könnte scheinbar einen positiven Einfluss auf den Umgang mit Komplexität und Ambiguität im Rahmen gesellschaftlicher Transformationsprozesse in Richtung Nachhaltigkeit haben.

Kontrast zu üblichen Tätigkeiten im Schulalltag. Acht der elf Befragten heben wie bereits angeklungen in ihren Äußerungen den Kontrast von Realbegegnungen zu üblichen Tätigkeiten im Unterricht – zuvorderst dem Lesen von Texten – hervor. Anna sagt, sie fände „es ist immer ein bisschen langweilig, wenn man da sitzt und mit einem Buch arbeitet und da liest: das ist passiert und das ist passiert" (ANNA, Pos. 180). Für die Befragten ist die Informationsbeschaffung mittels Textarbeit eine gewohnte unterrichtliche Schüler*innenpraxis. Das Schulgelände zu verlassen, sei eine „Rarität" wie es Lena beschreibt: „Solche Sachen macht man halt nicht. Das finde ich schade und ich glaube, das muss auch mehr gemacht werden" (LENA, Pos. 52). Es sei ein Unterschied, ob man etwas durch Begegnungen mit Menschen erfahre oder „ob du halt nur in der Schule sitzt und eh schon einen anstrengenden Tag hattest und dann nochmal 'n Text lesen musst und dir dann Sachen markieren musst" (KAREN, Pos. 132). Die Beschreibung von Tätigkeiten in ihrer prozesshaften und routinierten Abfolge stellt eine Auffälligkeit in den Äußerungen der Befragten dar. Auch Franziska beschreibt das offenbar gewohnte Skript des Schüler*innenhandelns im Fachunterricht: die Repräsentation des Lerngegenstandes in Textform und die Erschließung im Modus des Bearbeitens:

> Wenn wir das im Unterricht einfach in so 'nem Text gemacht hätten, dann hätte ich mir den Text angeguckt, ich hätte ihn mir einmal durchgelesen, dann hätte ich ihn mir nochmal durchgelesen und mir das Wichtigste angestrichen und dann hätte ich 'ne Aufgabe dazu bearbeitet und hätte es wieder vergessen. So wie einfach viel im Unterricht, also ich kann mich jetzt nicht daran erinnern, was ich vor zwei Monaten in Politik aufgeschrieben hab'. (FRANZISKA, Pos. 117)

Das außerschulische Lernen erscheint aus Schüler*innensicht als ein Ausbruch aus einer Routine, die das lernende Subjekt gegenüber den Lerngegenständen „passiv macht", wie Lena es formuliert:

> Also, in der Schule hat man ja immer dieses, man bekommt Dinge, muss es dann irgendwie aufnehmen und wiedergeben. Also, das ist ja das allgemeine Prinzip. Und irgendwann läuft es halt auch darauf hinaus, dass man es nur so passiv macht, irgendwie. Dass es einem gar nicht so richtig deutlich wird. (LENA, Pos. 53)

Die Codierungen stehen, wie anhand des präsentierten Auszüge angenommen werden kann, in einem Zusammenhang mit einem Relevanzempfinden für die Themen, dass sich scheinbar erst jenseits der schulischen Aufbereitung einstellt.
Veranschaulichung theoretischer Unterrichtsinhalte. Einige Jugendliche beschreiben, dass die Bedeutung der Realbegegnungen für sie darin liege, dass als theoretisch empfundenen Unterrichtsinhalte veranschaulicht würden. Es dokumentiert sich eine Differenzordnung von Theorie und Praxis einerseits und die Möglichkeit andere Perspektiven (aus der Praxis) konkret kennenzulernen.

> Ich würde sagen, es ist so – es ist auf jeden Fall nicht das Gegenteil, was dann da eigentlich gemacht wird, aber es ist halt, ja, deutlich anders, als man's dann in der Schule dann in dieser Theorie hat, dass die Praxis dann eigentlich wirklich anders ist, als man's normalerweise erwartet, weil du auch andere Perspektiven dann siehst. (PETER, Pos. 129)

Aktivierung durch Realitätsabgleich; Glaubwürdigkeit. Von einigen Befragten wird dies noch weiter spezifiziert und sie sprechen von einem Abgleich oder

Vergleich der schulischen Inhalte mit der Realität. Das außerschulisch Erfahrene sei eine Bestätigung oder Erweiterung des Unterrichtsstoffes:

> Meinetwegen muss man ja gar nicht unbedingt dran zweifeln, aber (…) man könnte theoretisch sogar das ganze komplette Gegenteil erfahren oder man wird halt in der Sache bestätigt und die Gedanken, die man darüber, also, die man fasst und dem Urteil, was man dann vielleicht im Kopf bildet. Kann man entweder bestätigt werden oder man ändert seine Meinung halt noch. (OLAV, Pos. 104)

Bei Jan geht dieser Aspekte noch weiter, indem er eine Skepsis gegenüber der Sachlichkeit und Neutralität von Sachtexten formuliert. Zu wissen, „wer dahintersteht", verleihe den Inhalten eine besondere Glaubwürdigkeit. Dabei scheint es nicht nur um eine Art der Aufrichtigkeit und Seriosität der Informationsquelle zu gehen, sondern auch um die Standortgebundenheit von Positionen (somit auch von Autor*innen) und der Möglichkeit einer Einordnung in einen Gesamtzusammenhang:

> Wenn man das liest, dann weiß man auch nicht, was für eine Person dahintersteht und das ist tatsächlich ja sehr wichtig, wenn man einen Text liest, wenn man weiß, wer dahintersteht. Weil wenn man jetzt so 'nen Text liest, zum Beispiel so Vor- und Nachteile dargelegt werden, der dann aber irgendwie so in eine Richtung ein bisschen ausschlägt und man weiß nicht, von wem das kommt, ist das schon ein bisschen fragwürdig. (JAN, Pos. 107)

Die Codierungen innerhalb der Subkategorien „Veranschaulichung theoretischer Unterrichtsinhalte" sowie „Aktivierung durch Realitätsabgleich; Glaubwürdigkeit" eint der Bezug auf Transferprozesse zwischen den Kontexten Schule und Gesellschaft. Es zeigt sich, dass für die außerschulische Erfahrung der besondere Modus des Erkennens in einem Wechselspiel zwischen Induktion und Deduktion kennzeichnend ist. Die außerschulischen Begegnungen stellen aus Schüler*innensicht eine andere Art der sonst üblichen Informationsbeschaffung dar und unterscheiden sich darin im besonderen Maße von den didaktisierten Informationen. Das Lernen in informellen Räumen zeichnet sich aus Schüler*innensicht durch eine gewisse Glaubwürdigkeit und Bedeutsamkeit aus.

Reflexion der Urteilsbildung. Die Jugendlichen beschreiben das Lernen in der Unterrichtseinheit und die Funktion der außerschulischen Begegnungen als eine Art der Informationsbeschaffung, die aber über reines Faktenwissen hinausgeht. Ein Schüler fasst es folgendermaßen zusammen: „Man erfährt natürlich ganz viel, man sammelt Informationen und Sichtweisen". In den Aussagen der Befragten deuten sich metakognitive Prozesse an, indem der lernende als urteilender Zugang selbst thematisiert und reflektiert wird. In Franziskas Schilderungen zeigt sich dies darin, dass sie beschreibt, wie sie als lernendes Subjekt „in der Mitte steht" und sich damit einer räumlichen Symbolik bedient. Politische Urteilsbildung wird als ein Prozess beschrieben, in dem die Perspektiven anderer berücksichtigt werden und Implikationen für das eigene, möglicherweise sich solidarisierende Handeln gezogen werden:

> Ich denke, dass diese Akteure eine sehr stark ausgeprägte Meinung für ihre eigenen Interessen haben. Und dadurch, dass man so in der Mitte steht, muss man beide Meinungen in die eigene Meinung miteinfließen lassen, damit man eine vernünftige Meinung darüber haben kann und damit man auch überlegen kann, was man selber unterstützt. (FRANZISKA, Pos. 113)

Auch Peter erläutert, dass das eigene Urteil den Zusammenhang zwischen den zwei außerschulischen Begegnungen stiftet.

> Der Zusammenhang, den man eigentlich schließen könnte, aus meiner Sicht jetzt, ist die Meinung, die man sich dazu halt bilden muss, weil es ist halt, es ist halt perspektivische Arbeit, die wir dann halt gemacht haben, so was ist kritisch, was ist schlecht, aber auch erstmal, warum wird das überhaupt so gemacht, wie ist sowas – ja, wie wird sowas verursacht. (PETER, Pos. 129)

Die außerschulischen Begegnungen haben durch das entfaltete Spannungsverhältnis einen Aufforderungscharakter für die Schüler*innen und ihrem individuellen Prozess der Meinungsbildung. Die Notwendigkeit der Distanzbewegung zum außerschulisch Vorgefundenen wird von den Befragten selbst beschrieben (siehe dazu K3, 3.1, JENDRIK, Pos. 184). Von dem Großteil der Jugendlichen wird betont, dass die außerschulischen Begegnungen die individuelle Urteilsbildung unterstützt haben. Aus Lenas Schilderungen geht hervor, dass sich das Relevanzempfinden („nie wirklich so deutlich geworden") sowie die empfundene Selbsttätigkeit für die Thematik („sich <u>selbst</u> […] eine Meinung bilden") förderlich auf die Urteilsbildung auszuwirken vermag:

> Weil es wirklich den Schülern nahebringt, wie die eigentlichen Sichten sind. Also, es wurde gezeigt, dass Leute von der Grünen sehen, wie das wirklich Landwirte sehen (...). Dann kann man sich selbst auch eine Meinung bilden. Und ich persönlich (...) habe auch wirklich dazugelernt. Ich konnte mir selber eine Meinung bilden. Ich habe da zwar selber auch vorher natürlich drüber nachgedacht so ein bisschen, aber das Thema an sich ist mir nie wirklich so deutlich geworden, das Thema. Die einzelnen Sichtweisen und auch meine eigene Meinung. (LENA, Pos. 174–179)

Im Material dokumentieren sich in diesem Zusammenhang Hinweise darauf, dass der forschende als ein deutender und um ein Verstehen ringender Zugang zur gesellschaftspolitischen Wirklichkeit *selbst* in den Blick gerät. Durch die außerschulischen Begegnungen mit konfligierenden Perspektiven wird zwangsläufig eine Metaperspektive eingenommen, in der die Argumente einen gesellschaftspolitischen Standort zugewiesen und die Singularität des Falls (bspw. der einzelne Landwirt) auf verallgemeinerbare Aspekte hin untersucht wird.

K3.3 Bezüge zu schulischer Nachhaltigkeitsbildung
Empfindung von Überdruss: Problematisierungsdiskurs mit Handlungsaufforderung. Als induktiv gebildete Kategorie wurden Textstellen gesammelt, die Bezüge zur Nachhaltigkeitsbildung in der Schule im Allgemeinen herstellen. Hiernach wurde nicht explizit gefragt, vielmehr rückte die Thematik während des evaluativen Teils des Interviews in den Vordergrund. Einige Schüler*innen bringen ihren Überdruss über die Häufigkeit der Thematik zum Ausdruck. Bildung für nachhaltige Entwicklung begegnet den Jugendlichen als Querschnittsaufgabe in vielen Fächern. Karen zufolge sei die Thematisierung von Nachhaltigkeit „ein bisschen ausgelutscht":

> Als ich das gehört habe, dass wir halt wieder über Nachhaltigkeit reden, war das halt ein bisschen so: ‚Schon wieder?' Man hat – das ist manchmal auch so, ja, jetzt umgangssprachlich gesagt, schon ein bisschen ausgelutscht, das Thema, weil man halt das irgendwie so oft hört und immer in so vielen Fächern. (KAREN, Pos. 152)

Nachhaltigkeit wird als *ein* Thema wahrgenommen, das in nahezu allen Fächern unterrichtet wird (siehe auch K2, 2.1). Einige Unterrichtsvorhaben wie „Der Weg des T-Shirts" scheinen sich für die Jugendlichen in verschiedenen Fächern zu wiederholen.

> Also, man hat das eben schon tausend Mal gemacht in verschiedenen Fächern und es ist so ein bisschen, so ein bisschen so langgezogen. So, ein bisschen kaugummimäßig so. Das denken sich dann die meisten so: ‚Ach, 'ne, schon wieder Nachhaltigkeit.' So, ein bisschen. Weil es eben dann doch auch anstrengend wir für die meisten so, 'ne? So ein Thema tausendmal in verschiedenen Fächern. Englisch, Politik, Erdkunde, Deutsch auch noch und... – keine Ahnung. (LENA, Pos. 27)

Die Jugendlichen betonen, wie wichtig ihnen die Thematik sei; die hohe Frequenz wird jedoch als ermüdend erlebt. Im Material zeigen sich Hinweise darauf, dass diese Empfindung stark mit der Art und Weise der Vermittlung zusammenhängt. Bildung für nachhaltige Entwicklung wird von einigen Jugendlichen als

8.2 Ergebnisse

ein Problematisierungsdiskurs empfunden, in denen sie als Problemlöser*innen adressiert werden, wie diese Aussage von Olivia verdeutlicht:

> Die wissen das Problem, jeder von uns weiß das Problem, das ist halt, weil halt eben *jedes* Mal in 'ner Unterrichtseinheit gesagt wird: ‚Das ist blöd, das ist blöd'. Und jedes Mal auch versucht werden so Ansätze, die wir dann natürlich sagen müssen: ‚Ja, was kann man verbessern?' Aber es gibt halt Leute, die machen dann halt nichts… (OLIVIA, Pos. 153)

Olivia kritisiert die Untätigkeit trotz des Wissens, das schulisch vermittelt wird. Sie bezieht sich damit auf ihre Mitschüler*innen, kritisiert aber auch das vorhersehbare Ablaufschema der schulischen Vermittlung, aus dessen Botschaft aber nichts folge. Die Jugendlichen richten einen umfassenden Blick auf die Umsetzung schulischer Querschnittsaufgaben; hieraus folgt, dass eine Abstimmung und Ausrichtung der Fächer in einem fächerübergreifenden Lernfeld sowie das Anknüpfen an Vorwissen und Lebenswelten besonders relevant sind, um einem Überdruss vorzubeugen.

Kontroversität um Nachhaltigkeit. Die Jugendlichen vertreten im Hinblick auf die Urteilsbildung die Auffassung, dass eine Meinung etwas Persönliches sei und der privaten Sphäre angehöre. Aussagen wie „das ist halt jedermanns Sache", „da hat jeder als seine eigene Meinung", „ist ja jedermanns eigenen Sache, ob er das wichtig findet" fielen im Rahmen der Interviews, aber auch in den Unterrichtsstunden, häufig. In dieser Vorstellung von Pluralismus und Demokratie werden eine Vielzahl von Meinungen, Werten und Ansichten angenommen und als zu respektieren markiert – gleichzeitig kann die Tendenz festgestellt werden, dass jene als privat und nicht als Teil eines öffentlichen Diskurses verstanden werden. Der Umstand, dass Meinungen im politischen Kontext konkurrieren und in der Frage des gemeinsamen Zusammenlebens und der Regelung öffentlicher Angelegenheiten in einem legitimen Wettbewerb miteinander stehen, ist weniger vertraut.

Dieser Umstand scheint im Kontext der Nachhaltigkeitsbildung über ein gewisses Frustrationspotenzial zu verfügen. Denn die Jugendlichen nehmen einen gesellschaftlichen Handlungsdruck wahr und werden in der Schule fächerübergreifend mit Problemstellungen einer nachhaltigen Entwicklung konfrontiert, dabei rede man den Befragten zufolge aber nur über die Probleme, nicht darüber, wie die Umsetzung fernab von individuellen Alltagspraktiken zu gestalten seien. Sobald das *Wie* des gesellschaftlichen Wandels thematisiert werde, sei man sich in der Klassengemeinschaft nicht einig.

Weil wir halt echt wirklich in Unterrichteinheiten und allgemein nur über das Problem reden, nicht, wie kann man das jetzt eigentlich umsetzen. Und ja, ich glaub´ einfach wirklich, da wird's halt wirklich bisschen unterschiedlich die Meinung, wie man das umsetzen kann. Bezogen ja auch auf Politikunterricht, da die eine Diskussion, das ging ja auch schon wirklich 'n bisschen auseinander. Ich denk´ das ist bei anderen Maßnahmen nicht anders, weil jeder Mensch hat so seinen eigenen Kopf, eigene Gedanken und jeder möchte so 'n bisschen seinen eigenen Weg da gehen und jeder hat seine eigenen Einstellung zu dem Thema, denke ich. (OLIVIA, Pos. 199)

Olivia vermisst in der schulischen Nachhaltigkeitsbildung die Auseinandersetzung mit Formen des konkreten politischen Handelns. In vielen Aussagen der Jugendlichen deutet sich an, dass das Bedürfnis besteht, Schlüsse aus den Problemen zu ziehen. Gleichwohl werden Meinungsunterschiede im Unterrichtsdiskurs als mühselig erlebt. Kontroversität wird weniger als ein Nebeneinander verschiedener Handlungsoptionen bzw. Lösungen verstanden, sondern erscheint in einigen Äußerungen wie ein Hemmnis im gesellschaftlichen Wandel.

Bedeutung der (Schul-)Öffentlichkeit. Aus Olivias Perspektive brauche die schulische Nachhaltigkeitsbildung Öffentlichkeit. Ihre Äußerungen diesbezüglich sind regelrecht als Antwort auf die beschriebene Ermüdung und den konstatierten Überdruss zu verstehen.

Vor allem, weil bei uns ist das ja so, wir Jugendlichen könnten ja rein theoretisch noch relativ viel jetzt anrichten, wenn man jetzt [mit den Umweltaktivist*innen] – das hat mein Vater mal gesagt – wenn wir mit denen zum Beispiel 'n Foto machen würden oder das in die Zeitung und da 'n riesen Artikel zu schreiben würden, würde das glaube ich extrem großes Aufsehen bekommen, aber so ist das halt so – habe ich das Gefühl, wir werden immer ein bisschen zurückgedämmt und irgendwie passiert halt nicht viel. (OLIVIA, Pos. 36)

Olivia vermutet öffentliches Aufsehen, würde man in der Zeitung über ein solches Unterrichtsprojekt berichten. Es ist an der Stelle nicht deutlich, ob sich das „immer" auf schulische Nachhaltigkeitsbildung bezieht oder generell auf den politischen Einfluss von Jugendlichen. Olivias Hinweis macht aufmerksam auf die Resonanzbeziehung, die die schulische Nachhaltigkeitsbildung mit dem Nahbereich, der Kommune, dem Quartier etc. eingehen muss, um ihren bloß problematisierenden Charakter zu verlieren. Die Äußerungen dieser Kategorie umfassen eine Gleichzeitigkeit von eines Zu-Viel und eines Zu-Wenig: zu viel Problematisierungsdiskurs und skriptartige Überleitung zu einem „Was kannst du tun?" auf der einen Seite; zu wenig – der Sache angemessene – Folgerungen für die öffentliche Gestaltung eines sozial-ökologischen Transformationsprozesses.

Im Rahmen der Hauptkategorie „Anregungspotenziale der außerschulischen Begegnungen" wurde untersucht, wie die Jugendlichen die Bedeutung des außerschulischen Lernens für ihren persönlichen Lern- und Urteilsprozess beurteilen bzw. welches Bildungspotenzial in den Reflexionen rekonstruiert werden kann. Das Anregungspotenzial der außerschulischen Begegnungen wurde mit Blick auf den Stellenwert im Gesamtzusammenhang der Lerneinheit, die Bedeutung für den persönlichen Lern- und Urteilsprozess sowie unter Bezugnahme auf schulische Nachhaltigkeitsbildung im Allgemeinen rekonstruiert. Die anfängliche Skepsis gegenüber außerschulischem Lernen konnte – durch die schulische Einbettung – in eine interessierte Haltung überführt werden. Es konnten Anregungspotenziale für den persönlichen Lern- und Urteilsprozess identifiziert werden: Die authentische Begegnung und damit der Kontakt und das Gespräch mit Menschen sowie die Relevanz und das Interesse an der Thematik waren für die Schüler*innen bedeutsam. Insbesondere im Kontrast zur schulischen Routine kann angenommen werden, dass eine passive, den Themen gegenüber gleichgültige Haltung durchbrochen werden kann. Durch Veranschaulichung wird auch Glaubwürdigkeit hergestellt. All jenes scheint sich von der sonst erlebten schulischen Nachhaltigkeitsbildung abzuheben, der gegenüber Schüler*innen einen gewissen Überdruss formulieren. Als besonders bemerkenswert ist schließlich hervorzuheben, dass sich mit dem eigenen Urteilsprozess reflexiv auseinandergesetzt wird.

8.2.1.4 Zusammenfassung: Anregungspotenziale des Unterrichtsprojektes

Die Auswertungsdimension I „Anregungspotenziale des Unterrichtsprojektes" folgte der Frage, welche Reflexions- und Sinnbildungsprozesse *aus Sicht der Lernenden* auf welche *Art und Weise* angeregt werden konnten. Im Folgenden werden die drei betrachteten Hauptkategorien in ihren Ausprägungen zusammengefasst.

In den geschilderten Erinnerungen der Jugendlichen an das Unterrichtsprojekt zeigt sich eine Unterscheidung zwischen schulisch und außerschulisch vermittelten Inhalten (K1, siehe Abschn. 8.2.1.1). Die Befragten berichten, dass ihnen die außerschulischen Momente im Unterschied zu den Unterrichtsstunden im Klassenraum sehr präsent sind. Der Lerngegenstand wird vor allem in seinen ökonomischen Bezügen rekonstruiert. Die unterrichtlich vermittelten Inhalte werden von vielen Befragten abstrakt und grob verschlagwortet (Landwirtschaft; Ernährung; Globalisierung). Schilderungen, in denen die didaktische Progression des mehrwöchigen Lehr-Lern-Arrangements im Hinblick auf die verhandelten Fragen in einem abstrakteren Zusammenhang thematisiert werden, sind zunächst Ausnahmen.

Der Lern- und Urteilsprozess wird mit Blick auf die persönliche Sichtweise auf das Thema vor allem als bestätigend und bestärkend beschrieben (K2.1; siehe Abschn. 8.2.1.2). Die Jugendlichen geben an, sich in ihrer eigenen Position unterstützt zu fühlen. Eine qualitative *Veränderung* der persönlichen Sichtweise und Positionierung wird nur vereinzelt berichtet. Für die meisten ist es hingegen wichtig zu betonen, dass sie hinsichtlich des Themenfeldes bereits problembewusst und sensibilisiert seien sowie ohnehin schon „darauf achten" würden – ein spezifischer pädagogisch oder sozial erwünschter *Outcome* wird vonseiten der Jugendlichen antizipiert. An den Rändern des Spektrums dieser Subkategorie zeigt sich in Selbstbeschreibung entweder eine umfassende Transition (Franziska) oder ein Hadern im Umgang mit Komplexität und Ungewissheit (Jendrik) (siehe K2.1).

Die inhaltlichen Schlussfolgerungen (K2.2; siehe Abschn. 8.2.1.2), die von den befragten Jugendlichen aus dem Unterrichtsprojekt gezogen wurden, sind sehr heterogen und wurden in drei Subkategorien zweiter Ordnung differenziert. In den Reflexionen konnte eine *Politisierung der Umweltthematik* identifiziert werden, die sich etwa in der Berücksichtigung von Akteur*innengruppen sowie der Einsicht, dass auch landwirtschaftliche Güter global gehandelt werden, offenbart. Kritische Reflexionen über die *Ausrichtung des Wirtschaftssystems*, etwa an dem Prinzip der Gewinnmaximierung und Massenproduktion, werden dargelegt, wobei angegeben wird, dass diese Positionen bereits vorher bestanden und sich verstärkt haben. Einige beziehen ihre Kritik ausschließlich auf das „System", andere letztendlich auf den verbrauchenden, konsumierenden Menschen. Die Privilegien in einem globalen Ernährungssystem, etwa in Form einer großen Auswahl an Produkten, werden erkannt und im Einzelfall überdies als Eigeninteresse gekennzeichnet und von einigen in Pflichten und Verantwortung überführt. In vielen Schlussfolgerungen äußert sich neben einem mehr oder weniger ausgeprägten Problembewusstsein eine Forderung oder Bereitschaft zum Handeln. Darüber hinaus zeigen sich Reflexionen über jenes potenzielle Fordern und Handeln, in denen das individuelle *Selbstwirksamkeitsempfinden zwischen Verantwortung und Zweifel* thematisiert wird. Es zeigt sich einerseits die Thematisierung einer bewussten, achtsamen Alltagspraxis und andererseits ein Zweifel an der Effektivität privater Handlungsstrategien. Dabei scheint das individuelle nachhaltigkeitsbezogene Handeln nicht zwangsläufig mit positiven Gefühlen assoziiert zu sein, sondern wird als Pflicht und Verantwortung beschrieben. Im zurückhaltenden Aussprechen politischer Forderungen und simultanen Zurückweisen individueller Handlungspraktiken scheint ein gewisses Unbehagen anzuklingen, da nicht der Anschein erweckt werden soll, man relativiere Probleme und deren Lösungen.

8.2 Ergebnisse

Das Anregungspotenzial der außerschulischen Begegnungen (K3; siehe Abschn. 8.2.1.3) wird mit Blick auf den Stellenwert im Gesamtzusammenhang der Lerneinheit, die Bedeutung für den persönlichen Lern- und Urteilsprozess sowie unter Bezugnahme auf schulische Nachhaltigkeitsbildung im Allgemeinen rekonstruiert. Die anfängliche Skepsis, dass außerschulische Begegnungen mit dem Grundschulunterricht assoziiert wurden, wurde von einem Großteil der Befragten durch die schulische Einbettung in eine interessierte Haltung überführt. Das Verlassen des Klassenraums mit einer konkreten Fragehaltung hat in der Perspektive der Lernenden dazu maßgeblich beigetragen. Für einige Jugendliche begründete sich rückblickend der unterrichtlich verhandelte Lerngegenstand erst durch die außerschulischen Begegnungen, was mit Blick auf eine subjektorientierte Bildungspraxis bemerkenswert ist. In den Äußerungen konnte ein vielfältiges Spektrum an Anregungspotenzialen für den persönlichen Lern- und Urteilsprozess ausgemacht werden – die Ausprägungen wurden in Subkategorien zweiter Ordnung differenziert. Für die Lernenden ist die authentische Begegnung und damit der Kontakt und das Gespräch mit Menschen, die eine bestimmte Perspektive auf den Problemzusammenhang einnehmen, der bedeutendste Faktor. Diese emotionale-affektive Ansprache ist wiederum förderlich für das Interesse, da die Relevanz und Authentizität der Thematik im Realkontext erlebt wird. Das Erleben von Unmittelbarkeit findet dabei Ausdruck in räumlichen und körperlichen Metaphern und scheint ein Resonanz- und Verbundenheitsempfinden zwischen Selbst und Welt zu evozieren, das auch als Aufforderung ausgelegt wird, Stellung zu beziehen. Zugleich birgt jenes Unmittelbarkeitsempfinden im Kontext politischer Bildungsprozesse auch Gefahren, die im Abschnitt 8.3.1 zu diskutieren sind.

Ein weiteres wesentliches Potenzial der außerschulischen Begegnungen wird schüler*innenseitig im Kontrast zu den üblichen Tätigkeiten im Schulalltag identifiziert. Die Jugendlichen beschreiben typische schulische Arbeitsformen in ihrer Routiniertheit und Vorhersehbarkeit – und das außerschulische Lernen als Besonderheit und Ausbruch aus diesem Handlungsprogramm. Die sich in den Schüler*innenäußerungen zeigende gewohnte Repräsentation von Lerngegenständen in Textform und die Erschließung im Modus des Bearbeitens erinnert an die Heuristik des „Schülerjobs" in den ethnografischen Studien von Breidenstein (2006). Die Unterbrechung dieser üblichen Logik vermag eine der Thematik gegenüber passiven Haltung in eine die Bedeutsamkeit verstehende zu überführen. Des Weiteren wird einerseits die Veranschaulichung der Thematik sowie andererseits ein Abgleich der als theoretisch empfundenen Unterrichtsinhalte mit der gesellschaftlichen Wirklichkeit möglich. Die über die außerschulischen Begegnungen gewonnenen Informationen stellen für einige

Befragte eine besondere Glaubwürdigkeit her. Schließlich reflektieren die Jugendlichen ihren Urteilsprozess selbst. Der hermeneutische Zugang im Sinne eines forschenden politischen Lernens wird von den Schüler*innen selbst thematisiert und kann durch die Integration konfligierender Perspektiven eine Aufforderung zum Urteilen bereithalten.

8.2.2 Reflexions- und Sinnbildungsprozesse im Rahmen der außerschulischen Begegnungen

Im Rahmen des folgenden Unterkapitels werden die Ergebnisse zu den Hauptkategorien der Auswertungsdimension II „Reflexions- und Sinnbildungsprozesse im Rahmen der außerschulischen Begegnungen" präsentiert (siehe Tab. 8.6). Hierbei ist die Forschungsfrage leitend, welche Reflexions- und Sinnbildungsprozesse sich in den Reflexionen der Jugendlichen über die außerschulischen Begegnungen mit den Landwirt*innen und den Umweltaktivist*innen identifizieren lassen.

Tabelle 8.6 Auszug aus dem Kategoriensystem bezüglich der Auswertungsdimension II. (siehe Tab. 8.2; Abschn. 8.1.4.2)

Hauptkategorien	Subkategorien I	Forschungsfragen	
		Auswertungsdimension II	
K4: Die außerschulische Begegnung mit den Landwirt*innen	4.1 Thematische Rekonstruktion 4.2 Schlussfolgerungen	a. Woran erinnern sich die Jugendlichen? Wie werden die Begegnungen rekonstruiert?	Forschungsfrage 3: Welche Reflexions- und Sinnbildungsprozesse lassen sich in den Reflexionen der Jugendlichen über die außerschulischen Begegnungen mit den Landwirt*innen und den Umweltaktivist*innen identifizieren?
K5: Die außerschulische Begegnung mit den Umweltaktivist*innen	5.1 Thematische Rekonstruktion 5.2 Schlussfolgerungen	b. Welche Schlussfolgerungen ziehen die Jugendlichen aus den außerschulischen Begegnungen mit regionalen Akteur*innen?	
K6: Epistemische Aktivitäten und Muster der Sinnbildung	6.1 Perspektivenübernahme und -koordination 6.2 Integration der Perspektiven in die eigene Sichtweise 6.3 Selbstbezug, -reflexion und -vergewisserung	c. Inwiefern integrieren, koordinieren und reflektieren die Jugendlichen über die außerschulisch eingebrachten Sichtweisen? Welche Besonderheiten der Sinnbildung und Muster der Urteilsbildung lassen sich nachvollziehen?	

8.2 Ergebnisse

In den folgenden zwei Unterkapiteln werden die Ergebnisse mit Blick auf die außerschulische Begegnung mit den Landwirt*innen (Abschn. 8.2.2.1) sowie mit den Umweltaktivist*innen (Abschn. 8.2.2.2) nacheinander vorgestellt. Dabei wird *jeweils* den Fragen nachgegangen, wie die Begegnungen von den Jugendlichen rekonstruiert werden (Forschungsfrage 3a) und welche Schlussfolgerungen sie daraus ziehen (Forschungsfrage 3b). Der Unterschied zwischen den Kategorien „thematische Rekonstruktion" und „Schlussfolgerung" besteht folglich darin, dass die thematischen Rekonstruktionen Schüler*innenäußerungen umfassen, die auf inhaltliche Aspekte der außerschulischen Begegnungen rekurrieren. Innerhalb der Kategorie der Schlussfolgerungen geht es um evaluative Urteile der Schüler*innen (siehe Abschn. 3.2.1); sie enthalten implizit oder explizit eine Wertung und/oder eine Positionierung. Innerhalb der Analyse geht es entsprechend darum, zu untersuchen, welche individuellen Schlussfolgerungen und Standpunkte sich in den Aussagen der Schüler*innen dokumentieren. Die Schlussfolgerungen werden auf der Basis der thematischen Rekonstruktionen abgeleitet. Hieraus ergeben sich in der Auswertung zwangsläufig Mehrfachcodierungen von Materialpassagen, weshalb auch im Rahmen der vorliegenden Dokumentation Textstellen den Lesenden auch mehrfach, nämlich im Kontext unterschiedlicher Kategorien, begegnen können.

In Abschnitt 8.2.2.3 werden die Ergebnisse der Forschungsfrage 3c vorgestellt: Inwiefern integrieren, koordinieren und reflektieren die Jugendlichen über die außerschulisch eingebrachten Sichtweisen? Welche Besonderheiten der Sinnbildung und Muster der Urteilsbildung können nachvollzogen werden? Die Ergebnisse der Auswertungsdimension II werden in Abschnitt 8.2.2.4 zusammengefasst.

8.2.2.1 Die außerschulische Begegnung mit den Landwirt*innen

In dieser Hauptkategorie liegt das forschungsleitende Erkenntnisinteresse darauf, wie die Begegnung mit den Landwirt*innen schüler*innenseitig erinnert bzw. rekonstruiert wird und welche Schlussfolgerungen die Jugendlichen aus der Begegnung ziehen (Forschungsfrage 3a und 3b; Teil 1). Auf der Ebene der Subkategorien 1 wurden die Äußerungen in thematische Rekonstruktionen (K4.1) und Schlussfolgerungen (K4.2) differenziert – eine weitere Ausdifferenzierung der Kategorien (Subkategorien 2) erfolgt nach den thematischen Aspekten, die sich im Material dokumentiert haben (siehe Tab. 8.7).

K4.1 Thematische Rekonstruktion

Tabelle 8.7 Hauptkategorie 4: Außerschulische Begegnung: Landwirt*innen

Hauptkategorie	Subkategorien 1	Subkategorien 2
K4: Außerschulische Begegnung: Landwirt*innen	K4.1 Thematische Rekonstruktion	– *Ökonomische Anforderungen* – *Personen und Innenperspektiven* – *Tierhaltung und Tierwohl* – *Produktionsweise*
	K4.2 Schlussfolgerungen	– *Die Lage der Erzeuger*innen* – *Anpassung der eigenen Vorstellungen über konventionelle Landwirtschaft* – *Zur Bewertung konventioneller Haltungsbedingungen* – *Mögliche Umstellung auf ökologische Landwirtschaft* – *Marktlogiken als Herausforderung für eine nachhaltige Landwirtschaft*

Ökonomische Anforderungen. In den Schilderungen der Realbegegnung mit den Landwirt*innen wird besonders häufig auf die ökonomischen Anforderungen, die an diese gestellt sind, sowie die Bedingungen, unter denen gearbeitet und produziert wird, schüler*innenseitig rekurriert. Präsent in den Äußerungen der Jugendlichen ist die geringe Entlohnung für die Milch, die Folgen der Liberalisierung des Milchmarktes und die daraus resultierende Milchkrise. Darüber hinaus führen die Schüler*innen die einzuhaltenden Richtlinien hinsichtlich der Landnutzung, regionale Flächennutzungskonflikte durch die Nähe zur Stadt und die Abhängigkeiten von anderen Unternehmen wie der Molkerei oder auch dem Einzelhandel an, aber auch die Witterung, die wiederum über die Futtersituation (und einen möglichen Zukauf) entscheidet. Die betriebsinternen Zusammenhänge sowie die makroökonomischen und gesellschaftlichen Entwicklungen werden in den Schilderungen der Jugendlichen angeführt und zeigen, dass die Jugendlichen die Vielschichtigkeit, Komplexität und Vernetztheit der unternehmerischen Perspektive erfasst haben.

Die Milchquote wurde abgeschafft und deswegen ist es bei denen auch relativ kritisch mit der, mit dem Einkommen, das heißt, die müssen immer viel Milch produzieren, damit die überhaupt Gewinn machen und deswegen ist Bio für die erstmal so nicht möglich, weil die dann sich wirklich in Schulden stürzen würden und das hat

8.2 Ergebnisse

dann sozusagen ein bisschen die ökonomischen und ökologischen Aspekte für mich verknüpft. (LUKAS, Pos. 42)

Dass der informell dargebotene Lerngegenstand vor allem in seiner ökonomischen Dimension erkannt wird, kann auf eine Verknüpfung zum Unterrichtsthema verweisen, die die Aufmerksamkeit der Jugendlichen ausrichtet. Hierin wird auch schüler*innenseitig der Unterschied zu einem Bauernhofbesuch in der Primarstufe ausgemacht:

> Ich war früher auf jeden Fall schon mal auf 'nem Bauernhof in der Grundschule und so was, aber da hat man sich ja mit ganz anderen Sachen beschäftigt, weil man sich ja mit den Tieren oder so beschäftigt und jetzt hat das eher einen eher wirtschaftlichen Aspekt gehabt, fand ich, als wir da waren, das hat auf jeden Fall die Sicht verändert. (OLAV, Pos. 55)

Personen und Innenperspektiven. Die Inhalte wurden durch die regionalen Akteur*innen selbst vorgebracht und erläutert; so verwundert es nicht, dass Personen selbst sowie die imaginierte Innenperspektive in den Erinnerungen der Jugendlichen einen markanten Bezugspunkt darstellen. Die Schilderungen aus den Realbegegnungen haben selten die Form reiner Sachinformationen, sondern werden narrativ verwoben – sie sind häufig personen- und emotionsbezogen, indem Innenperspektiven konstruiert werden. Die unterrichtlich verhandelte Milchkrise als Lerngegenstand wird erweitert und rückgebunden an konkrete Personen, die unmittelbar von den wirtschaftspolitischen Veränderungen betroffen sind. Honoriert wird der Mut, dies öffentlich zu kommunizieren.

> Auch mit der Milchkrise, wie die Familie intern gehandelt hat, dass die ja wirklich auch überlegt haben, den Bauernhof zu schließen und so, dass die das halt so der großen Gruppe so erzählt hat, fand´ ich halt schon so mutig, weil klar auf der einen Seite weiß jeder, dass die Milchkrise nicht gut für die Landwirte war, aber dass die das halt alles so nacheinander so rausgehauen hat, fand ich schon bemerkenswert. (OLIVIA, Pos. 64)

Die Konsequenzen einer wirtschaftspolitischen Maßnahme für einen einzelnen landwirtschaftlichen Betrieb berichtet zu bekommen, beeindruckt die Jugendlichen. Dabei imponiert die Offenheit der Landwirt*innen im Akt des Berichtens, auch wenn sie eher kritisch eingestellt sind, wie das folgende Zitat zeigt:

> Was ich insgesamt (...) trotz der Einstellung (...) ganz gut fand, ist, dass sie sich zu zweit da wirklich hingestellt haben und sich allem gestellt haben, was wir gefragt

haben. (…) Und auch dazu stehen, was sie machen und nicht versuchen da unten irgendwie durchzuschlüpfen, mit irgendwelchen Ausreden. (ANNA, Pos. 75)

Im Kontext der Äußerungen, die die vermeintliche Innenperspektive der Landwirt*innen betreffen, werden Spekulationen über das emotionale Befinden angestellt. So mutmaßen einige Jugendliche, die Landwirt*innen seien unzufrieden mit ihrer Situation (vgl. ANNA, Pos. 115); andere, sie seien glücklich über das Interesse der Lerngruppe, wie Olav es schildert:

> Sie wirkte eigentlich auch so ganz glücklich, dass sich irgendjemand mal interessiert für den Bauernhof, hatte ich so das Gefühl irgendwie, also, sie hat es auf jeden Fall nicht gescheut, dass wir da waren, und hat deswegen auch relativ viel preisgegeben eigentlich fand' ich. Sie war auch bereit Fragen zu beantworten, wir haben danach ja auch, ja kritische Fragen gestellt, oder Fragen gestellt, irgendwie, die für ihre Zukunft ja auch 'ne Rolle spielen, zum Beispiel wie sie die Rolle für die Höfe sieht, oder wie sie das mit den Monopolstellungen von größeren Höfen findet. Und da hat man auf jeden Fall schon gemerkt, dass das ziemlich an ihr genagt hat. Sie meinte ja auch, dass sie eine Krise hatten, wo sie fast einmal gesagt haben, ob das überhaupt noch Sinn macht, den Hof zu betreiben. (OLAV, Pos. 73)

Die Jugendlichen fokussieren sich stark auf die Sorgen und Nöte, auf die die Landwirt*innen im Zuge ihrer Interviewfragen eingegangen waren. Zur außerschulischen Erfahrung gehört für die Schüler*innen demnach auch, im direkten Kontakt Fragen zu stellen. Dies wurde zum Teil als Konfrontation empfunden und kostete Überwindung. Olav beschreibt, die Landwirtin habe „relativ viel preisgegeben" und man habe „gemerkt, dass das ziemlich an ihr genagt hat" (Pos. 75). Diese fallbezogenen Spekulationen über den Gemütszustand der Akteur*innen verdeutlicht die große Bedeutung der emotional-affektiven Dimension in der Rekonstruktion der Begegnung. Die gewonnenen Einblicke erhalten als Ausschnitte einer Lebensrealität einen exklusiven Charakter und werden als bedeutsam empfunden. Das Gesehene weist in den Erinnerungen über sich hinaus; Lena geht etwa davon aus, dass vermutlich nicht alle Probleme mitgeteilt wurden:

> Ich weiß nicht, ob sie jetzt wirklich offen geredet haben mit uns oder, ob sie da nicht noch mehr Probleme haben eigentlich. Kann ich mir nämlich schon vorstellen, weil mit so wenig Land und so einem kleinen Betrieb kann man nicht viel produzieren. (LENA, Pos. 199)

Auch die Lebensgestaltung der Personen wird vielfach thematisiert; so sei es den Landwirt*innen etwa nicht möglich, ohne organisatorischen Aufwand in

8.2 Ergebnisse

den Urlaub zu fahren. Die persönlichen Einschränkungen, die aus einem hohen Arbeitspensum und der Verantwortung für den eigenen Betrieb erwachsen, stehen laut Tina einem vergleichsweise geringen Verdienst gegenüber. Sie setzt dies in ein Verhältnis zu den günstigen Preisen, von denen sie als Verbraucherin profitiert. Dies empfindet sie als bedauerlich.

> Ich find' das krass, (…) die arbeiten ja so viel, morgens um sechs schon und dann eigentlich den ganzen Tag und die können ja nicht sagen, ja wir fahren in den Urlaub oder so. Dann muss man erstmal gucken, wer das dann übernimmt in der Zeit (…). Und dass die dann aber eigentlich so wenig Geld dafür bekommen, finde ich echt irgendwie traurig. Weil man freut sich zwar, dass man Milch irgendwie billig kaufen kann, aber wenn man das dann sieht, dass die Menschen, die dafür arbeiten so wenig dafür kriegen, finde ich das schon traurig. (TINA, Pos. 45)

Die Momente der Perspektivenübernahme, die sich im Material zeigen, beziehen sich nicht nur auf die antizipierte Lebenslage, sondern auch auf strategische sowie unternehmerischen Erwägungen, etwa zum Zwecke der Existenzsicherung. So überlegt Lukas, welche Vorteile es hätte, wenn Preise garantiert wären und die Erzeuger*innen durch die Zusammenarbeit mit Molkereien wirtschaftlich besser abgesichert und „krisenfester" wären (LUKAS, Pos. 48). Franziska erinnert sich noch an die Aussage der Landwirtin im Gespräch, sie wünsche sich die Milchquote nicht zurück. Sie kann diesen Standpunkt nicht nachvollziehen, denn sie „würde sie als Bauer haben wollen":

> Und das hat ich echt gewundert, dass sie's nicht wollten, weil ich das Gefühl hatte, dass dadurch, dass die Milchquote jetzt nicht mehr da ist, dass es einfach immer mehr wird. Also fast schon so Richtung Milchinflation, wenn man das so sagen kann. Also, dass es halt immer mehr Milch gibt für immer weniger Geld. (…) Und deswegen konnte ich nicht verstehen, dass sie gesagt haben, dass sie die Milchquote nicht brauchen. Also ich glaub', ich würde sie als Bauer haben wollen. (FRANZISKA, Pos. 93)

Die Antizipation der Innenperspektive trägt und prägt die Erinnerungen an die außerschulische Begegnung. Die Äußerungen zeugen aber nicht nur von einer Fähigkeit, sich einzufühlen, sondern eben auch den interessengebundenen Standpunkt dieser Person einzunehmen. Absichten und Motive werden nachvollzogen, aber nicht notwendigerweise ins eigene Urteil übernommen. Auch Anna sagt, sie versteht, was die Landwirt*innen sagen, teilt diese Standpunkte jedoch nicht und nimmt eine oppositionelle Position ein.

Tierhaltung und das Tierwohl. Die Schilderungen der Jugendlichen zur Rekonstruktion der Begegnungen mit den Landwirt*innen beziehen sich des Weiteren auf Äußerungen, die die Tierhaltung und das Tierwohl betreffen. Häufig werden die Haltungsbedingungen in den Erinnerungen an den Besuch direkt bewertet. Dabei kommen die Schüler*innen zu ganz unterschiedlichen Einschätzungen: Jendrik betont, er „habe jetzt nichts irgendwie Negatives da beobachten können" (Pos. 70). Franziska nahm dies anders wahr; ihrer Auffassung nach war es relativ eng für die Tiere:

> Also was neu für mich war, oder was ich vorher nicht so gesehen hab', war dass ich da schon fand, (…) dass es wirklich viele Tiere waren und dass es fast schon eng war. Und dann habe ich noch darüber nachgedacht, dass es eigentlich viel größere Betriebe noch gibt. (FRANZISKA, Pos. 99)

Lena bewertet die gesehene Tierhaltung als unproblematisch, indem sie einen Vergleich zu größeren Betrieben zieht.

> Also, ich fand das auch gar nicht so schlimm, wie die Tiere an sich da gehalten wurden. Weil sie eben doch relativ viel Platz hatten, finde ich. Also, im Vergleich zu Schweineställen aus Massentierhaltungen oder Hühnerställen ging das bei den, bei den Kühen auf jeden Fall, finde ich. Die waren lichtdurchflutet, an den Seiten offen… (LENA, Pos. 103)

Tina beschreibt, dass sie es problematisch fand, dass die Tiere nicht auf die Weide dürfen. Durch die Erklärung der Landwirt*innen habe sie aber verstanden, „dass es wirklich nicht anders geht":

> Also, ich fand es mit der äh Haltung noch ganz interessant, dass die wirklich nur drinnen halten. Das fand ich einerseits im ersten Moment erstmal blöd, weil ich dachte, das ist doch kacke für die Kühe, wenn die nicht irgendwie auf 'ner Weide rumrennen können und so. Aber dann haben die auch ihre Situation erklärt, dass es wirklich nicht anders geht und dass die nur noch dieses kleine Stück haben, wo (…) die trächtigen Kühe waren, die durften dann ja rausgehen. (TINA, Pos. 49)

Es wird deutlich, dass die situative Wahrnehmung der Jugendlichen unterschiedlich war, sodass sie auch im Rückblick und in der individuellen Rekonstruktion des Beobachteten zu einer differenten Bewertung kommen. Es wird dabei nicht berichtet und dann bewertet, sondern die Schilderung des Erlebten ist bereits in Urteilsprozesse verwoben. Eine weitere Analyse dieser Facette erfolgt im nachfolgenden Abschnitt (K4.2 Schlussfolgerungen).

Produktionsweise. Eine weitere Relevanzsetzung erhält die Schüler*innenfrage, warum der besuchte landwirtschaftliche Betrieb keine ökologische, sondern konventionelle Landwirtschaft betreibe und warum

8.2 Ergebnisse

keine Umstellung angestrebt werde. Von vielen Jugendlichen wird berichtet, dass die Gründe für die Produktionsweise neu waren. Flächenknappheit und die Kosten zur Umstellung werden von den Jugendlichen erwähnt.

> Ja, ich glaub' der Grund war, dass sie zwar ein bisschen mehr verdienen würden, aber die Kosten zum Umstellen wären halt so hoch, dass es ewig brauchen würde, bis sich das lohnen würde. Und deswegen haben die das nicht gemacht. (JAN, Pos. 65)

Die Reaktionen der Jugendlichen erstrecken sich von Kritik bis zu Verständnis: Franziska und Anna finden die genannten Gründe der Landwirt*innen nicht nachvollziehbar und kritisieren die gewinnorientierte Perspektive. Lukas erinnert die Darstellungen der Landwirt*innen als plausibel und beschreibt diese Erkenntnis als neu, da er differenzierte Einsichten gewinnen konnte und die Komplexität einer Umstellung durchdrungen hat:

> Es ist natürlich einfach gesagt, ja produziert da mal Bio. Man kennt, oder ich kannte das vorher so nicht, oder ich wusste auch nicht, dass das so teuer ist dann umzustellen auf Bio und ich dachte, das wäre eigentlich nur so 'ne Entscheidung von Gewinnmaximierung und was weiß ich. (…) Und das hat dann tatsächlich geholfen, zu bemerken, was da wirklich hinter "Bio" steckt. (LUKAS, Pos. 58)

Die Subkategorien zu den Inhalten und Aspekten, die aus Schüler*innensicht im Rahmen der außerschulischen Begegnung thematisiert wurden, beziehen sich auf Gesagtes, Erzähltes und Gesehenes. Im empirischen Material dokumentiert sich, dass die Verknüpfung mit den Inhalten der Unterrichtseinheit schüler*innenseitig überwiegend gelingt. Zugleich stellen die Authentizität des persönlichen Kontaktes und die Unvermitteltheit des Erfahrenen einen wichtigen Bezugspunkt in den Erinnerungen dar. Die Personen- und dadurch Emotionsbezogenheit der Eindrücke regt die Jugendlichen zum Imaginieren einer Innenperspektive an. Zugleich deutet sich an, dass die Schilderungen des Erlebten, auch durch den zeitlichen Abstand, bereits in Urteilsprozesse verwoben sind, d. h. die Rekapitulation der Jugendlichen erfolgt nicht rein berichtend (*Reporting* und *Responding*), sondern kommentierend und bewertend (*Relating* und *Reasoning*; siehe Abb. 8.2; siehe Abschn. 8.1.3).

K4.2 Schlussfolgerungen aus der außerschulischen Begegnung mit den Landwirt*innen
Die Forschungsfrage 3b lautet: Welche Schlussfolgerungen ziehen die Jugendlichen aus den außerschulischen Begegnungen mit den Landwirt*innen? Unter der Subkategorie „Schlussfolgerungen" wurden die persönlichen Erkenntnisse, die

von den Befragten im Rahmen der Auseinandersetzung gezogen und im Interviewgespräch formuliert wurden, codiert. Diese Codierungen wurden thematisch ausdifferenziert; sie betreffen die *Lage der Erzeuger*innen*, die *Anpassung der eigenen Vorstellungen über konventionelle Landwirtschaft*, die *Bewertung konventioneller Haltungsbedingungen* und die *mögliche Umstellung auf eine ökologische Landwirtschaft* sowie *Marktlogiken als Herausforderung für eine nachhaltige Landwirtschaft*.

Die Lage der Erzeuger*innen. In allen elf episodischen Interviews berichten die Jugendlichen von der herausfordernden Lage der Erzeuger*innen. Lena beschreibt diese als „prekär" und sieht die Ursache dabei nicht nur in der finanziellen Situation der Familie, sondern auch in den politischen und gesellschaftlichen Erwartungen an eine zukunftsfähige Landwirtschaft begründet.

> Dass man gesehen hat, wie die schon in der Klemme stecken irgendwie. (…) Also einerseits produzieren zu müssen, andererseits natürlich auch den Anforderungen der Gesellschaft auch. Dass die Gesellschaft erwartet, dass die Bauernhöfe umrüsten und das eigentlich gar nicht wirklich geht. Und, dass (…) da einfach ein bisschen Druck ausgeübt wird. (LENA, Pos. 99–101)

Einige Befragte gehen auf die Spezifika des Berufs ein; geschildert wird ein Berufsprofil, welches durch die Verantwortung für Lebewesen und den Erhalt der unternehmerischen Einheit gekennzeichnet ist. Peter, Anna und Franziska gehen auf die daraus resultierende geringe Freizeit ein, darauf, dass es keine feste Bezahlung gibt, dass das Handelsgut Milch verderblich ist und die Erzeuger*innen von dem Produkt abhängig sind. Auf die Frage, ob sich die eigene Sichtweise geändert hat, führt Peter aus:

> So, also es hat schon in ziemlicher Weise was geändert, weil auch als die erzählt hat, hmja, wieviel sie überhaupt arbeitet, so, das ist ja nochmal ganz anders als so ein normaler Acht-Stunden-Job, der ja auch schon anstrengend ist. Aber, wenn sie dann erzählt, dass sie dann teilweise bis zu, naja, bis zu 12 Stunden arbeitet, nur auf diesem Bauernhof, und dann im aller seltensten Fall mal einen Urlaub machen kann, oder irgendwie ein Wochenende rauskommt – das ist schon, ja, eigentlich ziemlich hart. (PETER, Pos. 127)

Peter bezieht sich vor allem auf die anspruchsvolle berufliche Situation der Landwirt*innen, die sich stark von einer Lohnarbeit im Angestelltenverhältnis mit einer 40-Stunden-Woche abhebt. Peter markiert die Perspektive der Landwirt*innen als eine unterrepräsentierte Betroffenenperspektive, verteidigt diese

8.2 Ergebnisse

und erhebt den Anspruch, die Sorgen und Nöte der Erzeuger*innen sollen deutlicher Berücksichtigung finden, wie das nachfolgende Zitat zeigen wird. Es wird ein Zusammenhang zwischen dem Arbeitspensum der Landwirt*innen und den begrenzten Möglichkeiten zur Erholung einerseits und einer mangelnden Wertschätzung im gesellschaftlichen Diskurs und neuen Anforderungen an eine nachhaltige Produktionsweise andererseits hergestellt, die aus dem Ziel einer nachhaltigen Entwicklung erwachsen.

> Ich würde sagen, man muss sich erstmal in die Lage von solchen Bauern versetzen, das würde ich auch erstmal sagen. So, ich meine, das wird halt alles kritisiert und da fällt halt auch so ein bisschen, ja, so die Arbeit, die die Bauern da so überall reinstecken, dass die das überhaupt noch machen, dass den Leuten, die Milch, die dann letztendlich im Supermarkt ankommt, garantiert wird. Das wird halt überhaupt nicht, finde ich aus meiner Sicht, überhaupt nicht beachtet, weil's irgendwie so, weil alles so auf dieses eine Thema, ist es jetzt strikt oder ist es jetzt schlecht, das ist halt so, da fällt so ein bisschen die Arbeit, die die eigentlich überhaupt investieren und ja, wie wenig Zeit die dann eigentlich haben, so mal entspannt zu sein, oder mal ein bisschen, ja, Pause zu haben, das gibt es da ja gefühlt gar nicht. (PETER, Pos. 125)

Aus der Fokussierung „auf dieses eine Thema", gemeint sind Klimaschutz und Nachhaltigkeit, seien die Landwirt*innen einer permanenten Bewertungssituation ausgesetzt. Auch von anderen Befragten wird die Annahme geteilt, dass den Erzeuger*innen nicht ausreichend Wertschätzung entgegengebracht wird. Die Jugendlichen gewinnen die Einsicht, dass die Erzeuger*innen sowohl mit Existenzängsten als auch mit Handlungsaufforderungen durch eine zunehmend ökologisch-sensibilisierte Gesellschaft konfrontiert sind.

> Wenn die [Landwirtin] das mit ihren Emotionen nochmal so sagt... – dass die mit der Milchkrise, (...) – dass die ja wirklich echt dachten so: ‚Ok, jetzt geht's gar nicht weiter', und allgemein, wie die Kritik – das wusste ja auch keiner eigentlich, dass da auf Facebook immer gesagt wird: ‚Nee, das ist alles ganz schlecht hier', und so und das find´ ich – das hat schon auf jeden Fall 'ne Bedeutung für alle. (OLIVIA, Pos. 68)

Auf die Größe des Unternehmens wird häufiger Bezug genommen. So wurden Jan und Lukas in ihrer Auffassung bestätigt, dass kleine Betriebe ökonomische Nachteile mit sich bringen, da sie abhängiger vom Markt, damit anfälliger für Krisen sind und „weniger produzieren" (JAN, Pos. 61). Franziska hingehen betrachtet die Betriebsgröße vor dem Hintergrund eines Trends zu größeren Betrieben im Zuge einer zunehmenden Exportorientierung, der den einzelnen Hof vor die Frage stellt, sich zu vergrößern, um konkurrenzfähig zu bleiben.

Das fand ich schon sehr repräsentativ, dass diese Bauern halt auch viel Konkurrenz haben und viel darauf achten müssen, wie viele Kühe sie haben und ob sie sich noch vergrößern oder ob sie überhaupt ihren Hof so weiter betreiben können und dass sie halt auch Existenzängste haben, dadurch dass viele Höfe jetzt einfach viel, viel mehr Tiere haben. Und wie schon gesagt, es ist einfach so, dass diese ganzen Höfe so riesig sind und so viele Tiere und wir so viel auch exportieren, was wir auch einsparen könnten und das war schon sehr repräsentativ für die ganze Milchwirtschaft, so wie ich sie mir vorstelle. (FRANZISKA, Pos. 109)

Deutlich wird, dass die soziale und emotionale Komponente der Begegnung bei vielen im Vordergrund steht und eine Betroffenheit auf Schüler*innenseite entstanden ist. Dies zeigt sich nicht zuletzt daran, dass die Lage der Erzeuger*innen nicht nur beschrieben, sondern teilweise auch Solidarität verbalisiert, für Anerkennung und Wertschätzung plädiert und das mangelnde Verständnis vieler Menschen kritisiert wird. Einige Schüler*innen haben explizit angemerkt, dass sie sich von der Thematik selbst eigentlich nicht betroffen fühlen und es sie eher weniger interessiert. Durch den persönlichen Kontakt und den Nachvollzug der externen Sichtweisen sind viele aber emotional angerührt. Eine Ausnahme stellt Olav dar, dem die Zustandsbeschreibungen der Landwirt*innen in einer wirtschaftlichen Einordnung nicht plausibel erscheinen:

Das Ding ist, dass ich einfach nicht weiß, ob, ob es den Bauern eigentlich immer so schlecht geht, wie die's sagen, (…) wirtschaftlich müsste man solche Höfe eigentlich schon direkt schließen. Ich meine, es ist zwar ein Familienunternehmen sozusagen, (…) aber ich denke, dass sich die Mühe nicht lohnen würden, wenn's nicht rentabel wäre und dann könnten sie ja auch gar nicht überleben im Prinzip. (OLAV, Pos. 81)

Von Interesse ist mit Blick auf die Schlussfolgerungen seitens der Schüler*innen auch, inwieweit nicht nur Empathie für eine Betroffenenperspektive aufgebracht wird, sondern auch die *politische* Perspektivenübernahme einer *Interessengruppe* gelingt. Anna ist ein Beispiel dafür, wie personenbezogene Einzeleindrücke verallgemeinert werden. Der wahrgenommene Gemütszustand, der lediglich den Status von Spekulationen innehat, wird auf die Situation von Landwirt*innen im Allgemeinen übertragen:

Und die wirkten so unzufrieden und das hatte ich vorher nicht so im Blick. Also das ist für die mehr – hatte ich das Gefühl, dass das so 'ne Pflichtsache ist (…) – das habe ich so'n bisschen mitgenommen. (…) Ich glaube, das lässt sich dann auch auf andere übertragen, dass viele dann damit einfach nicht mehr glücklich sind. Und früher viel zufriedener sein konnten, wenn sie sowas hatten. (ANNA, Pos. 113–115)

8.2 Ergebnisse

Eine weitere Stelle im Material betrifft ihre Einsicht, dass jeder einzelne Hof einen Unterschied machen kann, etwa durch Direktvermarktung oder Öffentlichkeitsarbeit:

> Man kann (...) sagen, das ist nur ein kleiner Hof. Aber im Grunde genommen ist es nicht nur ein kleiner Hof. So ein kleiner Hof kann auch Auswirkungen auf das große Ganze haben. So zum Beispiel, wenn ein Hof Inspiration ist für andere genau das Gleiche zu tun, ist es kein kleiner Hof mehr. ((lacht)) Dann ist es der kleine Hof, der dafür gesorgt hat, dass die ganzen großen Höfe auch das Gleiche machen. Also... also das glaube ich seitdem wirklich. Also ich glaub' nicht, (...) dass der nichts machen kann. (ANNA, Pos. 107)

Annas Reflexionen sind geprägt durch einen eher personal-privaten als öffentlichen Zugang zum Politischen. Lena hingegen zeichnet sich in ihren Ausführungen eher durch eine selbstdistanzierte, politisch-institutionelle Sichtweise aus, etwa wenn sie die Bedeutung neuer Technologien zum Ziele der Nachhaltigkeit hervorhebt sowie betont, dass für die Erzeuger*innen Bedingungen geschaffen werden müssen, die Mut machen.

> Weil [der Einsatz neuer Technologien] eben wirklich hilft und auch entlastet und somit mehr produziert werden kann. (...) Dann müssen die Felder weniger gespritzt werden, weil man einfach bessere Technologien hat und das einfach alles effizienter ist. (...) Also, ich denke, dass das wichtig ist, dass man das so immer erneuert (...). Also, ich habe jetzt auch gehört, dass die Landwirte, also teilweise Landwirte, Angst haben, (...) ihren Hof zu verändern, weil wirklich gefühlt alle paar Wochen neue Gesetzgebungen kommen, neue Standards. Dass sie Angst haben, dass es plötzlich gar nicht mehr den Standards entspricht. (...) – Und dass man eben Mut bekommt, sich zu verändern. Seinen Hof zu verändern, seine Art (...) des Wirtschaftens zu verändern zugunsten der Umwelt und zugunsten der Konsumenten. (LENA, Pos. 161–165)

Lena gelingt es in ihren Ausführungen sowohl auf die Interessen der Landwirt*innen einzugehen, als auch auf das gesamtgesellschaftliche Ziel einer nachhaltigen Entwicklung bzw. diese Perspektiven zu koordinieren und so ein potenziell handlungsleitendes (auf politisches Handeln gerichtetes) Urteil zu formulieren.

Die Jugendlichen unterscheiden sich zwar in der Differenziertheit und den Niveaus der politischen Auseinandersetzung; inhaltlich wurden jedoch insgesamt fachübergreifende Einsichten gewonnen oder auch bestätigt, die die Erzeuger*innenperspektive mit einer Agglomeration ökonomischer, ökologischer und gesellschaftlicher Anforderungen verknüpfen und als Ausdruck eines gewissen Komplexitätsbewusstseins zu deuten sind.

Anpassung der eigenen Vorstellungen über konventionelle Landwirtschaft. In den schlussfolgernden Äußerungen der Jugendlichen stellen die Produktionsweise und die Unterschiede zwischen konventioneller und ökologischer Landwirtschaft ein wichtiges Thema dar. Die außerschulische Begegnung fand auf einem konventionellen Milchviehbetrieb mit 130 Milchkühen statt. Die konventionelle Ausrichtung des Betriebs wurde in allen Interviews durch die Befragten selbst thematisiert. Viele berichten, dass sie mit konventioneller Landwirtschaft ein negatives Bild verbinden. Olivia und Lena beschreiben, dass der Besuch zu einer Ausdifferenzierung bzw. Anpassung der eigenen Vorstellung geführt habe. Oliva beschreibt, dass sie erwartet habe, dass die Tiere wenig Platz haben und es schwierig sei, Nachhaltigkeit umzusetzen, sei aber von dem Besuch positiv überrascht.

> Als wir da waren, habe ich mich halt schon so ein bisschen in meiner Position (…) umgedreht und hab´ schon gesehen: Ok, da sind einige Möglichkeiten, die sind wirklich nicht schlecht. Sodass man den Kühen das so ein bisschen gerecht macht (…). (OLIVIA, Pos. 107)

Lukas berichtet von seiner eher negativen Erwartungshaltung vor dem Treffen und dem positiven Eindruck, den er aber vor Ort erhalten habe. Er habe die Einsicht gewonnen, dass konventionelle Tierhaltung nicht mit Massentierhaltung gleichzusetzen sei.

> Ganz zu Anfang dachte ich, dass die auch Bio produzieren, aber als dann gesagt wurde, dass sie konventionell produzieren, dann bin ich da auch mit 'ner bisschen anderen Einstellung hingegangen und das war dann aber doch eigentlich relativ – …Ich bin jetzt kein Kuhflüsterer oder so ((lacht)), aber die Kühe wirkten schon relativ glücklich. (…) Die haben auch schon so gewirkt, als sorgen die sich auch, also kümmern die sich auch gut um die. (…) Und das ist ja auch eigentlich nur in deren Interesse, dass es den Kühen gut geht, deswegen – (…) das ist glaube ich ein ganz gutes Beispiel gewesen, dafür, dass konventionell eigentlich fast genauso gut sein kann wie Bio, nur dass die halt nicht draußen waren. (…) Also, joa und sonst hat das eigentlich an neuen Perspektiven nur aufgezeigt (…), dass konventionell nicht immer so auf Massentierhaltung ähnlich sein muss und es den Tieren da schlecht geht. (LUKAS, Pos. 34–36)

Die Ausführungen dieser Art können nicht als reine Übergeneralisierungen aufgefasst werden – diese werden eher aufgebrochen. Dies zeigt sich auch daran, dass die Tatsache problematischer Haltungsbedingungen von den meisten Jugendlichen nicht bestritten wird, sondern der Einzelfall in ein Verhältnis

8.2 Ergebnisse

zu anderen Höfen gesetzt sowie die interessengebundene Selbstdarstellung der Landwirt*innen erfasst wird:

> In Relation war es gar nicht so schlecht. Also ich habe es mir schlimmer vorgestellt, tatsächlich. Das fand ich auch wichtig zu sehen, dass es den Tieren da gar nicht so unglaublich schlecht geht, meine ich jetzt. Aus meiner Sicht. (LENA, Pos. 107)

> Da wir natürlich im Vorhinein hatten, dass es eben kein Biobetrieb ist, hat man schon erstmal ein negatives Bild davon gehabt, aber am Anfang wurde das dann eigentlich recht ausgelöscht und man hatte schon 'nen guten Eindruck davon. Aber natürlich wird dann auch von denen ja schon einseitig dann positiv darüber berichtet, aber man konnte eigentlich schon mit 'nem positiven Bild da rausgehen fand ich. (...) Also mit Tieren oder so haben ich jetzt nichts irgendwie Negatives da beobachten können oder so. (JENDRIK, Pos. 68–70)

Franziska und Anna beschreiben ebenso einen positiven Blick auf den konkreten Einzelfall, betonen aber an anderer Stelle deutlich, dass ihre kritische Haltung zu konventioneller Tierhaltung bestehen bleibt.

Die Diskrepanz zwischen den eigenen Vorstellungen über konventionelle Landwirtschaft im Allgemeinen und den außerschulischen Eindrücken tangiert auch mit der Frage nach einer *zeitgenössischen* Landwirtschaft. Franziska und Peter hinterfragen in ihren Reflexionen, inwieweit ihre Sichtweise „altmodisch" oder ein „Klischee" sei:

> Ich fand's trotzdem total traurig, dass die einfach den ganzen Tag im Stall stehen und vielleicht habe ich da auch einfach so 'ne ganz altmodische Sicht drauf, ((lacht)) dass ich am liebsten alle die Kühe alle so auf einer Weide sehen würde und dann kommt so'n einzelner Bauer und melkt die mit seiner Hand. Aber ich find's einfach erschreckend, wie sehr sich da so schon modernisiert hat. (FRANZISKA, Pos. 67)

> Ich hatte halt immer noch dieses Klischee von den alten Bauernhöfen, dass die die Kühe noch selber melken. (PETER, Pos. 101)

Während sich Franziska skeptisch gegenüber Modernisierungsprozessen zeigt, sieht Peter aber die Vorteile der Digitalisierung, die zu einer Entlastung der Landwirt*innen beitragen könnten.

Einige Jugendliche ziehen umfassende Schlüsse über konventionelle Haltung im Allgemeinen, wobei die Angemessenheit der Generalisierung fraglich ist (Beispiel LUKAS). In anderen Reflexionen zeigt sich eine Differenziertheit im empirischen Material, indem Einschränkungen mit Blick auf die eigene Beurteilung (LENA: „Aus meiner Sicht."), die eigenen Erwartung (FRANSZISKA: „dann kommt so'n einzelner Bauer und melkt die mit seiner Hand") oder Aussagekraft des Gesehenen (OLIVIA: „Ok, da sind einige Möglichkeiten") vorgenommen werden.

Zur Bewertung konventioneller Haltungsbedingungen. Die Güte der Haltungsbedingungen ist in den Schlussfolgerungen ein zentraler Referenzpunkt, wobei sich die Beurteilungen und Schlussfolgerungen dazu seitens der Schüler*innen deutlich unterscheiden – dies wird nachfolgend anhand von kontrastierenden Belegen aus dem empirischen Material veranschaulicht. Von fast allen Befragten wurde das Faktum kritisch bewertet, dass die Kühe nicht raus auf die Weide gehen, sondern ausschließlich im Stall gehalten werden. Auch die positiven Bewertungen der Haltungsbedingungen sind von einer Kritik an dieser Praktik gefolgt. Es zeigt sich, dass Vorgefundenes auf dem landwirtschaftlichen Betrieb verschieden wahrgenommen und beurteilt wird.

Im Folgenden werden in fallorientierter Perspektive zwei Positionen kontrastierend dargestellt, um aufzuzeigen, inwieweit die außerschulische Begegnung mit den Landwirt*innen in Übereinstimmung mit den eigenen politischen Positionierungen decodiert wird: Franziska und Tina. Franziska begreift sich selbst als problembewusst; das Unterrichtsprojekt habe ihr „die Augen geöffnet" und die Dringlichkeit eines Wandels zu einer nachhaltigen Landwirtschaft und Gesellschaft erkennen lassen. Tina beschreibt sich selbst hingegen als realistisch und verteidigt den Status quo in der konventionellen Landwirtschaft; das Unterrichtsprojekt habe sie darin bestätigt, dass die zivilgesellschaftliche Kritik an der konventionellen Wirtschaftsweise überzogen sei.

Beide äußern sich kritisch über die ausschließliche Stallhaltung, ziehen aber unterschiedliche Schlüsse. Franziska hatte zwar den Eindruck, dass die Landwirt*innen gut mit ihren Kühen umgehen und „es halt wirklich ein guter Stall ist", für sich persönlich schlussfolgert sie jedoch, dass die Tierhaltung nicht tragbar ist – trotz der Worte und Eindrücke vor Ort:

> Aber trotzdem ist mir so'n bitterer Beigeschmack davon geblieben, dass diese Kühe keine Lebewesen sind, sondern dass es einfach fast schon so Maschinen sind. Also die haben ja auch darüber geredet, wie viel Liter Milch eine Kuh geben kann und auch dass man diese Kühe so kreuzen kann, dass man genau die Faktoren bekommt, die man auch haben möchte, zum Beispiel Kühe, die noch mehr Milch produzieren können. Und auch als wir da in dem einen Stall standen, hatte ich auch das Gefühl, dass die zwar sagten, dass die wirklich einen großen Stall hatten und die Tiere konnten sich ja auch alle mehr oder weniger alle frei bewegen. Aber dennoch. (FRANZISKA, Pos. 67)

8.2 Ergebnisse

Tina hingegen gibt an, dass die Begründungen der Landwirt*innen dazu geführt haben, dass sie den Umstand plausibilisieren und akzeptieren konnte. In dem folgenden Ausschnitt zeigt sich, dass ihre als realistisch verortete Betrachtungsweise bereits vorher wirksam war und die Argumente der Landwirt*innen diese dann weiter gestützt haben.

> [W]enn man das realistisch betrachtet, hatten die es da schon gut. Und also vor allem, nachdem die dann da ihre Situation erklärt haben, warum die die so halten, konnte ich das auch verstehen, obwohl man im ersten Moment natürlich denkt, wieso können die nicht auf die Weide so? (TINA, Pos. 53)

Tinas Reflexionen sind geprägt durch eine emotionale Involviertheit. Sie antizipiert ein konflikthaftes Verhältnis zwischen Kritiker*innen und Befürworter*innen einer derartigen Tierhaltung. Dabei verteidigt sie die Landwirt*innen und solidarisiert sich, markiert deren Handeln als alternativlos und wirft der begegneten Umweltaktivistin vor, keine Empathie gegenüber der Situation der Landwirt*innen aufzubringen.

> Es gibt halt finde ich so zwei Seiten. Eine Seite, die das eher so'n bisschen realistisch sehen und eine Seite, die dann so, ohne drüber nachzudenken, direkt so sagt: ‚Ja Tierschutz! Öh, die müssen raus und so, das ist ja gegen das Tierwohl und nicht artgerecht' und bla bla. Aber das sind dann finde ich meistens solche Leute, ohne, dass ich die jetzt kritisieren würde, es ist ja trotzdem deren Meinung, aber dass die halt, ohne deren Situation zu sehen, erstmal direkt rummeckern, dass es alles nicht artgerecht ist und so. Ich finde schon. Also es sind Nutztiere, es ist einfach so. Die können nicht jeder Kuh 'nen Sofaplatz irgendwie ermöglichen... (...) – das geht halt nicht. So und es sind halt Nutztiere und trotzdem, finde ich, werden die schon gut behandelt. (...) Und das habe ich manchmal vermisst, wenn wir mit der [*Pia* (Umweltaktivistin)] diskutiert haben. Man muss sich auch in die Lage der Menschen versetzen, die mit den Folgen leben müssen. (TINA, Pos. 77)

Tina plausibilisiert ihre Argumentation durch Verweise auf die außerschulischen Erfahrungen, die in die eigenen Annahmen und Schlussfolgerungen eingehen. Es kommt zu einer Übereinstimmung und insofern Bestätigung der außerschulischen Eindrücke mit den eigenen Vorannahmen. Auf die Nachfrage, welche Akteur*innengruppe sie in ihren Anliegen eher unterstützen würde, manifestiert sich erneut die Antizipation der „anderen Seite" durch Delegitimation. Die Aktivist*innen seien nicht existenziell bedroht und ihr Anliegen daher weniger legitim:

Ich glaube die Bauern, weil sie persönlicher kämpfen, denn am Ende – ob der Regenwald gerettet wird oder nicht – ist das für die NGO einfach so. Also, ich denke, sie können nachts noch schlafen. Aber ich denke, wenn man irgendwelche Finanzen oder etwas anderes auf dem Tisch hat und nicht mehr überleben kann... Ich denke, das ist für die Bauern viel extremer. (TINA, Pos. 134–135)

Ich denke, [*Pia* (Umweltaktivistin)] sieht eher das große Ganze, so allgemein. Und ich denke, sie konzentriert sich mehr auf große Projekte. Und die interessieren sich, ohne ihnen jetzt die Schuld geben zu wollen, das ist ganz normal, eher für ihren eigenen Hof. Und, dass der Hof überlebt. Und ich denke, sie sehen so viel mehr die Realität, was wirklich da ist, was einfach die Realität auf deutschen Höfen ist. Und in der Wirtschaft einfach. Und [*Pia*] sieht nur das große Ganze und diesen Perfektionismus und auch ein wenig eine Ideologie, denke ich. (TINA, Pos. 117)

Dem ‚Realen' wird das ‚große Ganze' gegenübergestellt. Die Umweltaktivistin sehe „nur das große Ganze und diesen Perfektionismus" – ein Anliegen im Sinne des Gemeinwohls wird nicht erkannt bzw. anerkannt. Die Perspektivenkoordination ist bei Tina dadurch gekennzeichnet, dass die ihr zugeneigte Perspektive weiter plausibilisiert und insofern ausdifferenziert wird, als Einwände von Kritiker*innen antizipiert werden. Gegenüber der eher abgelehnten Perspektive kann die eigene affektive Abwehr weiter begründet und dahingehend ausdifferenziert werden. Zu- und Abneigung plausibilisiert sich durch die außerschulische Begegnung. Im Material zeigt sich, dass die Perspektivenübernahme – als Nachvollzug fremder Perspektiven und Standpunkte – bei Tina bei der zugeneigten Perspektive ausgeprägter ist. Kognitive Konflikte scheinen durch die kontroversen außerschulischen Begegnungen angeregt worden zu sein, diese werden emotionalisiert und in bestehende Deutungshorizonte eingehegt.

Franziska unterscheidet sich in der Wahrnehmungsstruktur deutlich von Tina. Auch wenn sie den besuchten Betrieb als moderates Beispiel einstuft, gewann sie die Einsicht, dass es „viele Tiere waren und dass es fast schon eng war" (FRANZISKA, Pos. 99). Die Beurteilung der vorgefundenen Haltungsbedingungen wird in einen Zusammenhang mit dem Ernährungssystem und der Ernährungskultur gesetzt, die durch Überangebot, Überkonsums und einer egoistischen Lebensweise gekennzeichnet seien:

Also, für mich hat das so gezeigt, dass wir einfach so viele Tiere haben, also wenn das ein noch ziemlich kleiner konventioneller Hof war, dann fand ich's einfach erschreckend, wie viel Milch wir verbrauchen oder wie viel Milcherzeugnisse auch und wie viel wir anscheinend auch exportieren. Dass wir so viele Höfe haben, auf denen das so, oder noch viel extremer aussieht. Also es war da ja, es waren ja jetzt nicht irgendwie schlechte Bedingungen für die Tiere, auf gar keinen Fall, aber schon... es sind jetzt nicht diese glücklichen Biokühe, ((lacht)), die über die Wiese laufen. Und es hat mich einfach erschreckt, dass wir unsere Ernährung einfach nur auf uns selbst beziehen, also danach, worauf wir Lust haben und nicht danach, was wir besser machen könnten. Also zum Beispiel, dass wir uns mehr regional ernähren und mehr mit den saisonalen Sachen und nicht – also Milch ist jetzt ja nicht irgendwie nur in einer Saison, aber zum Beispiel, dass wir da auch ein bisschen runterschrauben und gucken, was es da für Alternativen gibt, vielleicht auch pflanzlich. Dadurch dass einfach die vielen Tiere auch echt viel Futter brauchen und das wird dann ja auch wieder pflanzlich angebaut und dadurch verlieren wir total viel Ackerfläche und wenn weniger Leute Milchprodukte brauchen würden oder *so viele* Milchprodukte, dann könnten wir definitiv effizienter unsere Landwirtschaft betreiben. (FRANZISKA, Pos. 105)

Auch im Falle von Franziska zeigt sich, dass die außerschulische Erfahrung argumentativ eingehegt wird. Die außerschulischen Eindrücke und regionalen Akteur*innen werden zu Referenzen in der eigenen Argumentation und werden in beiden Fällen zur Plausibilisierung herangezogen.

Am Beispiel der Beurteilung der Haltungsbedingungen zeigt sich, dass die außerschulischen Begegnungen je nach individuellem Deutungshorizont in ganz unterschiedliche Erklärungszusammenhänge gesetzt werden und entsprechend anderes wahrgenommen und anderes geschlussfolgert wird. Während sich die beschriebenen Fälle als besonders kontrastreich ergeben haben, zeigt sich diese Tendenz auch bei den anderen Befragten.

Die mögliche Umstellung auf ökologische Landwirtschaft. Alle Jugendlichen nahmen in ihren Reflexionen Bezug auf die Frage einer möglichen Umstellung des Betriebs auf ökologische Landwirtschaft. Diese Frage wurde im Interview nicht aktiv gestellt, sondern von den Jugendlichen als reflexive Frage selbst aufgeworfen. Die Landwirt*innen hatten auf Nachfrage der Schüler*innen erläutert, warum dies ihrer Ansicht nach nicht möglich sei. Die Jugendlichen berichteten häufig, dass ihnen die Anforderungen an eine Umstellung, die von Betrieben umzusetzen sind, nicht bekannt waren, sodass sie nun ein besseres Verständnis für die konventionelle Landwirtschaft hätten bzw. vor dem Hintergrund neuer Informationen auch zu einem anderen Schluss kämen. Jan erinnert sich an die Ausführungen der Landwirtin, was ihm plausibel erscheint und nicht hinterfragt wird. Für ihn stehen damit die Forderungen der Gesellschaft, „immer mehr Bio" zu produzieren, in Konflikt mit der Aussage einer Erzeugerin, dass es sich für sie unter den für sie gegebenen Voraussetzungen unternehmerisch nicht rentieren würde:

Bei dem Betrieb fand ich das interessant, dass die Aussage (...) von den Leuten da kam, dass sich ein Biohof quasi nicht lohnt, aber dass ein Biohof jetzt immer mehr Ansehen hat so in der Gesellschaft. Dass man das so immer mehr wertschätzt, aber dass der Betrieb dann selber sagt, dass es sich einfach nicht lohnt das zu machen. Das fand ich sehr interessant, also dass man quasi immer mehr Bio will, aber es sich im Endeffekt gar nicht lohnt für die diese Menschen. Und man dasselbe wahrscheinlich nicht machen würde, wenn man in deren Situation wäre. (JAN, Pos. 23)

Lukas und Lena berichten ebenfalls, dass ihnen die Darlegung der Landwirt*innen im Gedächtnis geblieben ist, warum eine Umstellung auf ökologische Landwirtschaft für sie schwer zu realisieren sei. Der Konflikt zwischen Forderungen nach mehr ökologischer Landwirtschaft und der ökonomischen Machbarkeit der Erzeuger*innen wird schüler*innenseitig mit Verständnis und Relativierung, aber auch evaluativ begegnet. Anna sagt, sie versteht es, findet es aber nicht gut:

> Ja, ich meine (…) eigentlich jeder argumentiert so. Ich mein, die, die Bio machen, sagen ‚Okay, die Umwelt müssen wir schützen' und die, die nicht Bio machen, sagen, ‚Ich hab' kein Geld dafür.' Es gibt eigentlich kaum andere Gründe dafür, dass jemand das macht oder nicht macht. (…) Ich, ich verstehe es so, dass sie es sagen, aber ich find's nicht gut, persönlich. Also, ich würd's anders handhaben. (ANNA, Pos. 63–65)

Ausgehend von dem erkenntnisleitenden Forschungsinteresse der Arbeit stellt sich an dieser Stelle darüber hinaus die Frage, inwieweit die außerschulische Begegnung zu einer unlauteren Beeinflussung der politischen Urteilsbildung geführt haben könnten. Wurden die Jugendlichen in diesem Aspekt *überzeugt?* Es zeigt sich an den hier exemplarisch ausgewählten Belegen, dass eine differenzierte Antwort erfolgen muss: Die Aussagen der Schüler*innen zeigen eine integrale Darstellung der Informationen, die in einer weiteren urteilenden Perspektive *angenommen* oder *zurückgewiesen* werden. Bei diesem Aspekt zeigt sich, dass ein „Sich-überzeugen-lassen" stärker gegeben ist, wenn es eine Anschlussfähigkeit zwischen bestehenden Deutungshorizonten und den neuen Informationen gibt.

Marktlogiken als Herausforderung für eine nachhaltige Landwirtschaft. In den Reflexionen der Jugendlichen werden auch komplexere, in Ansätzen systembezogene und perspektivkoordinierende Zusammenhänge hergestellt, wie sie in den Fällen von Tina und Franziska bereits mit Blick auf die Bewertung konventioneller Haltungsbedingungen dargestellt wurden. Trotz der Tatsache, dass ihre Haltungen sehr konträr sind, sehen sie die ökonomischen Pfadabhängigkeiten und markieren die Erzeuger*innen als den marktwirtschaftlichen Mechanismen ausgesetzte Akteur*innen. Tina betont die Grenzen der Machbar- und Gestaltbarkeit der Erzeuger*innen; Franziska hebt die Probleme einer extensiven Landwirtschaft und die Gestaltbarkeit durch die Verbraucher*innen hervor.

Der Einsicht, dass ein Trend zu größeren Betriebseinheiten besteht, hat sich bei vielen Schüler*innen gefestigt. Dass der besuchte Milchviehbetrieb hinsichtlich

8.2 Ergebnisse

der Herdengröße ein moderates Beispiel war, war sowohl den Befürwortenden als auch den Kritisierenden bewusst. Der Hinweis der Landwirt*innen auf größere (Nachbar-)Betriebe sowie die von den Schüler*innen gestellte Frage nach einer Betriebsvergrößerung, werden von den Jugendlichen in den Erinnerungen selbst aufgeworfen und in einem systemischen Zusammenhang interpretiert. Jan zieht für sich die Schlussfolgerung, dass das Projekt der Nachhaltigkeit im Konflikt zu den wirtschaftlichen Interessen steht.

> Ja, das sind ja auch wieder diese Gegensätze, (…) die beide nicht wirklich vorteilhaft sind für jeden, weil, von so einem kleinen Hof, der kann weniger produzieren und das ist für die, die den besitzen halt weniger vorteilhaft. Und so 'ne Massenproduktion ist halt schädlich für Umwelt, wird von vielen Leuten nicht unterstützt… ja verdient halt mehr Geld und kann billiger produzieren, deswegen lohnt sich das halt heutzutage wahrscheinlich mehr. Und deswegen passiert das auch so. (…) Ich würde jetzt einfach sagen, dass dieser Nachhaltigkeitsaspekt einfach vernachlässigt wird. Weil er eben so viele Nachteile mit sich bringt, für das Unternehmen und das eigentliche Ziel von einem Unternehmen ist ja Profit machen, also Geld. Und das ist halt, da steht diese Nachhaltigkeit dann schon im Weg, so wie es im Moment ist. (JAN, Pos. 69–71)

Lukas nimmt durch den Besuch bei den Landwirt*innen mit, dass sich bereits am Einzelfall die Tendenz zeigt, dass kleinere Betriebe durch einen Trend hin zu größeren Betrieben unter Konkurrenzdruck stehen und Schwierigkeiten haben, dem Wettbewerb standzuhalten. Er verknüpft das außerschulisch Erfahrene mit marktwirtschaftlichen Prozessen vor dem Hintergrund eines allgemeinen Strukturwandelprozesses. Auf die Frage, ob er das außerschulische Erfahrene auf etwas übertragen kann, antwortet er:

> Ich glaube (…) das Verhältnis von kleineren und zu den großen Konzernen so. Ich meine irgendwie Nachbarhöfe von denen sind jetzt auch zu irgendwelchen größeren Konzernen oder wurden aufgekauft oder so. Und das ist für die hart, sich zu halten und dass sozusagen diese großen Konzerne immer größer werden und dass die Kleineren immer weniger werden und dass für die immer schwerer wird, sich zu halten. (LUKAS, Pos. 46)

In Tinas Perspektive kann dieser Entwicklung durch regionalen Konsum etwas entgegengesetzt werden. Ihrer Ansicht nach seien kleinere Betriebe unterstützenswert:

> Ich find' auch, dass man mehr auf so regionale Produkte achten sollte, damit solche kleinen Höfe besser überleben können. Weil es gibt, glaube ich, viele von so eher kleineren mit ein paar Hundert Kühen. Und damit die wirklich überleben können, finde ich schon, dass man wirklich mehr auf regionale Sachen achten sollte, weil

sowas fände ich, glaube ich, sehr schade, wenn solche kleinen Höfe irgendwie kaputt gehen. (…) Also, ich glaub', was man am meisten übertragen kann, ist diese Regionalität, dass man jetzt eben nicht von riesigen Ketten irgendwas kauft oder so, sondern dass man, wenn es so eine Milchtankstelle in der Nähe gibt oder so, dass es halt 'ne super Möglichkeit ist, solche kleinen Bauern zu unterstützen, dass man auch in irgendwelchen Läden darauf achtet, dass man eher regional kauft. (TINA, Pos. 69–75)

Die Vorstellung, dass Regionalisierung eine Lösung und sogar eine Form des Widerstandes darstellt, um den Erhalt dieser kleineren Betriebe zu gewährleisten, dokumentiert sich in verschiedenen Passagen des empirischen Materials. In kritischer Perspektive auf die „riesigen Ketten" wird versucht, eine strukturelle Perspektive einzunehmen. Aus dem Willen, die Landwirt*innen unterstützen zu wollen, erwächst eine direkte, nahräumliche und konsumbezogene Handlungsperspektive.

Im Rahmen der Hauptkategorie „Außerschulische Begegnung mit den Landwirt*innen" zeigt sich, dass das außerschulisch Erfahrene in Hinblick auf die Unterrichtsthemen rekonstruiert werden kann. Es kann daher angenommen werden, dass eine Verknüpfung, über die reine Verschlagwortung hinausgehend (siehe K1.1), gelingt. Die Schlussfolgerungen betreffen die besondere Lage und Anforderungssituation der Erzeuger*innen, die Anpassung der eigenen Vorstellungen über konventionelle Landwirtschaft, Bewertungen der konventionellen Haltungsbedingungen, die mögliche Umstellung auf ökologische Landwirtschaft sowie Einsichten über die Marktlogiken als Herausforderung für eine nachhaltige Landwirtschaft. Subjektive Sinn- und Urteilsbildungsprozesse konnten im Rahmen dieser Schlussfolgerungen aufgezeigt werden. Die Perspektivität der außerschulischen Begegnung mit den Landwirt*innen wird erfasst, Betroffenheiten werden nachvollzogen und in Beziehung zu einem Wandlungsprozess einer nachhaltigen Landwirtschaft gesetzt. Die Erinnerungen in Form von Berichten der Schüler*innen (Abschn. 8.1.3; *Reporting* und *Responding*, Abb. 8.2) und Reflexionen in Form von Kommentierungen, Bewertungen sowie Abstraktionen (*Relating* und *Reasoning*) sind allesamt und bereits umfänglich in Prozessen der Urteilsbildung verwoben. Es zeigen sich darüber hinaus stets Reflexionen über persönliche Erkenntnisse (*Meaning-making*), die im Zuge der außerschulischen Begegnung mit den Landwirt*innen gewonnen wurde.

8.2.2.2 Die außerschulische Begegnung mit den Umweltaktivist*innen

Mit dieser Hauptkategorie wird nun das forschungsleitende Erkenntnisinteresse auf die Begegnung mit den Umweltaktivist*innen gerichtet. Wie wird diese außerschulische Begegnung schüler*innenseitig erinnert bzw. rekonstruiert und welche Schlussfolgerungen ziehen die Jugendlichen daraus (Forschungsfrage 3a und 3b; Teil 2)? Die Äußerungen auf der Ebene der Subkategorien 1 wurden in Aspekte der thematischen Rekonstruktion (K5.1) und Schlussfolgerungen (K5.2), die die Jugendlichen daraus ziehen, unterschieden und eine weitere empirische Ausdifferenzierung erfolgt in thematischer Hinsicht (Subkategorien 2), wie sie der Tabelle 8.8 zu entnehmen ist.

Tabelle 8.8 Hauptkategorie 5: Außerschulische Begegnung: Umweltaktivist*innen

Hauptkategorie	Subkategorien 1	Subkategorien 2
K5: Außerschulische Begegnung: Umweltaktivist*innen	K5.1 Thematische Rekonstruktion	– *Konkrete Aktion und Kampagne* – *Personen und Innenperspektiven* – *Positionen der NGO*
	K5.2 Schlussfolgerungen	– *Zugänglichkeit zu politischer Aktion* – *Anerkennung und Würdigung des zivilgesellschaftlichen Engagements* – *Reflexionen über Aktivismus und Aktivierung* – *Kritik an Aktionen und Zukunftsentwürfen* – *Projektionsfläche für bestehende Vorbehalte* – *Kollektivierung als Chance* – *Beurteilung der konkreten Kampagne* – *Reflexionen über die Ambivalenzen des Ernährungssystems*

K5.1 Thematische Rekonstruktion
Konkrete Aktion und Kampagne. In den Schilderungen über die außerschulische Begegnung mit den Umweltaktivist*innen ist die Kampagne besonders präsent, die exemplarisch vorgestellt wurde. Die Schüler*innen berichten in den Interviews detailreich davon, was genau im Rahmen der Aktion getan wurde (Schilder

aufstellen, Produkte bekleben, Info-Stand etc.). Anna fasst es so zusammen: „Es war neu die Methoden kennenzulernen. Also dass man sich wirklich davorstellt und sagt ‚Stopp' ((lacht)), so kann das nicht weitergehen'" (ANNA, Pos. 164). Dass diese „Methode" bzw. Vorgehensweise zum Erfolg geführt hat, hat viele der Befragten besonders beeindruckt.

> Was ich am besten halt fand, war diese Kampagne, das mit [dieser Supermarktkette] halt und so, das – weil ich das gar nicht mitbekommen hab´, (…) – und das find ich ganz gut, dass, also das mal zu hören und (…) dass die das mal erzählen, also dass die dabei waren und von deren Sicht aus das mal zu hören, weil sonst hat man halt nicht so oft die Gelegenheit mit so Leuten von [dieser NGO] zu reden und das fand´ ich halt mal ganz gut, wie die zu dieser ganzen Sache stehen (…). (KAREN, Pos. 93–95)

Es dokumentiert sich im Material, dass die meisten der befragten Jugendlichen auch direkt Position zur Kampagne beziehen oder sich zumindest wertend darüber äußern, ob sie den Protest befürworten oder kritisieren. Diese Frage stellte eine Konfliktlinie dar, die intensiv im Rahmen der Nachbereitung der Begegnung diskutiert wurde: „Da kann man sich irgendwie noch 1a dran erinnern" (OLIVIA, Pos. 99). Einige Jugendliche können die Skepsis ihrer Mitschüler*innen nicht nachvollziehen, vor allem Olivia, Anna, Lena und, hier exemplarisch ausgewählt, Karen:

> Ja, ich weiß noch, wir hatten nämlich noch in der Pause weiterdiskutiert über das Thema, weil [eine Mitschülerin] und ich – wir waren halt voll dafür, sage ich mal, wir fanden das total gut und ich weiß noch die anderen waren, glaube ich, dagegen und dann gab's halt in der Pause auch echt Diskussion darüber, weil wir nicht verstanden haben, was man daran halt negativ… – und natürlich ist das halt, was ich halt als negativen Punkt sehen würde, ist halt, dass die direkt gegen [die Supermarktkette] so geschossen haben, sage ich mal, aber irgendwer muss ja den Anfang machen und ich glaube, die meinten ja, dass die dann danach halt, glaube ich, mit ein paar Unternehmen halt auch Gespräche hatten, ich glaub´ mit [einer anderen Supermarktkette] oder so. Und dass es halt ja was gebracht hat und ich meine, die haben ja auch nicht mega 'nen Schaden davongetragen und deshalb habe ich nicht verstanden, warum manchen so dagegen waren. (KAREN, Pos. 100)

Karen bringt ihr Unverständnis gegenüber den Auffassungen einiger ihrer Mitschüler*innen zum Ausdruck. Die konkrete Aktion und Kampagne werden im Rahmen der thematischen Rekonstruktionen nicht ausschließlich beschrieben, sondern bereits stark bewertet. So schließen sich bei einigen Schüler*innen auch direkt rechtliche Fragen an (Olav; Jendrik; Jan), „ob dies überhaupt legal" (OLAV,

8.2 Ergebnisse

Pos. 176) sei. Jan stört sich daran, dass auf diese Weise ein Handeln des Unternehmens erzwungen wurde und deutet an, dass Aufklärungsarbeit eine alternative Vorgehensweise dargestellt hätte:

> Fand ich auch irgendwie komisch, dass man so 'nem Unternehmen so große Probleme macht. Nur damit sie das ändern. Ich glaub', es ist nicht der richtige Weg, also, dass man sie quasi dazu zwingt das zu ändern, anstatt tatsächlich zu zeigen: „Hey, es ist nicht gut, das sollte man vielleicht besser Machen". (JAN, Pos. 79)

Im empirischen Material zeigt sich, dass die Begegnung mit den Umweltaktivist*innen ebenfalls sehr detailreich erinnert und zudem stark mit der kontroversen Diskussion unter den Mitschüler*innen verknüpft wird, die während des außerschulischen Treffens begann und in der nachbereitenden Schulstunde aufgriffen wurde.

Personen und Innenperspektiven. Wie bereits in den Schilderungen zum Betriebsbesuch entfallen viele Schilderungen auf die Repräsentant*innen – die *konkreten Personen*:

> [*Pia* (Umweltaktivistin)] überzeugt mich einfach mehr, wenn sie was erzählt, wenn sie sagt: ‚Wir (...) waren dort und wir haben da zusammengearbeitet und wir haben dafür gesorgt, dass die Bedingungen besser werden.' Und deswegen, das überzeugt mich einfach mehr und das steht – also es strahlte einfach ((lacht)) was Positiveres aus, so. (ANNA, Pos. 200)

Einige äußern sich sympathisierend, andere eher ablehnend gegenüber den Aktivist*innen. Für Tina etwa ist eine der Vertreter*innen insofern eine „typische Umweltaktivistin", als dass sie „nicht (...) über andere Standpunkte nachdenkt" (Pos. 107). Hier zeigt sich ebenfalls, wie auch schon bei den Landwirt*innen, dass die regionalen Akteur*innen zudem als Projektionsfiguren dienen. Die regionalen Akteur*innen stehen für etwas Bestimmtes, was sich auch in den Schüler*innenaussagen dokumentiert. Dennoch wird Respekt und Anerkennung gegenüber dem zivilgesellschaftlichen Engagement ausgedrückt:

> Also, ich habe so oder so ein gutes Bild von [dieser Umweltschutzorganisation], die leisten extrem gute Arbeit und das alles freiwillig und ohne, dass die dafür Geld bekommen (...). Da habe ich auf jeden Fall ein gutes Bild von und auch Respekt vor und [*Pia* (Umweltaktivistin)] als Person, das war halt für mich so 'ne typische Umweltaktivistin, die dann wirklich, die einfach nicht, glaub' ich, über andere Standpunkte nachdenkt. (TINA, Pos. 107)

Anerkennung wird vor allem mit Blick auf die konkrete Kampagne ausgedrückt, aber auch hinsichtlich ihrer Tätigkeit, die dem Gemeinwohl dient. Es wird sich beeindruckt zur Durchsetzungskraft geäußert, dass sie „es einfach durchziehen, bis sie was erreicht haben. Das finde ich extrem gut und auch bemerkenswert, da sollte man sich echt in manchen Punkten 'nen Beispiel drannehmen, dass man (...) sich auch mal einsetzt" (TINA, Pos. 79).

An den konkreten Personen bestätigen oder widerlegen sich Annahmen – ein Urteilen, Deuten und Auslegen zwischen Induktion und Deduktion bzw. Subsumtion. Anna beschreibt in ihrer Rekonstruktion der Begegnung den Einfluss, den die Person mit ihrer Art der Kommunikation und Beziehungsgestaltung auf den eigenen Meinungsbildungsprozess hatte. Da die Person offen und sachlich orientiert auftritt, wurde es Anna ermöglicht, sich anzuschließen oder auch nicht. Sie beschreibt, dass sie sich im Falle einer zu belehrende Ansprache prinzipiell in die Opposition begeben hätte:

> Wenn man [den Namen dieser NGO] hört, die haben halt so'n – ich sag' jetzt – ich will nicht sagen ‚Ruf', aber dass man mit denen viel das Extreme in Verbindung bringt mit solchen Gruppen. Und das Gefühl hatte ich bei ihr einfach nicht. Es war so, sie hat sich vorgestellt, sie hat uns, was ich super fand, halt einfach nicht ihre Meinung quasi dazu so aufgedrängt, sondern sie hat es uns ganz normal, sachlich erklärt und das ist halt irgendwie auch wichtig, finde ich. Weil man kann sich halt sonst nicht wirklich 'ne eigene Meinung bilden. So wenn man schon merkt, okay, diese Person möchte, dass du das denkst und dass du das denkst, dann bin ich dazu geneigt sonst auch dagegen zu sein, weil ich einfach nicht dafür sein möchte so. Weil ich nicht die Chance habe, mir ein eigenes Bild zu machen. Deswegen – das fand ich super. (ANNA, Pos. 123)

Auch diejenigen, die eher skeptisch gegenüber den Umweltaktivist*innen eingestellt waren, beschreiben die Begegnung als anregend, obwohl sie nicht mit den Positionen der Aktivist*innen vollends übereinstimmen.

Positionen der NGO. Eine weitere Kategorie umfasst Äußerungen der Befragten, die sich auf Positionen der Nichtregierungsorganisation (NGO) beziehen, der die Aktivist*innen angehören. Einige merken an, dass sie dachten, das Engagement der NGO beschäftige sich eher mit der Rettung von Tieren – „zum Beispiel dieses (...) ‚Rettet die Wale', das (hat) bestimmt jeder schon mal (...) gehört" (PETER, Pos. 158). Die regionalen und überregionalen Themen, wie die Positionen zur Agrarwende, waren zuvor nicht bekannt:

> Ich hatte von [der NGO] schon eher Vorstellungen, dass die eher so Tiere in ihrem natürlichen Lebensraum da schützen und gar nicht so auf so Betriebe jetzt eingehen, aber hat man dann ja doch auch so kennengelernt. (JENDRIK, Pos. 134)

Wie sich auch schon bei den Subkategorien „Konkrete Aktion und Kampagne" und „Personen und Innenperspektiven" gezeigt hat, werden die Positionen nicht nur wiedergegeben, sondern direkt in Bezug zur persönlichen Position zustimmend oder widersprechend dargelegt. Auf diesen Aspekt wird im folgenden Abschnitt verstärkt eingegangen.

K5.2 Schlussfolgerungen aus der außerschulischen Begegnung mit den Umweltaktivist*innen

Unter der Subkategorie „Schlussfolgerungen" wurden die persönlichen Erkenntnisse, die von den Befragten im Rahmen der Auseinandersetzung gezogen wurden, codiert. Die Schlussfolgerungen wurden in der weiteren empirischen Ausdifferenzierung thematisch aufgegliedert und somit methodisch abgebildet.

Die Zugänglichkeit zu politischer Aktion. In den Reflexionen der Jugendlichen spielt der persönliche Kontakt und der Dialog über die politischen Anliegen der NGO eine wichtige Rolle. Einige Schüler*innen nahmen die außerschulische Begegnung mit den Umweltaktivist*innen als eine besondere „Gelegenheit" (KAREN, Pos. 93) wahr, in eine Gesprächssituation zu treten, die ihrer Ansicht nach sonst und auch zukünftig nicht ohne Weiteres zugänglich sei.

Ohne dieses Projekt würde ich wahrscheinlich niemals mit Leuten von [dieser NGO] reden oder irgendwie so im intensiven Gespräch stehen. Das hat auf jeden Fall gezeigt, wie die Meinungen da wirklich sind. Also, wie stark die dafür kämpfen. Also wirklich kämpfen. (LENA, Pos. 215)

Die Möglichkeit zum Austausch wird als Besonderheit empfunden. Die NGO ist die Schüler*innen zwar bekannt, allerdings nur sehr oberflächlich. Im persönlichen Kontakt wurde Interesse geweckt. Olivia fand diesen Teil der Lerneinheit am besten:

Ich fand das mit [der NGO] super cool, muss ich sagen, das fand ich von der ganzen Unterrichtseinheit, glaube ich, am besten. (...) Die haben ihre Meinung so gesagt und ihr Konzept und ich finde von [dieser NGO] hört man nicht so extrem viel als Jugendlicher und da war das mal so wirklich so ein Einblick von denen, wie das da überhaupt läuft und wie ihre Vorstellungen dazu sind. (OLIVIA, Pos. 89–91)

Die empfundene Exklusivität scheint möglicherweise auch aus einer empfundenen Distanz gegenüber politischer Praxis zu erwachsen. Es weist darauf hin, dass schüler*innenseitig Barrieren zum politischen Feld der Zivilgesellschaft empfunden werden. Dies äußern auch die Jugendlichen, die sich an den „Fridays for Future"-Protesten beteiligen (bspw. Lena). Distanz wird aber nicht nur aus einem

Mangel an Gelegenheiten empfunden, sondern in einigen Fällen liegt sie auch in einer Reserviertheit gegenüber der NGO und deren Positionen begründet. Im Fall von Anna konnte die Voreingenommenheit durch den persönlichen Kontakt abgebaut werden:

> Wenn man [den Namen dieser NGO] hört... – die haben halt (...), ich will nicht sagen „Ruf", aber dass man mit denen viel das Extreme in Verbindung bringt, mit solchen Gruppen. Und das Gefühl hatte ich bei ihr einfach nicht. (ANNA, Pos. 123)

Olivia verallgemeinert diese reservierte Haltung für ihre Altersgruppe:

> Und allgemein find´ ich [diese NGO ist] halt echt 'ne ganz gute Sache, aber was ich halt schade finde ist, dass die sich halt nicht wirklich – die setzen sich zwar durch in einigen Kampagnen, wie ja bei [dieser Supermarktkette] jetzt, aber halt allgemein haben sie nicht so ein wirkliches Ansehen, finde ich, bei den Jugendlichen. (OLIVIA, Pos. 134)

Es kann geschlussfolgert werden, dass die außerschulische Begegnung mit den Umweltaktivist*innen den Jugendlichen eine Gelegenheit der Begegnung bot, die eine Zugänglichkeit zu politischer Aktion und zivilgesellschaftlichem Engagement aufweist und in einigen Fällen Vorurteile und Hemmnisse abbauen bzw. Vorstellungen ausdifferenzieren kann. Wie bereits im Kontext der Analyse zum Anregungspotenzial der außerschulischen Begegnungen (siehe Abschn. 8.2.1.3) ausgeführt, zeigt sich in den Reflexionen das Erleben von Resonanzbeziehungen. Anna führt im Kontext der außerschulischen Begegnung mit den Umweltaktivist*innen aus:

> Es ist wirklich jemand, der kommt aus der Nähe, man merkt so, ich bin in der Nähe dieser Person, es ist bei mir und ich muss jetzt auch selbst darüber nachdenken. (ANNA, Pos. 182)

Das empirische Material dokumentiert zweierlei in Hinsicht auf den Aspekt der Zugänglichkeit zu politischer Aktion aus Lernendenperspektive: Einerseits zeigt sich, dass ein persönliches Gespräch für einige einen gewissen Attraktionsgrad hat (man würde sonst „niemals mit Leuten von [dieser NGO] reden"), dies verweist nicht nur auf den ungewöhnlichen Akt, das Schulgebäude zu verlassen, sondern andererseits auch auf die empfundene Distanz zum politischen Feld der Zivilgesellschaft, die mit der Begegnung zeitweilig aufgehoben wurde.

Anerkennung und Würdigung des zivilgesellschaftlichen Engagements. Das zivilgesellschaftliche Engagement der getroffenen Umweltaktivist*innen ruft bei

8.2 Ergebnisse

den meisten der befragten Jugendlichen Anerkennung und Respekt hervor. Neben der Tatsache, dass sie mit dem Ehrenamt „ihre Freizeit (...) opfern", beeindruckt das gemeinwohlorientierte Tun.

> Ich find', man sollte auch 'n bisschen Respekt davor haben, dass die sich halt damit befassen und dass die halt auch ihre Freizeit dafür opfern, sage ich mal, um sowas zu machen. Und letztendlich ist es ja auch für die Allgemeinheit. Also die denken ja nicht nur an sich und sagen: „Ja, ich bin jetzt Vegetarier oder so und ich möchte nur, dass es kein Fleisch gibt, weil die Tiere leiden", es geht hier auch um den Klimawandel und der Klimawandel betrifft ja alle. (KAREN, Pos. 120)

Karen antizipiert an dieser Stelle einen Einwand und argumentiert, dass es nicht nur um die Frage nach Tierleid ginge, sondern damit auch um die Bedrohung durch den Klimawandel, der alle beträfe. Diese Würdigung findet sich auch im empirischen Material anderer Interviews. Die Jugendlichen drücken ihren Respekt für das Engagement der Akteur*innen aus, auch wenn sich nicht alle explizit auf das Konzept von Gemeinwohl beziehen.

Reflexionen über Aktivismus und Aktivierung. Wie bereits in der Subkategorie „Bezüge zu schulischer Nachhaltigkeitsbildung" (Abschn. 8.2.1.3) erwähnt, wird von einigen Jugendlichen das Thema Nachhaltigkeit als Problematisierungsdiskurs ohne Handlungsfolgen empfunden. Hierzu konnte die außerschulische Begegnung mit den Umweltaktivist*innen einen Gegenentwurf darstellen. In den Schlussfolgerungen der Jugendlichen zeigt sich, dass Auseinandersetzungen über zivilgesellschaftlichen Aktivismus angestoßen wurden. Lena sieht sich in ihrer Auffassung, dass man vom „Sitzen und reden" endlich ins Handeln kommen müsse, bestätigt und bestärkt. Für sie liefert die Kampagne der NGO ein Beispiel, bei dem die Umsetzung und Problemlösung im Vordergrund steht – die Aktion gewinne dadurch ihre Legitimität:

> Ich finde es stark, dass man sich da so für einsetzt. Also, ich bin auch der Meinung, dass man wirklich etwas tun sollte. Also man kann jetzt nicht nur sitzen und reden, das machen ja alle. Sitzen und reden und sagen: ‚Okay, so ist es und das sollte man tun.' Aber es geht ja darum, was man dann wirklich macht. Man kann ja reden, aber das bringt einfach ja nichts. Es ist, also, man kann zwar andere Leute von etwas überzeugen, aber, ob was in Bewegung gesetzt wird, ist halt eine andere Frage. Und das ist halt ein Weg, das wirklich Leuten einzuhämmern. Das ist zwar krass, also echt krass, finde ich, aber auch ein Weg. (LENA, Pos. 221)

Lenas formuliert in ihrer gesellschaftlichen Betrachtungsweise eine Differenzordnung zwischen „Überzeugen", „Aktivieren" und „Handeln", die sich aus den unterschiedlichen Wirkgraden ergibt. Dies korrespondiert mit Olivias Sicht auf das entsprechende „Sitzen und Reden" in der Institution Schule. Die Ermüdung und der Überdruss gegenüber der Nachhaltigkeitsthematik im nur problematisierenden Unterricht, wie es von einigen Schüler*innen beschrieben wird, wird einem Unterricht gegenübergestellt, in dem das *Wie* bzw. die Methodik des gesellschaftlichen Transformationsprozesses und konkrete Beispiele als Handlungsmodelle in den Fokus rücken.

> Ich finde, man kommt halt echt nur an die Gesellschaft, wenn man das ein bisschen radikaler macht. Und nicht nur so flüchtig hier so. Wenn ich das in jeder Unterrichtsstunde mit reinbringe, nimmt doch auch niemand im Endeffekt irgendwas mit. Wenn ich jetzt wirklich mal an so einem konkreten Beispiel hier zeige, hier so Zack, wie bei [dieser Supermarktkette], das fand´ ich halt ganz cool so. Weil dann hatte man wirklich so einen Einblick und hat das auch wirklich absolut verstanden und… – ich weiß nicht, da wurde einem dann auch klar, ok, so kann ich vorgehen, um irgendwas zu ändern. Und sie haben es ja geschafft, also ist es ja irgendwo was Gutes. (OLIVIA, Pos. 201)

Die Begegnung mit den Vertreter*innen der NGO hat für einige Schüler*innen das Potenzial einer Mobilisierung und Aktivierung. Im Fall von Lena und Olivia, aus deren Worten ein gewisser Frust über die gesellschaftliche Untätigkeit hinsichtlich des Klimaschutzes spricht, ist eine Mobilisierung hinsichtlich konkreter Vorgehensweisen zu vernehmen („da wurde einem dann auch klar, ok, so kann ich vorgehen", s. o.). Im Falle von Tina, die sich eher mit der Perspektive der Landwirt*innen identifiziert und sich kritisch über Umweltaktivismus äußert, ist dennoch eine mit Blick auf das eigene Handeln impulsgebende Aktivierung festzustellen.

> Deswegen finde ich es gut, wenn solche Leute auch in der Stadt zum Beispiel informieren und auch diese Sachen zum Beispiel bei [der Supermarktkette] einfach durchziehen, bis sie was erreicht haben. Das finde ich extrem gut und auch bemerkenswert, da sollte man sich echt in manchen Punkten ein Beispiel drannehmen, dass man (…) sich auch mal einsetzt. (…) Ich find das hat so'n bisschen so diese (…) Ausrede von einem weggenommen. So, doch, du kannst auch was machen. Du kannst dich auch irgendwie mit vor [Filialen der Supermarktkette] stellen und dafür sorgen, das kann jeder machen (…). (TINA, Pos. 79–83)

Aus den Reflexionen vieler befragter Schüler*innen spricht die Achtung und Anerkennung für das gemeinnützige Engagement, die offenbar einen Reflexionsanlass darstellt, um über politisches Handeln, Aktivismus und das eigene Handlungspotenzial nachzudenken. Einige andere äußern sich aber auch kritisch; darauf geht der folgende Abschnitt ein.

8.2 Ergebnisse

Kritik an Aktionen und Zukunftsentwürfen. Neben den positiven Zuschreibungen äußern sich einige Schüler*innen auch kritisch, insbesondere Jan und Jendrik. Zwar wird betont, dass sie der Umweltschutzorganisation gegenüber grundsätzlich positiv eingestellt seien und das Engagement wertschätzen, jedoch werden die Aktionen kritisiert. Dies geht auch mit einem wenig differenzierten Bild von „Aktivismus", der Organisationsstruktur gemeinnütziger Organisationen und engagierten Personen einher, etwa wenn Kritik und möglicherweise Verunglimpfung in sozialen Netzwerken und Positionen einer etablierten NGO pauschalisierend zusammengefasst werden, wie der folgende Ausschnitt zeigt. Für Jan stellen Kritiker*innen der konventionellen Landwirtschaft eine homogene Gruppe dar:

> Ich hatte eigentlich schon vorher so eine Meinung zu denen. Also ich find' halt das, wofür sie stehen, ganz gut, aber die Maßnahmen sind dann fragwürdig. Das hatten die ja auch... wie hießen die nochmal, der Betrieb? (…) [*Schmitts* (Landwirt*innen)] haben das ja auch gesagt, dass die so von Veganern angegriffen wurden online. Und das finde ich dann auch so wieder in dem Motiv, dass man nur, weil man diese eine Meinung hat, jetzt mit irgendwelchen illegalen oder gewaltsamen Mitteln jetzt andere dazu zwingt, die auch anzunehmen, anstatt tatsächlich zu zeigen, ja das ist gut, was wir vertreten. (JAN, Pos. 89–91)

Jan stört sich an der Art und Weise des Aktivismus und verknüpft dies mit Berichten der Landwirt*innen über „vegane" Aktivist*innen, wodurch er seine Sichtweise weiter zu plausibilisieren versucht. Der problematische Aspekt besteht für ihn darin, dass eine Meinung angeblich aufgezwungen wird, anstatt dass Menschen für sachliche Argumente gewonnen werden würden. Jendriks Kritik bezieht sich hingegen stärker auf die politischen Forderungen. Er ist nicht überzeugt von den Umsetzungsideen der NGO und beruft sich auf eine Aussage einer Aktivistin, man solle die Tierhaltung und Produktion auf die Hälfte reduzieren. Er kritisiert ein vereinfachtes Denken und sieht diese Lösung in einem Konflikt mit dem Ziel der Ernährungssicherheit:

> Und negativ habe ich halt diesen einen Punkt vor allen Dingen aufgefasst, das ging mir da einfach zu leicht dieses Denken, dass sie gesagt hat, dass theoretisch ja alle Betriebe nur die Hälfte produzieren und dann wäre ja alles viel besser für die Tiere und dann wäre alle Probleme gelöst. (…) So einfach denke ich das dann ja nicht, weil irgendwie müssen ja auch 81 Millionen Menschen in Deutschland ernährt werden und wenn das so zurückgeschraubt werden würde, dann müssten wir wiederum Nahrungsmittel aus anderen Ländern kaufen und das wäre dann ja auch wieder schlecht für die Umwelt und da sind die Bedingungen ja nicht unbedingt besser. Ich würde

sogar echt sagen, dass wir in Deutschland ja schon ziemlich viele Normen dazu haben. (JENDRIK, Pos. 138)

Projektionsfläche für bestehende Vorbehalte. Bei einigen Schüler*innen überwiegt die Skepsis gegenüber der NGO, die sich nach eigenen Angaben durch die außerschulische Begegnung mit den Repräsentant*innen bestätigt habe. Tina kritisiert das mangelnde Verständnis für die Handlungszwänge der Landwirt*innen, dabei beruft sie sich nicht auf das konkrete Gespräch, sondern antizipiert bzw. spekuliert über die vermeintliche Haltung der Aktivist*innen.

> Ich finde es sehr gut, dass sie sich daran hält, aber ich glaube, dass sie in manchen Punkten eben so ist, dass sie sagt, „Wieso, mach doch einfach. Mach die Massentierhaltung weg, mach Weidenhaltung! – fertig. So, dann ist doch alles schöner." Ja natürlich wär's schöner, aber es ist leider nicht möglich. Ich glaub', jeder fände das schöner so. Aber wenn's nicht möglich ist, dann muss man eben auch wie [*Schmitts* (Landwirt*innen)] zum Beispiel, das nachvollziehen können, warum die eben so ihren Hof führen. Und das (…) hat mir manchmal bei [*Pia* (Umweltaktivistin)] so'n bisschen gefehlt, dass sie (…) dieses Verständnis für die einzelnen Personen nicht so aufweisen konnte, sondern eher so ihre Meinung vertreten hat, was natürlich auch einerseits sehr stark ist, aber andererseits auch nicht richtig ist, finde ich, wenn man so eine starke Meinung vertritt. Dann muss man sich eben auch in die Menschen, die mit den Konsequenzen am meisten leben, (…) hineinversetzen. (TINA, Pos. 121)

Die Aktivistin wird an dieser Stelle zur Projektionsfläche für die eigenen Vorstellungen. Für Tina hat sich die Einsicht bestätigt, dass sich Umweltschutzorganisationen nicht in die Menschen „hineinversetzen", „die mit den Konsequenzen (…) leben" müssen. Tina wägt in ihren Reflexionen vordergründig ab und gibt an, nicht verallgemeinern zu wollen, ihre Schlussfolgerungen sind aber von deutlichen Vorbehalte getragen:

> Es gibt einfach Menschen, ohne dass ich ihr da jetzt was unterstellen will oder so, die einfach so… davon ausgehen, „ja, mach's doch einfach, mach doch einfach Weidenhaltung, mach doch einfach." (…) Das möchte ich jetzt natürlich nicht bei [der ganzen NGO] unterstellen oder so ((lacht)), aber vielleicht gibt es auch einzelne, die einfach so denken und da nicht drüber nachdenken, wie ist denn das eigentlich? Können die das einfach so machen? Haben die das Land dazu? Haben die die Möglichkeiten dazu? Dass die über sowas dann halt nicht nachdenken. (TINA, Pos. 77)

Hinter einem anfangs zögerlich formulierten Vorurteil kann im weiteren Verlauf des Interviews ein grundsätzlicher Vorbehalt vermutet werden, der die getroffene Person gänzlich zur Referenz in der eigenen Argumentation macht, denn:

8.2 Ergebnisse

Einerseits stellt sie die Erwägung an, ob die Aktivistin nur ein Einzelfall sei, andererseits subsumiert sie: „Das war halt für mich so 'ne typische Umweltaktivistin" (TINA, Pos. 107).

Die Bedeutsamkeit einer affektiven und emotionalen Dimension im Prozess der Decodierung des außerschulisch Erfahrenen und der damit verbundenen Urteilsbildung zeigt sich an vielen Stellen im Material. Sowohl die Befürworter*innen als auch die Kritiker*innen der NGO argumentieren vor dem Hintergrund von Emotionen. Das folgende Beispiel dokumentiert, dass die Beurteilung der NGO und ihrer Anliegen in einem Zusammenhang zum eigenen Selbstbild steht. Für einige Befragte ist keine Übereinstimmung zwischen Selbstbild und dem, wofür die NGO steht, herzustellen. Olav, dessen Argumentationen als wirtschaftsliberal und problembewusst charakterisiert werden können, hadert mit sich und betont, die Perspektive der Aktivist*innen zu verstehen, sich aber „einfach nicht komplett [da]mit identifizieren" zu können:

> Ich verstehe das auf jeden Fall. (…) Ich würde das auch unterstützen. Ich finde es auch gut. Aber ich kann mich selber als Person und (…) als Konsument einfach nicht da rausziehen und sagen, dass ich jetzt nachhaltig leben könnte oder nachhaltig bin. (…) Da kann ich mich einfach nicht komplett mit identifizieren. (…) Also ich verstehe die Situation auf jeden Fall. (…) Das ist halt so ein Zwiespalt immer. (OLAV, Pos. 190–196)

Zwar findet er das Engagement „gut" und ihm ist die Problematik bewusst, aber er könne sich nicht „rausziehen" und „nachhaltig leben" oder gar „nachhaltig sein". Die Kluft zwischen Wissen und Handeln erleben auch die Kritiker*innen unter den Befragten – für Olav sei dies ein „Zwiespalt", der auch in anderen Lebenssituationen erlebt und wahrgenommen wird. Seiner Reflexion liegt ein Denken zugrunde, in dem Nachhaltigkeit als ein radikaler Gegenentwurf zu einer für ihn üblichen und gewohnten nicht-nachhaltigen Lebensweise verstanden wird.

Die Aktivist*innen werden zu einer Projektionsfläche – in einem Wechselspiel zwischen Induktion und Deduktion werden Vorbehalte abgeleitet (induktiv) oder plausibilisiert (deduktiv). Zugleich zeigen sich auch Hinweise auf die Ursachen für die grundsätzlichen Vorbehalte: das Empfinden von Ohnmacht (sich nicht „rausziehen" zu können; konsumieren zu müssen) einerseits sowie das Streben nach einem kongruenten Selbstbild andererseits.

Kollektivierung als Chance. Für einige der befragten Jugendlichen rückt mit der NGO neben dem staatlichen Eingreifen und dem Agieren als Konsument*innen eine weitere Handlungsebene in den Vordergrund: die Zivilgesellschaft. Die Denkweisen vieler Jugendlicher sind geprägt durch die Auffassung, dass ein Eingreifen in den freien Markt zu vermeiden sei. Zugleich bestehen aber auch Zweifel an der Effektivität des Konsument*innenhandelns. In den Reflexionen vom Lena eröffnet sich an dieser Stelle eine politische Einsicht, dass es „im Prinzip (...) eine Allgemeinheit sein" müsse. Was sie darunter konkret versteht, expliziert sie in der Äußerung nicht, jedoch beschreibt sie, dass sich Menschen zusammenschließen und gemeinsam agieren sollten. Dafür müsse aber jede*r einen Anfang machen:

> Dann kann auch die Politik (...) Gelder senden, dass das dann auch funktionieren kann und als Konsument ist es relativ schwierig da wirklich etwas zu bewirken. Sonst wird das so weiterlaufen. Jeder kann nur natürlich für sich ordnen, aber im Prinzip muss es so eine Allgemeinheit sein. (...) Sonst läuft das nicht, glaube ich. Und am wichtigsten ist es, glaube ich doch, dass man sich politisch (...) irgendwie da betätigt. Dass man versucht, da was zu bewirken wirklich. So, ich weiß nicht, man muss jetzt ja nicht unbedingt sich da vor den [Supermarkt] stellen, oder sowas. Das kann man natürlich machen. Das finde ich auch ganz toll, wenn man sich da wirklich reinhängt und sagt: ‚Wir müssen das anders machen.' Aber (...) ich glaube, man sollte auf jeden Fall anfangen, drüber zu reden, sich seine Meinung bilden und versuchen, das bestmögliche zu machen. So, von sich aus. (LENA, Pos. 210–212)

Die Aktion der Aktivist*innen („vor den [Supermarkt] stellen") wird in Lenas Reflexionen als Referenz aufgeführt, als eine von vielen möglichen Handlungsoptionen. Das konkrete Handeln wird als etwas beschrieben, dass kollektiv und öffentlich eingebunden sein muss („so eine Allgemeinheit"), wenn es Wirkung erzielen soll. Zugleich wird als Mindestanforderung ein Anfangen in Form eines zwischenmenschlichen Austausches und individuellen Beitrags beschrieben, das zu Beginn der Passage aber als unzureichend dargelegt wurde.

Auch in den Reflexionen von Olivia wird Kollektivierung als Chance thematisiert, so zweifelt sie an dem Einfluss des Einzelnen, daher habe sich durch die Begegnung mit den Aktivist*innen eine Perspektive eröffnet. In den Schilderungen Olivias dokumentiert sich eine Faszination für einen Zusammenschluss mit dem politischen Ziel, etwas zu erreichen:

> Das Problem ist halt, als Einzelmensch kannst du halt nicht viel erreichen und wenn man sich halt so in so 'ne... – deswegen fand ich [die Umweltschutzorganisation] halt eben cool, weil die sich zusammengeschlossen haben, um was zu erreichen, das ist ja das Ziel, dass die was verbessern wollen und das fand ich für meine Position, und allgemein was ich da alles mitgenommen hab', entscheidend und auch durch die ganze Unterrichtseinheit ist mir das halt so 'n bisschen bewusst geworden, finde ich. Dass man sich halt wirklich in 'ner Gruppe zusammenschließen muss und radikal vorgehen muss und nicht nachlassen kann. (OLIVIA, Pos. 153)

8.2 Ergebnisse

Dieser Eindruck politischer Kollektivierung durch die Begegnung mit den Umweltaktivist*innen ist für Olivia nach eigenem Bekunden „entscheidend" gewesen. Es kann angenommen werden, dass die Schüler*innen durch die außerschulische Begegnung mit Vertreter*innen der NGO die Einsicht gewonnen haben, dass durch ein kollektives Agieren verstärkt Einfluss auf gesellschaftspolitische Diskurse genommen werden kann. Es zeigt sich, dass gerade bei den potenziell handlungsbereiten Befragten Schlussfolgerungen im Hinblick auf die Zivilgesellschaft als Handlungsraum zwischen Staat und Individuum gewonnen wurden. Damit werden in den Reflexionen der Schüler*innen machtpolitische Fragen tangiert, etwa bezüglich der Frage, wie der eigene Einfluss geltend gemacht werden kann. Die Begegnungen bieten Anlass zur Reflexion darüber, wie sich politische Handlungsmacht entwickelt.

Beurteilungen der konkreten Kampagne. Die Erinnerungen der befragten Jugendlichen an die außerschulische Begegnung mit den Vertreter*innen der Lokalgruppe der Umweltschutzorganisation beziehen sich sehr stark auf die Beurteilung der vorgestellten Kampagne. In beiden Schulklassen wurde die Legitimität und Effizienz der Aktion kontrovers diskutiert, sowohl im Gespräch mit den Aktivist*innen als auch in der Nachbereitung des Besuchs in der Schule. Dies spiegelt sich entsprechend in den Interviews wider. Das Treffen bot demnach einen vitalen Diskussionsanlass. Lena erinnert sich daran,

> dass die Meinungen ziemlich gespalten waren, also, dass es wirklich eine diskutable Sache ist. Also, dass Leute entweder das gänzlich befürworten oder sagen: ‚Es ist in Ordnung, es ist wichtig, dass es Leute so machen.' Auch, wenn man sich jetzt nicht unbedingt dazustellen würde. Oder eben, dass man sagt: ‚Das geht gar nicht, (...) man kann sich nicht so verhalten. Das entspricht nicht unserer Norm' –irgendwie, 'ne? (LENA, Pos. 208)

Eine forschungsleitende Annahme zur Erklärung der nachhaltigen Erinnerung an die Diskussion ist das Erleben konträrer Werteorientierungen zwischen den Mitschüler*innen. Die außerschulische Begegnung stellt eine gemeinsam erfahrene Situation dar, die eine Positionierung, Abgrenzung, Kollektivierung und Aushandlung ermöglicht. Die Reflexionen beziehen sich nicht nur auf die konkrete Aktion, die Gegenstand des Workshops war. An der Kampagne wird exemplarisch über Legitimität und Effektivität von Aktivismus im allgemeineren Sinne verhandelt. Olivia beschreibt diese Konfliktlinie entlang verschiedener Personentypen:

> Es gibt, glaub' ich, so 'ne getrennte Meinung: Einige Menschen lehnen sich halt zurück in ihren Sessel und sagen: ‚Ja, das klappt schon irgendwie, das ist ja 'n Prozess, der läuft vielleicht von selber", aber einige so, glaube ich, haben sich auch meiner (...)

> Meinung so 'n bisschen angeschlossen, dass man da so ein bisschen nachhaken muss. Dass man ein bisschen tiefer in die Wunde, so ein bisschen reinbohren muss und sagen muss: ‚Hier, das ist falsch, was ihr macht, ihr müsst es ein bisschen anders machen.' Und ich glaub' schon, dass das 'ne Bedeutung hat für einige in der Position so. (…) Ja, deswegen fand ich's auch eigentlich ganz cool, also dass wir das gemacht haben. Es hat sich halt schon gezeigt, wer, glaub' ich, später, oder wer so 'n bisschen so charaktermäßig so 'n bisschen zeigt, dass er sich dafür einsetzen möchte. (OLIVIA, Pos. 149–153)

Die Erfahrungen der widerstreitenden Auffassungen in der Lerngruppe selbst im Nachgang zur Realbegegnung werden facettenreich beschrieben, wobei die befürwortenden Jugendlichen Schlüsse ziehen über zugrundeliegende Werte und potenzielle Handlungsbereitschaft der Kritiker*innen. Karen zeigt sich verblüfft über die Kontroverse: „Und dann gab´s halt in der Pause auch echt Diskussion darüber, weil wir nicht verstanden haben, was man daran halt negativ [finden kann]" (Pos. 98). *Wie* gesellschaftliche Veränderung angebahnt werden kann – diese Frage stand für die Befürworter*innen der Kampagne im Mittelpunkt. Dabei ist eine Argumentation zu erkennen, nach der der Zweck die Mittel heiligt; Olivia zufolge müssen die Maßnahmen auf eine Gesellschaft reagieren, die sie als untätig beschreibt.

> Klar ist das für die eigenen Besitzer, wenn die davor stehen, schon so ein bisschen nicht schön und auch für die Verkaufszahlen dann, glaube ich, nicht mehr so ganz so gut. Aber ich finde, du kommst halt an die Gesellschaft nicht anders ran. Weil in der Zeitung ist es halt so, das liest jeder flüchtig durch, aber im Endeffekt macht man halt eh nichts, man kauft immer noch das gleiche Fleisch und niemand ist über die Folgen wirklich aufgeklärt und deswegen fand ich das eigentlich ganz gut, dass die sich wirklich konsequent nach vorne gestellt haben und sich wirklich radikal so ein bisschen durchgesetzt haben. Und ich find' das kommt halt deutlich besser an in der Gesellschaft. (…) Die haben sich da so gut durchgesetzt, die haben sich gar nicht klein machen lassen, sondern wirklich: „Hier, das ist schlecht!", und sie haben damit ja auch was erreicht, so. (OLIVIA, Pos. 103)

Olivia zieht den Schluss, dass Aktionen dieser Art nicht nur legitim sind, sondern auch effektiv, um ein gesellschaftliches Handeln anzustoßen. Die eingesetzten Mittel werden als adäquater und effektiver Weg des Protests beschrieben, um Menschen in ihren Ernährungsgewohnheiten wachzurütteln. Die kritischen Schlussfolgerungen hingegen bezweifeln die Effektivität und Legitimität der Kampagne. So gibt etwa Jan zu bedenken, dass die Reaktion des Unternehmens nicht authentisch wäre, wenn sie unter Druck entstehe:

8.2 Ergebnisse

> Fand ich auch irgendwie komisch, dass man so ‚nem Unternehmen so große Probleme macht, nur damit sie das ändern. Ich glaub', es ist nicht der richtige Weg, also, dass man sie quasi dazu zwingt, das zu ändern (...). Ich finde halt, das Problem liegt eher bei den Unternehmen, dass sie diese moralischen Aspekte nicht in Betracht ziehen und wenn man jetzt mit [der NGO] da ankommt und die dazu zwingt, das so zu machen (...), dann weiß man halt, dass die das nicht gemacht haben, weil die das wirklich wollen, sondern halt, weil die einfach kein Problem mit [der NGO] haben wollen ((lacht)) – so nach dem Motto. (JAN, Pos. 79–83)

Jendrik kritisiert das Vorgehen auch aus der Perspektive der Erzeuger*innen, da diese Kampagne die Probleme verallgemeinere und somit der Landwirtschaft als Ganzes schade. Solche Aktionen schürten Vorurteile, unter denen die landwirtschaftlichen Betriebe leiden. Er bezieht sich in diesem Argument auf das Gesagte im Rahmen der außerschulischen Begegnung mit den Landwirt*innen:

> Aber da stechen dann natürlich negative Betriebe ziemlich schnell heraus und das hat, haben die auf dem Hof ja auch gesagt, dass die eben unter diesen Vorurteilen leiden, wenn irgendein Betrieb halt wirklich was ziemlich schlecht macht, dass dann direkt alle über einen Kamm geschert werden. (JENDRIK, Pos. 140)

Wer mit der Kampagne eigentlich adressiert wird, spielt eine zentrale Rolle bei allen Befragten. Welche zugewiesene Verantwortung ist gerechtfertigt? Olav findet, die Aktion der NGO sei gerechtfertigt, jedoch stehe die Legalität infrage, denn es sei „Rufmord" an der Supermarktkette:

> Ich meine im Prinzip haben sie halt recht, aber ich finde sowas ist einfach, äh, ja ich weiß auch gar nicht, ob das überhaupt legal ist, sowas zu machen. Weil ich (...) finde, es ist halt einfach schon ein bisschen Rufmord, so. (OLAV, Pos. 174–176)

Die beurteilende Äußerung „ich finde <u>sowas</u> [...] einfach" weist darauf hin, dass die Kampagne exemplarisch für eine Art und Weise der politischen Kommunikation steht, die abgelehnt wird. Auch die nachbereitende Diskussion in der Schule war implizit geprägt von einem Streit über den Umgang mit den eigenen Affekten. Olivia vermutet als Befürworterin der Kampagne, dass sich die Kritiker*innen lediglich „angegriffen fühlen":

> Wenn sich Leute angegriffen fühlen, dann sollen sie halt reingehen und sich damit nicht auseinandersetzen. (...) Jeder Mensch ist halt in seine eigene Richtung ein bisschen ego, würde ich jetzt sagen. (OLIVIA, Pos. 120–122)

Für Olivia steht fest, dass die Kritiker*innen sich in ihrer Lebensweise und ihren privaten Konsumentscheidungen beleidigt fühlen. Die Ursache für diese Abwehr vermutet sie in der Egozentriertheit solcher Personen. Die Dimensionalisierung dieser Subkategorie verläuft zwischen den einzelnen Fällen in befürwortende und kritisierende Positionen und fallübergreifend entlang der Urteilskategorien Legitimität und Effektivität: Ist die Kampagne gerechtfertigt und bewirkt sie das, was ihr Ziel ist? In den Codierungen dokumentiert sich die Bedeutung von Emotionen und Affekten für die Bildung von Sach- und Werturteilen. Dabei ist festzustellen, dass einigen Schüler*innen dies sehr bewusst ist und die Bedeutung der Emotionen *der anderen* selbst zum Reflexionsgegenstand gemacht wird.

Reflexionen über die Ambivalenzen des Ernährungssystems. Auf einer systemischen Ebene sind Aussagen anzusiedeln, die vor allem zwei Aspekte betreffen: Zum einen den internationalen Handel mit Nahrungsmitteln, zum anderen die Profitorientierung der produzierenden, herstellenden und vertreibenden Unternehmen. Tina berichtet, die Umweltaktivistin habe ihr die negativen Seiten eines globalisierten Marktes um Lebensmittel vermittelt:

> Sie hat einem so'n bisschen diesen negativen Aspekt davon gezeigt (...). Es ist natürlich cool, wenn man so Sachen von der ganzen Welt sich einfach kaufen kann, irgendwelche Produkte usw. und dass alles so vernetzt ist, aber es eben auch 'ne negative Seite hat, weil das unfassbar die Umwelt belastet. (TINA, Pos. 99)

Die Vielfalt der Produkte wird als Vorteil dargestellt, der aber negative Auswirkungen auf die Umwelt habe. Jan kritisiert die unethische Unternehmensausrichtung an Gewinnmaximierung:

> Dass diese moralischen Aspekte ziemlich außer Acht gelassen werden von diesen Unternehmen. Dass man mit der bloßen Tatsache, dass man denen das zeigt, dass es schlimm ist, nicht wirklich geändert wird, dass (...) die Produktion quasi wirklich nur auf den Profit aus ist und auf diese Massenproduktion. (JAN, Pos. 105)

Die Codierungen der Subkategorie weisen darauf hin, dass die systemischen Herausforderungen einer nachhaltigen Entwicklung auch in einem kapitalistisch orientierten Wirtschaftssystem gesehen werden. Die beiden zitierten Fälle können als exemplarisch für die Positionen gelten, die sich diesbezüglich im Material zeigen. Ökonomische Mechanismen werden als ursächlich markiert, aber meist nicht hinsichtlich einer potenziellen Veränderbarkeit thematisiert.

Im Rahmen der Hauptkategorie „Außerschulische Begegnung mit den Umweltaktivist*innen" zeigt sich, dass die Jugendlichen in ihren Reflexionen

Schlussfolgerungen über Aktivismus, Engagement und Momente der Kollektivierung ziehen. Ein Großteil der Befragten würdigt das politische Handeln der Akteur*innen. Allerdings differenzieren sich die Schlussfolgerungen schließlich in befürwortende und kritische Positionen. Einige schlussfolgern über den Einfluss, der durch gemeinsames, kollektives und koordiniertes Handeln auf das politische Geschehen genommen werden kann. Für viele ist damit die Einsicht verbunden, dass grundsätzlich die Möglichkeit besteht, sich auch persönlich daran zu beteiligen und mitzugestalten. Neben diesen Schlussfolgerungen über die potenzielle Zugänglichkeit zum politischen Handeln, beschreiben andere ihre Vorbehalte gegenüber den Aktivist*innen. In der Kritik an den politischen Aktionen und Zukunftsentwürfen spiegeln sich Fragen nach der Legalität und Legitimität, aber auch nach der eigenen politischen Identität wider.

Wie auch in der vorherigen Hauptkategorie zur Begegnung mit den Landwirt*innen zeigt sich auch im Hinblick auf die außerschulische Begegnung mit den Umweltaktivist*innen der NGO, dass Prozesse der Rekapitulation (Abschn. 8.1.3; *Reporting* und *Responding*, Abb. 8.2) und der kommentierenden und bewertenden Abstraktion (*Relating* und *Reasoning*) bereits sehr stark ineinander verwoben sind. Auch in Rahmen dieser Hauptkategorie zeigt sich, dass Reflexionen über persönliche Erkenntnisse vor dem Hintergrund der eigenen politischen Identität (*Meaning-making*) angebahnt wurden.

In den vorherigen zwei Abschnitten lag der Fokus auf den Schlussfolgerungen aus den außerschulischen Begegnungen mit den regionalen Akteur*innen. Im folgenden Abschnitt wird der Fokus auf die epistemischen Aktivitäten und Muster der Sinnbildung gelegt, die sich in den Reflexionen der Jugendlichen identifizieren lassen.

8.2.2.3 Epistemische Aktivitäten und Muster in der Sinnbildung im Zuge außerschulischer Begegnungen

Im Folgenden werden die Ergebnisse zu den Forschungsfragen 3c vorgestellt: Inwiefern integrieren und koordinieren die Jugendlichen die außerschulisch eingebrachten Sichtweisen? Welche Besonderheiten der Sinnbildung und Muster der Urteilsbildung lassen sich nachvollziehen? Das Erkenntnisinteresse besteht nach der Analyse der *inhaltlichen* Schlussfolgerungen nun darin, zu analysieren, welche Prozesse der Sinn- und Urteilsbildung *formal* angeregt wurde, d. h. etwa wie das Erlebte und die externen Perspektiven mit den eigenen Sichtweisen der Jugendlichen verbunden werden sowie wie mit der Komplexität und Ambiguität umgegangen wird. Nachfolgend werden nicht thematische, sondern analytische Kategorien präsentiert, die aus der Analyse der Codierungen der Kategorien K4.2 und K5.2 entwickelt wurden. Kuckartz (2018) zufolge sind analytische Codes das

„Resultat der intensiven Auseinandersetzung des Forscherin oder des Forschers mit den Daten, d. h. die Kategorien entfernen sich von der Beschreibung, wie sie etwa mittels thematischer Kategorien erfolgt" (ebd., S. 34). Die analytische Ausrichtung des Kategorientyps zeigt sich auch in der begrifflichen Fassung der Kategorien (siehe Tab. 8.9).

Tabelle 8.9 Hauptkategorie 6: Epistemische Aktivitäten und Muster in der Sinnbildung

Hauptkategorie	Subkategorien 1	Subkategorien 2
K6: Epistemische Aktivitäten und Muster in der Sinnbildung	K6.1 Perspektivenübernahme und -koordination	
	K6.2 Integration der eingebrachten Perspektive in die eigene Sichtweise	– *Bestätigende und erweiternde Decodierung* – *Die außerschulischen Begegnungen als Referenz und Evidenz: Plausibilisierung und Projektion* – *Emotionale Involviertheit: Solidarisierung und affektive Abwehr*
	K6.3 Selbstbezug, Selbstreflexion und Selbstvergewisserung	– *Abgleich mit den eigenen Vorstellungen angesichts konfligierender Rationalitäten* – *Anforderungen an das eigene Handeln*

K6.1 Perspektivenübernahme und -koordination

Ziel der Integration zweier außerschulischer Begegnungen in die Lerneinheit war es, im Sinne einer problem- und konfliktorientierten didaktischen Dramaturgie die Auseinandersetzung der Schüler*innen mit den Perspektiven zweier Interessengruppen anzuregen. Auf diese Weise sollte die Fähigkeit zur Perspektivenübernahme gefördert werden, um Standpunkte und kontroverse Positionen wahrzunehmen, nachzuvollziehen und vor dem Hintergrund von eigenen Interessen und der Interessen anderer analysieren zu können.

In den Ergebnissen der beiden vorangegangenen Unterkapiteln 8.2.2.1 und 8.2.2.2 im Rahmen der Auswertungsdimension II zeigt sich, dass eine Perspektivenübernahme hinsichtlich der Sichtweisen und Argumente der Akteur*innengruppen angeregt wurde. Die Reflexionen sind vor dem Hintergrund der Begegnungen zunächst auf die konkreten Personen, die regionalen

8.2 Ergebnisse

Akteur*innen, bezogen: d. h. über die Rekonstruktion von Innenperspektiven werden Beweggründe nachvollzogen. Eine Abstraktion vom außerschulisch Erlebten und den konkreten Personen hinsichtlich politischer Interessenlagen gelingt den Jugendlichen in unterschiedlich elaborierter Weise. In den Reflexionen bezüglich der Landwirt*innen zeigt sich eine Fokussierung auf die Innenperspektive insofern, als über Gemütszustände spekuliert wird. Zudem wird auf wirtschaftliche und gesellschaftliche Anforderungen eingegangen. Diese schüler*innenseitig erhaltenen Einsichten werden als exklusiv wahrgenommen, was den Eindruck einer sozial orientierten Perspektivenübernahme weiter stützt. Die Reflexionen der Jugendlichen über die NGO haben ebenfalls einen starken persönlichen Bezug insofern, als auf die Personen und ihr gesellschaftliches Engagement rekurriert wird; zugleich werden auch Fragen der Legitimität der getätigten Interessenvertretung aufgeworfen. Die Art der Perspektivenübernahme, wie sie sich im Material dokumentiert, lässt sich als aspektreich charakterisieren (K4.1 und K5.1) und nimmt ihren Ausgangspunkt im Sozialen. Die tangierten abstrakteren Verknüpfungen z. B. zur Milchkrise und Exportorientierung, die sich in den Reflexionen zeigen, sind jene, die im Kontext der unterrichtlichen Nachbereitung behandelt wurden.

Die Perspektivenkoordination als Fähigkeit, unterschiedliche Perspektiven miteinander in Beziehung setzen zu können, zeigt sich in einer verdeckten und vermutlich altersangemessenen Art. In den Codierungen ist eine Tendenz zur Vereinfachung festzustellen, etwa beide Parteien „könnten nicht an einem Tisch sitzen" oder „sollten sich einfach mal zusammensetzen". Hierin deutet sich ein zwischenmenschlich verortetes Konflikt- und Kooperationsmodell an, wobei die Frage danach, inwieweit dies durch die außerschulischen Begegnungen sogar noch befördert wird, nicht beantwortet werden kann. Auf der anderen Seite gelingen aber auch abstraktere Perspektivenkoordinationen.

Die Reflexionen über das Verhältnis der Akteur*innengruppen zueinander differenzieren sich in eher konflikt- und konsensorientierten Betrachtungsweisen, die sich hinsichtlich der Komplexität der Darstellung unterscheiden. Anna vertritt die Auffassung, dass sie zwar unterschiedliche Prioritäten, aber ähnliche Anliegen hätten. Dabei wird von den konkreten außerschulischen Akteur*innen gesprochen; eine abstraktere Perspektivenkoordination erfolgt in den Schilderungen nicht:

> Sie haben gar nicht so unterschiedliche Ziele, es sind einfach nur andere Prioritäten. (…) Ich glaube, dass die [*Schmitts* (Landwirt*innen)] und [*Pia* (Umweltaktivistin)] eigentlich (…) ein ganz gutes Team ((lacht)) wären, weil ich denke, dass sie im Grund genommen, gleiche Sachen wollen. (ANNA, Pos. 186)

Die perspektivenkoordinierenden Überlegungen unterscheiden sich mit Blick auf die Differenziertheit und den Abstraktionsgrad. Lena spricht hingegen beispielsweise nicht von den konkreten Personen, sondern von konventionellen und ökologisch wirtschaftenden Landwirt*innen in einer abstrahierten und differenzierenden Form. Zwar sieht sie das konflikthafte Verhältnis, betont aber den Konsens, der sich längerfristig einstellen werde. Ihrer Auffassung nach wird das Engagement für eine ökologische Landwirtschaft dazu führen, dass konventionelle Betriebe sich nicht bedroht fühlen, sondern Mut fassen und an einem Transformationsprozess in Richtung Nachhaltigkeit mitwirken:

> Einerseits muss man natürlich auch differenzieren zwischen konventionellen Betrieben und Bio-Betrieben. Zum Beispiel jetzt die eine Aktion, von der berichtet wurde, war dann ja das mit dem Fleisch. Das ist natürlich eine Aktion auch gegen die Produzenten von diesem Fleisch. Also auch gegen die Landwirtschaft, so. Gegen solche Viehbetriebe eben. Und (...) andererseits, während sie natürlich auch dafür kämpfen, dass mehr Bio produziert wird, so. Und dass mehr für die Umwelt getan wird. Und ich denke, das hilft den Bauern, Mut zu fassen und mitzuwirken. In erster Linie wird das natürlich erstmal schwierig da einzusteigen, sich zu orientieren, aber – (...). Also, in Zukunft wird es dann aber – ... werden sie wahrscheinlich doch auf eine Linie kommen, eine Zielgerade. (LENA, Pos. 87)

In stärker konfliktorientierten Reflexionen zeigen sich ebenfalls Unterschiede, die auf verschiedene Abstraktionsvermögen hinweisen. In vielen Darstellungen wird der Konflikt zugunsten einer Perspektive aufgelöst, wie sich im folgenden Beispiel zeigt.

> [Die NGO] will, dass diese Tiere gut behandelt werden, viel Platz haben und so. Und auf der anderen Seite stehen dann halt diese Landwirte, die das eben nicht machen können. Also die müssen ja auch ihr Geld verdienen und können es dann halt so nicht. Und dann werden die halt ja, dafür verurteilt, dass sie etwas machen/ nicht machen, was sie halt einfach nicht können (…). (JAN, Pos. 157)

Die Schlussfolgerung, dass von den Landwirt*innen ein Handeln erwartet wird, ohne dass ihnen Handlungsspielraum zur Verfügung stünde, findet sich auch bei Jendrik und Tina. Auch in der folgenden Schilderung wird ein konflikthaftes Verhältnis beschrieben, aber der Rekurs auf Beschuldigungen und Rechtfertigungen sowie die Verwendung wörtlicher Rede verweist mehr auf einen Konflikt im Sinne eines zwischenmenschlichen Streits und weniger explizit auf die zugrunde liegenden Strukturkonflikte:

8.2 Ergebnisse

> Die einen sind halt die Produzenten, sage ich mal, von dem und sind halt sozusagen die – ... nicht die Verursacher, aber halt die Leute, die halt sozusagen zum Klimawandel auch beitragen. Und ich find´ [die NGO] sind halt die Leute, die dagegen steuern, und dagegen was tun wollen. Und vielleicht haben die dadurch den Konflikt, dass die einen die anderen beschuldigen und sagen: ‚Ja, guck mal, wegen euch, weil ihr so und so produziert, sind hier so viele Abgase und deshalb geht's unserer Erde schlecht', oder so und die anderen sagen: ‚Ja, guck mal, wir können aber trotzdem nichts dafür, es hängt ja auch von anderen Sachen ab', oder so. Also, das ist ja, ja, dass die sich halt – dass die halt gegeneinander – also gegenüberstehen und sich halt, äh, ja, gegeneinander halt sind. (ANNA, Pos. 192)

Die Interessen- und Perspektivgebundenheit der regionalen Akteur*innen wird auf einem unterschiedlichen Komplexitätsniveau erfasst (siehe Abschn. 3.3.2, Tab. 3.2). Von Interesse für die Betrachtung ist das Spektrum an Codierungen zwischen Personen- und Strukturbezogenheit. Die angeregte Perspektivenübernahme und -koordination, wie sie sich im Material über jene Begegnungen zeigt, findet bei einigen Befragten orientiert an einer personalisierten Art und Weise statt; beispielsweise dergestalt, wenn nicht die ökonomischen Zwänge der Landwirt*innen kritisiert werden, sondern die Personen, die diese Zwänge nicht antizipieren. Gleichwohl wird etwa die Kampagne der NGO hinsichtlich ihres Empörungspotenzials verhandelt und mit Blick darauf, wie verschiedene Menschen darauf reagieren. Anzeichen einer gesellschaftlich-systemischen Perspektivkoordination sind ebenso auszumachen, aber dokumentieren sich deutlich seltener im Material. Die Beurteilungen der Jugendlichen finden insgesamt stark in einem Bezugshorizont des Sozialen und weniger im Politisch-Systemischen statt. Es kann auf Basis des vorliegenden Datenkorpus angenommen werden, dass die außerschulischen Begegnungen *in ihrer Sozialität* ein vielschichtiges Konfliktverständnis transportieren konnten.

K6.2 Integration der eingebrachten Perspektive in die eigene Sichtweise

In der Analyse der zwei vorherigen Unterkapiteln 8.2.2.1 und 8.2.2.2 wurden die Spektren an Reflexions- und Sinnbildungsprozessen, die durch die zwei außerschulischen Begegnungen inhaltlich angeregt wurden, im Rahmen der Auswertungsdimension II identifiziert. Wofür steht der konkrete Fall, die konkrete Person im Rahmen der Urteilsbildung der Jugendlichen? In welchem Kontext werden die perspektivgebundenen Aussagen der Akteur*innen von den Jugendlichen rekonstruiert? Die Schlussfolgerungen der Jugendlichen, die im Rahmen des Unterrichtsprojektes gewonnen wurden, unterscheiden sich in fallübergreifender Betrachtungsweise. In fallinterner Perspektive zeigt sich im Material, dass einzelne Befragte sich durch das außerschulisch Erfahrene in der eigenen Sichtweise bestätigt sehen. Die Urteilsbildung ist von Generalisierungen und der Anerkennung von Besonderheiten des Einzelfalls geprägt: In diesem Zusammenhang dokumentiert sich darüber hinaus, dass unangemessene Generalisierungen und Subsumtionen wahrscheinlicher sind, wenn es schüler*innenseitig die politisch weniger favorisierte Perspektive betrifft.

Inwieweit und wofür die außerschulische Akteur*innen als exemplarisch aufgefasst werden, wird durch die Schüler*innen aktiv konstruiert. Die Jugendlichen begegnen nicht nur Individuen – durch die Einbettung in den Politikunterricht stellen die Akteur*innen Repräsentant*innen einer Interessengruppe dar, d. h. ihre Argumente sind perspektivgebunden, sofern sie für eine bestimmte Akteur*innen- und Betroffenenperspektive stehen. Für die Schüler*innen besteht also die Herausforderung darin, das Gesehene und Gesagte zu decodieren. Unter dem Begriff der Decodierung wird nachfolgend die Entschlüsselung von Informationen innerhalb der außerschulischen Begegnungen verstanden. Damit ist eine für die politische Urteilsbildung zentrale Verstehensoperation adressiert (siehe Abschn. 3.2.2: bspw. Negt, 2010, S. 21).

Bestätigende und erweiternde Decodierungen. Schlussfolgerungen, die aus den Begegnungen gezogen werden, werden nur vordergründig induktiv aus dem außerschulisch Erfahrenen gezogen. An vielen Stellen zeigt sich vielmehr, dass die außerschulischen Begegnungen in Übereinstimmung mit den Vorstellungen und Überzeugungen decodiert werden. Die folgende Materialstelle gibt Einblick in die Reflexion von Jendrik, der die vermeintliche didaktische Intention und seinen Lern- und Urteilsprozess folgendermaßen beschreibt.

> Man [hatte] ja schon so eine Anfangsposition (…) und die war..., dass mir das wohl bewusst ist, (…) dass man diese Bauern und nicht alles negativ sehen sollte. Und das hat der Besuch eben unterstützt und da konnte dann auch die [NGO]-Frau nichts mehr dran ändern, sag' ich mal so. (…) Vielleicht auch weil die von [der NGO] das ja in 'nem größeren Rahmen sieht und dass das geändert werden sollte und so, aber für den Bauern an sich (…) ist es ja nicht mal nur eben das jetzt so'n bisschen anders zu machen, das ist ja dann viel größer gesehen für die und eben auch wie gesagt mit der Existenz ja auch ein größeres Problem. (…) Dass man insgesamt zwar die Probleme sieht und dass man sagt, das muss irgendwie geändert werden, aber dass es eben nicht so einfach ist, das einfach umzuschwenken. (JENDRIK, Pos. 180)

Jendrik gibt an, bereits vor dem Besuch eine „Anfangsposition" gehabt zu haben. Das, was er durch den Besuch bei den Landwirt*innen erfahren habe, war ihm bereits vorher bewusst – und dieses subjektive Wissen wurde durch die Begegnung unterstützt bzw. gestützt.

8.2 Ergebnisse

Die bestehenden Vorstellungen rahmen die Wahrnehmung in der informellen Lernsituation. Dieser epistemische Prozess kann an dieser Stelle der vorliegenden Analyse als *Schließung* im Sehen und Erkennen beschrieben werden, da es lediglich zu einer Einhegung in die bestehende Sichtweise kommt. Dies bedeutet allerdings nicht, dass es nicht auch zu einem Nebeneinander mit *Öffnungen* des Blickes kommen kann. So gibt etwa Tina an, dass sich Vorurteile bestätigt hätten („so'ne typische Umweltaktivistin"); räumt aber ebenfalls ein, dass diese Person sie „am meisten zum Nachdenken gebracht" habe. Die für einige Befragten neuen und den eigenen Diskurs überschreitenden Einsichten wurden in den Schlussfolgerungen dargestellt (siehe Kategorie K4.2 und K5.2).

Die außerschulischen Begegnungen als Referenz und Evidenz: Plausibilisierung und Projektion. Die oben beschriebene bestätigende Integration in die bestehende Sichtweise findet scheinbar zunächst auf der Ebene der Wahrnehmung statt – jene Eindrücke werden in den Urteilen der Jugendlichen *ex post* zur Plausibilisierung herangezogen. Die externen Sichtweisen werden insofern produktiv gemacht, als das außerschulisch Erfahrene als Referenz und Evidenz in der Argumentation dient. Dies zeigt sich besonders bei der Beurteilung der Haltungsbedingungen. Während die einen angeben, die Begegnung habe gezeigt, dass es nicht so schlimm sei, nehmen andere Befragte das Gegenteil wahr. Besonders kontrastierende Fälle sind Tina und Franziska in diesem Kontext (siehe Kategorie K4.2):

> Ich finde die [*Schmitts* (Landwirt*innen)] waren eigentlich schon ein Positivbeispiel für einen Milchviehbetrieb, weil ich denke, dass das sicherlich um einige schlimmere äh Sachen gibt, die man sehen kann oder wahrscheinlich nicht sehen kann, weil das natürlich dann nicht an die Öffentlichkeit gerät. (TINA, Pos. 69)

> Also was neu für mich war, oder was ich vorher nicht so gesehen hab', war dass ich da schon fande, (...) dass es wirklich viele Tiere waren und dass es fast schon eng war. Und dann habe ich noch darüber nachgedacht, dass es eigentlich viel größere Betriebe noch gibt. (FRANZISKA, Pos. 99)

Dieses Argument stützende Wahrnehmen bzw. argumentative Einhegen der außerschulischen Erfahrung macht die außerschulischen Begegnungen zur Projektionsfläche bestehender Vorstellungen, die am konkreten außerschulischen Fall (wieder-)entdeckt werden. Auch einzelne Äußerungen der Akteur*innen oder schüler*innenseitig gewonnene Eindrücke zum Gemütszustand werden erinnert und fungieren als Referenz für konkrete Schlussfolgerungen der Jugendlichen (bspw. K4.1, Subkategorie „Personen und Innenperspektive"). Durch die informelle Lernsituation und entsprechend skriptlose Darbietung des Gegenstandes wird das Ausdeuten und Spekulieren angeregt.

Emotionale Involviertheit: Solidarisierung und affektive Abwehr. Die Jugendlichen sind in ihren Sinn- und Urteilsbildungsprozessen emotional involviert (siehe K4.2 und K5.2 sowie auch K3.2). Die Perspektivenübernahme endet nicht beim bloßen Nachvollzug. Die externen Sichtweisen werden integriert und produktiv gemacht, indem den Akteur*innen beigepflichtet oder ihre Perspektive verteidigt wird sowie auch Akteur*innen widersprochen und ihre Standpunkte zurückgewiesen werden. Dies äußert sich in Mustern der Solidarisierung und der affektiven Abwehr – diese bilden jeweils Extrempole auf einem Kontinuum. Die Solidarisierung mit den Landwirt*innen – hier exemplarisch an Tina dargestellt – mündet bei ihr in der Handlungsoption, die regionale Landwirtschaft durch den Konsum zu unterstützen:

> Also ähm... so am meisten finde ich, dass man regionale Bauern oder irgendwelche ja Läden Höfe sowas halt unterstützen, mehr unterstützen sollte, weil ich auch auf dem Bauernhof dann ja erfahren hab', dass die manchmal echt so bangen müssen um ihre Existenz, weil die halt eher klein sind und dass ich dann das wichtig finde, dass man eher so auf regionale Sachen achtet und dann halt im Winter zum Beispiel keine Erdbeeren oder irgendwas kauft. (TINA, Pos. 33)

Die Perspektive der Landwirt*innen wird häufig als eine unterrepräsentierte Betroffenenperspektive markiert. Ablehnungstendenzen sind vermehrt gegenüber der NGO festzustellen. Ihre Befürworter*innen hegen jedoch wenig Groll gegenüber den Landwirt*innen (siehe z. B. Lena; Franziska im Rahmen der K4.2), sondern sehen Handlungsbedarf hinsichtlich nachhaltigkeitsbezogener Strategien, die beide Perspektiven berücksichtigen.

K6.3 Selbstbezug, Selbstreflexion und Selbstvergewisserung

Es dokumentieren sich im Material auch Schlussfolgerungen der Jugendlichen, die die eigene Urteilsbildungsprozesse thematisieren, interpretieren und reflektieren. Einerseits zeigen sich innersubjektive Prozesse der Aushandlung verschiedener Rationalitäten, die als Urteilsmaßstäbe abgewogen werden; andererseits zeigt sich bei einigen Befragten, dass Anforderungen für das eigene Urteilen und Handeln abgeleitet werden.

Abgleich mit den eigenen Vorstellungen angesichts konfligierender Rationalitäten. Das außerschulisch Erlebte hat die Befragten angeregt, die eigenen Vorstellungen und Positionierungen zu hinterfragen, gegebenenfalls anzupassen oder sich in ihnen gar bestärkt zu sehen. Es lassen sich Momente der Reflexion von Urteilsmaßstäben und des Abwägens konfligierender Rationalitäten identifizieren. Franziska beschreibt etwa (siehe Kategorie K4.1), dass das zweckrationale Handeln der Landwirt*innen einen „bittereren Beigeschmack" für sie hatte und sie die Einsicht gewonnen hat, die Kühe werden wie „Maschinen" behandelt (Pos. 67). Dies habe sie mit ihrer eigenen Sichtweise konfrontiert und sie zum Hinterfragen ihrer möglicherweise „altmodischen Sicht" angeregt. Sie bilanziert schlussendlich, dass sie die Modernisierung der Landwirtschaft als erschreckend empfindet. Dieses Aufeinandertreffen der Rationalitäten hat einen Prozess der Selbstvergewisserung über die eigene Haltung angebahnt, durch den sie sich in ihrem Standpunkt bestärkt fühlt.

Anforderungen an das eigene Handeln. Das Empfinden von Resonanzbeziehungen durch die außerschulischen Begegnungen wurde bereits als ein besonderes Anregungspotenzial des außerschulischen Lernens beschrieben (siehe Abschn. 8.2.1.3, K3.2). In den Reflexionen der Jugendlichen zeigt sich, dass ein Verstehen angebahnt wurde, das nicht nur die Spannungsverhältnisse in der Sache betrachtet (als Weltverhältnis), sondern das eigene Selbst in dieses Spannungsverhältnis setzt (Selbstverhältnis). Die erlebte Unmittelbarkeit verfügt über einen gewissen Aufforderungscharakter. Eine Schülerin erläutert dies folgendermaßen:

> Es ist wirklich jemand, der kommt aus der Nähe, man merkt so, ich bin in der Nähe dieser Person, es ist bei mir und ich muss jetzt auch selbst darüber nachdenken. (ANNA, Pos. 182)

Die Interessengruppen haben nicht explizit zum Handeln motiviert; die Handlungsaufforderung ist aus der persönlichen Begegnung sowie der räumlichen Nähe heraus erwachsen. Die schüler*innenseitig wahrgenommene Handlungsaufforderung bezieht sich vor allem darauf, sich eine eigene Meinung zu bilden. Eine Schülerin beschreibt es so, als stünde sie „in der Mitte" zwischen den konfligierenden Perspektiven und als sei es nun ihre Aufgabe, sich ein Urteil zu bilden (FRANZISKA, Pos. 113, siehe K3.1). Die räumlichen Bezüge in den Codierungen verweisen darauf, dass die Jugendlichen sich dazu aufgefordert empfinden, sich zwischen konfligierenden Perspektiven in einem politischen Raum wie der Region individuell zu positionieren.

Im Rahmen der Hauptkategorie „Epistemische Aktivitäten und Muster in der Sinnbildung im Zuge außerschulischer Begegnungen" (*Meaning-making*; siehe Abschn. 8.1.3; Abb. 8.2) zeigt sich, dass die Jugendlichen zur Perspektivenübernahme angeregt wurden. Die unterschiedlichen Interessenlagen, Ziele und Betroffenheiten werden von den Jugendlichen im Zuge der außerschulischen Begegnungen erfasst. Dabei kann bei vielen Jugendlichen eine Fokussierung auf die Innenperspektive ausgemacht werden. Im Material dokumentiert sich, dass die Beobachtungen und Zuschreibungen auch an die konkreten Personen gebunden sind. In der didaktischen Intervention der Lerneinheit wurden zwei Perspektiven außerschulisch integriert, um die Kontroversität erfahrbar zu machen, aber auch um die Fähigkeit zur Perspektivenkoordination didaktisch anzusprechen. Im Vergleich zur Perspektivenübernahme ist eine politisch-systemische Perspektivenkoordination selten in den Reflexionen der Jugendlichen auszumachen. Als Besonderheiten bei der Sinnbildung konnte rekonstruiert werden, dass die Integration der didaktisch eingebrachten Perspektiven stark von den bestehenden Vorstellungen der Jugendlichen abhängt. Diese rahmen die Wahrnehmung in der informellen Lernsituation, sodass es zu einer Einhegung in die bestehende persönliche Sichtweise kommt. Dies geschieht auch in argumentativer Absicht, d. h. die außerschulischen Erfahrungen werden als Referenzen und Evidenzen in eigenen Beurteilungen produktiv gemacht. Ferner dokumentiert sich eine emotionale Involviertheit, indem Emotionen der Solidarität und der Ablehnung zum Ausdruck gebracht werden. Die Reflexionen stellen nicht zuletzt eine Selbstreflexion und -vergewisserung dar: Die Jugendlichen hinterfragen ihre subjektiven Vorstellungen sowie das eigene Handeln angesichts der konfligierenden Rationalitäten. Die Reflexionen der außerschulischen Begegnungen finden nicht nur vor dem Hintergrund eigener subjektiver Vorstellungen statt, sondern es kann angenommen werden, dass eine Auseinandersetzung mit der eigenen, sich entwickelnden politischen Identität angebahnt wurde.

8.2.2.4 Zusammenfassung: Reflexions- und Sinnbildungsprozesse im Rahmen der außerschulischen Begegnungen

Die Auswertungsdimension II folgte der Frage, welche Reflexions- und Sinnbildungsprozesse sich in den Reflexionen der Jugendlichen über die außerschulischen Begegnungen mit den Landwirt*innen (K4; 8.2.2.1) und den Umweltaktivist*innen (K5; 8.2.2.2) identifizieren lassen. Im Kontext der Hauptkategorie 6 wurden die epistemischen Aktivitäten und Muster der Sinnbildung analysiert und untersucht, inwiefern die Jugendlichen die außerschulisch eingebrachten Sichtweisen reflektieren, integrieren und koordinieren (K6, 8.2.2.3). Im Folgenden werden die drei betrachteten Hauptkategorien in ihren empirischen Erkenntnissen zusammengefasst.

In den Erinnerungen der Jugendlichen dokumentieren sich anspruchsvolle Reflexions- und Sinnbildungsprozesse. Im Rahmen der Hauptkategorien 4 und 5 wurden alle Textstellen codiert, die die außerschulischen Begegnungen betreffen – differenziert wurde zwischen thematischen Rekonstruktionen (K4.1 und

8.2 Ergebnisse

K5.1) und Schlussfolgerungen (K4.2 und K5.2). Die besondere Präsenz der außerschulischen Begegnungen, wie sie sich bereits explizit in den evaluativen Äußerungen der Jugendlichen in den Kategorien 1 (K1, „Rekonstruktionen des Lerngegenstandes") und 3 (K3, „Anregungspotenziale der außerschulischen Begegnungen") zeigt, dokumentiert sich auch in den tiefergreifenden Analysen der vorliegenden Auswertungsdimension II. Die Schilderungen der Jugendlichen zu den thematischen Rekonstruktionen der Begegnungen mit den Landwirt*innen und den Umweltschutzaktivist*innen sind umfassend (K4.1; K5.1). Wie im Rahmen der jeweiligen Subkategorien zweiter Ordnung empirisch differenziert belegt werden konnte, gelingt es den Schüler*innen auch rückblickend, die Begegnung zu kontextualisieren und von der konkreten Situation zu abstrahieren. Das Treffen mit den Landwirt*innen wird mit Blick auf die ökonomischen Anforderungen, die Personen und Innenperspektiven, die Tierhaltung und das Tierwohl sowie die vorgefundene konventionelle Produktionsweise rekonstruiert. In den Schilderungen über das Treffen mit der NGO wird vor allem auf die thematisierte konkrete Aktion und Kampagne, die Personen und die Positionen der Organisation rekurriert.

Die Decodierung der sozialen Situation verläuft vor dem Hintergrund einer unterrichtlich verhandelten Thematik. Es zeigt sich, dass eine Verknüpfung mit den Inhalten des Fachunterrichts hergestellt werden konnte. Die Reflexions- und Sinnbildungsprozesse kreisen um die konkreten Personen und ihrer antizipierten Innenperspektiven. Sie stellen die Träger*innen und Vermittler*innen von Information dar; ihre Art des Sprechens, ihre Gestik und Mimik stellen einen wichtigen Teil der außerschulischen Erfahrung dar, der von den Schüler*innen individuell ausgedeutet wird. Scheinbar beiläufige Erwähnungen werden erinnert und im Kontext der Thematik spezifische Bedeutungen beigemessen. Diese Befunde verweisen darauf, dass es in den thematischen Rekonstruktionen zu einer Verschränkung des episodisch-narrativen mit dem semantisch-begrifflichen Wissen (Flick, 2011) gekommen ist.

Die Jugendlichen gewannen im Kontext der außerschulischen Erfahrungen spezifische Einsichten (K4.2 und K5.2). Die Schlussfolgerungen, die die Jugendlichen aus der Begegnung mit den Landwirt*innen zogen und im Rahmen der Analyse identifiziert werden konnten, wurden in fünf Subkategorien zweiter Ordnung differenziert: Sie betreffen die besondere Lage und Anforderungssituation der Erzeuger*innen, die Anpassung der eigenen Vorstellungen über konventionelle Landwirtschaft, Bewertungen der konventionellen Haltungsbedingungen, die mögliche Umstellung auf ökologische Landwirtschaft sowie Einsichten über die Marktlogiken als Herausforderung für eine nachhaltige Landwirtschaft. Die

Schlussfolgerungen, die im Zusammenhang mit dem Treffen mit den Umweltaktivist*innen gezogen wurden, lassen sich in acht Subkategorien zweiter Ordnung unterteilen: Sie betreffen die Zugänglichkeit zu politischer Aktion, die Anerkennung und Würdigung des zivilgesellschaftlichen Engagements, Reflexionen über Aktivismus und Aktivierung, kritische Auseinandersetzungen mit Aktionen und Zukunftsentwürfen der NGO, bestehende Vorbehalte und Ressentiments, Kollektivierung als Chance, die Beurteilung der vorgestellten Kampagne sowie Reflexionen über die Ambivalenzen des Ernährungssystems.

Die Ergebnisse zeigen ein vielfältiges Spektrum an Reflexions- und Sinnbildungsprozessen, die im Kontext der zwei außerschulischen Begegnungen angebahnt und sich einige Wochen später in den Erinnerungen und Reflexionen der Schüler*innen manifestieren. Wie bereits angemerkt, verdichten sich die Reflexionen um die jeweiligen Personen, ihren Anliegen und ihren Lebenssituationen. Fallübergreifend kann festgestellt werden, dass die Befragten in diesem Zusammenhang ihre Anerkennung und Wertschätzung ausdrücken. Die perspektivgebundenen Ziele und Bedingtheiten der jeweiligen Akteur*innen werden respektiert.

Wie in den Ergebnisdarstellungen dargelegt, unterscheiden sich die Fälle in anderen Hinsichten deutlicher: Das, was vor Ort *erlebt* und *wahrgenommen* wurde, scheint zu variieren. Der Fallvergleich von Franziska und Tina konnte exemplarisch zeigen, wie die außerschulische Erfahrung vor dem Hintergrund der subjektiver Deutungshorizonte argumentativ und sinnbildend eingehegt wird. Auf inhaltlicher Ebene gibt es zwei Themen, an denen sich die Reflexions- und Sinnbildungsprozesse in besonderer Weise verdichten: die Beurteilung konventionaler Tierhaltung sowie die Beurteilung von Aktivismus.

Viele berichten, dass sie mit einer konventionellen Landwirtschaft ein negatives Bild verbinden. Bei einigen führt die außerschulische Begegnung in dem landwirtschaftlichen Betrieb dazu, die offenbar zuvor vorherrschende Gleichsetzung zwischen konventioneller Produktionsweise und Massentierhaltung infrage zu stellen. Andere geben an, es habe gezeigt, dass es „nicht so schlimm" sei oder sie aber in ihrem negativen Bild bestätigt wurden. In den Reflexionen offenbaren sich Vorstellungen über zeitgenössische Landwirtschaft, die von Diskrepanzen geprägt sind: Es spiegelt sich ein Nebeneinander von idealisierten und schockierenden Bildern. Der Besuch auf dem Milchviehbetrieb eröffnet einen Abgleich dieser Vorstellungen, wirft aber auch die Frage nach der Repräsentativität auf. Die Beurteilung der Haltungsbedingungen mit Blick auf das Tierwohl stellt einen Schwerpunkt für die Jugendlichen dar und fällt sehr unterschiedlich aus.

An der Beurteilung der Kampagne der NGO entzündet sich die Frage danach, ob der Zweck die Mittel heilige. Die Kampagne wird hinsichtlich der Legitimität

8.2 Ergebnisse

und Effizienz beurteilt. Einerseits wird die Kampagne als notwendig begriffen, um der Sorglosigkeit der Konsument*innen, Produzent*innen und Unternehmen des Einzelhandels etwas entgegenzusetzen. Andererseits wird sie als bloße Symbolpolitik zurückgewiesen, die in die Souveränität der Konsument*innen und Unternehmen eingreift. An der Konfliktlinie zwischen „legitim, da erforderlich" und „illegitim, da übergriffig" spannen sich kontroverse Positionen auf. In den Schüler*innenäußerungen zeigt sich, dass den Utopist*innen dabei vereinfachtes Denken vorgeworfen wird, den Realist*innen mangelnder Wille zur Veränderung.

Der Umstand, dass sich die thematischen Rekonstruktionen und Schlussfolgerungen analytisch überlappen, liegt einerseits darin begründet, dass die thematische Rekonstruktion die inhaltliche Basis und gewissermaßen als Argumentationsgrundlage für die individuellen Schlussfolgerungen dient. Darüber hinaus sind die Überlappungen aber auch darauf zurückzuführen, dass die Sinnbildung bereits fortgeschritten ist und die Erinnerungen mit den daraus gezogenen Schlussfolgerungen zunehmend identisch sind. Das Schildern der Erinnerung (*Reporting* und *Responding;* siehe Abschn. 8.1.3, Abb. 8.2) fällt mit den Bewertungen und Schlussfolgerungen (*Relating* und *Reasoning*, ebd.) zusammen bzw. scheinen ineinander aufzugehen. Dies wird forschungsmethodisch reflektiert (siehe Abschn. 8.3.2).

Im Kontext der Hauptkategorie 6 wurde die Frage untersucht, inwiefern die Jugendlichen die außerschulisch eingebrachten Sichtweisen reflektieren, integrieren und koordinieren (K6, 8.2.2.3). Hierfür wurden auf der Basis der thematischen Codierungen analytische Kategorien gebildet. Es kann festgehalten werden, dass die Jugendlichen in ihren Reflexionen die Fähigkeit zur Perspektivenübernahme unter Beweis stellen. Im Fallvergleich sind in den Ausführungen dabei unterschiedliche Grade an Komplexität und Elaboriertheit auszumachen. Die Reflexionen über die Akteur*innengruppen gehen auf eine Vielzahl an Aspekten ein, die im Kontext ihrer Interessen relevant sind. Die außerschulischen Begegnungen haben längerfristig einen Einblick in die Innenperspektive der konkreten Personen ermöglicht. Wünsche, Sorge und Ängste können schüler*innenseitig nachvollzogen werden. Die Art der Perspektivenübernahme nimmt ihren Ausgangspunkt im Persönlichen und Sozialen. Weniger personen-, sondern stärker strukturbezogene Verknüpfungen lassen sich den Inhalten der unterrichtlichen Einbettung zuordnen. Perspektivenkoordinierende Schlussfolgerungen, in denen die Perspektiven miteinander in Beziehung gesetzt werden, manifestieren sich seltener und auf eine latentere Art im Material. Auch diesbezüglich sind fallvergleichend verschiedene Grade an Komplexität und Elaboriertheit auszumachen. Es zeigen sich Reflexionen, denen eher ein personengebundenes Konflikt- und

Kooperationsmodell zugrunde liegt, als auch strukturell ausgerichtete Betrachtungsweisen. Zweiteres zeigt sich deutlich seltener; durch die Fokussierung auf die Innensichtweisen der Akteur*innen zeigt sich dennoch ein vielschichtiges Konfliktverständnis.

Die Integration der eingebrachten Perspektiven in die eigene Sichtweise zeigt sich überwiegend in Form von selbstbestätigenden Decodierungen, wenn auch von Einsichten berichtet wird, die die individuelle Sichtweise vorgeblich erweitert hätten. Die außerschulischen Begegnungen werden in den individuellen Argumentationen als Referenz und Evidenz herangezogen und dienen damit funktional der Plausibilisierung. Dies bedeutet im Umkehrschluss, dass die Begegnungen auch zu Momenten der Projektion wurden und werden. In den Reflexionen der Schüler*innen zeigen sich Sinnbildungsprozesse in einer Wechselbeziehung zwischen Induktion und Deduktion. Das Wahrnehmen und Bewerten der außerschulischen Begegnungen sowie das Herstellen von Zusammenhängen und das Ableiten persönlicher Einsichten und Urteile verläuft vor dem Hintergrund bestehender Vorstellungen und Werteorientierungen – jene stellen eine Interpretationsfolie für die angestoßenen Reflexions- und Sinnbildungsprozesse dar. Darüber hinaus spielt die emotionale Involviertheit eine große Rolle – Emotionen, sowohl in Form von Solidaritätsbekundungen als auch affektiven Abwehrtendenzen, zeigen sich deutlich und prägen insbesondere die Projektionen. Eine Besonderheit sind darüber hinaus die vielfältigen Selbstbezüge: das Hinterfragen und Reflektieren über den eigenen Standpunkt sowie über das individuelle Handeln. Die erlebte Unmittelbarkeit der außerschulischen Erfahrungen scheint über einen Aufforderungscharakter zu verfügen, sich zu positionieren, zu solidarisieren oder potenziell gar zu kollektivieren.

8.3 Diskussion

Die Interviewstudie *ex post* verfolgte das Ziel, die Reflexions- und Sinnbildungsprozesse im Rahmen des Unterrichtsprojektes zu explorieren und hierdurch die Ergebnisse der Interventionsstudie um einen verstehensorientierten Zugang zu den Sichtweisen der Jugendlichen zu ergänzen. Ein besonderes Augenmerk wurde dabei auf die Integration der außerschulischen Begegnungen gelegt. Im Folgenden werden die Ergebnisse der vorliegenden Interviewstudie entlang der zwei übergeordneten Forschungsfragen und der entsprechenden Auswertungsdimensionen diskutiert und gewonnene Erkenntnisse vor dem Hintergrund bestehender Forschung formuliert (Abschn. 8.3.1). Dabei werden Implikationen für die Förderung der politischen Urteilsbildung und die didaktische Integration außerschulischer

Begegnungen in den (Politik-)Unterricht abgeleitet. Abschließend erfolgt die forschungsmethodische Diskussion in Abschnitt 8.3.2.

8.3.1 Diskussion der Ergebnisse

Die Forschungsfrage 2 der Interviewstudie lautete: Welche Reflexions- und Sinnbildungsprozesse konnten im Rahmen des Unterrichtsprojektes auf welche Weise angeregt werden?
Auswertungsdimension I: Anregungspotenziale des Unterrichtsprojektes. In den evaluativen Äußerungen der Jugendlichen zum Unterrichtsprojekt zeigt sich eine deutliche *Relevanzsetzung auf das außerschulische Lernen.* Die außerschulischen Begegnungen sind in den Erinnerungen sechs Wochen nach der Lerneinheit deutlich präsenter als die Unterrichtsstunden im Schulgebäude. Die außerschulischen Lernerfahrungen scheinen eine besondere Bedeutung für die Schüler*innen zu haben. Die Schilderungen der außerschulischen Begegnungen speisen sich aus episodisch-narrativem Wissen und sind entsprechend an zeitlichen Abläufen und Tätigkeiten sowie Gesehenem, Gesagtem und Gefragtem orientiert. Im Vergleich dazu kann angenommen werden, dass die unterrichtlichen Inhalte semantisch-begrifflich zunächst nur in Form von Schlagwörtern memoriert werden. In den Schilderungen überdecken die außerschulischen Erfahrungen zunächst den Lernprozess im Hinblick auf das gesamte Unterrichtsprojekt. In den tiefergehenden Analysen, insbesondere im Rahmen der zweiten Auswertungsdimension, konnten anspruchsvolle und persönlich bedeutsame Schlussfolgerungen identifiziert werden, in denen vom außerschulisch Erlebtem abstrahiert wird und die auf inhaltliche Verknüpfungen mit dem Unterricht hinweisen.

In den Schilderungen der Jugendlichen über ihre gewonnenen inhaltlichen Einsichten im Rahmen des Unterrichtsprojektes im Allgemeinen konnten drei zentrale Ausprägungen identifiziert werden: eine Politisierung der Umweltthematik, kritische Auseinandersetzungen mit der Ausrichtung des Wirtschaftssystems sowie Reflexionen über Selbstwirksamkeit zwischen Verantwortung und Zweifel. Die *Politisierung der Umweltthematik* zeigt sich etwa in einer Erfassung der Komplexität, indem verschiedene Interessengruppen, das Eigeninteresse und das Gemeinwohl thematisiert sowie globale Zusammenhänge hergestellt werden können. Die Jugendlichen geben an, dass im sonstigen Schulunterricht vor allem die belastete Umwelt im Mittelpunkt der Betrachtung steht, nicht aber die ökonomischen Zusammenhänge sowie die damit verbundenen konfligierenden Perspektiven verschiedener Interessengruppen. Die Politisierung der Thematik, wie sie sich in den inhaltlichen Schlussfolgerungen zum Unterrichtsprojekt zeigt, verläuft für die meisten Jugendlichen über das wachsende Verständnis ökonomischer Zusammenhänge. Die Ausprägungen der Politisierungen unterscheiden sich jedoch in einer fallübergreifenden Betrachtungsweise: Welcher Aspekt für eine Person eine *politische* Reibungsfläche eröffnet, ist hochgradig individuell.

Die kritischen Schlussfolgerungen hinsichtlich der zeitgenössischen *Ausrichtung des Wirtschaftssystems* sehen das gesellschaftliche Projekt der Nachhaltigkeit in einem Konflikt mit marktwirtschaftlichen Mechanismen und neoliberalen Prinzipien. In den Schlussfolgerungen der Jugendlichen werden Probleme zwar konstatiert und Kritik vage formuliert, die darauf verweisen, dass systemische Zusammenhänge hergestellt werden können. Ein politischer Gestaltungsbedarf der Strukturen wird nur vereinzelt abgeleitet. Vielmehr suchen viele Jugendliche nach Einfluss- und Gestaltungsmöglichbereichen, in denen sie selbst wirksam werden können. Diese Ergebnisse sind im Lichte der Befunde von Fischer et al. (2016) zu Schüler*innenvorstellungen zur Globalisierung interessant: Sie konnten zeigen, dass der Markt für einen Großteil der befragten Gymnasiast*innen „einen weitgehend unhinterfragten Denkrahmen" darstellt (ebd., S. 16). Es kann angenommen werden, dass jene „Naturalisierung des marktwirtschaftlichen Rahmens" (ebd.) einer Vorstellung von einer politischen Gestaltbarkeit eben jenem entgegensteht. Ebenfalls dominiert die Vorstellung einer Einflussnahme über individuelles Konsumverhalten (ebd.). In den Ergebnissen der vorliegenden Studie deutet sich bei einigen Jugendlichen durchaus ein systemisches Infragestellen angesichts der Klimakrise an, das aber unspezifisch bleibt – möglicherweise da die Kenntnis etwa wirtschaftspolitischer Handlungsmöglichkeiten eingeschränkt ist. Der Konsum sowie die Unterstützung der regionalen Landwirtschaft ist in den Schilderungen der Jugendlichen zwar ein häufiger Bezugspunkt; es deutet sich in einigen Fällen aber auch ein differenziertes Verständnis von Akteur*innenkonstellationen und Handlungsoptionen an.

In den Reflexionen über das potenzielle eigene Handeln bewegen sich *Selbstwirksamkeitsüberzeugungen zwischen Verantwortung und Zweifel*. Möglichkeiten zum politischen Gestalten werden überwiegend auf der Ebene des Privaten verortet und von vielen der Befragten als Pflicht und Verantwortung begriffen. Dabei dokumentiert sich, dass das Selbstwirksamkeitsempfinden fragil ist. Es zeigt sich ein Nebeneinander von positiven Emotionen, die sich aus dem Glauben an den politischen Einfluss des Einzelnen speisen, und negativen Emotionen, die mit einem Zweifel an der Effektivität individueller Handlungsstrategien verbunden sind. Dies korrespondiert mit den Forschungsbefunden zu den Emotionen, Hoffnungen und Befürchtungen von jungen Menschen, die in Abschnitt 2.4.3 vorgestellt wurden. Die Ambivalenzen, die die individuelle politische Position betreffen und die in dem Prozess der politischen Verortung zutage treten, werden von den Schüler*innen selbst thematisiert. Die subjektive Urteilsbildung wird von einigen Jugendlichen explizit als herausfordernd und unbefriedigend beschrieben. Aufgrund der Komplexität und Tragweite nachhaltigkeitsbezogener Problemstellungen wird das eigene Urteil als unzureichend erlebt. Dabei zeigt sich wiederum bei einigen Jugendlichen auch eine Tendenz, die Diskrepanz zwischen dem Anspruch einer nachhaltigen Lebensweise und dem individuellen Handeln als eine Inkongruenz im Verhalten *anderer* zu kritisieren – die indirekt dann auch das eigene Selbstwirksamkeitsempfinden schmälert. Die Ergebnisse tragen zu einem tiefer gehenden Verständnis der Schüler*innenperspektiven bei: Nachhaltigkeitsbezogene Fragen werden unter Jugendlichen kontrovers diskutiert – und zum Teil affektiv abgewehrt, moralisch verkürzt oder in einer theoretisierenden Art und Weise neutralisiert. Die Ergebnisse der vorliegenden Interviewstudie korrespondieren teilweise mit den Befunden aus den rekonstruktiven Studien von Asbrand (2009) und Holfelder (2018), die insbesondere die Diskrepanz zwischen Wissen und Handeln bei Jugendlichen empirisch herausgearbeitet haben (siehe Abschn. 2.4.2). Gleichwohl kann auf der Grundlage der vorliegenden empirischen Analysen angenommen werden, dass sich Überzeugungen und Einstellungen von Jugendlichen in den letzten Jahren, in denen die Nachhaltigkeitsthematik an Dynamik gewonnen hat, deutlich verändert haben. Statt eines bloßen Delegieren von Verantwortung und einer Konzentration auf Konsumfragen zeigen die Analysen der vorliegenden Studie, dass Jugendliche sich vom gesellschaftlichen Diskurs um Nachhaltigkeit betroffen empfinden, dazu aktiv Stellung nehmen können und die zeitgenössischen Lebensweisen und sich selbst – im Urteilen und Handeln – hinterfragen. Die Jugendlichen geben an, dass der Lern- und Urteilsprozess im Rahmen des gesamten Unterrichtsprojektes sich vor allem als bestätigend und bestärkend auf die persönliche Sichtweise zum Themas ausgewirkt hat. Der überwiegende Anteil der Befragten äußert, sich in seiner eigenen Position unterstützt zu fühlen, während Veränderungen in der individuellen Positionierung nur vereinzelt berichtet werden. Jedoch ist anzumerken, dass im Rahmen dieser Kategorie nur explizite Aussagen diesbezüglich betrachtet wurden. Im Rahmen der Auswertungsdimension II konnten durch die Analyse implizite Veränderungen herausgearbeitet werden.

Die *Bedeutung des außerschulischen Lernens auf den persönlichen Lern- und Urteilsprozess* wird von den Befragten als hoch eingeschätzt. Die bildsamen Facetten des außerschulischen Lernens konnten in den Reflexionen der Jugendlichen rekonstruiert werden (K3 Anregungspotenziale). Die Abbildung 8.4 veranschaulicht die Wirkungsbeziehung der außerschulischen Begegnung zwischen regionalen Akteur*innen und Schüler*in, so wie es aus der

Schüler*innenperspektive rekonstruiert werden konnte – die einzelnen Facetten werden nachfolgend diskutiert.

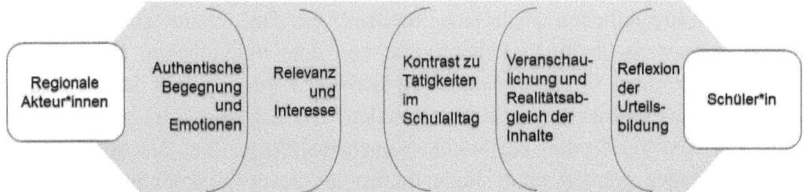

Abbildung 8.4 Wirkungsbeziehung der außerschulischen Begegnung zwischen regionalen Akteur*innen und Schüler*in. (Eigene Darstellung)

Das identifizierte Spektrum an Anregungspotenzialen der außerschulischen Begegnungen offenbart das besondere Potenzial für *politische* Lern- und Urteilsbildungsprozesse. Die persönliche Begegnung spricht in besonderer Weise die emotionale-kognitive Dimension der Lern- und Urteilsprozesse an: Sowohl die authentische und emotionsgebundene Begegnung als auch die empfundene Relevanz der Thematik konnte ein *Interesse* aufseiten der Schüler*innen evozieren. Die außerschulischen Begegnungen ermöglichen einen lebenswelt- und erfahrungsorientierten Zugang, durch die Bedeutsamkeit erfahrbar und Betroffenheit spürbar wird (Henkenborg, 2000). Dies dokumentiert sich besonders in den Reflexionsprozessen der weiblichen Befragten. Die Zuschreibung von Relevanz ist eine entscheidende motivationale Komponente in der Auseinandersetzung mit komplexen Themen, die durch ein Lernen in authentischen Kontexten gefördert werden kann (Krapp, 1999; List & Alexander, 2017):

> Je stärker eine Person sich in eine Situation involviert und von ihr betroffen fühlt, desto eher wird sie sich mit dieser und mit allen damit zusammenhängenden Informationen auseinandersetzen: So beeinflusst die persönliche Relevanz die Tiefe und Form der Auseinandersetzung und führt zu tieferen Verstehens- und Elaborationsprozessen (…). (Trempler & Hartmann, 2020, S. 1063)

Das Empfinden von Resonanzbeziehungen im öffentlichen (Nah-)Raum zwischen Lerngegenstand, regionalen Interessengruppen und der eigenen Person stellt sich durch die unmittelbaren Begegnungen und den zwischenmenschlichen Kontakt ein. Im Material dokumentiert sich, dass sich die Befragten in der Auseinandersetzung mit involvierten Personen und dahinterliegenden Strukturkonflikten implizit aufgefordert empfinden, Stellung zu beziehen. Das Erleben der

8.3 Diskussion

Perspektivität gesellschaftlicher Sachverhalte und der Interessen- und Standortgebundenheit von Argumenten kann Komplexität veranschaulichen, sie aber auch gewissermaßen strukturieren und mit verallgemeinerbaren Lebenslagen verknüpfbar machen. Menschen mit ihren Interessen und Absichten erscheinen in ihrer Vielschichtigkeit und werden so für die Schüler*innen nahbar und anerkennungswürdig. Initiiert wird ein Modus, der an die „erweiterte Denkungsart" (Kant, 2000, S. 26 f.) erinnert – eine *wertgebundene* Berücksichtigung der Perspektiven anderer (siehe Abschn. 3.2.2; Juchler, 2005a). Auf der Basis der Analysen im Rahmen der Interviewstudie ist anzunehmen, dass die außerschulischen Begegnungen einen positiven Einfluss auf den Umgang mit Komplexität und Ambiguität im Rahmen gesellschaftlicher Transformationsprozesse in Richtung Nachhaltigkeit haben.

Ein weiteres Bildungspotenzial der außerschulischen Begegnung besteht im privilegierten Stellenwert der außerschulischen Begegnungen im Kontrast zum üblichen Schulunterricht. Interessanterweise wird von vielen Jugendlichen ein kontrastierendes Bild vom alltäglichen Unterricht in seiner Prozessualität, Routiniertheit und Vorhersehbarkeit gezeichnet, in dem die fachliche Erschließung im Modus eines eher passiven Bearbeitens erscheint. Diese Beschreibungen korrespondieren mit der Heuristik des „Schülerjobs" in den ethnografischen Studien von Breidenstein (2006), dessen Ordnung durch das Verlassen des Schulgebäudes aufgebrochen wird. Die empirische Analyse dokumentiert, dass außerschulische Begegnungen in ihrer Nichtalltäglichkeit Lernsituationen eröffnen, indem die außerunterrichtliche Relevanz erfasst und so ein tieferes Verstehen ermöglicht wird. Combe und Gebhard (2012) betrachten gerade die Ausnahmen von der skripthaften Routine als potenzielle Momente des Verstehens:

> Momente des Verstehens ereignen sich nicht tagtäglich. [...] Sie sind gewissermaßen Inseln in einem Meer von Routine – und genau hier liegt ihre Bedeutung für die Schule, hier verlangen sie sowohl professionelle Aufmerksamkeit wie entsprechende sie begünstigende Arrangements. (Combe & Gebhard, 2012, S. 228)

In Abschnitt 4.1 und 4.3 wurde dargelegt, dass das außerschulische Lernen mit hohen, möglicherweise überhöhten didaktischen Erwartungen einhergeht. Insbesondere ein hoher Didaktisierungsgrad außerschulischer Lernsituationen kann den informellen Charakter abschwächen und die verbreitete Auffassung, dass außerschulisches Lernen eine vermeintliche Gegenwelt zum Schulischen darstellt, erst recht fragwürdig erscheinen lassen (Budde & Hummrich, 2016; Deinet & Derecik, 2016, S. 19–25; Overwien, 2020, S. 234). Die in der vorliegenden

Interviewstudie gewonnenen Erkenntnisse legen nahe, dass gerade für Schüler*innen selbst das Verlassen des Schulgebäudes ein bedeutsamer Moment ist. Es ist davon auszugehen, dass die empfundene Bedeutsamkeit (Relevanz und Interesse) durch die Kontrasterfahrung verstärkt wird. Es kann angenommen werden, dass es zu einer Wirkung kommt, die Ernst-Heidenreich (2019) in seiner theoretisch-empirischen Annäherung an eine Soziologie situativer Nichtalltäglichkeit analysiert: Im Rahmen nichtalltäglicher Arrangements am Beispiel einer Hörsaalbesetzung und einer schulisch organisierten Jugendreise zeigt er, dass es im Kontext nichtalltäglicher Settings zu einer Intensivierung des Sozialen, dem Eindruck der Bedeutsamkeit und einer Tendenz zur Überschwänglichkeit der Wahrnehmung kommt (ebd., S. 424). In seinen Analysen beschreibt er die Dynamik einer „Strukturlosigkeit, welche eine kreative Produktivität entfacht" (ebd., S. 429) – eine ähnliche Beobachtung konnte auch in der vorliegenden Studie im Hinblick auf die Perspektivenübernahme und das kreative Ausdeuten der Innenperspektiven sowie das Empfinden von Relevanz gemacht werden. Die außerschulischen Begegnungen sind mit den analysierten Arrangements nur bedingt vergleichbar, weisen jedoch scheinbar jene Charakteristika situativer Nichtalltäglichkeit auf.

Ein weiteres Bildungspotenzial außerschulischer Begegnungen liegt den Ergebnissen zufolge in der Veranschaulichung der Inhalte und einen dadurch ermöglichten Abgleich mit der außerschulischen Realität. Die über die außerschulischen Begegnungen gewonnen Informationen stellen für einige Befragte eine besondere Glaubwürdigkeit her. Dieser Aspekt spiegelt sich besonders in den Reflexionen der männlichen Befragten wider. Es kann geschlussfolgert werden, dass die Schüler*innen die außerschulischen Begegnungen selbst als einen forschenden Zugang rekonstruieren und wertschätzen, indem Hypothesen gewissermaßen selbst überprüft werden können. Schließlich regen die außerschulischen Begegnungen den Jugendlichen zufolge auch die Reflexion der eigenen Urteilsbildung an, indem sie sich in der Vielfalt der Perspektiven selbst verorten *müssen* – in vielen Reflexionen dokumentiert sich ein antizipierter Aufforderungscharakter der außerschulischen Begegnungen, der die Jugendlichen anregt, Stellung zu beziehen.

Die skizzierten Bildungspotenziale bergen jedoch auch potenzielle Probleme, die sich aus dem dokumentierten Erleben von Unmittelbarkeit speisen. Das evozierte Resonanz- und Verbundenheitsempfinden zwischen Selbst und Welt, welches sich in räumlichen und körperlichen Metaphern im Material manifestiert, scheint Betroffenheit und Bedeutsamkeit zu befördern. Hierin besteht zunächst einmal ein außerordentliches pädagogisches und politikdidaktisches Potenzial, insbesondere auch für einen emotionssensiblen Zugang. Gleichwohl können die

8.3 Diskussion

außerschulischen Begegnungen gerade deshalb überinterpretiert und in ihrer Aussagekraft überschätzt werden. Im Material konnte in den Reflexionen eine Tendenz zur Eigentlichkeit identifiziert werden: Die Akteur*innen werden als Repräsentant*innen einer Perspektive subsumiert; die Schüler*innen nehmen an, in den Begegnungen „die eigentlichen Sichtweisen, wie sie wirklich sind" kennengelernt zu haben. Die Unmittelbarkeit der außerschulischen Situation kann mit einer vermeintlichen Unmittelbarkeit in der Sache verwechselt werden und unangemessene Verallgemeinerungen befördern (Haller & Wolf, 1979; Rößler, 2019, S. 333 ff.). Hierin liegt der Zweifel begründet, inwieweit außerschulische Erfahrungen tatsächlich grundlegende politische Einsichten vermitteln können – jener Frage wurde sich im Kontext von Auswertungsdimension II gewidmet. Als Implikation für die politische Bildungspraxis ergibt sich, das induktive und deduktive Schlussfolgern im Kontext der außerschulischen Erfahrung selbst zum Gegenstand der schulischen Nachbereitung zu erheben, um Fehlverständnissen und problematischen Verallgemeinerungen zu begegnen. Der forschende Zugang ist als ein *deutender* Zugang zu thematisieren, um die politische Urteilsbildung explizit zu unterstützen.

Die Forschungsfrage 3 der Interviewstudie lautete: Welche Reflexions- und Sinnbildungsprozesse lassen sich in den Reflexionen der Jugendlichen über die außerschulischen Begegnungen mit den Landwirt*innen und den Umweltaktivist*innen identifizieren?
Auswertungsdimension II: Reflexions- und Sinnbildungsprozesse im Rahmen der außerschulischen Begegnungen. Im Kontext der Auswertungsdimension II wurden Reflexions- und Sinnbildungsprozesse im Rahmen der außerschulischen Begegnungen identifiziert. Es konnte gezeigt werden, dass die befragten Schüler*innen nicht nur das außerschulisch Erlebte rekapitulieren, sondern thematisch rekonstruieren und Verknüpfungen zu den Inhalten des Unterrichtsprojektes hergestellt werden konnten. In den Schilderungen schienen sich die thematischen Rekapitulationen und Schlussfolgerungen teilweise zu überlappen (siehe Abschn. 8.1.3; Bain et al., 2002), was als Hinweis darauf gedeutet werden kann, dass individuelle Sinnbildungsprozesse im Sinne von Assimilation- und Akkommodationsprozessen sechs Wochen nach der Lerneinheit bereits weit fortgeschritten sind.

Die Stärken in der Verknüpfung des außerschulisch Erlebtem und schulisch Vermitteltem liegen je Begegnung in unterschiedlichen Bereichen. Im Hinblick auf die Landwirt*innen zeigt sich das Nachvollziehen der komplexen Anforderungssituation zwischen (Welt-)Markt und Nachhaltigkeitszielen sowie die Wertschätzung der Erzeuger*innenperspektive. Die betriebsinternen Zusammenhänge sowie die makroökonomischen und gesellschaftlichen Entwicklungen werden in den Schilderungen der Jugendlichen angeführt und zeigen, dass die Jugendlichen die Vielschichtigkeit, Komplexität und Vernetztheit der unternehmerischen Perspektive erfasst haben. Bezüglich der Umweltschutzorganisation konnten komplexe Reflexionen über politisches Handeln auf verschiedenen Handlungsebenen identifiziert werden. Dabei rückte das Potenzial kollektiven Handelns sowie die Bedeutung der Zivilgesellschaft stärker in den Mittelpunkt. Darüber hinaus wird auch die potenzielle Zugänglichkeit zu politischem Engagement für die Schüler*innen aufgezeigt.

Eine starke Wirkung der Begegnungen zeigt sich in der Antizipation der Innenperspektiven der regionalen Akteur*innen. Dabei wurde die Komplexität dieser in ihrer systemischen Eingebundenheit (Akteur*innen und Abhängigkeiten entlang der Produktion; Wirksamkeit von symbolpolitischen, zivilgesellschaftlichen Aktionen) erfasst. Gleichwohl umfassen die Reflexions- und Sinnbildungsprozesse auch wertbezogene Aspekte; die Jugendlichen bringen ihre Anerkennung und Wertschätzung gegenüber den regionalen Akteur*innen zum Ausdruck. Auf der Basis der Ergebnisse kann davon ausgegangen werden, dass außerschulische Begegnungen mit regionalen Akteur*innen die Fähigkeit zur Perspektivübernahme fördern können. Dabei zeigt sich, dass die Begegnungen als authentischer Kontakt Emotionen ansprechen – im Material wird deutlich, dass sie zentrale „Ausgangspunkte der Welterschließung" darstellen (Besand, 2014, S. 380). Emotionale Zugänge sind gerade angesichts der Komplexität und Perspektivität politischer Problemstellungen eine adäquate Ergänzung zu den überwiegend kognitivistischen Vermittlungsweisen (ebd.). Die gestatteten Einblicke in die Perspektiven der Akteur*innen werden als Gelegenheiten, als exklusiv und bedeutsam erlebt und insofern als relevant markiert – aufseiten der Jugendlichen werden Betroffenheiten erzeugt und Identifikationspotenziale eröffnet. In gewisser Weise vergleichbar mit der Strukturlosigkeit nichtalltäglicher Arrangements, die eine „kreative Produktivität entfach[en]" (Ernst-Heidenreich, 2019, S. 429), laden auch die Begegnungen zu fallbezogenen Spekulationen ein, die die Perspektivenübernahme anregen. Die soziale Situation wird von den Teilnehmenden im Hinblick auf die Mimik, Gestik und Wortwahl der regionalen Akteur*innen, also in ihrer informellen Dichte und als Ausschnitt aus einer Lebensrealität von den Teilnehmenden, ausgedeutet. Es kann angenommen werden, dass auf diese Weise ein facettenreiches, vielschichtiges und nicht zuletzt auch mehrperspektivisches Verständnis über relevante Akteur*innen im Transformationsfeld Landwirtschaft und Ernährung ermöglicht werden kann, das dem sonst im Politikunterricht üblichen Pro-Contra-Formalismus in Textform überlegen ist.

8.3 Diskussion

Die politischen Sinnbildungsprozesse der Jugendlichen sind in fallvergleichender Betrachtungsweise als heterogen zu charakterisieren. Der politische Sinn, der im Rahmen der Realbegegnungen generiert wird, unterscheidet sich zwischen den einzelnen Schüler*innen zum Teil stark, da das außerschulisch Erfahrene im Lichte der eigenen Werteorientierungen decodiert wird. Es konnte gezeigt werden, dass die Begegnungen sowie die regionalen Akteur*innen selbst in den Reflexionen der Jugendlichen als Projektionsfläche fungieren. Die zugeneigte Perspektive kann offenbar differenzierter nachempfunden werden und erscheint plausibler als die weniger präferierte Perspektive. Dies ist ein bekannter Befund aus der sozialpsychologischen Forschung (vgl. z. B. Galinsky & Moskowitz, 2000) und kann darüber hinaus auch durch eine Art der Urteilsbildung erklärt werden, die vor allem auf Heuristiken zurückgreift und nicht bewusst systematisch erfolgt (Chen & Chaiken, 1999; Nolte et al., 2019; siehe Abschn. 3.2.1). Es zeigen sich Hinweise darauf, dass kognitive Konflikte zum Teil aufgelöst wurden, indem sie personalisiert bzw. emotionalisiert wurden – etwa, wenn strukturelle Anforderungen oder systemische Zusammenhänge als lediglich zwischenmenschliche Missverständnisse dargestellt wurden (siehe Abschn. 8.2.2.3). In den Reflexionen und Argumentationen der Jugendlichen zeigt sich, dass die Zu- oder Abneigung gegenüber den regionalen Akteur*innen an den konkreten Personen plausibilisiert wird, d. h. die außerschulischen Momente werden argumentativ eingehegt. Sie liefern subjektiv sinnstiftende Evidenzen, die im Kontext der eigenen Deutungshorizonte entstehen.

Die Ergebnisse geben Einsicht in einen hochgradig konstruktivistischen Lernprozess, in welchem episodisches-narratives und semantisch-begriffliches Wissen in einem potenziell bildsamen wie Lernen verhinderndes Spannungsverhältnis stehen. In Anlehnung an die Grafik von Flick (2011; siehe Abschn. 8.1.1, Abb. 8.1) veranschaulicht Abbildung 8.5 die für die Urteilsbildung bedeutsamen Lernprozesse in schulisch-außerschulischen Lehr-Lern-Arrangements.

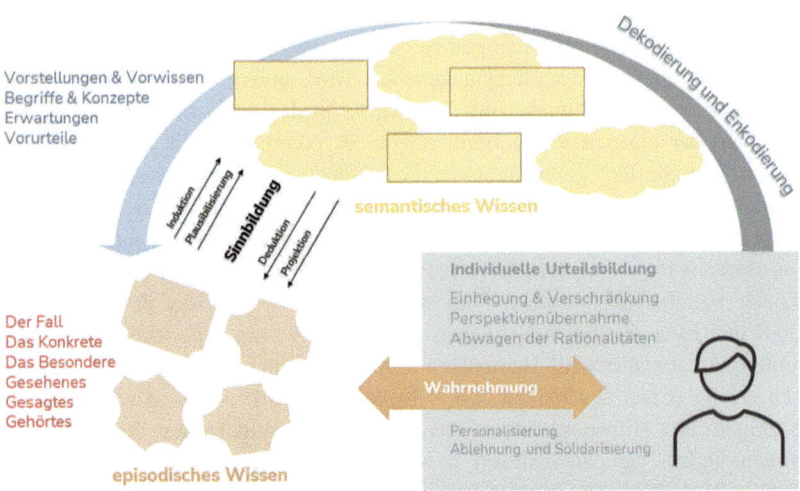

Abbildung 8.5 Sinnbildungsprozesse im Kontext außerschulischer Begegnungen. (In Anlehnung an Flick, 2011. Adaption)

Das Bildungspotential erfahrungsorientierter Zugangsweisen ist trotz der Potenziale umstritten. Wie in Abschnitt 4.5.2 und Abschnitt 5.2 dargelegt, ist fraglich, ob über nahräumliche Erfahrungen grundlegende politische Einsichten gewonnen werden können. Weber (2019) merkt an, dass Realbegegnungen

> in ihren didaktischen Möglichkeiten auch überschätzt [werden], indem sie zufällige und auf den Einzelfall bezogene Eindrücke bergen, (…) nicht zwangsläufig verallgemeinerbare Informationen verfügbar machen, während komplexe Zusammenhänge oder auch systemische Konfliktursachen (…) nur schwer zugänglich sind. (Weber, 2019, S. 98 f.)

Für die vorliegende Lerneinheit und die Bildungsprozesse der daran teilnehmenden Jugendlichen kann diese Annahme zum Teil entkräftet und zum Teil bestätigt werden. Es zeigen sich einerseits anspruchsvolle Reflexionen, die auf das Erfassen komplexer Zusammenhänge verweisen. Die außerschulischen Begegnungen ermöglichen eine Konfrontation mit konfligierenden und interessengebundenen Perspektiven und regen durch ein Wechselspiel zwischen außerschulischem *Besonderen* und politisch offenen und möglicherweise unterrichtlich verhandeltem *Allgemeinen* in besonderer Weise Verstehens- und Urteilsprozesse an. Die

8.3 Diskussion

beschriebene Fokussierung auf die Innenperspektive und die starke Gebundenheit an die Personen als Repräsentant*innen bestimmter Akteur*innengruppen hat bei einigen Schüler*innen möglicherweise aber auch ein naives Konflikt- und Kooperationsmodell im Sinne eines „Sich einfach mal zusammensetzen" (zutage) befördert. Andererseits dokumentiert sich auch eine Tendenz zur Bestätigung der eigenen Vorstellungen und zum Heranziehen von Evidenzen, die das eigenen Urteil stützen.

Studien im Kontext der *Conceptual change* Forschung (Stark, 2002; Vosniadou, 2007) konnten zahlreiche empirische Befunde dafür liefern, dass Vorstellungen im Zuge von Bildungsprozessen nicht einfach ersetzt, sondern umstrukturiert und gegebenenfalls korrigiert werden. Vorstellungen erweisen sich dabei häufig als stabil, sofern sie sich bewährt haben: Neues Wissen, das nicht in Dissonanz mit den bestehenden Vorstellungen steht, wird eher akzeptiert und integriert als konfligierende Informationen (Vosniadou & Brewer, 1992; Chinn & Brewer, 1998). Diese Befunde widersprechen nicht der sozialkonstruktivistischen Annahme, dass kognitive Konflikte Lernprozesse anstoßen und so die Weiterentwicklung der Vorstellungen evoziert wird (siehe Abschn. 3.3.3), jedoch sensibilisieren sie für die tendenzielle Konstanz und Trägheit, die auch im Kontext der politischen Bildungsarbeit und kontrovers aufbereiteter Lernsituationen von zentraler Bedeutung sind. Das innerpsychische Streben nach Kongruenz bzw. die Tendenz, kognitive Dissonanzen aufzulösen, wird auch als *Confirmation bias* beschrieben: „Confirmation bias [...] connotes the seeking or interpreting of evidence in ways that are partial to existing beliefs, expectations, or a hypothesis in hand" (Nickerson, 1998, S. 175). Die tendenzielle Konstanz und Trägheit der urteilsrelevanten Vorstellungen in Lernsituationen herauszufordern und mit den lernenden Subjekten ein reflexives Verhältnis dazu einzunehmen, wird damit zum zentralen Bildungsanliegen.

Vor diesem Hintergrund plädieren Pintrich et al. (1993) dafür, motivationale und emotionale Faktoren, auch im Kontext institutioneller Bedingungen, stärker zu berücksichtigen. Für die Untersuchung von Urteilsprozessen sind diese Befunde von großer Bedeutung, da sie auf der Basis dieser Vorstellungen stattfinden. Die theoretische Vorstellung eines *cold conceptual change* entspricht nicht der Urteilspraxis, dies spiegelt sich auch in den Ergebnissen der vorliegenden Studie wider. Urteilsprozesse zu fördern und zu untersuchen, bedeutet daher auch, hier ist Menthe (2012) zuzustimmen, „die typische rationalistische Verkürzung [...] aufzubrechen" (ebd., S. 180), wie sie idealtypisch in normativen Modellen zum Bewerten und Urteilen angenommen wird. Überwältigung als eine vielfach politikdidaktisch diskutierte Gefahr (siehe Abschn. 2.3), die die selbstbestimmte Urteilsbildung korrumpieren würde, erscheint damit in einem anderen

Licht: Die Vor-Prägung „schützt" im erwünschten wie unerwünschten Sinne. Es besteht Anlass zur Annahme, dass sich die Schüler*innen im Unterrichtsprojekt nicht allzu leichtfertig entgegen ihrer Überzeugung haben beeindrucken lassen. Gleichzeitig geht dies aber auch mit einer Einschränkung des fachdidaktischen Potenzials einher, neue Erfahrungen zu machen, die die Homogenität des eigenen Erfahrungs- und Sinnhorizontes übersteigen.

Inwiefern Vorstellungen und darin enthaltende Überzeugungen und Emotionen, die die Wahrnehmung und Urteilsbildung prägen, *in besonderer Weise* durch die außerschulische Begegnung mit konkreten Personen aktiviert, plausibilisiert und als Projektionsfläche für den Urteilsprozess gewissermaßen tragend werden, kann im Rahmen dieser Forschung nicht abschließend beantwortet werden. Hier wären Anschlussstudien in einer stärker sozialpsychologischen Perspektive erforderlich, die diese Frage systematisch untersuchen. Hierfür müsste ein Vergleich zu Befragten angestrebt werden, die an keinen außerschulischen Begegnungen teilgenommen haben. Zu untersuchen wäre etwa, ob jene Schüler*innen auf einem höheren, systemischen Niveau argumentieren können – und ob sich auch in einem rein schulischen Arrangement Hinweise auf das Empfinden von Betroffenheit und Bedeutsamkeit zeigen.

Mit der Interviewstudie *ex post* wurde das Ziel verfolgt, auf der Basis empirischer Erkenntnisse über den schüler*innenseitigen Akt des Erschließens, Reflektierens und Sinnbildens das politikdidaktische Potential außerschulischer Begegnungen zu überprüfen (siehe Abschn. 4.6). Im Hinblick auf die Urteilsbildung und insbesondere die Perspektivenübernahme können aus den Ergebnissen ein förderndes Potenzial, aber auch Implikationen für die pädagogische Praxis abgeleitet werden. Für die Integration außerschulischer Begegnungen in den Fachunterricht ist die Auseinandersetzung mit den je subjektiven Deutungsmustern, die spezifische Sinnbildung erzeugen, zentral. Wie die Ergebnisse zeigen, regen die außerschulischen Begegnungen eine Reflexion über die eigene Urteilsbildung an. Einerseits wird die Aufforderung empfunden, sich zu positionieren, solidarisieren oder potenziell gar kollektivieren; andererseits findet eine Selbstverortung durch den Abgleich mit anderen Standpunkten und Perspektiven statt. Das individuelle Wechselspiel zwischen Induktion und Deduktion in der unterrichtlichen Nachbereitung aufzugreifen und die intersubjektive Aushandlung unter den Lernenden über das Gehörte und Gesehene anzustiften, ist entscheidend, um entgegen einer naiven Erfahrungspädagogik die vermeintliche Unmittelbarkeit (Haller & Wolf, 1979; Rößler, 2019, S. 333 ff.) aufzubrechen, die die Sinnbildungen der Schüler*innen in Form von subjektiven Evidenzen prägen. Ein nachbereitendes Auswertungsgespräch könnte sich dabei eines reflexiven

Ansatzes bedienen und ähnlich der Taxonomie nach Bain et al. (2002) schrittweise erfolgen (*Reporting, Responding, Relating, Reasoning, Reconstructing*; siehe Abschn. 8.1.3), damit einer vorschnellen Bestätigung der eigenen Sichtweise vorgebeugt werden kann. Gerade im Kontext einer politischen Nachhaltigkeitsbildung lässt sich das Kontrastieren der je eigenen Wahrnehmung und der daraus gewonnen Schlussfolgerung für einen pluralen, kontroversen Unterrichtsdiskurs fruchtbar machen.

8.3.2 Forschungsmethodische Diskussion

Im Folgenden werden die Potenziale und Limitationen diskutiert und die Güte der vorliegenden Interviewstudie vor dem Hintergrund der *Kriterien für die qualitative Forschung* nach Steinke (2017) evaluiert: intersubjektive Nachvollziehbarkeit, Indikation des Forschungsprozesses, empirische Verankerung der Forschungsergebnisse, Limitation, Kohärenz, Relevanz und reflektierte Subjektivität.

Das Erkenntnisinteresse der Interviewstudie war es, durch das Unterrichtsprojekt angebahnte Reflexions- und Sinnbildungsprozesse zu explorieren sowie die Anregungspotenziale außerschulischer Begegnungen für den Urteilsbildung für Jugendliche zu bestimmen. Zur Herstellung der internen Studiengüte wurde bei der Entwicklung des Untersuchungsdesigns (Abschn. 8.1.1), im Auswertungsprozess (Abschn. 8.1.4) sowie im Rahmen der Ergebnisdokumentation (Abschn. 8.1.4.3) auf Transparenz geachtet. Auf diesen Wegen wurde beabsichtigt, dem Prinzip der *intersubjektiven Nachvollziehbarkeit* nachzukommen.

Der Forschungszugang hat sich als zielführend und vielsprechend erwiesen, da eine Passung zwischen qualitativem Vorgehen und Forschungsgegenstand vorhanden war (*Indikation*). Über den methodischen Zugang des episodischen Interviews konnten die Erfahrungen des Unterrichtsprojektes und die Schlussfolgerungen, die subjektseitig aus den außerschulischen Begegnungen gezogen wurden, erhoben werden. Dabei konnte die methodologische Annahme nach Flick (2011), zwischen episodischem und semantischem Wissen zu differenzieren, für den vorliegenden Kontext (außerschulische Erfahrungen und schulische Vermittlungsinhalte) adaptiert werden. Auf diese Weise konnten nicht nur die subjektiven Sichtweisen der Jugendlichen zum Unterrichtsprojekt erhoben werden, sondern auch Lern- und Urteilsprozesse im Rahmen eines konkreten Lehr-Lern-Arrangements in ihrer Genese analysiert werden. Diese qualitative Analyse bleibt jedoch nur ein Annäherungsprozess: Die Reflexions- und Sinnbildungsprozesse wurden in der vorliegenden Studie in den geschilderten Erinnerungen und Reflexionen der Schüler*innen sechs Wochen nach dem Unterrichtsprojekt rekonstruiert. Durch die zeitliche Distanz sollte die Einstellung eines reflexiven Verhältnisses angebahnt werden, um bloße situative Nacherzählungen zu vermeiden. Gleichwohl dokumentiert sich im Material deutlich, dass individuelle Assimilations- und Akkommodationsprozesse stattgefunden haben. Daher gilt es zu reflektieren, inwieweit die Heterogenität in den Schlussfolgerungen dem zeitlichen Abstand geschuldet ist und sich in der direkten schulischen Nachbereitung möglicherweise anders zeigen würde. Im Rahmen einer sinn- und soziogenetisch ausgerichteten Analyse und Typenbildung sowie mit einer noch stärker rekonstruktiv statt inhaltsanalytisch orientierten Auswertungsstrategie hätten die individuellen Bezugshorizonte der jeweiligen Fälle voraussichtlich noch fokussierter ausgewertet werden können (vgl. z. B. das Vorgehen zur Rekonstruktion von Orientierungen von Jugendlichen zu Nachhaltigkeitsthemen von Holfelder, 2018).

In der Interviewkonstellation ergab sich ein spezifisches Spannungsfeld von Nähe und Distanz bzw. von Vertrautheit und Fremdheit (Kruse, 2015, S. 302), das es hinsichtlich der Auswirkungen auf die Ergebnisse und auch vor dem Hintergrund des Gütekriteriums der *Indikation* zu reflektieren gilt. Nähe bestand insofern, als sich Interviewerin und die Befragten durch das siebenwöchige Unterrichtsprojekt bekannt waren und Erlebnisse teilten. Eine Distanz und gewisse Fremdheit war trotz dieser Bekanntheit gegeben, da sich der Feldaufenthalt nur auf die Dauer des Projektes erstreckte. Auf diese Weise konnte ein Raum eröffnet werden, in dem die sichere Möglichkeit, aber auch Notwendigkeit zur Explikation gegeben war (ebd., S. 300). In den Interviewgesprächen ist es gelungen, ein vertrauensvolles Kommunikationsklima zu etablieren (Helfferich, 2019). Dies zeigte sich beispielsweise daran, dass die Jugendlichen auch persönliche Themen ansprachen, sich kritisch über die Unterrichtsgestaltung, den Politikunterricht, die Schule und Aspekte des Nachhaltigkeitsdiskurses äußerten. Die Vertrautheit erwies sich als Vorteil, da an das gemeinsame Unterrichtsprojekt angeknüpft werden konnte und die Themen auf geteilte Erfahrungen rekurrierten – und so den spezifischen Forschungszugang überhaupt erst ermöglichten (Kruse 2015, S. 298). Auf diese Weise konnte im Gespräch mit den Jugendlichen eine „Authentizität und Tiefe" (Kuckartz & Rädiker, 2022, S. 237) erreicht werden. Die Forscherin führt die Güte der Daten insbesondere auf die zuträgliche Interviewkonstellation zurück. Darüber hinaus verhinderte der Aufenthalt der Forscherin im Feld voreilige Diagnosen in der Analyse des Materials (ebd., S. 251). Der leistungs- und bewertungsbezogene schulische Kontext ist dennoch zu berücksichtigen, da er einen Einfluss auf das Antwortverhalten der Jugendlichen haben kann. Auch wenn, etwa in der Leitfadenkonstruktion, methodische Entscheidungen getroffen wurden, die beispielsweise ein sozial erwünschtes Antwortverhalten abmildern

8.3 Diskussion

sollten, kann davon ausgegangen werden, dass sich entsprechende Tendenzen auch in den Ergebnissen spiegeln – etwa bei der überaus positiven Beurteilung der Lerneinheit. Aufgrund der Heterogenität der Schüler*innenäußerungen im fallübergreifenden Vergleich sowie der direkten Art der Befragten („Das war langweilig") wird der Einfluss dieser Tendenz in der vorliegenden Studie jedoch als gering eingeschätzt.

Die *empirische Verankerung der Forschungsergebnisse* wurde durch die inhaltsanalytische Auswertung hergestellt. Hierbei wurden die Gütekriterien nach Kuckartz berücksichtigt (2018; Kuckartz & Rädiker, 2022). Die Inhaltsanalyse wurde in mehreren Codierschleifen computergestützt durchgeführt. Es wurden Teile des Materials von einer weiteren Person codiert und eine Übereinstimmung bei der Verwendung der Kategorien angestrebt (Kuckartz & Rädiker, 2022, S. 239). Auf diese Weise wurde die Konsistenz und Nachvollziehbarkeit des entwickelten Kategoriensystems gewährleistet. Die analytischen Schlussfolgerungen aus dem Material wurden in verschiedenen Analysegruppen und Forschungskolloquien zur Diskussion gestellt (siehe Abschn. 8.1.4.1). Die Schlussfolgerungen lassen sich in den Daten begründen, wobei darauf geachtet wurde, eine fallorientierte Perspektive beizubehalten, um ungemessene Übergeneralisierungen zu vermeiden und Mehrdeutigkeiten im Material abzubilden. Entsprechend wurden die Spektren der Ausprägungen in ihrer Komplexität dargelegt und an Ausschnitten aus dem Material plausibilisiert (Kuckartz & Rädiker, 2022, S. 238). Die Ressourcen im Rahmen des Dissertationsprozesses ließen eine Codierung des kompletten Materials durch mehrere Codierende sowie die Ermittlung eines Übereinstimmungskoeffizienten nicht zu. Es sprechen auch methodologische Gründe gegen ein solches Verfahren, wie in Abschnitt 8.1.4.1 dargelegt (Kuckartz & Rädiker, 2022, S. 250). Jene Verfahren sind für größer angelegte qualitative Verfahren zu empfehlen, um den Codierprozess und kollaborative Analysen methodisch stärker zu kontrollieren.

Die Grenzen der Verallgemeinerbarkeit liegen nicht zuletzt in den Voraussetzungen der Forschungsergebnisse, die unter bestimmten Untersuchungsbedingungen entstanden sind (*Limitation*). Inwiefern sind die Forschungsergebnisse auf andere Schüler*innen und ähnliche Unterrichtsarrangements übertragbar und in einem gewissen Maße verallgemeinerbar? Zunächst ist die Fallauswahl in den Blick zu nehmen, denn „[d]as Sampling […] entscheidet maßgeblich darüber, welche Aussagequalität mit der Analyse der Daten erreicht wird oder werden kann, bzw. welche Reichweite die Ergebnisse beanspruchen können" (Kruse, 2015, S. 238). Wie in Abschnitt 8.1.2 erläutert, wurden die Befragten zwar gezielt angefragt, aber auf die Freiwilligkeit der Teilnahme hingewiesen. Die meisten Jugendlichen erklärten sich im Zuge der Anfrage bereit. Eine gewisse Verzerrung etwa dahingehend, dass eher interessierte und aufgeschlossene Schüler*innen dem Sample angehören, ist nicht gänzlich auszuschließen.

Im Gegensatz zur quantitativen Forschung geht es in der qualitativen Forschung „nicht um die *Repräsentativität*, sondern um *Repräsentation*" (Kruse, 2015, S. 57, H. i. O.; siehe auch Helfferich, 2011, S. 172 ff.). Die fallorientierte Auswertung hat wie beabsichtigt heterogene Sichtweisen zutage befördert (siehe Abschn. 8.1.2) und dabei auch Widersprüche in der Interpretation offengelegt (*Kohärenz*). Die Reichweite ist begrenzt – weitere Befragte hätten weitere Fälle und damit potenziell weitere Reflexionsprozesse und Muster der Sinnbildung dargestellt. Eine höhere Fallzahl sowie ausgiebigere und vergleichende Einzelfallrekonstruktionen hätten die Generalisierbarkeit weiter erhöhen können. Der Umfang von elf Interviews ist im Hinblick auf das Anliegen einer komplementären, vertiefenden Analyse jedoch als angemessen zu beurteilen (Helfferich, 2011, S. 175).

Für die Beurteilung der Generalisierbarkeit ist weiterhin die spezifische Thematik zu beachten. Alle Befragten partizipierten an einem Unterrichtsprojekt zum Thema Landwirtschaft und Ernährung als Transformationsfeld einer nachhaltigen Entwicklung, in der außerschulische Begegnungen mit ausgewählten Interessengruppen integriert wurden. Die Befunde bezüglich der Anregungspotenziale außerschulischer Begegnungen wurden in diesem konkreten thematischen Kontext gewonnen und beziehen sich auf eine Einbettung in den Politikunterricht der gymnasialen Oberstufe. Wie in Kapitel 6 dargelegt, war bei der Konzeption der Lerneinheit das Prinzip der Exemplarität zentral – eine gewisse Übertragbarkeit auf andere Transformationsfelder einer nachhaltigen Entwicklung wie etwa Mobilität, Wohnen, Konsum oder Energie und entsprechende Realbegegnungen mit Interessengruppen sowie anderen politischen Themenstellungen im Rahmen ähnlicher Lehr-Lern-Situationen kann zumindest angenommen werden. Wie im vorangegangenen Kapitel diskutiert, konnten empirisch fundierte Erkenntnisse generiert und didaktische Implikationen für die politische Bildungsarbeit abgeleitet und insofern das Kriterium der *Relevanz* erfüllt werden.

Abschließend ist auf das Gütekriterium der *reflektierten Subjektivität* einzugehen. Der Forschungsprozess ist nicht ohne das forschende Subjekt zu denken, das sich mit Annahmen und einem bestimmten Wissen sowie soziokulturellen Prägungen und Vorurteilen ins Forschungsfeld begibt. Sowohl die Interviewsituation als soziale Kommunikationssituation als auch der Auswertungsprozess in seiner hermeneutisch-interpretativen Ausrichtung sind dadurch beeinflusst. Vor

8.3 Diskussion

diesem Hintergrund wurde die Rolle als Forscherin im gesamten Forschungsprozess reflektiert, u. a. durch das Führen eines Forschungstagebuchs während der Auswertung und regelmäßigen Austausch mit Expert*innen, um verschiedene Lesarten am Material kollegial zu validieren (Kruse, 2015; siehe Abschn. 8.1.4.2).

Open Access Dieses Kapitel wird unter der Creative Commons Namensnennung 4.0 International Lizenz (http://creativecommons.org/licenses/by/4.0/deed.de) veröffentlicht, welche die Nutzung, Vervielfältigung, Bearbeitung, Verbreitung und Wiedergabe in jeglichem Medium und Format erlaubt, sofern Sie den/die ursprünglichen Autor(en) und die Quelle ordnungsgemäß nennen, einen Link zur Creative Commons Lizenz beifügen und angeben, ob Änderungen vorgenommen wurden.

Die in diesem Kapitel enthaltenen Bilder und sonstiges Drittmaterial unterliegen ebenfalls der genannten Creative Commons Lizenz, sofern sich aus der Abbildungslegende nichts anderes ergibt. Sofern das betreffende Material nicht unter der genannten Creative Commons Lizenz steht und die betreffende Handlung nicht nach gesetzlichen Vorschriften erlaubt ist, ist für die oben aufgeführten Weiterverwendungen des Materials die Einwilligung des jeweiligen Rechteinhabers einzuholen.

Gesamtdiskussion 9

Die Gesamtdiskussion dient dazu, eine Zusammenfassung der vorliegenden Forschungsarbeit zu geben und dabei im Besonderen den Fokus auf die Rückbindung an die theoretischen Bezüge der Arbeit mit Blick auf die empirischen Erkenntnisse der Studien vorzunehmen. Es werden eine Synthese der verschiedenen Studienergebnisse aus Studie I und II angestrebt (9.1) und die forschungsmethodischen Limitationen (9.2) diskutiert.

Zusammenfassung der Arbeit. In der vorliegenden Arbeit wurde ein Forschungs- und Entwicklungsbedarf hinsichtlich einer pluralistisch orientierten und damit politischen Nachhaltigkeitsbildung identifiziert. Dabei wurde eine vermittelnde Herangehensweise zwischen den Diskursen und Anliegen einer Bildung für nachhaltige Entwicklung, der Didaktik der Politischen Bildung und der pädagogisch-psychologischen empirischen Bildungsforschung realisiert, um sowohl fächerübergreifende als auch fachdidaktische Erkenntnisse zu gewinnen. Es wurde dargelegt, dass Jugendliche im Zuge der Klimakrise und angesichts notwendiger gesellschaftlicher Transformationsprozesse zu einem Umgang mit den gesellschaftspolitischen Herausforderungen zu befähigen sind, um angesichts und trotz der Komplexität diskurs- und handlungsfähig zu werden. Die vergleichende Betrachtung einschlägiger BNE-Kompetenzmodelle (De Haan, 2008; KMK & BMZ, 2016) zeigte, dass Konfliktlinien, strukturelle Interessengegensätze sowie politische Wege der Problembewältigung kaum Erwähnung finden. Ein politikdidaktisch belastbarer Begriff politischer Urteilsbildung überschreitet dabei ein bloßes *Bewerten* im Sinne des Leitbildes einer nachhaltigen Entwicklung und umfasst die wert- und sachbezogene Analyse und Beurteilung problem- und konflikthaltiger gesellschaftspolitischer Sachverhalte unter besonderer Berücksichtigung verschiedener, auch interessengebundener Perspektiven (Juchler, 2005a).

Rückblickend kann im Kontext des empirischen Kenntnisstands für die vorliegende Forschungsarbeit festgehalten werden, dass sich bei Jugendlichen häufig eine Diskrepanz zwischen expliziter Bewertung und impliziten Wissen über nachhaltigkeitsbezogene Fragen feststellen lässt (Asbrand, 2009; 2014; Holfelder, 2018). Werthaltungen werden von den Schüler*innen reproduziert, sind aber nicht handlungsleitend. Es dominieren Vorstellungen politischer Einflussnahme über individuelles Konsumverhalten, während marktwirtschaftliche Zusammenhänge meist naturalisiert und insofern auch nicht als gestaltbar betrachtet werden (Fischer et al., 2016). Mit weiteren empirischen Befunden konnten die Schwierigkeiten im Umgang mit Komplexität aufgezeigt werden; diese wird oft durch Zurückweisung, Verkürzung, Relativierung oder Moralisierung *vermeidend* bewältigt (Marchand, 2015; Sander, 2017). Der Bedarf einer verstärkt politischen und gesellschaftsbezogenen Ausrichtung einer BNE konnte auch im Lichte der Ergebnisse des nationalen BNE-Monitorings hergeleitet werden (Grund & Brock, 2018): Junge Menschen wünschen sich in ihren Bildungsinstitutionen intensivere „Bezüge zwischen Vergangenheit, Gegenwart und Zukunft, zwischen globalen und regionalen Sachverhalten", ein „Zusammendenken der ökologischen, sozialen und ökonomischen Dimension" sowie eine stärkere „Ermutigung für die Bildung einer eigenen Meinung" (ebd., S. 4; Grund & Brock, 2022; siehe Abschn. 2.1). An diesen Schnittstellen zwischen der Politischen Bildung und einer Bildung für nachhaltige Entwicklung bestehen nach wie vor wenige theoretisch-konzeptionelle Beiträge sowie kaum empirische Untersuchungen. Ein generelles Defizit des Forschungsstands im Hinblick auf die politische Urteilsbildung konnte dahingehend abgeleitet werden, dass es neben den idealtypischen Modellierungen in Anlehnung an Kohlberg (1976) und Versuchen, Urteilskompetenz aufgabenbasiert zu testen (Massing & Schattschneider, 2005), kaum theoretisch fundierte und empirisch rückgebundene Forschungsarbeiten gibt (siehe hierzu Biedermann & Reichenbach, 2009; Manzel & Weißeno, 2017; May et al., 2020; Sander, 2012). Vor dem Hintergrund fachdidaktischer Annahmen wurde ein besonderes Forschungsinteresse im Hinblick auf die Förderung politischer Urteilsbildung in konkreten schulischen Lernsituationen aufgewiesen. Dafür gilt es das Interaktionsgefüge zwischen lernenden Subjekten und aufbereiteten Lerngegenständen zu beleuchten.

Vor dem Hintergrund dieser Befunde wurde ein Forschungs- und Entwicklungsbedarf hinsichtlich der Förderung politischer Urteilsbildung von Jugendlichen zu Problemstellungen einer nachhaltigen Entwicklung hergeleitet. Das erkenntnisleitende Forschungsinteresse lautete dabei: Wie kann politisches Lernen und Urteilen angesichts der Komplexität der Themenstellungen im Sinne

9 Gesamtdiskussion

einer politischen Nachhaltigkeitsbildung initiiert und unterstützt werden, ohne inhaltlich zu verkürzen, zu moralisieren und zu überwältigen?

Im Rahmen der vorliegenden Arbeit wurden Prozesse der politischen Urteilsbildung von Jugendlichen und ihre Förderung durch einen problem-, konflikt- und erfahrungsorientierten Unterrichtsansatz durch den empirischen Zugang einer kombinierten Interventions- und Interviewstudie untersucht. Das Transformations- und Konfliktfeld Landwirtschaft und Ernährung diente als exemplarische Problemstellung und stellte das Thema des mehrwöchigen Unterrichtsprojektes mit außerschulischen Begegnungen dar (siehe Kap. 5). Um das fördernde Potenzial im Hinblick auf die politische Urteilsbildung empirisch zu erfassen, wurde untersucht, wie sich politische Urteile von Jugendlichen im Themenfeld Landwirtschaft und Ernährung im Rahmen eines Unterrichtsprojektes unter dem Eindruck außerschulischer Begegnungen mit konfligierenden regionalen Akteur*innen einer nachhaltigen Entwicklung entwickeln (siehe Kap. 6). Das Untersuchungsdesign der Arbeit kombinierte zwei forschungsmethodische Zugänge miteinander, um ein möglichst umfassendes Bild zu generieren (siehe Abschn. 3.5 und Kap. 6, Abb. 6.1). Die Interventionsstudie verfolgte eine stärker deduktiv ausgerichtete Evaluation der Lerneinheit hinsichtlich ihres urteilsfördernden Potenzials und die Interviewstudie nahm hingegen eine stärker induktiv ausgerichtete Rekonstruktion politischer Reflexions- und Sinnbildungsprozesse in den Blick. Die beiden Studien stehen im Sinne eines Mixed-Methods-Ansatzes in einem Ergänzungsverhältnis zueinander (Döring, 2022, S. 26–28).

Innerhalb der Interventionsstudie wurden die Entwicklung der themenspezifischen Vorstellungen und Positionierungen, Besonderheiten der Urteilsentwicklung sowie motivationale und einstellungsbezogene Veränderungen betrachtet (siehe Kap. 7). Die Forschungsfrage lautete dabei, inwieweit die Lerneinheit, die nach Prinzipien einer politischen Nachhaltigkeitsbildung konzipiert war, Prozesse der Urteilsbildung unterstützt.

Die Interviewstudie *ex post* untersuchte politische Reflexions- und Sinnbildungsprozesse, die im Rahmen des Unterrichtsprojektes und insbesondere durch die außerschulischen Begegnungen angeregt wurden, um auf das didaktische und fachliche Anregungspotential zu schließen (siehe Kap. 8). Analysiert wurde, wie die Jugendlichen die Erlebnisse rückblickend rekonstruieren, welche Schlussfolgerungen sie daraus ziehen und wie die außerschulischen Perspektiven in den Verstehensprozessen der Jugendlichen produktiv gemacht werden.

9.1 Zusammenfassende Diskussion der Studienergebnisse

Im Folgenden werden die empirischen Ergebnisse beider Studien aufeinander bezogen und vor dem Hintergrund des Forschungsdiskurses diskutiert. Während die Interventionsstudie Veränderungen von themenspezifischen Vorstellungen und Positionierungen sowie motivations- und einstellungsbezogenen Aspekten im Prä-Post-Design betrachtete, fokussierte die Interviewstudie längerfristige politische Reflexions- und Sinnbildungsprozesse im Zuge der außerschulischen Begegnungen. In beiden Studien wurden auf unterschiedliche Art und Weise empirische Erkenntnisse in Bezug auf die Frage generiert, was politische Urteilsbildung zu komplexen Problemstellungen einer nachhaltigen Entwicklung auszeichnet und wie sie durch einen problem- und konflikt- und erfahrungsorientierten Unterrichtsansatz unterstützt werden kann. Unter Berücksichtigung der Gütekriterien der Mixed-Methods-Forschung und der Limitationen des vorliegenden zweistufigen Designs wird eine Synthese vorgenommen, die die Konsistenz zwischen Teilergebnissen sowie auch mögliche Inkonsistenzen interpretiert (Döring, 2022, S. 114–116). Anzumerken ist, dass in den Studien unterschiedliche Konstrukte erhoben wurden; eine Konsistenz im Sinne einer Widerspruchsfreiheit wird daher nicht beansprucht.

Die Ergebnisse der Interventionsstudie verdeutlichen, dass einige leichte Veränderungen in den themenspezifischen Vorstellungen und Positionierungen vor und nach der siebenwöchigen Lerneinheit durch den problem-, konflikt- und erfahrungsorientierten Unterrichtsansatz identifiziert werden konnten, die im Sinne der Zielsetzungen der Intervention waren. Eine Politisierung konnte insofern angebahnt werden, als die politischen Dimensionen der verhandelten Thematik von einigen Jugendlichen differenzierter und umfassender erkannt wurden. Allerdings sind diese für die Urteilsbildung bedeutsamen Entwicklungen äußerst subtil. Sie zeigen sich in den aspektbezogenen Ausprägungen der Hauptkategorien auf der Ebene der Subkategorien (siehe Abschn. 7.2.1). Die themenspezifischen Vorstellungen und Positionierungen wurden kategorial erfasst und die Besetzungshäufigkeit zum Messzeitpunkt 1 und 2 betrachtet. Beträchtliche Zuwächse zu einzelnen Kategorien konnten nicht verzeichnet werden, aber es besteht eine Tendenz zu Äußerungen der Schüler*innen, in denen die aktuellen Herausforderungen in den Transformations- und Konfliktfeldern Landwirtschaft und Ernährung komplexer, gegenwartsbezogener und mehrperspektivischer erfasst werden. Auch in den Positionierungen, die sich auf konkretes Handeln beziehen, wird die öffentliche Gestaltbarkeit gegenüber Konsumentscheidungen stärker hervorgehoben. Eine Komplexitätszunahme im Sinne der didaktischen

9.1 Zusammenfassende Diskussion der Studienergebnisse

Intervention ist insofern auszumachen, als sich Hinweise darauf finden lassen, dass sich die Reichweite der Aussagen auszudehnen, zumindest zu verschieben, scheint (siehe Abschn. 7.3.1). Dies unterstützt eine Forschungsperspektive auf Urteilen als Prozess der Expansion des Bezugshorizontes (siehe Abschn. 3.5).

Diese empirisch basierte Annahme wird durch Befunde im Rahmen der Interviewstudie plausibilisiert: Die Schlussfolgerungen, die aus dem Unterrichtsprojekt gezogen wurden, betreffen allesamt systemische Zusammenhänge und strukturelle Ambivalenzen – thematisiert werden die Politisierung der Umweltthematik, kritische Auseinandersetzungen mit der Ausrichtung des Wirtschaftssystems und die Selbstwirksamkeit sowie die Verantwortung zum und die Zweifel am Handeln (siehe Abschn. 8.2.1.2). Die Befunde aus den zwei Studien liefern zusammen einen plausiblen Hinweis dahingehend, dass die Intervention über fachliche Anregungspotenziale im Sinne einer politischen Nachhaltigkeitsbildung verfügt (siehe Kap. 5).

Ein zentrales Ergebnis innerhalb der Interventionsstudie ist, dass bei den Schüler*innen zwischen den zwei Messzeitpunkten keine außerordentlichen Kenntniszuwächse, Urteilsänderungen und Sprünge hinsichtlich des Komplexitätsniveaus zu verzeichnen sind. Die Lerneinheit zielte auf eine Erweiterung und Differenzierung der Sichtweisen der Schüler*innen und einen Komplexitätszuwachs in der Urteilsbegründung (siehe Abschn. 5.3.1), die sich allerdings nur vage angedeutet hat. Dies könnte auf die Ineffektivität des Treatments oder die in Teilen schwierige Datenqualität zurückzuführen sein (siehe Abschn. 9.2). Zum anderen könnte dies durch ein bereits ausgeprägtes Vorwissen und mit einer relativen Stabilität von Vorstellungen und Urteilen erklärt werden (Menthe, 2012; Lutter, 2010). Auch in den Ergebnissen der Interviewstudie spiegelt sich die relative Stabilität der Vorstellungen und Positionierungen sowie die Bedeutung der subjektiven Deutungshorizonte für fachliche Verstehensprozesse wider, was diese Annahme stützt. Die Schüler*innen gaben explizit an, sich durch das Unterrichtsprojekt in ihrer Sichtweise bestätigt oder bestärkt zu fühlen. Darüber hinaus zeigte sich dies auch in den Reflexions- und Sinnbildungsprozesse selbst.

Die Befunde der Interviewstudie deuten darauf hin, dass die außerschulischen Erfahrungen in Übereinstimmung mit schon vorhandenen politischen Vorstellungen en- und dekodiert wurden. Die für die Urteilsbildung bedeutsamen Lernprozesse im schulisch-außerschulischen Lehr-Lern-Arrangement wurden in Abschnitt 8.3.1 festgehalten (siehe Abb. 8.5 „Sinnbildungsprozesse im Kontext außerschulischer Begegnungen"). In den Verstehensprozesse findet die Integration der externen Perspektiven vor dem Hintergrund subjektiver Deutungshorizonte statt, zum Teil auch zur Stützung der eigenen Sichtweise in Form einer argumentativen Einhegung. Analog zu den aus politikdidaktischer Perspektive für die politische Urteilsbildung bedeutsamen hinzugewonnenen Aspekten, die innerhalb der Interventionsstudie nachgewiesen wurden, konnte auch im Rahmen der inhaltsanalytischen Auswertung der Interviewstudie gezeigt werden, dass sich in den Reflexionen der Schüler*innen Momente dokumentieren, in denen ein Überschreiten und Erweitern der eigenen Perspektive angebahnt wurde. Das Wechselspiel zwischen Induktion und Deduktion, die Beurteilung konkreter Situationen, Fragen, Fälle vor dem Hintergrund eines gesellschaftlichen Ganzen (Negt, 2010), was das politische Lernen und insbesondere das politische Urteilen charakterisiert (siehe Abschn. 3.2.2), zeigt sich in den Reflexionen und Sinnbildung aller Schüler*innen. Eine Anbahnung politischer Urteilsbildung als Prozess kann demnach auch vor dem Hintergrund der formalen und inhaltlichen Kontinuitäten der Schüler*innenäußerungen ausgemacht werden. Die Befunde sensibilisieren für die latenten Übergänge zwischen den „entwicklungslogischen Niveaus" (Autorengruppe Fachdidaktik, 2017, S. 185) und subtilen Erweiterungen subjektiver Sichtweisen innerhalb „eines langfristigen individuellen Entwicklungs- und Sozialisationsprozesses" politischer Urteilsbildung (Weinbrenner, 1997, S. 86; siehe Abschn. 3.3.2; Tab. 3.2). Die vorliegende Arbeit konnte damit auch einen Einblick geben, wie politische Bildungsprozesse innerhalb mehrwöchiger Lehr-Lern-Arrangements verlaufen und unter konkreten Bedingungen im Feld angeregt wurden.

Der Befund einer relativen Stabilität bei den Vorstellungen und Positionierungen bei gleichzeitigen aspektbezogenen Erweiterungen und Differenzierungen ist auch im Hinblick auf den Umgang mit Komplexität zu interpretieren. Im Vergleich zum naturwissenschaftlich geprägten Konzept der Bewertungskompetenz (Bögeholz et al., 2017) stellt der Umgang mit Komplexität – als Umgang mit Perspektivgebundenheit, Sozialität, Kontingenz, Ambiguität, Ambivalenz und potenziell öffentlicher Gestaltbarkeit – die zentrale domänenspezifische Anforderung an das politische Urteilen zu nachhaltigkeitsbezogenen Themenstellungen dar (siehe Abschn. 3.4.2 und 3.6). Es ist davon auszugehen, dass Heuristiken und Deutungsschemata, die als mentale Abkürzungen fungieren (Gigerenzer & Gaissmaier, 2011), gerade im Kontext komplexer Problemstellungen die Urteilsbildung prägen (Marchand, 2015; Sander, 2017). Die Ergebnisse verdeutlichen, dass von einem „kalten Konzeptwechsel" (*Cold Conceptual Change*; Pintrich et al., 1993) wahrscheinlich nicht ausgegangen werden kann. Eine systematische Urteilsfindung wird auf diese Weise erschwert. Das Vermeiden kognitiver Dissonanz und Streben nach Kongruenz (Festinger, 1957) kann Lernprozessen im hier benannten Sinne von Erweiterungen und Differenzierungen der subjektiven Sichtweise und

9.1 Zusammenfassende Diskussion der Studienergebnisse

damit auch einer elaborierten Urteilspraxis entgegenstehen. Aus diesem Zusammenhang ergibt sich die zentrale Bedeutung der individuellen Bereitschaft zu tieferen Elaborationsprozessen.

Die Ergebnisse der quantitativen Evaluation im Rahmen der Interventionsstudie zeigen, dass sich die Lerneinheit positiv auf das themenspezifische Interesse an kontroversen Fragestellungen einer nachhaltigen Entwicklung sowie auf das Selbstkonzept im Umgang mit komplexen Problemstellungen der Jugendlichen ausgewirkt hat. Es konnten signifikante Effekte mit mittlerer und geringer Effektstärke gemessen werden. Dementsprechend kann von einer Wirksamkeit der didaktischen Intervention in motivationaler Hinsicht ausgegangen werden. Die Motivation stellt eine zentrale Determinante einer systematischen Urteilsbildung dar; Studien belegen, dass sich ein positives Selbstkonzept günstig auf den Umgang mit komplexen Sachverhalten auswirken kann (Dörner, 2003; Hallitzky, 2008). Wichtige motivationale Voraussetzungen politischer Urteilsbildung konnten damit gefördert werden. Ob der motivationale Effekt auf die Einbindung der außerschulischen Begegnungen zurückzuführen ist, kann auf der Basis der statistischen Ergebnisse nicht gesagt werden. Die Integration außerschulischen Lernens in den Fachunterricht erfuhr seitens der Lernenden eine hohe Zustimmung (siehe Abschn. 7.2.3; Skala „Akzeptanz außerschulischen Lernens"). Eine inhaltliche Bezugnahme der Schüler*innen auf die Akteur*innengruppen innerhalb der offenen Items des Prä-Post-Designs zur Erhebung der Vorstellungen und Positionierungen fand allerdings nicht statt.

In diesem Zusammenhang konnte die Interviewstudie Erkenntnisse generieren, die das Bild zu komplettieren verhelfen. Im Rahmen der episodischen Interviews konnten didaktische und fachliche Anregungspotenziale durch die außerschulische Begegnungen mit regionalen zivilgesellschaftlichen und unternehmerischen Akteur*innen vor dem Hintergrund der Reflexionen und Sinnbildungen der Jugendlichen empirisch exploriert und (politik-)didaktisch bestimmt werden. Die Interviewstudie zeigt, dass die Bedeutung der außerschulischen Begegnungen für den subjektiven Lern- und Urteilsprozess der Schüler*innen als hoch einzuschätzen ist. Die rekonstruierten Anregungspotenziale aus der Sicht der Jugendlichen beziehen sich auf die authentische Begegnung mit konkreten Personen und deren Emotionen, das Relevanzempfinden und das sich entwickelnde Interesse, den Kontrast zu üblichen Tätigkeiten im Schulalltag, die Veranschaulichung theoretischer Unterrichtsinhalte und die kognitive Aktivierung durch einen Realitätsabgleich sowie die Reflexion über die eigene Urteilsbildung – diese Aspekte wurden im Abschnitt 8.3.1 in einem Schaubild festgehalten (siehe Abb. 8.4 „Wirkungsbeziehung der außerschulischen Begegnung zwischen regionalen Akteur*innen und Schüler*in"). Hiermit konnten empirische Einsichten bezüglich eines erfahrungsorientierten Zugangs aus Lernendensicht gewonnen werden, die auch für eine emotionssensible Sicht auf die Förderung politischer Urteilsbildung von Bedeutung sein können.

Diese didaktischen Anregungspotenziale sind auf verschiedene Weisen für die Förderung politischer Urteilsbildung von Bedeutung: Als ein zentrales Ergebnis kann das Relevanz- und Resonanzerleben der Jugendlichen herausgestellt werden. In den Reflexionen der Jugendlichen dokumentiert sich, dass die Problemstellung und die damit verbundenen gesellschaftlichen Fragen an Bedeutsamkeit gewonnen haben. Das Erleben von Bedeutsamkeit kann die Motivation erhöhen, sich vertiefter mit komplexen Themen zu befassen und insofern die politische Urteilsbildung unterstützen (Schiefele & Schaffner, 2020). Auch vor dem Hintergrund der Unterscheidung zwischen heuristischer und systematischer Urteilbildung (*Heuristic-Systematic Model* nach Chen & Chaiken, 1999; siehe Plessner, 2011; Abschn. 3.2.1) stellt die Motivation die zentrale Determinante für eine systematische Ausrichtung dar. In politikdidaktischen Theorieansätzen wird dieser Aspekt als Balance zwischen subjektiver Betroffenheit der Lernenden und generalisierbarer Bedeutsamkeit des Lerngegenstandes als ein Kriterium der Inhaltsauswahl verhandelt (Henkenborg, 2000; siehe Abschn. 5.2). Das rekonstruierte Relevanz- und Resonanzerleben der Jugendlichen kann als Indikator dafür betrachtet werden, dass durch den erfahrungsorientierten Zugang eine zentrale Voraussetzung für die motivationale *Bereitschaft* zu einer weniger heuristischen und stärker systematischen Urteilsbildung geschaffen werden konnte. Angesichts der zu erwartenden mentalen Vermeidungsstrategien in der kognitiven Bewältigung komplexer Problemstellungen ist dies kein trivialer Aspekt.

Als ein weiteres zentrales Anregungspotenzial im Hinblick auf die politische Urteilsbildung, das innerhalb der Interviewstudie rekonstruiert werden konnte, sollen die Bedeutung der lebensweltlichen Veranschaulichung und der dadurch ermöglichte Abgleich von schulischer und außerschulischer (vermittelter) Repräsentation hervorgehoben werden. Hierin spiegelt sich die Wichtigkeit einer lebensweltorientieren Verknüpfung aus Schüler*innensicht wider. Diese sind mit weiterführenden Reflexionen der Jugendlichen verbunden, die auf eine metakognitive Dimension der politischen Urteilsbildung verweisen, als ein Nachdenken über das eigene Urteilen: Die Jugendlichen beschreiben im Zuge der außerschulischen Begegnungen eine empfundene Aufforderung, sich ein eigenes Urteil zu bilden. Dieser Impuls scheint sich aus der Nähe zu den Personen sowie der konflikt- und problemhaltigen Konstellation zu ergeben. Zugleich reflektieren und korrigieren einige Jugendlichen ihre Vorstellungen und Erwartungshaltungen. Vor diesem Hintergrund kann die Hypothese aufgestellt werden, dass außerschulisches Lernen die selbstreflexive Haltung zur eigenen Urteilspraxis zu stärken vermag. Aus anderen Studien ist bekannt, dass forschendes und selbstreflexives Lernen den Umgang mit Komplexität günstig beeinflussen kann (siehe etwa Hallitzky, 2008). Auch im Kontext der Politischen Bildung wird die Bedeutung einer reflexiven Auseinandersetzung mit subjektiven Werturteilen (Petrik, 2013b) und Urteilskriterien (May, 2019) für die elaborierte Urteilspraxis betont, wie in Abschnitt 3.3.3 und 3.4.1 herausgearbeitet wurde.

Die Analyse der inhaltlichen Schlussfolgerungen der Jugendlichen hat ergeben, dass von den konkreten außerschulischen Erfahrungen abstrahiert wurde und zum Teil anspruchsvolle Verknüpfungen mit den unterrichtlich vermittelten Inhalten hergestellt werden konnten (siehe Abschn. 8.2.2). Die außerschulische Begegnung mit den Landwirt*innen hat überwiegend ein Verstehen und Hinterfragen von multiplen ökonomischen, ökologischen und sozialen Abhängigkeiten angeregt; die Begegnung mit den Umweltaktivist*innen hat vor allem Schlussfolgerungen hervorgebracht, die die Formen und Grenzen des politischen Handelns explorieren sowie Kollektivierung und Legitimität von Aktivismus thematisieren. Die rekonstruierten politischen Sinnbildungen dokumentieren, dass die Begegnungen tiefergreifende Verstehensprozesse und individuell unterschiedliche politische Einsichten anzustoßen vermochten. Die bereits weiter oben beschriebene Tendenz einer Integration des Erfahrenen in bestehende subjektive Deutungshorizonte plausibilisiert die Forschungsperspektive auf Urteilen als Prozess der Sinnbildung (siehe Abschn. 3.5). Aus dieser kann auch empirisch bestätigt werden, „dass Emotionen in politischen Deutungsprozessen eine fundamentale Bedeutung zukommt" (Weber-Stein, 2017, S. 54).

Die Beurteilung der Lernwirksamkeit ist schließlich auch abhängig von dem Verständnis von politischer Urteilsbildung, das zugrunde gelegt wird. Mit den zwei Forschungsperspektiven auf Urteilen als Expansion und Urteilen als Sinnbildung (siehe Abschn. 3.5), die in zwei forschungsmethodische Zugänge überführt wurden, konnten multiple und sich in ihrer Aussagekraft ergänzende Erkenntnisse über die Wirksamkeit des Unterrichtsansatzes ermöglicht werden.

9.2 Zusammenfassende Diskussion der Limitationen

Die politische Urteilsbildung zu komplexen Problemstellungen einer nachhaltigen Entwicklung und ihre Förderung stellte den Forschungsgegenstand der vorliegenden Arbeit dar. In der Darlegung des Forschungsstandes in der Politikdidaktik und den benachbarten Fachdiskursen mit BNE-Bezug konnte aufgezeigt werden, dass die schmale Befundlage auch in der Komplexität des Konstruktes begründet liegt. Jene einzufangen und in eine schlüssige Operationalisierung zu überführen, stellte daher eine Herausforderung der vorliegenden Arbeit dar. Auf ein theoretisch rückgebundenes, operationalisierbares und validiertes Konstrukt konnte nicht zurückgegriffen werden (May et al., 2020). Eine quasi-experimentelle Interventionsstudie mit der Urteilskompetenz als abhängige Variable wurde daher nicht umgesetzt.

Vor diesem Hintergrund wurde eine explorative Ausrichtung angestrebt, in der verschiedene Aspekte der politischen Urteilsbildung betrachtet wurden, um Rückschlüsse auf die Wirksamkeit und das Anregungspotenzial der Intervention ziehen zu können. Wie in der Einleitung erwähnt, fungierte die Urteilsbildung als Klammer in einem explorativ ausgerichteten Forschungsvorhaben. Im Folgenden wird auf die Limitationen der Arbeit eingegangen – dabei werden die Limitationen, die die Datenbasis im Kontext des Prä-Post-Designs und die Anlage der Studie betreffen, problematisiert. Die ausführlichen forschungsmethodischen Diskussionen der einzelnen Studien erfolgten im Abschnitt 7.3.2 und Abschnitt 8.3.2.

a. *Limitationen in der Datenbasis.* Mit der explorativen Erhebung der verschiedenen Aspekte der politischen Urteilsbildung sollte den Schwierigkeiten der Operationalisierung begegnet werden. Jedoch stellt sich die Qualität der Daten, die über offene Items im Rahmen der Fragebogenuntersuchung erhoben wurden, zum Teil als unzureichend heraus, was die Auswertung erschwerte: Die Performanz im Bereich des Analysierens und Urteilens, die durch eine aufgabenbasierte Anforderungssituation in Form einer Argumentationsaufgabe erhoben wurde, musste aus Mangel an ausreichenden und für die Auswertung tragfähigen Schüler*innenantworten zu zwei Messzeitpunkten ausgeschlossen werden. Angedacht war die punktebasierte Einschätzung der Komplexitätsniveaus. Es ist festzuhalten, dass damit ein wichtiger Bestandteil der Operationalisierung wegfiel und die Aussagekraft der Ergebnisse damit eingeschränkt ist. Was lässt sich daraus mit Bezug auf den Forschungsgegenstand schlussfolgern? Politische Urteilsbildung und die Darlegung innerhalb einer Stellungnahme stellen einen kognitiven Aufwand für die Schüler*innen dar, der häufig nicht betrieben wurde. Dies weist entweder auf eine mangelnde motivationale und volitionale Bereitschaft, die Aufgabe in der Anonymität ohne Anerkennung durch Leistungsbeurteilung zu bearbeiten, auf die fehlenden Fähigkeiten zur systematischen Urteilsbildung und Argumentation oder auf die inhaltliche Schwierigkeit (kein Lernzuwachs durch die Lerneinheit) hin. In dieser Hinsicht war die Interviewstudie aufschlussreich, denn im Rahmen der qualitativen Auswertung dokumentierten sich anspruchsvolle Reflexionen der Jugendlichen, in denen Argumente abgewogen, Perspektiven

9.2 Zusammenfassende Diskussion der Limitationen

nachvollzogen und subjektive Sichtweisen exploriert wurden. Die Interviewsituation eröffnete scheinbar den Raum für die Unabgeschlossenheit und Vorläufigkeit sowie die Interferenzen und Ambivalenzen der subjektiven Urteile, die die Urteilspraxis angesichts der Komplexität prägt – und konnte dem Forschungsgegenstand möglicherweise somit (stärker als das Prä-Post-Design) gerechter werden.

Die Inkongruenzen nachhaltigkeitsbezogener Urteilsbildung spiegelten sich auch in der statistischen Auswertung der Skalen wider. Auf bereits pilotierte und validierte Skalen konnte kaum zurückgegriffen werden, stattdessen wurde sich in den Formulierungen an erprobten Skalen orientiert. Dennoch mussten Skalen aufgrund eines zu geringen Wertes für die interne Konsistenz, der auf eine geringe Reliabilität verweist, ausgeschlossen werden. Nachhaltigkeitsbezogene Einstellungen können jedoch durch Inkongruenzen gekennzeichnet sein. Dies kann sich im Antwortverhalten der Befragten widerspiegeln, etwa wenn es themen- und kontextspezifisch variiert (z. B. Tempolimit ja, Kreuzfahrt ja). Um eine valide Messung zu ermöglichen, ist eine Abbildung verschiedener, auch inkongruent erscheinender Aspekte notwendig.

Grundsätzlich verweist die geschilderte Problematik auf größere Dilemmata einer „evidenzorientierten" pädagogischen Forschung (Stark, 2017). Bei komplexen Konstrukten wie der politischen Urteilsbildung und dem Umgang mit Komplexität ist forschungsmethodisch abzuwägen: Einerseits scheint eine Differenzierung in Teilaspekte notwendig, um eine Operationalisierung vornehmen zu können; andererseits ist die Komplexität des Konstruktes meist erst in der Zusammenschau verschiedener Teilaspekte zu erfassen (‚Das Ganze ist mehr als die Summe seiner Teile'). Für die sozialwissenschaftliche Domäne und insbesondere im Kontext pädagogischer Konstellationen sind Operationalisierungs- und Validitätsprobleme zu erwarten und der „probabilistische[…] Charakter sozialwissenschaftlicher Erkenntnisse" zu reflektieren (ebd.). Evidenzorientierte Forschung im Bereich der Politischen Bildung stellt immer eine Anmaßung und Annäherung dar, da sie in der Fokussierung auf ausgewählte Aspekte und Wirksamkeit notwendigerweise eine Reduktion und Verkürzung vollzieht. Die komplexen Konstrukte, die es zu erforschen und zu fördern gilt, zeigen sich dabei immer in der Bewältigung von Anforderungssituationen, die einer komplexen, mehrperspektivischen und kontroversen gesellschaftlich-politischen Wirklichkeit entstammen. Intentionen von Fördermaßnahmen sowie die Operationalisierungen stellen dabei immer auch normative Setzungen dar, die offenzulegen und zu reflektieren sind.

b. *Limitationen aufgrund der Anlage der Studie.* Eine Stärke der Forschungsstudie besteht in ihrer Implementation der didaktischen Intervention im Feld Schule.

Aufgrund der Erprobung im Politikunterricht der gymnasialen Oberstufe kann von einer gewissen Gültigkeit der Erkenntnisse (ökologische Validität) ausgegangen werden. Jedoch beruhen die Ergebnisse auf Gelegenheitsstichproben. Sowohl die Teilnahme der kooperierenden Lehrpersonen als auch die Teilnahme der Schüler*innen an den empirischen Erhebungen war freiwillig, sodass Selektionseffekte nicht ausgeschlossen werden können. Darüber hinaus bezog sich die Lerneinheit auf eine bestimmte und für den Lernbereich exemplarische komplexe Problemstellung (Landwirtschaft und Ernährung) und auf Begegnungen mit bestimmten außerschulischen Akteur*innen. Es können dementsprechend keine Aussagen darüber gemacht werden, inwieweit die Ergebnisse durch die Thematik bedingt sind und zu welchen Ergebnissen thematisch anders ausgerichtete Interventionen kämen.

Die Komplexität der Thematik sowie Integration der außerschulischen Begegnungen beanspruchten einen ausgiebigen zeitlichen Rahmen, sodass sich für eine mehrwöchige Lerneinheit entschieden wurde. Ein Vergleich mit einer Lerngruppe, die keine außerschulischen Lernsituationen erlebt und keinen problem-, konflikt- und erfahrungsorientierten Unterrichtsansatz erhält, wurde aus forschungsmethodischen, pädagogischen und organisatorischen Gründen nicht angestrebt. Die Anregungspotenziale des Ansatzes wurden nicht im Vergleich getestet, sondern in der Kombination aus Prä-Post-Design und episodischer Interviews exploriert. Auch die Lernprozesse zwischen den zwei Messzeitpunkten wurden nicht analysiert. Dies schränkt die Aussagekraft der Befunde ein und kann in zukünftigen Studien in den Blick genommen werden (siehe Abschn. 10.3 zur weiterführenden Forschung).

9.2 Zusammenfassende Diskussion der Limitationen

Open Access Dieses Kapitel wird unter der Creative Commons Namensnennung 4.0 International Lizenz (http://creativecommons.org/licenses/by/4.0/deed.de) veröffentlicht, welche die Nutzung, Vervielfältigung, Bearbeitung, Verbreitung und Wiedergabe in jeglichem Medium und Format erlaubt, sofern Sie den/die ursprünglichen Autor(en) und die Quelle ordnungsgemäß nennen, einen Link zur Creative Commons Lizenz beifügen und angeben, ob Änderungen vorgenommen wurden.

Die in diesem Kapitel enthaltenen Bilder und sonstiges Drittmaterial unterliegen ebenfalls der genannten Creative Commons Lizenz, sofern sich aus der Abbildungslegende nichts anderes ergibt. Sofern das betreffende Material nicht unter der genannten Creative Commons Lizenz steht und die betreffende Handlung nicht nach gesetzlichen Vorschriften erlaubt ist, ist für die oben aufgeführten Weiterverwendungen des Materials die Einwilligung des jeweiligen Rechteinhabers einzuholen.

Schlussfolgerungen und Ausblick 10

In diesem Kapitel werden Schlussfolgerungen im Hinblick auf die Konzeptualisierung einer politischen Nachhaltigkeitsbildung (10.1) und auf die Förderung politischer Urteilsbildung durch außerschulische Begegnungen im Kontext nachhaltigkeitsbezogener Problemstellungen (10.2) gezogen sowie ein Ausblick auf weiterführende Forschung (10.3) gegeben. Die im Rahmen der Einleitung aufgestellten vier Zielperspektiven (siehe Abschn. 1.2) werden in diesem Zusammenhang aufgegriffen.

10.1 Konsequenzen für die Konzeptualisierung einer politischen Nachhaltigkeitsbildung

Die Gesellschaft und so auch die verschiedenen Bildungskontexte sind dabei, Antworten auf die drängendsten Fragen unserer Zeit zu finden. Die Klimakrise stellt ein epochales Schlüsselproblem dar, dessen Herausforderung darin besteht, sowohl nicht-nachhaltige Wirtschafts- und Lebensweisen zu überwinden als auch neuartige und in ihrer Effektivität oftmals ungewisse Wege zu beschreiten. Obwohl diese Fragen *das Politische* im Kern treffen, indem die *Gestaltung öffentlicher Angelegenheiten* im Zentrum steht, liegen noch wenige Beiträge an der Schnittstelle zwischen Politischer Bildung und Bildung für nachhaltige Entwicklung vor. Nachfolgend werden Überlegungen formuliert, die aus den Ergebnissen der Interventionsstudie und der Interviewstudie resultieren und zur Theoriebildung einer politischen Nachhaltigkeitsbildung beitragen können. Dabei ist die Frage leitend, wie den Herausforderungen einer nachhaltigen Entwicklung pädagogisch und didaktisch sowie auch institutionell und strukturell begegnet werden kann.

© Der/die Autor(en) 2025
A. Jansen, *Politische Urteilsbildung von Jugendlichen zu komplexen Problemstellungen einer nachhaltigen Entwicklung*,
https://doi.org/10.1007/978-3-658-46149-2_10

Schlussfolgerungen im Hinblick auf einen disziplinübergreifenden Beitrag zur Nachhaltigkeitsbildung. Nachhaltigkeitsbildung stellt einen fächerübergreifenden schulischen Lernbereich dar, zu dem alle Unterrichtsfächer entsprechend ihrer domänenspezifischen Weltzugänge einen Beitrag leisten können (KMK & BMZ, 2016). In einer die Fachdiskurse zwischen Politischer Bildung und BNE vermittelnden Herangehensweise konnte in der vorliegenden Arbeit herausgestellt werden, dass gerade die Politische Bildung für den Umgang mit gesellschaftsbezogener Komplexität, die den Lernbereich charakterisiert, theoretisch-konzeptionelle Antworten bereithält. In der lernenden Auseinandersetzung müssen vielschichtige Informationen integriert, bewertet und in potenziell handlungsleitende Urteile überführt werden. Die Komplexität stellt im Kontext der Nachhaltigkeitsbildung nicht nur ein Wissensproblem dar, sondern birgt vor allem ethische und politische Herausforderungen (Block et al., 2019). Politische Bildung in der Schule ist vor allem jenseits der gymnasialen Oberstufe dazu angehalten, eine politische und orientierende Grundbildung zum Zwecke der politischen Selbstbestimmung zu ermöglichen und kann daher nicht nur als wissenschaftliches Propädeutikum konzeptualisiert werden. Bedingungen der Ungewissheit, Kontingenz und des Nicht-Wissens sind auch in demokratietheoretischer Perspektive zwangsläufig ein integraler Bestandteil einer Demokratie: Das demokratische Subjekt bleibt notwendigerweise und im besten Sinne ein dilettantisches Subjekt (Reichenbach, 1999, S. 340–374 und S. 442–461). Für einen domänenspezifischen, gesellschaftswissenschaftlichen Zugang zur Nachhaltigkeitsbildung ist daher ein pluralistischer Ansatz (Öhman & Östman, 2019) angezeigt. Der Dissens um das Konzept der Nachhaltigkeit (Kehren, 2022) sowie die strukturellen Konflikte zwischen Interessen, Werten und Ideen bzw. Ideologien stellen das Fundament einer politischen Urteilsbildung dar, das es gilt, in die schulischen Lernsituationen hineinzuholen. Der Dissens tangiert dabei nicht die Frage, ob es den Klimawandel gibt, sondern vermehrt diese: Unter welchen Bedingungen, mit welchen Folgen für wen, mithilfe welcher politischer Maßnahmen und kollektiver Praktiken kann den „globalen Vielfachkrisen" (Inkermann & Eis, 2022) einer nachhaltigen Entwicklung begegnet werden?

Es zählt zu den größten Aufgaben der schulischen Bildung, die Komplexität nachhaltigkeitsbezogener Lerngegenstände abzubilden und didaktisch aufzubereiten. Die Schüler*innen sind dazu zu befähigen, die problem- und konflikthaltigen Sachverhalte in ihren strukturellen Bedingungen und komplexen Zusammenhängen zu verstehen und an den gesellschaftlichen Diskursen zu partizipieren. Dies stellt auch Lehrkräfte vor Herausforderungen. Es ist anzunehmen, dass eine in der Bildungspraxis zu beobachtende Verkürzung auf Verhaltensänderung und das unzureichende Vordringen zum Politischen auch das Ergebnis fachlicher Unsicherheiten von Lehrkräften sind (Wohnig, 2021; für eine empirische Betrachtung siehe Weselek & Wohnig, 2020).

In der Entwicklung von innovativen Bildungsformaten und bei der Gestaltung von Lehr-Lern-Prozessen ist der *cognitive load* zu berücksichtigen, denn komplexe Sachverhalte können Reaktanz, vermeidendes Verhalten und Überforderung auslösen (siehe Abschn. 2.4.3; Sweller et al., 2011). Die Stoffkomplexität kann nicht einfach reduziert werden, ist doch ein Umgang mit ihr innerhalb des Lernbereichs explizit einzuüben. Stattdessen gilt es, Komplexität gesellschaftspolitischer Problemstellungen lernwirksam zu inszenieren und zu elementarisieren, wie es in der vorliegenden Arbeit exemplarisch umgesetzt wurde. Hieraus ergibt sich eine zunehmende Bedeutung fachdidaktischer Strukturierungen und ihrer Übersetzung in konkrete, auch fächerübergreifend angelegte Lerngelegenheiten (Lipowsky, 2020). Einschlägige und etablierte Verfahrensweisen der Politischen Bildung könnten diesbezüglich eine orientierende Hilfestellung für Lehrkräfte und Bildungsakteur*innen benachbarter Fächer und Disziplinen bei der Konzeption von schulischen und außerschulischen Bildungsangeboten sein. Wie in der vorliegenden Arbeit am Beispiel der Problemstudie erprobt, kann in der didaktischen Gestaltung komplexer Lerngegenstände auf die politikdidaktischen Prinzipien, fachspezifischen Makromethoden sowie Kontrovers- und Analyseverfahren zurückgegriffen werden. Inhaltsfelder einer politischen Nachhaltigkeitsbildung können anhand der Charakteristika komplexer Problemstellungen (Dörner & Funke, 2017), der Kategorien einer problem- und konfliktorientierten Didaktik (siehe dazu etwa Reinhardt, 2022) sowie der soziopolitischen Grundfragen (Petrik, 2013b) erschlossen und (fach-)didaktisch strukturiert werden. Entlang gesellschaftlicher Transformationsfelder lassen sich auf diese Weise fachbezogene und fächerübergreifende Projekte sowie weitere, auch experimentellere Lern- und Aktionsformate mit dem außerschulischen Umfeld konzipieren. Die Erkenntnisse, die innerhalb der vorliegenden Forschungsarbeit hervorgebracht werden konnten, zeigen, dass die angewandten didaktischen Zugänge Lernprozesse anzuregen vermochten, die für die politische Urteilsbildung von Bedeutung sind.

Schlussfolgerungen im Hinblick auf das Zusammenspiel von BNE und Politischer Bildung. Die Kontraste zwischen BNE und Politischer Bildung herauszuarbeiten, ist für die Theoriebildung einer politischen Nachhaltigkeitsbildung durchaus lohnend, kann in der idealtypischen Gegenüberstellung aber Gefahr laufen, unterkomplexe Verständnisse der Fachdiskurse nur zu reproduzieren. Als spannender erweist sich die Frage danach, was die Fachdiskurse jeweils voneinander lernen können.

Aus politikdidaktischer Perspektive und der kritischen Reflexion des BNE-Konzeptes ergeben sich zwei zentrale Konturen einer politischen Nachhaltigkeitsbildung. Zunächst stellen Nachhaltigkeitsthemen potenziell von einer Gesellschaft zu gestaltende *public issues* dar (Van Poeck & Vandenabeele, 2012). Damit geraten gesellschaftspolitische Ziel- und Interessenkonflikte in den Blick. Die Bedingungen des Handelns und die Verwobenheit ökologischer, ökonomischer, sozialer und kultureller Dimensionen in ihrer Bedeutung für das lernende Subjekt sind ein zentraler Ausgangspunkt. Ein breiter Nachhaltigkeitsbegriff ist für diesen domänenspezifischen Zugriff also zielführend. Darüber hinaus kann die Differenzierung von politischen Handlungsebenen zwischen dem Individuum, der Kommune, der Zivilgesellschaft, dem Staat und der internationalen Staatengemeinschaft herausgestellt werden. Eine Fokussierung auf individuelle nachhaltige Alltagspraktiken, wie sie in der BNE-Bildungspraxis festzustellen ist, ist aus einer politikdidaktischen Perspektive als ambivalent einzustufen, da sie eine Individualisierung und Pädagogisierung struktureller Probleme nach sich zieht (siehe Abschn. 2.3). Die Schule hat aufgrund ihrer gesellschaftlichen Stellung ein reflexives Verhältnis zu den Formen von *Agency* bzw. Handlungsbefähigung einzunehmen, die in ihr vermittelt werden. Und somit ist der Appell an die Eigenverantwortung nicht als grundlegend problematisch zurückzuweisen, aber eben auch als normative Setzung und in ihrem politischen Charakter in Lernsituationen zu diskutieren. Die Entwicklung, Erprobung und Evaluation eines problem-, konflikt- und erfahrungsorientierten Zugangs im Rahmen der vorliegenden Arbeit konnte Anknüpfungspunkte und Limitationen aufzeigen (siehe auch Abschn. 10.2), die auch für den allgemeindidaktischen und erziehungswissenschaftlichen BNE-Diskurs von Interesse sind. Fachbeiträge aus der Politischen Bildung könnten dazu beitragen, dem Konzept einer nachhaltigen Entwicklung und BNE aus einer theoretisch-konzeptuellen „Krise" (Moulin-Doos, 2020, S. 176) zu verhelfen.

Vor dem Hintergrund der theoretischen und empirischen Erkenntnisse der vorliegenden Arbeit deutet sich die Notwendigkeit einer Weiterentwicklung der Diskurse in der Politischen Bildung an. Fest steht, dass eine „Neuvermessung der politischen Bildung im Anthropozän" (Friedrichs, 2021c, S. 45) diskutiert werden muss und rigide Konzeptionen zum politischen Lernen ebenso einer kritischen Reflexion zu unterziehen sind. Eine stärkere politische und auch sozioökonomische Ausrichtung einer Bildung für nachhaltige Entwicklung, die innerhalb dieser Arbeit hergeleitet wurde, kann nicht bei der Entfaltung und Analyse der Komplexität stehen bleiben. Insbesondere mit Blick auf die politische Urteilsbildung ist ein multipolares Abwägen (Kuhn et al., 2000) und Verharren auf der Ebene des

10.1 Konsequenzen für die Konzeptualisierung …

Sachurteils gerade angesichts der Mehrperspektivität und Kontroversität verständlich, jedoch nicht das alleinige Ziel. In der Entwicklung der politischen Identität soll die erfasste Komplexität und Ambivalenz nicht als nur innere Zwiespältigkeit oder Unzulänglichkeit missverstanden werden, sondern als Konstituens der gesellschaftlichen Wirklichkeit in einem pluralistischen System entdeckt werden. Hieraus kann eine politische Subjektivität und ein die Gesellschaft gestaltender Impetus erwachsen:

> Die konstitutive Ambivalenz gesellschaftlicher Wirklichkeit ist dabei als *Resultat* politischen Urteilens kaum mehr als ein Trivialbefund. Sie sollte daher vielmehr den *Ausgangspunkt* dieses Urteilens darstellen, denn die »Ambivalenz« selbst ist auch eine strategische Position in den Transformationen des modernen »Selbst« und entscheidendes Medium ihrer Wirksamkeit (…). (Rößler, 2014, S. 91; H.i.O.)

Das übergeordnete Bildungsziel einer politischen Nachhaltigkeitsbildung lautet, mit der Komplexität handlungsfähig zu werden. Im Rahmen der Arbeit – vor dem Hintergrund kognitionspsychologischer Befunde – konnte gezeigt werden, dass ein rein kognitivistischer Zugang keine adäquate Pädagogik zu komplexen Nachhaltigkeitsthemen darstellen kann. Und insofern ist die *Analyse* mit dem *Handeln* und der *Erfahrung* zu kombinieren, um das Politische begreifbar werden zu lassen.

Die Öffnung der Schule in den gesellschaftlichen Nahraum und die Kooperationen mit außerschulischen, beispielsweise zivilgesellschaftlichen Akteur*innen, wie sie im Kontext einer BNE praktiziert wird (siehe Abschn. 4.4), sollte auch auf dem Feld der Politischen Bildung stärker einbezogen sowie theoretisch und empirisch betrachtet werden (aktuelle Arbeiten tun dies: siehe u. a. Emde, 2022; Friedrichs, 2020; Kenner, 2021). Die Vorbehalte gegenüber affirmativen Varianten einer erfahrungs-, handlungs- und lebensweltorientierten Zugangsweise sind empirisch zu prüfen und ihnen ist didaktisch und situativ, etwa mittels einer entsprechenden schulischen Vor- und Nachbereitung, zu begegnen. Die Erkenntnisse der Interviewstudie liefern Hinweise auf ein Relevanz- und Resonanzerleben der Schüler*innen durch die außerschulischen Begegnungen, was die subjektive Bereitschaft zu einer elaborierten politischen Urteilsbildung unterstützen kann (siehe folgenden Abschnitt).

Ein Zusammenspiel zwischen Politischer Bildung und BNE gestaltet sich dann als lohnend, wenn sich die Diskurse ergänzen, ohne ineinander aufzugehen. Aus der Notwendigkeit eines umfassenden gesellschaftlichen Engagements zur Bewältigung der Klimakrise, ohne dabei einen instrumentellen Zugriff auf die Bildungssubjekte zu bemühen, ergibt sich gerade ein Bedarf an fach-, kontext- und themenspezifischen Zugängen. Ein *one size fits all*-Ansatz ist dabei fachlich nicht wünschenswert bzw. seriös zu meistern und mit Blick auf die Schüler*innen auch motivational nicht hilfreich. Damit verbunden ist auch ein Qualifizierungsbedarf von (angehenden) Lehrkräften. Die gesellschaftlichen Verschiebungen, die sich in den nächsten Jahren abzeichnen – etwa durch die zunehmende Dringlichkeit, das zunehmende Empfinden existenzieller Betroffenheit oder das Infragestehen von Privilegien –, werden für die Nachhaltigkeitsbildung bedeutsam und (noch proaktiv) zu gestalten sein.

10.2 Konsequenzen für die Förderung politischer Urteilsbildung zu nachhaltigkeitsbezogenen Problemstellungen durch außerschulische Begegnungen

Im folgenden Abschnitt werden Konsequenzen für den theoretischen und konzeptuellen Forschungsdiskurs sowie für die pädagogische Praxis in schulischen und kooperierenden außerschulischen Bildungskontexten formuliert. Entsprechend der Zielperspektiven aus Abschnitt 1.2 wird zunächst auf die Förderung politischer Urteilsbildung eingegangen und darauffolgend die Verknüpfung von schulischen und außerschulischen Lernsituationen thematisiert.

Schlussfolgerungen im Hinblick auf die Förderung politischer Urteilsbildung angesichts komplexer Problemstellungen einer nachhaltigen Entwicklung. Die Forschungsarbeit hat sich mit der Frage befasst, wie Lehr-Lern-Situationen konzipiert und Politikunterricht gestaltet sein müssen, um politische Urteilsbildung von Jugendlichen zu komplexen Problemstellungen einer nachhaltigen Entwicklung zu fördern. Auf Basis der empirischen Erkenntnisse, die in den Teilstudien generiert werden konnten, können theoretische und praktische Konsequenzen für die Förderung abgeleitet werden.

Der problem-, konflikt- und erfahrungsorientierte Zugang, der im Sinne einer pluralistischen Perspektive erprobt und evaluiert wurde, erwies sich in verschiedenen Hinsichten als lernwirksam im Sinne einer politischen Nachhaltigkeitsbildung, auch wenn dies weniger Ausdruck in gesteigerten Komplexitätsniveaus fand. Im Zuge der problem- und konfliktorientierten Auseinandersetzung zeigten sich in Ansätzen stärker strukturbezogene, politische Betrachtungsweisen, die als Erweiterungen der Bezugshorizonte interpretiert werden können.

Das theoretisch angenommene Potenzial, durch außerschulische Begegnungen Perspektivität und Kontroversität erfahrbar werden zu lassen, kann auf der Grundlage der empirischen Erkenntnisse bekräftigt werden. Die außerschulischen

10.2 Konsequenzen für die Förderung politischer Urteilsbildung ...

Begegnungen können Prozesse der politischen Urteilsbildung insofern fördern, als Perspektivenübernahmen angeregt, die Relevanz der verhandelten gesellschaftspolitischen Fragen erkannt, Resonanz im öffentlichen Nahraum verspürt und fachliche, strukturbezogene Schlussfolgerungen im Kontext der Thematik gewonnen werden konnten. Auch wenn die Perspektivenkoordination, etwa bezüglich der verschiedenen Akteur*innengruppen, weniger elaboriert erfolgte, zeigten sich dafür deutliche Selbstbezüge – in den Reflexionen innerhalb des Interviews glichen die Jugendlichen etwa ihre subjektiven Vorstellungen und Positionierungen mit dem Erfahrenen ab und hinterfragten ihre Erwartungshaltungen. Auch wenn in den Schlussfolgerungen der Jugendlichen eine Tendenz konstatiert wurde, nach der die Begegnungen meist in Übereinstimmung mit den subjektiven Vorannahmen enkodiert wurden, kann festgestellt werden, dass anspruchsvolle politische Sinnbildungen im Zuge der außerschulischen Begegnung angeregt werden konnten. Insofern eignet sich der besagte Zugang, so wie er im Rahmen der Themenstellung und des Unterrichtsansatzes exemplarisch untersucht wurde, zur Förderung politischer Urteilsbildung. Gleichwohl ist davon auszugehen, dass Modifizierungen der didaktischen Intervention und spezifische Steuerungen innerhalb der Vor- und Nachbereitung das fördernde Potenzial weiter ausschärfen können. Denn die didaktischen Herausforderungen, die sich für das Lernen und Urteilen aus der Komplexität ergeben, bestehen darin, Urteilsheurisiken und kognitiven Strategien der Komplexitätsreduktion zu begegnen, gewissermaßen auszuhebeln und kognitive Konflikte zu evozieren. Die Befunde der Studie veranschaulichen die Schwierigkeiten einer elaborierten Urteilspraxis angesichts der kognitiven Tendenz, sich in seiner eigenen Sichtweise vor allem bestätigt zu sehen.

Um Prozesse der politischen Urteilsbildung im Lichte komplexer, kontroverser und ambivalenter Sachverhalte zu unterstützen, ist ein selbstreflexiver Bildungsansatz, in der eine Analyse und Reflexion subjektiver Wahrnehmungs- und Deutungsmuster bzw. -horizonte angeregt wird, zu empfehlen. Zwar besteht Grund zur Annahme, dass das Lernen in außerschulischen Kontexten jene Muster und Überzeugungen gewissermaßen aktivieren kann; zugleich werden diese aber durch die Integration in den Fachunterricht der Analyse zugänglich und besprechbar. Die Ergebnisse der Interviewstudie konnten Hinweise dahingehend generieren, dass die außerschulischen Begegnungen die selbstreflexive Haltung zur eigenen Urteilspraxis stärken können. Insofern kann dem außerschulischen Lernen auch eine besondere Bedeutung im Kontext einer emotionssensiblen Politischen Bildung und BNE zugewiesen werden (Grund & Singer-Brodowski, 2020; Weber-Stein, 2017). Die übergreifende Frage im Kontext des Lernbereichs danach, wie das lernende Subjekt mit Ungewissheit, Widersprüchlichkeit und

Ambiguität umgehen und dennoch orientiert und handlungsfähig sein kann, benötigt eine produktive Auseinandersetzung mit den subjektiven Prägungen, die im Kontext transformativer Bildungsprozesse bedeutsam sind. Zur Förderung einer politischen Urteilsbildung, in der „die Ausbildung handleitenden politischen Wissens [begünstigt]" (Weber-Stein, 2017, S. 69) wird, gilt es Lerngegenstände an Erfahrungen und Emotionen rückzubinden, um urteilerelevante Selbst- und Weltverhältnisse überhaupt zu tangieren und potenziell zu erweitern (Koller, 2018).

Schlussfolgerungen im Hinblick auf die Verknüpfung schulischer und außerschulischer Lernsituationen. In der theoretischen Anlage der Arbeit wurde aufgezeigt, dass das außerschulische Lernen insbesondere im Kontext der Nachhaltigkeits- aber auch Demokratiebildung vermehrt Aufmerksamkeit erhält (siehe Abschn. 4.4). Bildungspolitisch wird eine stärkere Zusammenarbeit mit außerschulischen Akteur*innen aus der Zivilgesellschaft, Wissenschaft und Wirtschaft in der Bildungsarbeit explizit angestrebt (KMK, 2016; Nationale Plattform Bildung für nachhaltige Entwicklung, 2017). Nicht nur zu Themen der Klimakrise, sondern auch zu anderen drängenden Fragestellungen der Gegenwart, wie etwa Digitalisierung, soziale Teilhabe und gesellschaftliche Inklusion, erscheint die Öffnung der Schule in die Gesellschaft und möglicherweise auch die Öffnung der Gesellschaft für das schulische Lernen als notwendig, um dem transformativen und partizipativen Charakter, der von den Themenfeldern ausgeht, gerecht zu werden. Begegnungen mit der außerschulischen Wirklichkeit können die Exploration von Expertisen, Betroffenheiten und Bedeutsamkeiten ermöglichen. Dabei ist eine Kontextualisierung in Lern- und Entwicklungsprozesse im Rahmen schulischer Bildungsprozesse voraussetzungsvoll und eine ‚bloße' Einbettung in Wandertage nicht ausreichend. Die Befunde der Forschungsarbeit zeigen, dass das Verhältnis zwischen den Bildungsinstitutionen und der Zivilgesellschaft, der Wirtschaft und der Wissenschaft didaktisch-theoretisch zu bestimmen und praktisch zu gestalten ist. Hierin besteht ein zentraler Entwicklungsprozess, den es auch im Kontext regionaler Bildungslandschaften zu beleuchten und reflektieren gilt (Komorek & Sajons, 2021).

Welche Rolle können Stakeholder aus Wissenschaft, Politik, Wirtschaft und anderen Bereichen der Gesellschaft in der Bildungspraxis einnehmen – bzw. welche soll ihnen aus bildungswissenschaftlicher Perspektive zugewiesen werden? Aus der Perspektive einer pluralistischen Nachhaltigkeitsbildung verfügen außerschulische Begegnungen über das Potenzial, Prozesse der politischen Urteilsbildung zu unterstützen. Vor dem Hintergrund der empirischen Erkenntnisse der vorliegenden Studie kann der Schluss gezogen werden, dass dieses Verhältnis zwischen Schule und außerschulischen Akteur*innengruppen didaktisch gestaltet werden kann und sollte. Akteur*innen argumentieren perspektivgebunden und beurteilen sehr unterschiedlich, was als zukunftsfähig gelten kann. Schüler*innen sehen sich in ihrer Sichtweise und Positionierung vielfach bestätigt; in den rekonstruierten Sinnbildungen der Jugendlichen fungiert das außerschulisch Erfahrene als subjektive Evidenz. Damit Verknüpfungen schulischer und außerschulischer Lernsituationen auch die intendierten Lernprozesse anzuregen vermögen, sind die Verstehensprozesse zwischen Induktion und Deduktion explizit anzusprechen. Das Entwickeln eines Erkenntnisinteresses mit der Lerngruppe *vor* und die fachliche Reflexion *nach* der außerschulischen Begegnung sind erforderlich, um die vermeintliche Unmittelbarkeit der außerschulischen Erfahrungen einzufangen und durch Abstraktionsprozesse fachlich rückzubinden. Eine stärkere metakognitive Ausrichtung des initiierten Lernens, etwa durch die Integration selbstreflexiver Elemente zur subjektiven Urteilsbildung, sowie auch die Initiierung von Aushandlungsprozessen unter den Lernenden über das außerschulisch Gehörte und Gesehene, um bestenfalls auf diese Weise die intersubjektive Kontroversität bereits in der Wahrnehmung zu entdecken, könnten sich im Hinblick auf die politische Urteilsbildung als lernwirksam erweisen.

10.3 Konsequenzen für die weiterführende Forschung zur Förderung nachhaltigkeitsbezogener politischer Urteilsbildung

Durch die Umsetzung eines zweistufigen Forschungsdesigns entsprechend der zwei differenzierten Forschungsperspektiven auf Urteilen als Expansion und Sinnbildung (siehe Abschn. 3.5) konnten anwendungsorientierte und sich in ihrer Aussagekraft ergänzende Erkenntnisse über die Förderung nachhaltigkeitsbezogener politischer Urteilsbildung generiert werden. Aus den unterschiedlichen Forschungszugängen ergeben sich auch unterschiedliche Potenziale für zukünftige Untersuchungen.

Die Kombination aus problem-, konflikt- und erfahrungsorientierten Elementen in einer Lerneinheit erwies sich für die Förderung nachhaltigkeitsbezogener politischer Urteilsbildung in verschiedenen Hinsichten als lernwirksam. Um zu einer umfassenderen Einschätzung der didaktischen Anregungspotenziale zu kommen, müsste die Studie in Zukunft mit einer größeren Stichprobe repliziert werden. Vor dem Hintergrund der Erfahrung im schulischen Umfeld und der motivationalen Schwierigkeiten bei der Bearbeitung der offenen Items (insbesondere der Argumentationsaufgabe) könnte es sich als sinnvoll erweisen, die Erhebungsinstrumente der Interventionsstudie zu modifizieren und motivationale Anreize in einem forschungsethisch vertretbaren Rahmen zu schaffen. Es ist bisher unklar, inwieweit sich der Unterrichtsansatz auf die aufgabenbezogene Performanz im Bereich Analysieren und Urteilen auswirkt. Ein signifikanter Lernfortschritt zwischen dem ersten und zweiten Messzeitpunkt und damit einhergehende inferenzstatistische Analysen konnten nicht errechnet werden; stattdessen wurden Entwicklungen in einem angepassten induktiven Auswertungsverfahren qualitativ exploriert. Hieran kann zukünftige Forschung anschließen. Die sich andeutende Diskrepanz zwischen der limitierten Datenbasis des Prä-Post-Designs und den komplexen Reflexionen innerhalb der episodischen Interviews könnte damit erklärt werden, dass sich das Problem auf der Ebene der Performanz und nicht der Kompetenz befindet. Insofern kann es zur Erhebung komplexer Konstrukte wie der politischen Urteilsbildung forschungsmethodisch sinnvoll sein, die Schüler*innen in Interviews mit themenspezifischen Anforderungssituationen zu konfrontieren, um sie zu einer offenen Analyse und vorläufigen Stellungnahme anzuregen (siehe das Vorgehen von Marchand, 2015). Gegenwärtige Bestrebungen, ein theoretisches und operationalisierbares Konstrukt zu präzisieren und zu validieren (May et al., 2020), könnten sich mit Blick auf eine stärker deduktiv ausgerichtete Auswertungsstrategie dafür als hilfreich erweisen. Auf diese Weise wären dann auch quasi-experimentelle Forschungsdesigns möglich, in denen ein Vergleich zu einer Stichprobe unternommen wird, die eine Lerneinheit ohne problem-, konflikt- und erfahrungsorientierte bzw. eine andere didaktische Ausrichtung erhalten hat.

Auch die Hinweise auf die relative Stabilität der themenspezifischen Schüler*innenvorstellungen und Positionierungen in den inhaltlichen Bezügen sowie das kaum veränderte Komplexitätsniveau (siehe Abschn. 7.2.2 zu den „Besonderheiten der Urteilsentwicklung") geben Anlass für weitere Untersuchungen. Es wurde argumentiert, dass die Wirksamkeit von Urteilsheuristiken angesichts komplexer Sachverhalte wahrscheinlich ist und didaktisch eine Herausforderung darstellen kann. In zukünftigen Untersuchungen könnten didaktische Interventionen entwickelt werden, in denen verschiedene Elemente einer systematischen Urteilsentwicklung noch gezielter gefördert werden. Hierfür können Erkenntnisse aus Studien Anwendung finden, in denen die Förderung argumentativer Lehr-Lern-Prozesse untersucht wurde (siehe etwa Gronostay, 2016; 2017; 2019). Es wäre außerdem lohnenswert, in weiterführenden Studien den Einfluss selbstreflexiver Ansätze auf das themenspezifische Selbstkonzept bezüglich des Umgangs mit komplexen nachhaltigkeitsbezogenen Fragestellungen zu untersuchen.

Die vorliegende Studie hat Hinweise geliefert, dass das außerschulische Lernen den Jugendlichen einen selbstreflexiven Blick auf ihre eigene politische

10.3 Konsequenzen für die weiterführende Forschung ...

Urteilsbildung ermöglichen kann. Ein außerordentliches Potenzial für weiterführende Studien wird daher in der empirischen Untersuchung von Prozessen politischer Urteilsbildung in außerschulischen Lernsituationen gesehen. Die vorliegende Forschungsarbeit hat empirisch gezeigt, dass die außerschulischen Begegnungen über fachdidaktisch bedeutsame Anregungspotenziale verfügen, Betroffenheit und Bedeutsamkeit zu erleben, sowie Perspektiven und Argumente nachzuvollziehen. Die Reflexionen der Jugendlichen, die in den episodischen Interviews erhoben wurden, waren für die Analyse sehr ergiebig, sodass Erkenntnisse gewonnen wurden, inwiefern außerschulische Begegnungen die politische Urteilsbildung unterstützen können. Hieraus erwächst ein großes Potenzial für zukünftige Studien, die darauf abzielen sollten, das Relevanz- und Resonanzerleben der Jugendlichen und den Einfluss auf den Umgang mit Komplexität genauer zu untersuchen. Der Einsatz von *reflective diaries* (Tilley et al., 2009) könnte sich dabei als zielführend erweisen, um metareflexive Prozesse der politischen Urteilsbildung zu untersuchen und zu fördern. Die Proband*innen können dabei Impulse erhalten, um ihre Erfahrungen, Gedanken, Interpretationen und Schlussfolgerungen während einer Lerneinheit mit außerschulischen Begegnungen zu reflektieren. Hierdurch können auch Prozessdaten generiert werden und das Verhältnis von *bestätigenden* und den eigenen Erfahrungsdiskurs *überschreitenden* Verstehensprozessen in der Auswertung stärker in den Blick genommen werden. Auf diese Weise ließen sich konkrete Implikationen zur didaktischen Gestaltung von Lehr-Lern-Situationen ableiten, die wie erwähnt auch für eine subjektorientierte und emotionssensible politische Nachhaltigkeitsbildung bedeutsam sein können (Grund & Singer-Brodowski, 2020). Zudem kann angenommen werden, wie in Abschnitt 10.2 geschildert, dass die aufgefundenen Fallstricke (z. B. Tendenz zur selbstbestätigenden Decodierung) durch eine entsprechende schulische Vor- und Nachbereitung verstärkt produktiv gemacht werden können. Für zukünftige Studien ist damit nicht nur eine Übertragung auf andere Transformations- und Konfliktfelder und andere außerschulische Akteur*innen angezeigt, sondern auch die entwicklungsorientierte Erforschung von politischem Lernen in schulischen und außerschulischen Lernsituationen in ihrer Verknüpfung.

Insgesamt besteht ein weiterer Bedarf an theoretischen, didaktisch-konzeptionellen und empirischen Studien auf dem Feld der sich noch im Werden begriffenen politischen Nachhaltigkeitsbildung. Aus der zunehmenden Betonung der politischen Dimension in verschiedenen fachdidaktischen BNE-Forschungsdiskursen sowie aus der (bildungs-)politischen Forderung nach einer stärkeren Verschränkung von Politischer Bildung bzw. Demokratiebildung und Bildung für nachhaltige Entwicklung (Nationale Plattform Bildung für nachhaltige Entwicklung, 2020) erwächst ein Bedarf an anwendungs- und gestaltungsorientierter Forschung, auch im Lichte einer zunehmend politisierten heranwachsenden Generation (Wohnig, 2021). Es gilt die offenen Fragen zu klären, wie die politischen Zusammenhänge für Kinder und Jugendliche angesichts der Komplexität von Nachhaltigkeitsproblemen begreifbar werden, wie die Immanenz und Verwobenheit spätmoderner Lebensweisen analytisch durchdrungen und kritisch hinterfragt werden und wie Bildungsräume eröffnet werden können, in denen Frustration und Ohnmachtserleben aufgefangen, genauso wie die Lust am und Bereitschaft zum Diskurs und Handeln kultiviert werden.

Open Access Dieses Kapitel wird unter der Creative Commons Namensnennung 4.0 International Lizenz (http://creativecommons.org/licenses/by/4.0/deed.de) veröffentlicht, welche die Nutzung, Vervielfältigung, Bearbeitung, Verbreitung und Wiedergabe in jeglichem Medium und Format erlaubt, sofern Sie den/die ursprünglichen Autor(en) und die Quelle ordnungsgemäß nennen, einen Link zur Creative Commons Lizenz beifügen und angeben, ob Änderungen vorgenommen wurden.

Die in diesem Kapitel enthaltenen Bilder und sonstiges Drittmaterial unterliegen ebenfalls der genannten Creative Commons Lizenz, sofern sich aus der Abbildungslegende nichts anderes ergibt. Sofern das betreffende Material nicht unter der genannten Creative Commons Lizenz steht und die betreffende Handlung nicht nach gesetzlichen Vorschriften erlaubt ist, ist für die oben aufgeführten Weiterverwendungen des Materials die Einwilligung des jeweiligen Rechteinhabers einzuholen.

Literaturverzeichnis

AbL (Arbeitsgemeinschaft bäuerliche Landwirtschaft) (2015). *Stellungnahme Deutscher Bauernverband e.V. (DBV) für die 31. Sitzung des Ausschusses für Ernährung und Landwirtschaft zur öffentlichen Anhörung: „Instrumente für Krisenintervention und -management auf dem Milchmarkt"*. https://www.bundestag.de/resource/blob/365426/3cd430faf9176863d6f6f1a159383bc0/Stellungnahme_AbL-data.pdf (23.04.24)

Achour, S. (2020). Politische Urteilsbildung. Grundlegende Methoden der politischen Bildung. In S. Achour, S. Frech, P. Massing & V. Strassner (Hrsg.), *Methodentraining für den Politikunterricht* (S. 244–255). Frankfurt/M.: Wochenschau Verlag.

Ackermann, P. (1998). Außerschulische Lernorte in der politischen Bildung. *Politik und Unterricht, 2,* 3–6.

Albert, M., Hurrelmann, K. & Quenzel, G. (2019). *Jugend 2019 – Eine Generation meldet sich zu Wort. 18. Shell Jugendstudie.* Weinheim: Beltz.

Alexander, P. A. (2017). Reflection and reflexivity in practice versus in theory: Challenges of conceptualization, complexity, and competence. *Educational Psychologist, 52*(4), 307–314. https://doi.org/10.1080/00461520.2017.1350181

Amnesty International (2019). *Greta Thunberg: Activism works. So what I'm telling you to do now, is to act. The speech Greta Thunberg delivered upon accepting the Ambassador of Conscience Award on behalf of the Fridays for Future school climate strike movement on 16th September, 2019.* https://www.amnesty.org/en/latest/news/2019/09/greta-thunberg-speech-ambassador-of-conscience-award-2019/ (23.04.24)

Anderson, J.R. (2013). *Kognitive Psychologie* (7. Aufl.). Berlin, Heidelberg: Springer.

Ansbacher, T. (1998). John Dewey's experience and education: Lessons for museums. *Curator, 41*(1), 3650.

Arendt, H. (2000). Vorwort: Die Lücke zwischen Vergangenheit und Zukunft. In U. Ludz (Hrsg.), *Zwischen Vergangenheit und Zukunft: Übungen im politischen Denken I* (2. Aufl., S. 7–19). München: Piper.

Arendt, H. (2007). *Was ist Politik? Fragmente aus dem Nachlass.* München: Piper.

Arendt, H. (2016a). *Vita activa oder Vom tätigen Leben* (12. Aufl.). München: Piper.

Arendt, H. (2016b). Kultur und Politik. In U. Ludz (Hrsg.), *Zwischen Vergangenheit und Zukunft: Übungen im politischen Denken I* (4. Aufl., S. 277–304). München: Piper.

Asbrand, B. (2009). *Wissen und Handeln in der Weltgesellschaft. Eine qualitativ-rekonstruktive Studie zum Globalen Lernen in der Schule und in der außerschulischen Jugendarbeit.* Münster: Waxmann.

Asbrand, B. (2014). Was sollen Schüler/-innen im Lernbereich „Globale Entwicklung" lernen? Ein Diskussionsbeitrag aus sozialwissenschaftlicher Perspektive. *ZEP: Zeitschrift für internationale Bildungsforschung und Entwicklungspädagogik, 37*(3), 10–15.

Asbrand, B. & Martens, M. (2013). Qualitative Kompetenzforschung im Lernbereich Globale Entwicklung: Das Beispiel Perspektivenübernahme. In B. Overwien & H. Rode (Hrsg.), *Bildung für nachhaltige Entwicklung: Lebenslanges Lernen, Kompetenz und gesellschaftliche Teilhabe* (S. 47–68). Leverkusen: Verlag Barbara Budrich. https://doi.org/10.2307/j.ctvddzxz4

Autorengruppe Fachdidaktik (Hrsg.). (2011). *Konzepte der politischen Bildung: Eine Streitschrift.* Schwalbach/Ts.: Wochenschau Verlag.

Autorengruppe Fachdidaktik (Hrsg.). (2017). *Was ist gute politische Bildung? Leitfaden für den sozialwissenschaftlichen Unterricht* (2. Aufl.). Schwalbach/Ts.: Wochenschau Verlag.

Baar, R. & Schönknecht, G. (2018). *Außerschulische Lernorte: didaktische und methodische Grundlagen.* Weinheim, Basel: Beltz.

Bähr, R., Bessen, J. & Emer, W. (Hrsg.). (2007). *Schule auf Reisen. Exkursionen als Möglichkeit vielseitigen Lernens in der Sekundärstufe II.* Bielefeld: Oberstufen-Kolleg an der Universität Bielefeld.

Bain, J. D., Ballantyne, R., Mills, C. & Lester, N. C. (2002). *Reflecting on practice: Student teachers' perspectives.* Flaxton, Qld: Post Pressed.

Baumert, J., Becker, M., Cortina, K., Köller, O., Kropf, M. & Maaz, K. (2016). Die Entwicklung des politischen Interesses und des Selbstkonzepts der politischen Kompetenz vom Jugend- bis in das Erwachsenenalter. In A. Schippling, C. Grunert & N. Pfaff (Hrsg.), *Kritische Bildungsforschung. Standortbestimmungen und Gegenstandsfelder* (S. 323–352). Opladen, Berlin, Toronto: Verlag Barbara Budrich.

Beck, K. & Parche-Kawik, K. (2004). Das Mäntelchen im Wind? Zur Domänenspezifität moralischen Urteilens. *Zeitschrift für Pädagogik, 50*(2), 244–265.

Behrens, R. (2014). *Solange die sich im Klassenzimmer anständig benehmen: Politiklehrer/innen und ihr Umgang mit rechtsextremer Jugendkultur in der Schule.* Schwalbach/Ts.: Wochenschau Verlag.

Behrmann, G. C., Grammes, T. & Reinhardt, S. (2004). Politik: Kerncurriculum Sozialwissenschaften in der gymnasialen Oberstufe II. In H.-E. Tenorth (Hrsg.), *Kerncurriculum Oberstufe II. Biologie, Chemie, Physik, Geschichte, Politik. Expertisen – im Auftrag der KMK* (S. 322–406). Weinheim, Basel: Beltz.

Berglund, T., Gericke, N. & Chang Rundgren, S.-N. (2014). The implementation of education for sustainable development in Sweden: investigating the sustainability consciousness among upper secondary students. *Research in Science & Technological Education, 32*(3), 318–339.

Besand, A. (2014). Gefühle über Gefühle. Zum Verhältnis von Emotionalität und Rationalität in der politischen Bildung. *Zeitschrift für Politikwissenschaft, 24*(3), 373–383. https://doi.org/10.5771/1430-6387-2014-3-373

Besand, A. (2015). Gefühle über Gefühle. Zum Verhältnis von Emotionalität und Rationalität in der politischen Bildung. In K.-R. Korte (Hrsg.), *Emotionen und Politik. Begründungen, Konzeptionen und Praxisfelder einer politikwissenschaftlichen Emotionsforschung* (S. 213–223). Baden-Baden: Nomos.

Besand, A. (2019). Was ist gute politische Bildung in der Schule? *Bildung und Erziehung, 72*, 262–276.

Besand, A., Overwien, B. & Zorn, P. (Hrsg.). (2019). *Politische Bildung mit Gefühl*. Bonn: Bundeszentrale für politische Bildung.

Betsch, T., Funke, J. & Plessner, H. (2011). *Denken – Urteilen, Entscheiden, Problemlösen*. Berlin, Heidelberg: Springer.

Biedermann, H. & Reichenbach, R. (2009). Die empirische Erforschung der politischen Bildung und das Konzept der politischen Urteilskompetenz. *Zeitschrift für Pädagogik, 55*(6), 872–886.

Biesta, G. (2006). *Beyond Learning: Democratic Education for a Human Future*. Boulder, London: Paradigm Publishers.

Biesta, G. (2009). What Kind of Citizenship for European Higher Education? Beyond the Competent Active Citizen. *European Educational Research Journal, 8*(2), 146–158.

Biesta, G. (2011). The Ignorant Citizen: Mouffe, Rancière, and the Subject of Democratic Education. *Studies in Philosophy and Education, 30*(2), 141–153.

Blake, J. (1999). Overcoming the 'value-action gap' in environmental policy: Tensions between national policy and local experience. *Local Environment. The International Journal of Justice and Sustainability, 4*(3), 257–278.

Bliesmer, K. (2020). *Physik der Küste für außerschulische Lernorte: Eine Didaktische Rekonstruktion*. Berlin: Logos. https://doi.org/10.30819/5190

BLK (Bund-Länder-Kommission für Bildungsplanung und Forschungsförderung) (1998). *Bildung für eine nachhaltige Entwicklung: Orientierungsrahmen*. Bonn: VS Verlag für Sozialwissenschaften.

Block, T., Goeminne, G. & Van Poeck, K. (2018). Balancing the Urgency and Wickedness of Sustainability Challenges: Three Maxims for Post-normal Education. *Environmental Education Research, 24*(9), 1424–1439. https://doi.org/10.1080/13504622.2018.1509302

Block, T., Van Poeck, K. & Östman, L. (2019). Tackling wicked problems in teaching and learning. Sustainability issues as knowledge, ethical and political challenges. In K. Van Poeck, L. Östman & J. Öhman (Hrsg.), *Sustainable Development teaching. Ethical and political challenges* (S. 28–39). London: Routledge.

Blühdorn, I. (2018). Nicht-Nachhaltigkeit auf der Suche nach einer politischen Form. Konturen der demokratischen Postwachstumsgesellschaft. *Berliner Journal für Soziologie, 28*, 151–180.

BMFSFJ (Bundesministerium für Familie, Senioren, Frauen und Jugend) (Hrsg.). (2020). *16. Kinder- und Jugendbericht: Förderung demokratischer Bildung im Kinder- und Jugendalter*. https://www.bmfsfj.de/resource/blob/162232/27ac76c3f5ca10b0e9147 00ee54060b2/16-kinder-und-jugendbericht-bundestagsdrucksache-data.pdf_(23.04.24)

BMU (Bundesministerium für Umwelt, Naturschutz und nukleare Sicherheit) (Hrsg.). (2018). *Zukunft? Jugend fragen! Nachhaltigkeit, Politik, Engagement – eine Studie zu Einstellungen und Alltag junger Menschen*. https://www.bmuv.de/fileadmin/Daten_BMU/Pools/Broschueren/jugendstudie_bf.pdf (23.04.24)

BNE-Konsortium COHEP (2013). *Didaktische Grundlagen zur Bildung für Nachhaltige Entwicklung in der Lehrerinnen- und Lehrerbildung: Textsammlung.* http://www.educat ion21.ch/sites/default/files/uploads/pdf-d/campus/cohep/131031_d_Gesamtdokument. pdf (23.04.24)

Boeve-de Pauw, J., Gericke, N., Olsson, D. & Berglund, T. (2015). The Effectiveness of Education for Sustainable Development. *Sustainability, 7*(11), 15693–15717. https://doi.org/10.3390/su71115693

Bögeholz, S. (2007). Bewertungskompetenz für systematisches Entscheiden in komplexen Gestaltungssituationen Nachhaltiger Entwicklung. In D. Krüger & H. Vogt (Hrsg.), *Theorien in der biologiedidaktischen Forschung* (S. 209–220). Berlin: Springer.

Bögeholz, S. & Barkmann, J. (2014). "... to help make decisions?": A challenge to science education research in the 21st century. In I. Eilks, S. Markic & B. Ralle (Hrsg.), *Science education research and education for sustainable development* (S. 25–35). Aachen: Shaker.

Bögeholz, S., Eggert, S., Ziese, C. & Hasselhorn, M. (2017). Modeling and Fostering Decision-Making Competence Regarding Challenging Issues of Sustainable Development. In D. Leutner, J. Fleischer, J. Grünkorn & E. Klieme (Hrsg.), *Competence assessment in Education. Research, models and Instruments* (S. 263–284). Cham: Springer. https://doi.org/10.1007/978-3-319-50030-0_16

Bögeholz, S., Hößle, C., Höttecke, D. & Menthe, J. (2018). Bewertungskompetenz. In D. Krüger, I. Parchmann & H. Schecker (Hrsg.), *Theorien in der naturwissenschaftsdidaktischen Forschung* (S. 261–281). Berlin, Heidelberg: Springer. https://doi.org/10.1007/978-3-662-56320-5_16

Bohnsack, R. (1989). *Generation, Milieu und Geschlecht: Ergebnisse aus Gruppendiskussionen mit Jugendlichen.* Opladen: Leske und Budrich.

Bollmann-Zuberbühler, B., Strauss, N.-C., Kunz, P. & Frischknecht-Tobler, U. (2016). Systemdenken als Schlüsselkompetenz einer Bildung für nachhaltige Entwicklung: Eine explorative Studie zum Transfer in Schule und Unterricht. *Beiträge zur Lehrerinnen- und Lehrerbildung, 34*(3), 368–383.

Bolscho, D. & Seybold, H. (1996). *Umweltbildung und ökologisches Lernen: ein Studien- und Praxisbuch.* Berlin: Cornelsen Scriptor.

Bönsch, M. (2003). Unterrichtsmethodik für außerschulische Lernorte. *Das Schullandheim, 2,* 4–10.

Bönsch, M. (2010). Außerschulisches Lernen. Eine Topologie der Lernorte. *Grundschule, 42*(1), 34–36.

Borg, C., Gericke, N., Höglund, H.-O. & Bergman, E. (2014). Subject- and experience-bound differences in teachers' conceptual understanding of sustainable development. *Environmental Education Research, 20*(4), 526–551.

Bormann, I., Hamborg, S. & Heinrich, M. (Hrsg.). (2016). *Governance-Regime des Transfers von Bildung für nachhaltige Entwicklung. Qualitative Rekonstruktionen.* Wiesbaden: Springer VS. https://doi.org/10.1007/978-3-658-13223-1

Borowy, I. (2014). *Defining Sustainable Development for Our Common Future: A History of the World Commission on Environment and Development (Brundtland Commission).* Milton Park: Routledge.

Böttcher, F. (2019). Wechselseitige Einflüsse von Landwirtschaft und Klima. In I. Limmer, I. Hemmer, M. Trappe, S. Mainka & H. Weiger (Hrsg.), *Zukunftsfähige Landwirtschaft: Herausforderungen und Lösungsansätze* (S. 80–94). München: oekom.

Bourdieu, P. (1982). *Die feinen Unterschiede: Kritik der gesellschaftlichen Urteilskraft.* Frankfurt/M.: Suhrkamp Verlag.

Brand, U. & Wissen, M. (2017). *Imperiale Lebensweise: Zur Ausbeutung von Mensch und Natur in Zeiten des globalen Kapitalismus.* München: oekom.

Brandt, A., Möller, J. & Kohse-Höinghaus, K. (2008). Was bewirken außerschulische Experimentierlabors? Ein Kontrollgruppenexperiment mit Follow up-Erhebung zu Effekten auf Selbstkonzept und Interesse. *Zeitschrift für Pädagogische Psychologie, 22*(1), 5–12. https://doi.org/10.1024/1010-0652.22.1.5

Braun, N. & Gautschi, T. (2011). *Rational-Choice-Theorie.* Weinheim, München: Juventa.

Breidenstein, G. (2006). *Teilnahme am Unterricht: Ethnographische Studien zum Schülerjob.* Wiesbaden: VS Verlag für Sozialwissenschaften. https://doi.org/10.1007/978-3-531-903 08-8

Bremer, H. (2010). Symbolische Macht und politisches Feld. Der Beitrag der Theorie Pierre Bourdieus für die politische Bildung. In B. Lösch & A. Thimmel (Hrsg.), *Kritische politische Bildung: Ein Handbuch* (S. 181–192), Schwalbach/Ts.: Wochenschau Verlag.

Brock, A. & Grund, J. (2020). *Non-formale Bildung für nachhaltige Entwicklung: Divers, volatil und dabei feste Säulen der Nachhaltigkeitstransformation.* Berlin. www.ewi-psy.fu-berlin.de/einrichtungen/weitere/institut-futur/Projekte/Dateien/Brock_-A__-Grund_-J__2020__Non-formale_BNE_Divers_volatil_und_dabei_feste1.pdf (23.04.24)

Brock, A. & Holst, J. (2022). *Schlüssel zu Nachhaltigkeit und BNE in der Schule: Ausbildung von Lehrenden, Verankerung in der Breite des Fächerkanons und jenseits der Vorworte. Kurzbericht des Nationalen Monitorings zu Bildung für Nachhaltige Entwicklung (BNE).* Berlin: Institut Futur, Freie Universität Berlin. https://doi.org/10.17169/refubium-36094

Bröder, A. & Hilbig, B. E. (2017). Urteilen und Entscheiden. In J. Müsseler & M. Rieger (Hrsg.), *Allgemeine Psychologie* (S. 619–659). Berlin, Heidelberg: Springer. https://doi.org/10.1007/978-3-642-53898-8_17

Brovelli, D., Fuchs, K., Niederhäusern & R. v. & Rempfler, A. (Hrsg.). (2012). *Kompetenzentwicklung an Ausserschulischen Lernorten.* Münster: LIT Verlag.

Bruner, J. S. (1990). *Acts of meaning.* Cambridge: Harvard University Press.

Brunold, A. (2009). Politische Bildung für Nachhaltige Entwicklung und das Konzept des Globalen Lernens. In H. Oberreuter (Hrsg.), *Standortbestimmung politische Bildung* (S. 307–333). Schwalbach/Ts.: Wochenschau Verlag.

Brunold, A. & Ohlmeier, B. (2013). Politische Bildung im Rahmen der UN-Dekade der Bildung für nachhaltige Entwicklung. Stand und Perspektiven. *Polis, 4,* 7–10.

Budde, J. & Hummrich, M. (2016). Die Bedeutung außerschulischer Lernorte im Kontext der Schule – eine erziehungswissenschaftliche Perspektive. In J. Erhorn & J. Schwier (Hrsg.), *Pädagogik außerschulischer Lernorte: Eine interdisziplinäre Annäherung* (S. 29–52). Bielefeld: transcript. https://doi.org/10.1515/9783839431320-003

Bundesinformationszentrum Landwirtschaft. (2022). *Infografiken.* https://www.landwirtschaft.de/landwirtschaft-verstehen/haetten-sies-gewusst/infografiken (23.04.24)

Burdewick, I. (2010). Politische Partizipation von Kindern und Jugendlichen im Kontext moralischer Entwicklung und politischer Bildung. In B. Lösch & A. Thimmel (Hrsg.),

Kritische politische Bildung. Ein Handbuch (S. 351–364). Schwalbach/Ts.: Wochenschau Verlag.

Buschmann, N. & Sulmowski, J. (2018). Von »Verantwortung« zu »doing Verantwortung«. Subjektivierungstheoretische Aspekte nachhaltigkeitsbezogener Responsibilisierung. In A. Henkel, N. Lüdtke, N. Buschmann & L. Hochmann (Hrsg.), *Reflexive Responsibilisierung: Verantwortung für nachhaltige Entwicklung* (S. 281–295). Bielefeld: transcript.

Bybee, R. (1997). *Achieving scientific literacy: Form purpose to practices.* Portsmouth: Heinemann.

Calmbach, M., Borgstedt, S., Borchard, I., Thomas, P. M. & Flaig, B. B. (2016). *Wie ticken Jugendliche 2016? Lebenswelten von Jugendlichen im Alter von 14 bis 17 Jahren in Deutschland.* Wiesbaden: Springer. https://doi.org/10.1007/978-3-658-12533-2

Calmbach, M., Flaig, B., Gaber, R., Gensheimer, T., Möller-Slawinski, H., Schleer, C. & Wisniewski, N. (2024). *Wie ticken Jugendliche? SINUS-Jugendstudie 2024. Lebenswelten von Jugendlichen im Alter von 14 bis 17 Jahren in Deutschland.* Bonn: Bundeszentrale für politische Bildung.

Campbell, H. (2009). Breaking new ground in food regime theory: corporate environmentalism, ecological feedbacks and the ›food from somewhere‹ regime? *Agriculture and Human Values 26*(4), 309–319. https://doi.org/10.1007/s10460-009-9215-8

Chandler, P. & Sweller, J. (1991). Cognitive load theory and the format of instruction. *Cognition and Instruction, 8*(4), 293–332.

Chemnitz, C. (2018). Endlichkeit der Landwirtschaft. In Heinrich-Böll-Stiftung, Bund für Umwelt und Naturschutz Deutschland & Le Monde Diplomatique (Hrsg.), *Fleischatlas 2018. Daten und Fakten über Tiere als Nahrungsmittel* (S. 10–11). https://www.bund-niedersachsen.de/fileadmin/niedersachsen/publikationen/pressemitteilungen/2018/massentierhaltung_fleischatlas_2018.pdf (23.04.24)

Chen, S. & Chaiken, S. (1999). The heuristic-systematic model in its broader context. In S. Chaiken & Y. Trope (Hrsg.), *Dual-process theories in social psychology* (S. 73–96). New York: Guilford.

Chinn, C. A. & Brewer, W. F. (1998). An Empirical Test of a Taxonomy of Responses to Anomalous Data in Science. *Journal of Research in Science Teaching, 35*(6), 623–654.

Ciupke, P. (2022). Reisend lernen: Studienreise und Exkursion. In W. Sander & K. Pohl (Hrsg.), *Handbuch Politische Bildung* (5. Aufl., S. 524–532). Frankfurt/M.: Wochenschau Verlag.

Clausen, S. (2015). *Systemdenken in der außerschulischen Umweltbildung – eine Feldstudie.* Münster: Waxmann.

Cognition and Technology Group at Vanderbilt. (1997). *The Jasper Project: Lessons in curriculum, instruction, assessment, and professional development.* Mahwah: Erlbaum.

Cohen, J. (1992). A power primer. *Psychological bulletin, 112*(1), 155.

Combe, A. & Gebhard, U. (2012). Annäherung an das Verstehen von Unterricht. *Zeitschrift für interpretative Schul- und Unterrichtsforschung, 1*(1), 221–230.

Crowell, A. & Kuhn, D. (2014). Developing dialogic argumentation skills: A 3-year intervention study. *Journal of Cognition and Development, 15*(2), 363–381.

Crowther, J. (2004). 'In and against' lifelong learning: flexibility and the corrosion of character. *International Journal of Lifelong Education, 23*(2), 125–136.

Danielzik, C.-M. (2013). Überlegenheitsdenken fällt nicht vom Himmel. Postkoloniale Perspektiven auf Globales Lernen und Bildung für nachhaltige Entwicklung. *ZEP: Zeitschrift für internationale Bildungsforschung und Entwicklungspädagogik, 36*(1), 26–33.

DBV (Deutscher Bauernverband e.V.) (2019). *Klimastrategie 2.0 des Deutschen Bauernverbands 2018* (2. Aufl.). https://www.bauernverband.de/fileadmin/user_upload/dbv/positionen/Klimastrategie_2.0_2._Auflage_Januar_2019.pdf (23.04.24)

de Haan, G. (2008). Gestaltungskompetenz als Kompetenzkonzept für Bildung für nachhaltige Entwicklung. In I. Bormann & G. de Haan (Hrsg.), *Kompetenzen der Bildung für nachhaltige Entwicklung* (S. 23–44). Wiesbaden: VS Verlag für Sozialwissenschaften. https://doi.org/10.1007/978-3-531-90832-8_4

Deinet, U. & Derecik, A. (2016). Die Bedeutung außerschulischer Lernorte für Kinder und Jugendliche. Eine raumtheoretische und aneignungsorientierte Betrachtungsweise. In J. Erhorn & J. Schwier (Hrsg.), *Pädagogik außerschulischer Lernorte: Eine interdisziplinäre Annäherung* (S. 15–28). Bielefeld: transcript.

Department of Economic and Social Affairs Population Division (2019). *Word Population Prospect 2019: Ten Key Findings.* United Nations. https://population.un.org/wpp/Publications/Files/wpp2019_10KeyFindings.pdf (23.04.24)

Detjen, J. (2013a). *Politikkompetenz: Urteilsfähigkeit.* Schwalbach/Ts.: Wochenschau Verlag.

Detjen, J. (2013b). *Politische Bildung: Geschichte und Gegenwart in Deutschland* (2. Aufl.). München: Oldenbourg Verlag.

Detjen, J. (2022). Forschend lernen: Recherche, Interview, Expertenbefragung. In W. Sander & K. Pohl (Hrsg.), *Handbuch Politische Bildung* (5. Aufl., S. 507–514). Frankfurt/M.: Wochenschau Verlag.

Detjen, J., Massing, P., Richter, D. & Weißeno, G. (2012). *Politikkompetenz – ein Modell.* Wiesbaden: Springer VS. https://doi.org/10.1007/978-3-658-00785-0

Deutscher Bildungsrat & Empfehlungen der Bildungskommission. (1974). *Zur Neuordnung der Sekundarstufe II: Konzept für eine Verbindung von allgemeinem und beruflichem Lernen.* Bonn: Bundesdruckerei.

Dickenberger, D., Gniech, G. & Grabitz, H.-J. (1993). Die Theorie der psychologischen Reaktanz. In D. Frey & M. Irle (Hrsg.), *Theorien der Sozialpsychologie, Band I: Kognitive Theorien.* (2. Aufl., S. 243–273). Bern, Göttingen, Toronto, Seattle: Verlag Hans Huber.

Diersen, G. & Flath, M. (2017). Regionales Lernen 21+. Konzept, Wirkung und Bedeutung für den Geographieunterricht. *Geographie heute, 38*(333), 2–8.

Diersen, G. & Paschold, L. (2020). Außerschulisches Lernen – ein Beitrag zur Bildung für nachhaltige Entwicklung und Inklusion. *ZEP: Zeitschrift für internationale Bildungsforschung und Entwicklungspädagogik, 43*(1), 11–19.

Dietmaier-Jebara, S. (2005). *Gesellschaftsbild und Lebensführung: Gesellschaftspolitische Ordnungsvorstellungen im ostdeutschen Transformationsprozess.* München, Mering: Rainer Hampp.

Dimitrova, V. & Lüdmann, M. (2014). *Sozial-emotionale Kompetenzentwicklung: Leitlinien der Entfaltung der emotionalen Welt.* Wiesbaden: Springer VS. https://doi.org/10.1007/978-3-658-04759-7

Dittmer, A., Gebhard, U., Höttecke, D. & Menthe, J. (2016). Ethisches Bewerten im Naturwissenschaftlichen Unterricht: Theoretische Bezugspunkte für Forschung und Lehre. *Zeitschrift für Didaktik der Naturwissenschaften, 22,* 97–108.

DLG (Deutsche Landwirtschafts-Gesellschaft e.V.) (Hrsg.). (2017). *Landwirtschaft 2030: 10 Thesen*. https://www.dlg.org/de/landwirtschaft/themen/landwirtschaft-2030 (23.04.24)

Doise, W. & Mugny, G. (1984). *The social development of the intellect*. Oxford: Pergamon.

Doise, W., Mugny, G. & Pérez, J. A. (1998). The social construction of knowledge: Social marking and socio-cognitive conflict. In U. Flick (Hrsg.), *The psychology of the social* (S. 77–90). Cambridge: Cambridge University Press.

Dollase, R. (2002). Von der Sachkompetenz zum Handeln – Oder: Warum Wissen, Betroffenheit und Aufklärung reicht. In N. Frank (Hrsg.), *Umweltkompetenz als neue Kulturtechnik* (S. 72–87). Donauwörth: Auer.

Döring, J. & Thielmann, T. (2009). *Spatial turn: Das Raumparadigma in den Kultur- und Sozialwissenschaften* (2. Aufl.). Bielefeld: transcript.

Döring, N. (2022). *Forschungsmethoden und Evaluation in den Sozial- und Humanwissenschaften* (6. Aufl.). Berlin, Heidelberg: Springer. https://doi.org/10.1007/978-3-662-647 62-2

Dörner, D. (1976). *Problemlösen als Informationsverarbeitung*. Stuttgart: Kohlhammer.

Dörner, D. & Funke, J. (2017). Complex Problem Solving: What It Is and What It Is Not. *Front. Psychol., 8*, 1153. https://doi.org/10.3389/fpsyg.2017.01153

Dörner, D., Kreuzig, H. W., Reither, F. & Stäudel, T. (1983). *Lohhausen. Vom Umgang mit Unbestimmtheit und Komplexität*. Bern: Huber.

Dörpinghaus, A. (2015). Bildung als Fähigkeit zur Distanz. In A. Dörpinghaus, B. Platzer & U. Mietzner (Hrsg.), *Bildung an ihren Grenzen. Zwischen Theorie und Empirie* (S. 45–54). Darmstadt: WBG.

Drygalla, H. (2007). Ein Besuch im Landtag – gut gemeint, aber nicht gut gemacht? *Politische Bildung, 40*(4), 102–116.

Duda, C. (2014). *Ganztagsbildung und das Konzept des Regionalen Lernens 21+*. Weingarten: Selbstverlag Hochschulverband für Geographiedidaktik.

Dühlmeier, B. (Hrsg.). (2010). *Mehr außerschulische Lernorte in der Grundschule. Neun Beispiele für den fächerübergreifenden Sachunterricht* (2. Aufl.). Baltmannsweiler: Schneider Verlag Hohengehren.

DUK (Deutsche UNESCO-Kommission e.V.) (2014). *Vom Projekt zur Struktur: Projekte, Maßnahmen und Kommunen der UN-Dekade „Bildung für nachhaltige Entwicklung"* (2. Aufl.). https://www.unesco.de/sites/default/files/2018-01/vom-Projekt-zur_str uktur_2014.pdf (23.04.24)

Duncan, R. G. & Chinn, C. A. (2016). New directions for research on argumentation: insights from the AIR framework for epistemic cognition. *Zeitschrift für Pädagogische Psychologie, 30*(2–3), 155–161.

Duveneck, A., Singer-Brodowski, M. & von Seggern, J. (2020). *Die Governance von Bildung für nachhaltige Entwicklung (BNE) auf dem Weg vom Projekt zur Struktur: Executive Summary*. https://www.ewi-psy.fu-berlin.de/einrichtungen/weitere/institut-futur/ Projekte/Dateien/Duveneck_-A_-Singer-Brodowski_-M__-von-Seggern_-J_-_2020__ Die_Governance_von_BNE.pdf (23.04.24)

Eggert, S., Bögeholz, S., Watermann, R. & Hasselhorn, M. (2010). Förderung von Bewertungskompetenz im Biologieunterricht durch zusätzliche metakognitive Strukturierungshilfen beim Kooperativen Lernen. Ein Beispiel für Veränderungsmessung. *Zeitschrift für Didaktik der Naturwissenschaften, 16*, 299–314.

Eggert, S., Ostermeyer, F., Hasselhorn, M. & Bögeholz, S. (2013). Socioscientific decision making in the science classroom: the effect of embedded metacognitive instructions on students' learning outcomes. *Education Research International, 309894*, 1–12. https://doi.org/10.1155/2013/309894

Eicker, J., Eis, A., Holfelder, A.-K., Jacobs, S., Yume, S. & Konzeptwerk Neue Ökonomie (Hrsg.). (2020). *Bildung Macht Zukunft: Lernen für eine sozial-ökologische Transformation*. Frankfurt/M.: Wochenschau Verlag.

Eis, A. (2022). Politische Bildung: fachliche und fachdidaktische Perspektiven auf BNE und Globales Lernen. In B. Hemkes, K. Rudolf & B. Zurstrassen (Hrsg.), *Handbuch Nachhaltigkeit in der Berufsbildung. Politische Bildung als Gestaltungsaufgabe* (S. 195–202). Frankfurt/M.: Wochenschau Verlag.

Eis, A. & Metje, F. (2019). Zur Rolle von Wut und Empörung im Politischen. In A. Besand, B. Overwien & P. Zorn (Hrsg.), *Politische Bildung mit Gefühl* (S. 188–199). Bonn: Bundeszentrale für politische Bildung.

Eis, A. & Moulin-Doos, C. (2014). Prekäre Verantwortung zwischen Entpolitisierung und politischer (Selbst-)Steuerung: Verantwortungskonflikte in der Politischen Bildung. *Soziale Systeme, 19*(2), 405–429. https://doi.org/10.1515/sosys-2014-0211

Eisinga, R., Te Grotenhuis, M. & Pelzer, B. (2013). The reliability of a two-item scale: Pearson, Cronbach, or Spearman-Brown? *International journal of public health, 58*(4), 637–642.

Emde, O. (2015). „Spazierend schreiten wir voran": Stadtrundgänge als Lernarrangements Politischer Bildung. *Polis, 19*(2), 21–24.

Emde, O. (2020a). Lernorte des Politischen – Stadtrundgänge als außerschulische Lernarrangements einer kritisch-emanzipatorischen Bildung. In M. Jungwirth, N. Harsch, Y. Korflür & M. Stein (Hrsg.), *Forschen. Lernen. Lehrern an öffentlichen Orten – The Wider View* (S. 89–94). Münster: WTM-Verlag.

Emde, O. (2020b). Über die Gestaltungsmerkmale von außerschulischen Lernorten des Politischen. In G. Bade, N. Henkel & B. Reef (Hrsg.), *Politische Bildung: vielfältig – kontrovers – global. Festschrift für Bernd Overwien*. (S. 135–152). Frankfurt/M.: Wochenschau Verlag.

Emde, O. (2022). *Politische Stadtrundgänge. Außerschulische Lernarrangements zwischen Schule und sozialen Bewegungen*. Frankfurt/M.: Wochenschau Verlag.

Engartner, T. (2010). *Didaktik des Ökonomie- und Politikunterrichts*. Paderborn: Brill/Schöningh.

Engartner, T. & Krisanthan, B. (2016). Lobbyismus an Schulen. Wie privatwirtschaftliche Initiativen die „Öffnung von Schule" (aus)nutzen. *Jahrbuch für Pädagogik, 1*, 197–210. https://doi.org/10.3726/1404_197

Engeln, K. (2004). *Schülerlabors. Authentische, aktivierende Lernumgebungen als Möglichkeit, Interesse an Naturwissenschaften und Technik zu wecken*. Berlin: Logos.

Ernst, A. (2010). Individuelles Umweltverhalten – Probleme, Chancen, Vielfalt. In H. Welzer, H.-G. Soeffner & D. Giesecke (Hrsg.), *KlimaKulturen: Soziale Wirklichkeiten im Klimawandel* (S. 128–143). Frankfurt/M., New York: Campus Verlag.

Ernst-Heidenreich, M. (2019). *Irritation des Selbstverständlichen: Eine theoretisch-empirische Annäherung an eine Soziologie situativer Nichtalltäglichkeit*. Wiesbaden: Springer VS. https://doi.org/10.1007/978-3-658-25208-3

Eshach, H. (2007). Bridging In-school and Out-of-school Learning: Formal, Non-Formal, and Informal Education. *Journal of Science Education and Technology, 16*(2), 171–190.

Europäische Kommission (Hrsg.). (2001). *Mitteilung der Kommission. Einen europäischen Raum des Lebenslangen Lernens schaffen.* Brüssel. https://eur-lex.europa.eu/LexUriServ/LexUriServ.do?uri=COM:2001:0678:FIN:DE:PDF (23.04.24)

Europäische Kommission (2015, 26. März). *Factsheet: Häufig gestellte Fragen: Ende der Milchquoten.* Europäische Kommission. https://ec.europa.eu/commission/presscorner/detail/de/MEMO_15_4697 (23.04.24)

Europäische Kommission (2020). *EU Agricultural Outlook for Markets, Income and Environment 2020–2030.* Luxemburg: Publications Office of the European Union. https://agriculture.ec.europa.eu/system/files/2018-07/agricultural-outlook-2017-30_en_0.pdf (23.04.24)

Falk, J. H. (2015). Lifelong learning. In R. Gunstone (Hrsg.), *Encyclopedia of Science Education* (S. 618–619). Dordrecht: Springer. https://doi.org/10.1007/978-94-007-2150-0_300

FAO (Food and Agriculture Organization) (2018). *Transforming Food and Agriculture to Achieve the SDGs.* Rom: FAO. https://www.fao.org/3/I9900EN/i9900en.pdf (23.04.24)

FAO, UNDP & UNEP (2021). *A multi-billion-dollar opportunity – Repurposing agricultural support to transform food systems.* Rom: FAO. https://doi.org/10.4060/cb6562en

FAO, IFAD, UNICEF, WFP & WHO (Food and Agriculture Organization of the United Nations & assoziierte Institutionen der UN) (2022). *The State of Food Security and Nutrition in the World 2022. Repurposing food and agricultural policies to make healthy diets more affordable.* Rom: FAO. https://www.fao.org/3/cc0639en/cc0639en.pdf (23.04.24)

Farrell, T. S. C. (2012). Reflecting on Reflective Practice: (Re)visiting Dewey and Schön. *TESOL Journal, 3*(1), 7–16.

Faulstich, P. (2009). Lernorte – Flucht aus der Anstalt. In P. Faulstich & M. Bayer (Hrsg.), *Lernorte: Vielfalt von Weiterbildungs- und Lernmöglichkeiten* (S. 7–27). Hamburg: VSA-Verlag.

Fend, H. (1991). *Identitätsentwicklung in der Adoleszenz. Lebensentwürfe, Selbstfindung und Weltaneignung in beruflichen, familiären und politisch-weltanschaulichen Bereichen.* Bern, Stuttgart, Toronto: Hans Huber.

Festinger, L. (1957). *A theory of cognitive dissonance.* Stanford, CA: Stanford University.

Fischbach, R., Kolleck, N. & de Haan, G. (2015). Auf dem Weg zu nachhaltigen Bildungslandschaften: lokale Netzwerke erforschen und gestalten. In R. Fischbach, N. Kolleck, & G. de Haan (Hrsg.), *Auf dem Weg zu nachhaltigen Bildungslandschaften: Lokale Netzwerke erforschen und gestalten* (S. 11–26). Wiesbaden: Springer VS. https://doi.org/10.1007/978-3-658-06978-0_2

Fischer, K. G. (1972). *Überlegungen zur Didaktik des Politischen Unterrichts.* Göttingen: Vandenhoeck & Ruprecht.

Fischer, K. G. (1993). *Das Exemplarische im Politikunterricht: Beiträge zu einer Theorie politischer Bildung.* Schwalbach/Ts.: Wochenschau Verlag.

Fischer, S., Fischer, F., Kleinschmidt, M. & Lange, D. (2015). *Globalisierung und Politische Bildung. Eine didaktische Untersuchung zur Wahrnehmung und Bewertung der Globalisierung.* Wiesbaden: Springer VS. https://doi.org/10.1007/978-3-658-09653-3

Fischer, S., Kleinschmidt, M., Fischer, F. & Lange, D. (2016). Globales Lernen: Politik statt Kompetenz. Empirisch fundierte Zugänge zur Gestaltung von Globalem Lernen. *Polis, 1*, 15–17.

Flick, U. (2011). Das Episodische Interview. In G. Oelerich & H.-U. Otto (Hrsg.), *Empirische Forschung und Soziale Arbeit* (S. 273–280). Wiesbaden: VS Verlag für Sozialwissenschaften. https://doi.org/10.1007/978-3-531-92708-4_17

Friedmann, H. (2005). From Colonialism to Green Capitalism: Social Movements and Emergence of Food Regimes. *Research in Rural Sociology and Development, 11*, 227–264.

Friedrichs, W. (2020). Demokratie *ist* Politische Bildung. In M. P. Haarmann, S. Kenner & D. Lange (Hrsg.), *Demokratie, Demokratisierung und das Demokratische. Aufgaben und Zugänge der Politischen Bildung* (S. 9–30). Wiesbaden: Springer VS. https://doi.org/10.1007/978-3-658-29556-1_2

Friedrichs, W. (2021a). Kommende politische Bildungen. Über das *Zukünftigen* nach *der Zukunft*. In W. Friedrichs (Hrsg.), *Atopien im Politischen. Politische Bildung nach dem Ende der Zukunft* (S. 11–24). Bielefeld: transcript.

Friedrichs, W. (Hrsg.). (2021b). *Atopien im Politischen. Politische Bildung nach dem Ende der Zukunft*. Bielefeld: transcript.

Friedrichs, W. (2021c). Zur Neuvermessung der politischen Bildung im Anthropozän. In K. Stainer-Hämmerle (Hrsg.), *Glaube – Klima – Hoffnung. Religion und Klimawandel als Herausforderungen für die politische Bildung* (S. 45–59). Schwalbach/Ts.: Wochenschau Verlag.

Funke, J. (2003). *Problemlösendes Denken*. Stuttgart: Verlag W. Kohlhammer. https://doi.org/10.17433/978-3-17-022830-6

Gagel, W. (1986). *Unterrichtsplanung: Politik/Sozialkunde: Studienbuch politische Didaktik II*. Opladen: Leske und Budrich.

Galinsky, A. D. & Moskowitz, G. B. (2000). Perspective-taking: Decreasing stereotype expression, stereotype accessibility, and in-group favoritism. *Journal of Personality and Social Psychology, 78*(4), 708–724. https://doi.org/10.1037/0022-3514.78.4.708

Garlichs A. & Groddeck N. (1978). *Erfahrungsoffener Unterricht. Beispiele zur Überwindung der lebensfremden Lernschule*. Freiburg im Breisgau: Herder Verlag.

Gautschi, P., Rempfler, A., Sommer Häller, B. & Wilhelm, M. (Hrsg.). (2018). *Aneignungspraktiken an ausserschulischen Lernorten*. Münster: LIT Verlag.

Giesecke, H. (1974). *Didaktik der politischen Bildung* (9. Aufl.). München: Juventa.

Gigerenzer, G. & Gaissmaier, W. (2011). Heuristic decision making. *Annual Review of Psychology, 62*, 451–482. https://doi.org/10.1146/annurev-psych-120709-145346

Gille, M. & Krüger, W. (Hrsg.). (2000). *Unzufriedene Demokraten: Politische Orientierungen der 16- bis 29-Jährigen im vereinigten Deutschland: DJI-Jugendsurvey 2*. Opladen: Leske und Budrich.

Gladek, E., Fraser, M., Roemers, G., Sabag Munoz, O., Hirsch, P. & Kennedy, E. (2017). *The Global Food System: An Analysis*. Amsterdam: Metabolic. https://www.metabolic.nl/publications/global-food-system-an-analysis-pdf (23.04.24)

Glaser, B. G. & Strauss, A. L. (1999). *The discovery of grounded theory* (8. Aufl.). Chicago: Aldine.

Goll, T. (2012). Sprachhandeln: Verhandeln, Argumentieren, Überzeugen – eine vernachlässigte Kompetenz des Politikunterrichts? In G. Weißeno & H. Buchstein (Hrsg.), *Politisch*

Handeln. Modelle, Möglichkeiten, Kompetenzen (S. 193–209). Bonn: Bundeszentrale für politische Bildung.

Goll, T. (2022). Problemorientierung. In W. Sander & K. Pohl (Hrsg.), *Handbuch Politische Bildung* (5. Aufl., S. 223–230). Schwalbach/Ts.: Wochenschau Verlag.

Gorr, C. (2021). *Klimawandel im Kontext des Klimasystems vermitteln: Cognitive-Development-Prozesse bezüglich des Klimabegriffs im Zuge der Verknüpfung schulischen und außerschulischen Lernens* [Dissertation]. Universität Oldenburg.

Gottwald, F.-T. (2019). Grundlagen: Landwirtschaft regional und global. In I. Limmer, I. Hemmer, M. Trappe, S. Mainka & H. Weiger (Hrsg.), *Zukunftsfähige Landwirtschaft: Herausforderungen und Lösungsansätze* (S. 23–29). München: oekom.

GPJE (Gesellschaft für Politikdidaktik und politische Jugend- und Erwachsenenbildung) (Hrsg.). (2004). *Anforderungen an Nationale Bildungsstandards für den Fachunterricht in der politischen Bildung an Schulen. Ein Entwurf*. Schwalbach/Ts.: Wochenschau Verlag. http://gpje.de/wp-content/uploads/2017/01/Bildungsstandards-1.pdf (23.04.24)

Grammes, T. (1998). *Kommunikative Fachdidaktik. Politik – Geschichte – Recht – Wirtschaft*. Opladen: Leske und Budrich.

Grammes, T. (2012). Einführung in fachdidaktisches Denken – am Beispiel sozialwissenschaftlicher Fächer und Demokratiepädagogik. *Hamburger Studientexte Didaktik Sozialwissenschaften* (Bd. 3). Hamburg: Universität Hamburg.

Gräsel, C. (2009). Gestaltung problemorientierter Lernumgebungen. In K.-H. Arnold, U. Sandfuchs & J. Wiechmann (Hrsg.), *Handbuch Unterricht* (2. Aufl., S. 252–256). Bad Heilbrunn: Verlag Julius Klinkhardt.

Greeno, J. & MMAP. (1998). The situativity of knowing, learning, and research. *American Psychologist, 53*(1), 5–26.

Gresch, H., Hasselhorn, M. & Bögeholz, S. (2013). Training in Decision-making Strategies: An approach to enhance students' competence to deal with socio-scientific issues. *International Journal of Science Education, 35*(15), 2587–2607. https://doi.org/10.1080/09500693.2011.617789

Grob, U. (2009). Die Entwicklung politischer Orientierungen vom Jugend- ins Erwachsenenalter – Ist die Jugend eine spezifisch sensible Phase in der politischen Sozialisation? In H. Fend, F. Berger & U. Grob (Hrsg.), *Lebensläufe, Lebensbewältigung, Lebensglück: Ergebnisse der LifE Studie* (S. 329–372). Wiesbaden: VS Verlag für Sozialwissenschaften. https://doi.org/10.1007/978-3-531-91547-0_12

Gronostay, D. (2016). Argument, counterargument, and integration? Patterns of argument reapraissal in controversial classroom discussions. *Journal of Social Science Education, 15*(2), 42–56.

Gronostay, D. (2017). Enhancing the quality of controversial discussions via argumentation training – a quasi-experimental study in civic education classrooms. *Bildung und Erziehung, 70*, 75–90.

Gronostay, D. (2019). *Argumentative Lehr-Lern-Prozesse im Politikunterricht. Eine Videostudie*. Wiesbaden: Springer VS.

Groß, J. (2011). Orte zum Lernen. Ein kritischer Blick auf außerschulische Lehr-/Lernprozesse. In K. Messmer, R. v. Niederhäusern, A. Rempfler & M. Wilhelm (Hrsg.), *Ausserschulische Lernorte – Positionen aus Geographie, Geschichte und Naturwissenschaften* (S. 25–49). Münster: LIT Verlag.

Gruber, H. (2009). Situiertes Lernen. In K.-H. Arnold, U. Sandfuchs & J. Wiechmann (Hrsg.), *Handbuch Unterricht* (S. 249–252). Bad Heilbrunn: Klinkhardt.

Grund, J. & Brock, A. (2018). *Bildung für nachhaltige Entwicklung in Lehr-Lernsettings – Quantitative Studie des nationalen Monitorings – Befragung junger Menschen: Executive Summary*. Berlin: Institut Futur, Freie Universität Berlin. https://www.ewi-psy.fu-berlin. de/einrichtungen/weitere/institut-futur/Projekte/Dateien/Grund_-J__-Brock_-A__2018_ _BNE_in_Lehr-Lernsettings_Quantitative-Studie____Befragung_junger-Menschen.pdf (23.04.24)

Grund, J. & Brock, A. (2019). Why We Should Empty Pandora's Box to Create a Sustainable Future: Hope, Sustainability and Its Implications for Education. *Sustainability, 11*(3), 893. https://doi.org/10.3390/su11030893

Grund, J. & Brock, A. (2022). Formale Bildung in Zeiten von Krisen – die Rolle von Nachhaltigkeit in Schule, Ausbildung & Hochschule. *Kurzbericht des Nationalen Monitorings zu Bildung für nachhaltige Entwicklung (BNE) auf Basis einer Befragung von > 3.000 jungen Menschen und Lehrkräften*. Berlin: Institut Futur, Freie Universität Berlin. https:// doi.org/10.17169/refubium-36890

Grund, J. & Singer-Brodowski, M. (2020). Transformatives Lernen und Emotionen – Ihre Bedeutung für die außerschulische Bildung für nachhaltige Entwicklung. *Außerschulische Bildung, 3*, 28–36.

Grundmann, D. (2017). *Bildung für nachhaltige Entwicklung in Schulen verankern. Handlungsfelder, Strategien und Rahmenbedingungen der Schulentwicklung*. Wiesbaden: Springer VS. https://doi.org/10.1007/978-3-658-16913-8

Grunert, C. & von Wensierski, H.-J. (Hrsg.). (2008). *Jugend und Bildung: Modernisierungsprozesse und Strukturwandel von Erziehung und Bildung am Beginn des 21. Jahrhunderts*. Opladen: Verlag Barbara Budrich.

Grunwald, A. & Kopfmüller, J. (2022). *Nachhaltigkeit* (3. Aufl.). Frankfurt, New York: Campus.

Guderian, P. (2007). *Wirksamkeitsanalyse außerschulischer Lernorte. Der Einfluss mehrmaliger Besuche eines Schülerlabors auf die Entwicklung des Interesses an Physik* [Dissertation]. Humboldt-Universität zu Berlin. https://doi.org/10.18452/15610

Gudjons, H. (2014). *Handlungsorientiert lehren und lernen. Schüleraktivierung – Selbsttätigkeit – Projektarbeit* (8. Aufl.). Bad Heilbrunn: Verlag Julius Klinkhardt.

Günkel, T. & Münzinger, W. (2002). Trink- oder Mineralwasser? *Schriftenreihe Unterrichtsmaterialien des Lehr-Lern-Labors*, Heft 1b. Weilburg.

Haddock G. & Maio, G. R. (2014). Einstellungen. In K. Jonas, W. Stroebe & M. Hewstone (Hrsg.), *Sozialpsychologie* (6. Aufl., S. 197–229). Berlin, Heidelberg: Springer. https:// doi.org/10.1007/978-3-642-41091-8_6

Haller, I. & Wolf, H. (1979). Die falsche Unmittelbarkeit oder das Reden über Erfahrungen – Alltagsbewußtsein und politisches Lernen in der Schule. *Politische Didaktik. Zeitschrift für Theorie und Praxis des Unterrichts, 5*(1), 12–25.

Hamborg, S. (2017). ‚Wo Licht ist, ist auch Schatten' – Kritische Perspektiven auf Bildung für nachhaltige Entwicklung und die BNE-Forschung im deutschsprachigen Raum. In M. Brodowski (Hrsg.), *Bildung für Nachhaltige Entwicklung. Interdisziplinäre Perspektiven* (S. 15–31). Berlin: Logos.

Hamborg, S. (2018). *Lokale Bildungslandschaften auf Nachhaltigkeitskurs. Bildung für nachhaltige Entwicklung im kommunalpolitischen Diskurs.* Wiesbaden: Springer VS. https://doi.org/10.1007/978-3-658-20913-1

Hardman, D. (2009). *Judgment and decision making: Psychological perspectives.* Malden, Leicester, England: Blackwell Publishing.

Hart, W., Albarracín, D., Eagly, A. H., Brechan, I., Lindberg, M. J. & Merrill, L. (2009). Feeling validated versus being correct: A meta-analysis of selective exposure to information. *Psychological Bulletin, 135*(4), 555–588.

Harvey, D. (1990). Between Space and Time: Reflections on the Geographical Imagination. *Annals of the Association of American Geographers, 80*(3), 418–434.

Hasslöf, H., Malmberg, M. & Ekborg, C. (2014). Discussing Sustainable Development among Teachers.: An Analysis from a Conflict Perspective. *International Journal of Environmental and Science Education, 9*(1), 41–57.

Hattie, J. A. (2013). *Lernen sichtbar machen.* Baltmannsweiler: Schneider Hohengehren.

Hedtke, R. (1998). Über den Hang der Umweltbildung zur Illusion. Ein Beitrag zur Dekonstruktion alter Mythen mit dem Risiko der Entstehung neuer. *Zeitschrift für berufliche Umweltbildung (ZBU), 8*(3–4), 14–18.

Hedtke, R. (2016). Partizipation als politisches und pädagogisches Problem. In W. Friedrichs & D. Lange (Hrsg.), *Demokratiepolitik: Vermessungen – Anwendungen – Probleme – Perspektiven* (S. 133–146). Wiesbaden: Springer VS. https://doi.org/10.1007/978-3-658-11819-8_10

Heidenreich, F. (2023). *Nachhaltigkeit und Demokratie. Eine politische Theorie.* Frankfurt/M.: Suhrkamp Verlag.

Helfferich, C. (2011). *Die Qualität qualitativer Daten. Manual zur Durchführung qualitativer Einzelinterviews* (4. Aufl.). Wiesbaden: VS Verlag für Sozialwissenschaften. https://doi.org/10.1007/978-3-531-92076-4

Helfferich, C. (2019). Leitfaden- und Experteninterviews. In N. Baur & J. Blasius (Hrsg.), *Handbuch Methoden der empirischen Sozialforschung* (S. 669–686). Wiesbaden: Springer VS. https://doi.org/10.1007/978-3-658-21308-4_44

Hemmerling, U. & Pascher, P. (2017). *Situationsbericht 2017/18: Trends und Fakten zur Landwirtschaft.* Berlin: Deutscher Bauernverband e.V.

Henkenborg, P. (2000). Werte und kategoriale Schlüsselfragen im Politikunterricht. In G. Breit & S. Schiele (Hrsg.), *Werte in der politischen Bildung* (S. 263–287). Schwalbach/Ts.: Wochenschau Verlag.

Henkenborg, P., Pinseler, J., Behrens, R. & Krieger, A. (2008). *Politische Bildung in Ostdeutschland: Demokratie-Lernen zwischen Anspruch und Wirklichkeit.* Wiesbaden: VS Verlag für Sozialwissenschaften. https://doi.org/10.1007/978-3-531-90931-8

Heseding, R. (2018). Lobbyismus an Schulen? Ergebnisse einer Diskursanalyse von Unterrichtsmaterialien am Beispiel der Europakrise. In A. Eis & C. Moulin-Doos (Hrsg.), *Kritische Europabildung – Die Vielfachkrise Europas als kollektive Lerngelegenheit?* (S. 157–170). Immenhausen bei Kassel: Prolog-Verlag.

Hessisches Kultusministerium (Hrsg.). (2021a). *Bildungsstandards und Inhaltsfelder: Das neue Kerncurriculum für Hessen Sekundarstufe I – Hauptschule: Politik und Wirtschaft.* Wiesbaden.

Hessisches Kultusministerium (Hrsg.). (2021b). *Bildungsstandards und Inhaltsfelder: Das neue Kerncurriculum für Hessen Sekundarstufe I – Realschule: Politik und Wirtschaft.* Wiesbaden.

Hessisches Kultusministerium (Hrsg.). (2021c). *Bildungsstandards und Inhaltsfelde: Das neue Kerncurriculum für Hessen Sekundarstufe I – Gymnasium: Politik und Wirtschaft.* Wiesbaden.

Hessisches Kultusministerium (Hrsg.). (2022). *Kerncurriculum gymnasiale Oberstufe: Politik und Wirtschaft.* Wiesbaden.

Heuer, C. (2011). Historisches Lernen vor Ort – Skizze für ein zeitgenössisches Bild vom ausserschulischen historischen Lernen. In K. Messmer, R. v. Niederhäusern, A. Rempfler & M. Wilhelm (Hrsg.), *Ausserschulische Lernorte – Positionen aus Geographie, Geschichte und Naturwissenschaften* (S. 50–81). Münster: LIT Verlag.

Higgins, A. (1987). Moralische Erziehung in der Gerechte-Gemeinschaft-Schule – Über schulpraktische Erfahrungen in den USA. In G. Lind & J. Raschert (Hrsg.), *Moralische Urteilsfähigkeit. Eine Auseinandersetzung mit Lawrence Kohlberg* (S. 54–72). Weinheim, Basel: Beltz.

Hilligen, W. (1985). *Zur Didaktik des politischen Unterrichts: Wissenschaftliche Voraussetzungen – Didaktische Konzeptionen – Unterrichtspraktische Vorschläge* (5. Aufl.). Wiesbaden: VS Verlag für Sozialwissenschaften. https://doi.org/10.1007/978-3-663-119 15-9

Hilligen, W. (1991). *Didaktische Zugänge in der politischen Bildung.* Schwalbach/Ts.: Wochenschau Verlag.

HLPE (High Level Panel of Experts) (2014). *Food Losses and Waste in the Context of Sustainable Food Systems: A Report by the High Level Panel of Experts on Food Security and Nutrition of the Committee on World Food Security.* Rom. https://www.fao.org/3/i39 01e/i3901e.pdf (23.04.24)

Holfelder, A.-K. (2018). *Orientierungen von Jugendlichen zu Nachhaltigkeitsthemen. Zur didaktischen Bedeutung von implizitem Wissen im Kontext BNE.* Wiesbaden: Springer VS. https://doi.org/10.1007/978-3-658-18681-4

Holst, J. (2023). *Bildung für nachhaltige Entwicklung (BNE): Auf dem Weg in den Mainstream, doch mit welcher Priorität? Analyse von Koalitionsverträgen, BNE- und Nachhaltigkeitsstrategien, Weiterbildungsgesetzen, Bildungsberichten und weiteren Dokumenten von Bund, Ländern und Stiftungen.* Berlin: Institut Futur, Freie Universität Berlin. https://doi.org/10.17169/refubium-40460

Holst, J., Brock, A., Singer-Brodowski, M. & de Haan, G. (2020). Monitoring Progress of Change: Implementation of Education for Sustainable Development (ESD) within Documents of the German Education System. *Sustainability, 12*(10), 4306. https://doi.org/10.3390/su12104306

Hößle, C. (2001). *Moralische Urteilsfähigkeit. Eine Interventionsstudie zur moralischen Urteilsfähigkeit von Schülern zum Thema Gentechnik.* Innsbruck, Wien, München, Bozen: Studien Verlag.

Hößle, C. (2007). Ethische Bewertungskompetenz im Biologieunterricht. In S. Jahnke-Klein, H. Kiper & L. Freisel (Hrsg.), *Gymnasium heute. Zwischen Elitebildung und Förderung der Vielen* (S. 111–129). Baltmannsweiler: Schneider Verlag Hohengehren.

Hößle, C. & Alfs, N. (2014). *Doping, Gentechnik, Zirkustiere. Bioethik im Unterricht.* Hallbergmoos: Aulis Verlag.

Hößle, C. & Menthe, J. (2013). Urteilen und Entscheiden im Kontext für nachhaltige Entwicklung. Ein Beitrag zur Begriffsklärung. In J. Menthe, D. Höttecke, I. Eilks & C. Hößle (Hrsg.), *Handeln in Zeiten des Klimawandels – Bewerten lernen als Bildungsaufgabe* (S. 35–63). Münster: Waxmann.

Hostenbach, J., Fischer, H. E., Kauertz, A., Mayer, J., Sumfleth, E. & Walpuski, M. (2011). Modellierung der Bewertungskompetenz in den Naturwissenschaften zur Evaluation der Nationalen Bildungsstandards. *Zeitschrift für Didaktik der Naturwissenschaften, 17*, 261–288.

Huber, L. & Reinmann, G. (2019). *Vom forschungsnahen zum forschenden Lernen an Hochschulen: Wege der Bildung durch Wissenschaft.* Wiesbaden: Springer VS. https://doi.org/10.1007/978-3-658-24949-6

Hudson, U. (2018). Schlafende Riesen? Über den selbstwirksamen Verbraucher. *Aus Politik und Zeitgeschichte (APuZ), 68*(1–3), 25–31.

Humpert, N. (2009). Die politische Dimension des Globalen Lernens – Implikationen für die konzeptionelle und praktische Entwicklung. In B. Overwien & H.-F. Rathenow (Hrsg.), *Globalisierung fordert politische Bildung. Politisches Lernen im globalen Kontext* (S. 243–250). Opladen, Farmington Hills: Verlag Barbara Budrich.

Hurrelmann, K. (1998). Jugendliche an die Wahlurnen! In der Altersspanne zwischen 12 und 14 entsteht die politische Urteilsfähigkeit. *Deutsche Jugend, 46*(1), 9–17.

Ilchmann, O. (2016). Immer weiter wursteln? Über die Milchkrise 2015 und die Ideologie des Mengenwachstums. *Der kritische Agrarbericht 2016*, 40–46. https://www.kritischer-agrarbericht.de/fileadmin/Daten-KAB/KAB-2016/KAB2016_Kap1_40_46_Ilchmann.pdf (23.04.24)

Ilchmann, O. & Lenz, F. (2020). „Wir haben einfach keinen funktionierenden Milchmarkt". Zwei Bauern über die Situation der Milchviehbetriebe und Wege aus der Krise des Milchmarktes. *Der kritische Agrarbericht 2020*, 174–178. https://kritischer-agrarbericht.de/fileadmin/Daten-KAB/KAB-2020/KAB2020_174_178_Ilchmann_Lenz.pdf (23.04.24)

Inkermann, N. & Eicker, J. (2021). Die Hegemonie der imperialen Lebensweise als Herausforderung für die politische Bildung. *Journal für politische Bildung, 11*(4), 32–37. https://doi.org/10.46499/1798.2171

Inkermann, N. & Eis, A. (2022). Konzepte politischer Nachhaltigkeitsbildung. *Aus Politik und Zeitgeschichte (APuZ), 48*, 29–34.

Iordanou, K. (2010). Developing Argument Skills Across Scientific and Social Domains. *Journal of Cognition and Development, 11*(3), 293–327.

IPCC (Intergovernmental Panel on Climate Change) (2019). Summary for Policymakers. In *Climate Change and Land: an IPCC special report on climate change, desertification, land degradation, sustainable land management, food security, and greenhouse gas fluxes in terrestrial ecosystems* [P.R. Shukla, J. Skea, E. Calvo Buendia, V. Masson-Delmotte, H.-O. Pörtner, D. C. Roberts, P. Zhai, R. Slade, S. Connors, R. van Diemen, M. Ferrat, E. Haughey, S. Luz, S. Neogi, M. Pathak, J. Petzold, J. Portugal Pereira, P. Vyas, E. Huntley, K. Kissick, M. Belkacemi, J. Malley, (Hrsg.)]. https://doi.org/10.1017/9781009157988.001

IPCC (Intergovernmental Panel on Climate Change) (2023). *Sechster IPCC-Sachstandsbericht (AR6). Beitrag der Arbeitsgruppe III: Minderung des Klimawandels. Hauptaussagen aus der Zusammenfassung für die politische Entscheidungsfindung*

(SPM). Übersetzung der Deutschen IPCC-Koordinierungsstelle. Version vom 20. März 2023. https://www.de-ipcc.de/media/content/Hauptaussagen_AR6-WGIII.pdf (23.04.24)
Itzek-Greulich, H. (2015). Schülerlaborbesuch als Ersatz oder Ergänzung? – Motivationseffekte. In S. Bernholt (Hrsg.), *Heterogenität und Diversität-Vielfalt der Voraussetzungen im naturwissenschaftlichen Unterricht* (S. 235–237). Kiel: IPN.
Jäggi, C. J. (2018). *Ernährung, Nahrungsmittelmärkte und Landwirtschaft. Ökonomische Fragestellungen vor dem Hintergrund der Globalisierung.* Wiesbaden: Springer Gabler. https://doi.org/10.1007/978-3-658-22269-7
Jaisli, I. & Schmitt, E. (2019). Ernährungsgeographie. In E. Zemanek & U. Kluwick (Hrsg.), *Nachhaltigkeit interdisziplinär: Konzepte, Diskurse, Praktiken* (S. 221–242). Köln: Böhlau Verlag.
Jickling, B. (1992). Viewpoint: Why I Don't Want My Children To Be Educated for Sustainable Development. *Journal of Environmental Education, 23*(4), 5–8. https://doi.org/10.1080/00958964.1992.9942801
Jickling, B. & Spork, H. (1998). Education for the Environment: a critique. *Environmental Education Research, 4*(3), 309–327.
JoDDiD (John-Dewey-Forschungsstelle für die Didaktik der Demokratie) (2022). *Kinder und Politik.* https://tu-dresden.de/gsw/phil/powi/joddid/bildung-beratung/abendschule/staffel-1/lasst-die-kinder-mit-diesem-mist-in-ruhe-oder-umgekehrt-warum-politische-bildung-gar-nicht-frueh-genug-beginnen-kann (23.04.24)
Juchler, I. (2005a). Politische Urteilsbildung – Kernkompetenz für den Politikunterricht. In G. Weißeno (Hrsg.), *Politik besser verstehen. Neue Wege der Politischen Bildung* (S. 62–75). Wiesbaden: VS Verlag für Sozialwissenschaften. https://doi.org/10.1007/978-3-322-80761-8_4
Juchler I. (2005b). Rationalität, Vernunft und erweiterte Denkungsart. Zur normativen Bestimmung politischer Urteilskraft für die politische Bildung. *Zeitschrift für Politik, 52*(1), 97–121.
Juchler, I. (2018). Außerschulische politische Lernorte – Amerikaner in Berlin. In C. Deichmann & M. Partetzke (Hrsg.), *Schulische und außerschulische Politische Bildung: Qualitative Studien und Unterrichtsbeispiele hermeneutischer Politikdidaktik* (S. 137–158). Wiesbaden: Springer VS. https://doi.org/10.1007/978-3-658-20618-5_9
Juchler, I. (2022). Vor Ort lernen: Außerschulische politische Lernorte. In W. Sander & K. Pohl (Hrsg.), *Handbuch Politische Bildung* (5. Aufl., S. 515–523). Frankfurt/M.: Wochenschau Verlag.
Jürgens, E. (2013). Außerschulische Lernorte. Argumente für einen Bildungsauftrag. *Schulmagazin 5–10, 81*(4), 51–54.
Kamella, F. (2015). Lobbyismus an Schulen. Wer nimmt Einfluss? Was sind Motive und Ziele? Was kann getan werden? *Pädagogik, 67*(9), 44–47.
Kant, I. (2000). *Kritik der Urteilskraft* (Werkausgabe. Bd. X, 15. Aufl.). Frankfurt/M.: Suhrkamp Verlag.
Kant, I. (2010). *Kritik der reinen Vernunft* (5. Aufl.). Berlin: De Gruyter. https://doi.org/10.1515/9783111406855
Karpa, D., Overwien, B. & Plessow, O. (Hrsg.). (2015). *Außerschulische Lernorte in der politischen und historischen Bildung.* Immenhausen bei Kassel: Prolog-Verlag.
Kater-Wettstädt, L. (2015). *Unterricht im Lernbereich Globale Entwicklung. Der Kompetenzerwerb und seine Bedingungen.* Münster, New York: Waxmann.

Kattmann, U. (2005). Lernen mit anthropomorphen Vorstellungen? – Ergebnisse von Untersuchungen zur Didaktischen Rekonstruktion in der Biologie. *Zeitschrift für Didaktik der Naturwissenschaften, 11,* 165–174.

Kehren, Y. (2022). Zur Bildung der Gegenwart – (Nicht-)Nachhaltigkeit in Ökonomie, Politik und Gesellschaft als Herausforderung für eine „Bildung für nachhaltige Entwicklung". In B. Hemkes, K. Rudolf & B. Zurstrassen (Hrsg.), *Handbuch Nachhaltigkeit in der Berufsbildung: Politische Bildung als Gestaltungsaufgabe* (S. 97–108). Frankfurt/M.: Wochenschau Verlag.

Kelle, U. & Kluge, S. (2010). *Vom Einzelfall zum Typus. Fallvergleich und Fallkontrastierung in der qualitativen Sozialforschung* (2. Aufl.). Wiesbaden: VS Verlag für Sozialwissenschaften. https://doi.org/10.1007/978-3-531-92366-6

Keller, M. (1996). *Moralische Sensibilität: Entwicklung in Freundschaft und Familie*. Weinheim: Beltz.

Kenner, S. (2021a). Engagement für den Klimaschutz als politische Bildungserfahrung. Politische Bildung im Kontext der 17 Nachhaltigkeitsziele der Vereinten Nationen. *Polis, 25*(2), 14–16.

Kenner, S. (2021b). *Politische Bildung in Aktion. Eine qualitative Studie zur Rekonstruktion von selbstbestimmten Bildungserfahrungen in politischen Jugendinitiativen*. Wiesbaden: Springer VS. https://doi.org/10.1007/978-3-658-35412-1

Kharas, H. (2010). *The Emerging Middle Class in Developing Countries* (Working Paper No. 285). Paris: OECD. https://read.oecd-ilibrary.org/development/the-emerging-middle-class-in-developing-countries_5kmmp8lncrns-en#page1 (23.04.24)

Kietz, F. & Messerschmidt, M. (2013). *Kooperationsmöglichkeiten mit außerschulischen Partnern und Netzwerkarbeit*. Ministerium für Umwelt, Klima und Energiewirtschaft Baden-Württemberg. https://www.nachhaltigkeitsstrategie.de/fileadmin/Downloads/Publikationen/Bildung/Lehrende/Modul_8_Nachhaltigkeit-lernen.pdf (23.04.24)

Kirsop-Taylor, N., Appiah, D., Steadman, A. & Huggett, M. (2020). Reflections on integrating the political into environmental education through problem-based learning and political ecology. *The Journal of Environmental Education, 52*(1), 1–13. https://doi.org/10.1080/00958964.2020.1825919

Kitschelt, H. (2003). *Diversification and Reconfiguration of Party Systems in Postindustrial Democracies*. Friedrich-Ebert-Stiftung (Hrsg.). https://library.fes.de/pdf-files/id/02608.pdf (23.04.24)

Klauer, K. J. & Sparfeldt, J. (2018). Intelligenz und Begabung. In D. H. Rost, J. R. Sparfeldt & S. Buch (Hrsg.), *Handwörterbuch Pädagogische Psychologie* (5. Aufl.). Weinheim, Basel: Beltz.

Klee, A. (2008). *Entzauberung des Politischen Urteils: Eine didaktische Rekonstruktion zum Politikbewusstsein von Politiklehrerinnen und Politiklehrern*. Wiesbaden: VS Verlag für Sozialwissenschaften. https://doi.org/10.1007/978-3-531-90969-1

Klee, A. (2011). Von der Alltagsmeinung zum politischen Urteil. *Unterricht Wirtschaft + Politik, 1*(1), 54–56.

KMK (Ständige Konferenz der Kultusminister der Länder in der Bundesrepublik Deutschland) (2017). *Zur Situation und zu Perspektiven der Bildung für nachhaltige Entwicklung (Bericht der Kultusministerkonferenz vom 17.03.2017)*. https://www.kmk.org/fileadmin/Dateien/veroeffentlichungen_beschluesse/2017/2017_03_17-Bericht-BNE-2017.pdf (23.04.24)

KMK (Ständige Konferenz der Kultusminister der Länder in der Bundesrepublik Deutschland) (2018). *Demokratie als Ziel, Gegenstand und Praxis historisch-politischer Bildung und Erziehung in der Schule. (Beschluss der Kultusministerkonferenz vom 6.03.2009 i. d. F. vom 11.10.2018)*. https://www.kmk.org/fileadmin/Dateien/veroeffentlichungen_beschluesse/2009/2009_03_06-Staerkung_Demokratieerziehung.pdf (23.04.24)

KMK (Ständige Konferenz der Kultusminister der Länder in der Bundesrepublik Deutschland) & BMZ (Bundesministerium für wirtschaftliche Zusammenarbeit und Entwicklung) (Hrsg.). (2016). *Orientierungsrahmen für den Lernbereich Globale Entwicklung im Rahmen einer Bildung für nachhaltige Entwicklung* (2. Aufl.). Bonn: Cornelsen. https://www.kmk.org/fileadmin/veroeffentlichungen_beschluesse/2015/2015_06_00-Orientierungsrahmen-Globale-Entwicklung.pdf (23.04.24)

KMK (Ständige Konferenz der Kultusminister der Länder in der Bundesrepublik Deutschland) & DUK (Deutsche UNESCO-Kommission) (2007). *Empfehlung der Ständigen Konferenz der Kultusminister der Länder in der Bundesrepublik Deutschland (KMK) und der Deutschen UNESCO-Kommission (DUK) vom 15.06.2007 zur „Bildung für nachhaltige Entwicklung in der Schule".* http://www.kmk.org/fileadmin/veroeffentlichungen_beschluesse/2007/2007_06_15_Bildung_f_nachh_Entwicklung.pdf (23.04.24)

Kohlberg, L. (1976). Moral stages and moralization: The cognitive-development approach. In T. Lickona (Hrsg.), *Moral development and behaviour. Theory, research and social issues* (S. 31–53). New York: Holt, Rinehart & Winston.

Koller, H.-C. (2018). *Bildung anders denken. Einführung in die Theorie transformatorischer Bildungsprozesse* (2. Aufl.). Stuttgart: Verlag W. Kohlhammer. https://doi.org/10.17433/978-3-17-033412-0

Kollmuss, A. & Agyeman, J. (2002). Mind the Gap: Why Do People Act Environmentally and What Are the Barriers to Pro-Environmental Behavior? *Environmental Education Research, 8*(3), 239–260. https://doi.org/10.1080/13504620220145401

Komorek, M. & Sajons, C. (2021). Komplementäre Vernetzung außerschulischer Lernangebote. In C. Maurer, K. Rincke & M. Hemmer (Hrsg.), *Fachliche Bildung und digitale Transformation. Fachdidaktische Forschung und Diskurse (Fachtagung der Gesellschaft für Fachdidaktik 2020)* (S. 169–172). Regensburg: Universität Regensburg.

Krosnick, J. A. (1999). Survey research. *Annual Review of Psychology, 50*, 537–567.

Kuhn, D. (1991). *The skills of argument*. Cambridge: University Press.

Krause, U.-M. (2007). *Feedback und kooperatives Lernen*. Münster: Waxmann.

Krause, U.-M. & Stark, R. (2016). Förderung soziomoralischen Lernens: Vergleich zweier Unterrichtsansätze. *Psychologie in Erziehung und Unterricht, 63*(2), 81–90.

Krüger, T. & Zorn, P. (2022). Das Weltaktionsprogramm „Bildung für nachhaltige Entwicklung" (BNE) als Herausforderungen der institutionellen politischen Bildung. In B. Hemkes, K. Rudolf & B. Zurstrassen (Hrsg.), *Handbuch Nachhaltigkeit in der Berufsbildung: Politische Bildung als Gestaltungsaufgabe* (S. 35–40). Frankfurt/M.: Wochenschau Verlag.

Kruse, J. (2015). *Qualitative Interviewforschung: Ein integrativer Ansatz* (2. Aufl.). Weinheim: Beltz.

Kruse, L. (2011). Psychological Aspects of Sustainability Communication. In J. Godeman & G. Michelsen (Hrsg.), *Sustainability communication. Interdisciplinary perspectives and theoretical foundation* (S. 69–77). Dordrecht: Springer. https://doi.org/10.1007/978-94-007-1697-1_6

Kruse-Graumann, L. (2014). Warum tun wir uns mit nachhaltiger Entwicklung so schwer? In M. v. Hauff (Hrsg.), *Nachhaltige Entwicklung. Aus der Perspektive verschiedener Disziplinen* (S. 186–217). Baden-Baden: Nomos.

Kuckartz, U. (2018). *Qualitative Inhaltsanalyse: Methoden, Praxis, Computerunterstützung* (4. Aufl.). Weinheim, Basel: Beltz.

Kuckartz U. & Rädiker, S. (2022). *Qualitative Inhaltsanalyse. Methoden, Praxis, Computerunterstützung* (5. Aufl.). Weinheim: Beltz.

Kuhn, D., Cheney, R. & Weinstock, M. (2000). The development of epistemological understanding. *Cognitive Development, 15*(3), 309–328.

Kuhn, D. & Udell, W. (2007). Coordinating own and other perspectives in argument. *Thinking and Reasoning, 13*(2), 90–104.

Künzli David, C., Bertschy, F. & Di Giulio, A. (2010). Bildung für eine Nachhaltige Entwicklung im Vergleich mit Globalem Lernen und Umweltbildung. *Schweizerische Zeitschrift für Bildungswissenschaften, 32*(2), 213–231.

Künzli David, C. & Bertschy, F. (2013). Bildung für eine Nachhaltige Entwicklung – Kompetenzen und Inhaltsbereiche. In B. Overwien & H. Rode (Hrsg.), *Bildung für nachhaltige Entwicklung: Lebenslanges Lernen, Kompetenz und gesellschaftliche Teilhabe* (S. 35–46). Opladen, Berlin, Toronto: Verlag Barbara Budrich. https://doi.org/10.2307/j.ctvddzxz4.5

Küsters, I. (2022). Narratives Interview. In N. Baur & J. Blasius (Hrsg.), *Handbuch Methoden der empirischen Sozialforschung* (3. Aufl., S. 893–900). Wiesbaden: Springer VS. https://doi.org/10.1007/978-3-658-37985-8_56

Lach, K. (1997). Planung von zwei Unterrichtsstunden: Der Castor-Transport – »Bürgerkrieg« im Wendland. War das Handeln der Beteiligten gerechtfertigt? In Bundeszentrale für politische Bildung (Hrsg.), *Politische Urteilsbildung – Aufgabe und Wege für den Politikunterricht* (S. 159–178). Bonn: Bundeszentrale für politische Bildung.

Landmann, M., Schmidt, M. & Schmitz, B. (2010). Bildungspsychologische Intervention. In C. Spiel, B. Schober, P. Wagner & R. Reimann (Hrsg.), *Bildungspsychologie* (S. 301–318). Göttingen: Hogrefe.

Landwehr, B. (2017). *Partizipation, Wissen und Motivation im Politikunterricht. Eine Interventionsstudie.* Wiesbaden: Springer VS. https://doi.org/10.1007/978-3-658-16507-9

Lange, D. (2008). Bürgerbewusstsein. Sinnbilder und Sinnbildungen in der Politischen Bildung. *Gesellschaft – Wirtschaft – Politik (GWP), 57*(3), 431–439.

Lange, D. & Reinhardt, V. (Hrsg.). (2010). *Basiswissen politische Bildung: Handbuch für den sozialwissenschaftlichen Unterricht. Methoden politischer Bildung* (2. Aufl.). Baltmannsweiler: Schneider Verlag Hohengehren.

Lange, P., Driessen, P. P. J., Sauer, A., Bornemann, B. & Burger, P. (2013). Governing Towards Sustainability-Conceptualizing Modes of Governance. *Journal of Environmental Policy Planning, 15*(3), 403–425.

Laschewski, L. (2017). Landwirtschaft: Auf dem Weg zu einem nachhaltigen Ernährungssystem? In K.-W. Brand (Hrsg.), *Die sozial-ökologische Transformation der Welt: Ein Handbuch* (S. 267–298). Frankfurt/M.: Campus Verlag.

Latour, B. & Schultz, N. (2022). *Zur Entstehung einer ökologischen Klasse. Ein Memorandum.* Frankfurt/M.: Suhrkamp Verlag.

Lawy, R. & Biesta, G. (2006). Citizenship-as-practice: The educational implications of an inclusive and relational understanding of citizenship. *British Journal of Educational Studies, 54*(1), 34–50.

Lempert, W. (1990). Moralische Anforderungsstrukturen und moralische Anregungspotenziale beruflicher Tätigkeiten. Vorüberlegungen für ein Forschungsprogramm. In K. Harney & G. Pätzold (Hrsg.), *Arbeit und Ausbildung, Wissenschaft und Politik. Festschrift für Karlwilhelm Stratmann* (S. 183–198). Frankfurt/M.: Verlag der Gesellschaft zur Förderung arbeitsorientierter Forschung und Bildung.

Leopold, S. (2021). Was wäre, wenn wir keine Lebensmittel mehr exportierten? *Agrarheute*. https://www.agrarheute.com/politik/waere-keine-lebensmittel-mehr-exportieren-577049 (23.04.24)

Leutner, D. (2010). Perspektive pädagogischer Interventionsforschung. In T. Hascher & B. Schmitz (Hrsg.), *Pädagogische Interventionsforschung. Theoretische Grundlagen und empirisches Handlungswissen* (S. 63–72). Weinheim, München: Juventa.

Lillie, A.-L. & Meya, J. N. (2016). Der Beitrag der politischen Bildung zur Bildung für nachhaltige Entwicklung. *Polis, 1*, 11–14.

Limmer, I., Hemmer, I., Trappe, M., Mainka, S. & Weiger, H. (Hrsg.). (2019). *Zukunftsfähige Landwirtschaft. Herausforderungen und Lösungsansätze*. München: oekom.

Lind, G. (2000). *Ist Moral lehrbar? Ergebnisse der modernen moralpsychologischen Forschung*. Berlin: Logos.

Lipowsky, F. (2020). Unterricht. In E. Wild & J. Möller (Hrsg.), *Pädagogische Psychologie* (3. Aufl., S. 69–118). Berlin, Heidelberg: Springer. https://doi.org/10.1007/978-3-662-61403-7_4

List, A. & Alexander, P. A. (2017). Cognitive affective engagement model of multiple source use. *Educational Psychologist, 52*(3), 182–199.

Lundegård, I. & Wickman, P. O. (2007). Conflicts of interest: An indispensable element of education for sustainable development. *Environmental Education Research, 13*(1), 1–15.

Lutter, A. (2010). Schülervorstellungen. In D. Lange & V. Reinhardt (Hrsg.), *Basiswissen Politische Bildung: Forschungs- und Bildungsbedingungen. Handbuch für den sozialwissenschaftlichen Unterricht* (S. 74–80). Baltmannsweiler: Schneider Verlag Hohengehren.

Lutter, A. (2021). Schülervorstellungen in der politischen Bildung. In V. Reinhardt & D. Lange (Hrsg.), *Basiswissen Politische Bildung: Forschung, Planung und Methoden Politischer Bildung. Handbuch für den sozialwissenschaftlichen Unterricht* (2. Aufl., S. 63–69). Baltmannsweiler: Schneider Verlag Hohengehren.

Lutz, G. (2021). Reflexion. In M. A. Wirtz (Hrsg.), *Lexikon der Psychologie* (20. Aufl., S. 1532–1533). Bern: Hogrefe Verlag.

Mahlerwein, G. (2016). *Die Moderne (1880–2010): Grundzüge der Agrargeschichte* (Bd. 3). Köln, Weimar, Wien: Böhlau.

Mahlerwein, G. (2020). *Strukturwandel und Agrarentwicklung seit 1880*. Bonn: Bundeszentrale für politische Bildung. https://www.bpb.de/themen/umwelt/landwirtschaft/316059/strukturwandel-und-agrarentwicklung-seit-1880/ (23.04.24)

Maio, G. R. & Haddock, G. (2010). *The psychology of attitudes and attitude change*. London: Sage Publications.

Mannheim, K., Kettler, D., Meja, V. & Stehr, N. (1980). *Strukturen des Denkens*. Frankfurt/M.: Suhrkamp Verlag.

Manzel, S. & Weißeno, G. (2017). Modell der politischen Urteilsfähigkeit – eine Dimension der Politikkompetenz. In M. Oberle & G. Weißeno (Hrsg.), *Politikwissenschaft und Politikdidaktik* (S. 59–86). Wiesbaden: Springer VS. https://doi.org/10.1007/978-3-658-07246-9_5

Marchand, S. (2015). *Nachhaltig entscheiden lernen. Urteilskompetenzen für nachhaltigen Konsum bei Jugendlichen*. Bad Heilbrunn: Verlag Julius Klinkhardt.

Marx, A. & Sauer, M. (2011). Lerneffekte von Gedenkstättenbesuchen im Kontext des Geschichtsunterrichts. In B. Pampel (Hrsg.), *Erschrecken – Mitgefühl – Distanz. Empirische Befunde über Schülerinnen und Schüler in Gedenkstätten und zeitgeschichtlichen Ausstellungen* (S. 115–144). Leipzig: Leipziger Universitätsverlag.

Massing, P. (1997). Kategorien politischen Urteilens und Wege zur politischen Urteilsbildung. In Bundeszentrale für politische Bildung (Hrsg.), *Politische Urteilsbildung – Aufgabe und Wege für den Politikunterricht* (S. 115–131). Bonn: Bundeszentrale für politische Bildung.

Massing, P. (2003). Kategoriale politische Urteilsbildung. In H.-W. Kuhn (Hrsg.), *Urteilsbildung im Politikunterricht. Ein multimediales Projekt* (S. 91–108). Schwalbach/Ts.: Wochenschau Verlag.

Massing, P. (2006). Wie lassen sich im Politikunterricht Kompetenzen der politischen Urteilsbildung verbessern? In D. Richter & C. Schelle (Hrsg.), *Politikunterricht evaluieren: Ein Leitfaden zur fachdidaktischen Unterrichtsanalyse* (S. 161–177). Baltmannsweiler: Schneider Verlag Hohengehren.

Massing, P. (2020). Talkshow. In S. Achour, S. Frech, P. Massing & V. Straßner (Hrsg.), *Methodentraining für den Politikunterricht* (S. 212–219). Frankfurt/M.: Wochenschau Verlag.

Massing, P. & Schattschneider, J. S. (2005). Aufgaben zu den Standards der Politischen Bildung. In GPJE – Gesellschaft zur politischen Jugend- und Erwachsenenbildung (Hrsg.), *Testaufgaben und Evaluationen in der politischen Bildung* (S. 23–40). Schwalbach/Ts.: Wochenschau Verlag.

May, M. (2019). Politische Urteilsbildung in der politischen Bildung und „Postfaktizität" – Eine Problembestimmung. In M. Deichmann & M. May (Hrsg.), *Orientierungen politischer Bildung im „postfaktischen Zeitalter"* (S. 39–55). Wiesbaden: Springer VS. https://doi.org/10.1007/978-3-658-23851-3_4

May, M. (2020). „Aber bitte mit Gefühl!" Rationale politische Urteilsbildung als Ziel und Herausforderung politischer Bildung. In M. Dickel, A. John, K. Muth, L. Volkmann & M. Ziegler (Hrsg.), *Urteilspraxis und Wertmaßstäbe im Unterricht. Ethik, Englisch, Geographie, Geschichte, politische Bildung, Religion* (S. 125–147). Schwalbach/Ts.: Wochenschau Verlag.

May, M., Moritz, B. & Riegel, P. (2020). Politische Urteilskompetenz empirisch – Überlegungen zur Operationalisierung und ein Test zur politischen Werturteilskompetenz. *Zeitschrift für Didaktik der Gesellschaftswissenschaften, 11*(1), 134–146.

Mayring, P. (2022). *Qualitative Inhaltsanalyse: Grundlagen und Techniken* (13. Aufl.). Weinheim, Basel: Beltz.

Mayring, P. & Fenzl, T. (2019). Qualitative Inhaltsanalyse. In N. Baur & J. Blasius (Hrsg.), *Handbuch Methoden der empirischen Sozialforschung* (2. Aufl., S. 633–648). Wiesbaden: Springer VS. https://doi.org/10.1007/978-3-658-21308-4_42

McMichael, P. (2009). A food regime genealogy. *The Journal of Peasant Studies, 36*(1), 139–169.

Meadowcroft, J. (2007). Who is in Charge Here? Governance for Sustainable Development in a Complex World. *Journal of Environmental Policy Planning, 9*(3–4), 299–314.

Meadows, D. H., Meadows, D. L., Randers, J. & Behrens, W. W. (1972). *The limits of growth. A Report for the Club of Rome's Project on the Predicament of Mankind.* New York: Universe Book. https://www.library.dartmouth.edu/digital/digital-collections/limits-growth (23.04.24)

Meints-Stender, W. (2011). *Partei ergreifen im Interesse der Welt: Eine Studie zur politischen Urteilskraft im Denken Hannah Arendts.* Bielefeld: transcript.

Meints-Stender, W. & Lange, D. (2020). Politische Bildung als Bildung politischer Urteilskraft: Arendts Perspektive. In W. Meints-Stender, T. Oeftering & D. Lange (Hrsg.), *Hannah Arendt: Lektüren zur politischen Bildung* (S. 31–40). Wiesbaden: Springer VS. https://doi.org/10.1007/978-3-658-30676-2_2

Menthe, J. (2012). Wider besseres Wissen?! Conceptual Change: Warum Lernen nicht notwendig zur Veränderung des Urteilens und Bewertens führt. *ZISU –Zeitschrift für interpretative Schul- und Unterrichtsforschung, 1*(1), 161–183.

Menthe, J. & Parchmann, I. (2004). Förderung der Urteilsfähigkeit am Beispiel einer Unterrichtsreihe zum Thema „Autoantrieb der Zukunft". In A. Pitton (Hrsg.), *Chemie- und physikdidaktische Forschung und naturwissenschaftliche Bildung* (S. 135–138). Münster: LIT Verlag.

Mercier, H., & Sperber, D. (2011). Why do humans reason? Arguments for an argumentative theory. *Behavioral and Brain Sciences, 34*(2), 57–111.

Messmer, K., von Niederhäusern, R., Rempfler, A. & Wilhelm, M. (Hrsg.). (2011). *Ausserschulische Lernorte – Positionen aus Geographie, Geschichte und Naturwissenschaften.* Münster: LIT Verlag.

Meyer-Dawe, K. (1996). Von anderen lernen. Phänomenologische Betrachtungen in der Pädagogik. Klaus Schaller zum siebzigsten Geburtstag. In M Borrelli & J. Ruhloff (Hrsg.), *Deutsche Gegenwartspädagogik* (S. 85–98). Baltmannsweiler: Schneider Verlag Hohengehren.

Michelsen, G., Grunenberg, H., Mader, C. & Barth, M. (2016). *Greenpeace Nachhaltigkeitsbarometer 2015 – Nachhaltigkeit bewegt die jüngere Generation.* Bad Homburg: VAS-Verlag.

Ministerium für Kultus, Jugend und Sport Baden-Württemberg (Hrsg.). (2016a). *Gemeinsamer Bildungsplan der Sekundarstufe I: Gemeinschaftskunde.* Stuttgart.

Ministerium für Kultus, Jugend und Sport Baden-Württemberg (Hrsg.). (2016b). *Bildungsplan des Gymnasiums: Gemeinschaftskunde.* Stuttgart.

Misoch, S. (2019). *Qualitative Interviews* (2. Aufl.). Berlin, Boston: De Gruyter Oldenbourg. https://doi.org/10.1515/9783110545982

Mokhonko, S. (2016). *Nachwuchsförderung im MINT-Bereich: Aktuelle Entwicklungen, Fördermaßnahmen und ihre Effekte.* Stuttgart: Franz Steiner.

Möller, J. & Trautwein, U. (2020). Selbstkonzept. In E. Wild & J. Möller (Hrsg.), *Pädagogische Psychologie* (3. Aufl., S. 187–209). Berlin, Heidelberg: Springer. https://doi.org/10.1007/978-3-662-61403-7_8

Mooney, P. H. & Hunt, S. A. (2009). Food security: The elaboration of contested claims to a consensus frame. *Rural Sociology, 74*(4), 469–497.

Moors, A., Ellsworth, P. C., Scherer, K. R. & Frijda, N. H. (2013). Appraisal theories of emotion: State of the art and future development. *Emotion Review, 5*(2), 119–124. https://doi.org/10.1177/1754073912468165

Moosbrugger, H. & Kelava, A. (2020). *Testtheorie und Fragebogenkonstruktion* (3. Aufl.). Berlin, Heidelberg: Springer. https://doi.org/10.1007/978-3-662-61532-4
Moschner, B. & Dickhäuser, O. (2018). Selbstkonzept. In D. H. Rost, J. R. Sparfeldt & S. Buch (Hrsg.), *Handwörterbuch Pädagogische Psychologie* (5. Aufl., S. 750–756). Weinheim, Basel: Beltz.
Moritz, B. (2016). Vom Nutzen der dokumentarischen Methode: Überlegungen zur empirischen Erforschung von außerschulischen Lernorten in der politischen Bildung. In C. Deichmann & M. May (Hrsg.), *Politikunterricht verstehen und gestalten* (S. 185–199). Wiesbaden: Springer VS. https://doi.org/10.1007/978-3-658-11859-4_11
Moulin-Doos, C. (2017). Die Frage nach einer umweltgerechten Wirtschaftspolitik: zwischen Entpolitisierung bzw. Moralisierung und (Re-)Politisierung. In O. Emde, U. Jakubczyk, B. Kappes & B. Overwien (Hrsg.), *Mit Bildung die Welt verändern? Globales Lernen für eine nachhaltige Entwicklung* (S. 110–120). Opladen, Berlin, Toronto: Verlag Barbara Budrich.
Moulin-Doos, C. (2020). Zur Rolle des politischen Ungehorsams im Anthropozän. *Allgemeine Zeitschrift für Philosophie, 45*(2), 161–188.
Nationale Plattform Bildung für nachhaltige Entwicklung (Hrsg.). (2017). *Nationaler Aktionsplan Bildung für nachhaltige Entwicklung: Der deutsche Beitrag zum UNESCO-Weltaktionsprogramm*. https://www.bne-portal.de/bne/shareddocs/downloads/files/nationaler_aktionsplan_bildung-er_nachhaltige_entwicklung_neu.pdf?__blob=publicationFile&v=1 (23.04.24)
Nationale Plattform Bildung für nachhaltige Entwicklung (Hrsg.). (2020). *Zwischenbilanz zum Nationalen Aktionsplan Bildung für nachhaltige Entwicklung*. https://bne.bmbfcluster.de/upload_filestore/bne_downloads_publikationen/Zwischenbilanz_NAP_BNE_1.pdf (23.04.24)
Neckel, S. (2020). Der Streit um die Lebensführung. Nachhaltigkeit als sozialer Konflikt. *Mittelweg 36, Zeitschrift des Hamburger Instituts für Sozialforschung, 29*(6), 82–100.
Negt, O. (2010). *Der politische Mensch. Demokratie als Lebensform*. Göttingen: Steidl.
Nickerson, R. (1998). Confirmation Bias: A Ubiquitous Phenomenon in Many Guises. *Review of General Psychology, 2*(2), 175–220.
Niedersächsisches Kultusministerium (2006). *Das Seminarfach – Hinweise und Empfehlungen für die Schulen. Abdruck aus Schulverwaltungsblatt 3/2006*. Hannover. https://www.mk.niedersachsen.de/download/4602/Das_Seminarfach_-_Hinweise_und_Empfehlungen_fuer_die_Schulen.pdf (23.04.24)
Niedersächsisches Kultusministerium (Hrsg.). (2015). *Kerncurriculum für das Gymnasium Schuljahrgänge 8–10: Politik-Wirtschaft*. Hannover.
Niedersächsisches Kultusministerium (Hrsg.). (2018a). *Anhörfassung Kerncurriculum für die Oberschule Schuljahrgänge 7–10*. Hannover.
Niedersächsisches Kultusministerium (Hrsg.). (2018b). *Kerncurriculum für das Gymnasium – gymnasiale Oberstufe, die Gesamtschule – gymnasiale Oberstufe, das Abendgymnasium, das Kolleg: Politik-Wirtschaft*. Hannover.
Niedersächsisches Kultusministerium (2021). *Bildung für nachhaltige Entwicklung (BNE) an öffentlichen allgemeinbildenden und berufsbildenden Schulen sowie Schulen in freier Trägerschaft*. RdErl. D. MK v. 1.3.2021 – Az. 23.5 80009/ 1 – VORIS 22410. Hannover.
Niggli, U. (2018). Die Zukunft des Ökoanbaus: Mutige Pioniere gesucht. *Politische Ökologie, 154*, 104–109.

Nolte, J., Garavito, D. & Reyna, V. (2019). Decision Making. In R. J. Sternberg & J. Funke (Hrsg.), *The Psychology of Human Thought: An Introduction* (S. 177–198). Heidelberg: Heidelberg University Publishing. https://doi.org/10.17885/heiup.470.c6673

Nonnenmacher, F. (2009). Politische Bildung in der Schule. Demokratisches Lernen als Widerspruch im System. *Jahrbuch für Pädagogik, 2009*(1), 269–279.

Nunner-Winkler, G. (2005). Zum Verständnis von Moral – Entwicklungen in der Kindheit. In D. Horster & J. Oelkers (Hrsg.), *Pädagogik und Ethik* (S. 173–192). Wiesbaden: VS Verlag für Sozialwissenschaften. https://doi.org/10.1007/978-3-322-90729-5_9

Nunner-Winkler, G. (2009). Prozesse moralischen Lernens und Entlernens. *Zeitschrift für Pädagogik, 55*(4), 528–548.

Nussbaum, E. M. (2008). Using argumentation vee diagrams (AVDs) for promoting argument-counterargument integration in reflective writing. *Journal of Educational Psychology, 100*(3), 549–565.

Oeftering, T. (2013). *Das Politische als Kern der politischen Bildung: Hannah Arendts Beitrag zur Didaktik des politischen Unterrichts*. Schwalbach/Ts.: Wochenschau Verlag.

Oeftering, T. (2020). „Wo das Sprechen aufhört, hört Politik auf" (Hannah Arendt) – Politische Bildung im Modus des Politischen. In T. Oeftering, W. Meints-Stender & D. Lange (Hrsg.), *Hannah Arendt: Lektüren zur politischen Bildung* (S. 59–72). Wiesbaden: Springer Fachmedien. https://doi.org/10.1007/978-3-658-30676-2_4

Oeftering, T., Oppermann, J. & Fischer, A. (Hrsg.). (2017). *„Der „fachdidaktische Code" der Lebenswelt- und/oder (?) Situationsorientierung: Fachdidaktische Zugänge zu sozialwissenschaftlichen Unterrichtsfächern sowie zum Lernfeldkonzept*. Baltmannsweiler: Schneider Verlag Hohengehren.

Oerter, R. (2016). Psychologische Aspekte. Können Jugendliche politisch mitentscheiden? In A. Gürlevik, K. Hurrelmann & C. Palentien (Hrsg.), *Jugend und Politik. Politische Bildung und Beteiligung von Jugendlichen* (S. 69–84). Wiesbaden: Springer VS. https://doi.org/10.1007/978-3-658-09145-3_4

Öhman, J. & Östman, L. (2019). Different Teaching Traditions in Environmental and Sustainability Education. In K. Van Poeck, L. Östman & J. Öhman (Hrsg.), *Sustainable Development Teaching: Ethical and Political Challenges* (S. 70–82). London: Routledge.

Osborne, J., Erduran, S. & Simon, S. (2004). Enhancing the quality of argumentation in school science. *Journal of Research in Science Teaching, 41*(10), 994–1020.

Ossimitz, G. (2000). *Entwicklung systemischen Denkens: Theoretische Konzepte und empirische Untersuchungen*. München: Profil-Verlag.

Overwien, B. (2013). Kompetenzmodelle im Lernbereich „Globale Entwicklung" – Bildung für nachhaltige Entwicklung. In B. Overwien & H. Rode (Hrsg.), *Bildung für nachhaltige Entwicklung: Lebenslanges Lernen, Kompetenz und gesellschaftliche Teilhabe* (S. 13–34). Opladen, Berlin, Toronto: Verlag Barbara Budrich.

Overwien, B. (2020a). Bildung für nachhaltige Entwicklung und politische Bildung. In G. Bade, N. Henkel & B. Reef (Hrsg.), *Politische Bildung: vielfältig – kontrovers – global. Festschrift für Bernd Overwien* (S. 230–247). Frankfurt/M.: Wochenschau Verlag.

Overwien, B. (2020b). Informelles Lernen. In P. Bollweg, J. Buchna, T. Coelen & H.-U. Otto (Hrsg.), *Handbuch Ganztagsbildung* (S. 231–242). Wiesbaden: Springer Fachmedien.

Overwien, B. (2021). Bildung für Nachhaltige Entwicklung: Umweltbildung und globales Lernen. In W. Sander & K. Pohl (Hrsg.), *Handbuch politische Bildung* (5. Aufl., S. 382–390.). Bonn: Bundeszentrale für politische Bildung.

Pavlik, J. (2015). „Uninteressiertes Weltinteresse": Über die Ausbildung einer ästhetischen *(Denk-)Haltung im Werk Hannah Arendts*. Paderborn: Wilhelm Fink Verlag.

Pawek, C. (2009). *Schülerlabore als interessefördernde außerschulische Lernumgebungen für Schülerinnen und Schüler aus der Mittel- und Oberstufe* [Dissertation]. Christian-Albrechts-Universität zu Kiel. https://www.dlr.de/schoollab/Portaldata/24/Resources/dokumente/Diss_Pawek.pdf (23.04.24)

Pelzel, S. & Butterer, H. (2022). Disrupting »disruptive ideas«? Nachhaltigkeit und Digitalisierung als offene Widerspruchsverhältnisse einer kritischen Lehrer*innenbildung. In J. Weselek, F. Kohler & A. Siegmund (Hrsg.), *Digitale Bildung für nachhaltige Entwicklung* (S. 83–97). Berlin, Heidelberg: Springer. https://doi.org/10.1007/978-3-662-65122-3_7

Pendry, L. (2014). Soziale Kognition. In K. Jonas, W. Stroebe & M. Hewstone (Hrsg.), *Sozialpsychologie* (6. Aufl., S. 107–140). Berlin, Heidelberg: Springer. https://doi.org/10.1007/978-3-642-41091-8_4

Perret-Clermont, A. N. (1980). *Social interaction and cognitive development in children*. London: Academic Press.

Perret-Clermont, A. N. (1993). What is it that develops? *Cognition and instruction, 11*(3–4), 197–205.

Perret-Clermont, A.-N., Carugati, F. & Oates, J. (2004). A sociocognitive perspective on learning and cognitive development. In J. Oates & A. Grayson (Hrsg.), *Cognitive and language development in children* (S. 303–332). Milton Keynes, Oxford: The Open University & Blackwell Publishing.

Peter, H., Moegling, K. & Overwien, B. (2011). *Politische Bildung für nachhaltige Entwicklung. Bildung im Spannungsfeld von Ökonomie, sozialer Gerechtigkeit und Ökologie*. Immenhausen: Prolog Verlag.

Petty, R. E., Cacioppo, J. T. & Goldman, R. (1981). Personal involvement as a determinant of argument-based persuasion. *Journal of Personality and Social Psychology, 41*(5), 847–855.

Petri, A. (2018). *Emotionssensibler Politikunterricht: Konsequenzen aus der Emotionsforschung für die Theorie und Praxis politischer Bildung*. Schwalbach/Ts.: Wochenschau Verlag.

Petrik, A. (2011). Argumentationsanalyse: Methode zur politikdidaktischen Rekonstruktion der Konfliktlösungs- und Urteilskompetenz. In B. Zurstrassen (Hrsg.), *Was passiert im Klassenzimmer? Methoden zur Evaluation, Diagnostik und Erforschung des sozialwissenschaftlichen Unterrichts* (S. 108–128). Schwalbach/Ts.: Wochenschau Verlag.

Petrik, A. (2012). „...dass die Leute sich nicht auf die faule Haut legen." Rekonstruktionen des Politisierungswegs einer Schülerin von libertär-sozialistischen zu marktliberalen Argumentationsmustern im Unterricht und im problemzentrierten Interview. *ZISU – Zeitschrift für interpretative Schul- und Unterrichtsforschung, 1*(1), 31–60.

Petrik, A. (2013a). *Von den Schwierigkeiten ein politischer Mensch zu werden: Konzept und Praxis einer genetischen Politikdidaktik* (2. Aufl.). Opladen, Berlin, Toronto: Verlag Barbara Budrich.

Petrik, A. (2013b). Entwicklungswege des politischen Selbst – Über den unterschätzten Beitrag der Wertewandelforschung zur Rekonstruktion von Politisierungsprozessen in Lebenswelt und Politikunterricht. In H. Bremer, M. Kleemann-Göhring, C. Teiwes-Kügler & J. Trumann, (Hrsg.), *Politische Bildung zwischen Politisierung, Partizipation und politischem Lernen. Beiträge für eine soziologische Perspektive* (S. 159–183). Weinheim: Juventa.

Piaget, J. (1973). *Das moralische Urteil beim Kinde*. Frankfurt/M.: Suhrkamp Verlag.

Piaget, J. (1989). *The Child's Conception of the world*. Totowa: Rowman & Littlefield.

Pintrich, P. R., Marx, R. W. & Boyle, R. A. (1993). Beyond Cold Conceptual Change: The Role of Motivational Beliefs and Classroom Contextual Factors in the Process of Conceptual Change. *Review of Educational Research, 63(2),* 167–199.

Plessner, H. (2011). Urteilen. In T. Betsch, J. Funke & H. Plessner (Hrsg.), *Denken – Urteilen, Entscheiden, Problemlösen* (S. 10–63). Berlin, Heidelberg: Springer.

Programm Transfer-21 (Hrsg.). (2008). *Bildung für nachhaltige Entwicklung. Hintergründe, Legitimation und (neue) Kompetenzen.* Berlin.

Pufé, I. (2017). *Nachhaltigkeit* (3. Aufl.). Konstanz, München: UTB.

Rädiker, S. & Kuckartz, U. (2019). *Analyse qualitativer Daten mit MAXQDA. Text, Audio und Video.* Wiesbaden: Springer VS. https://doi.org/10.1007/978-3-658-22095-2

Rauschenbach, T. (2008). Bildung im Kinder- und Jugendalter: Über Zusammenhänge zwischen formellen und informellen Bildungsprozessen. In C. Grunert & H.-J. von Wensierski (Hrsg.), *Jugend und Bildung: Modernisierungsprozesse und Strukturwandel von Erziehung und Bildung am Beginn des 21. Jahrhunderts* (S. 17–34). Opladen: Verlag Barbara Budrich.

Reichert, T. (2019). Keine Probleme mehr? Über die Auswirkungen der EU-Agrarpolitik auf die Entwicklungsländer nach dem Ende der EU-Exportsubventionen. *Der kritische Agrarbericht 2019,* 111–114. https://www.kritischer-agrarbericht.de/fileadmin/Daten-KAB/KAB-2019/KAB2019_111_114_Reichert.pdf (23.04.24)

Reinhardt, S. (2004). Demokratie-Kompetenzen. In W. Edelstein & P. Fauser (Hrsg.), *Beiträge zur Demokratiepädagogik: Eine Schriftenreihe des BK-Programms: „Demokratie lernen & leben".* Berlin: BLK. https://www.pedocs.de/volltexte/2008/163/pdf/Reinhardt.pdf (23.04.24)

Reinhardt, S. (2014). Handlungsorientierung. In W. Sander (Hrsg.), *Handbuch politische Bildung* (4. Aufl., S. 275–283). Schwalbach/Ts.: Wochenschau Verlag.

Reinhardt, S. (2022). *Politik-Didaktik. Handbuch für die Sekundarstufe I und II* (10. Aufl.). Berlin: Cornelsen.

Reinmann, G. & Mandl, H. (2006). Unterrichten und Lernumgebungen gestalten. In A. Krapp & B. Weidenmann (Hrsg.), *Pädagogische Psychologie: Ein Lehrbuch* (5. Aufl., S. 613–658). Weinheim: Beltz.

Renkl, A. (2011). Aktives Lernen: Von sinnvollen und weniger sinnvollen theoretischen Perspektiven zu einem schillernden Konstrukt. *Unterrichtswissenschaft, 39*(3), 197–212.

Renkl, A. (2020). Wissenserwerb. In E. Wild & J. Möller (Hrsg.), *Pädagogische Psychologie* (3. Aufl., S. 3–24). Berlin, Heidelberg: Springer. https://doi.org/10.1007/978-3-662-614 03-7_1

Richter, D. (2012). Politisches Argumentieren im Unterricht – Auf der Suche nach einem Analyseinstrument. In G. Weißenso & H. Buchstein (Hrsg.), *Politisch Handeln. Modelle, Möglichkeiten, Kompetenzen* (S. 178–192). Opladen: Verlag Barbara Budrich.

Rieß, W. (2006). Grundlagen der empirischen Forschung zur Bildung für eine nachhaltige Entwicklung (BNE). In W. Rieß & H. Apel (Hrsg.), *Bildung für eine nachhaltige Entwicklung. Aktuelle Forschungsfelder und -ansätze* (S. 9–16). Wiesbaden: VS Verlag für Sozialwissenschaften.

Rieß, W. (2010). *Bildung für nachhaltige Entwicklung: Theoretische Analysen und empirische Studien*. Münster: Waxmann.

Rieß, W. (2013). Bildung für nachhaltige Entwicklung (BNE) und Förderung systemischen Denkens. *Anliegen Natur, 35*(1), 55–64.

Riß, K. & Overwien, B. (2010). Globalisierung und politische Bildung. In B. Lösch & A. Thimmel (Hrsg.), *Kritische politische Bildung. Ein Handbuch* (S. 205–216). Schwalbach/Ts.: Wochenschau Verlag.

Rodriguez-Dono, A. & Hernández-Fernández, A. (2021). Fostering Sustainability and Critical Thinking through Debate. A Case Study. *Sustainability, 13*(11), 6397. https://doi.org/10.3390/su13116397

Rößler, S. (2014).»Die Kühlkette darf nicht unterbrochen werden« – zum Fehlkonzept Politische Bildung. In A. Eis & D. Salomon (Hrsg.), *Gesellschaftliche Umbrüche gestalten. Transformationen in der Politischen Bildung* (S. 91–103). Schwalbach/Ts.: Wochenschau Verlag.

Rößler, S. (2019). *Rationalität, Krise, Gewalt. Prolegomena zu einer Didaktik der Moderne nach Motiven im politischen Denken Hannah Arendts*. Oldenburg: BIS-Verlag.

Rost, J. (2005). Messung von Kompetenzen Globalen Lernens. *ZEP: Zeitschrift für internationale Bildungsforschung und Entwicklungspädagogik, 28*(2), 14–18.

Rudloff, B. & Wieck, C. (2023). Zukunftsfähige Agrarpolitik. *Internationale Politik, 2*, 12–14. https://internationalepolitik.de/de/zukunftsfaehige-agrarpolitik (23.04.24)

Sadler, T. D. (2011). *Socio-scientific issues in the classroom – teaching, learning and research*. Dordrecht: Springer. https://doi.org/10.1007/978-94-007-1159-4

Sales, B. D. & Folkman, S. (2000). *Ethics in research with human participants*. Washington, DC: American Psychological Association.

Sander, H. (2017). *Orientierungen von Jugendlichen beim Urteilen und Entscheiden in Kontexten nachhaltiger Entwicklung: Eine rekonstruktive Perspektive auf Bewertungskompetenz in der Didaktik der Naturwissenschaften*. Berlin: Logos.

Sander, H. & Höttecke, D. (2016). Orientierungen von SchülerInnen beim Urteilen und Entscheiden in Kontexten nachhaltiger Entwicklung. In J. Menthe, D. Höttecke, T. Zabka, M. Hammann & M. Rothgangel (Hrsg.), *Befähigung zu gesellschaftlicher Teilhabe. Beiträge der fachdidaktischen Forschung* (S. 159–170). Münster: Waxmann.

Sander, W. (2012). Urteilen – Zur Einführung in das Schwerpunktthema. *Zeitschrift für Didaktik der Gesellschaftswissenschaften, 3*(2), 7–8.

Sander, W. (Hrsg.). (2014). *Handbuch politische Bildung* (4. Aufl.). Schwalbach/Ts.: Wochenschau Verlag.

Sauerborn, P. & Brühne, T. (2017). *Didaktik des außerschulischen Lernens* (6. Aufl.). Baltmannsweiler: Schneider Verlag Hohengehren.

Sauvé, L. (1999). Environmental Education Between Modernity and Postmodernity: Searching for an Integrating Educational Framework. *Canadian Journal of Environmental Education, 4*(1), 9–35.

Schiefele, U. & Schaffner, E. (2020). Motivation. In E. Wild & J. Möller (Hrsg.), *Pädagogische Psychologie* (3. Aufl., S. 163–185). Berlin, Heidelberg: Springer. https://doi.org/10.1007/978-3-662-61403-7_7

Schlögel, K. (2003). *Im Raume lesen wir die Zeit: Über Zivilisationsgeschichte und Geopolitik*. München, Wien: Carl Hanser Verlag.

Schmidt, A. (2022). *Politische Argumentations- und Urteilskompetenz bei Schülerinnen und Schülern*. Wiesbaden: Springer VS. https://doi.org/10.1007/978-3-658-36782-4

Schmidt, I., Di Fuccia, D. S. & Ralle, B. (2011). Außerschulische Lernstandorte – Erwartungen, Erfahrungen und Wirkungen aus der Sicht von Lehrkräften und Schulleitungen. *MNU – Der mathematische und naturwissenschaftliche Unterricht, 64*(6), 362–369.

Schmidt, W. H. & Maier, A. (2009). Opportunity to learn. In G. Sykes, B. Schneider & D. N. Plank (Hrsg.), *Handbook of education policy research* (S. 541–559). New York: Routledge.

Schmiederer, R. (1977). *Politische Bildung im Interesse der Schüler* (2. Aufl.). Köln, Frankfurt/M.: Europäische Verlagsanstalt.

Schockemöhle, J. (2009). *Außerschulisches Regionales Lernen als Bildungsstrategie für eine nachhaltige Entwicklung. Entwicklung und Evaluierung des Konzeptes „Regionales Lernen 21+"*. Weingarten: Selbstverlag des Hochschulverbandes für Geographie und ihre Didaktik.

Schockemöhle, J. (2011). Regionales Lernen 21+: Konzeption und Evaluation. In K. Messmer, R. v. Niederhäusern, A. Rempfler & M. Wilhelm (Hrsg.), *Ausserschulische Lernorte – Positionen aus Geographie, Geschichte und Naturwissenschaften* (S. 82–108). Münster: LIT Verlag.

Schröder, H. (2020). *Emotionen und politisches Urteilen. Eine politikdidaktische Untersuchung*. Wiesbaden: Springer VS. https://doi.org/10.1007/978-3-658-30656-4

Scott, W. & Gough, S. (2003). *Sustainable development and learning: Framing the issues*. London: Routledge Falmer.

Seel, N. M. (2003). *Psychologie des Lernens* (2. Aufl.). München: Reinhardt Verlag.

Sellmann, D. (2012). *Umweltbildung zum Thema Klimawandel im botanischen Garten: Wissen, Einstellungen und Konzepte von Jugendlichen* [Dissertation]. Universität Bayreuth. https://epub.uni-bayreuth.de/188/

Sellmann, D. & Bogner, F. X. (2013). Effects of a 1-day environmental education intervention on environmental attitudes and connectedness with nature. *European Journal of Psychology of Education, 28*(3), 1077–1086.

Selman, R. L. (1984). *Die Entwicklung des sozialen Verstehens. Entwicklungspsychologische und klinische Untersuchungen*. Frankfurt/M.: Suhrkamp Verlag.

Shepardson, D. P., Niyogi, D. Roychoudhury, A. & Hirsch, A. (2011). Conceptualizing climate change in the context of a climate system: Implications for climate and environmental education. *Environmental Education Research, 18*(3), 323–352. https://doi.org/10.1080/13504622.2011.622839

Shortland, M. (1987). No business like show business. *Nature, 328*, 213–214.

Siebert, H. (2007). *Vernetztes Lernen: Systemisch-konstruktivistische Methoden der Bildungsarbeit* (2. Aufl.). Augsburg: ZIEL.

Simon, H. A. (1991). Bounded rationality and organizational learning. *Organization Science, 2*(1), 125–134. https://doi.org/10.1287/orsc.2.1.125

Sinatra, G. M., Kienhues, D. & Hofer, B. K. (2014). Addressing challenges to public understanding of science: Epistemic cognition, motivated reasoning, and conceptual change. *Educational Psychologist, 49*(2), 123–138.

Singer-Brodowski, M., Beecroft, R., & Parodi, O. (2018). Learning in real-world laboratories: A systematic impulse for discussion. *GAIA – Ecological Perspectives for Science and Society, 27*(1), 23–27.

Singer-Brodowski, M., Etzkorn, N. & Grapentin-Rimek, T. (2019). *Pfade der Transformation. Die Verbreitung von Bildung für nachhaltige Entwicklung in Deutschland*. Opladen: Verlag Barbara Budrich.

Smith, A. & Ely, A. (2015). Green Transformations From Below? The politics of grassroots innovation. In I. Scoones, M. Leach & P. Newell (Hrsg.), *The Politics of Green Transformations. Pathways to Sustainability* (S. 102–118). New York: Routledge.

Soja, E. W. (1989). *Postmodern geographies: The reassertion of space in critical social theory*. London: Verso.

Soßdorf, A. (2021). Politische Sozialisation. In U. Andersen, J. Bogumail, Sm. Marschall & W. Woyke (Hrsg.), *Handwörterbuch des politischen Systems der Bundesrepublik Deutschland* (8. Aufl., S. 755–759). Heidelberg: Springer VS. https://doi.org/10.1007/978-3-658-23666-3_113

Spiller, A., Zühlsdorf, A., Jürkenbeck, K. & Schulze, M. (2021). Jugendumfrage: Weniger Fleisch, mehr future. In Heinrich-Böll-Stiftung, Bund für Umwelt und Naturschutz Deutschland und Le Monde Diplomatique (Hrsg.), *Fleischatlas 2021: Daten und Fakten über Tiere als Nahrungsmittel* (S. 34–35). https://www.boell.de/sites/default/files/2021-01/Fleischatlas2021_0.pdf (23.04.24)

Spitzer, M. (2014). *Lernen: Gehirnforschung und die Schule des Lebens*. Heidelberg: Spektrum, Akademischer Verlag.

Stark, R. (2002). *Conceptual Change: kognitivistisch oder kontextualistisch? (Forschungsbericht 149)*. München: Lehrstuhl für Empirische Pädagogik und Pädagogische Psychologie, Ludwig-Maximilians-Universität München. http://epub.ub.uni-muenchen.de/archive/00000257/ (23.04.24)

Statista (2019). *Anteil der Wirtschaftsbereiche an der Gesamtbeschäftigung in der Bundesrepublik Deutschland von 1950 bis 2017*. https://de.statista.com/statistik/daten/studie/275637/umfrage/anteil-der-wirtschaftsbereiche-an-der-gesamtbeschaeftigung-in-deutschland/ (23.04.24)

Statista (2023). *Deutscher Agraraußenhandel: Wert von Importen und Exporten in den Jahren 1995 bis 2020*. https://de.statista.com/statistik/daten/studie/1188874/umfrage/wert-von-agrarimporten-und-agrarexporten/#:~:text=Im%20Jahr%202020%20importierte%20Deutschland,2020%20ein%20Nettoimporteur%20von%20Agrarprodukten (23.04.24)

Steffen, W., Richardson, K., Rockström, J., Cornell, S. E., Fetzer, I., Bennett, E. M., Biggs, R., Carpenter, S. R., de Vries, W., de Wit, C. A., Folke, C., Gerten, D., Heinke, J., Mace, G. M., Persson, L. M., Ramanathan, V., Reyers, B. & Sörlin, S. (2015). Planetary boundaries. Guiding human development on a changing planet. *Science*, 347(6223), 1–10. https://doi.org/10.1126/science.1259855

Steinke, I. (2017). Gütekriterien qualitativer Forschung. In U. Flick, E. v. Kardorff & I. Steinke (Hrsg.), *Qualitative Forschung: ein Handbuch* (12. Aufl., S. 319–331). Reinbek: Rowohlt.

Stevenson, R. B. (2012). Researching Tensions and Pretensions in Enviromental/Sustainability Education Policies. In R. B. Stevenson, M. R. B. Brody, J. M. Dillon & A. E. J. Wals (Hrsg.), *International Handbook of Research on Environmental Education* (S. 147–155). New York: Routledge, AERA.

Straßner, V. (2020). Expertenbefragung. In S. Achour, S. Frech, P. Massing & V. Straßner (Hrsg.), *Methodentraining für den Politikunterricht* (S. 197–202). Frankfurt/M.: Wochenschau Verlag.

Stroebe, W. (2014). Strategien zur Einstellungs- und Verhaltensänderung. In K. Jonas, W. Stroebe & M. Hewstone (Hrsg.), *Sozialpsychologie* (6. Aufl., S. 231–268). Berlin, Heidelberg: Springer. https://doi.org/10.1007/978-3-642-41091-8_7

Studtmann, K. (2017). *Außerschulisches Lernen im Politikunterricht*. Frankfurt/M.: Wochenschau Verlag.

Studtmann, K. (2020). Außerschulische Lernorte. In S. Achour, S. Frech, P. Massing & V. Straßner (Hrsg.), *Methodentraining für den Politikunterricht* (S. 223–230), Frankfurt/M.: Wochenschau Verlag.

Sund, L. & Öhman, J. (2013). On the Need to Repoliticise Environmental and Sustainability Education: Rethinking the Postpolitical Consensus. *Environmental Education Research*, 20(5), 639–659. https://doi.org/10.1080/13504622.2013.833585

Sutor, B. (1971). *Didaktik des politischen Unterrichts. Eine Theorie der politischen Bildung*. Paderborn: Schöningh.

Sweeney, L. B. & Sterman, J. D. (2007). Thinking about Systems: Student and Teacher Conceptions of Natural and Social Systems. *System Dynamics Review*, 23(2–3), 285–311.

Sweller, J., Ayres, P. & Kalyuga, S. (2011). *Cognitive load theory*. New York: Springer. https://doi.org/10.1007/978-1-4419-8126-4

Thomas, B. (2009). Lernorte außerhalb der Schule. In K.-H. Arnold, U. Sandfuchs & J. Wiechmann (Hrsg.), *Handbuch Unterricht* (2. Aufl., S. 283–287). Bad Heilbrunn: Klinkhardt.

Thomsen, B. (2016). Exportorientierte Agrarpolitik ruiniert Milchhöfe. *Weitblick: Zeitung für eine global gerechte und zukunftsfähige Politik*, 2, 3. https://www.germanwatch.org/sites/default/files/weitblick/15542.pdf (23.04.24)

Thunberg, G. (2019). "Our house is on fire". Speech at Davos. *The Guardian*, 15.01.2019. https://www.theguardian.com/environment/2019/jan/25/our-house-is-on-fire-greta-thunberg16-urges-leaders-to-act-on-climate (29.06.2023)

Tilley, F., Marsh, C., Middlemiss, L. & Parrish, B. (2009). *Critical and reflective thinking. The ability to reflect critically on sustainability challenges*. Leeds: University of Leeds.

Torney-Purta, J. & Amadeo, J.-A. (2012). The Contribution of International Large Scale studies in Civic Education and Engagement. In M. v. Davier, Gonzalez, I. Kirsch & K. Yamamoto (Hrsg.). *The Role of International Large Scale Assessments: Perspectives from Technology, Economy, and Educational Research* (S. 87–114). Dordrecht: Springer. https://doi.org/10.1007/978-94-007-4629-9_6

Toulmin, S. (1975). *Der Gebrauch von Argumenten*. Kronberg/Ts.: Scriptor Verlag.

Trempler, K. & Hartmann, U. (2020). Wie setzen sich angehende Lehrkräfte mit pädagogischen Situationen auseinander? Eine Analyse von Argumentationsstrukturen und genutzten Informationen. *Zeitschrift für Erziehungswissenschaft*, 23(5), 1053–1077.

Tyroller, M. (2005). *Effekte metakognitiver Prompts beim computerbasierten Statistiklernen* [Dissertation]. Ludwig-Maximilians-Universität München. http://edoc.ub.uni-muenchen.de/archive/00005514/01/Michael_Tyroller.pdf (23.04.24)

UBA (Umweltbundesamt) (Hrsg.). (2018). *Berichterstattung unter der Klimarahmenkonvention der Vereinten Nationen und dem Kyoto-Protokoll 2018: Nationaler Inventarbericht zum Deutschen Treibhausgasinventar 1990–2016*. Dessau-Roßlau: UBA. https://www.umweltbundesamt.de/sites/default/files/medien/1410/publikationen/2018-05-24_climate-change_12-2018_nir_2018.pdf (23.04.24)

UBA (Umweltbundesamt) (Hrsg.). (2021). *25 Jahre Umweltbewusstseinsforschung im Umweltressort. Langfristige Entwicklungen und aktuelle Ergebnisse.* Dessau-Roßlau: UBA. https://www.umweltbundesamt.de/sites/default/files/medien/5750/publikationen/2021_hgp_umweltbewusstseinsstudie_bf.pdf (23.04.24)

UN (United Nations) (1992). *AGENDA 21. Konferenz der Vereinten Nationen für Umwelt und Entwicklung. Rio de Janeiro, Juni 1992.* Deutsche Fassung. https://www.un.org/Depts/german/conf/agenda21/agenda_21.pdf (23.04.24)

UN (United Nations) (2015). *Transforming our world: the 2030 Agenda for Sustainable Development.* New York. (UN Dok. A/RES/70/1). Deutsche Version: Transformation unserer Welt: die Agenda 2030 für nachhaltige Entwicklung. https://www.un.org/depts/german/gv-70/band1/ar70001.pdf (23.04.24)

UNESCO (United Nations Educational, Scientific and Cultural Organization) (2005). *United Nations decade of education for sustainable development (2005–2014): International implementation scheme.* Paris: UNESCO.

UNESCO (United Nations Educational, Scientific and Cultural Organization) (2013). *Proposal for a Global Action Programme on Education for Sustainable Development as follow-up to the United Nations Decade of Education for Sustainable Development (DESD) after 2014.* General Conference 37th Session, Paris. 37 C/57.

Uphues, R. (2007). *Die Globalisierung aus der Perspektive Jugendlicher: Theoretische Grundlagen und empirische Untersuchungen.* Weingarten: Selbstverlag Hochschulverband für Geographiedidaktik.

Van Ijzendoorn, M. H. (1980). *Moralität und politisches Bewusstsein. Eine Untersuchung zur politischen Sozialisation.* Weinheim, Basel: Beltz.

Van Poeck, K., Goeminne, G. & Vandenabeele, J. (2016). Revisiting the Democratic Paradox of Environmental and Sustainability Education: Sustainability issues as matters of concern. *Environmental Education Research, 22*(6), 806–826.

Van Poeck, K. & Östman, L. (2020). The Risk and Potentiality of Engaging with Sustainability Problems in Education – A Pragmatist Teaching Approach. *Journal of Philosophy of Education, 54*(4), 1003–1018.

Van Poeck, K., Östmann, L. & Öhmann J. (2019). Sustainable development teaching – ethical and political challenges. In K. Van Poeck, L. Östman & J. Öhman (Hrsg.), *Sustainable Development teaching. Ethical and political challenges* (S. 1–12). London: Routledge.

Van Poeck, K. & Vandenabeele, J. (2012). Learning from Sustainable Development: Education in the Light of Public Iissues. *Environmental Education Research, 18*(4), 541–552.

Verbraucherzentrale e.V. (2014). *Unterrichtsmaterial unter der Lupe. Wie weit geht der Lobbyismus an Schulen? Eine Qualitätsanalyse von Lehrmaterialien verschiedener Anbieter und Interessensvertreter des Verbraucherzentrale Bundesverbands (vzbv).* Berlin. https://www.verbraucherbildung.de/sites/default/files/downloads/2014-01-30_unterrichtsmaterialien_unter_der_lupe_korr.pdf (23.04.24)

von Braunmühl, C. & von Winterfeld, U. (2003). Global Governance: Eine begriffliche Erkundung im Spannungsfeld von Nachhaltigkeit, Globalisierung und Demokratie. In Wuppertal Institut für Klima, Umwelt, Energie (Hrsg.), *Wuppertal Papers, Nr. 135.* https://epub.wupperinst.org/frontdoor/deliver/index/docId/1810/file/WP135.pdf (23.04.24) von Seggern, J. (2019). Bildung für nachhaltige Entwicklung im Bildungsbereich Schule. In M. Singer-Brodowski, N. Etzkorn & T. Grapentin-Rimek (Hrsg.), *Pfade der Transformation: Die Verbreitung von Bildung für nachhaltige Entwicklung im deutschen Bildungssystem* (S. 101–141). Opladen, Berlin, Toronto: Verlag Barbara Budrich.

Vosniadou, S. (2007). The cognitive-situative divide and the problem of conceptual change. *Educational Psychologist, 42*(1), 55–66.

Vygotsky, L.S. (1978). *Mind in society.* Cambridge: Harvard University Press.

Wals, A. E. (2010). Between Knowing What is Right and Knowing that is it Wrong to Tell Others What is Right: On Relativism, Uncertainty and Democracy in Environmental and Sustainability Education. *Environmental Education Research, 16*(1), 143–151.

WBGU (Wissenschaftlicher Beirat der Bundesregierung Globale Umweltveränderungen) (2011). *Welt im Wandel: Gesellschaftsvertrag für eine Große Transformation: Hauptgutachten* (2. Aufl.). https://www.wbgu.de/fileadmin/user_upload/wbgu/publikationen/hauptgutachten/hg2011/pdf/wbgu_jg2011.pdf (23.04.24)

WBGU (Wissenschaftlicher Beirat der Bundesregierung Globale Umweltveränderungen) (2020). *Landwende im Anthropozän: Von der Konkurrenz zur Integration: Hauptgutachten.* https://www.wbgu.de/de/publikationen/publikation/landwende (23.04.24)

WCED (World Commission on Environment and Development) (Hrsg.). (1987). *Our Common Future.* Oxford: Oxford University Press.

Weber, B. (2019). Welche Lehr-Lern-Methoden eignen sich für den sozioökonomischen Unterricht? In Autorengruppe Sozioökonomische Bildung (Hrsg.), *Was ist gute ökonomische Bildung? Leitfaden für den sozioökonomischen Unterricht* (S. 92–102). Frankfurt/ M.: Wochenschau Verlag.

Weber, M. (1988*). Gesammelte Aufsätze zur Wissenschaftslehre* (7. Aufl.). Tübingen: Mohr.

Weber-Stein, F. (2017). Die affektive Dimension des hermeneutischen Zirkels: Emotionale Bedingungsfaktoren der politischen Werturteilsbildung. *Zeitschrift für Didaktik der Gesellschaftswissenschaften, 8*(1), 54–73.

Weber-Stein, F. (2019). Politik als Herzensangelegenheit oder Plädoyer für eine rhetorische politische (Urteils-)Bildung. In A. Besand, B. Overwien & P. Zorn (Hrsg.), *Politische Bildung mit Gefühl* (S. 217–231). Bonn: Bundeszentrale für politische Bildung.

Wehling, H.-G. (1977). Konsens à la Beutelsbach? Nachlese zu einem Expertengespräch. In S. Schiele & H. Schneider (Hrsg.), *Das Konsensproblem in der politischen Bildung* (S. 173–184). Stuttgart: Klett.

Weinbrenner, P. (1997). Politische Urteilsbildung als Ziel und Inhalt des Politikunterrichts. In Bundeszentrale für politische Bildung (Hrsg.), *Politische Urteilsbildung. Aufgabe und Wege für den Politikunterricht* (S. 73–94). Bonn: Bundeszentrale für politische Bildung.

Weinert, F. E. (2001). Vergleichende Leistungsmessung in Schulen – eine umstrittene Selbstverständlichkeit. In F. E. Weinert (Hrsg.), *Leistungsmessungen in Schulen* (S. 17–31). Weinheim, Basel: Beltz.

Weißeno, G., Detjen, J., Juchler, I., Massing, P. & Richter, D. (2010). *Konzepte der Politik – ein Kompetenzmodell.* Bonn: Bundeszentrale für politische Bildung.

Welzel, C. & Inglehardt, R. (2009). Political Culture, Mass Beliefs, and Value Change. In C. W. Haerpfer (Hrsg.), *Democratization* (S. 126–144). Oxford: University Press.

Weselek J. & Wohnig, A. (2020). Praxisvorstellungen und -erfahrungen von Studierenden und Referendar/-innen zur Umsetzung von Bildung für nachhaltige Entwicklung in Schule und Unterricht. *Zeitschrift für Didaktik der Gesellschaftswissenschaften 2*, 72–90.

Westle, B. (2012). Souveräne Teilhabe unter Unsicherheit und Halbwissen: Politisches Wissen und politische Partizipation. In S. Braun & A. Geisler (Hrsg.), *Die verstimmte Demokratie. Moderne Volkswirtschaft zwischen Aufbruch und Frustration* (S. 51–68). Wiesbaden: VS Verlag für Sozialwissenschaften. https://doi.org/10.1007/978-3-531-190 35-8_4

Wettstädt, L. & Asbrand, B. (2012). Unterrichtsmaterialien im Globalen Lernen. In G. Lang-Wojtasik & U. Klemm (Hrsg.), *Handlexikon Globales Lernen* (S. 230–234). Ulm: Klemm und Oelschläger.

Wettstädt, L. & Asbrand, B. (2014). Handeln in der Weltgesellschaft. Zum Umgang mit Handlungsaufforderungen im Unterricht zu Themen des Lernbereichs Globale Entwicklung. *ZEP: Zeitschrift für internationale Bildungsforschung und Entwicklungspädagogik (ZEP), 37*(1), 4–12.

Wickenberg, P. (1999). *Norm Supporting Structures: The Environmental Theme Begins to take Root in Schools* [Dissertation]. Lund University.

Widmaier, B. & Zorn, P. (Hrsg.). (2016). *Brauchen wir den Beutelsbacher Konsens? Eine Debatte der politischen Bildung.* Bonn: Bundeszentrale für politische Bildung.

Wiek, A., Withycombe, L. & Redman, C. L. (2011). Key competencies in sustainability. A reference framework for academic program development. *Sustainability Science, 6*(2), 203–218. https://doi.org/10.1007/s11625-011-0132-6

Wohnig, A. (2017). *Zum Verhältnis von sozialem und politischem Lernen. Eine Analyse von Praxisbeispielen politischer Bildung.* Wiesbaden: Springer VS. https://doi.org/10.1007/978-3-658-15296-3

Wohnig, A. (2021). Politische Partizipation und Politisierung als Aufgaben politischer Bildung. In K. Stainer-Hämmerle (Hrsg.), *Glaube – Klima – Hoffnung. Religion und Klimawandel als Herausforderungen für die politische Bildung* (S. 24–44). Schwalbach/Ts.: Wochenschau Verlag.

Wolfensberger, B. (2008). *Über Natur, Wissenschaft und Gesellschaft reden: Eine empirisch qualitative Untersuchung von Naturwissenschaften, Umwelt und Gesellschaft* [Dissertation]. Universität Zürich.

Zeuner, C. (2008). Umweltbildung = politische Bildung? Zum politischen Bildungsgehalt aktueller Konzeptionen und Ansätze. *Journal für politische Bildung, 4,* 20–30.

Zittoun T. & Brinkmann S. (2012) Learning as Meaning Making. In N.M. Seel (Hrsg.), *Encyclopedia of the Sciences of Learning* (S. 1809–1811). Boston, MA: Springer.

MIX
Papier aus verantwortungsvollen Quellen
Paper from responsible sources
FSC® C105338

If you have any concerns about our products,
you can contact us on
ProductSafety@springernature.com

In case Publisher is established outside the EU,
the EU authorized representative is:
**Springer Nature Customer Service Center GmbH
Europaplatz 3, 69115 Heidelberg, Germany**

Printed by Libri Plureos GmbH
in Hamburg, Germany